Rainer Smola
PfandBG
de Gruyter Kommentar

Rainer Smola

PfandBG

Pfandbriefgesetz mit Barwertverordnung,
Beleihungswertermittlungsverordnung, §§ 22a–22o KWG

Kommentar

2., neu bearbeitete Auflage

DE GRUYTER

Rainer Smola, ehem. Syndikusanwalt bei der BHW Bausparkasse AG und der Deutschen Postbank AG

Sachregister: *Thomas Vetter*, Rechtsanwalt in Berlin

ISBN 978-3-11-029085-1
e-ISBN 978-3-11-029166-7

Bibliografische Information der Deutschen Nationalbibliothek
Die Deutsche Nationalbibliothek verzeichnet diese Publikation in der Deutschen Nationalbibliografie; detaillierte bibliografische Daten sind im Internet über http://dnb.d-nb.de abrufbar.

Datenkonvertierung und Satz: jürgen ullrich typosatz, Nördlingen
Druck und Bindung: CPI buch bücher.de GmbH, Birkach
♾ Gedruckt auf säurefreiem Papier
Printed in Germany

www.degruyter.com

Vorwort

Die zweite Auflage dieses Kommentars wurde erforderlich, weil das CRD IV Umsetzungsgesetz und weitere zwischenzeitlich erfolgten Gesetzesänderungen eine Überarbeitung notwendig erscheinen ließen. Insbesondere was die Ernennung und Stellung des Sachwalters betrifft, aber auch in Bezug auf die Transparenzvorschriften wurden umfangreiche Änderungen des Pfandbriefgesetzes vorgenommen. Darüber hinaus wurden in den letzten Jahren eine Vielzahl neuer Problemstellungen an mich herangetragen. Soweit es mir möglich war, habe ich versucht, sachgerechte und praktisch verwertbare Lösungen zu entwickeln, von denen einige in diesen Kommentar Eingang finden. Außerdem wurde in die zweite Auflage eine Kommentierung der Vorschriften des Kreditwesengesetzes zum Refinanzierungsregister neu aufgenommen. Da es bei dem Pfandbriefgesetz im weiteren Sinn um die Refinanzierung einer Pfandbriefbank geht und sich zunehmend allgemeine Kreditinstitute über die Einschaltung einer Pfandbriefbank am Pfandbriefmarkt refinanzieren, erschien die Einbeziehung einer Kommentierung der Regelungen des Kreditwesengesetzes zum Refinanzierungsregister angezeigt.

Hameln, im März 2014

Rainer Smola

Vorwort zur 1. Auflage

Der Anlass zu diesem Kommentar liegt in der Einführung des Pfandbriefgesetzes im Juli 2005. Durch dieses Pfandbriefgesetz wurde das bislang geltende Hypothekenbankgesetz abgelöst. Das Spezialitätsprinzip für Pfandbriefbanken wurde aufgegeben, sodass heute alle Kreditinstitute das Pfandbriefgeschäft betreiben können, wenn sie denn die Voraussetzungen hierzu erfüllen und eine entsprechende Erlaubnis erhalten. Daneben wurden Entwicklungen im Bereich des für Kreditinstitute relevanten Rechts ebenso berücksichtigt wie Entwicklungen im Zusammenhang mit der europäischen Integration. All dies führte dazu, dass die bisherigen Kommentierungen zum Hypothekenbankgesetz heute weitgehend überholt sind. Darüber hinaus gibt es naturgemäß zum neuen Pfandbriefgesetz außer den Gesetzesbegründungen kaum Literatur. Aus diesen Gründen erschien es mir angezeigt, diesen Kommentar zu verfassen. Dabei habe ich mein besonderes Augenmerk darauf gerichtet, möglichst alle bis heute bekannten und praxisrelevanten Probleme zum neuen Pfandbriefgesetz zu erfassen und sachgerechte Lösungen anzubieten. Trotzdem bin ich sicher, dass ich nicht alle Problemstellungen erfassen konnte, was in einigen Fällen vielleicht auch daran liegt, dass verschiedene Probleme noch gar nicht offenbar geworden sind. Bereits aus diesem Grunde würde ich mich sehr darüber freuen, wenn solche unbehandelten Problemstellungen an mich herangetragen werden würden. Gerne werde ich diese aufgreifen und – sofern es mir möglich ist – sachgerechte Lösungen entwickeln.

Hameln, im September 2011

Rainer Smola

Dank

Ich möchte die Gelegenheit wahrnehmen, mich an dieser Stelle sehr herzlich bei einigen Personen zu bedanken, die mir – jeder auf seine Weise – bei der Verwirklichung dieser Kommentierung geholfen haben (in alphabetischer Reihenfolge): Anita Barlmeyer, Lothar Dörr, Jörg Honerkamp und Peter Jansen.

Meiner Frau, meiner Tochter
und
meinen Eltern

Inhaltsübersicht

Inhaltsverzeichnis

Anhänge

Abkürzungsverzeichnis

a.A.	anderer Ansicht
a.a.O.	am angegebenen Ort
Abs.	Absatz
abzgl.	abzüglich
a.F.	alte Fassung
AGB	Allgemeine Geschäftsbedingungen
Alt.	Alternative
a.M.	anderer Meinung
Anh.	Anhang
Anl.	Anlage
Anm.	Anmerkung
Art.	Artikel
Aufl.	Auflage
BaFin	Bundesanstalt für Finanzdienstleistungsaufsicht
Bd.	Band
BelWertV	Beleihungswertermittlungsverordnung (Verordnung über die Ermittlung der Beleihungswerte von Grundstücken nach § 16 Abs. 1 und 2 des Pfandbriefgesetzes)
BGB	Bürgerliches Gesetzbuch
BGBl.	Bundesgesetzblatt
BGH	Bundesgerichtshof
BGHZ	Entscheidungen des Bundesgerichtshofs in Zivilsachen
BKR	Zeitschrift für Bank- und Kapitalmarktrecht
B/F/S-M	Boos/Fischer/Schulte-Mattler
BT DS	Bundestagsdrucksache
Buchst.	Buchstabe
Bundesanstalt	Bundesanstalt für Finanzdienstleistungsaufsicht
BUZAV	Verordnung über die Bestätigung der Umstellungsrechnung und das Verfahren der Zuteilung und des Erwerbs von Ausgleichsforderungen
bzw.	beziehungsweise
DeckRegV	Deckungsregisterverordnung (Verordnung über die Form und den Inhalt der Deckungsregister nach dem Pfandbriefgesetz und die Aufzeichnung der Eintragungen)
DZWIR	Deutsche Zeitschrift für Wirtschafts- und Insolvenzrecht
EG	Europäische Gemeinschaft
EU	Europäische Union
FlugBelWertV	Flugzeugbeleihungswertermittlungsverordnung (Verordnung über die Ermittlung der Beleihungswerte von Flugzeugen nach § 26d Abs. 1 und 2 des Pfandbriefgesetzes)
f.	folgende
ff.	fortfolgende
Fn.	Fußnote
GBO	Grundbuchordnung
ggf.	gegebenenfalls
gem.	gemäß

HBG	Hypothekenbankgesetz
insb.	insbesondere
InsO	Insolvenzordnung
i.V.m.	in Verbindung mit
KfW	Kreditanstalt für Wiederaufbau
KredReorgG	Kreditinstitute-Reorganisationsgesetz
KSA	Kreditrisiko-Standardansatz
KWG	Kreditwesengesetz (Gesetz über das Kreditwesen)
LuftFzgG	Gesetz über Rechte an Luftfahrzeugen
LuftVG	Luftverkehrsgesetz
Mio.	Million
m.w.N.	mit weiteren Nachweisen
n.F.	neue Fassung, neue Folge
NJW	Neue Juristische Wochenschrift
Nr.	Nummer
PfandBG	Pfandbriefgesetz
PfandBarwertV	Pfandbrief-Barwertverordnung (Verordnung über die Sicherstellung der jederzeitigen Deckung von Hypothekenpfandbriefen, öffentlichen Pfandbriefen, Schiffspfandbriefen und Flugzeugpfandbriefen nach dem Barwert und dessen Berechnung bei Pfandbriefbanken)
Rdn.	Randnummer
RefE	Referentenentwurf
RefiRegV	Refinanzierungsregisterverordnung (Verordnung über die Form des Refinanzierungsregisters nach dem Kreditwesengesetz sowie die Art und Weise der Aufzeichnung)
RMBS	Residential Mortgage Backed Securities
s.	siehe
S.	Satz, Seite
s.a.	siehe auch
SchiffsBelWertV	Schiffsbeleihungswertermittlungsverordnung (Verordnung über die Ermittlung der Beleihungswerte von Schiffen und Schiffsbauwerken nach § 24 Abs. 1 bis 3 des Pfandbriefgesetzes)
SchRegO	Schiffsregisterordnung
SchRG	Gesetz über Rechte an eingetragenen Schiffen und Schiffsbauwerken
s.o.	siehe oben
SPV	Special Purpose Vehicle
s.u.	siehe unten
u.a.	und andere; unter anderem
usw.	und so weiter
v.	von, vom
vgl.	vergleiche

VO	Verordnung
WTO	World Trade Organisation
ZIP	Zeitschrift für Wirtschaftsrecht
z.T.	zum Teil
zust.	zustimmend
zzgl.	zuzüglich

Literatur- und Quellenverzeichnis

Bamberger/Roth	BGB, Kommentar zum Bürgerlichen Gesetzbuch, Band II, 3. Aufl. 2012
Baumbach/Hopt	Handelsgesetzbuch, 35. Aufl. 2012
Bellinger/Kerl	Hypothekenbankgesetz, Kommentar, 4. Aufl. 1995
Boos/Fischer/Schulte-Mattler	Kreditwesengesetz, Kommentar, 4. Aufl. 2012, zit.: B/F/S-M
Braun	Insolvenzordnung 5. Aufl. 2012
Fehling/Kastner	Verwaltungsrecht, Handkommentar, 3. Aufl. 2013, § 47 VwGO, Rdn. 46
Gabler	Wirtschaftslexikon, 17. Aufl. 2010
Koppmann	Gedeckte Schuldverschreibungen in Deutschland und Großbritannien, Schriften zum Europäischen und Internationalen Privat-, Bank-, und Wirtschaftsrecht, Bd. 31, 2009
MünchKomm BGB	Münchner Kommentar, BGB, Allgemeiner Teil, Bd. 2, 6. Aufl. 2012
MünchKomm InsO	Münchener Kommentar, Insolvenzordnung, Bd. 1, 3. Aufl. 2013
Palandt	Bürgerliches Gesetzbuch, 72. Aufl. 2013
Schimansky/Bunte/Lwowski	Bankrechtshandbuch Bd. I, 4. Aufl. 2011
Schölermann/Schmid-Burgk	Flugzeuge als Kreditsicherheit, WM 1990, 1137
Schöner/Stöber	Handbuch der Rechtspraxis, Grundbuchrecht, 15. Aufl. 2012
Schwennicke/Auerbach	KWG, Kreditwesengesetz, Kommentar, 2. Auflage 2013
Smola	Refinanzierung wohnungswirtschaftlicher Darlehen einer Bausparkasse über Pfandbriefe, die von einer Pfandbriefbank emittiert werden und unter Einbeziehung eines Refinanzierungsregisters, BKR 2009, S. 241–244
Smola	Das Merkmal der Unterscheidbarkeit im Rahmen der Ersatzaussonderung nach § 22j Absatz 1 Satz 2 KWG, DZWIR 2012, S. 281 ff.
Staudinger	Kommentar zum Bürgerlichen Gesetzbuch, Buch 3 (2002), §§ 1204–1296
Uhlenbruck	Insolvenzordnung, 13. Aufl. 2010

KOMMENTAR
Pfandbriefgesetz

vom 22. Mai 2005 (BGBl. I S. 1373), das zuletzt durch Artikel 24 des Gesetzes vom 4. Juli 2013 (BGBl. I S. 1981) geändert worden ist.

ABSCHNITT 1
Anwendungsbereich, Erlaubnis und Aufsicht

§ 1
Begriffsbestimmungen

(1) Pfandbriefbanken sind Kreditinstitute, deren Geschäftsbetrieb das Pfandbriefgeschäft umfasst. Pfandbriefgeschäft ist

1. **die Ausgabe gedeckter Schuldverschreibungen auf Grund erworbener Hypotheken unter der Bezeichnung Pfandbriefe oder Hypothekenpfandbriefe (im Folgenden: Hypothekenpfandbriefe),**
2. **die Ausgabe gedeckter Schuldverschreibungen auf Grund erworbener Forderungen gegen staatliche Stellen unter der Bezeichnung Kommunalschuldverschreibungen, Kommunalobligationen oder Öffentliche Pfandbriefe (im Folgenden: Öffentliche Pfandbriefe),**
3. **die Ausgabe gedeckter Schuldverschreibungen auf Grund erworbener Schiffshypotheken unter der Bezeichnung Schiffspfandbriefe,**
4. **die Ausgabe gedeckter Schuldverschreibungen auf Grund erworbener Registerpfandrechte nach § 1 des Gesetzes über Rechte an Luftfahrzeugen oder ausländischer Flugzeughypotheken unter der Bezeichnung Flugzeugpfandbriefe.**

(2) Dem Erwerb einer Hypothek steht gleich der Anspruch gegen ein geeignetes Kreditinstitut auf Abtretung oder Teilabtretung einer Hypothek, die von dem Kreditinstitut treuhänderisch zugunsten der Pfandbriefbank verwaltet wird, sofern im Falle der Insolvenz des Kreditinstituts die Pfandbriefbank die Aussonderung der Hypothek verlangen kann. Für Forderungen im Sinne des Absatzes 1 Satz 2 Nummer 2, für Schiffshypotheken und für Registerpfandrechte im Sinne des Absatzes 1 Satz 2 Nummer 4 oder ausländische Flugzeughypotheken gilt Satz 1 entsprechend. Bei Forderungen im Sinne des Absatzes 1 Satz 2 Nummer 2 gegen öffentliche Schuldner im Sinne des § 20 Absatz 1 können Gegenstand des Abtretungs- und Übertragungsanspruchs auch Ansprüche sein, die sich gegen geeignete andere Kreditinstitute richten und die Voraussetzungen des Satzes 1 erfüllen oder ihrerseits gleiche Ansprüche gegen geeignete Kreditinstitute oder unter öffentlicher Aufsicht stehende Wertpapierverwahrer zum Gegenstand haben.

(3) Pfandbriefe im Sinne der folgenden Vorschriften sind Hypothekenpfandbriefe, Öffentliche Pfandbriefe, Schiffspfandbriefe und Flugzeugpfandbriefe.

Übersicht

1. Pfandbriefbank

1 Eine Pfandbriefbank ist ein **Kreditinstitut**, dessen **Geschäft das Pfandbriefgeschäft** ist. Der Begriff des Kreditinstitutes wird vom Gesetz über das Kreditwesen (KWG) festgelegt. Nach § 1 Abs. 1 Satz 1 KWG sind Kreditinstitute Unternehmen, die Bankgeschäfte geschäftsmäßig oder in einem Umfang betreiben, der einen in kaufmännischer Weise eingerichteten Geschäftsbetrieb erfordert. Gemäß § 1 Abs. 1 Satz 2 Nr. 1a KWG sind Bankgeschäfte (unter anderem) die in § 1 Abs. 1 Satz 2 des Pfandbriefgesetzes bezeichneten Pfandbriefgeschäfte.

2. Pfandbriefgeschäft

2 Das Pfandbriefgeschäft besteht in der **Ausgabe von Schuldverschreibungen**, die durch bestimmte Werte gedeckt sind. Der Begriff der **Schuldverschreibung** richtet sich nach § 793 des Bürgerlichen Gesetzbuches. Der § 1 PfandBG differenziert nicht nach Arten von Schuldverschreibungen. Pfandbriefe können daher wahlweise entweder als Inhaberschuldverschreibungen, Namensschuldverschreibungen oder als Orderschuldverschreibungen ausgegeben werden. In der Praxis werden Pfandbriefe meist als Inhaberschuldverschreibungen ausgegeben. In diesen Fällen richtet sich das Leistungsversprechen des Ausstellers der Schuldverschreibung an den jeweiligen Inhaber der Schuldverschreibung. Das Recht aus dem Wertpapier folgt sowohl bei Inhaber-, als auch bei Namens-, als auch bei Orderschuldverschreibungen dem Recht am Papier. Dies bedeutet, dass das in der Schuldverschreibung verbriefte Recht nicht ohne Innehabung dieser Schuldverschreibung geltend gemacht werden kann. Schuldverschreibungen sind daher **Wertpapiere.** Von Schuldverschreibungen zu unterscheiden sind **Schuldscheindarlehen**. Bei letzteren bildet der Schuldschein in der Regel nicht den Schuldgrund für das Leistungsversprechen. Vielmehr ergibt sich das Leistungsversprechen in aller Regel ausschließlich aus einem Darlehensvertrag und die Funktion des Schuldscheines ist auf die Beweisfunktion beschränkt.[1]

1 Siehe auch Palandt, § 371 Anm. 1.

3. Ausgabe der Schuldverschreibungen

Die Schuldverschreibungen müssen ausgegeben sein. Inhaltlich umfasst der Begriff der Ausgabe den Verkauf der Schuldverschreibung im Rechtssinne sowie die Lieferung des Papiers an den Käufer. Dies ergibt sich aus dem Wortlaut des § 1 Abs. 1 Satz 2 Nr. 10 KWG. Diese Vorschrift definiert das Emissionsgeschäft mit der Übernahme von Finanzinstrumenten, also von der Aktivseite her. Dies, obwohl der lateinische Begriff Emission ebenso wie seine deutsche Übersetzung, nämlich die Ausgabe, eine Aktion auf der Passivseite beschreibt. Daraus ist zu entnehmen, dass der Begriff der Ausgabe respektive Emission den faktischen Übergang der Schuldverschreibung vom Emittenten, also von der Passivseite auf den Übernehmer, also die Aktivseite bedeutet. Dieser faktische Übergang wird durch die Übergabe des Papiers vollzogen und durch den Abschluss eines korrespondierenden Kaufvertrages rechtlich legitimiert. 3

4. Deckungswerte

Die Pfandbriefe müssen durch bestimmte Werte gedeckt sein. Für das Pfandbriefgeschäft kommen nur die in § 1 Abs. 1 Satz 2 Nr. 1 bis 4 genannten Werte in Betracht. Im Einzelnen: 4

Nr. 1: Hypotheken, und zwar sowohl Buch- als auch Briefhypotheken. Gemäß § 18 stehen Grundschulden den Hypotheken gleich.[2] 5

Nr. 2: Forderungen gegen staatliche Stellen unter der Bezeichnung Kommunalschuldverschreibungen, Kommunalobligationen oder öffentliche Pfandbriefe. 6

Nr. 3: Schiffshypotheken. 7

Nr. 4: Registerpfandrechte nach § 1 des Gesetzes über Rechte an Luftfahrzeugen oder ausländischer Flugzeughypotheken. 8

Die in den Nummern 1 bis 4 enthaltene Aufzählung der für das Pfandbriefgeschäft zugelassenen Werte ist abschließend. Weitere Werte kommen nicht in Betracht. Dies ergibt sich einerseits bereits aus dem Wortlaut, andererseits aber auch aus dem Ziel der Wahrung der hohen Qualität des Pfandbriefs.[3] 9

5. Erwerb

Gemäß Abs. 1 Nr. 1 muss die Pfandbriefbank die Werte **erworben** haben. Ein Erwerb liegt zweifelsfrei dann vor, wenn die Pfandbriefbank materiellrechtliche Inhaberin der Werte geworden ist. Bei **Buchrechten** ist dies dann der Fall, wenn Einigung und Eintragung erfolgt ist. Bei **Briefrechten** ist die Abtretung der Darlehensforderung und die Übergabe des Briefes erforderlich, wobei die Übergabe des Briefes durch die Vereinbarung eines Besitzkonstitutes im Sinne des § 930 BGB ersetzt werden kann. Ein Erwerb wird aber auch dann vorliegen, wenn die Pfandbriefbank eine Anwartschaft auf die Werte erworben hat. Denn eine Anwartschaft bedeutet die Innehabung einer unentziehbaren Rechtsposition, die zur Erstarkung in das Vollrecht 10

2 Siehe auch § 12, „Hypotheken und Grundschulden".
3 Vgl. BT DS 15/4321, B, Lösung.

führt.[4] Ein **Anspruch** auf Einräumung der Inhaberschaft reicht für einen Erwerb nach Abs. 1 nicht aus. Allerdings wird in Abs. 2 bei Hypotheken der Anspruch auf Einräumung des Erwerbs dem Erwerb unter gewissen Umständen gleichgestellt (siehe unten). Es ist nicht erforderlich, dass das Grundpfandrecht auf Grund einer eigenen Darlehensgewährung der emittierenden Pfandbriefbank erworben wurde. Der Erwerb von Dritten reicht aus. Der Erwerb muss zur Inhaberschaft des **Volleigentums** geführt haben.[5] Der Erwerb von **Sicherungseigentum** reicht nicht aus. Denn Sicherungseigentum ist dadurch beschränkt, dass die Ausübung der Eigentümerstellung erst und nur dann zulässig ist, wenn der Sicherungszweck dies erlaubt, weil der Sicherungsgeber eine andere Verbindlichkeit, die er gegenüber der Pfandbriefbank hat, nicht erfüllt. Sicherungseigentum steht daher wirtschaftlich einem Pfandrecht näher als dem Eigentum (siehe auch unten).

6. Auf Grund

11 Es muss ein **Zusammenhang** zwischen der Ausgabe der gedeckten Schuldverschreibungen und den erworbenen Werten bestehen. Dieser Zusammenhang muss folgenden Inhalt haben: Das Pfandbriefgeschäft dient der Refinanzierung der Pfandbriefbank und betrifft somit die Passivseite. Diese Refinanzierung dient ihrerseits der Finanzierung der Darlehensvergabe, also der Aktivseite. Im Rahmen der Darlehensvergabe werden besonders werthaltige Sicherheiten erworben, die die Rückzahlung der Darlehen und damit die Rückzahlung der Pfandbriefe absichern.

7. Bezeichnung

12 § 1 Abs. 1 Satz 2 Nr. 1 bis 4 schreibt zwingend die Bezeichnung der gedeckten Schuldverschreibungen als Pfandbriefe oder Hypothekenpfandbriefe, Schiffspfandbriefe oder Flugzeugpfandbriefe vor. In Verbindung mit den im PfandBG festgelegten hohen Anforderungen, insbesondere an die Art der Deckungswerte, die Beleihungsgrenze und die Art der Wertermittlung wird durch die zwingend vorgeschriebenen Bezeichnungen die besondere Qualität des mit der Bezeichnung versehenen Wertpapiers zum Ausdruck gebracht. Diesem Zweck dient auch der in § 41 festgelegte Schutz der Bezeichnung einer Schuldverschreibung als Pfandbrief.

8. Anspruch auf Erwerb

13 Abs. 2 stellt in bestimmten Fällen den **Anspruch auf Erwerb** einer Hypothek dem Erwerb gleich. Anspruch meint einen gesetzlichen oder rechtsgeschäftlichen schuldrechtlichen Anspruch. Um den Anspruch dem Erwerb gleichstellen zu können, muss er eine möglichst sichere Position gewähren.

---

4 Vgl. Bellinger/Kerl, § 1 Rdn. 36.
5 Vgl. BT DS 15/4321, B. Besonderer Teil, zu § 1.

a) Aussonderungsfähigkeit

Aus diesem Grunde stellt Abs. 2 auch fest, von welchen Voraussetzungen die Gleichstellung abhängt. Die Hypothek muss im Falle der Insolvenz des Kreditinstituts, gegen welches der Anspruch auf Abtretung oder Teilabtretung der Hypothek besteht, **aussonderungsfähig** sein. Grundsätzlich gelten für die Aussonderungsfähigkeit die insolvenzrechtlichen Regelungen der Insolvenzordnung. Seit einigen Jahren gibt es jedoch das Instrument des **Refinanzierungsregisters**. Dieses Refinanzierungsregister ist in den §§ 22a bis o des Gesetzes über das Kreditwesen geregelt. § 22j Abs. 1 Satz 1 KWG ergänzt als Spezialregelung die betreffenden Regelungen der Insolvenzordnung insoweit, als Gegenstände, die ordnungsgemäß in das **Refinanzierungsregister** eingetragen sind, im Falle der Insolvenz des Refinanzierungsunternehmens als nicht der Insolvenzmasse zugehörig gelten und deshalb vom Übertragungsberechtigten nach § 47 InsO ausgesondert werden können. Diese Aussonderungsfähigkeit wird allein durch die Erfüllung des formalen Kriteriums der **ordnungsgemäßen Eintragung** der Gegenstände in das Refinanzierungsregisters erreicht. 14

Gemäß § 22j Abs. 1 Satz 2 umfasst die Aussonderungsfähigkeit auch diejenigen Gegenstände, die **an die Stelle** der ordnungsgemäß im Refinanzierungsregister eingetragenen Gegenstände treten. § 22j Abs. 1 Satz 2 verdängt als Spezialregelung § 48 Abs. 2 InsO. In Bezug auf diese **Surrogate** enthält die Begründung zu § 22i im Rahmen des Gesetzentwurfes der Bundesregierung zur Änderung der Insolvenzordnung, des Kreditwesengesetzes und anderer Gesetze in der Fassung vom September 2004 folgende Formulierung: 15

> *„Diese Vorschrift ist in einem weiten Sinn zu verstehen. Insbesondere sind „an die Stelle" getreten: Ansprüche aus Versicherungsverträgen bei Untergang einer eingetragenen versicherten Sache oder Ansprüche gegen den Schädiger einer eingetragenen Sache; wenn es sich bei dem eingetragenen Gegenstand um einen Anspruch handelt: Gegenstände, die zur Erfüllung des Anspruches geleistet werden, ebenso Leistungen erfüllungshalber und an Erfüllung statt. Nicht erfasst werden dagegen Leistungen von Sicherungsgebern oder Erlöse aus der Verwertung von Sicherheiten. Diese treten nicht „an die Stelle" der im Refinanzierungsregister eingetragenen Gegenstände. Die Ansprüche gegen Sicherungsgeber oder die Sicherungsgegenstände können aber selbst ins Refinanzierungsregister eingetragen werden, weil sie „Gegenstände" im Sinne der ... sind"*[6]

Mit „Dieser Vorschrift" meint die oben angegebene Gesetzesbegründung zwar den § 22i Abs. 1 Satz 2 der Gesetzesentwurfs vom September 2004. Dieser war wie folgt formuliert: *„Das gleiche gilt für Gegenstände, die an die Stelle der im Refinanzierungsregister eingetragenen Gegenstände treten"*. Der heutige § 22j Abs. 1 Satz 2 ist bis auf die zusätzliche Verwendung des Wortes „ordnungsgemäß" identisch. Dieser Begriff ändert in der Sache nichts. Die Begründung kann daher zur Auslegung des heutigen § 22j Abs. 1 Satz 2 herangezogen werden. 16

Warum nach dieser Gesetzesbegründung **Erlöse aus der Verwertung** der Sicherheiten nicht **„an die Stelle"** der Sicherheiten treten sollen, erscheint nicht konsequent. Es erscheint widersprüchlich, die Formulierung des § 22j Abs. 1 Satz 2 zu- 17

6 Vgl. Ref E v. Sept. 2004, zu § 22i, S. 50.

nächst sehr weit zu fassen und dann die durch diese weite Formulierung ermöglichte Erfassung aller Surrogate nachträglich einzuschränken und dafür anzubieten, die durch diese Einschränkung ausgeschlossenen Surrogate durch gesonderte Eintragung in das Register aussonderungsfähig zu machen.

18 § 22j Abs. 1 Satz 2 verlangt im Gegensatz zu § 48 Satz 1 InsO nicht die **Unterscheidbarkeit.**[7] Aus diesem Grunde gibt es bei der Ersatzaussonderung nach § 22j Abs. 1 Satz 2 auch nicht das verbriefungstypische **Vermischungsrisiko**.

b) Gegenstände

19 Gegenstände im Sinne des § 22j Abs. 1 KWG sind gemäß § 22d Abs. 1 Nr. 1 KWG diejenigen Forderungen oder diejenigen Sicherheiten, auf deren Übertragung die im Register eingetragenen Zweckgesellschaften, Refinanzierungsvermittler oder Kreditinstitute mit Sitz in einem Staat des europäischen Wirtschaftsraumes oder in § 2 Abs. 1 Nr. 1 oder Nr. 3a KWG genannten Einrichtungen einen Anspruch haben. Aus der Formulierung „Forderungen oder Sicherheiten" geht hervor, dass zwischen den Forderungen und den Sicherheiten kein Zusammenhang bestehen muss. Es können daher Forderungen ohne eventuell zugehörende Sicherheiten und Sicherheiten ohne die aus dem Sicherungszweck hervorgehenden Forderungen eingetragen werden.

c) Volleigentum

20 Aus der ausdrücklichen Anforderung des § 1 Abs. 2, dass die Hypothek im Falle der Insolvenz des Kreditinstituts zugunsten der Pfandbriefbank ausgesondert wird, folgt, dass sich der Anspruch der Pfandbriefbank auf die Verschaffung des **Volleigentums** respektive der **vollen Inhaberschaft** an der Hypothek beziehen muss. Es ist nicht ausreichend, wenn sich der Anspruch auf die Verschaffung von **Sicherungseigentum** bezieht. Sicherungseigentum zeichnet sich dadurch aus, dass der Sicherungsnehmer seine Eigentümerstellung erst und nur dann geltend machen kann, wenn der Sicherungszweck eingetreten ist, weil der Sicherungsnehmer seine eigentlichen Pflichten dem Sicherungsgeber gegenüber nicht erfüllt. Dieses so beschränkte Sicherungseigentum steht wirtschaftlich gesehen aber einem Pfandrecht näher als dem Eigentum. Es ist daher in der Insolvenz des Sicherungsgebers nicht gemäß § 47 InsO aussonderungsfähig, sondern gemäß § 51 Nr. 1 InsO nur **absonderungsfähig.**[8] Die **Absonderung** hat aber eine völlig andere und in der Wirkung auch geringere Qualität als die **Aussonderung**. Bei der Aussonderung wird die Hypothek nicht zur Insolvenzmasse gerechnet, sondern als direkt dem Vermögen des Aussonderungsberechtigten zugehörend angesehen.[9] Bei der Absonderung ist die Hypothek Bestandteil der Insolvenzmasse und wird vom Insolvenzverwalter wie alle anderen Massegegenstände auch verwertet. Allerdings ist der Absonderungsberechtigte nicht auf die Insolvenzquote beschränkt, sondern kann den Erlös bis zur Höhe seines Anspruchs herausverlangen. Ein etwaiger Mehrerlös steht jedoch der Insol-

---

7 Vgl.: Smola, DZWIR 2012, 281 f.
8 S.a. Münchener Kommentar InsO, Bd 1, § 51 Anm. 1 und 9.
9 Vgl. Münchener Kommentar InsO, Bd 1, § 47 Anm. 5 und 12.

venzmasse zu und nicht dem Absonderungsberechtigten.[10] Bereits daraus, dass ein Absonderungsrecht nicht zur Herauslösung eines Wertes (Darlehen plus Hypothek) aus der Insolvenzmasse und zur Einbeziehung in das Vermögen der Pfandbriefbank führt, sondern nur dazu, dass der Verwertungserlös bis zur Höhe des Anspruchs der Pfandbriefbank an die Pfandbriefbank ausgekehrt wird, folgt schon, dass sich eine Indeckungnahme durch die Pfandbriefbank verbietet. Hinzu kommt aber noch, dass nur selten klar ist, wie viele Absonderungsberechtigte es nun gibt. Daher besteht immer das Risiko, dass mehrere Absonderungsberechtigte da sind, die untereinander in einem Rangverhältnis stehen was wiederum bedeutet, dass die Pfandbriefbank im Extremfall trotz eines Absonderungsrechts leer ausgehen kann. Die in § 1 Abs. 2 ausdrücklich festgelegte Anforderung, dass Ansprüche auf Abtretung oder Teilabtretung von Hypotheken nur dann zur Ausgabe von Pfandbriefen herangezogen werden können, wenn diese Ansprüche dazu führen, dass im Falle der Insolvenz des Veräußerers die Pfandbriefbank die **Aussonderung** der Hypothek (und nicht nur die Absonderung) verlangen kann, ist daher nur konsequent.

Aus vorgenanntem ergibt sich beispielsweise auch, dass es nicht den Anfor- 21
derungen des § 1 Abs. 2 entspricht, wenn eine Pfandbriefbank einem Kreditinstitut eine **Kreditlinie** gewährt, sich diese Kreditlinie durch Ansprüche auf Abtretung eines Portfolios von hypothekenbesicherten Darlehen absichern lässt und diese Ansprüche in das Refinanzierungsregister eintragen lässt. Denn die Abtretung der Hypotheken dient nur der Absicherung der Rückzahlung der von der Pfandbriefbank eingeräumten Kreditlinie. Zwar können diese Abtretungsansprüche in ein Refinanzierungsregister eingetragen werden. Sie sind deshalb auch gemäß § 22j Abs. 1 KWG aussonderungsfähig. Die Eigentümerstellung der Pfandbriefbank kann aber nur und erst dann ausgeübt werden, wenn der Sicherungszweck dies erlaubt, weil das Kreditinstitut die Kreditlinie nicht bedient. Der Anspruch auf Abtretung der Hypothek hat daher nicht die Verschaffung von Volleigentum, sondern nur die Verschaffung von **Sicherungseigentum** zum Inhalt. Sicherungseigentum kann aber – wie oben gezeigt – nicht **ausgesondert,** sondern nur **abgesondert** werden. Mit anderen Worten: Der so erworbene Anspruch ist zwar durch Eintragung im Refinanzierungsregister aussonderungsfähig. Er richtet sich aber nicht auf den Erwerb von Volleigentum, sondern nur auf den Erwerb von Sicherungseigentum. Dieses wiederum kann im Insolvenzfalle nicht ausgesondert sondern nur abgesondert werden. Die **Indeckungnahme** dieses Anspruchs steht daher nicht im Einklang mit Abs. 2 und ist daher **rechtswidrig**.

d) Geeignetes Kreditinstitut

Der Anspruch muss sich gegen ein **geeignetes Kreditinstitut** richten. Der Be- 22
griff des **Kreditinstitutes** ist in § 1 Abs. 1 KWG festgelegt. Dieses Kreditinstitut muss **„geeignet"** sein. Der Begriff der Geeignetheit ist sehr weit und daher sehr interpretationsbedürftig. Wesentliches Ziel des PfandBG ist es, den Pfandbriefgläubigern eine möglichst sichere Wertpapieranlage zu gewährleisten. Hieraus ergibt sich, dass für die Frage der Auslegung des Begriffs der Geeignetheit in erster Linie Qualitäts- und

10 Vgl. Münchener Kommentar InsO, Bd 1, Vorbemerkung zu den §§ 49 bis 52, Anm. 1.

Sicherheitserwägungen heranzuziehen sind. Auf dieser Basis ergibt sich, dass das Kreditinstitut über die fachlichen und organisatorischen Fähigkeiten verfügen muss, um die Darlehen und Sicherheiten in banküblicher Weise angemessen zu verwalten.

23 Darüber hinaus muss das Kreditinstitut in der Lage sein, die Anforderungen des Pfandbriefrechts zu erfüllen. Hierzu gehören beispielsweise die laufende Übermittlung deckungsrelevanter Daten auf der Basis taggenauer Aktualität[11] oder die Ermittlung der Beleihungswerte nach § 16 in Verbindung mit der jeweils geltenden Beleihungswertverordnung. Schon um operationelle Risiken zu begrenzen, wird man verlangen müssen, dass bei Begründung des Anspruchs keine Unsicherheiten in Bezug auf die Liquidität des Kreditinstituts bestehen.

24 Aber auch außerhalb des Kreditinstituts liegende Umstände müssen für die Frage der Beurteilung der Geeignetheit herangezogen werden. Hierzu zählen beispielsweise die wirtschaftlichen und politischen Verhältnisse des Landes bzw. der Länder, die Einflüsse auf das Kreditinstitut haben, durch die die Darlehens- und Sicherheitenverwaltung einschließlich des Einzugs und der Weiterleitung des Kapital- und Zinsdienstes oder auch die Verwertung der Sicherheiten beeinträchtigt werden können. Abstrakte Gefährdungen, wie das bloße Bestehen von entsprechenden Rechtsgrundlagen, dürften in der Regel unschädlich sein. Andererseits wird bei konkreten Gefährdungen die Schwelle zur Ungeeignetheit bereits weit überschritten sein. Richtigerweise wird die Schwelle zur Ungeeignetheit dann erreicht sein, wenn Umstände ersichtlich oder absehbar sind, durch die sich begründete Zweifel an der ordentlichen Darlehens- und Sicherheitenverwaltung einschließlich der Sicherheitenverwertung und dem Einzug der Forderungen sowie der Weiterleitung von Kapital und Zins oder Erlös ergeben. Ein Vergleich zwischen dem Land des Sitzes der Pfandbriefbank und dem Land des Kreditinstituts, gegen das der Anspruch auf Abtretung oder Teilabtretung einer Hypothek begründet werden soll, kann insoweit hilfreich sein. Sofern das betreffende Kreditinstitut seinen Sitz in der Schweiz, den USA, in Kanada oder Japan hat, wird man für die Geeignetheit des Kreditinstituts zusätzlich zu den oben dargelegten Kriterien fordern müssen, dass diesen Instituten ein der Bonitätsstufe 1 entsprechendes Risikogewicht nach Tabelle 5 des Artikels 121 Abs. 1 der Verordnung (EU) Nr. 575/2013 zugeordnet worden ist.[12]

e) Treuhandverhältnis

25 Gemäß § 1 Abs. 2 muss die Hypothek **treuhänderisch** von dem Kreditinstitut für die Pfandbriefbank verwaltet werden. An den Treuhandbegriff dürfen keine allzu großen Anforderungen gestellt werden. Es wird daher das Treuhandverhältnis ausreichen, das dadurch entsteht, dass das Kreditinstitut gegenüber der Pfandbriefbank die Verpflichtung zur Übertragung eingeht. Daneben wird in der Regel ein Treuhandverhältnis bestehen, das sich daraus ergibt, dass das verkaufende Kreditinstitut die Verwaltung der Darlehen auch nach dem Verkauf weiterführt, und zwar nicht mehr für sich, sondern für die Pfandbriefbank.

11 S. hierzu § 4, „jederzeitige Deckung".
12 S. auch § 4, „geeignetes Kreditinstitut".

f) Anwendungsbereich

Durch die im Zuge der **Gesetzesnovelle 2010** erfolgte Neufassung des Abs. 2 Satz 2 wird die Gleichsetzung des Anspruchs auf Erwerb mit dem Erwerb selbst nicht mehr nur auf Hypotheken beschränkt, sondern auf öffentliche Deckungswerte im Sinne des Abs. 1 Satz 2 Nr. 2 in Verbindung mit § 20 Abs. 1, auf Schiffshypotheken sowie auf Registerpfandrechte an Luftfahrzeugen ausgedehnt. Abs. 2 Satz 3 ermöglicht die Nutzung von Verwahr- oder Verrechnungssystemen. Diese müssen jedoch insolvenzfest sein.[13] 26

9. Aussetzung der Übertragung der Darlehensforderungen und Grundpfandrechte

Die Verbindung des § 1 Abs. 2 mit dem Einsatz eines Refinanzierungsregisters ermöglicht es, die Übertragung der Darlehensforderungen und Sicherheiten bis zum Ende der Darlehenslaufzeiten auszusetzen und es bei dem schuldrechtlichen Anspruch auf Übertragung zu belassen. Dadurch können eine Vielzahl von Aufwendungen eingespart werden, die bei einer Übertragung angefallen wären, beispielsweise die Kosten für die Übertragung von Grundschulden respektive deren Rückübertragung im Falle des Vorliegens entsprechender Rückgewährsansprüche. Die schuldrechtlichen Ansprüche auf Übertragung respektive Rückübertragung dieser Grundschulden erlöschen dabei einfach von selbst in dem Maße, in dem sich die Sicherungszwecke erledigen.[14] 27

10. Pfandbriefgattungen

In Abs. 3 werden die Gattungen der Pfandbriefe auf Hypothekenpfandbriefe, öffentliche Pfandbriefe, Schiffspfandbriefe und Flugzeugpfandbriefe beschränkt. Die Aufzählung ist abschließend. Dies geht bereits aus dem Wortlaut hervor, ergibt sich aber auch aus der enumerativen Aufzählung der Nummern 1 bis 4 des Abs. 1 Satz 2 in Verbindung mit dem Ziel der Wahrung einer hohen Qualität des Pfandbriefs. 28

§ 2
Erlaubnis

(1) Ein Kreditinstitut mit Sitz im Geltungsbereich dieses Gesetzes, das das Pfandbriefgeschäft betreiben will, bedarf der schriftlichen Erlaubnis der Bundesanstalt für Finanzdienstleistungsaufsicht (Bundesanstalt) nach § 32 des Kreditwesengesetzes. Zusätzlich muss das Kreditinstitut für eine Erlaubnis zum Betreiben des Pfandbriefgeschäfts folgende Voraussetzungen erfüllen:

13 BT DS 17/1720, B, zu Nr. 2.
14 Smola, BKR 2009, 241 ff.

1. **Das Kreditinstitut muss über ein Kernkapital von mindestens 25 Millionen Euro verfügen.**
2. **Das Kreditinstitut muss eine Erlaubnis für das Kreditgeschäft im Sinne des § 1 Abs. 1 Satz 2 Nr. 2 des Kreditwesengesetzes haben und dieses voraussichtlich betreiben.**
3. **Das Kreditinstitut muss über geeignete Regelungen und Instrumente im Sinne des § 27 zur Steuerung, Überwachung und Kontrolle der Risiken für die Deckungsmassen und das darauf gründende Emissionsgeschäft verfügen.**
4. **Aus dem der Bundesanstalt vorzulegenden Geschäftsplan des Kreditinstituts muss hervorgehen, dass das Kreditinstitut das Pfandbriefgeschäft regelmäßig und nachhaltig betreiben wird und dass ein dafür erforderlicher organisatorischer Aufbau vorhanden ist.**
5. **Der organisatorische Aufbau und die Ausstattung des Kreditinstituts müssen, abhängig von der Reichweite der Erlaubnis, künftigen Pfandbriefemissionen sowie dem Immobilienfinanzierungs-, Staatsfinanzierungs-, Schiffsfinanzierungs- oder Flugzeugfinanzierungsgeschäft angemessen Rechnung tragen.**

Abweichend von § 33 Abs. 4 des Kreditwesengesetzes ist die nach Satz 1 erforderliche Erlaubnis auch dann zu versagen, wenn die Voraussetzungen des Satzes 2 Nr. 1 bis 5 nicht vorliegen. § 32 Abs. 2 Satz 2 des Kreditwesengesetzes ist mit der Maßgabe anzuwenden, dass die Erlaubnis für das Pfandbriefgeschäft auch auf einzelne der in § 1 Abs. 1 Satz 2 Nr. 1 bis 4 genannten Tätigkeiten beschränkt werden kann. Die nach § 25c Absatz 1 Satz 2 des Kreditwesengesetzes vorausgesetzten theoretischen und praktischen Kenntnisse sind im Pfandbriefgeschäft abhängig von der Reichweite der Erlaubnis regelmäßig anzunehmen, wenn die Geschäftsleiter über entsprechende Kenntnisse im Bereich des Hypothekarkreditgeschäfts, des Kommunalkreditgeschäfts, des Schiffskreditgeschäfts oder des Flugzeugfinanzierungsgeschäfts und dessen Refinanzierung verfügen.

(2) Die Bundesanstalt kann die Erlaubnis zum Betreiben des Pfandbriefgeschäfts außer in den Fällen des § 35 Abs. 2 des Kreditwesengesetzes auch aufheben, wenn

1. **die Voraussetzungen des Absatzes 1 Satz 2 Nr. 1 bis 3 und 5 nicht mehr vorliegen oder**
2. **die Pfandbriefbank seit mehr als zwei Jahren keine Pfandbriefe begeben hat und nicht zu erwarten ist, dass das Pfandbriefgeschäft innerhalb der nächsten sechs Monate als regelmäßig und nachhaltig betriebenes Bankgeschäft wieder aufgenommen wird.**

(3) Hebt die Bundesanstalt die Erlaubnis für das Pfandbriefgeschäft auf oder erlischt diese, so sind die Deckungsmassen abzuwickeln.

(4) Hebt die Bundesanstalt die Erlaubnis nach § 32 des Kreditwesengesetzes zum Betreiben von Bankgeschäften und zur Erbringung von Finanzdienstleistungen vollständig auf oder erlischt diese, besteht die bisherige Erlaubnis der Pfandbriefbank in Ansehung der Deckungsmassen und der durch diese gesicherten Verbindlichkeiten bis zur vollständigen und fristgerechten Erfüllung der Pfandbriefverbindlichkeiten fort, soweit nicht die

Bundesanstalt die Erstreckung der Erlaubnisaufhebung ausdrücklich anordnet.

(5) In den Fällen der Absätze 3 und 4 ist ein Sachwalter zu ernennen, wenn dies für die vollständige und fristgerechte Erfüllung der Pfandbriefverbindlichkeiten erforderlich ist und nicht bereits nach § 30 Absatz 2 oder 5 ein Sachwalter ernannt worden ist. Die Ernennung kann auf Antrag der Bundesanstalt mit Zustimmung der Geschäftsleiter der Pfandbriefbank auch dann erfolgen, wenn die Ernennung eines Sachwalters dienlich erscheint. Für das Verfahren der Ernennung und die Rechtsstellung dieses Sachwalters gelten die Vorschriften der §§ 30 bis 36 entsprechend.

Übersicht

1. Erlaubnispflicht

§ 2 Abs. 1 Satz 2 stellt klar, dass das Pfandbriefgeschäft der Erlaubnispflicht des 1
§ 32 KWG unterliegt. § 2 Abs. 1 Satz 2 legt fest, dass diese Erlaubnis nur dann gewährt wird, wenn neben den Voraussetzungen des § 2 Abs. 1 Satz 2 PfandBG zusätzlich die Voraussetzungen des § 32 KWG vorliegen.[1] Sind die Voraussetzungen der § 2 PfandBG und des § 32 KWG erfüllt und liegt kein Versagungsgrund vor, besteht ein Anspruch der Pfandbriefbank auf Erteilung der Erlaubnis.[2]

2. Kernkapital

§ 2 Abs. 1 Satz 2 Nr. 1 legt fest, dass das Kreditinstitut über ein Kernkapital 2
von mindestens 25 Mio Euro verfügen muss. Hierdurch wird der Besonderheit Rechnung getragen, dass sich das Pfandbriefgeschäft durch die Langfristigkeit der Emissionen und Darlehensgewährungen auszeichnet. Die Anforderung an die Eigenmittel soll die erhöhten Risiken in Bezug auf Verluste und Liquiditätsengpässe kompensieren, die sich aus der Langfristigkeit des Pfandbriefgeschäfts ergeben.[3]

---

1 Vgl. BT DS 15/4321, zu § 2 „Erlaubnis".
2 Vgl. Schwennicke/Auerbach, § 32 KWG, I Vorbemerkung Rdn. 3.
3 Vgl. BT DS 15/4321, zu § 2, „Erlaubnis".

3. Kreditgeschäfte nach § 1 Abs. 1 Satz 2 Nr. 2 KWG

3 Die in § 2 Abs. 1 Satz 2 Nr. 2 PfandBG genannten Geschäfte gemäß § 1 Abs. 1 Satz 2 Nr. 2 KWG sind die **Gewährung von Gelddarlehen** gemäß § 488 BGB und die Gewährung von **Akzeptkrediten**. Unter Gelddarlehen fällt auch die Einräumung von Kreditlinien.[4] Ein Akzeptkredit liegt dann vor, wenn ein Kreditinstitut aufgrund einer bestehenden Vereinbarung einen vom Kunden ausgestellten Wechsel akzeptiert und der Kunde den akzeptierten Wechsel bei einem Dritten diskontiert.[5]

4. Geeignete Regelungen

4 § 2 Abs. 1 Satz 2 Nr. 3 dient dem Vertrauensschutz der Pfandbriefgläubiger. Um den Pfandbrief zu einer besonders sicheren Anlage zu machen, wird die Aufstellung besonderer Regelungen und die Einrichtung besonderer Instrumente im Sinne des § 27 zur Steuerung, Überwachung und Kontrolle der Risiken für die Deckungsmasse und das darauf gründende Emissionsgeschäft festgelegt. Diese Regelungen und Instrumente müssen so angelegt sein, dass sie eine genaue Steuerung der Aktiv- und Passivgeschäfte ermöglichen sowie eine effiziente Kontrolle der mit den Pfandbriefgeschäften verbundenen Zinsänderungs-, Währungs- und sonstige Marktpreisrisiken gewährleisten.[6] Damit die Effizienz der Regelungen von der Aufsichtsbehörde angemessen überprüft werden kann und um eine optimale Umsetzung im Unternehmen zu ermöglichen, wird zu fordern sein, dass diese Regelungen vom Kreditinstitut schriftlich festgelegt werden, beispielsweise in Organisationshandbüchern.

5. Geschäftsplan

5 Gemäß § 2 Abs. 1 Satz 2 Nr. 4 muss das Kreditinstitut der Bundesanstalt einen Geschäftsplan vorlegen, aus dem hervorgeht, dass das Kreditinstitut das Pfandbriefgeschäft **regelmäßig** und **nachhaltig** betreibt und dass das Kreditinstitut hierfür den erforderlichen **organisatorischen Aufbau** vorhält (siehe unten).

6. Pfandbriefgeschäft

6 Wegen des Begriffs des **Pfandbriefgeschäfts** s.o. die entsprechenden Ausführungen zu § 1.

7. Regelmäßigkeit

7 Der Begriff der Regelmäßigkeit ist nicht zu eng zu sehen. Einerseits soll die personelle Qualifikation der mit dem Pfandbriefgeschäft befassten Mitarbeiter durch das regelmäßige Betreiben des Pfandbriefgeschäfts gewährleistet sein, andererseits müssen sich Emissionen an Marktgegebenheiten orientieren. Allerdings

---

4 Schwennicke/Auerbach, § 1 KWG Rdn. 34 m.w.N.
5 Schwennicke/Auerbach, § 1 KWG Rdn. 38 m.w.N.
6 Vgl. BT DS 15/4321, zu § 2, „Erlaubnis“.

geht aus Abs. 2 Nr. 2 hervor, dass die Bundesanstalt die Erlaubnis zum Betreiben des Pfandbriefgeschäfts aufheben kann, wenn die Pfandbriefbank seit mehr als zwei Jahren keine Pfandbriefe begeben hat und nicht zu erwarten ist, dass das Pfandbriefgeschäft innerhalb der nächsten sechs Monate als regelmäßiges und nachhaltiges Bankgeschäft wieder aufgenommen wird. Für den Begriff der Regelmäßigkeit wird es daher ausreichen, wenn innerhalb dieser Grenzen ein Pfandbrief emittiert wird.[7]

8. Nachhaltigkeit

Nachhaltigkeit liegt dann vor, wenn sich das Pfandbriefgeschäft selbst trägt. Die 8
Ergebnisse aus diesen Geschäften müssen für sich genommen ausreichen, um die hohen Anforderungen des PfandBG an die Qualität der Deckungsmassen – zum Beispiel durch Erwerb sicherer und Veräußerung unsicherer Deckungswerte – während der gesamten Laufzeit der ausstehenden Pfandbriefe sicherzustellen. Ein bestimmtes Emissionsvolumen ist hingegen nicht erforderlich.[8]

9. Organisatorischer Aufbau

Zum qualitativ hochwertigen Betreiben des Pfandbriefgeschäfts verlangt § 2 9
Abs. 1 Satz 2 Nr. 4 in Verbindung mit Nr. 5 einen angemessenen organisatorischen Aufbau. Dieser ist notwendige Voraussetzung für das regelmäßige, nachhaltige und qualitativ hochwertige Betreiben des Pfandbriefgeschäfts.

§ 2 Abs. 1 Satz 2 Nr. 3 und 5 steht im Zusammenhang mit § 27 Abs. 1. Beide Vor- 10
schriften ergänzen § 25a Abs. 1 KWG. Die Anforderungen des § 2 Abs. 1 müssen – sofern das Pfandbriefgeschäft betroffen ist – zusätzlich zu den Anforderungen des § 25a Abs. 1 KWG erfüllt sein. Dies ergibt sich aus den im Vergleich zu anderen Bankgeschäften erhöhten Qualitätsanforderungen an das Pfandbriefgeschäft.[9]

10. Verhältnis von § 2 PfandBG zu § 33 Abs. 4 KWG

Die Formulierung des § 2 Abs. 1 Satzes 3 PfandBG bringt zum Ausdruck, dass 11
das neben dem **Pfandbriefgesetz** auch das Gesetz über das Kreditwesen gilt, wobei das PfandBG als Spezialgesetz die Regeln des KWG ergänzt und bei Konkurrenz verdrängt. Gemäß § 33 Abs. 4 KWG darf die Erlaubnis zum Geschäftsbetrieb aus anderen als in den Absätzen 1 und 3 des § 33 KWG genannten Gründen nicht versagt werden. § 2 Abs. 1 Satz 3 PfandBG ergänzt § 33 Abs. 4 KWG und bestimmt, dass zusätzlich zu den in § 33 Abs. 4 KWG genannten Gründen auch das Nichtvorliegen der Anforderungen der Nummern 1 bis 5 des § 2 Abs. 1 Satz 2 PfandBG zu einer Versagung der Erlaubnis führen.

§ 2 Abs. 1 Satz 4 PfandBG normiert in Verbindung mit § 32 Abs. 2 Satz 2 KWG, 12
dass die Erlaubnis für das Betreiben des Pfandbriefgeschäfts auf einzelne der in den Nummern 1 bis 4 des § 1 Abs. 1 Satz 2 genannten Pfandbriefgeschäfte beschränkt

7 Vgl. BT DS 15/4321, zu § 2, „Erlaubnis".
8 Vgl. BT DS 15/4321, zu § 2, „Erlaubnis".
9 Vgl. BT DS 15/4321, „Lösung".

werden kann. Konsequenterweise bestimmt § 2 Abs. 1 Satz 5, dass sich die fachliche Qualifikation der Geschäftsleiter an der Reichweite der Erlaubnis zu orientieren hat und sich nicht auf Geschäfte erstrecken muss, die von der Erlaubnis nicht erfasst werden.

11. Aufhebung der Erlaubnis zum Betreiben des Pfandbriefgeschäfts

13 § 2 Abs. 2 Nr. 1 ergänzt die Gründe zur Aufhebung der Erlaubnis über die in § 35 Abs. 2 KWG genannten Gründe hinaus auf das Fehlen der Anforderungen des § 2 Abs. 1 Satz 2 Nr. 1 bis 5. § 2 Abs. 2 Nr. 2 ergänzt die Gründe zur Aufhebung der Erlaubnis über die in den §§ 2 Abs. 1 Satz 2 Nr. 1 bis 5 PfandBG und 35 Abs. 2 KWG genannten Gründe hinaus auch darauf, dass die Pfandbriefbank seit mehr als zwei Jahren keine Pfandbriefe begeben hat und nicht zu erwarten ist, dass das Pfandbriefgeschäft innerhalb der nächsten sechs Monate als regelmäßig und nachhaltig betriebenen Pfandbriefgeschäft wieder aufgenommen wird.[10] Für diese Erwartung dürfte es ausreichen, wenn eine Emission so konkret in die Refinanzierungsplanung des Kreditinstituts einbezogen ist, dass mit der Durchführung zu rechnen ist.[11]

14 § 2 Abs. 2 Nr. 2 ersetzt nicht den § 35 Abs. 1 Satz 1 KWG. Letztere Vorschrift bestimmt, dass die Erlaubnis erlischt, wenn nicht innerhalb eines Jahres seit ihrer Erteilung von dieser Gebrauch gemacht wird. Aus dieser Formulierung geht hervor, dass sich § 35 Abs. 1 Satz auf das erste Geschäft bezieht, welches das Kreditinstitut nach Erteilung der Erlaubnis durchführt. Demgegenüber meint § 2 Abs. 2 Nr. 2 den zeitlichen Abstand von zwei Geschäften, die nach dem Zeitpunkt des Erteilens der Erlaubnis liegen.

12. Abwicklung der Deckungsmassen bei Wegfall der Erlaubnis zum Betreiben des Pfandbriefgeschäfts

15 § 2 Abs. 3 bestimmt, dass die Deckungsmassen abzuwickeln sind, wenn die Erlaubnis zum Betreiben des Pfandbriefgeschäfts erlischt oder von der Bundesanstalt aufgehoben wird. Abs. 3 betrifft nur die Aufhebung zum Betreiben des Pfandbriefgeschäfts, nicht aber auch die Erlaubnis zum Betreiben sonstiger Bankgeschäfte. Letztere ist in Abs. 4 geregelt. Abwicklung im Sinne des Abs. 3 bedeutet dabei nicht, dass die Deckungswerte sofort fällig gestellt werden. Daraus, dass § 2 Abs. 3 nur von den Deckungsmassen spricht, nicht aber auch von den Pfandbriefen ergibt sich auch, dass die Pfandbriefe nicht sofort fällig gestellt werden. Die Abwicklung der Deckungsmassen im Sinne des § 2 Abs. 3 bedeutet vielmehr, dass die Pfandbriefe bis zu ihrer Fälligkeit vertragsgemäß weiter bedient werden, die Deckungsmasse bis zur Fälligkeit der korrespondierenden Pfandbriefe fortgeführt und die zur Deckungsmasse gehörenden Deckungswerte vertragsgemäß weiter bedient werden.[12]

---

10 Vgl. oben.
11 Wegen der Definition des Begriffs der Emission s.o. zu § 1.
12 Vgl. BT DS 15/4321, zu § 2, „Erlaubnis".

13. Schicksal der Deckungsmassen und Pfandbriefe bei Wegfall der Erlaubnis zum Betreiben sonstiger Bankgeschäfte

Durch die im Zuge der Pfandbriefnovelle 2010 erfolgte Neufassung des Abs. 4 wird klargestellt, dass der Wegfall der Erlaubnis zum Betreiben sonstiger Bankgeschäfte nicht automatisch zum Wegfall der Erlaubnis zum Betreiben des Pfandbriefgeschäftes führt. Allerdings wird die Erlaubnis zum Betreiben des Pfandbriefgeschäfts auf bereits umlaufende Pfandbriefe beschränkt. Die Ausgabe neuer Pfandbriefe wird dadurch unzulässig. 16

14. Sachwalter

Zuständig für die Ernennung des Sachwalters ist das zuständige Insolvenzgericht. Dies ergibt sich aus § 31 Abs. 1 PfandBG in Verbindung mit § 31 Abs. 11 PfandBG. 17

§ 3
Aufsicht

Die Bundesanstalt übt die Aufsicht über die Pfandbriefbanken nach den Vorschriften dieses Gesetzes und den in § 6 Absatz 1 Satz 1 des Kreditwesengesetzes genannten Gesetzen und Verordnungen aus. Sie ist befugt, alle Anordnungen zu treffen, die geeignet und erforderlich sind, um das Geschäft der Pfandbriefbanken mit diesem Gesetz und den dazu erlassenen Rechtsverordnungen im Einklang zu erhalten. Sie hat zu von ihr bestimmten Zeitpunkten auf der Grundlage geeigneter Stichproben die Deckung der Pfandbriefe zu prüfen; hierbei kann sie sich anderer Personen und Einrichtungen bedienen. Die Prüfung soll in der Regel nach jeweils zwei Jahren erfolgen. Die von anderen staatlichen Stellen ausgeübte Aufsicht bleibt unberührt.

Übersicht

1. Prüfungspflicht

§ 3 PfandBG ergänzt § 44 Abs. 1 Satz 2 KWG. Während § 44 Abs. 1 Satz 2 KWG der Bundesanstalt lediglich die Befugnis einräumt, ohne besonderen Anlass Prüfungen vorzunehmen bzw. vornehmen zu lassen, begründet § 3 Satz 3 PfandBG im Hinblick auf das Pfandbriefgeschäft eine Pflicht der Bundesanstalt, Deckungsprüfungen vorzunehmen, wobei gemäß Satz 4 zusätzlich festgelegt wird, dass diese Deckungsprüfungen in der Regel alle zwei Jahre erfolgen sollen. Auch ohne besonderen Anlass kann die Bundesanstalt diesen Prüfungszeitraum verkürzen. Dabei sollte sie allerdings die berechtigten Interessen der Pfandbriefbank berücksichtigen.[1] Auf der Basis 1

1 Vgl. BT DS 15/4321, zu § 3, Aufsicht.

dieser Prüfungen ist die Bundesanstalt gemäß Satz 2 befugt, alle Anordnungen zu treffen, die geeignet und erforderlich sind, um die Rechtmäßigkeit der betriebenen Pfandbriefgeschäfte zu gewährleisten.

2. Rechte der Bundesanstalt

2 In Bezug auf Deckungsprüfung nach § 3 PfandBG stehen der Bundesanstalt sämtliche Möglichkeiten zur Verfügung, die § 44 KWG bietet, und zwar einschließlich des Rechts auf Veranlassung der Kreditinstitute zur Einberufung von Hauptversammlungen, Generalversammlungen, Gesellschafterversammlungen oder der Einberufung von Aufsichtsratssitzungen und einschließlich des Rechts an der Teilnahme an diesen Sitzungen. Dies ergibt sich indirekt aus der Begründung der Bundesregierung zum Entwurf eines Gesetzes zur Neuordnung des Pfandbriefrechts.[2]

2 Vgl. BT DS 15/4321, zu § 3, Aufsicht.

ABSCHNITT 2

Allgemeine Vorschriften über die Pfandbriefemission

§ 4
Deckungskongruenz

(1) Die jederzeitige Deckung der umlaufenden Pfandbriefe nach dem Barwert, der die Zins- und Tilgungsverpflichtungen einbezieht, muss sichergestellt sein; der Barwert der eingetragenen Deckungswerte muss den Barwert der zu deckenden Verbindlichkeiten um 2 Prozent übersteigen (sichernde Überdeckung). Die sichernde Überdeckung muss bestehen in

1. Schuldverschreibungen, Schuldbuchforderungen, Schatzwechseln und Schatzanweisungen, deren Schuldner der Bund, ein Sondervermögen des Bundes, ein Land, die Europäischen Gemeinschaften, ein anderer Mitgliedstaat der Europäischen Union, ein anderer Vertragsstaat des Abkommens über den Europäischen Wirtschaftsraum, die Europäische Investitionsbank, die Internationale Bank für Wiederaufbau und Entwicklung, die Entwicklungsbank des Europarates oder die Europäische Bank für Wiederaufbau und Entwicklung ist; dies gilt auch für Schuldverschreibungen, Schuldbuchforderungen, Schatzwechsel und Schatzanweisungen, deren Schuldner die Schweiz, die Vereinigten Staaten von Amerika, Kanada oder Japan sind, sofern deren Risikogewicht entsprechend dem Rating einer anerkannten internationalen Ratingagentur der Bonitätsstufe 1 nach Tabelle 1 des Artikels 114 Absatz 2 der Verordnung (EU) Nr. 575/2013 des Europäischen Parlaments und des Rates vom 26. Juni 2013 über Aufsichtsanforderungen an Kreditinstitute und Wertpapierfirmen und zur Änderung der Verordnung (EU) Nr. 646/2012 (ABl. L 176 vom 27.6.2013, S. 1) zugeordnet worden ist;
2. Schuldverschreibungen, für deren Verzinsung und Rückzahlung eine der unter Nummer 1 bezeichneten Stellen die Gewährleistung übernommen hat,
3. Guthaben bei der Europäischen Zentralbank, bei Zentralbanken der Mitgliedstaaten der Europäischen Union oder bei geeigneten Kreditinstituten mit Sitz in einem der in Nummer 1 genannten Staaten, denen nach Maßgabe von Artikel 119 Absatz 1 und Artikel 496 Absatz 2 der Verordnung (EU) Nr. 575/2013 ein der Bonitätsstufe 1 entsprechendes Risikogewicht nach Tabelle 3 des Artikels 120 Absatz 1 oder Tabelle 5 des Artikels 121 Absatz 1 der Verordnung (EU) Nr. 575/2013 zugeordnet worden ist, deren Erfüllung nicht bedingt, befristet, anderen Forderungen rechtsgeschäftlich nachgeordnet oder in sonstiger Weise eingeschränkt ist, jedoch nur, sofern die Höhe der Forderungen der Pfandbriefbank bereits beim Erwerb bekannt ist; für die Zuordnung zur Bonitätsstufe 1 sind die Ratings anerkannter internationaler Ratingagenturen maßgeblich.

Die Begrenzungen des § 19 Abs. 1 Nr. 2 und 3, des § 20 Abs. 2 Nr. 2, des § 26 Abs. 1 Nr. 3 und 4 und des § 26f Abs. 1 Nr. 3 und 4 sind insoweit nicht anzuwenden.

(1a) Zusätzlich ist zur Sicherung der Liquidität für die nächsten 180 Tage ein taggenauer Abgleich der fällig werdenden Forderungen aus eingetragenen Deckungswerten und fällig werdenden Verbindlichkeiten aus ausstehenden Pfandbriefen und in Deckung befindlichen Derivategeschäften vorzunehmen. Für jeden Tag ist die Summe der bis zu diesem Tag anfallenden Tagesdifferenzen zu bilden. Die größte sich ergebende negative Summe in den nächsten 180 Tagen muss jederzeit durch die Summe aus den Deckungswerten nach Absatz 1 Satz 2 und den eingetragenen Deckungswerten, die vom Europäischen System der Zentralbanken als notenbankfähig eingestuft werden, gedeckt werden. Für Werte, die ausschließlich zur Sicherung der Liquidität ins Deckungsregister eingetragen werden, sind die Begrenzungen der §§ 19, 20, 26 und 26f nicht anzuwenden.

(2) Der jeweilige Gesamtbetrag der im Umlauf befindlichen Pfandbriefe einer Gattung muss auch in Höhe des Nennwertes jederzeit durch Werte von mindestens gleicher Höhe gedeckt sein. Wenn der zum Zeitpunkt der Pfandbriefausgabe bekannte maximale Einlösungswert höher als der Nennwert ist, tritt er an die Stelle des Nennwertes.

(3) Soweit aus als Deckung verwendeten Derivategeschäften Verbindlichkeiten der Pfandbriefbank begründet werden, müssen auch die Ansprüche der Vertragspartner der Pfandbriefbank gedeckt sein. Derivategeschäfte im Sinne dieses Gesetzes sind unter einem standardisierten Rahmenvertrag zusammengefasste Derivate nach § 1 Abs. 11 Satz 4 Nr. 1 des Kreditwesengesetzes einschließlich der unter dem Rahmenvertrag abgeschlossenen Besicherungsanhänge und weiteren Vereinbarungen.

(4) Die Pfandbriefbank hat fortlaufend durch geeignete Rechenwerke sicherzustellen und in nachvollziehbarer Weise zu dokumentieren, dass die vorschriftsmäßige Deckung jederzeit gegeben ist.

(5) Im Umlauf befindlich ist ein Pfandbrief, wenn der Treuhänder ihn gemäß § 8 Abs. 3 ausgefertigt und der Pfandbriefbank übergeben hat; soweit sichergestellt wird, dass eine Verfügung über einen von der Pfandbriefbank gehaltenen Pfandbrief ohne Zustimmung des Treuhänders nicht ausgeführt würde, scheidet der Pfandbrief für die Dauer der Sicherstellung aus dem Umlauf aus.

(6) Das Bundesministerium der Finanzen wird ermächtigt, im Einvernehmen mit dem Bundesministerium der Justiz durch Rechtsverordnung, die nicht der Zustimmung des Bundesrates bedarf, Einzelheiten der Methode für die Barwertrechnung nach Absatz 1 Satz 1 und § 19 Abs. 1 Nr. 4 Satz 3, auch in Verbindung mit § 20 Abs. 2 Nr. 3 und § 26 Abs. 1 Nr. 5 sowie § 26f Abs. 1 Nr. 5, sowie das Maß der Zins- und Währungskursveränderungen zu bestimmen, dem die Deckung nach Absatz 1 Satz 1 mindestens standhalten muss. Das Bundesministerium der Finanzen kann diese Ermächtigung durch Rechtsverordnung auf die Bundesanstalt für Finanzdienstleistungsaufsicht übertragen. Vor Erlass der Rechtsverordnung sind die Spitzenverbände der Kreditwirtschaft anzuhören.

(7) Es ist verboten, für eine Pfandbriefbank Pfandbriefe in den Verkehr zu bringen, wenn deren Betrag nicht durch die im jeweiligen Deckungsregister eingetragenen Werte vorschriftsmäßig gedeckt ist. Es ist auch verboten, für

eine Pfandbriefbank über einen im Deckungsregister eingetragenen Wert durch Veräußerung oder Belastung zum Nachteil der Pfandbriefgläubiger oder der Gläubiger von Ansprüchen aus Derivategeschäften nach Absatz 3 zu verfügen, obwohl die übrigen im jeweiligen Register eingetragenen Werte zur vorschriftsmäßigen Deckung der entsprechenden Pfandbriefe und der Ansprüche aus Derivategeschäften nach Absatz 3 nicht genügen. Pfandbriefe dürfen nicht ohne die nach § 8 Abs. 3 Satz 1 erforderliche Bescheinigung in den Verkehr gebracht werden.

Übersicht

1. Allgemeines

§ 4 ist eine der wichtigsten Bestimmungen des Pfandbriefrechts zum Schutz der Pfandbriefgläubiger und zur Gewährleistung der Qualität des Pfandbriefs. Nach Satz 1 dieser Vorschrift muss die jederzeitige Deckung der umlaufenden Pfandbriefe sichergestellt sein. Es werden detaillierte Regelungen zur Deckung und Überdeckung der Pfandbriefe festgelegt und Handlungen verboten, die zu einer Unterdeckung der umlaufenden Pfandbriefe führen. Diese Handlungen sind gemäß den §§ 38 und 39 straf- bzw. bußgeldbewehrt. § 4 bildet den Beginn der allgemeinen Vorschriften über die Pfandbriefemission. § 4 gilt daher für alle Pfandbriefgattungen, also sowohl für Hpothekenpfandbriefe, als auch für Öffentliche Pfandbriefe, Schiffspfandbriefe und Flugzeugpfandbriefe. Daraus ergibt sich unter anderem, dass **hinsichtlich aller Pfandbriefgattungen eine sichernde Überdeckung** im Sinne des § 4 Abs. 1 Satz 2 vorgehalten werden muss. 1

2. Jederzeitige Deckung

§ 4 Abs. 1 Satz 1 bestimmt, dass die jederzeitige Deckung der umlaufenden Pfandbriefe nach dem Barwert, der die Zins- und Tilgungsverpflichtungen einbezieht, gesichert sein muss. Die Deckung muss **jederzeit gesichert** sein. Daraus geht hervor, dass auch kurzfristige und/oder geringfügige Unterdeckungen nicht zulässig sind. Die Anforderung der jederzeitigen Deckung gilt zunächst für Pfandbriefe, die sich **im Umlauf** befinden. Dies ist dann der Fall, wenn der Treuhänder sie ausgefertigt und der Pfandbriefbank übergeben hat.[1] Allerdings wird man den Anwendungsbereich des § 4 Abs. 1 Satz 1 über den Wortlaut hinaus auch auf sogenannte Vorverkäufe ausdehnen müssen. Ein Vorverkauf liegt dann vor, wenn sich die 2

1 S. hierzu die Ausführungen zu Abs. 5 unten.

Pfandbriefbank einem anderen gegenüber verpflichtet, einen bestimmten Pfandbrief in der Zukunft zu übereignen, obwohl der Pfandbrief zum Zeitpunkt des Verkaufs nicht im Umlauf ist. Wenn es der Pfandbriefbank nicht gelingt, innerhalb einer angemessenen Zeit die vorschriftsmäßige Deckung sicherzustellen, kann sie ihre vertragliche Verpflichtung zur Übereignung des Pfandbriefs nicht erfüllen. Die sich hieraus ergebenden Risiken kann die Pfandbriefbank nur ausschalten, wenn bereits zum Zeitpunkt des Vorverkaufs die vorschriftsmäßige Deckung sichergestellt ist. Die Zulässigkeit von Vorverkäufen dürfte heute kaum noch streitig sein. Dies jedenfalls dann, wenn der Ausgabe des Pfandbriefs nur noch rein technische Umstände entgegenstehen, beispielsweise die Ausfertigung des Pfandbriefs oder die Eintragung der Grundschuld im Grundbuch. Im letzteren Fall muss allerdings hinzukommen, dass der Antrag auf Eintragung beim Grundbuchamt eingegangen und sichergestellt ist, dass der rangrichtigen Eintragung nichts mehr im Wege steht.

3. Aufrechnung

3 Es entspricht der üblichen Praxis, dass Pfandbriefbanken die Verwaltung von Darlehen und Sicherheiten, die sie in Deckung genommen haben, an Dritte auslagern. Insbesondere dann, wenn sie Deckungswerte von Dritten erworben haben, ist es üblich, dass dieser Dritte die **Verwaltung der Darlehen und Sicherheiten** auch nach der Veräußerung wie bisher fortführt. Entsprechendes gilt, wenn die Darlehen und Sicherheiten von der Pfandbriefbank zwar nicht im Sinne des § 1 Abs. 1 Nummer 1 erworben wurden, wenn aber die Pfandbriefbank gemäß § 1 Abs. 2 Satz 1 Ansprüche auf Übertragung dieser Darlehen und Sicherheiten erworben hat, die im Insolvenzfall des Anspruchsverpflichteten zu einer Aussonderung der betreffenden Darlehen und Sicherheiten berechtigen. In diesen Fällen drängt sich der Gedanke auf, dass die Pfandbriefbank und der Dritte die **Vergütung** für die Darlehens- und Sicherheitenverwaltung in einer Zinsmarge ausdrücken und diese Zinsmarge von denjenigen Zinsen, die der Dritte im Rahmen der Darlehensverwaltung von den Darlehensnehmern einzieht, **verrechnen**. Diese Verrechnung kann jedoch dazu führen, dass die jederzeitige Deckung der umlaufenden Pfandbriefe unter Berücksichtigung der Zins- und Tilgungsverpflichtungen nicht (mehr) gewährleistet ist. Dies jedenfalls dann, wenn – wie üblich – die vollen Kundenzinssätze in die Deckung einbezogen werden und nicht nur die um die Verwaltungsvergütung gekürzten Zinsen. Sofern nach der Verrechnung die jederzeitige Deckung der umlaufenden Pfandbriefe nicht mehr gewährleistet ist, ist die Verrechnung schon aus diesem Grunde **unzulässig**. Außerdem widerspricht diese Aufrechnung dem **Aufrechnungsverbot** des § 29 Abs. 2 in Verbindung mit § 394 BGB. Sie ist daher auch deshalb **unzulässig**.[2] Die Pfandbriefbank und der Dritte haben daher darauf zu achten, dass die vom Dritten einzuziehenden Zinsen und Tilgungen in voller Höhe an die Pfandbriefbank weitergeleitet werden und die Vergütung für die Darlehensverwaltung gesondert entrichtet wird.

2 S. § 29 Abs. 2.

4. Inhaberschaft

Die Pfandbriefbank muss nicht in jedem Falle Inhaberin der Deckungswerte sein. Gemäß § 1 Abs. 2 wird bei Hypotheken der Anspruch gegen ein geeignetes Kreditinstitut auf Einräumung der Inhaberschaft dem Erwerb gleichgestellt, wenn ein insolvenzfester Anspruch der Pfandbriefbank begründet wird und das Kreditinstitut die Hypothek treuhänderisch für die Pfandbriefbank verwaltet. Wegen weiterer Einzelheiten siehe die Kommentierung zu § 1. 4

5. Deckungswerte

Pfandbriefe müssen jederzeits zu 100% durch ordentliche Deckungswerte (Hypotheken, Öffentliche Pfandbriefe durch Forderungen gegen staatliche Stellen, Schiffspfandbriefe durch Schiffshypotheken und Flugzeugpfandbriefe durch Flugzeughypotheken) gedeckt sein. Es ist kein Grund ersichtlich, warum diese Deckung nicht auch mehr als 100% betragen kann. Mehr geht daher immer. 5

Gemäß §19 PfandBG können diese ordentlichen Deckungswerte innerhalb dort näher genannter Kontingentierungen durch sogenannte „weitere Deckungswerte" ersetzt werden. Hierzu gehören Geldforderungen (einschl. Forderungen aus Schuldverschreibungen) gegen Zentralbanken, gegen geeignete Kreditinstitute, gegen die öffentliche Hand und gegen Dritte, wenn die öffentliche Hand eine ausreichende Garantie übernommen hat. Die ordentlichen Deckungswerte einschließlich der sie ersetzenden weiteren Deckungswerte müssen die umlaufenden Pfandbriefe jederzeit zu mindestens 100% decken. 6

Daneben gibt es die **„sichernde Überdeckung"** nach §4 Abs. 1 Satz 2 PfandBG. Diese Überdeckung hat die Funktion eines **liquiden Puffers**. Daher bestehen die Deckungswerte der „sichernden" Überdeckung in liquiden aber doch auch sicheren Werten und zwar Schuldverschreibungen, Schuldbuchforderungen, Schatzwechseln und Schatzanweisungen der öffentlichen Hand oder Dritter, sofern die öffentliche Hand eine Garantie übernommen hat sowie Guthaben bei geeigneten Kreditinstituten (Bonitätsstufe 1). Der Katalog dürfte abschließend sein. **Schuldscheindarlehen** dürften deshalb nicht dazugehören, da sie vom Grundsatz her wohl nicht als liquide genug angesehen werden und wegen der fehlenden Börsennotierung keine Treansparenz gegeben ist. Der Barwert der sichernden Überdeckung muss den Barwert der zu deckenden Verbindlichkeiten um 2% übersteigen. Es dürfte selbsterklärend sein, dass in den diesbezüglichen Gesetzeswortlaut des §4 Abs. 1 Satz 2 der Begriff „mindestens" hinein interpretiert werden kann. Die sichernde Überdeckung muss daher jederzeit mindestens zwei Prozent betragen. 7

Gemäß Abs. 1 Satz 3 entfallen die dort genannten Begrenzungen in Bezug auf die sichernde Überdeckung. Der Hintergrund des Abs. 1 Satz 3 besteht darin, dass gewisse Werte, die Gegenstand der sichernden Überdeckung nach § 4 Abs. 1 Satz 2 sein können, auch weitere Deckungswerte im Sinn des § 19 sein könnten. Satz 3 bestimmt in diesem Zusammenhang, dass die in § 19 genannten Begrenzungen für Werte, die sowohl zur sichernden Überdeckung als auch zur weiteren Deckung herangezogen werden können, nicht gelten, soweit diese Werte Gegenstand der si- 8 chernden Überdeckung sind und nicht Gegenstand der weiteren Deckung im Sinne des § 19.[3]

9 Es ist nicht ausreichend, wenn der Gesamtbetrag aller dieser Pfandbriefgattungen vom Gesamtbetrag aller Deckungswerte gedeckt ist. Zwar differenziert § 4 Abs. 1 Satz 1 nicht nach diesen verschiedenen Pfandbriefgattungen sondern verwendet stattdessen den allgemeinen Begriff „Pfandbriefe". § 4 Abs. 1 Satz 1 ist jedoch im Zusammenhang mit § 4 Abs. 2 zu verstehen. Letztere Vorschrift ergänzt den Abs. 1 Satz 1 indem sie die Deckungskongruenz auch auf den Nennwert bezieht und unterscheidet in diesem Zusammenhang ausdrücklich zwischen den verschiedenen Pfandbriefgattungen. Außerdem wäre die in § 1 Abs. 1 Satz 2 Nr. 1 bis 4 getroffene Unterscheidung nach verschiedenen Pfandbriefgattungen weitgehend verwässert, wenn es nur auf das Verhältnis des Gesamtbetrages aller Pfandbriefgattungen zum Gesamtbetrag aller nach dem PfandBG zulässigen Deckungswerte ankommen würde. Grundstücke, staatliche Stellen, Schiffe und Flugzeuge sind hinsichtlich der Sicherheit, Verwertbarkeit und Entwicklung der Werthaltigkeit nun einmal nicht identisch. Demgegenüber ist es innerhalb der verschiedenen Pfandbriefgattungen nicht erforderlich, dass bestimmte Pfandrechte bestimmten Deckungswerten zugeordnet werden. Hier reicht es aus, dass der Gesamtbetrag einer Pfandbriefgattung, differenziert nach Kapital und Zins, dem Gesamtbetrag der dieser Pfandbriefgattung zugeordneten Deckungswerte, ebenfalls differenziert nach Kapital und Zins, entspricht.

6. Barwert, Nennwert

10 Die jederzeitige Deckung muss sich gemäß § 4 Abs. 1 Satz 1 auf der Basis einer Barwertberechnung ergeben. Diese Basis wurde mit der Gesetzesnovelle 2009 eingeführt und ersetzt das bis dahin geltende Nominalwertprinzip. Der Grund besteht darin, dass die Liquiditätssteuerung über Barwertberechnungen die Schwächen vermeidet, die sich ergeben, wenn die Deckungsrechnung auf der Grundlage der Nominalwerte erfolgt.[4]

11 Die Deckungsrechnung hat die Zins- und Tilgungsverpflichtungen einzubeziehen. Dadurch wird in Verbindung mit der Berechnungsweise nach dem Barwertprinzip eine genaue Deckungskongruenz gewährleistet.[5]

12 Der Barwert der eingetragenen Deckungswerte muss den Barwert der zu deckenden Verbindlichkeiten um 2% übersteigen. Diese Überdeckung stellt einen zusätzlichen Schutz der jederzeitigen Deckung dar. § 4 Abs. 1 Satz 2 listet diejenigen Werte auf, die zur Überdeckung verwandt werden dürfen. Bei diesen Werten handelt es sich um besonders sichere, aber auch relativ liquide Werte. Der Schutz der jederzeitigen Deckung soll nicht nur durch die Überdeckung an sich erfolgen sondern auch durch eine schnelle Veräußerbarkeit.[6] Aus dem Wortlaut des § 4 Abs. 1 Satz 2, nach dem die Überdeckung in den dort nachfolgend genannten Werten bestehen

3 Vgl. BT DS 16/11130 v. 1.12.2008, B Besonderer Teil, zu Nr 4cc.
4 Vgl. BT DS 16/11130 v. 1.12.2008, B Besonderer Teil, zu Nr. 4aa.
5 Vgl. BT DS 16/11130 v. 1.12.2008, B Besonderer Teil, zu Nr. 4aa.
6 Vgl. BT DS 15/4321, B Besonderer Teil, zu § 4, Deckungskongruenz.

„muss" und nicht „kann", geht hervor, dass die Liste des Abs. 1 Satz 2 Nr. 1 bis 3 abschließend ist.

Gemäß § 4 Abs. 2 Satz 2 muss die die jederzeitige Pfandbriefdeckung nicht nur barwertig, sondern auch nennwertig gewährleistet sein.

7. Geeignetes Kreditinstitut

Die in § 4 Abs. 1 Satz 2 Nr. 3 festgelegte Anforderung der Zuordnung eines der Bonitätsstufe 1 entsprechenden Risikogewichtes ist lediglich als Voraussetzung anzusehen, ohne deren Vorliegen die Geeignetheit des Kreditinstitutes von vorne herein ausgeschlossen ist.[7] Auch bei Vorliegen dieses Kriteriums ist die Geeignetheit des Kreditinstitutes zu verneinen, wenn auf andere Weise Zweifel an der Liquidität auftreten. Entsprechendes gilt auch dann, wenn die wirtschaftlichen und politischen Verhältnisse eines in § 4 eigentlich zugelassenen Landes Zweifel daran aufkommen lassen, ob das Kreditinstitut noch auf absehbare Zeit in der Lage sein wird, die Guthaben an die Pfandbriefbank zu überweisen. Die Schwelle zur Ungeeignetheit wird wohl dann erreicht sein, wenn Umstände ersichtlich oder absehbar sind, aus denen sich begründete Zweifel ergeben, dass das Kreditinstitut – aus welchen Gründen auch immer – das Guthaben an die Pfandbriefbank zahlen kann. 13

Der in § 4 Abs. 1 Satz 2 Nr. 3 genannte Begriff des geeigneten Kreditinstitutes ist nicht identisch mit dem Begriff des geeigneten Kreditinstitutes, wie er in § 1 Abs. 2 Satz 1 verwandt wird. Der Unterschied ist darin begründet, dass es in § 1 Abs. 2 Satz 1 um den (insolvenzfesten) Anspruch gegen ein Kreditinstitut auf Erwerb einer Hypothek geht, während es sich in § 4 Abs. 1 Satz 2 Nr. 3 um Guthaben bei einem Kreditinstitut handelt. Dieser Unterschied führt dazu, dass der in § 4 Abs. 1 Satz 2 Nr. 3 verwendete Begriff des geeigneten Kreditinstituts nach anderen Kriterien zu interpretieren ist als derselbe Begriff, wie er in § 1 Abs. 2 Satz 2 zum Gebrauch kommt. Allerdings wird man sowohl bei der Geeignetheitsprüfung nach § 4 als auch bei der Geeignetheitsprüfung nach § 2 verlangen müssen, dass keinerlei Zweifel an der Zahlungsfähigkeit des Kreditinstituts bestehen. 14

8. Begrenzungen

Der Wegfall der in § 4 Abs. 1 Satz 3 genannten Begrenzungen betrifft nur diejenigen Deckungswerte, die die Überdeckung sichern, nicht aber auch diejenigen Deckungswerte, die den darunter liegenden Deckungsteil betreffen. Andernfalls hätten diese Begrenzungen keinen Sinn. 15

9. Liquidität

Mit der Gesetzesnovelle vom 20. März 2009 wurde in § 4 der neue Abs. 1a eingefügt. Diese neue Vorschrift soll die Liquidität der Pfandbriefbank sicherstellen. 16

7 Hinsichtlich der Zuordnung eines der Bonitätsstufe 1 entsprechenden Risikogewichtes siehe die entsprechende Kommentierung zu § 20 PfandBG.

Zu diesem Zweck legt Abs. 1a eine bestimmte Berechnungsweise fest, aufgrund derer der Bedarf an Deckungswerten ermittelt werden muss. Durch die Festlegung einer einheitlichen Berechnungsweise wird ein für alle Pfandbriefbanken gleichermaßen geltender Maßstab eingeführt, der eine Vergleichbarkeit aller Pfandbriefbanken ermöglicht. Die Berechnung ist **für die nächsten 180 Tage** vorzunehmen. Aus dieser Formulierung ergibt sich nicht nur, dass die Berechnung für die nächsten 180 Tage vorzunehmen ist, sondern auch, dass die Berechnung an jedem Tag durchgeführt werden muss. Denn bereits am ersten Tag nach der Berechnung gilt die Berechnung eben nicht mehr für 180 Tage sondern nur noch für 179 Tage. In die Berechnung fließen einerseits alle fällig werdenden Forderungen aus eingetragenen Deckungswerten (Darlehensforderungen) und andererseits alle fällig werdenden Pfandbriefverbindlichkeiten ein. Hinsichtlich beider Parameter wird für jeden einzelnen der 180 Tage jeweils eine Summe gebildet. Die sich hieraus ergebenden 180 Summen aus fällig werdenden eingetragenen Forderungen werden den Summen aus fällig werdenden Pfandbriefverbindlichkeiten gegenüber gestellt. Aus dieser Gegenüberstellung ergibt sich für jeden einzelnen der 180 Tage eine Differenz. Diese Differenz kann positiv sein oder negativ. Negativ ist die Differenz dann, wenn die Summe der eingetragenen Forderungen die Summe der fällig werdenden Pfandbriefverbindlichkeiten nicht erreicht. Treten für die nächsten 180 Tage mehrere negative Differenzen auf, so muss die Höchste dieser negativen Differenzen jederzeit durch die Summe aller eingetragenen Deckungswerte (Sicherheiten) gedeckt werden. Gemeint ist die Summe aller ordentlichen Deckungswerte nach Abs. 1 und der sichernden Überdeckung nach Abs. 2 sowie diejenigen eingetragenen Deckungswerte (Sicherheiten), die vom europäischen System der Zentralbanken als notenbankfähig eingestuft werden. Mit der Formulierung „*... eingetragene Deckungswerte, die vom Europäischen System der Zentralbanken als notenbankfähig eingestuft werden*" wird nicht etwa der Kreis der Deckungswerte in dem Sinne erweitert, dass zum Zwecke der Deckung der Liquidität für die nächsten 180 Tage neben diesen Deckungswerten auch solche verwandt werden dürfen, die vom Kreis der ordentlichen Deckungswerte zwar grundsätzlich nicht erfasst sind, die aber notenbankfähig sind. Im Gegenteil wird der Kreis sogar eingeschränkt. Gemeint sind vielmehr solche Deckungswerte, die vom Kreis der im PfandBG genannten Deckungswerte erfasst sind **und zusätzlich** notenbankfähig sind. Durch die Notenbankfähigkeit wird die Liquidierbarkeit der betroffenen eingetragenen Deckungswerte erhöht. Zu diesen notenbankfähigen Deckungswerten gehören gemäß § 19 Abs. 1 Nr. 2 auch Geldforderungen in Form von Schuldverschreibungen (einschließlich Pfandbriefe) gegen geeignete Kreditinstitute (geeignet sind diese dann, wenn sie die Bonitätsstufe 1 erreichen).[8]

Gemäß Abs. 1a Satz 4 gelten die Begrenzungen der §§ 19, 20, 26 und 26f nicht für Werte, die ausschließlich zur Sicherung der Liquidität ins Deckungsregister eingetragen wurden. Diese Regelung verfolgt ebenso wie § 4 Abs. 1 Satz 3 den Zweck in Bezug auf Sicherheitspuffer die Anforderungen an die Deckungswerte zu erleichtern. Während § 4 Abs. 1 Satz 3 den Wegfall der in den §§ 19 Abs. 1 Nr. 2 und 3, 20 Abs. 2 Nr. 1, 26 Abs. 1 Nr. 3 und 26f Abs. 1 Nr. 3 und 4 genannten volumenmäßigen

8 Vgl. die Kommentierung zu § 19 Abs. 1 Nr. 2 PfandBG.

Begrenzungen in Bezug auf Werte bestimmt, die nicht der Deckung sondern der sichernden Überdeckung zuzurechnen sind, hebt § 4 Abs. 1a Satz 4 diese volumenmäßigen Begrenzungen auch für Werte auf, die ausschließlich zur Sicherung der Liquidität ins Deckungsregister eingetragen wurden und geht noch weiter, indem alle in den §§ 19, 20, 26 und 26f genannten Begrenzungen aufgehoben werden, also auch diejenigen Begrenzungen, die nicht rein volumenmäßiger Natur sind.

10. Bezug der Deckungskongruenz

Abs. 2 Satz 1 bringt zum Ausdruck, dass es nicht ausreicht, wenn sich die Deckungskongruenz auf die Gesamtheit aller umlaufenden Pfandbriefe bezieht. Die Deckungskongruenz muss vielmehr in Bezug auf jede einzelne Pfandbriefgattung bestehen. Mit dem Begriff der Gattung sind die in § 1 Abs. 1 Satz 2 Nr. 1 bis 4 abschließend aufgezählten Hypothekenpfandbriefe, öffentlichen Pfandbriefe, Schiffspfandbriefe und Flugzeugpfandbriefe gemeint. § 4 Abs. 2 trägt dem Umstand Rechnung, dass sich die Deckungswerte der verschiedenen Gattungen sowohl in der Struktur ihrer Werthaltigkeit als auch bezüglich ihrer künftigen Wertentwicklung unterscheiden. 17

11. Maximaler Einlösungswert

Wegen des in Abs. 2 Satz 2 verwandten Formulierung des „maximalen Einlösungswertes“ wird auf die Kommentierung zu § 6 Abs. 3 verwiesen. 18

12. Derivategeschäfte

Während es bei § 19 Abs. 1 Nr. 4 um die **Forderungen** der Pfandbriefbank aus **Derivategeschäften** geht, geht es bei § 4 Abs. 3 um die **Verbindlichkeiten** der Pfandbriefbank aus diesen Geschäften. Die sich aus diesen Verbindlichkeiten der Pfandbriefbank spiegelbildlich ergebenden Forderungen der Vertragspartner müssen gemäß § 4 Abs. 3 Satz 1 gedeckt sein soweit die Forderungen der Pfandbriefbank aus denselben Derivategeschäften gemäß § 19 Abs. 1 Nr. 4 als Deckung verwandt werden. Dieser § 4 Abs. 3 Satz 1 ist eine Besonderheit, denn er dient nicht dem Schutz der Pfandbriefgläubiger, sondern dem Schutz der Derivatepartner. Dieser Schutz der Derivatepartner ist ein Ausgleich dafür, dass die Forderungen der Pfandbriefbank aus den Derivategeschäften in der Insolvenz der Pfandbriefbank ausschließlich den Pfandbriefgläubigern zur Verfügung gestellt werden. Außerdem sind die wechselseitigen Forderungen und Verbindlichkeiten aus deckungsfähigen Derivategeschäften nur eingeschränkt nettingfähig, weil für jede Pfandbriefgattung ein eigener Rahmenvertrag abgeschlossen werden muss.[9] Bei den in § 4 Abs. 3 genannten Derivategeschäften handelt es sich um Derivategeschäfte, die in § 1 Abs. 11 Satz 4 Nr. 1 des KWG näher bezeichnet sind. Im Einzelnen definiert diese Vorschrift **Derivategeschäfte** als **Festgeschäfte** oder **Optionsgeschäfte,** die als Kauf, Tausch oder auch anders ausgestaltet sind, die zeitlich verzögert zu erfüllen sind und de- 19

9 S. § 19 Abs. 1 Nr. 4 „Derivate“.

ren Wert sich unmittelbar oder mittelbar vom Preis oder Maß eines der folgenden Basiswerte ableitet (Termingeschäfte): a) Wertpapiere oder Geldmarktinstrumente, b) Devisen oder Rechnungseinheiten, c) Zinssätze oder andere Erträge, d) Indices der Basiswerte der Buchstaben a, b oder c, andere Finanzindices oder Finanzmessgrößen oder d) Derivate. Festgeschäfte sind solche, bei denen für beide Vertragspartner Rechte und Pflichten begründet werden, die beiderseits noch nicht erfüllt sind. Demgegenüber handelt es sich bei Optionsgeschäften um solche, bei denen einer Partei das Recht (Option) eingeräumt wird, zu oder bis zu einem künftigen Zeitpunkt durch einseitige Willenserklärung (Ausübung) ein Geschäft zu im Voraus festgelegten Konditionen abzuschließen. Als Gegenleistung erhält der Vertragspartner des Optionsberechtigten eine Prämie, die im Regelfall im Voraus zu zahlen ist. Mit Abschluss des Optionsgeschäftes erhält der Optionskäufer zwar ein Optionsrecht. Daraus ergibt sich aber keine Pflicht zur Ausübung dieses Optionsrechtes. Festgeschäfte und Optionsgeschäfte können mit einander kombiniert werden.[10] Aus dem Umstand, dass § 4 Abs. 3 Satz 2 auf § 1 Abs. 11 Satz 4 Nr. 1 KWG verweist und diese Vorschrift des KWG nicht nur Festgeschäfte, sondern auch Optionen umfasst, darf allerdings nicht hergeleitet werden, dass auch Optionen uneingeschränkt deckungsfähig sind. Denn § 4 Abs. 3 bezieht sich ganz allgemein nur auf Derivategeschäfte, die in Deckung genommen wurden. Welche Derivategeschäfte in Deckung genommen werden dürfen, richtet sich nach § 19 Abs. 1 Nr. 4. Diese Vorschrift schließt aber in Satz 2 Optionen und optionsähnliche Geschäfte ausdrücklich vom Kreis der deckungsfähigen Derivategeschäfte aus, wenn diese Geschäfte eine offene Stillhalterposition der Pfandbriefbank begründen. Daraus folgt, dass sich sowohl § 4 Abs. 3 als auch § 19 Abs. 1 Nr. 4 nur auf solche Derivategeschäfte beziehen, die keine offene Stillhalterposition der Pfandbriefbank oder ein vergleichbares Risiko begründen.

20 Bei den von § 4 Abs. 3 angesprochenen, in Deckung genommenen Derivategeschäften wird es sich im Wesentlichen um Geschäfte handeln, die unterschiedliche Zinssätze oder/und unterschiedliche Laufzeiten und/oder unterschiedliche Währungen ausgleichen beziehungsweise absichern. Denn die Pfandbriefe sind mit anderen Zinsen und anderen Laufzeiten ausgestattet als die Deckungswerte. Die sich daraus ergebenden Divergenzen werden mit sogenannten Derivategeschäften kompensiert. Entsprechendes gilt für Währungen. Denn gemäß § 13 Abs. 1 können die Hypotheken unter anderem auch auf Grundstücken lasten, die in Kanada, den USA oder in Japan belegen sind. Daraus ergibt sich, dass Pfandbriefe und deren Deckungswerte auf unterschiedliche Währungen lauten können. Die sich hieraus ergebenden Risiken müssen ebenfalls eliminiert werden.

21 Bezüglich dieser Derivategeschäfte haben sich **standardisierte Rahmenverträge** herausgebildet, auf die Abs. 3 Satz 2 Bezug nimmt. Die auf der Grundlage dieser Rahmenverträge abzuschließenden Geschäfte werden durch **Einzelabschlüsse** vereinbart. Diese Einzelabreden bilden mit der Rahmenvereinbarung einen einheitlichen Vertrag. Die aufgrund der Rahmenvereinbarung in Verbindung mit der zugehörenden Einzelabrede begründeten Ansprüche aus Derivategeschäften werden üblicherweise durch die Stellung von Sicherheiten abgesichert. Diese

---

10 B/F/S-M, § 1 Rdn. 225 f.

Sicherheiten gehen üblicherweise im Wege der Vollrechtsübertragung in das Eigentum des Sicherungsnehmers über. Auch hinsichtlich dieser Verträge zur „Absicherung der Absicherungsgeschäfte" haben sich standardisierte Verträge herausgebildet, die als sogenannte **Besicherungsanhänge** ebenfalls Bestandteil der Rahmenverträge sind. Sobald die Ansprüche aus den eigentlichen Derivategeschäften erfüllt sind, sind die Sicherungszwecke erledigt und der Sicherungsnehmer ist verpflichtet, das Eigentum an den gestellten Sicherheiten auf den Sicherungsgeber zurück zu übertragen. Diese Systematik greift Abs. 3 Satz 2 auf und stellt ausdrücklich klar, dass Derivategeschäfte im Sinne dieses Gesetzes nicht nur alle Ansprüche umfassen, die auf der Grundlage eines standardisierten Rahmenvertrages in Verbindung mit den zugehörenden Einzelabreden begründet wurden, sondern auch solche Ansprüche hinzukommen, die im Rahmen von Besicherungsanhängen oder sonstigen korrespondierenden Vereinbarungen begründet wurden. Sofern die Derivategeschäfte in Deckung genommen werden, sind die sich daraus ergebenden Ansprüche Bestandteil der Deckungsmasse. Zum Ausgleich hierfür bestimmt Abs. 3, dass Ansprüche der Vertragspartner aus Derivategeschäften ebenfalls gedeckt sein müssen. Konsequenterweise legt § 30 Abs. 7 fest, dass Gläubiger von Ansprüchen aus Derivategeschäften im Sinne des § 4 Abs. 3 den Pfandbriefgläubigern gleichstehen.[11]

13. Umlauf

Gemäß Abs. 5 befindet sich ein Pfandbrief bereits dann im Umlauf, wenn der 22
Treuhänder ihn gemäß § 8 Abs. 3 ausgefertigt und der Pfandbriefbank übergeben hat. Wenn aber sichergestellt wird, dass über einen von der Pfandbriefbank gehaltenen Pfandbrief nicht ohne Zustimmung des Treuhänders verfügt werden darf, scheidet der Pfandbrief für die Dauer dieser Sicherstellung aus dem Umlauf aus. Dies ist zum Beispiel dann der Fall, wenn der Pfandbrief dem Treuhänder zurückgegeben wurde. Dies kann nicht nur zu dem Zwecke der Vernichtung geschehen sondern auch deshalb, weil aufgrund einer geänderten Marktlage die Weitergabe in den Markt untunlich ist und abgewartet werden soll, bis sich die Marktlage verbessert hat. Händigt der Treuhänder den Pfandbrief dann erneut aus, muss er erneut gemäß § 8 Abs. 1 prüfen, ob die erforderliche Deckung sichergestellt ist und dies auch erneut gemäß § 8 Abs. 3 bescheinigen.[12] Ein Pfandbrief scheidet daher nicht schon dann aus dem Umlauf aus, wenn er vom Markt an die Pfandbriefbank zurückgegangen ist.

14. Ermächtigung

Von der Ermächtigung gemäß Abs. 6 zum Erlass einer Rechtsverordnung hat das 23
Bundesministerium der Finanzen durch die Bundesanstalt für Finanzdienstleistungsaufsicht Gebrauch gemacht und am 14. Juli 2005 die „Verordnung über die Sicherstellung der jederzeitigen Deckung von Hypothekenpfandbriefen, Öffentlichen

11 Vgl. hierzu auch BT DS 16/11130, zu Nr. 4 sowie die Kommentierung zu § 19.
12 So im Ergebnis schon Bellinger/Kerl, § 6 Anm. 6.

Pfandbriefen, Schiffspfandbriefen und Flugzeugpfandbriefen nach dem Barwert und dessen Berechnung bei Pfandbriefbanken" erlassen (Pfandbrief-Barwertverordnung).

15. Verbote

24 Die Verbotsbestimmungen des Abs. 7 sind gemäß § 38 Nr. 1 und 2 straf- und gemäß § 39 Abs. 1 bußgeldbewehrt. Das **„in den Verkehr bringen"** eines Pfandbriefs gemäß Abs. 7 Satz 1 ist nicht dasselbe wie in „Umlauf" bringen. Während ein Pfandbrief gemäß § 4 Abs. 5 bereits dann im Umlauf ist, wenn der Treuhänder ihn gemäß § 8 Abs. 3 ausgefertigt und der Pfandbriefbank übergeben hat, liegt ein „in den Verkehr bringen" erst dann vor, wenn der Pfandbrief veräußert oder verpfändet ist. Wird ein zurückgegebener Pfandbrief wieder veräußert oder verpfändet, liegt darin ein erneutes „in den Verkehr bringen".[13] In diesem Zusammenhang stellt sich die Frage, ob der Tatbestand des „Inverkehrbringens" erst dann erfüllt ist, wenn der Pfandbrief einem Dritten übergeben wurde oder bereits dann, wenn der Pfandbrief verkauft wurde. Da der Verkauf nur das schuldrechtliche Grundgeschäft darstellt, mit dem sich die Bank verpflichtet, einen Pfandbrief zu übereignen, wird man ein „in den Verkehr bringen" nicht schon mit Abschluss des Kaufvertrages annehmen können. Außerdem bedeutet der Begriff des „Inverkehrbringens" nach allgemeinem Verständnis eine wissentliche faktische Handlung und stellt nicht auf einen Rechtsakt ab.

25 Gemäß § 4 Abs. 7 ist es verboten, einen Pfandbrief in den Verkehr zu bringen, wenn er nicht vorschriftsmäßig gedeckt ist. Die **Deckung** gemäß Abs. 7 Satz 1 kann sowohl betragsmäßig als auch hinsichtlich der Art der Deckungswerte **unvorschriftsmäßig** sein.[14]

26 Gemäß Abs. 7 Satz 2 ist es auch verboten, über einen im Deckungsregister eingetragenen Deckungswert zu **verfügen,** wenn diese Verfügung zum Nachteil der Pfandbriefgläubiger oder der Gläubiger von Ansprüchen aus Derivategeschäften ist, weil die übrigen im jeweiligen Register eingetragenen Deckungswerte zur vorschriftsmäßigen Deckung nicht ausreichen. Der Gesetzgeber hat nicht etwa formuliert: „nicht mehr ausreichen" sondern: „nicht ausreichen". Daraus ist zu entnehmen, dass eine rechtswidrige Verfügung nicht nur dann vorliegt, wenn die Deckung vor der Verfügung vorschriftsmäßig war und erst durch die Verfügung unvorschriftsmäßig wurde sondern auch dann, wenn eine bereits vor der Verfügung unvorschriftsmäßige Deckung durch die Verfügung noch mehr zum Nachteil der Pfandbriefgläubiger verschlechtert wird.

27 Gemäß Abs. 7 Satz 3 darf ein Pfandbrief nicht in den Verkehr gebracht werden, wenn der Treuhänder den Pfandbrief nicht mit der Bescheinigung über das Vorhandensein der vorschriftsmäßigen Deckung und der Eintragung in das entsprechende Deckungsregister versehen hat. Es ist nicht ausreichend, dass die Bescheinigung existiert. Sie muss fest mit dem Pfandbrief verbunden sein. Üblicherweise wird der Pfandbrief mit dem Wortlaut der Bescheinigung bedruckt und nur noch vom Treu-

---

13 Vgl. Bellinger/Kerl, § 37 Anm. 11.

14 Wegen der Deckungskongruenz s. § 4, wegen der Deckungswerte s. die §§ 12 ff., 18 bis 20, 21, 26, 26a und § 26f.

händer unterschrieben, wobei gemäß § 8 Abs. 3 Satz 3 eine Faksimileunterschrift ausreicht. Derjenige, der einen Pfandbrief wissentlich ohne diese Bescheinigung in den Verkehr bringt handelt ordnungswidrig im Sinne des § 39 Abs. 1 und kann gemäß § 39 Abs. 2 mit einem Bußgeld bis zu einer Höhe von einhunderttausend Euro belegt werden.

§ 4a
Umschuldungsklauseln in Staatsanleihen

Umschuldungsklauseln nach § 4a des Bundesschuldenwesengesetzes in den Emissionsbedingungen von Schuldverschreibungen des Bundes sowie entsprechende Umschuldungsklauseln in den Emissionsbedingungen von Schuldverschreibungen anderer Schuldner im Sinne des § 20 Absatz 1 Satz 1 Nummer 1 stehen einer Indeckungnahme nach § 4 Absatz 1 Satz 2 Nummer 1 und 2, § 19 Absatz 1 Nummer 3, § 20 Absatz 1 Satz 1 Nummer 1, § 26 Absatz 1 Nummer 4 oder § 26f Absatz 1 Nummer 4 nicht entgegen.

Allgemeines

§ 4a PfandBG wurde im Rahmen des CRD IV-Umsetzungsgesetzes in Verbindung mit dem ESM-Vertrag (Vertrag zur Einrichtung des europäischen Stabilitätsmechanismus) neu in das PfandBG aufgenommen. Artikel 12 Abs. 3 des ESM-Vertrages sieht vor, in Schuldtitel, die von ESM-Vertragsstaaten begeben werden, Umschuldungsklauseln aufzunehmen. Diese Klauseln ermöglichen es, die Anleihebedingungen mit der Zustimmung einer bestimmten Gläubigermehrheit nachträglich zu ändern. In diesem Zusammenhang bestimmt § 4a PfandBG, dass solche Klauseln einer Indeckungnahme nicht entgegenstehen.[1] 1

Nachträgliche Änderungen sind nicht beliebig möglich. Näheres hierzu wird im Bundesschuldenwesengesetz geregelt. 2

§ 5
Deckungsregister

(1) Die zur Deckung der Pfandbriefe sowie der Ansprüche aus Derivategeschäften nach § 4 Abs. 3 verwendeten Deckungswerte sind von der Pfandbriefbank einzeln in das für die jeweilige Pfandbriefgattung geführte Register (Deckungsregister) einzutragen. Derivate dürfen nur mit Zustimmung des Treuhänders und des Vertragspartners der Pfandbriefbank eingetragen werden; eine Eintragung ohne die erforderliche Zustimmung gilt als nicht erfolgt. Wird ein zur Deckung benötigter Wert zurückgezahlt, so hat derjenige, der für die Eintragung der Deckungswerte verantwortlich ist, unverzüglich entsprechende Ersatzwerte in das Deckungsregister einzutragen. Zum jeweiligen De-

1 Siehe BT DS 17/10974 zu Artikel 2 Nr. 5.

ckungsregister können mehrere Unterregister, die den Anforderungen des Deckungsregisters entsprechen, angelegt werden, wenn dadurch die Klarheit und die Funktion des Deckungsregisters nicht beeinträchtigt werden. Die Bundesanstalt kann anordnen, dass die Eintragungen aus einem Unterregister oder mehreren Unterregistern innerhalb einer angemessenen Frist in das Hauptregister zu übertragen sind.

(1a) Soweit eingetragene Werte nur teilweise zur Deckung der Pfandbriefe der Pfandbriefbank bestimmt sind, muss das Deckungsregister genaue Angaben über den Umfang des zur Deckung bestimmten Teils und seinen Rang gegenüber dem nicht zur Deckung bestimmten Teil enthalten; im Zweifel hat der zur Deckung bestimmte Teil Vorrang. Vorbehaltlich einer teilweisen Indeckungnahme in geringerer Höhe nach Satz 1 gelten Hypotheken stets nur bis zur Höhe der Beleihungsgrenze nach den §§ 14 und 22 Abs. 2 sowie § 26b Abs. 2 als zur Deckung bestimmt. Die Beleihungsgrenze errechnet sich anhand des eingetragenen Beleihungswertes; der zur Deckung bestimmte Teil hat im Zweifel Vorrang. Werden eingetragene Werte ganz oder teilweise von der Pfandbriefbank als Treuhänder verwaltet, muss das Deckungsregister genaue Angaben über den Gläubiger des Übertragungsanspruchs enthalten; bei teilweiser treuhänderischer Verwaltung gelten die Sätze 1 und 2 entsprechend. Eine treuhänderische Verwaltung nach Satz 4 liegt vor, wenn die verwalteten Werte im Verhältnis zwischen dem Treugeber und der Pfandbriefbank oder deren Gläubigern als Werte des Treugebers gelten, obwohl sie nicht übertragen sind, insbesondere im Falle der Verwaltung als Refinanzierungsunternehmen nach den §§ 22a bis 22o des Kreditwesengesetzes.

(1b) Die Übermittlung der im Deckungsregister einzutragenden personenbezogenen Daten an eine Pfandbriefbank, die zum Zwecke der Refinanzierung über Pfandbriefe nach der Deckungsregisterverordnung zur Eintragung der Daten in ihr Deckungsregister verpflichtet ist, ist zur Wahrnehmung berechtigter Interessen zulässig.

(2) Innerhalb des ersten Monats eines jeden Kalenderhalbjahres ist eine von dem nach § 7 bestellten Treuhänder bestätigte Aufzeichnung der Eintragungen, welche während des letzten Kalenderhalbjahres in den Deckungsregistern vorgenommen worden sind, der Bundesanstalt zu übermitteln. Ist ein Treuhänder erstmalig im Laufe des letzten Kalenderhalbjahres bestellt worden, so hat die bestätigte Aufzeichnung sämtliche in den Deckungsregistern vorgenommenen Eintragungen zu enthalten. In der nach Absatz 3 zu erlassenden Rechtsverordnung kann bestimmt werden, dass im Falle der Übermittlung der Aufzeichnung in elektronischer Form diese abweichend von Satz 1 sämtliche in den Deckungsregistern vorgenommenen Eintragungen zu enthalten hat.

(3) Das Bundesministerium der Finanzen hat im Einvernehmen mit dem Bundesministerium der Justiz durch Rechtsverordnung, die nicht der Zustimmung des Bundesrates bedarf, Einzelheiten über die Form und den notwendigen Inhalt des Deckungsregisters sowie der vorzunehmenden Eintragungen zu bestimmen. Die Rechtsverordnung muss auch Vorschriften über die Form der Aufzeichnung, über die Form der Bestätigung durch den Treuhänder sowie über die Art und Weise der Übermittlung der Aufzeichnung und deren Aufbe-

wahrung durch die Bundesanstalt enthalten. Vor Erlass der Rechtsverordnung sind die Spitzenverbände der Kreditwirtschaft anzuhören. Das Bundesministerium der Finanzen kann diese Ermächtigung durch Rechtsverordnung auf die Bundesanstalt für Finanzdienstleistungsaufsicht übertragen.

Übersicht

1. Eintragung

Das Deckungsregister dient dazu, die Vermögensmasse „Deckungswert" vom 1
sonstigen Vermögen der Pfandbriefbank **unterscheidbar** zu machen. Mit dem Deckungsregister wird sichergestellt, dass die in diesem Register eingetragenen Werte in der Insolvenz der Pfandbriefbank ausschließlich den Pfandbriefgläubigern zur Verfügung stehen.[1] Wegen dieser Zielsetzung sind die Werte auch **einzeln** einzutragen. Dadurch werden die Werte unterscheidbar. Dabei müssen die zur Deckung einer bestimmten Pfandbriefgattung (Hypothekenpfandbrief, öffentlicher Pfandbrief, Schiffspfandbrief oder Flugzeugpfandbrief) dienenden Deckungswerte in dasselbe Register eingetragen werden, das für die betreffende Gattung eingerichtet wurde. Gemäß § 4 Abs. 1 der Deckungsregisterverordung ist für jede Pfandbriefgattung ein gesondertes Deckungsregister zu führen. Eingetragen werden müssen alle Deckungswerte, also auch diejenigen Deckungswerte, die der Überdeckung, der Ersatzdeckung oder der Deckung der Verbindlichkeiten aus Derivategeschäften dienen. Die **Derivategeschäfte** selbst dürfen nur **mit Zustimmung des Treuhänders** und des Vertragspartners eingetragen werden. Liegt die Zustimmung des Treuhänders oder des Vertragspartners des Derivategeschäftes nicht vor, gilt die Eintragung des Derivats gemäß Abs. 1 Satz 2 als nicht erfolgt. Die Zustimmung des Treuhänders ist schon deshalb notwendig, da dieser prüfen muss, ob die Derivategeschäfte die Anforderungen des § 19 Abs. 1 Nr. 4 erfüllen, unter anderem, ob sichergestellt ist, dass die Ansprüche der Pfandbriefbank nach Maßgabe des Rahmenvertrages im Falle der Insolvenz der Pfandbriefbank oder der anderen Deckungsmassen nicht beeinträchtigt werden können. Ob die Vertragspartner der Pfandbriefbank ihre Zustimmung zur Eintragung des Derivats in das Deckungsregister erteilen, dürfte davon abhängen, ob diese Vertragspartner die Durchsetzung ihrer Ansprüche durch die Eintragung als gefährdet einschätzen oder nicht. Die Eintragung anderer Deckungswerte als Derivate bedürfen dem Wortlaut des Abs. 1 nach nicht der Zustimmung des Treuhänders, um die Wirkungen der Eintragung in das Deckungsregister zu erzeugen. Es wird jedoch aus einem anderen Grund notwendig sein, dass der Treuhänder diese neu eingetragenen Deckungswerte wenigstens stichprobenartig kontrolliert. Denn gemäß § 8 Abs. 1 hat der Treuhänder darauf zu achten, dass die vorschriftsmäßige Deckung der Pfandbriefe und der Ansprüche aus Derivategeschäften im Sinne des § 4 Abs. 3 jederzeit vorhanden ist. Dieser Pflicht kann der

1 Vgl. § 30 Abs. 1 Satz 1.

Treuhänder nur dann nachkommen, wenn er die eingetragenen Deckungswerte überprüft.[2]

2. Zeitpunkt der Eintragung

2 Eine **Hypothek oder Grundschuld** kann frühestens dann in das Deckungsregister eingetragen werden, wenn ein Notar schriftlich bestätigt, dass er sich durch Einsichtnahme in die entsprechenden Unterlagen des Grundbuchamts davon vergewissert hat, dass alle Voraussetzungen zur Eintragung in das Grundbuch vorliegen und dass die rangrichtige Eintragung sichergestellt ist. In Bezug auf **Deckungswerte für öffentliche Pfandbriefe** gemäß § 20 ist die Eintragung in das Deckungsregister dann möglich, wenn die Geldforderungen gegen die öffentliche Hand entstanden sind, beziehungsweise die öffentliche Hand diese entstandenen Geldforderungen rechtswirksam garantiert hat. **Deckungswerte für Schiffspfandbriefe** dürfen dann in das Deckungsregister eingetragen werden, wenn die betreffenden Schiffe in einem öffentlichen Register eingetragen sind[3] und ein Notar schriftlich bestätigt, dass er sich durch Einsichtnahme in die entsprechenden Unterlagen davon vergewissert hat, dass die rangrichtige Eintragung gesichert ist. Dasselbe gilt für die Eintragung von **Deckungswerte für Flugzeugpfandbriefe.**[4]

3. Wirkung der Eintragung

3 Die Eintragung in das Deckungsregister bewirkt, dass der eingetragene Wert im Falle der Insolvenz der Pfandbriefbank nicht in die Insolvenzmasse fällt. Dies gilt auch für eingetragene Deckungswerte, die ganz oder teilweise nicht zur Deckung bestimmt sind.[5]

4. Ersatzwert

4 Wird ein **zur Deckung benötigter Wert** zurückgezahlt, sind unverzüglich entsprechende **Ersatzwerte** in das Deckungsregister einzutragen. Zur Deckung benötigt wird ein Wert dann, wenn und soweit ohne ihn der korrespondierende Pfandbrief nicht mehr im Sinne des § 4 Abs. 1 gedeckt wäre. Ausreichend ist, dass die sichernde Überdeckung von 2% nicht mehr vorhanden wäre. Zur Deckung benötigt wird ein Wert auch dann, wenn die vorschriftsmäßige Pfandbriefdeckung auch ohne die Herausnahme dieses Wertes aus dem Deckungsregister schon nicht gegeben war und sich die ohnehin schon vorhandene Unterdeckung durch die Herausnahme nur noch vergrößert hat. Ob der Wert aufgrund einer vorzeitigen Darlehensrückzahlung auf Wunsch des Darlehensnehmers, einer Kündigung des Darlehensgebers, einer Ablösung im Zuge einer Zwangsverwertung oder auf aus einem sonstigen Grunde erfolgt, ist unerheblich. Es kommt nur auf die Rückzahlung selbst an. Denn durch die Rückzahlung hat sich die Zweckbestimmung der in Deckung genommenen Sicherheit er-

2 Vgl. § 8, Umfang der Prüfung.
3 Vgl. §§ 21 und 22 Abs. 1.
4 Vgl. §§ 26a und 26b Abs. 1.
5 Vgl. § 30 Abs. 1.

ledigt und die Sicherheit darf nicht mehr verwertet werden. Damit kann sie den Pfandbriefgläubigern auch nicht mehr zustehen. Der Ersatzwert, der an Stelle des zurückgezahlten Deckungswertes tritt, muss der Art nach nicht dem zurückgezahlten Wert entsprechen. Der vom Gesetzgeber verwendete Begriff des „Ersatzwertes" ist auch nicht identisch mit „weiteren Deckungswerten" der §§ 19, 20 Abs. 2, 26 und 26f. Bei dem Ersatzwert muss sich aber um einen Deckungswert aus der Gruppe der für die betreffende Pfandbriefgattung zulässigen Deckungswerte handeln. Die Eintragung des Ersatzwertes hat unverzüglich zu erfolgen. Dies bedeutet aber nicht, dass der Ersatzwert analog zur Eintragung unverzüglich zu beschaffen ist. Der unverzüglich einzutragende Ersatzwert muss vielmehr bei der Rückzahlung des für die Deckung benötigten Wertes bereits im Bestand der Pfandbriefbank vorhanden sein. Andernfalls wäre die jederzeitige Deckung für den Zeitraum zwischen Rückzahlung des alten und Beschaffung des neuen Deckungswertes nicht gegeben und schon gar nicht im Sinne des § 4 Abs. 1 sichergestellt. Ein Verstoß gegen die Pflicht zur unverzüglichen Eintragung des Ersatzwertes kann gemäß § 38 Nr. 3 mit Freiheitsstrafe bis zu einem Jahr oder mit Geldstrafe bestraft werden.

5. Unterregister

Abs. 1 Satz 4 bestimmt, dass zu einem Deckungsregister ein oder mehrere Unter- 5
register geführt werden dürfen. Dabei stellt Satz 4 klar, dass ein Unterregister inhaltlich genau so aufgebaut sein muss wie ein Hauptregister. Die Befugnis der Bundesanstalt zur Anordnung der Übertragung von Eintragungen eines Unterregisters in das dem Unterregister zugeordnete Hauptregister soll sicherstellen, dass die Übersichtlichkeit des Registers nicht beeinträchtigt wird. Ein Unterregister ist nicht etwa ein eigenständiges Deckungsregister sondern vielmehr eine Abteilung des Hauptregisters, zu dem das Unterregister angelegt wurde. Demgegenüber handelt es sich bei den Deckungsregistern (Hauptregister) die jeweils getrennt für die Pfandbriefgattungen des § 1 Abs. 2 Satz 2 Nr. 1 bis 4 (Hypothekenpfandbriefe, öffentliche Pfandbriefe, Schiffspfandbriefe, Flugzeugpfandbriefe) oder des § 51 (Pfandbriefe nach altem Recht) angelegt werden, um separate, voneinander verschiedene Deckungsregister.[6] Der Zweck eines Unterregisters besteht darin, bestimmte Werte des Hauptregisters im Unterregister zusammenzufassen und unterscheidbar zu machen. Diese Zusammenfassung bewirkt keine Abtrennung vom Hauptregister, ermöglicht aber eine Portfoliobildung innerhalb des Registers. Auf diese Weise können Ankäufe, Verkäufe sowie die Verwaltung von deckungsfähigen Portofolien erleichtert werden.

Beispiel 1: Die Pfandbriefbank hat eine Vielzahl von Darlehen gewährt, die nicht deckungsfähig sind. Sie strukturiert aus diesen Darlehen ein Portfolio und lässt dieses vom Staat garantieren. Mit dieser Garantie kann das Portfolio gemäß § 20 Abs. 1 Satz 1 Nr. 3 für einen öffentlichen Pfandbrief in Deckung genommen werden. Die Pfandbriefbank kann ein Unterregister zum Hauptregister „öffentlicher Pfandbrief" anlegen, das ausschließlich für dieses Portfolio bestimmt ist und die Werte des Portfolios dort einzeln eintragen. Auf diese Weise kann das Portfolio gesondert überwacht werden. Auch ein Reporting – beispielsweise für den Garantie-

6 Vgl. § 4 DeckRegV.

geber – kann relativ einfach dargestellt werden. Außerdem ist es für die Pfandbriefbank leichter, das Portfolio an eine andere Pfandbriefbank zu verkaufen.

Beispiel 2: Ein Kreditinstitut, welches keine Pfandbriefbank ist, fasst eine Vielzahl von Darlehen, die nicht deckungsfähig sind, in einem Portfolio zusammen und lässt es vom Staat garantieren. Wie in Beispiel 1 wird das Portfolio durch die Staatsgarantie gemäß § 20 Abs. 1 Nr. 3 für einen öffentlichen Pfandbrief deckungsfähig. Es kann von einer Pfandbriefbank angekauft werden und die Werte können einzeln in ein Unterregister zum Hauptregister „öffentlicher Pfandbrief" eingetragen werden.

Beispiel 3: Ein Kreditinstitut fasst eine Vielzahl deckungsfähiger Darlehen in einem Portfolio zusammen und strukturiert dieses so, dass es in eine Pfandbriefgattung passt. Dieses Portfolio verkauft es an eine Pfandbriefbank, die für dieses Portfolio ein Unterregister zu derjenigen Pfandbriefgattung anlegt, in die das Portfolio passt. Das Portfolio kann dann die ankaufende Pfandbriefbank entweder selbst in Deckung nehmen oder an eine andere Pfandbriefbank weiter verkaufen, die dann ihrerseits das Portfolio in die eigene Deckung nimmt.

Beispiel 4: Die Beispiele 1 und 2 können mit einer **Verbriefung** kombiniert werden. Unter einer Verbriefung versteht man das Ausplazieren von Risiken durch die Emission von Schuldverschreibungen, wobei die Rückzahlung von Kapital und Zins aus diesen Schuldverschreibungen daran gekoppelt ist, dass aus einem Referenzportfolio ausreichend Kapital und Zins eingeht. Staatliche Garantiegeber leiten die im Rahmen der Gewährleistung übernommenen Risiken oft weiter. Diese Weiterleitung kann in der Weise geschehen, dass der Garantiegeber über ein sogenanntes Special Purpose Vehicle (SPV) Schuldverschreibungen emittiert. In den Anleihebedingungen dieser Schuldverschreibungen wird nicht nur festgelegt, wann das Kapital zurückgezahlt wird und in welcher Höhe und Intervallen Zinsen gezahlt werden, sondern auch, dass diese Zahlungen unter der Bedingung stehen, dass aus dem Darlehensportfolio, auf das referenziert wird, entsprechende Zahlungen von Kapital und Zins eingehen. Im Rahmen einer solchen Konstruktion ist es erforderlich, die Entwicklung des Referenzportfolios zu überwachen und zu reporten. Da das Referenzportfolio von der Pfandbriefbank in Deckung genommen wurde, ist es sinnvoll, die Deckungswerte dieses Referenzportfolios in einem eigens für dieses Portfolio angelegten Unterregister zu separieren.

6 Unterregister müssen gemäß Abs. 1 Satz 4 den Anforderungen des Deckungsregisters entsprechen. Dies bedeutet, dass Haupt- und Unterregister hinsichtlich der Inhalte und der Form gleich sind. Die Einzelheiten hierzu regelt die „Verordnung über den Inhalt und die Form der Deckungsregister nach dem Pfandbriefgesetz und die Aufzeichnung der Eintragungen", kurz „Deckungsregisterverordung" (DeckRegV). § 4 Abs. 2 Satz 1 der Deckungsregisterverordnung schreibt vor, dass für Ansprüche aus Derivategeschäften ein Unterregister geführt werden muss.

7 § 5 Abs. 1a ist im Zusammenhang mit § 30 zu verstehen. § 5 Abs. 1a Satz 1 erlaubt es, Werte auch insoweit in das Deckungsregister einzutragen, als sie **nicht zur Pfandbriefdeckung bestimmt** sind. Hierunter fallen Werte, die die Pfandbriefbank treuhänderisch für Dritte hält. Diese Werte können zwar in das Deckungsregister eingetragen werden. Sie fallen durch diese Eintragung jedoch nicht in die Deckungsmasse und können nicht zur Befriedigung der Pfandbriefgläubiger verwendet werden. Gemäß § 30 Abs. 3 unterliegen sie deshalb zwar der Verfügungsbefugnis des Sachwalters. Dieser hat die nicht zur Deckung bestimmten Teile daher im Einklang

mit dem Gesetz und den vertraglichen Bestimmungen zu verwalten. Insbesondere hat er die Darlehensforderungen bei Fälligkeit einzuziehen und die Sicherheiten bei Verwertungsreife zu verwerten. Die Erlöse hieraus hat er jedoch an die Gläubiger der treuhänderisch gehaltenen und nicht zur Deckung bestimmten Teile respektive an die Insolvenzmasse der Pfandbriefbank herauszugeben. In diesem Zusammenhang stellt § 5 Abs. 1a Satz 2 klar, dass es nicht darauf ankommt, ob die Werte, die in das Deckungsregister eingetragen und nicht zur Deckung bestimmt sind, gleichwohl deckungsfähig sind und daher eigentlich zur Deckung bestimmt sein könnten oder ob diesen Werten die Deckungsfähigkeit fehlt, weil die Beleihungsgrenzen überschritten sind. Gemäß § 30 Abs. 1 Satz 1 fallen im Fall der Insolvenz der Pfandbriefbank die nicht zur Deckung bestimmten Teile auch nicht in die Insolvenzmasse. Somit ist es möglich, diese nicht zur Deckung bestimmten Teile einer anderen Verwendung zuzuführen. Werden eingetragene Werte ganz oder zum Teil von der Pfandbriefbank treuhänderisch für Dritte verwaltet, hat der Sachwalter diese für andere Gläubiger treuhänderisch gehaltenen Teile nach Abzug der angemessenen Verwaltungskosten gemäß § 30 Abs. 3 Satz 3 abzuführen. Im Ergebnis stellt § 5 Abs. 1a Satz 4 in Verbindung mit § 30 Abs. 1 Satz 1 und § 30 Abs. 3 Satz 3 einen Gleichklang zwischen den Wirkungen des Deckungsregisters und den in § 22j KWG festgelegten Wirkungen des **Refinanzierungsregisters** her. Werte, die in das Deckungsregister eingetragen sind und nicht zur Deckung bestimmt sind, fallen nicht in die Insolvenzmasse der Pfandbriefbank. Sofern sie im Refinanzierungsregister für Dritte ordnungsgemäß eingetragen sind, können sie gemäß § 22j Abs. 1 Satz 1 KWG vom Übertragungsberechtigten nach § 47 InsO ausgesondert werden, obwohl der Übertragungsberechtigte eventuell nicht der Inhaber dieser Werte ist, sondern nur einen Anspruch auf Übertragung hat. Dadurch wird unter anderem die **Konsortialfinanzierung** erleichtert. Wenn beispielsweise mehrere Banken ein Projekt finanzieren, kann eine Pfandbriefbank die Konsortialführerschaft übernehmen und die Werte in voller Höhe, also auch insoweit, als die Werte nicht zur Pfandbriefdeckung bestimmt sind, in ihr Deckungsregister eintragen. Daneben kann dieselbe konsortialführende Pfandbriefbank diejenigen Teile, die sie in ihr Deckungsregister eingetragen hat und die den verschiedenen Konsorten zustehen, in das bei ihr geführte Refinanzierungsregister zugunsten der jeweils übertragungsberechtigten Konsorten eintragen. In diesem Fall sind im Rahmen der Insolvenz der konsortialführenden Pfandbriefbank die den Konsorten zustehenden Werte aussonderungsfähig, obwohl sie im Deckungsregister eingetragen sind und obwohl die Konsorten unter Umständen nicht Inhaber dieser Werte sind sondern lediglich Übertragungsberechtigte. Die Werte fallen nicht in die Insolvenzmasse der Konsortialführerin und stehen auch nicht den Pfandbriefgläubigern der Konsortialführerin zur Verfügung. Zur Umsetzung dieser vorgenannten Wirkungen bestimmt § 5 Abs. 1a Satz 1, dass das Deckungsregister genaue Angaben über den Umfang und den des zur Deckung bestimmten Teils eines in das Deckungsregister eingetragenen Wertes enthalten muss und dass im Zweifel der zur Deckung bestimmte Teil Vorrang hat.[7]

Die Werte, die nicht zur Pfandbriefdeckung bestimmt sind, sind von den sogenannten **Außerdeckungsteilen** zu unterscheiden. Als Außerdeckungsteile werden 8

7 BT/DS 16/11130, Besonderer Teil, zu Art. 1, zu Nr. 5, zu Buchstabe b.

üblicherweise diejenigen Teile des Beleihungswertes bezeichnet, der die zulässige Beleihungsgrenze überschreitet.

6. Datenschutz

9 § 5 Abs. 1b stellt sicher, dass die Übermittlung personenbezogener Daten an eine Pfandbriefbank zum Zwecke der Refinanzierung dann nicht gegen das Datenschutzgesetz verstößt, wenn diese Daten nach der Deckungsregisterverordnung in das Deckungsregister eingetragen werden müssen. In diesem Fall ist das Interesse der Pfandbriefbank an der Eintragung im Deckungsregister ein „berechtigtes Interesse" gemäß § 28 Abs. 1 Nr. 2 des Bundesdatenschutzgesetzes.[8]

7. Aufzeichnung der Eintragung

10 § 5 Abs. 2 Satz 2 wird in den §§ 15 bis 17 der Deckungsregisterverordnung näher konkretisiert. Gleichwohl hat der Gesetzgeber im Rahmen dieser Konkretisierung von der in § 5 Abs. 2 Satz 2 normierten Ermächtigung keinen Gebrauch gemacht. Es ist daher nicht notwendig, dass bei der Übermittlung der Aufzeichnungen in elektronischer Form sämtliche Eintragungen des Deckungsregisters in der Aufzeichnung erfasst werden. Selbst wenn der Treuhänder der Bundesanstalt eine Aufzeichnung übermittelt, die Eintragungen erfasst, die über das letzte Halbjahr hinausgehen, bestimmt § 16 Abs. 2 Satz 2 der Deckungsregisterverordnung, dass sich die Bestätigung des Treuhänders nur auf diejenigen Eintragungen bezieht, die sich auf das letzte Halbjahr beziehen.

8. Deckungsregisterverordnung

11 Das Bundesministerium der Finanzen hat von der Ermächtigungsgrundlage des § 5 Abs. 3 Gebrauch gemacht und die „Verordnung über die Form und den Inhalt der Deckungsregister nach dem Pfandbriefgesetz und die Aufzeichnung der Eintragungen", kurz: Deckungsregisterverordnung – DeckRegV, erlassen. Diese Verordnung ist am 25. August 2006 in Kraft getreten.

§ 6
Inhalt der Pfandbriefe

(1) In den Pfandbriefen sind die für das Rechtsverhältnis zwischen der Pfandbriefbank und den Pfandbriefgläubigern maßgebenden Bestimmungen, insbesondere bezüglich der Kündbarkeit der Pfandbriefe, ersichtlich zu machen.

(2) Den Pfandbriefgläubigern darf ein Kündigungsrecht nicht eingeräumt werden.

(3) Die Ausgabe von Pfandbriefen, deren maximaler Einlösungswert nicht bekannt ist, ist nicht gestattet.

8 BT/DS 16/11130, zu Art. 1, zu Nr. 5, zu Buchstabe b.

Übersicht

1. Maßgebliche Bestimmungen

Um was es sich bei den für das Rechtsverhältnis zwischen der Pfandbriefbank und den Pfandbriefgläubigern maßgebenden Bestimmungen handelt, ist unter Berücksichtigung der allgemeinen Regelungen und den §§ 793, 808 BGB zu beurteilen. In der Regel wird es sich um folgende Punkte handeln: Bezeichnung als Pfandbrief, Bezeichnung der Pfandbriefgattung, Klausel, ob es sich um ein Namens-, Inhaber- oder Orderpapier handelt, Bezeichnung des Ausstellers, Nominalbetrag, Angaben zur Rückzahlung des Kapitals, Angaben zur Verzinsung (fest, variabel, Referenzzinssätze, Zinsberechnungsmethode, Zinszahlungstage), Klausel zur Unkündbarkeit des Pfandbriefs durch die Pfandbriefgläubiger und zur Kündbarkeit oder Unkündbarkeit durch den Emittenten, Bestimmungen zur Abtretbarkeit, Verzicht des Emittenten auf die Geltendmachung von Aufrechnungs- oder Zurückbehaltungsrechten, solange und soweit die Forderungen des Pfandbriefgläubigers aus dem Pfandbrief zum gebundenen Vermögen im Sinne des § 45 des Versicherungsaufsichtsgesetzes oder zu einer aufgrund inländischer gesetzlicher Vorschriften gebildeten Deckungsmasse für Schuldverschreibungen gehören, Rechtswahl, Gerichtsstand, Bestätigung des Treuhänders der Pfandbriefbank, dass die vorgeschriebene Deckung vorhanden und in das Deckungsregister eingetragen ist. Bei einigen der oben genannten Punkte ergibt sich die Maßgeblichkeit für das Verhältnis zwischen Pfandbriefgläubiger und Emittent nicht nur aus der Sache heraus, sondern auch daraus, dass die Dokumentation in der Pfandbriefurkunde gesetzlich vorgeschrieben ist. Gemäß § 1 Abs. 1 Satz 2 dürfen Schuldverschreibungen nur dann als Pfandbriefe ausgegeben werden, wenn sowohl die Pfandbriefeigenschaft als auch die Pfandbriefgattung ausdrücklich aus dem Pfandbrief hervorgeht. Gemäß § 8 hat der Treuhänder die Pfandbriefe vor der Ausgabe mit einer Bescheinigung über das Vorhandensein der vorschriftsmäßigen Deckung und über die Eintragung in das entsprechende Deckungsregister zu versehen. Hinsichtlich der Angaben zur Kündbarkeit ergibt sich die Pflicht zur Dokumentation bereits aus § 6 Abs. 1 selbst. 1

2. Ersichtlich machen

Hinsichtlich der oben genannten Punkte handelt es sich um Essenziale. Ein Verweis auf andere Quellen respektive Unterlagen reicht daher zum „ersichtlich machen" nicht aus. 2

3. Kündigungsrechte

Gemäß § 6 Abs. 2 darf den Pfandbriefgläubigern ein Kündigungsrecht nicht eingeräumt werden. Mit dieser Regelung wird dem Umstand Rechtung getragen, dass die Deckungswerte, die zur Rückführung der Pfandbriefe dienen, von der Pfandbriefbank auch nicht gekündigt werden können, schon gar nicht korrespondierend zu den Kündigungen der Pfandbriefe. Kündigungsrechten der Pfandbriefgläubiger stehen andere Auflösungsrechte gleich, da diese Kündigungsrechten in der Wirkung 3 gleichkommen. Demgegenüber können Pfandbriefe verpensioniert werden. Bei Pensionsgeschäften bezieht sich die Rücknahmeverpflichtung auf den Pfandbrief als solchen und nicht auf dessen Auflösung. Es besteht also nicht das Risiko, dass nicht genügend Rückflüsse aus den Deckungswerten zur Verfügung stehen um den Pfandbrief zurückzuzahlen.

4. Maximaler Einlösungswert

4 Es muss sich um denjenigen maximalen Einlösungswert handeln, der **zum Zeitpunkt der Ausgabe** des Pfandbriefs bekannt ist. Daraus folgt, dass eventuelle Kursverluste, die die Pfandbriefbank bei Geltendmachung eines eigenen Kündigungsrechts eventuell realisiert, nicht berücksichtigt werden müssen. Denn zukünftige Kurse können bei der Ausgabe nicht bekannt sein. Gemeint sind vielmehr Fälle, in denen vereinbart wird, dass bei Fälligkeit des Pfandbriefs zusätzlich zum Nennwert Zuschläge gezahlt werden, die zum Zeitpunkt der Ausgabe der Höhe nach nicht bekannt sind, weil sie sich nach gewissen Parametern richten, die sich erst in der Zukunft entwickeln. Siehe hierzu auch § 4 Abs. 2 Satz 2. Ist der Wert dieser Zuschläge aber bei Ausgabe des Pfandbriefs bereits bekannt, ist dieser Wert dem Nennwert des Pfandbriefs hinzuzurechnen. Die Summe muss dann gedeckt werden.[1]

§ 7
Treuhänder und Stellvertreter

(1) Bei jeder Pfandbriefbank ist ein Treuhänder sowie mindestens ein Stellvertreter zu bestellen.

(2) Treuhänder und Stellvertreter müssen die zur Erfüllung ihrer Aufgaben erforderlichen Kenntnisse und Erfahrungen besitzen. Die Qualifikation als Wirtschaftsprüfer oder vereidigter Buchprüfer lässt die erforderlichen Kenntnisse vermuten. Eine Bestellung als Treuhänder oder Stellvertreter ist ausgeschlossen, wenn Gründe vorliegen, nach denen die Besorgnis der Befangenheit besteht. Das ist insbesondere der Fall, wenn die Person in einem Beschäftigungs- oder Mandatsverhältnis mit der Pfandbriefbank steht oder innerhalb der vorausgegangen drei Jahre gestanden hat.

(3) Die Bestellung erfolgt durch die Bundesanstalt nach Anhörung der Pfandbriefbank; vor der erstmaligen Ausgabe von Pfandbriefen findet eine Bestellung nur auf Antrag der Pfandbriefbank statt. Die Bestellung kann befristet und jederzeit aus sachlichem Grund durch die Bundesanstalt widerrufen werden. Die Bestellung endet spätestens zum Ende des Monats, in dem das 75. Lebensjahr vollendet wird. Mit der Ernennung eines Sachwalters nach § 2 Absatz 5 oder § 30 Absatz 2 oder 5 ruht das Amt des Treuhänders bis zur Beendigung des Sachwalteramtes. Der Treuhänder bleibt verpflichtet, dem Sachwalter alle Informationen mitzuteilen, die für die Verwaltung der Deckungswerte von Bedeutung sein können.

1 BT/DS 16/11130, zu Nr. 6.

(4) Der Treuhänder hat der Bundesanstalt Auskunft über die von ihm im Rahmen seiner Tätigkeit getroffenen Feststellungen und Beobachtungen zu erteilen. Der Treuhänder ist an Weisungen der Bundesanstalt nicht gebunden.

(5) Treuhänder und Stellvertreter haften der Pfandbriefbank sowie den Pfandbriefgläubigern und den Gläubigern von Ansprüchen aus Derivategeschäften nach § 4 Abs. 3 aus ihrer Tätigkeit nur im Falle von Vorsatz und grober Fahrlässigkeit. Die Ersatzpflicht des Treuhänders oder des Stellvertreters beschränkt sich im Falle grob fahrlässigen Handelns auf 1 Million Euro. Sie kann nicht durch Vertrag ausgeschlossen oder beschränkt werden. Wird die Haftung des Treuhänders oder des Stellvertreters durch eine Versicherung abgedeckt, ist ein Selbstbehalt in Höhe des Eineinhalbfachen der nach § 11 Absatz 1 festgesetzten jährlichen Vergütung vorzusehen. Die Pfandbriefbank darf den Versicherungsvertrag zugunsten des Treuhänders und des Stellvertreters schließen und die Prämien zahlen.

Übersicht

1. Der Treuhänder

Die Einrichtung des Treuhänders dient dem **Schutz der Pfandbriefgläubiger**. 1
Dies ergibt sich daraus, dass der Schwerpunkt des Aufgabenbereichs des Treuhänders darin liegt, darauf zu achten, dass die vorschriftsmäßige Deckung der Pfandbriefe und der Ansprüche aus Derivategeschäften jederzeit vorhanden ist (vgl. § 8 Abs. 1 Satz 1) und dass die zur Deckung der Pfandbriefe und der Ansprüche aus Derivategeschäften verwendeten Werte in das Deckungsregister eingetragen sind (vgl. § 8 Abs. 2 Satz 1). Beide Aufgaben dienen der Sicherstellung des Befriedigungsinteresses der Pfandbriefgläubiger und damit indirekt auch der Institution des Pfandbriefs als solcher. Alle anderen Aufgaben des Treuhänders sowie seine Befugnisse dienen entweder der Sicherstellung oder Dokumentation der Erledigung dieser beiden Aufgaben oder sie stehen zu diesen in einem nachgeordneten Zusammenhang. Der Treuhänder ist **kein öffentliches Organ**. Er ist ein nicht öffentlicher neutraler Dritter, der den Sicherungsinteressen der Pfandbriefgläubiger dient. Zwar wird er vom BaFin bestellt. Er ist auch verpflichtet, dem BaFin Auskunft zu erteilen. Er ist aber nicht an Weisungen des BaFin (oder der Pfandbriefbank oder der Pfandbriefgläubiger) gebunden (siehe unten).

2. Weisungsrecht

Weder Pfandbriefgläubiger noch Bank noch die Bundesanstalt haben gegen- 2
über dem Treuhänder ein Weisungsrecht. Hinsichtlich der Bundesanstalt ergibt sich dies ausdrücklich aus § 7 Abs. 4 Satz 2. Hinsichtlich der Bank und der Pfandbrief-

gläubiger ergibt sich dies indirekt daraus, dass gemäß § 7 Abs. 2 Satz 3 eine Bestellung als Treuhänder oder Stellvertreter ausgeschlossen ist, wenn Gründe vorliegen, nach denen die Besorgnis der Befangenheit besteht. Hinsichtlich der Bank kommt hinzu, dass § 7 Abs. 2 Satz 4 unterstellt, dass Befangenheitsgründe insbesondere dann vorliegen, wenn die Person zur Bank in einem Beschäftigungs- oder Mandatsverhältnis steht oder innerhalb der letzten 3 Jahre gestanden hat. Ein solches Weisungsrecht wäre auch kontraproduktiv, da die Interessen dieser drei Parteien nicht deckungsgleich sind. Indem der Treuhänder dem Schutz der Pfandbriefgläubiger dient, dient er zwar auch indirekt dem Schutz des Pfandbriefs als solchem und damit indirekt auch dem Interesse der Pfandbriefbank. Interessenkonflikte können aber gleichwohl entstehen. Die Pfandbriefgläubiger interessieren sich ausschließlich für den von ihnen angekauften Pfandbrief. Die Pfandbriefbank interessiert sich darüber hinaus für ihr gesamtes übriges Geschäft. Die Institution des Pfandbriefs als solchem hat wiederum den gesamten Pfandbriefmarkt im Fokus.

3. Kontrolle

3 In seiner Funktion wird der Treuhänder **von der Bundesanstalt** kontrolliert. Diese Kontrolle wird dadurch ermöglicht, dass der Treuhänder der Bundesanstalt gegenüber gemäß § 7 Abs. 4 Satz 1 auskunftspflichtig ist. Außerdem hat er der Bundesanstalt gemäß § 5 Abs. 2 regelmäßig eine von ihm bestätigte Aufzeichnung der Eintragungen, welche innerhalb des letzten Kalenderhalbjahres in den Deckungsregistern vorgenommen wurden, zu übermitteln. Übt der Treuhänder seine Pflichten nicht ordnungsgemäß aus, so kann die Bundesanstalt die Bestellung des Treuhänders gemäß § 7 Abs. 3 Satz 2 widerrufen.

4. Der Treuhänder und seine Stellvertreter

4 Beide stehen zu einander nicht in einer **Hierarchie**. Sie können ihre Zusammenarbeit frei untereinander abstimmen. In der Praxis wird allerdings der Treuhänder ein gewisses Übergewicht im Verhältnis zu dem oder den Stellvertretern haben weil er die erste Anlaufstelle ist und durch Vorarbeiten bereits gewisse Richtungen vorgegeben hat.

5. Auswahl

5 Gemäß § 7 Abs. 2 Satz 1 müssen der Treuhänder und sein(e) Stellvertreter für ihre Aufgabe **qualifiziert** sein. Gemäß Satz 2 wird das Vorhandensein dieser Qualifikation unterstellt, wenn der Treuhänder beziehungsweise der Stellvertreter über die Qualifikation eines Wirtschaftsprüfers oder vereidigten Buchprüfers verfügen. Die notwendige Qualifikation kann sich aber auch aus anderen Umständen ergeben. Wichtig ist, dass sich die Qualifikation auf Grundpfandrechte, Grundbücher und das Vertragsrecht bezieht. In der Praxis ist es üblich, Personen auszuwählen, die einschlägige Berufserfahrung haben und aus dem Berufsleben ausgeschieden sind. Letzteres deshalb, damit Interessenkollisionen bereits im Ansatz vermieden werden. Dabei ist die Altershöchstgrenze gemäß § 7 Abs. 3 Satz 3 von 75 Jahren zu beachten. Es ist nicht ausreichend, dass entweder der Treuhänder oder der Stellvertreter die

erforderliche Qualifikation besitzt. Vielmehr müssen beide Personen über die erforderliche Qualifikation verfügen. Andernfalls ist eine eigenverantwortliche Tätigkeit entweder des Treuhänders oder seines Stellvertreters nicht möglich.[1]

6. Bestellung

Gemäß § 7 Abs. 3 erfolgt die Bestellung **durch die Bundesanstalt nach Anhörung der Pfandbriefbank.** Dieses Prozedere gilt sowohl hinsichtlich des Treuhänders als auch des Stellvertreters. Ein Zeitpunkt für die Bestellung ist weder in Abs. 3 noch an einer anderen Stelle des PfandBG genannt. Allerdings ist gemäß § 8 Abs. 3 die Ausgabe eines Pfandbriefs nur dann zulässig, wenn der Treuhänder den Pfandbrief vor der Ausgabe mit der Bescheinigung über das Vorhandensein der vorschriftsmäßigen Deckung und über die Eintragung in das entsprechende Deckungsregister versehen hat. Daraus ergibt sich, dass der Treuhänder spätestens dann zu bestellen ist, wenn die Pfandbriefbank die Ausgabe eines Pfandbriefs plant. Diese Bestellung muss so frühzeitig geschehen, dass der Treuhänder genug Zeit hat, die vorschriftsmäßige Deckung und die Eintragung dieser Deckung in das Deckungsregister zu prüfen. Wenn diese Prüfung auch formaler Natur ist, so ist sie doch sehr umfangreich. Denn in der Regel wird diese Prüfung beinhalten, dass der Treuhänder die formale Übereinstimmung der im Darlehensvertrag vereinbarten Darlehensforderung nebst Sicherheit mit der in der Grundschuldbestellungsurkunde erfassten Darlehensforderung nebst Sicherheit, den entsprechenden Grundbucheintragungen und den Inhalten des Grundschuldbriefs sicherstellt sowie feststellt, dass diese Werte Deckungswerte im Sinne des PfandBG sind. Der Stellvertreter des Treuhänders wird spätestens zum Zeitpunkt der Ausgabe zu bestellen sein. Wegen des Begriffs der Ausgabe wird auf die entsprechenden Ausführungen zu § 8 Abs. 3 verwiesen. Die Bestellung kann gemäß § 7 Abs. 3 Satz 2 befristet sein. Sie kann von der Bundesanstalt jederzeit widerrufen werden, wenn ein sachlicher Grund vorliegt. Ausreichend wird in jedem Fall sein, wenn Zweifel bestehen, dass der Treuhänder oder ein Stellvertreter seine Funktion ordnungsgemäß ausübt. Gleiches gilt, wenn an der Unabhängigkeit oder Unbefangenheit Zweifel entstehen. Ausreichend ist auch, dass die Pfandbriefe zurückgegeben und die Deckungswerte im Register gelöscht sind. Es kommen auch weitere Fälle in Frage. Allgemein werden an den sachlichen Grund keine besonders hohen Anforderungen zu stellen sein. 6

7. Befangenheit

Gemäß § 7 Abs. 2 Satz 3 ist eine Bestellung als Treuhänder oder Stellvertreter ausgeschlossen, wenn Gründe vorliegen, nach denen die Besorgnis der Befangenheit besteht. Ob diese Befangenheit tatsächlich auch vorliegt oder nicht, ist unerheblich. Die begründete Besorgnis reicht bereits aus. An die Gründe, die diese Besorgnis rechtfertigen, sind keine besonderen Anforderungen zu stellen. Sie können auch rein formal sein. Dies geht aus Abs. 2 Satz 4 hervor. Danach wird ein Grund zur Besorgnis der Befangenheit bereits dann angenommen, wenn die Person in einem Beschäftigungs- 7

1 Vgl. BT DS 15/4321, zu § 7.

oder Mandatsverhältnis mit der Pfandbriefbank steht oder innerhalb der letzten drei Jahre gestanden hat. Diese Aufzählung ist nicht abschließend. Es kommen auch andere Ursachen in Betracht. So wird die Möglichkeit einer Befangenheit auch dann vorliegen, wenn der Treuhänder neben seiner Treuhandtätigkeit für die Pfandbriefbank eine weitere Treuhandfunktion als Verwalter des Refinanzierungsregisters eines anderen Kreditinstituts ausübt und in diesem Refinanzierungsregister zugunsten der Pfandbriefbank Darlehensforderungen und Sicherheiten eingetragen werden, welche die Pfandbriefbank wiederum in das Deckungsregister einträgt.

8 Obwohl an die Gründe, die die Besorgnis der Befangenheit rechtfertigen, keine hohen Anforderungen zu stellen sind, wird man fordern müssen, dass diese Gründe über eine gewisse Plausibilität verfügen, und zwar unabhängig davon, ob diese Gründe inhaltlicher oder rein formaler Natur sind.

8. Auskunft

9 Gemäß Abs. 4 Satz 1 ist der Treuhänder verpflichtet, der Bundesanstalt Auskunft über die im Rahmen seiner Tätigkeit getroffenen Feststellungen und Beobachtungen zu erteilen. Diese Pflicht setzt ein entsprechendes Auskunftsersuchen voraus. Obwohl ein solches Auskunftsersuchen der Bundesanstalt einen Verwaltungsakt darstellt, sind an die Begründetheit eines solchen Begehrens keine besonderen Anforderungen zustellen. Eine Pflicht des Treuhänders, aus eigenem Antrieb auch ohne vorheriges Auskunftsersuchen Informationen an die Bundesanstalt zu geben, geht aus Abs. 4 Satz 1 demgegenüber nicht hervor. Dies ergibt sich daraus, dass nach üblichem Sprachgebrauch Auskünfte nur auf Anfrage erteilt werden. Anders ist das in Bezug auf Berichte. Diese werden nach allgemeinem Sprachgebrauch auch ohne vorherige Aufforderung gegeben. Hätte der Gesetzgeber gewollt, dass der Treuhänder von sich aus Informationen an die Bundesanstalt gibt, hätte er daher den Begriff „Berichtspflicht“ gebraucht, nicht aber den Begriff „Auskunft“. Etwas anderes ist es, wenn der Treuhänder im Rahmen seiner Aufgabenerledigung die Bank wiederholt auf Mängel hingewiesen hat und seine diesbezüglichen Hinweise keinen Erfolg gehabt haben. In diesem Falle ergibt es sich aus der Pflicht des Treuhänders zur Wahrung der Interessen der Pfandbriefgläubiger die Pflicht, die Bundesanstalt einzuschalten. Außerdem ist der Treuhänder selbstverständlich nicht gehindert, von sich aus der Bundesanstalt Informationen zu übermitteln, wenn er dies im Rahmen der Erledigung seiner Pflichten für sachgerecht hält.[2] Dem Wortlaut nach ist diese Auskunftspflicht sehr weit gefasst. Sie bezieht sich ausdrücklich auf die **im Rahmen** seiner Tätigkeit getroffenen Feststellungen und Beobachtungen. Dies schließt auch Feststellungen und Beobachtungen ein, die in einem entfernten Zusammenhang mit der Tätigkeit des Treuhänders stehen.

9. Verschwiegenheit

10 Auch wenn dies nicht ausdrücklich im PfandBG vorgeschrieben ist, ist der Treuhänder und selbstverständlich auch der Stellvertreter verpflichtet, über Umstände,

2 Vgl. Bellinger/Kerl, § 30 Rdn. 41.

die ihm im Rahmen seiner Tätigkeit zur Kenntnis gelangen, Stillschweigen zu bewahren. Diese Pflicht muss nicht besonders vereinbart werden. Sie ergibt sich bereits stillschweigend als Kehrseite zur Befugnis des Treuhänders gemäß § 10 Abs. 1, von der Bank Auskünfte zu verlangen und Einsicht in diejenigen Unterlagen der Bank zu nehmen, die sich auf die Pfandbriefe und die im Deckungsregister eingetragenen Werte beziehen. Sie ergibt sich darüber hinaus auch stillschweigend als die Kehrseite aus der Pflicht der Pfandbriefbank gemäß § 10 Abs. 2, dem Treuhänder bestimmte Auskünfte zu erteilen. Denn es kann nicht sein, dass der Gesetzgeber dem Treuhänder Einsichts- und Auskunftsrechte einräumt und es ihm dabei erlaubt, seine bei der Wahrnehmung seiner Rechte gewonnenen Erkenntnisse an Dritte weiterzugeben. Allerdings ist die Pfandbriefbank schon aus Gründen der Klarstellung nicht gehindert, den Treuhänder zusätzlich in Schriftform zur Verschwiegenheit zu verpflichten. Die Verschwiegenheitspflicht des Treuhänders besteht grundsätzlich allen Dritten gegenüber mit Ausnahme der Bundesanstalt. Obwohl der Treuhänder nicht für die Bundesanstalt tätig ist, ergibt sich diese Ausnahme aus seiner – weiten – Auskunftspflicht der Bundesanstalt gegenüber gemäß § 7 Abs. 4 Satz 1.[3]

10. Verhältnis zwischen Treuhänder und Sachwalter

Mit der im Zuge der Gesetzesnovelle 2010 erfolgten Einführung des Satzes 4 in 11 den Abs. 3 wurden bislang bestehende Unklarheiten über das Verhältnis von Treuhänder und Sachwalter beseitigt.

11. Haftung

Eine Haftung des Treuhänders oder seines Stellvertreters besteht gemäß Abs. 5 12 gegenüber der Pfandbriefbank, den Pfandbriefgläubigern oder den Gläubigern von Ansprüchen aus Derivategeschäften. Der Haftungsmaßstab ist Vorsatz oder grobe Fahrlässigkeit. Beide Begriffe richten sich nach dem Bürgerlichen Recht. Danach ist Vorsatz das Wissen und Wollen des pflichtwidrigen Erfolgs.[4] Grobe Fahrlässigkeit liegt vor, wenn die verkehrserforderliche Sorgfalt in besonders schwerem Maße verletzt wird, schon einfachste, ganz naheliegende Überlegungen nicht angestellt werden und das nicht beachtet wird, was im gegebenen Fall jedem einleuchten müsste.[5] Die Haftung des Treuhänders beziehungsweise des Stellvertreters kann sich nur aus § 7 Abs. 5 ergeben. Neben dieser Rechtsgrundlage scheidet ein Amtshaftungsanspruch nach § 839 BGB aus, weil der Treuhänder beziehungsweise der Stellvertreter, obwohl beide von der Bundesanstalt bestellt werden, keine Beamten sind. Auch eine Staatshaftung gemäß Art. 34 GG scheidet aus, da es sich bei der Tätigkeit des Treuhänders beziehungsweise seines Stellvertreters nicht um die Erledigung öffentlicher Pflichten handelt, sondern um die Interessenwahrnehmung der Pfandbriefgläubiger.

3 Vgl. Bellinger/Kerl, § 29 Anm. 44 Ausführungen zu § 8, Bankgeheimnis-Datenschutz.
4 Vgl. Palandt, § 276 Rdn. 10 m.w.N.
5 Vgl. Palandt, § 277 Rdn. 5 m.w.N.

§ 8
Aufgaben

(1) Der Treuhänder hat darauf zu achten, dass die vorschriftsmäßige Deckung für die Pfandbriefe und Ansprüche aus Derivategeschäften nach § 4 Abs. 3 jederzeit vorhanden ist; hierbei hat er darauf zu achten, dass der Wert der beliehenen Grundstücke nach der auf Grund des § 16 Abs. 4 erlassenen Rechtsverordnung, der Wert der beliehenen Schiffe und Schiffsbauwerke nach der auf Grund des § 24 Abs. 5 erlassenen Rechtsverordnung und der Wert der beliehenen Flugzeuge nach der auf Grund des § 26d Abs. 3 erlassenen Rechtsverordnung festgesetzt ist. Darüber hinaus ist er nicht verpflichtet zu untersuchen, ob der festgesetzte Wert dem wirklichen Wert entspricht.

(2) Der Treuhänder hat darauf zu achten, dass die zur Deckung der Pfandbriefe und der Ansprüche aus Derivategeschäften nach § 4 Abs. 3 verwendeten Werte gemäß § 5 Abs. 1 in das jeweilige Deckungsregister eingetragen werden. Er hat auch darauf zu achten, dass die Eintragung eines Derivats von der Pfandbriefbank unter Angabe des entsprechenden Deckungsregisters unverzüglich dem Vertragspartner des Derivategeschäfts mitgeteilt wird.

(3) Der Treuhänder hat die Pfandbriefe vor der Ausgabe mit einer Bescheinigung über das Vorhandensein der vorschriftsmäßigen Deckung und über die Eintragung in das entsprechende Deckungsregister zu versehen. Eine Nachbildung der eigenhändigen Unterschrift genügt.

(4) Im Deckungsregister eingetragene Werte können nur mit Zustimmung des Treuhänders in dem Register gelöscht werden. Die Zustimmung des Treuhänders bedarf der Schriftform; sie kann in der Weise erfolgen, dass der Treuhänder seine Namensunterschrift dem Löschungsvermerk im Deckungsregister beifügt. Für die Löschung eines eingetragenen Derivats, das noch nicht vollständig abgewickelt ist, ist ferner die Zustimmung des Vertragspartners der Pfandbriefbank erforderlich; eine Löschung ohne die erforderliche Zustimmung gilt als nicht erfolgt. Absatz 2 Satz 2 ist entsprechend anzuwenden.

Übersicht

1. Allgemeines

1 Der in § 8 geregelte Aufgabenbereich des Treuhänders hat sich durch die Ausdehnung der Pfandbriefe auf mehrere Pfandbriefgattungen und die daraus folgende Ausdehnung der möglichen Deckungswerte, die Zulassung von Ansprüchen aus Derivategeschäften als Deckungswerte sowie die im Zusammenhang mit den De-

ckungswerten erlassenen Verordnungen erheblich ausgeweitet. Hinzu kommt die Einbeziehung verschiedener ausländischer Deckungswerte. Aus diesem Grunde unterhalten einige Pfandbriefbanken gesonderte Abteilungen, die Indeckungnahmen und Löschungen von Deckungswerten aus dem Deckungsregister kontrollieren und ausführen sowie über die notwendigen Fachkenntnisse – auch in Bezug auf ausländische Deckungswerte – verfügen. Auf diese Weise wird dem Treuhänder seine Tätigkeit wesentlich erleichtert. Da diese Treuhandabteilung de facto wie ein Treuhänder handelt, wird man zur Vermeidung von Interessenkollisionen fordern müssen, dass die Treuhandabteilung direkt einem Vorstand untersteht, zu dessen Aufgabenbereich in keinem Falle die Emission von Pfandbriefen oder die Gewährung deckungsstockfähiger Darlehen gehören dürfen. Idealerweise sollte das Treuhandbüro dem Vorstandsvorsitzenden unterstellt werden. Dies würde nicht nur die Unbefangenheit des Treuhandbüros sicherstellen, sondern auch der Bedeutung des Treuhandbüros für die Pfandbriefbank Rechnung tragen.

Wenn nachfolgend von „dem Treuhänder“ gesprochen wird, ist damit immer 2
auch der stellvertretende Treuhänder gemeint.

2. Art der Prüfung

Aus der oben genannten Ausweitung des Aufgabenspektrums des Treuhänders 3
ergibt sich, dass er in der Regel wohl nicht die für die Beurteilung dieses weiten Aufgabenspektrums erforderliche Sachkenntnis haben wird. Man wird ihm daher wohl zubilligen müssen, dass er zur Erledigung seiner Aufgaben auf die Sachkenntnis Dritter oder die Sachkenntnis der betreffenden Einheiten der Pfandbriefbank zurückgreift. In jedem Falle, also auch dann, wenn dem Treuhänder die eigene Sachkenntnis ausreicht, wird sich seine Tätigkeit auf eine Prüfung der formalen Anforderungen und der inhaltlichen Plausibilität beschränken. Dabei ist zu unterscheiden zwischen den nach Pfandbriefrecht zulässigen Deckungswerten, den Feststellungen der Beleihungswerten sowie der Einhaltung der vorgeschriebenen Deckungsgrenzen und anderer Beschränkungen einschließlich Kontingentierungen.

3. Umfang der Prüfung

Angesichts des Umfanges der Gewährung deckungsstockfähiger Darlehen wird 4
man bei Indeckungnahmen stichprobenartige Prüfungen des Treuhänders für ausreichend erachten müssen. Dies jedenfalls dann, wenn die Pfandbriefbank ein eigenes Treuhandbüro unterhält, das jeden einzelnen Zugang zur Deckungsmasse wie ein Treuhänder prüft. In diesem Zusammenhang wird man fordern müssen, dass der Einsatz des Treuhandbüros nicht etwa zur Ausdünnung der Stichproben des Treuhänders führt. Der Treuhänder muss seine Stichproben vielmehr in derselben Dichte durchführen, wie es ohne die Existenz eines Treuhandbüros der Fall wäre.

Hinsichtlich der Löschung eines Deckungswertes aus dem Deckungsregister be- 5
stimmt § 8 Abs. 4 Satz 1, dass im Deckungsregister eingetragene Werte nur mit Zustimmung des Treuhänders im Deckungsregister gelöscht werden können. Aus dem Gesetzeswortlaut geht hervor, dass stichprobenartige Prüfungen des Treuhänders

nicht ausreichen, wenn es darum geht, einen Wert aus der Deckung zu nehmen. Dies gilt auch dann, wenn das Treuhandbüro jeden Einzelfall vorprüft. Es dürfte aber zulässig sein, wenn das Treuhandbüro im Rahmen von Löschungen gewisse Vorbereitungshandlungen erbringt und dem Treuhänder so seine Aufgaben erleichtert.

4. Ermessensspielraum

6 Der Treuhänder hat sowohl hinsichtlich der Art als auch des Umfangs seiner Prüfungsaufgaben gewisse Ermessensspielräume. Er wird sich jedoch bei der Ausübung dieses Ermessens in der Regel an folgenden Kriterien orientieren:

1. Handelt es sich bei dem eingetragenen Deckungswert um einen für die betreffende Pfandbriefgattung zulässigen Deckungswert?
2. Ist die Beleihungsgrenze nicht überschritten beziehungsweise sind sonstige vorgeschriebene Beschränkungen/Kontingentierungen beachtet worden?
3. Sind alle nach der Deckungsregisterverordnung notwendigen Daten eingetragen?
4. Stimmen die in dem Deckungsregister eingetragenen Daten mit den in den Kreditakten erfassten Daten überein?
5. Stimmen die in den verschiedenen Dokumenten der Kreditakte erfassten Daten bezogen auf die jeweiligen Dokumente überein?

7 Zur Überprüfung dieser Kriterien hat der Treuhänder die Befugnisse gemäß § 10. In der Regel wird er von der Bank die Kreditakte anfordern und mindestens die Unterlagen zur Ermittlung des Beleihungswertes, den Darlehensvertrag, die Grundschuldbestellungsurkunde, den Grundbuchauszug und bei Briefgrundschulden auch den Grundschuldbrief auf Einhaltung der Kriterien überprüfen. Fallen ihm dabei Unstimmigkeiten auf, etwa weil bestimmte in einem dieser Dokumente enthaltenen deckungsrelevanten Daten mit den korrespondierenden Daten eines anderen Dokumentes oder des Deckungsregisters nicht übereinstimmen, kann er weitere Unterlagen der Pfandbriefbank einsehen oder Auskünfte verlangen, um sich Klarheit zu verschaffen. Im Einzelfall kann er von der Pfandbriefbank die Behebung eines Mangels oder auch den Austausch des betreffenden Deckungswertes verlangen. Die Unterlagen zur Ermittlung des Beleihungswertes wird der Treuhänder darauf hin untersuchen, ob die aus den entsprechenden Verordnungen festgelegten formalen Kriterien eingehalten wurden (s.u. „Beleihungswert“).

5. Vorschriftsmäßige Deckung

8 Was die vorschriftsmäßige Deckung der Pfandbriefe beziehungsweise der Ansprüche aus Derivategeschäften ist, ergibt sich aus § 4 Abs. 1 bis 3 in Verbindung mit der auf der Grundlage des § 4 Abs. 6 erlassenen Pfandbrief-Barwertverordnung, den §§ 12 bis 14, 16 in Verbindung mit der auf der Grundlage des § 16 Abs. 4 erlassenen Beleihungswertermittlungsverordnung, den §§ 18 bis 22, 24 in Verbindung mit der zu § 24 Abs. 5 erlassenen Schiffsbeleihungswertermittlungsverordnung, den §§ 26 bis 26b, 26d in Verbindung mit der auf der Grundlage des § 26d Abs. 3 erlassenen Flugzeugbeleihungswertermittlungsverordnung und § 26f. Die vorschriftsmäßige Deckung muss für jede einzelne Pfandbriefgattung getrennt vorliegen. Es ist nicht

ausreichend, dass sich die Vorschriftsmäßigkeit der Deckung erst dann ergibt, wenn man alle Deckungswerte, über die die Pfandbriefbank insgesamt verfügt, zusammenfasst und als Gesamtheit betrachtet.[1]

6. Ansprüche aus Derivategeschäften

9 Es muss sich um Derivategeschäfte im Sinne des § 4 Abs. 3 handeln. Die Pfandbriefe unterscheiden sich von den Deckungswerten hinsichtlich der Zinssätze, der Währungen und den Laufzeiten. Um die sich aus diesen Unterschieden ergebenden Risiken auszuschließen, werden entsprechende Absicherungsgeschäfte geschlossen. Gemäß § 30 Abs. 7 werden die Gläubiger von Ansprüchen aus diesen Absicherungsgeschäften den Pfandbriefgläubigern gleichgestellt. Deshalb fallen die Ansprüche dieser Gläubiger gemäß § 30 Abs. 1 nicht in die Insolvenzmasse. Konsequenterweise bestimmt § 4 Abs. 3 Satz 1, dass auch die Ansprüche der Vertragspartner der Pfandbriefbank aus Derivategeschäften gedeckt sein müssen.[2]

7. Jederzeit vorhanden

10 Die vorschriftsmäßige Deckung der Pfandbriefe muss jederzeit vorhanden sein. Dies bedeutet, dass der Treuhänder nicht nur im Rahmen der Pfandbriefemission zu prüfen hat. Er muss die Deckung vielmehr fortlaufend prüfen. Sofern er bei einer solchen Prüfung feststellt, dass die vorhandenen Deckungswerte zu einer vorschriftsmäßigen Deckung der umlaufenden Pfandbriefe nicht ausreichen, muss er von der Bank verlangen, dass diese die Deckungswerte entsprechend ergänzt. Kommt die Bank dem Verlangen des Treuhänders nicht nach, so ist der Treuhänder verpflichtet, die Hilfe der Aufsichtsbehörde anzufordern.[3] Selbst kurzfristige oder geringfügige Unterdeckungen sind nicht zulässig. Es ist auch unzulässig, dass sich die Pfandbriefbank verpflichtet, künftig Pfandbriefe in Umlauf zu bringen, ohne dass bereits bei Eingehung dieser Verpflichtung die erforderliche Deckung vorhanden und in das Deckungsregister eingetragen ist.[4]

8. Beleihungswert

11 Gemäß Abs. 1 hat der Treuhänder in Bezug auf Hypotheken-, Schiffs- oder Flugzeugpfandbriefe darauf zu achten, dass die Beleihungswerte nach den jeweils für diese Pfandbriefgattungen geltenden Rechtsverordnungen geprüft wurden. Dabei stellt Abs. 1 Satz 2 klar, dass es sich bei dieser Prüfung um eine formale Prüfung handelt. Der Treuhänder ist nicht verpflichtet, zu untersuchen, ob der wirkliche Beleihungswert dem tatsächlichen Beleihungswert entspricht. Aus dem Wortlaut des Abs. 1 Satz 2 geht aber nur hervor, dass der Treuhänder zur Untersuchung des wirklichen Beleihungswertes nicht verpflichtet ist. Diese Untersuchung ist dem Treu-

---

1 Vgl. insoweit § 4, Bezug der Deckungskongruenz.
2 Siehe in diesem Zusammenhang auch die Ausführungen zu § 19 Abs. 1 Nr. 4, zu § 30 Abs. 7 PfandBG sowie § 4 Abs. 2 der Deckungsregisterverordnung.
3 So wohl auch Bellinger/Kerl, § 30 Anm. 7.
4 Vgl. § 4, „jederzeit vorhanden“.

händer andererseits aber auch nicht verboten. Es bleibt ihm daher unbenommen, die Übereinstimmung des angegebenen Beleihungswertes mit dem wirklichen Beleihungswert zu überprüfen.

9. Eintragung

12 Gemäß Abs. 2 ist der Treuhänder verpflichtet darauf zu achten, dass die Deckungswerte in das jeweilige Deckungsregister eingetragen werden. Art und Umfang der Eintragungen ergeben sich aus der „Verordnung über die Form und den Inhalt der Deckungsregister nach dem Pfandbriefgesetz und die Aufzeichnungen der Eintragungen“, kurz: der Deckungsregisterverordnung – DeckRegV. Gemäß § 4 dieser Verordnung ist für jede Pfandbriefgattung, also Hypotheken-, Kommunal-, Schiffs- und Flugzeugpfandbriefe, ein eigenes Deckungsregister als Hauptregister zu führen. Sofern die Pfandbriefbank gemäß § 51 Pfandbriefe in Umlauf hat, die sie vor Inkrafttreten des PfandBG, also vor dem 22. Mai 2005 begeben hat und deren Deckungswerte nicht dem PfandBG und den hierzu erlassenen Rechtsverordnungen entsprechen, hat die Bank für die korrespondierenden Deckungswerte ebenfalls ein gesondertes Deckungsregister als Hauptregister zu bilden. Zu diesen Hauptregistern können gemäß § 5 Abs. 1 Satz 4 zu den jeweiligen Hauptregistern Unterregister geführt werden, die den Anforderungen eines Deckungsregisters entsprechen müssen. Gemäß § 4 Abs. 2 der Deckungsregisterverordnung muss für Ansprüche aus deckungsstockfähigen Derivategeschäften zwingend ein Unterregister zu demjenigen Hauptregister angelegt werden, in dem der Deckungswert, dessen Absicherung das betreffende Derivategeschäft dient, eingetragen ist. § 4 Abs. 2 zählt weitere Deckungswerte auf, bezüglich derer Unterregister angelegt werden können. Diese Aufzählung ist nicht abschließend. Dies geht aus § 5 Abs. 1 Satz 4 hervor, der ganz allgemein die Bildung von Unterregistern zulässt und als Verbotskriterien lediglich die Klarheit und Funktion des Deckungsregisters festlegt. Die Daten, die in ein Deckungsregister eingestellt werden müssen, ergeben sich aus den §§ 9 bis 14 der Deckungsregisterverordnung und den hierzu bestehenden Anlagen 1 bis 3.

10. Information

13 In Bezug auf Ansprüche aus Derivategeschäften, die in Deckung genommen wurden, ist der Treuhänder gemäß Abs. 2 Satz 2 verpflichtet, darauf zu achten, dass die Eintragung dem Vertragspartner des Derivategeschäfts unverzüglich und unter Angabe des entsprechenden Deckungsregisters mitgeteilt wird. Auf welchem Wege diese Information zu erfolgen hat, sagt das Gesetz nicht. Die Pfandbriefbank ist daher in der Wahl des Informationsweges grundsätzlich frei. Allerdings wird man fordern müssen, dass die Information einschließlich des Datums so dokumentiert ist, dass sowohl die Information als auch ihre unverzügliche Übermittlung objektiv nachvollziehbar und glaubhaft ist. Hierfür wird die bloße mündliche oder schriftliche Aussage des zuständigen Sachbearbeiters, die er dem Treuhänder auf dessen Nachfrage macht, nicht ausreichen. Demgegenüber wird ein entsprechender schriftlicher Aktenvermerk genügen. Die Mitteilung muss unverzüglich nach der Indeckungnahme erfolgen. Nach allgemeiner Auffassung liegt das Merkmal der Unverzüglichkeit dann

vor, wenn die Information unter Berücksichtigung des angemessenen und normalen Geschäftsganges der Bank ohne schuldhafte Verzögerung erfolgt.

11. Bescheinigung

Gemäß Abs. 3 hat der Treuhänder die Pfandbriefe vor der Ausgabe mit einer Bescheinigung über das Vorhandensein der vorschriftsmäßigen Deckung zu versehen. In der Praxis geschieht dies dadurch, dass der Wortlaut dieser Bescheinigung bereits bei der Ausfertigung der Pfandbriefurkunde in diese Urkunde aufgenommen wird. Da gemäß Satz 2 eine Nachbildung der eigenhändigen Unterschrift ausreicht, kann auch diese bereits bei der Ausfertigung der Urkunde in diese Urkunde aufgenommen werden. Allerdings wird man bei dieser Praxis verlangen müssen, dass der Treuhänder vor der Ausgabe des Pfandbriefs über diesen Vorgang in nachvollziehbar dokumentierter Art und Weise in Kenntnis gesetzt wird und dass er der Ausgabe – ebenfalls in nachvollziehbar dokumentierter Art und Weise – schriftlich, das heißt auch mit handschriftlicher Unterschrift, zustimmt. Dies gilt auch für Fälle, in denen die Pfandbriefbank bereits ausgegebene Pfandbriefe zurücknimmt, dem Treuhänder zur Verwahrung übergibt und anschließend erneut ausgibt.[5] Bei der heute üblichen Verwendung von Globalurkunden wird es jedoch einfacher sein, wenn der Treuhänder vor der Ausgabe die auf den Pfandbrief aufgedruckte Bescheinigung eigenhändig unterschreibt. Der Treuhänder darf die Bescheinigung erst ausstellen, wenn er gemäß Abs. 1 geprüft hat, dass der Pfandbrief vorschriftsmäßig gedeckt ist. Erteilt er die Bescheinigung, obwohl die vorschriftsmäßige Deckung nicht vorhanden ist, verstößt er gegen das Verbot gemäß § 4 Abs. 7 Satz 1 und macht sich eventuell gemäß § 38 strafbar. 14

12. Löschung

Gemäß Abs. 4 Satz 1 i.V.m. Satz 2 können im Deckungsregister eingetragene Werte nur mit schriftlicher Zustimmung des Treuhänders gelöscht werden. Gemäß Satz 3 zweiter Halbsatz gilt die Löschung als nicht erfolgt, wenn die erforderliche Zustimmung fehlt. Der Treuhänder darf seine Zustimmung nur erteilen, wenn er vorher gemäß Abs. 1 geprüft hat, dass die vorschriftsmäßige Deckung für die Pfandbriefe und Ansprüche aus Derivategeschäften im Sinne des § 4 Abs. 3 auch ohne den zu löschenden Wert vorhanden ist. Erteilt er seine Zustimmung und die vorschriftsmäßige Deckung ist ohne den betreffenden Deckungswert nicht (mehr) vorhanden, verstößt er gegen das Verbot des § 4 Abs. 7 Satz 2 und handelt eventuell ordnungswidrig im Sinne des § 39. Zur Löschung eines eingetragenen Derivates, das noch nicht vollständig abgewickelt ist, ist nach Abs. 4 Satz 3 außerdem erforderlich, dass der Gläubiger des zu löschenden Anspruchs aus einem Derivategeschäft der Löschung zustimmt. Ohne diese Zustimmung des Gläubigers gilt gemäß Satz 3 zweiter Halbsatz die Löschung als nicht erfolgt. Das Gesetz fordert hinsichtlich der Zustimmung des Gläubigers des zu löschenden Anspruches zwar nicht die Schriftform. Es ist daher möglich, dass der Treuhänder die erfolgte mündliche Zustimmung des 15

5 Vgl. Bellinger/Kerl, § 30 Anm. 25.

Gläubigers aktenkundig macht. Schon aus Beweisgründen ist jedoch Schriftform gleichwohl anzuraten. Gemäß Abs. 4 Satz 4 ist der Treuhänder verpflichtet, darauf zu achten, dass der Gläubiger des gelöschten Anspruchs aus einem Derivategeschäft unverzüglich, das heißt ohne schuldhafte Verzögerung, über die Löschung in Kenntnis gesetzt wird.

13. Risikomanagement/Transparenzvorschriften

16 Es gehört nicht zu den Aufgaben des Treuhänders, darauf zu achten, ob das Risikomanagement gemäß § 27 PfandBG oder die Transparenzvorschriften des § 28 PfandBG eingehalten wurden. Die Einhaltung dieser beiden Vorschriften obliegt vielmehr der Pfandbriefbank selbst. Sofern die Pfandbriefbank ein Treuhandbüro zur Unterstützung des Treuhänders eingerichtet hat, ist auch dieses Treuhandbüro nicht verpflichtet, auf die Einhaltung der §§ 27 und 28 PfandBG zu achten. Denn das Treuhandbüro der Pfandbriefbank ist verlängerter Arm des Treuhänders. Mit der Unabhängigkeit des Treuhänders von der Pfandbriefbank ist es aber nicht zu vereinbaren, wenn das Treuhandbüro mit Aufgaben betraut wird, die nichts mit den Aufgaben des Teühänders zu tun haben

§ 9
(aufgehoben)

§ 10
Befugnisse

(1) Der Treuhänder ist befugt, jederzeit die Unterlagen der Pfandbriefbank einzusehen und Auskünfte zu verlangen, soweit sie sich auf die Pfandbriefe und auf die in die Deckungsregister eingetragenen Werte beziehen.

(2) Die Pfandbriefbank ist verpflichtet, von den Kapitalrückzahlungen auf die in die Deckungsregister eingetragenen Werte sowie von sonstigen für die Pfandbriefgläubiger und die Gläubiger von Ansprüchen aus Derivategeschäften nach § 4 Abs. 3 erheblichen Änderungen, welche diese Werte betreffen, dem Treuhänder fortlaufende Mitteilung zu machen.

Übersicht

1. Einsichts- und Auskunftsrechte

1 Die Einsichts- und Auskunftsrechte des Treuhänders gemäß Abs. 1 beschränken sich schon dem Wortlaut nach nicht auf die Darlehensakten. Sie erstrecken sich vielmehr auf alle Unterlagen, die sich im Besitz der Pfandbriefbank befinden und die sich auf die im Deckungsregister eingetragenen Werte beziehen. Die Formulierung des Abs. 1 ist weit gefasst. Deshalb reicht jeder irgendwie geartete Bezug einer Unter-

lage zu einem eingetragenen Deckungswert aus. Beispielsweise liegt ein solcher Bezug schon dann vor, wenn eine Unterlage lediglich auf eine andere Unterlage verweist oder aber wenn sich eine deckungsrelevante Information erst dann ergibt, wenn mehrere Unterlagen eingesehen oder beauskunftet werden.

2. Auskunftsverpflichtungen

Während die **Einsichts- und Auskunftsrechte** entsprechende Ersuchen des Treuhänders voraussetzen, ist dies bei den **Mitteilungspflichten** gemäß Abs. 2 nicht der Fall. Die Pfandbriefbank hat den Treuhänder vielmehr von sich aus fortlaufend zu informieren. Die Auslegung führt zu dem Ergebnis, dass der Begriff „fortlaufend" nicht mit regelmäßigen periodischen Mitteilungen gleichgesetzt werden kann. Der Treuhänder kann seine Pflicht gemäß § 8 Abs. 1, nämlich darauf zu achten, dass die vorschriftsmäßige Deckung jederzeit vorhanden ist, nur dann erfüllen, wenn er die Mitteilungen unverzüglich erhält. Außerdem ist erforderlich, dass der Treuhänder bereits dann informiert wird, wenn sich die Hinweise auf eine erhebliche Veränderung so weit verdichten, dass mit dem Eintritt der Veränderung gerechnet werden muss. Die Mitteilungspflichten beziehen sich nur auf erhebliche Änderungen, die die eingetragenen Deckungswerte betreffen. Eine Änderung ist schon dann **erheblich**, wenn sie nicht nur ganz geringfügig ist. Die Änderung müssen die eingetragenen Deckungswerte betreffen. Die Art und Weise dieses Betreffens ist unerheblich. Es kommt daher jede Änderung in Betracht, die den Wert auf irgendeine Weise beeinflusst, beispielsweise in Bezug auf die Höhe des Wertes oder die Durchsetzungsfähigkeit. Kommt die Bank ihrer Mitteilungspflicht nicht nach, so kann dies eine Strafbarkeit nach § 38 oder eine Ordnungswidrigkeit nach § 39 zur Folge haben. 2

3. Bankgeheimnis/Datenschutz

Die weite Fassung des § 10 bringt nicht nur zum Ausdruck, dass der Treuhänder hinsichtlich der Ausübung seiner Pflichten Spielräume hat. Aus der weiten Fassung ergibt sich zwangsläufig auch, dass der Treuhänder im Rahmen seiner Tätigkeit neben den deckungsrelevanten Informationen auch andere Informationen bekommt. Diese Informationen können ohne weiteres auch datenschutzrechtliche Relevanz haben oder dem Bankgeheimnis unterfallen. Beides ist deshalb problematisch, weil der Treuhänder nicht Angestellter der Bank ist sondern Dritter, das heißt Außenstehender. Die Ausübung der nach § 10 gesetzlich vorgeschriebenen Rechte und Pflichte darf aber nicht automatisch dazu führen, dass gegen das Bankgeheimnis oder den Datenschutz verstoßen wird. Daher ist es gut vertretbar, anzunehmen, dass die aus § 10 folgenden Rechtsbeziehungen zwischen Treuhänder und Pfandbriefbank auch hinsichtlich der Informationen, die sich nicht auf eingetragene Deckungswerte beziehen, sondern die dem Treuhänder gewissermaßen „bei Gelegenheit" übermittelt werden, dazu führen, dass der Treuhänder in demselben Maße zur Verschwiegenheit verpflichtet ist, wie es die Pfandbriefbank ist. Es steht aber auch nichts entgegen, wenn die Pfandbriefbank den Treuhänder gesondert zur Verschwiegenheit verpflichtet. Bejaht man eine Pflicht des Treuhänders zur Verschwiegenheit, ist es zudem gut vertretbar, anzunehmen, dass die in § 10 gesetzlich festgelegten Rechte 3 und Pflichten ein besonderes Interesse im Sinne des Datenschutzrechts darstellen, sodass die Ausübung dieser Rechte und Pflichten keine Verletzung datenschutzrechtlicher Bestimmungen nach sich zieht.

§ 11
Vergütung, Streitentscheidung

(1) Der Treuhänder und seine Stellvertreter erhalten von der Pfandbriefbank eine angemessene Vergütung, deren Höhe von der Bundesanstalt festgesetzt wird und Ersatz der notwendigen Auslagen. Darüber hinausgehende Leistungen der Pfandbriefbank sind unzulässig.

(2) Streitigkeiten zwischen dem Treuhänder und der Pfandbriefbank entscheidet die Bundesanstalt.

Übersicht

1. Vergütung

1 Die Höhe der Vergütung wird von der Bundesanstalt festgestellt. Über die Frage, was eine angemessene Vergütung im Sinne des Abs. 1 ist, kann es zum Streit kommen. Für diesen Streit ist der Rechtsweg über die Verwaltungsgerichte eröffnet.

2. Streitigkeiten

2 Gemäß Abs. 2 werden Streitigkeiten zwischen dem Treuhänder und der Pfandbriefbank von der Bundesanstalt entschieden. Auch gegen diese Entscheidung der Bundesanstalt ist der Rechtsweg zu den Verwaltungsgerichten grundsätzlich möglich. Die Anfechtungsklage setzt aber voraus, dass die Entscheidung der Aufsichtsbehörde für den Kläger einen Verwaltungsakt darstellt. Gemäß § 35 Satz 1 des Verwaltungsverfahrensgesetzes liegt ein Verwaltungsakt aber nur dann vor, wenn er gegenüber dem Betroffenen auf unmittelbare Rechtswirkungen gerichtet ist. Unproblematisch ist dies in Bezug auf die Pfandbriefbank, weil die Entscheidung der Bundesanstalt der Pfandbriefbank gegenüber unmittelbar verpflichtend wirkt. In Bezug auf den Treuhänder ist dies jedoch nicht der Fall. Denn gemäß § 7 Abs. 4 Satz 2 ist der Treuhänder an Weisungen der Bundesanstalt nicht gebunden. Daraus folgt eigentlich, dass der Treuhänder auch nicht an Entscheidungen der Bundesanstalt gebunden sein kann. Es besteht somit ein Spannungsverhältnis zwischen der Zuständigkeit der Bundesanstalt, Streitigkeiten zwischen dem Treuhänder und der Pfandbriefbank zu entscheiden und der Regelung des § 7 Abs. 4 Satz 2, nach der der Treuhänder an Weisungen der Bundesanstalt nicht gebunden ist. Dieses Spannungsverhältnis ist sachgerecht dahingehend aufzulösen, dass zwischen der Art der Streitigkeit zwischen Pfandbriefbank und Treuhänder zu unterscheiden ist. Geht es um eine Streitigkeit, die die allgemeine Art und Weise der Tätigkeit des Treuhänders betrifft und keine Rechtsfragen berührt, muss die Bundesanstalt wegen § 7 Abs. 4 Satz 2 die Entscheidung immer zugunsten des Treuhänders treffen, da dieser inso-

weit weisungsunabhängig ist. Geht es bei der Streitigkeit aber eine Rechtsfrage, so entscheidet die Bundesanstalt über diese Rechtsfrage mit Wirkung auch gegenüber dem Treuhänder. Sofern der Treuhänder aber durch die Entscheidung der Bundesanstalt über die Rechtsstreitigkeiten beschwert ist, stellt sie ihm gegenüber einen belastenden Verwaltungsakt dar. Gegen diesen Verwaltungsakt kann der Treuhänder Anfechtungsklage gemäß § 42 der Verwaltungsgerichtsordnung erheben.

In der Praxis dürfte das Spannungsverhältnis zwischen der Entscheidungszu- 3
ständigkeit der Bundesanstalt einerseits und der Weisungsunabhängigkeit des Treuhänders von Weisungen der Bundesanstalt aber rein akademischer Natur sein. Denn gemäß § 7 Abs. 3 Satz 2 kann die Bestellung des Treuhänders jederzeit durch die Bundesanstalt widerrufen werden, wenn ein sachlicher Grund vorliegt. Ein sachlicher Grund wird aber nicht erst dann vorliegen, wenn der Treuhänder sich nicht an Recht und Gesetz hält. Ein sachlicher Grund kann bereits dann vorliegen, wenn eine vertrauensvolle und reibungslose Zusammenarbeit nicht mehr gewährleistet ist. In diesem Zusammenhang ist zu berücksichtigen, dass es keinen Rechtsanspruch auf Bestellung als Treuhänder gibt. Weiter ist zu beachten, dass die Pfandbriefbank vor der Bestellung gemäß § 7 Abs. 3 Satz 1 zwar angehört wird. Sie hat aber kein Vorschlagsrecht.

ABSCHNITT 3
Besondere Vorschriften über die Deckungswerte

UNTERABSCHNITT 1
Hypothekenpfandbriefe

§ 12
Deckungswerte

(1) Zur Deckung für Hypothekenpfandbriefe nach § 1 Abs. 1 Satz 2 Nr. 1 dürfen nur Hypotheken benutzt werden, soweit sie den Erfordernissen der §§ 13 bis 16 entsprechen.

(2) Steht der Pfandbriefbank eine Hypothek an einem Grundstück zu, das sie zur Verhütung eines Verlustes an der Hypothek erworben hat, so darf sie die Hypothek nur auf Grund einer neuen Beleihungswertermittlung nach § 16 zur Deckung verwenden.

(3) Die eingetragenen Deckungswerte erstrecken sich auch auf alle Forderungen, deren Inhaber die Pfandbriefbank ist und die auf die wirtschaftliche Substanz des Grundstücks gerichtet sind, insbesondere Forderungen, auf die sich die Hypothek bei inländischen Grundstücken nach den §§ 1120, 1123, 1126, 1127 und 1128 des Bürgerlichen Gesetzbuchs erstrecken würde, auf die Übertragung des Grundstücks oder grundstücksgleiche oder vergleichbare Rechte und auf die Auskehr des Erlöses einer Verwertung.

Übersicht

1. Geltungsbereich

Die §§ 12 bis 19 bilden den ersten Unterabschnitt zu dem Abschnitt drei des PfandBG, der die besonderen Regelungen über die Deckungswerte umfasst. Dieser erste Unterabschnitt gilt nur für Hypothekenpfandbriefe. Die Regelungen über öffentliche Pfandbriefe werden im Unterabschnitt zwei, die Regelungen über Schiffspfandbriefe im Unterabschnitt drei und die Regelungen über Flugzeugpfandbriefe im Unterabschnitt vier behandelt. 1

2. Hypotheken und Grundschulden

Gemäß § 18 Abs. 1 stehen Grundschulden den Hypotheken gleich. Die Hypothek muss rechtswirksam entstanden sein und während des gesamten Zeitraumes der Indeckungnahme noch rechtswirksam bestehen. Rechtsgeschäftlich entsteht sie ebenso wie die Grundschuld durch Einigung und Eintragung im Grundbuch. Übertragen wird sie durch Abtretung und Eintragung der Abtretung im Grundbuch. Anders ist es, wenn die Erteilung eines Hypothekenbriefes ausgeschlossen wurde. In 2 diesem Falle wird die Eintragung der Abtretung ins Grundbuch durch die Übergabe des Hypothekenbriefes an den Erwerber ersetzt. Ob die Hypothek von der Pfandbriefbank selbst generiert wurde oder von Dritten ist unerheblich. Die Pfandbriefbank muss auch nicht Inhaberin der Hypothek sein. Gemäß § 1 Abs. 2 Satz 1 steht der Anspruch gegen ein geeignetes Kreditinstitut auf Abtretung beziehungsweise Teilabtretung dem Erwerb gleich, wenn dieser Anspruch in der Insolvenz der Abtretungsschuldnerin aussonderungsfähig ist und die Abtretungsschuldnerin die Hypothek treuhänderisch für die Pfandbriefbank verwaltet.

3. Erfordernisse der §§ 13 bis 17

3 Hypotheken dürfen nur **insoweit** zur Pfandbriefdeckung benutzt werden, als sie den Erfordernissen der §§ 13 bis 17 entsprechen. Die Verwendung des Begriffes „insoweit" ist dem Umstand geschuldet, dass Grundpfandrechte sehr oft nur zum Teil den Erfordernissen der §§ 13 bis 17 entsprechen. Dies kann zum Beispiel dann der Fall sein, wenn im Rahmen der Gebäudeversicherung ein erheblicher Selbstbehalt vereinbart wurde. In diesem Fall könnte der Deckungswert zwar zur Deckung verwandt werden, aber nur mit dem Wert, der sich nach **Abzug des Selbstbehaltes** ergibt.[1] Auch wenn die in Deckung genommene Hypothek nicht den Erfordernissen der §§ 13 bis 17 entspricht, so ist sie gleichwohl Teil der Deckungsmasse. Da sie den gesetzlichen Erfordernissen jedoch nicht entspricht, ist sie baldmöglichst aus der Deckung zu nehmen. Führt dies dazu, dass die vorschriftsmäßige Deckung nicht mehr besteht, muss sie zeitgleich durch einen rechtmäßigen Deckungswert ersetzt werden.

4. Sicherungshypotheken

4 Sicherungshypotheken können nicht zur Deckung verwendet werden. Gemäß § 1184 Abs. 1 BGB kann sich der Gläubiger zum Beweis der Forderung nicht auf die Eintragung berufen. Damit wird der Eigentümer gegen gutgläubigen Erwerb bei Forderungsmängeln geschützt.[2]

5. Erworbenes Grundstück

5 Abs. 2 betrifft den Fall, dass der Pfandbriefbank selbst eine Hypothek an einem Grundstück zusteht, welches sie selbst zur Vermeidung eines Verlustes erworben hat. Eine Hypothek an einem solchen Grundstück kann bei Vorliegen der gesetzlichen Voraussetzungen wie jede andere Hypothek in Deckung genommen werden. Allerdings darf sich die Pfandbriefbank zur Indeckungnahme nicht auf eine bei Erwerb des Grundstückes bereits seit längerer Zeit bestehende **Beleihungswertermittlung** stützen. Die Indeckungnahme darf vielmehr nur aufgrund einer erneuten Ermittlung des Beleihungswertes erfolgen. Diese erneute Ermittlung muss nicht unbedingt nach dem Zeitpunkt des Erwerbs des Grundstücks durch die Pfandbriefbank

---

1 Vgl. BT DS 17/1720, zu Nr. 7 (§ 12).
2 Palandt, § 1184 Anm. 1.

erfolgen. Sie kann auch vor dem Zeitpunkt des Erwerbs erfolgen, wenn ein ausreichend enger zeitlicher Zusammenhang mit dem Erwerb besteht. Es wäre unsinnig, eine Beleihungswertermittlung auszuschließen, die die Pfandbriefbank im engen, auch zeitlich engen Zusammenhang mit dem Erwerb des Grundstücks durchgeführt hat, beispielsweise um einen akzeptablen Kaufpreis zu ermitteln.[3] Unabdingbar ist jedoch, dass die Wertermittlung den Anforderungen des PfandBG und der Beleihungswertermittlungsverordnung entspricht.

6. Erstreckung der Deckungswerte

Der Wortlaut des Abs. 3 ist sehr weit gefasst. Im Ergebnis erstrecken sich die 6
im Deckungsregister eingetragenen Deckungswerte auf **alle Forderungen**, die mit dem Grundstück zusammenhängen und in irgendeiner Weise auf die **wirtschaftliche Substanz** des Grundstücks gerichtet sind, etwa weil sie wertsteigernd sind, zur Inhaberschaft führen oder den Verwertungserlös betreffen. Die Aufzählung bestimmter Forderungen in Abs. 3 ist nicht abschließend. Dies geht aus der Verwendung des Begriffes „insbesondere" hervor. Daneben stellt der beispielhafte Verweis auf die gesetzlichen Regelungen der §§ 1120, 1123, 1126, 1127 und 1128 BGB – Erstreckung der Hypothek auf Erzeugnisse, Bestandteile, Zubehör, Miet- oder Pachtforderungen, wiederkehrende Leistungen und Versicherungen – klar, dass neben rechtsgeschäftlichen Forderungen auch gesetzliche Forderungen erfasst werden. Abs. 3 trägt dem Umstand Rechnung, dass gemäß § 13 nicht nur inländische Hypotheken zur Pfandbriefdeckung herangezogen werden können, sondern auch bestimmte ausländische. Ausländische Hypotheken sind naturgemäß nicht identisch zu den inländischen Hypotheken geregelt. Das gleiche gilt für die nach ausländischem Recht geregelten Forderungen, die auf die wirtschaftliche Substanz des Grundstücks gerichtet sind. Die Erstreckung der eingetragenen Deckungswerte auf alle Forderungen, die auf die wirtschaftliche Substanz des Grundstücks gerichtet sind, hat zur Folge, dass alle diese Forderungen in der Insolvenz der Pfandbriefbank nicht in die Insolvenzmasse fallen, sondern ausschließlich den Pfandbriefgläubigern zur Verfügung stehen. Dies gilt auch, soweit die Forderungen nicht vom sonstigen Vermögen der Pfandbriefbank unterschieden werden können. Abs. 3 fordert nicht die Unterscheidbarkeit und verdrängt insoweit als Spezialvorschrift den § 48 Satz 2 der Insolvenzordnung.

7. Erbbaurechte

Erbbaurechte sind grundstücksgleiche Rechte. Daher können nicht nur Grund- 7
stücke mit Hypotheken oder Grundschulden belastet werden sondern auch Erbbaurechte.[4] In Bezug auf Erbbaurechte ist jedoch zu beachten, dass die Laufzeit des Erbbaurechts länger sein muss als die Laufzeit der Indeckungnahme. Darüber hinaus ist zu beachten, dass gemäß § 20 Abs. 1 Nr. 3 ErbbauRG die planmäßige Tilgung der Hypothek spätestens 10 Jahre vor Ablauf des Erbbaurechts enden muss. Da die

3 S. hierzu auch § 18 Abs. 3.
4 Vgl.: §§ 9 und 18 bis 21 ErbbauRG.

Beleihung und die Indeckungnahme miteinander korrespondieren, darf das Erbbaurecht nur solange in Deckung genommen werden bis diese Restlaufzeit des Erbbaurechts von 10 Jahren beginnt.

§ 13
Belegenheit der Sicherheiten

(1) Die Hypotheken müssen lasten auf Grundstücken, grundstücksgleichen Rechten oder solchen Rechten einer ausländischen Rechtsordnung, die den grundstücksgleichen Rechten deutschen Rechts vergleichbar sind. Die belasteten Grundstücke und die Grundstücke, an denen die belasteten Rechte bestehen, müssen in einem Mitgliedstaat der Europäischen Union oder einem anderen Vertragsstaat des Abkommens über den Europäischen Wirtschaftsraum, in der Schweiz, in den Vereinigten Staaten von Amerika, in Kanada oder in Japan belegen sein; der Gesamtbetrag der Beleihungen in Staaten, die nicht der Europäischen Union angehören, bei denen nicht sichergestellt ist, dass sich das Vorrecht der Pfandbriefgläubiger nach § 30 Abs. 1 auf die Forderungen der Pfandbriefbank aus diesen Beleihungen erstreckt, darf 10 Prozent des Gesamtbetrages der Beleihungen, bei denen das Vorrecht sichergestellt ist, nicht übersteigen.

(2) Die Beleihung befristeter Rechte ist nur zulässig, wenn die planmäßige Tilgung der Hypothek spätestens zehn Jahre vor Ablauf des Rechts endet und nicht länger dauert, als zur buchmäßigen Abschreibung des Bauwerks nach wirtschaftlichen Grundsätzen erforderlich ist.

Übersicht

1. Belegenheit im Ausland

1 § 13 Abs. 1 Satz 1 stellt ausländische Grundstücke beziehungsweise grundstücksgleiche Rechte deutschen Grundstücken beziehungsweise grundstücksgleichen Rechten gleich, sofern Vergleichbarkeit besteht. Satz 2 begrenzt abschließend den Kreis der Staaten, bei denen der Gesetzgeber die Vergleichbarkeit grundsätzlich für möglich hält. Abs. 1 trägt dem Umstand Rechnung, dass in den in § 13 aufgezählten Staaten teilweise Rechte an Grundstücken anerkannt und üblich sind, die zwar nicht mit dem Eigentumsrecht gleichzusetzen sind, die aber trotzdem gegenüber jedermann wirksam sind und mit Grundpfandrechten belastet werden können.[1] Die Belegenheit des Grundstücks in einem der in Abs. 1 Satz 2 abschließend genannten Staaten allein führt nicht automatisch zu Vergleichbarkeit. Diese Vergleichbarkeit muss vielmehr gesondert geprüft werden. Es ist durchaus möglich, dass in einem ausländischen Staat verschiedene Rechtsformen von Grund-

1 Vgl. BT DS 15/4321, zu § 13.

stücksrechten beziehungsweise grundstücksgleichen Rechten bestehen, von denen einige mit den deutschen Rechtsformen vergleichbar sind, andere aber nicht. Da in der Regel mangels der Kenntnis ausländischer Rechtsordnungen weder die Pfandbriefbank noch deren Treuhänder in der Lage sein werden, die Vergleichbarkeit zu prüfen, wird die Pfandbriefbank auf Rechtsgutachten international tätiger Rechtsanwaltskanzleien angewiesen sein. In diesem Zusammenhang ist es anzuraten, solche Rechtsgutachten mit der Bundesanstalt zu besprechen und entsprechendes Einvernehmen herzustellen. § 13 Abs. 1 bezieht sich nur auf Grundstücke und grundstücksgleiche Rechte, nicht aber auf Grundpfandrechte. Diese werden in § 18 behandelt.

2. Kontingentierung

Gemäß Abs. 1 Satz 2 zweiter Halbsatz wird der Gesamtbetrag aller Beleihungen 2
in Staaten, die nicht der Europäischen Union angehören und bei denen nicht sichergestellt ist, dass sich das Vorrecht der Pfandbriefgläubiger nach § 30 Abs. 1 auf die Forderung der Pfandbriefbank aus diesen Beleihungen erstreckt, auf 10% begrenzt. Im Gegensatz zu den in § 13 Abs. 1 genannten Ländern, die nicht der europäischen Union angehören, geht der Gesetzgeber bei Staaten, die der europäischen Union angehören, davon aus, dass in diesen Ländern das Vorrecht der Pfandbriefgläubiger auf Aussonderung der eingetragenen Deckungswerte in der Insolvenz der Pfandbriefbank sichergestellt ist.[2] Die Zulassung von Beleihungen in Staaten, in denen das Vorrecht der Pfandbriefgläubiger nach § 30 Abs. 1 nicht sichergestellt ist, bedeutet eine Aufweichung des Prinzips des Schutzes der Pfandbriefgläubiger zugunsten der Globalisierung. Aus der Formulierung „nicht sichergestellt“ geht hervor, dass das Vorrecht der Pfandbriefgläubiger nach § 30 Abs. 1 jedenfalls nicht ausgeschlossen sein darf. Es ist also eine Prüfung des betreffenden ausländischen Rechts notwendig[3].

3. Befristete Rechte

§ 13 Abs. 2 entspricht § 21 Abs. 1 in Verbindung mit § 20 Abs. 1 Nr. 3 und 4 des 3
Erbbaurechtsgesetzes.

§ 14
Beleihungsgrenze

Hypotheken dürfen nur bis zur Höhe der ersten 60 Prozent des von der Pfandbriefbank auf Grund einer Wertermittlung nach § 16 festgesetzten Wertes des Grundstücks (Beleihungswert) zur Deckung benutzt werden.

2 Vgl. BT DS 15/4321, zu § 13.

3 Wegen der Kontingentierung siehe auch § 20 Abs. 1 Satz 2, zu § 22 Abs. 5 Satz 2 und § 26b Abs. 4 Satz 2.

Übersicht

1. Beleihungsgrenze

1 Hypotheken dürfen nur bis zur Höhe der ersten 60% des Beleihungswertes zur Pfandbriefdeckung benutzt werden. Diese Beleihungsgrenze gilt gemäß § 22 Abs. 2 auch für Schiffspfandbriefe und gemäß § 26b Abs. 2 auch für Flugzeugpfandbriefe. Allerdings werden bei diesen Pfandbriefgattungen die Beleihungswerte anders ermittelt. Während die Ermittlung der Beleihungswerte von Hypotheken auf der Grundlage der „Verordnung über die Ermittlung der Beleihungswerte von Grundstücken nach § 16 Abs. 1 und 2 des Pfandbriefgesetzes" erfolgt, richtet sich die Ermittlung der Beleihungswerte von Schiffen nach der „Verordnung über die Ermittlung der Beleihungswerte von Schiffen und Schiffsbauwerken nach § 24 Abs. 1 bis 3 des Pfandbriefgesetzes" und die Ermittlung der Beleihungswerte von Flugzeugen nach der „Verordnung über die Ermittlung der Beleihungswerte von Flugzeugen nach § 26d Abs. 1 und 2 des Pfandbriefgesetzes". In Bezug auf öffentliche Pfandbriefe gibt es naturgemäß keine Verordnung zur Ermittlung von Beleihungswerten, da sich öffentliche Pfandbriefe auf bestimmte Geldforderungen beziehen. Der Wert von Geldforderungen ist aber immer der Nominalwert. Entsprechendes gilt für Ansprüche aus Derivategeschäften.

2 Bei Erbbaurechten ist der Beleihungswert ebenso wie bei Grundstücken auf der Basis der Beleihungswertermittlungsverordnung zur ermitteln. Die Vorschrift des § 19 Abs. 1 ErbbauRG, über die der Wert des Erbaurechts ermittelt wird, gilt nur in Ansehung der Hypothek, nicht aber in Ansehung der Indeckungnahme.

2. Stillhalteerklärung des Eigntümers bei Erbbaurechten

3 Gemäß § 19 Abs. 2 ErbbauRG ist eine Bank verpflichtet, einen der Hypothek im Range vorgehenden Erbbauzins zu kapitalisieren und von der Hypothek abzuziehen. Daraus folgt, dass der kapitalisierte Erbbauzins auch bei der Berechnung des Beleihungsauslaufes gemäß § 16 PfandBG von 60% als Vorlast zu berücksichtigen ist. Der sich hieraus ergebende Abzug schmälert den zur Indeckungnahme verfügbaren Beleihungswert. Um diese Wirkungen auszuschließen bieten sich zwei Lösungsmöglichkeiten an: Die erste Möglichkeit besteht darin, dass der Erbbaurechtsgeber in Bezug auf den als Vorlast im Erbbaugrundbuch eingetragenen Erbbauzins den Rangrücktritt erklärt und dieser Rangrücktritt im Erbbaugrundbuch eingetragen wird. Die zweite Möglichkeit besteht in der Vereinbarung einer sogenannten „Stillhalteerklärung". Diese Stillhalteerklärung hat zum Inhalt, dass sich der Grundstückseigentümer und Erbbaurechtsgeber sowohl für sich als auch für alle zukünftigen Grundstückseigentümer und Erbbaurechtsgeber dem jeweiligen jetzigen und zukünftigen Erbbauberechtigten gegenüber verpflichtet, für den Fall der Zwangsversteigerung des Erbbaurechts auf den ihm zustehenden Ausgleich des kapitalisierten Erbbauzinses zu verzichten. Eine solche Stillhalteerklärung hat aber den Nachteil,

dass sie nicht dinglicher sondern nur schuldrechtlicher Natur ist. Sie ist daher in Bezug auf die im Erbbaugrundbuch eingetragene Vorlast (Erbbauzins) wirkungslos. Daher scheidet die nur schuldrechtlich wirkende Stillhalteerklärung als Möglichkeit zur Erhaltung des Beleihungswertes aus und kann bei einer Indeckungnahme nicht berücksichtigt werden. Im Ergebnis ist daher lediglich der im Erbbaugrundbuch eingetragene Rangrücktritt geeignet den kapitalisierten Erbbauzins bei der Berechnung des Beleihungswertes auszuschließen. Eine Stillhaltererklärung ist demgegenüber nicht ausreichend.[1]

3. Vorrangige/nachrangige Deckungsteile

Der Gesetzeswortlaut verlangt nicht, dass die Pfandbriefbank unbedingt die erste Rangstelle belegen muss. Es reicht aus, wenn sich der der Pfandbriefbank zustehende Deckungsteil innerhalb der 60%-Grenze hält. Somit werden Konsortialfinanzierungen mit anderen Pfandbriefbanken und Kreditinstituten ermöglicht. 4

4. Außerdeckungsteile

Als Außerdeckungsteile werden üblicherweise diejenigen Teile des Beleihungswertes bezeichnet, der die zulässige **Beleihungsgrenze von 60% des Verkehrswertes überschreiten**. Der Beleihungswert errechnet sich dabei aus dem gesamten Deckungswert und nicht etwa nur aus dem zur Deckung bestimmten Teil eines Wertes im Sinne des § 5 Abs. 1a. 5

5. Nicht zur Pfandbriefdeckung bestimmte Teile

Werte können gemäß § 5 Abs. 1a auch insoweit in das Deckungsregister eingetragen werden, als sie nicht zur Pfandbriefdeckung bestimmt sind. Gemäß § 30 Abs. 1 Satz 1 fallen sie auch insoweit, als sie nicht zur Pfandbriefdeckung bestimmt sind, nicht in die Insolvenzmasse. Sie unterliegen in der Insolvenz der Pfandbriefbank gemäß § 30 Abs. 3 Satz 1 der Verfügungsbefugnis des Sachwalters und nicht der des Insolvenzverwalters. Allerdings sind nach § 30 Abs. 3 die Erlöse aus der Verwertung der Außerdeckungsteile an die Insolvenzmasse zu überweisen, sofern die Pfandbriefbank diese Außerdeckungsteile nicht treuhänderisch für Dritte hält. In letzterem Falle sind die Erlöse aus der Verwertung der Außerdeckungsteile an die Treugeber zu überweisen. 6

§ 15
Versicherungspflicht

(1) Auf dem Grundstück aufstehende Gebäude müssen während der gesamten Dauer der Beleihung zumindest in Höhe des Bauwertes gegen die nach Lage und Art des Objektes erheblichen Risiken versichert sein.

1 So schon Bellinger/Kerl, § 11 Anm. 5.

(2) Erstreckt sich die Hypothek nicht kraft Gesetzes auf die Versicherungsforderung, ist die Beleihung nur zulässig, wenn die Pfandbriefbank durch Vertrag eine entsprechende Sicherheit erhält.

Übersicht

1. Bauwert

1 Zwar sind Gebäude gemäß § 94 BGB wesentliche Bestandteile des Grundstückes, mit dem sie fest verbunden sind. Dies ändert aber nichts daran, dass Gebäude wesentlich leichter untergehen oder geschädigt werden können als das Grundstück, auf dem sie stehen. Das sich hieraus ergebende Risiko für die Deckungsmasse soll durch eine entsprechende Versicherung ausgeglichen werden. Der Begriff des Bauwertes ist im PfandBG nicht näher erläutert. Er dürfte aber nicht mit dem Begriff des Wertes der baulichen Anlage, wie er in § 16 der Beleihungswertermittlungsverordnung näher konkretisiert wird, gleichzusetzen sein. Vielmehr dürfte er dem zum Zeitpunkt der Wiederherstellung tatsächlichen Herstellungswert zuzüglich damit zusammenhängender Nebenkosten wie zum Beispiel Gutachterkosten, Genehmigungskosten oder Kosten für Abrissarbeiten oder die Wiederherstellung von Gartenanlagen entsprechen, wobei Abschläge jedweder Art nicht in Ansatz gebracht werden dürften. Dieses Ergebnis ergibt sich daraus, dass die Beschädigung eines Gebäudes durch Feuer, Unfall oder Naturgewalten plötzlich eintritt und die Werthaltigkeit des Grundstücks theoretisch schon am Tage der Abnahme innerhalb kurzer Zeit in großer Höhe mindern oder gar zunichte machen kann. In dieser kurzen Zeit wurde das der Hypothek zugrundeliegende Darlehen weder nominal ermäßigt, noch wurden bei tilgungsfreien Darlehen entsprechende Gegenwerte aufgebaut. Das sich daraus ergebende Risiko für die Deckungsmasse soll durch die Versicherung ausgeglichen werden. Die meisten Gebäudeschutzversicherungen genügen diesen Anforderungen, denn sie decken die Wiederherstellung des Gebäudes zu denjenigen Herstellungskosten ab, wie sie zum Zeitpunkt der Wiederherstellung anfallen.

2. Versicherungsnehmer

2 Üblich ist es, dass Versicherungsnehmer der Darlehensnehmer beziehungsweise der Grundstückseigentümer ist. Im Rahmen der Darlehensgewährung lässt sich die Pfandbriefbank das Bestehen einer adäquaten Gebäudeversicherung für den Darlehensnehmer beziehungsweise Grundstückseigentümer nachweisen, meldet sein Grundpfandrecht bei der Versicherung an und nimmt eine Bestätigung des Versicherers zu den Akten. Gemäß § 1127 Abs. 1 BGB erstreckt sich die Hypothek auf die Versicherungsforderung und mit der Anzeige des Grundpfandrechts beim Versicherer wird gemäß § 1128 Abs. 2 BGB sichergestellt, dass schuldbefreiende Zahlungen des Versicherers nur noch an die Pfandbriefbank erfolgen können (es sei denn, die Pfandbriefbank stimmt einer Zahlung an den Versicherten schriftlich zu). Die Problematik dieser Handhabung liegt darin, dass Störungen im Versicherungsverhältnis

zwischen dem Versicherungsnehmer und dem Versicherungsunternehmen dazu führen können, dass der Versicherungsschutz ausfällt. Da in diesem Falle wegen Abs. 1 die korrespondierende Hypothek aus der Deckung genommen werden muss, ist die Pfandbriefbank gezwungen, sich in regelmäßigen und kurzen Abständen über das Bestehen des Versicherungsschutzes zu vergewissern. Außerdem bleiben Restrisiken, da sich die Pfandbriefbank nicht jeden Tag Gewissheit verschaffen kann. Um die sich daraus ergebenden Risiken und Aufwendungen auszuschließen, bieten Versicherungen den Pfandbriefbanken Ausfallversicherungen an. Diese Versicherungen, hinsichtlich derer nicht der Darlehnsnehmer beziehungsweise Grundstückseigentümer sondern die Pfandbriefbank Versicherungsnehmer ist, sichern diese Risiken und Aufwendungen ab. Die Pfandbriefbank wird im Rahmen des Versicherungsvertrages lediglich verpflichtet, den Darlehensnehmer im Darlehensvertrag zu verpflichten, eine angemessene Versicherung abzuschließen oder abschließen zu lassen. Dafür wird in der Regel die Verpflichtung der Pfandbriefbank in Bezug auf den Nachweis des Bestehens und die Vergewisserung über den Fortbestand der Gebäudeversicherung sowie die Anzeige des Grundpfandrechts beim Versicherer abbedungen.

3. Erhebliche Risiken

Die Versicherung muss Risiken absichern, die nach Lage und Art des Objektes erheblich sind. Hierzu gehören in jedem Fall der Versicherungsschutz gegen Brand, Blitzschlag und Explosion. Sofern das Grundstück in der Nähe eines Flugplatzes liegt, muss der Versicherungsschutz zusätzlich den Anprall oder Absturz eines bemannten Flugkörpers einschließlich seiner Teile oder seiner Ladung umfassen. Liegt das Gebäude in der Nähe eines Flusses, kann der Abschluss einer Elementarschadensversicherung, die entsprechende Wasserschäden absichert, notwendig sein. 3

4. Erstreckung der Hypothek auf die Versicherung

Hypotheken nach deutschem Recht erstrecken sich gemäß § 1127 Abs. 1 BGB kraft Gesetzes immer auch auf Gegenstände, die der Hypothek unterfallen und die für den Eigentümer oder Eigenbesitzer versichert wurden. Dies ist bei Hypotheken nach ausländischem Recht nicht immer der Fall. Abs. 2 verlangt daher, dass die Pfandbriefbank in diesen Fällen durch Vertrag eine entsprechende Sicherheit erhält. 4

§ 16
Beleihungswertermittlung

(1) Die als Grundlage für die Beleihungswertfestsetzung dienende Wertermittlung ist von einem von der Kreditentscheidung unabhängigen Gutachter vorzunehmen, der über die hierzu notwendige Berufserfahrung sowie über die notwendigen Fachkenntnisse für Beleihungswertermittlungen verfügen muss.

(2) Der Beleihungswert darf den Wert nicht überschreiten, der sich im Rahmen einer vorsichtigen Bewertung der zukünftigen Verkäuflichkeit einer Immobilie und unter Berücksichtigung der langfristigen, nachhaltigen Merkmale des Objektes, der normalen regionalen Marktgegebenheiten sowie der derzeitigen und möglichen anderweitigen Nutzungen ergibt. Spekulative Elemente dürfen dabei nicht berücksichtigt werden. Der Beleihungswert darf einen auf transparente Weise und nach einem anerkannten Bewertungsverfahren ermittelten Marktwert nicht übersteigen. Der Marktwert ist der geschätzte Betrag, für welchen ein Beleihungsobjekt am Bewertungsstichtag zwischen einem verkaufsbereiten Verkäufer und einem kaufbereiten Erwerber, nach angemessenem Vermarktungszeitraum, in einer Transaktion im gewöhnlichen Geschäftsverkehr verkauft werden könnte, wobei jede Partei mit Sachkenntnis, Umsicht und ohne Zwang handelt.

(3) Die zur Deckung verwendeten Hypotheken an Bauplätzen sowie an solchen Neubauten, die noch nicht fertig gestellt und ertragsfähig sind, dürfen zusammen 10 Prozent des Gesamtbetrages der zur Deckung der Hypothekenpfandbriefe benutzten Deckungswerte sowie das Doppelte des haftenden Eigenkapitals nicht überschreiten. Hypotheken an Bauplätzen dürfen 1 Prozent des Gesamtbetrages der zur Deckung der Hypothekenpfandbriefe benutzten Deckungswerte nicht überschreiten. Hypotheken an Grundstücken, die einen dauernden Ertrag nicht gewähren, insbesondere an Gruben und Brüchen, sind von der Verwendung zur Deckung ebenso ausgeschlossen wie Hypotheken an Bergwerken. Hypotheken an anderen Berechtigungen, für welche die sich auf Grundstücke beziehenden Vorschriften Anwendung finden, sind von der Verwendung zur Deckung von Hypothekenpfandbriefen ebenfalls ausgeschlossen, sofern die Berechtigungen einen dauernden Ertrag nicht gewähren.

(4) Das Bundesministerium der Finanzen wird ermächtigt, im Einvernehmen mit dem Bundesministerium der Justiz durch Rechtsverordnung, die nicht der Zustimmung des Bundesrates bedarf, Einzelheiten der Methodik und Form der Beleihungswertermittlung sowie die Mindestanforderungen an die Qualifikation des Gutachters zu bestimmen. Die Rechtsverordnung kann für die Bewertung von überwiegend zu Wohnzwecken genutzten Beleihungsobjekten Erleichterungen vorsehen. Vor Erlass der Rechtsverordnung sind die Spitzenverbände der Kreditwirtschaft anzuhören. Das Bundesministerium der Finanzen kann diese Ermächtigung durch Rechtsverordnung auf die Bundesanstalt für Finanzdienstleistungsaufsicht übertragen.

Übersicht

1. Unabhängiger Gutachter

1 Grundsätzlich kann die Pfandbriefbank frei darüber entscheiden, ob sie externe oder interne Gutachter einschaltet. Der Gutachter darf **nichts mit der Kreditentscheidung** zu tun haben. Personenverschiedenheit zwischen dem Gutachter und

demjenigen Sachbearbeiter, der über die Kreditvergabe entscheidet, ist notwendig aber nicht ausreichend. Die berufliche Anerkennung und die beruflichen Perspektiven dürfen in keiner Weise von der konkreten Kreditvergabe oder dem Volumen der Kreditvergaben insgesamt und schon gar nicht von Provisionen beeinflusst werden können. Die **Objektivität** des Gutachters darf auch nicht durch persönliche gruppendynamische Prozesse, wie sie in Abteilungen üblich sind, gefährdet werden. Aus diesen Gründen formuliert § 7 Abs. 1 der Beleihungswertermittlungsverordnung im Hinblick sowohl auf externe als auch in Bezug auf interne Gutachter wie folgt: *Der Gutachter muss sowohl vom Kreditaquisitions- und Kreditentscheidungsprozess als auch von Objektvermittlung, -verkauf und -vermietung unabhängig sein. Er darf nicht in einem verwandtschaftlichen, einem sonstigen rechtlichen oder einem wirtschaftlichen Verhältnis zum Darlehensnehmer stehen und er darf auch kein eigenes Interesse am Ergebnis des Gutachtens haben. Der Gutachter darf auch nicht den Beleihungswert festsetzen oder den Kredit bearbeiten.* Für den Fall, dass die Pfandbriefbank das Gutachten durch interne Gutachter selbst erstellt, müssen neben den oben in § 7 Abs. 1 der Beleihungswertermittlungsverordnung dargestellten Anforderungen zusätzlich auch die in § 7 Abs. 2 dieser Verordnung festgelegten Anforderungen erfüllt sein. Diese Anforderungen bestehen darin, dass der bei der Pfandbriefbank angestellte Gutachter entweder direkt der Geschäftsleitung unterstellt ist oder einer Gutachtereinheit angehört, die direkt der Geschäftsleitung unterstellt ist. Dabei darf der Geschäftsbereich, für den der Geschäftsleiter verantwortlich ist, nichts mit der Anbahnung von Immobilienkreditgeschäften zu tun haben. Immobilienkreditgeschäfte dürfen in diesem Geschäftsbereich auch nicht zum Gegenstand des einzigen Votums gemacht werden.

2. Fachkenntnisse/Berufserfahrung

Der Gutachter muss über die notwendigen **Fachkenntnisse** sowie über die 2
notwendige **Berufserfahrung** verfügen. Gemäß § 6 der Beleihungswertermittlungsverordnung muss sich die Pfandbriefbank vom Vorliegen dieser Qualifikationen überzeugen. Sie hat sich dabei an der Ausbildung und der bisherigen Tätigkeit des Gutachters zu orientieren. Diese bisherige Tätigkeit muss langjährig gewesen sein und sich auf die **Erstellung von Beleihungswertgutachten** erstreckt haben, die in Bezug auf denjenigen Immobilienmarkt und auf diejenige **Objektart** angefertigt wurden, auf welche sich die (künftige) Gutachtertätigkeit beziehen soll. Die Qualifikation wird dann unterstellt, wenn der Gutachter von einer der in § 6 der Beleihungswertermittlungsverordnung näher bezeichneten Stellen zum Sachverständigen oder Gutacher für die Wertermittlung von Immobilien bestellt oder zertifiziert wurde.

3. Beleihungswert/Marktwert

Abs. 2 hat die Bedeutung einer Generalklausel für die Grundstücksbeleihung. Es 3
werden diejenigen Merkmale festgelegt, die bei der **Ermittlung des Beleihungswertes** Berücksichtigung finden dürfen. Die Einbeziehung **spekulativer Elemente** in die Bewertung wird in Satz 2 **ausgeschlossen**. Gemäß Satz 3 darf der Beleihungswert den **Markwert** nicht übersteigen. In Satz 4 wird festgelegt, was unter

Marktwert zu verstehen ist.[1] Konkretisiert wird Abs. 2 durch die Beleihungswertermittlungsverordnung, die die Bundesanstalt auf der Grundlage des Abs. 4 verordnet hat.

4. Kontingentierungen

4 Abs. 3 soll Risiken für die Deckungsmasse minimieren, die sich daraus ergeben, dass **noch zu errichtende Gebäude** nicht errichtet beziehungsweise fertig gestellt werden. Zwar ist gemäß § 4 Abs. 6 der Beleihungswertermittlungsverordnung bei im Bau befindlichen Objekten der Beleihungswert des Grundstück auf den Zustandswert, also die Summe des Bodenwertes und des Wertes der baulichen Anlage, soweit sie bereits errichtet ist, beschränkt. Sollte die bereits teilweise errichtete bauliche Anlage jedoch nicht fertig gestellt werden, kann dies dazu führen, dass der Marktwert in erheblichem Maße unter den Zustandswert fällt. Da gemäß Abs. 2 Satz 3 der Beleihungswert durch den Marktwert begrenzt wird, besteht das Risiko einer **unvorhergesehenen Unterdeckung**.

5. Dauernder Ertrag

5 Gemäß Abs. 3 Satz 3 sind Hypotheken an Bergwerken immer von der Indeckungnahme ausgeschlossen. Grundstücke, die einen dauernden Ertrag nicht gewähren, sind ebenfalls von der Indeckungnahme ausgeschlossen. Nach dem Wortlaut des Abs. 3 Satz 3 ist nicht ganz klar, ob der Gesetzgeber nicht nur bei Bergwerken, sondern auch bei Gruben und Brüchen davon ausgeht, dass ein dauernder Ertrag von vorneherein nicht gewährt wird oder ob er Gruben und Brüche nur in den besonderen Focus rückt. Der ersteren Ansicht dürfte aus folgender Überlegung der Vorzug zu geben sein: Es ist nicht ersichtlich, warum die Dauerhaftigkeit des Ertrags bei Gruben und Brüchen wesentlich anders zu qualifizieren sein soll als bei Bergwerken. Der Ertrag aus Gruben und Brüchen zeichnet sich ebenso wie der Ertrag aus Bergwerken dadurch aus, dass der Ertrag durch Abbau und Verwertung von Bodenschätzen realisiert wird, also durch Substanzabbau. Dabei ist dieser Substanzabbau endlich und führt in der Regel zu einer völligen Entwertung des Grundstücks. Die Intensität des Substanzabbaues kann in Abhängigkeit der wirtschaftlichen Gegebenheiten stark variieren, so dass es einen normalen künftigen Zeitablauf bis zum vollständigen Abbau der Bodenschätze nicht gibt. Außerdem sind die abbaufähigen Volumina oft nicht hinreichend genau bestimmbar. Bei Immobilien ist dies grundsätzlich anders. Der Bodenwert wird prinzipiell nicht erschöpft. Der Gebäudewert wird dann nicht erschöpft, wenn angemessene Erhaltungsmaßnahmen erfolgen. Bleiben diese aus, kann der Gebäudewert zwar erschöpft werden, dies spielt sich aber relativ gleichförmig und in einem sehr langen Zeitraum ab und ist deshalb wesentlich besser zu kalkulieren als der Abbau von Bodenschätzen.

6 Die Aufzählung des Abs. 3 Satz 3 ist nicht abschließend. Auch andere Grundstücke sind von einer Indeckungnahme ausgeschlossen, wenn sie einen dauernden

1 Vgl. BT DS 15/4321, zu § 16.

Ertrag nicht gewähren. Dabei kommt es nicht darauf an, ob der Ertrag dieser anderen Grundstücke der Art nach dem Ertrag entspricht, den Gruben, Brüche und Bergwerke gewähren, nämlich der Verwertung substanzaufzehrenden Abbaues von Bodenschätzen.

Gemäß Abs. 3 Satz 4 dürfen auch Hypotheken an anderen Berechtigungen, für welche die Vorschriften des Grundstücksrechts Anwendung finden, nicht zur Pfandbriefdeckung verwandt werden, wenn sie einen dauernden Ertrag nicht gewähren. Hierzu zählen grundstücksgleiche Rechte. Nach Bundesrecht sind grundstücksgleiche Rechte das Erbbaurecht und das Bergwerkseigentum. Grundstücksgleiche Rechte können sich aber auch aus dem Landesrecht ergeben. Beispielsweise sind hier Fischereirechte, Kohlen- und Salzabbaugerechtigkeiten zu nennen.[2] Sofern es um **Salzabbaugerechtigkeiten** geht, ist deren dauernder Ertrag grundsätzlich nicht anders zu qualifizieren als bei Bergwerken, Brüchen oder Gruben. Denn der durch den Salzabbau bewirkte Substanzverlust führt letztlich zu einer völligen Entwertung des Salzstocks. Anders kann es aber sein, wenn Salzabbaugerechtigkeiten als grundstücksgleiche Rechte ausgestaltet sind, welche ihrerseits mit einem Recht belastet sind, das darin besteht, die durch den Salzabbau entstandenen Hohlräume als Lagerstellen zu benutzen, beispielsweise für Öl, Gas oder Atommüll. In diesem Falle wird zwar kein Salz (mehr) abgebaut. Die Salzabbaugerechtigkeit muss aber unter Umständen gleichwohl aufrecht erhalten werden, weil die durch Abbau in den Salzstöcken entstandenen Hohlräume aus verschiedenen Gründen regelmäßig ausgewaschen werden müssen und diese Auswaschungen der Natur nach einen Salzabbau darstellen. Der wirtschaftliche Wert des Salzstockes besteht in diesem Falle nicht mehr aus dem Salzabbau sondern ausschließlich in der Nutzung der durch den Salzabbau entstandenen Hohlräume als Lagerstätte. Qualifiziert man das Recht auf Nutzung der Hohlräume gemäß § 96 BGB als ein Recht, welches mit dem Eigentum an einem fremden Grundstück respektive grundstücksgleichen Recht, nämlich der Salzabbaugerechtigkeit, verbunden ist, und erfüllt der konkrete Sachverhalt die Vorraussetzungen des § 1018 BGB, so kann das Recht auf Lagerung wegen des Nutzungsentgelts, welches üblicherweise in regelmäßigen Zeitabständen wie eine Miete gezahlt wird, einen dauerhaften Ertrag im Sinne des Abs. 3 Satz 4 darstellen. 7

6. Ermächtigungsgrundlage

Das Bundesfinanzministerium hat die auf der Grundlage des § 16 Abs. 4 bestehende Ermächtigung auf die Bundesanstalt für Finanzdienstleistungsaufsicht übertragen. Die Bundesanstalt hat am 12. Mai 2006 die „Verordnung über die Ermittlung der Beleihungswerte von Grundstücken nach § 16 Abs. 1 und 2 des Pfandbriefgesetzes" (**Beleihungswertermittlungsverordnung** – BelWertV) erlassen. Diese Beleihungswertermittlungsverordnung konkretisiert die Absätze 1 und 2 des § 16. Dabei vereinheitlicht sie die Grundsätze der Beleihungswertermittlung für alle Pfandbriefbanken. Unter der Geltung des Hypothekenbankgesetzes war dies noch anders. Gemäß § 13 dieses Gesetzes waren die Hypothekenbanken verpflichtet, eigene Anwei- 8

2 Schöner/Stöber, Erster Teil, Allgemeine Fragen, Anm. 5.

sungen über die Wertermittlung zu erlassen. Diese eigenen Anweisungen waren zwar mit der Aufsichtsbehörde abzustimmen. Die durch diese Abstimmung erreichte Harmonisierung war von dem Grad der Vereinheitlichung, den die BelWertV bewirkt, aber noch relativ weit entfernt.

§ 17
(aufgehoben)

§ 18
Grundschulden und ausländische Sicherungsrechte

(1) Im Sinne dieses Gesetzes stehen den Hypotheken die Grundschulden und solche ausländische Sicherungsrechte gleich, die eine vergleichbare Sicherheit bieten und den Gläubiger berechtigen, seine Forderung auch durch Verwertung des belasteten Grundstücks oder Rechts im Sinne des § 13 Abs. 1 Satz 1 zu befriedigen.

(2) Auf Grundschulden, die auf Grund einer Zweckvereinbarung zwischen der Pfandbriefbank und dem jeweiligen Grundstückseigentümer der Sicherung einer Darlehensforderung dienen, ist § 12 Abs. 1 mit der Maßgabe anzuwenden, dass an die Stelle der Hypotheken die Grundschulden nebst den ihr zugrunde liegenden Darlehensforderungen treten. § 5 Absatz 1a gilt entsprechend, wenn eine Zweckvereinbarung mehrere Forderungen umfasst. Mehrere zur Deckung bestimmte Forderungen haben im Zweifel gleichen Rang. Soweit ausländische Sicherungsrechte Forderungen unterschiedlicher Gläubiger sichern, bestimmt sich der Rang einer zur Deckung bestimmten Forderung nach den Regeln des jeweils anwendbaren Rechts.

(3) Hat die Pfandbriefbank ein Grundstück zur Verhütung von Verlusten an einer ihr an dem Grundstück zustehenden Hypothek oder Grundschuld bei der Zwangsversteigerung erworben und an Stelle der gelöschten Hypothek oder Grundschuld für sich eine Grundschuld eintragen lassen, so findet auf diese § 12 Abs. 2 entsprechende Anwendung.

Übersicht

1. Grundschulden

1 Gemäß Abs. 1 kommen neben Hypotheken auch Buchgrundschulden und/oder Briefgrundschulden als Deckungswerte in Betracht. Dabei werden die Buch- oder Briefgrundschulden den Hypotheken gleichgestellt. Aus dieser Gleichstellung ergibt sich, dass Hypotheken und Grundschulden in demselben Deckungsregister zu einer einheitlichen Deckungsmasse zusammengefasst werden können. Indem Abs. 1 die Grundschulden den Hypotheken gleichstellt, wirkt er der Beleihungspraxis der überwiegenden Zahl der Kreditinstitute entgegen. Diese ziehen in der Regel Grund-

schulden vor, da diese im Gegensatz zu Hypotheken nicht akzessorisch zur Darlehensforderung oder den Darlehenszinsen sind. Dies hat mehrere Vorteile: Die Grundschulden sind nicht von der Hauptforderung abhängig. Sie können von der Hauptforderung getrennt werden. Dadurch werden Neuvalutierungen, Kreditaufstockungen und Forderungsauswechslungen ebenso erleichtert wie Sicherungen von Konsortialkrediten, Kreditlinien und Bauträgerfinanzierungen.[1] Die Grundschuld ist mit der Hauptforderung nur über eine Zweckbestimmungserklärung verbunden, die das Verhältnis zwischen Grundschuld und Darlehensforderung regelt. Diese Zweckbestimmungserklärung kann zwischen dem Sicherungsgeber und Sicherungsnehmer formlos und sogar konkludent vereinbart werden. Üblicherweise wird sie bei der Kreditvergabe durch Kreditinstitute jedoch ausdrücklich geregelt, meist im Rahmen der Grundschuldbestellungsurkunde.

Abs. 2 bestimmt, dass Grundschulden, die aufgrund einer Zweckvereinbarung 2
zwischen der Bank und dem jeweiligen Grundstückseigentümer der Sicherung einer Darlehensforderung dienen, immer nur zusammen mit der betreffenden Darlehensforderung an die Stelle der Hypotheken treten und in Deckung genommen werden können. Der Deckungswert umfasst in diesem Falle immer sowohl die Grundschuld als auch die durch diese Grundschuld gesicherte Darlehensforderung. Abs. 2 ist eine Reaktion auf den Umstand, dass Grundschulden anders als Hypotheken nicht akzessorisch sind und daher nicht das rechtliche Schicksal der Hauptforderung teilen.[2]

2. Ausländische Sicherungsrechte

Diese werden gemäß Abs. 1 Hypotheken und Grundschulden deutschen Rechts 3
gleichgestellt, wenn sie eine vergleichbare Sicherheit bieten und den Gläubiger berechtigen, seine Forderung auch durch Verwertung des belasteten Grundstücks oder Rechts im Sinne des § 13 Abs. 1 Satz 1 zu befriedigen. Die vergleichbare Sicherheit und die vergleichbare Verwertbarkeit müssen kumulativ vorliegen. Ob die Sicherheit und die Verwertbarkeit des ausländischen Sicherungsrechtes mit der Sicherheit und Verwertbarkeit eines deutschen Grundpfandrechts vergleichbar sind, ergibt sich nicht schon daraus, dass es sich um ein Sicherungsrecht handelt, welches der Rechtsordnung eines der in § 13 Abs. 1 genannten Länder unterworfen ist und sich auf ein Grundstück bezieht, welches in einem dieser Länder belegen ist. Vielmehr müssen sowohl die Sicherheit als auch die Verwertbarkeit gesondert geprüft werden. Hierzu werden in der Regel weder die Pfandbriefbank noch der Treuhänder in der Lage sein. Abhilfe können daher wohl nur Rechtsgutachten von internationalen Rechtsanwaltskanzleien schaffen, die sowohl in dem betreffenden Ausland als auch in Deutschland über Vertretungen verfügen. Es ist anzuraten, solche Rechtsgutachten mit der Bundesanstalt zu besprechen und entsprechendes Einvernehmen herbeizuführen.[3] Was den europäischen Raum betrifft, bleibt im Übrigen nur zu hoffen, dass die seit geraumer Zeit im Gespräch befindliche Eurohypothek in absehbarer Zeit eingeführt wird.

---

1 Vgl. Bellinger/Kerl, § 40 Anm. 4 ff.
2 Vgl. BT DS 15/4321, zu § 18.
3 Vgl. § 13 „Belegenheit im Ausland".

3. Systematik des Abs. 2

4 Der Abs. 2 beruht auf folgender Systematik: Sofern die Bank die Zwangsversteigerung betreibt, fällt die zu ihren Gunsten im Grundbuch eingetragene Hypothek gemäß § 44 Abs. 1 ZVG nicht in das geringste Gebot. Daher erlischt diese Hypothek gemäß § 52 Abs. 1 ZVG i.V.m. § 91 Abs. 1 ZVG durch den Zuschlag und ist gemäß § 130 Abs. 1 ZVG im Grundbuch zu löschen. Handelt es sich bei der Bank um eine Pfandbriefbank und will sie das durch Zuschlag erworbene Grundstück in Deckung nehmen, muss sie ein Grundpfandrecht im Grundbuch eintragen lassen. In diesem Zusammenhang stellt der Verweis auf § 12 Abs. 2 klar, dass die Indeckungnahme nur aufgrund einer neuen Beleihungswertermittlung erfolgen darf, die den Anforderungen des § 16 und der hierzu erlassenen Beleihungswertermittlungsverordnung entspricht.[4]

5 Bei § 5 Abs. 1a geht es um eingetragene Deckungswerte, die nur zum Teil zur Deckung dienen. Bei solchen Werten muss das Deckungsregister genaue Angaben über den Umfang des zur Deckung bestimmten Teils und seinen Rang gegenüber dem nicht zur Deckung bestimmten Teil enthalten. § 18 Abs. 2 bestimmt, dass die Regelung des § 5 Abs. 1a für denjenigen Fall entsprechend gilt, dass eine Grundschuld aufgrund einer Zweckvereinbarung mehrere Forderungen absichert, wobei es nicht darauf ankommt, ob diese Forderungen alle eingetragen wurden und und zur Pfandbriefdeckung dienen oder ob ein Teil der von der Zweckerklärung erfassten Forderungen nicht eingetragen wurden.

§ 19
Weitere Deckungswerte

(1) Die in § 12 Absatz 1 vorgeschriebene Deckung kann auch erfolgen

1. **durch in Inhaberschuldverschreibungen umgewandelte Ausgleichsforderungen nach § 8 Abs. 2 der Verordnung über die Bestätigung der Umstellungsrechnung und das Verfahren der Zuteilung und des Erwerbs von Ausgleichsforderungen in der Fassung der Bekanntmachung vom 7. Dezember 1994 (BGBl. I S. 3738), die durch die Verordnung vom 26. September 1995 (BGBl. I S. 1194) geändert worden ist,**
2. **bis zu insgesamt 10 Prozent des Gesamtbetrages der im Umlauf befindlichen Hypothekenpfandbriefe durch Werte der in § 4 Abs. 1 Satz 2 Nr. 1 und 2 bezeichneten Art sowie durch Geldforderungen gegen die Europäische Zentralbank, gegen Zentralbanken der Mitgliedstaaten der Europäischen Union oder gegen geeignete Kreditinstitute im Sinne des § 4 Abs. 1 Satz 2 Nr. 3, sofern die Höhe der Forderungen der Pfandbriefbank bereits beim Erwerb bekannt ist; der Anteil an Geldforderungen gegen ein und dasselbe Kreditinstitut darf nicht höher sein als 2 Prozent des Gesamtbetrages der in Halbsatz 1 genannten Hypothekenpfandbriefe,**
3. **bis zu insgesamt 20 Prozent des Gesamtbetrages der im Umlauf befindlichen Hypothekenpfandbriefe durch Werte der in § 20 Abs. 1 bezeichneten**

4 S. hierzu auch § 12 – „erworbenes Grundstück“.

Art, sofern es sich um Schuldverschreibungen handelt; die in Nummer 2 genannten Deckungswerte sind anzurechnen,

4. **durch Ansprüche aus Derivategeschäften im Sinne des § 4 Abs. 3 Satz 2, die mit geeigneten Kreditinstituten, Kapitalverwaltungsgesellschaften mit einer Erlaubnis nach § 7 oder § 97 Absatz 1 des Investmentgesetzes in der bis zum 21. Juli 2013 geltenden Fassung, die für den in § 345 Absatz 2 Satz 1, Absatz 3 Satz 2, in Verbindung mit Absatz 2 Satz 1, oder Absatz 4 Satz 1 des Kapitalanlagegesetzbuchs vorgesehenen Zeitraum noch fortbesteht oder mit einer Erlaubnis nach den §§ 20, 21 oder §§ 20, 22 des Kapitalanlagegesetzbuchs, Finanzdienstleistungsinstituten, Versicherungsunternehmen, einer zentralen Gegenpartei bei einer Börse, dem Bund oder den Ländern abgeschlossen werden, sofern sichergestellt ist, dass die Ansprüche der Pfandbriefbank nach Maßgabe des Rahmenvertrags im Falle der Insolvenz der Pfandbriefbank oder der anderen Deckungsmassen nicht beeinträchtigt werden können. Die Geschäfte dürfen nur Risiken beinhalten oder nachbilden, welche die Pfandbriefbank auch mit Geschäften über die übrigen nach diesem Gesetz zulässigen Deckungswerte eingehen kann; ausgeschlossen sind Optionen und andere Derivate, wenn sie eine offene Stillhalterposition der Pfandbriefbank begründen, sowie Geschäfte, die in vergleichbarer Weise ein einer offenen Stillhalterposition entsprechendes Risiko begründen. Der Anteil der Ansprüche der Pfandbriefbank aus den in Deckung genommenen Derivategeschäften am Gesamtbetrag der Deckungswerte sowie der Anteil der Verbindlichkeiten der Pfandbriefbank aus diesen Derivategeschäften am Gesamtbetrag der im Umlauf befindlichen Hypothekenpfandbriefe zuzüglich der Verbindlichkeiten aus Derivategeschäften dürfen jeweils 12 Prozent nicht überschreiten; die Berechnung hat auf der Grundlage der Barwerte der Derivategeschäfte zu erfolgen; auf die Grenzen nach Halbsatz 1 sind Ansprüche und Verbindlichkeiten der Pfandbriefbank aus solchen in Deckung genommenen Derivategeschäften nicht anzurechnen, die ausschließlich der Absicherung eines Währungsrisikos von Deckungswerten und Pfandbriefen dienen.**

(2) Im Falle des § 2 Abs. 3 kann die Bundesanstalt Ausnahmen von den Begrenzungen des Absatzes 1 Nr. 2 und 3 zulassen.

Übersicht

1. Allgemeines

Die in § 19 abschließend aufgeführten weiteren Deckungswerte stehen den in § 12 1
Abs. 1 und § 18 Abs. 1 genannten Deckungswerten, also den Grundpfandrechten, vollkommen gleich. Sie können daher nicht nur als Ersatz für zurück gewährte Grund-

pfandrechte eingesetzt werden sondern auch im Zuge der Neuemission von Pfandbriefen.[1] Die Zulässigkeit der weiteren Deckungswerte verschafft der Pfandbriefbank eine größere Flexibilität, als sie bei der Beschränkung auf Grundpfandrechte hätte. Beispielsweise kann sich das Volumen der zur Deckung zur Verfügung stehenden Grundpfandrechte – meist durch Rückgewähr – anders entwickeln als das Volumen der umlaufenden Pfandbriefe. Diese divergierende Entwicklung kann schon im Rahmen der Kalkulation einer Pfandbriefemission beginnen. Sie führt möglicherweise dazu, dass die Pfandbriefbank auf die Beschaffung weiterer Grundpfandrechte angewiesen ist und diese Beschaffung aufgrund der Marktlage nicht in vollem Maße möglich ist. Es könnte auch der Fall eintreten, dass die Beschaffung weiterer Grundpfandrechte nur zu ungünstigen Konditionen möglich ist. Die Folge könnte wiederum eine Gefährdung der Deckungskongruenz sein. Die Begrenzungen der weiteren Deckungswerte in § 19 Abs. 1 Nr. 2, 3 und Nr. 4 auf die dort näher genannten Prozentsätze beziehen sich auf den Gesamtbetrag der im Umlauf befindlichen Hypothekenpfandbriefe.

2. In Inhaberschuldverschreibungen umgewandelte Ausgleichsforderungen

2 Hintergrund ist die Einführung der Deutschen Mark West in dem Gebiet der ehemaligen DDR. Im Zuge dieser Währungsumstellung erstellten Geldinstitute, die vor dem 1. Juli 1990 im Währungsgebiet der Deutschen Mark Ost befugter Weise Bankgeschäfte betrieben haben, und Außenhandelsunternehmen, die vor dem 1. Juli 1990 im Währungsgebiet der Deutschen Mark Ost im Auftrag staatlicher Stellen bestimmte Geschäfte mit Unternehmen oder Ländern außerhalb des Währungsgebietes der Deutschen Mark Ost betrieben hatten, eine Schlussbilanz in der Währung der Deutschen Mark Ost und eine Eröffnungsbilanz in der Deutschen Mark West. Diese Bilanzen wurden von der Bundesanstalt (damals noch Bundesaufsichtsamt für das Kreditwesen) darauf überprüft, ob Vermögenswerte und Verbindlichkeiten nach dem D-Markbilanzgesetz umgestellt worden waren. Sofern die Umstellung korrekt war, wurde sie von der Bundesanstalt bestätigt. Die Bundesanstalt teilte den Geldinstituten beziehungsweise Außenhandelsbetrieben Forderungen gegen den Ausgleichsfonds Währungsumstellung zu. Die Höhe dieser Forderungen richtete sich nach bestimmten Kriterien, die in § 4 der Verordnung über die Bestätigung der Umstellungsrechnung und das Verfahrend der Zuteilung und des Erwerbs von Ausgleichsforderungen (BUZAV) festgelegt sind. Diese Forderungen können gemäß § 8 Abs. 2 dieser Verordnung auf Antrag der Gläubiger in **Inhaberschuldverschreibungen** umgewandelt werden, deren Emittentin der Ausgleichsfonds Währungsumstellung ist. Gemäß § 1 des Gesetzes über die Errichtung der Ausgleichsfonds Währungsumstellung ist dieser Ausgleichsfonds eine Anstalt des öffentlichen Rechts mit eigener Rechtspersönlichkeit.

1 So bereits Bellinger/Kerl, § 6 Anm. 30.

3. Werte der in § 4 Abs. 1 Satz 2 Nr. 1 und 2 genannten Art

Bei den in § 4 Abs. 1 Satz 2 Nr. 1 und 2 genannten Werten handelt es sich um bestimmte, dort näher genannte Werte, aus denen auch die sichernde Überdeckung im Sinne des § 4 Abs. 1 Satz 2 bestehen kann. Diese Werte können auch als weitere Deckungswerte im Sinne des § 19 Abs. 1 verwandt werden. 3

4. Geldforderungen

Erfasst werden Geldforderungen gegen die Europäische Zentralbank, gegen 4
Zentralbanken der Mitgliedsstaaten der Europäischen Union oder gegen geeignete Kreditinstitute im Sinne des § 4 Abs. 1 Satz 2 Nr. 3. Wegen des Begriffes der **Geeignetheit** des Kreditinstitutes wird auf die entsprechende Kommentierung zu § 4 Abs. 1 Satz 2 Nr. 3 verwiesen.[1a] Geldforderungen sind Rechtsansprüche, die mit einer erbrachten Leistung korrelieren.[2] Daher gehören auch Ansprüche der Pfandbriefbank auf Rückzahlungen aus angekauften Schuldverschreibungen zu den Geldforderungen im Sinne des § 19 Abs. 1 Nr. 2. Zu Schuldverschreibungen gehören auch Pfandbriefe.[3] Dieses Ergebnis ergibt sich auch aus den Gesetzesmaterialien. In der öffentlichen Anhörung im Finanzausschuss des Bundestages vom 26. Januar 2005 hat der Sachverständige Rudolph ausgeführt, dass Pfandbriefe ebenfalls als Forderungen gegen geeignete Kreditinstitute anzusehen seien. In seiner Stellungnahme zum PfandBG hat der Bundesrat vorgeschlagen, Hypothekenpfandbriefe und Öffentliche Pfandbriefe zur Pfandbriefdeckung zuzulassen. In der Folge hat der Finanzausschuss die Annahme des PfandBG empfohlen und folgendes ausgeführt: „Hingegen soll es im Rahmen des § 19 Abs. 1 Nr. 2 bei der Deckungsfähigkeit auch von Geldforderungen gegen die genannten Banken einschließlich deren Schuldverschreibungen bleiben“. In der Folgezeit wurde das PfandBG wie vorgeschlagen verabschiedet.

Nach dem Wortlaut des § 19 Abs. 1 Nr. 2 müssen sich auch Geldforderungen aus 5
angekauften Schuldverschreibungen einschließlich Pfandbriefen gegen „geeignete Kreditinstitute“ im Sinne des § 4 Abs. 1 Satz 2 Nr. 3 richten. Dies ist unzweifelhaft, solange es um Schuldverschreibungen geht, bei denen es ausschließlich ein Emittentenrisiko gibt. Bei Pfandbriefen ist das Emittentenrisiko aber auf operationelle Risiken beschränkt. Denn selbst wenn die Pfandbriefbank als solche insolvent wird, bleibt die Deckungsmasse als eigenständiger Geschäftsbereich bestehen. Weder die Pfandbriefe noch die Deckungswerte werden fällig. Bei Pfandbriefen kommt es daher allenfalls marginal auf die Bonität des Emittenten an und weit überwiegend auf die Bonität des Pfandbriefes selbst. Es erscheint daher richtiger, bei Pfandbriefen nicht auf die Bonität des Emittenten abzustellen, sondern auf die Bonität des Pfand-

---

1a Siehe auch unten.
2 Gabler, Band F–H, S. 1123.
3 Vgl. Öffentlche Anhörung im Finanzausschuß des Bundestages am 26. Januar 2005, Protokoll Nr. 15/86, Stellungnahme des Sachverständigen Rudolph abgedruckt in „Das Pfandbriefgesetz, Textsammlung und Materialien“, Fritz Knapp Verlag, 2005, Seite183; Einzelbegründung der vom Finanzausschussvorgeschlagenen Änderungen des Gesetzesentwurfs (DS 15/4321, 15/4487, zu § 4 Abs. 2, abgedruckt in „Das Pfandbriefgesetz, Textsammlung und Materialien“, Fritz Knapp Verlag, 2005, Seite 216.

briefes. Angesichts des Wortlautes des § 4 Abs. 1 Satz 2 Nr. 3 bedarf es hierzu aber einer entsprechenden Änderung dieser Vorschrift.

5. Beschränkung

6 Werte gemäß § 19 Abs. 1 Nr. 2 können nur bis zu einem Volumen von insgesamt 10% des Gesamtbetrages sämtlicher im Umlauf befindlicher Hypothekenpfandbriefe als weitere Deckungswerte in Deckung genommen werden. § 19 Abs. 1 Nr. 2 erfasst unter anderem auch die Werte gemäß § 4 Abs. 1 Satz 2 Nr. 1 und 2. Letztere können auch zur **sichernden Überdeckung** von 2% herangezogen werden. Daher liegt der Gedanke nahe, dass die Sätze von 10% für die weitere Deckung und 2% für die sichernde Überdeckung addiert werden können. Dies wird man jedoch im Ergebnis ablehnen müssen. Die Überschrift „Weitere Deckungswerte" des § 19 ist insoweit missverständlich. Der Wortlaut des § 19 Abs. 1 ist wie folgt formuliert: *„Die in § 4 vorgesehene Deckung kann auch erfolgen [...]."* Dieser Wortlaut umfasst die gesamte in § 4 vorgesehene Deckung, also auch die dort vorgeschriebene sichernde Überdeckung. Außerdem orientiert sich der Satz von 10% ausschließlich am Gesamtbetrag der im Umlauf befindlichen Pfandbriefe und nicht zusätzlich auch an der sichernden Überdeckung. Aus diesen beiden Überlegungen folgt, dass der Satz der sichernden Überdeckung von 2% in dem Satz von 10% des Gesamtbetrages der im Umlauf befindlichen Hypothekenpfandbriefe enthalten ist.[4] Bei den in § 19 Abs. 1 Nr. 2 genannten **Geldforderungen** kommt zu der volumenmäßigen Beschränkung auf 10% aller im Umlauf befindlicher Hypothekenpfandbriefe hinzu, dass die Höhe der Geldforderung bei deren Erwerb bereits bekannt sein muss. Darüber hinaus darf der Anteil der Geldforderungen gegen ein und dasselbe Kreditinstitut den Gesamtbetrag von 2% aller im Umlauf befindlicher Hypothekenpfandbriefe nicht überschreiten. Wegen des Begriffes der **Geeignetheit** des Kreditinstitutes wird auf die entsprechende Kommentierung zu § 4 Abs. 1 Satz 2 Nr. 3 verwiesen.

7 Die in § 19 Abs. 1 Nr. 2 und 3 PfandBG dargestellten Begrenzungen der „weite-ren Deckung" beziehen sich immer auf den Deckungsgrad von 100% der umlaufenden Pfandbriefe einer Gattung. Innerhalb dieses Deckungsgrades von 100% müssen immer mindestens 80% der Deckungswerte aus ordentlichen Deckungswerten bestehen. Maximal 20% dürfen aus weiteren Deckungswerten nach den Nummern 2 und 3 bestehen. Maximal 12% dürfen aus weiteren Deckungswerten nach der Nr. 4 (Ansprüche aus Derivategeschäften) bestehen. Über den Deckungsgrad von 100% muss wegen § 4 Abs. 1 daneben eine sichernde Überdeckung von (mindestens) 2% bestehen. Damit sind die gesetzlichen Anforderungen an die Deckung erfüllt. Darüber hinaus kann (und wird) eine Pfandbriefbank schon um einen Puffer zu haben und/oder aus Ratinggründen, zusätzliche Deckungswerte vorhalten. Diese zusätzliche Deckung wird aus ordentlichen Deckungswerten, weiteren Deckungswerten, und solchen Deckungswerten bestehen, die Gegenstand der sichernden Überdeckung sein könnten. In Bezug auf alle diese zusätzlichen Deckungswerte gibt es keine gesetzlichen Begrenzungen, die einzuhalten wären. Gleichwohl dürfte es erforderlich sein, dass alle diese zusätzlichen Deckungswerte nicht in einer Gesamtsumme dargestellt werden, son-

4 Wegen des Begriffes des Pfandbriefumlaufes siehe § 4 Abs. 5.

dern in potentiell ordentliche, potentiell weitere und potentiell solche Werte aufgesplittet werden die Gegenstand der sichernden Überdeckung sein könnten. Ohne diese Aufsplittung auch der zusätzlichen Deckungswerte ist ein korrektes Deckungsmanagement wohl nicht möglich.

6. Deckungswerte für öffentliche Pfandbriefe

Abs. 1 Nr. 3 bezieht Deckungswerte für öffentliche Pfandbriefe in den Kreis der weiteren Deckungswerte mit ein, soweit es sich um Schuldverschreibungen handelt. In diesem Zusammenhang **beschränkt** er das Volumen dieser weiteren Deckungswerte auf 20% aller im Umlauf befindlicher Hypothekenpfandbriefe, wobei die in Abs. 1 Nr. 2 genannten weiteren Deckungswerte anzurechnen sind. Im Ergebnis bedeutet dies, dass alle in Abs. 1 Nr. 2 und 3 genannten weiteren Deckungswerte 20% aller im Umlauf befindlicher Hypothekenpfandbriefe nicht übersteigen dürfen, wobei die in Nr. 3 genannten Werte den maximalen Satz von 20% erreichen dürfen, während die in Nr. 2 genannten Werte nur 10% erreichen dürfen. Die restlichen 10% können aber durch Werte der in Nr. 3 genannten Art aufgefüllt werden, so dass bei einer Mischung der Werte nach Nr. 2 und Nr. 3 insgesamt der Höchstsatz von 20% erreicht wird. Hinsichtlich der in den Kreis der weiteren Deckungswerte einbezogenen Deckungswerte für öffentliche Pfandbriefe gilt neben der Beschränkung auf 20% zusätzlich die Beschränkung des § 20 Abs. 1 Satz 2. Danach darf der Gesamtbetrag aller Forderungen gegen Schuldner in Staaten, die nicht der europäischen Union angehören und bei denen nicht sichergestellt ist, dass sich das Vorrecht der Gläubiger der öffentlichen Pfandbriefe nach § 30 Abs. 1 auf die Forderungen der Pfandbriefbank aus diesen Forderungen erstreckt, 10% des Gesamtbetrages derjenigen Forderungen, bei denen das Vorrecht der Gläubiger der öffentlichen Pfandbriefe sichergestellt ist, nicht übersteigen. Siehe insoweit auch die Kommentierung zu § 13 Abs. 1 Satz 2. **8**

7. Ansprüche aus Derivategeschäften

Während es bei § 4 Abs. 3 um die **Verbindlichkeiten** der Pfandbriefbank aus Derivategeschäften geht, geht es bei § 19 Abs. 1 Nr. 4 um die **Ansprüche** der Pfandbriefbank aus Derivategeschäften, also um die **Forderungen** aus diesen Geschäften. In diesem Sinne bilden § 19 Abs. 1 Nr. 4 und § 4 Abs. 3 Satz 1 gewissermaßen die beiden Seiten derselben Medaille ab. **9**

§ 19 Abs. 1 Nr. 4 Satz 1 umfasst Derivateansprüche im Sinne des § 4 Abs. 3 Satz 2. Diese Vorschrift verweist ihrerseits auf Derivate nach § 1 Abs. 11 Satz 4 Nr. 1 KWG. Letztere Vorschrift wiederum definiert Derivategeschäfte als **Festgeschäfte** oder **Optionsgeschäfte,** die als Kauf, Tausch oder auch anders ausgestaltet sind, die zeitlich verzögert zu erfüllen sind (Termingeschäfte) und deren Wert sich unmittelbar oder mittelbar vom Preis oder Maß eines der folgenden Basiswerte ableitet: a) Wertpapiere oder Geldmarktinstrumente, b) Devisen oder Rechnungseinheiten, c) Zinssätze oder andere Erträge, d) Indices der Basiswerte der Buchstaben a, b oder c, andere Finanzindices oder Finanzmessgrößen oder d) Derivate. Festgeschäfte sind solche, bei denen für beide Vertragspartner Rechte und Pflichten begründet werden, die beiderseits noch nicht erfüllt sind. Demgegenüber handelt es sich bei Optionsgeschäften um solche, bei denen einer Partei das Recht (Option) eingeräumt wird, zu oder bis zu einem **10** künftigen Zeitpunkt durch einseitige Willenserklärung (Ausübung) ein Geschäft zu im Voraus festgelegten Konditionen abzuschließen. Als Gegenleistung erhält der Vertragspartner des Optionsberechtigten eine Prämie, die im Regelfall im Voraus zu zahlen ist. Mit Abschluss des Optionsgeschäftes erhält der Optionskäufer zwar ein Optionsrecht. Daraus ergibt sich aber keine Pflicht zur Ausübung dieses Optionsrechtes. Festgeschäfte und Optionsgeschäfte können miteinander kombiniert werden.[5] Aus dem Umstand, dass § 4 Abs. 3 Satz 2 auf § 1 Abs. 11 Satz 4 Nr. 1 KWG verweist und diese Vorschrift des KWG nicht nur Festgeschäfte, sondern auch Optionen umfasst, darf allerdings nicht hergeleitet werden, dass auch Optionen uneingeschränkt **deckungsfähig** sind (siehe insoweit auch unten, zu „Risiken").

11 Durch den Verweis auf Derivategeschäfte im Sinne des § 4 Abs. 3 Satz 2 wird auch klargestellt, dass nicht nur die Verbindlichkeiten, sondern auch die Forderungen aus diesen Derivategeschäften alle Rechte umfassen, die unter demselben **Rahmenvertrag** abgeschlossen wurden, und zwar einschließlich der Rechte aus **Anhängen** und **sonstigen Abreden zum Rahmenvertrag**. Die Struktur ist dabei wie folgt: Derivategeschäfte werden üblicherweise aufgrund eines standardisierten Rahmenvertrags abgeschlossen. Dieser Rahmenvertrag gilt für alle mit einem bestimmten Partner abzuschließenden Derivategeschäfte. Der jeweilige Abschluss des konkreten Einzelgeschäftes erfolgt durch einen Einzelvertrag. Dieser Einzelvertrag bildet mit dem korrespondierenden Rahmenvertrag einen einheitlichen Vertrag. Zur Sicherung von Ansprüchen der Pfandbriefbank gegen den Derivatepartner aus dem Derivategeschäft, welches auf oben genannter Vertragskonstruktion abgeschlossen wurde, werden in der Regel Sicherheiten gestellt. Diese Sicherheitenstellung erfolgt – ebenfalls üblicherweise – auf der Grundlage eines ebenfalls standardisierten Besicherungsanhangs, der mit dem Rahmenvertrag ebenso wie der Einzelvertrag einen **einheitlichen Vertrag** bildet. Typischerweise erfolgt die Stellung der Sicherheit durch Vollrechtsübertragung des Sicherungsgegenstandes. Sofern das Derivategeschäft erfüllt wird, ist der Sicherungszweck erledigt, und es entsteht ein Anspruch des Sicherungsgebers auf Rückübertragung. Um alle diese Rechte zu erfassen, stellt § 4 Abs. 3 Satz 2 klar, dass zu den Derivategeschäften im Sinne dieses Gesetzes nicht nur die Ansprüche aus den Derivategeschäften im engeren Sinn gehören, sondern auch alle anderen Rechte, die im Zusammenhang mit Anhängen und weiteren zugehörenden Vereinbarungen begründet wurden, einschließlich der Ansprüche auf Rückübertragung des Eigentums an gestellten Sicherheiten.

12 Die Pfandbriefbank kann ihre Forderungen aus den in § 4 Abs. 3 Satz 2 genannten Derivaten nur dann in Deckung nehmen, wenn der **Vertragspartner** der Pfandbriefbank in den Kreis der in § 19 Abs. 1 Nr. 4 Satz 1 festgelegten Vertragspartner fällt. Diesen Kreis wird man aus Gründen der Sicherheit der Deckungsmasse als abschließend ansehen müssen. Wegen des Begriffs der **Geeignetheit** des Kreditinstituts wird auf die Kommentierung zu § 4 Abs. 1 Satz 2 Nr. 3 verwiesen.

13 Gemäß § 19 Abs. 1 Nr. 4 Satz 1 muss darüber hinaus **sichergestellt** sein, dass die **Ansprüche der Pfandbriefbank** nach Maßgabe des Rahmenvertrages im Falle der Insolvenz der Pfandbriefbank oder der anderen Deckungsmassen **nicht beeinträchtigt** werden können. Hintergrund dieser Regelung ist folgender: Die standardisierten

5 B/F/S-M, § 1 Rdn. 225 f.

Rahmenverträge sehen in der Regel vor, dass sie in der Insolvenz als gekündigt gelten. Außerdem sehen die Rahmenverträge vor, dass im Falle einer Kündigung aus abgeschlossenen aber noch nicht erfüllten Derivategeschäften keine Zahlungen erfolgen. Es müssen daher Ersatzgeschäfte abgeschlossen werden, und die benachteiligte Partei erhält einen Anspruch auf Schadensersatz. Diese Konsequenz möchte § 19 Abs. 1 Nr. 4 Satz 1 vermeiden und verlangt, dass die Rahmenvereinbarungen Regelungen vorsehen, die diese Konsequenz ausschließen und sicherstellen, dass die Ansprüche der Pfandbriefbank im Falle der Insolvenz der Pfandbriefbank oder der anderen Deckungsmassen nicht beeinträchtigt werden können. Dies wird dadurch erreicht, dass in Bezug auf jede Pfandbriefgattung ein separater standardisierter Rahmenvertrag einschließlich zugehörender Anhänge und weiterer zugehörender Vereinbarungen abgeschlossen wird. Zu diesen Anhängen gehört u.a. ein Deckungsanhang. Dieser Deckungsanhang bezieht sich ebenfalls auf eine bestimmte Pfandbriefgattung und legt unter anderem fest, dass die Insolvenz der Pfandbriefbank für sich genommen kein wichtiger Grund zu einer Kündigung des Rahmenvertrags ist. Außerdem bestimmt der Deckungsanhang, dass im Falle der Insolvenz der Rahmenvertrag nur dann als beendet gilt, wenn sich diese Insolvenz nicht auf das allgemeine Vermögen der Pfandbriefbank oder auf eine andere Deckungsmasse, welche mit einer anderen Pfandbriefart korrespondiert bezieht, sondern ausschließlich auf diejenige Deckungsmasse, auf die sich auch der Rahmenvertrag bezieht. Dadurch wird sichergestellt, dass die Insolvenz der Pfandbriefbank keinen Einfluss auf die einer bestimmten Pfandbriefgattung zugehörenden Deckungsmasse einschließlich Forderungen aus Derivategeschäften hat, solange diese Deckungsmasse nicht selbst insolvent wird. Dabei versteht es sich von selbst, dass der Deckungsanhang nur greift, wenn die Derivate auch in Deckung genommen wurden, das heißt im Deckungsregister eingetragen sind.

Die Derivategeschäfte selbst dürfen gemäß § 19 Abs. 1 Nr. 4 Satz 2 nur **Risiken** 14
beinhalten, die die Pfandbriefbank auch mit Geschäften über die übrigen nach dem PfandBG zulässigen Deckungswerte eingehen kann. Vor diesem Hintergrund stellt sich die Frage, welche Ansprüche aus welchen Derivategeschäften denn nun konkret in Deckung genommen werden können. Zunächst einmal wird man nur solche Derivategeschäfte einbeziehen können, die in einem einheitlichen standardisierten Rahmenvertrag einschließlich zugehörender Einzelverträge und Anhänge, insbesondere eines Deckungsanhangs, abgeschlossen wurden. Dies ergibt sich einerseits aus dem Wortlaut des § 4 Abs. 3 Satz 2 und andererseits aus dem Umstand, dass Ansprüche aus Derivategeschäften nur dann nettingfähig sind, wenn sie unter einem einheitlichen Rahmenvertrag abgeschlossen wurden. Darüber hinaus wird man nur solche Derivategeschäfte einbeziehen können, bei denen sich dieser einheitliche Rahmenvertrag ausschließlich auf eine Pfandbriefgattung bezieht. Dies ergibt sich bereits daraus, dass gemäß § 4 Abs. 1 der Deckungsregisterverordnung für jede Pfandbriefbank ein gesondertes Deckungsregister zu führen ist und deshalb die verschiedenen Deckungsmassen entsprechend voneinander getrennt sein müssen. Außerdem besteht ein wesentlicher Grund der Einbeziehung von Ansprüchen aus Derivatengeschäften in die Deckung darin, den Pfandbriefgläubigern im Insolvenzfall der Pfandbriefbank nicht nur den Zugriff auf die einer Pfandbriefgattung zugeordneten Deckungswerte zu sichern, sondern auch die Ansprüche aus Derivategeschäften, die zur Absicherung von Risiken aus diesen Deckungswerten abgeschlossen wurden. Ob man auch solche

Ansprüche aus Derivategeschäften in Deckung nehmen kann, die nicht zur Absicherung von Inkongruenzen aus dem Pfandbriefgeschäft abgeschlossen wurden, sondern zur Absicherung von Inkongruenzen aus dem sonstigen Geschäft der Pfandbriefbank, ist zweifelhaft. Dies wird man allenfalls dann bejahen können, wenn es sich bei diesem sonstigen Geschäft der Pfandbriefbank um Geschäfte handelt, aus denen Werte resultieren, die zwar nicht in Deckung genommen sind, die aber in Deckung genommen werden könnten. Andernfalls würden diese Geschäfte eben nicht nur solche Risiken beinhalten oder nachbilden, welche die Pfandbriefbank auch mit Geschäften über die übrigen nach diesem Gesetz zulässigen Deckungswerte eingehen kann, sondern auch andere Risiken. Jedenfalls wird man Ansprüche aus solchen Derivategeschäften ausschließen müssen, bei denen nicht der Absicherungscharakter im Vordergrund steht, sondern spekulative Erwägungen. Dies ergibt sich aus dem Postulat des Schutzes der Pfandbriefgläubiger. Ausdrücklich ausgeschlossen vom Kreis der deckungsfähigen Ansprüche aus Derivategeschäften sind Optionen, optionsähnliche und andere Derivategeschäfte, wenn diese Geschäfte eine offene Stillhalterposition der Pfandbriefbank begründen. Daraus folgt, dass solche Geschäfte nur dann deckungsrelevant sind, wenn ausschließlich die Pfandbriefbank das Recht auf Ausübung hat.

8. Begrenzung

15 Das Volumen der Ansprüche aus in Deckung genommenen Derivategeschäften ist gemäß § 19 Abs. Nr. 4 Satz 3 sowohl aktivseitig als auch passivseitig auf maximal 12% begrenzt. Dabei orientiert sich dieser Prozentsatz **aktivseitig** am **Gesamtbetrag aller Deckungswerte** und **passivseitig** am **Gesamtbetrag aller im Umlauf befindlichen Hypothekenpfandbriefe**. Durch diese unterschiedliche Orientierung des Prozentsatzes wird hinsichtlich der Aktivseite erreicht, dass ein erhebliches, vom Gesetzgeber wohl für unangemessen hoch gehaltenes Gewicht der Ansprüche aus Derivaten an den gesamten Deckungswerten vermieden wird. Hinsichtlich der Passivseite wird das Interesse der Pfandbriefgläubiger geschützt, indem der Umfang von Verbindlichkeiten aus deckungsrelevanten Derivategeschäften und damit auch der Anteil der durch die Deckungsmasse gesicherten Gläubiger, die nicht Pfandbriefgläubiger sind, begrenzt wird. Gemäß § 19 Abs. 1 Nr. 4 Satz 3 Halbsatz 2 sind auf die Begrenzung solche Ansprüche und Verbindlichkeiten der Pfandbriefbank aus von in Deckung genommenen Derivategeschäften **nicht anzurechnen**, die ausschließlich der Absicherung eines Währungsrisikos von Deckungswerten und Pfandbriefen dienen.

9. Ausnahmen

16 Gemäß Abs. 2 kann die Bundesanstalt Ausnahmen von den Begrenzungen des Abs. 1 Nr. 2 und 3 zulassen, wenn die Erlaubnis zum Betreiben des Pfandbriefsgeschäftes erlischt oder wenn die Bundesanstalt diese Erlaubnis aufhebt. In beiden Fällen sind die Deckungsmassen abzuwickeln. Im Rahmen dieser Abwicklung kann es geboten sein, Ausnahmen zuzulassen.[6]

---

6 BT DS 15/4321 Zu § 19.

UNTERABSCHNITT 2
Öffentliche Pfandbriefe

§ 20
Deckungswerte

(1) Zur Deckung Öffentlicher Pfandbriefe dürfen nur Geldforderungen aus der Vergabe von Darlehen, aus Schuldverschreibungen oder aus einem vergleichbaren Rechtsgeschäft oder andere, von den in Nummer 1 Buchstabe a bis f genannten Stellen schriftlich als einredefrei anerkannte Forderungen benutzt werden,

1. die sich unmittelbar richten gegen
   a) inländische Gebietskörperschaften und solche Körperschaften und Anstalten des öffentlichen Rechts, für die eine Anstaltslast oder eine auf Gesetz beruhende Gewährträgerhaftung oder eine staatliche Refinanzierungsgarantie gilt oder die das gesetzliche Recht zur Erhebung von Gebühren, Umlagen oder anderen Abgaben innehaben,
   b) Mitgliedstaaten der Europäischen Union oder Vertragsstaaten des Abkommens über den Europäischen Wirtschaftsraum sowie deren Zentralnotenbanken,
   c) Regionalverwaltungen sowie Gebietskörperschaften der in Buchstabe b genannten Staaten,
   d) die Vereinigten Staaten von Amerika, Japan, die Schweiz und Kanada sowie deren Zentralnotenbanken, sofern das Risikogewicht nach Tabelle 1 des Artikels 114 Absatz 2 der Verordnung (EU) Nr. 575/2013 entsprechend der von den zuständigen Behörden vorgenommenen Zuordnung des Ratings anerkannter internationaler Ratingagenturen der Bonitätsstufe 1 zugeordnet worden ist,
   e) Regionalverwaltungen sowie Gebietskörperschaften der in Buchstabe d genannten Staaten, sofern sie von der jeweiligen nationalen Behörde dem Zentralstaat gleichgestellt worden sind oder sofern ihnen ein der Bonitätsstufe 1 entsprechendes Risikogewicht nach Tabelle 5 des Artikels 121 Absatz 1 der Verordnung (EU) Nr. 575/2013 nach den nationalen Regelungen zugeordnet worden ist, die zur Umsetzung der Rahmenvereinbarung „Internationale Konvergenz der Kapitalmessung und Eigenkapitalanforderungen" des Baseler Ausschusses für Bankenaufsicht vom Juni 2004 erlassen worden sind; für die Zuordnung zur Bonitätsstufe 1 sind die Ratings anerkannter internationaler Ratingagenturen maßgeblich; hierfür gilt Artikel 115 Absatz 4 der Verordnung (EU) Nr. 575/2013 entsprechend,
   f) die Europäische Zentralbank sowie multilaterale Entwicklungsbanken und internationale Organisationen im Sinne der Artikel 117 und 118 der Verordnung (EU) Nr. 575/2013 oder den Europäischen Stabilitätsmechanismus,
   g) öffentliche Stellen eines Mitgliedstaats der Europäischen Union oder eines anderen Vertragsstaats des Abkommens über den Europäischen Wirtschaftsraum,

h) öffentliche Stellen im Sinne des Artikels 4 Absatz 1 Nummer 8 der Verordnung (EU) Nr. 575/2013 der unter Buchstabe d genannten Staaten, sofern sie die in Buchstabe e aufgeführten Anforderungen erfüllen, oder

2. für die eine der in Nummer 1 Buchstabe a bis f genannten Stellen oder ein Exportkreditversicherer nach Artikel 2 der Richtlinie 98/29/EG des Rates vom 7. Mai 1998 zur Harmonisierung der wichtigsten Bestimmungen über die Exportkreditversicherung zur Deckung mittel- und langfristiger Geschäfte (ABl. EG Nr. L 148 S. 22), der die Anforderungen an eine öffentliche Stelle nach Nummer 1 Buchstabe g erfüllt, die Gewährleistung übernommen hat. Eine Gewährleistung liegt insoweit vor, als auf Grund eines Gesetzes, einer Verordnung, einer Satzung oder eines Rechtsgeschäfts der Forderungsinhaber einen Anspruch gegen den Gewährleistenden hat, dass dieser im Falle der Nichtzahlung des Schuldners die für die Erfüllung der Verpflichtung erforderlichen Mittel zur Verfügung stellt. Der Gewährleistende darf gegenüber der Pfandbriefbank nicht das Recht haben, Einwendungen aus dem Rechtsverhältnis mit Dritten geltend zu machen oder sich einseitig von seinen Verpflichtungen zu lösen, oder

3. die von einer
   a) Zentralregierung, Zentralnotenbank, Regionalverwaltung oder örtlichen Gebietskörperschaft eines in Nummer 1 Buchstabe d aufgeführten Staates,
   b) von einer öffentlichen Stelle eines in Nummer 1 Buchstabe d aufgeführten Staates,
   c) von einer multilateralen Entwicklungsbank oder
   d) von einer internationalen Organisation

   geschuldet oder von den in Buchstabe a, c oder d genannten Einrichtungen gewährleistet werden, sofern der Schuldner oder Gewährleistungsgeber der Bonitätsstufe 2 zugeordnet ist und zum Zeitpunkt der Eintragung der konkreten Forderung in das Deckungsregister der Bonitätsstufe 1 zugeordnet war und diese Forderungen insgesamt 20 Prozent des Gesamtbetrages der ausstehenden Öffentlichen Pfandbriefe der Pfandbriefbank nicht übersteigen.

Der Gesamtbetrag der Forderungen gegen Schuldner in Staaten, die nicht der Europäischen Union angehören, bei denen nicht sichergestellt ist, dass sich das Vorrecht der Gläubiger der Öffentlichen Pfandbriefe nach § 30 Abs. 1 auf die Forderungen der Pfandbriefbank aus diesen Forderungen erstreckt, darf 10 Prozent des Gesamtbetrages der Forderungen, bei denen das Vorrecht sichergestellt ist, nicht übersteigen.

(2) Die in Absatz 1 vorgeschriebene Deckung kann auch erfolgen

1. durch die in § 19 Abs. 1 Nr. 1 genannten Werte;
2. bis zu 10 Prozent des Gesamtbetrages der im Umlauf befindlichen Öffentlichen Pfandbriefe durch Geldforderungen gegen geeignete Kreditinstitute im Sinne des § 4 Abs. 1 Satz 2 Nr. 3, sofern die Höhe der Forderungen der Pfandbriefbank bereits beim Erwerb bekannt ist; der Anteil an Geldforderungen gegen ein und dasselbe geeignete Kreditinstitut darf nicht höher als 2 Prozent des Gesamtbetrages der im Umlauf befindlichen Öffentlichen Pfandbriefe sein;

3. durch die in §19 Abs.1 Nr.4 genannten Werte unter den dort genannten Voraussetzungen und Begrenzungen mit der Maßgabe, dass an die Stelle des Gesamtbetrages der im Umlauf befindlichen Hypothekenpfandbriefe der Gesamtbetrag der im Umlauf befindlichen Öffentlichen Pfandbriefe tritt.

(3) Im Falle des § 2 Abs. 3 kann die Bundesanstalt Ausnahmen von den Begrenzungen des Absatzes 2 zulassen.

(4) Die eingetragenen Deckungswerte erstrecken sich auch auf alle Forderungen, deren Inhaber die Pfandbriefbank ist und die auf die wirtschaftliche Substanz des Deckungswertes gerichtet sind, im Falle einer nach Absatz 1 Satz 1 Nr. 2 gewährleisteten Hypothek insbesondere auch auf die in § 12 Abs. 3 genannten Forderungen.

Übersicht

1. Öffentliche Pfandbriefe

1 Gemeint ist die Pfandbriefgattung im Sinne des § 1 Abs. 1 Nr. 2.

2. Forderungen

2 Es muss sich um eine **Geldforderung** handeln. Dem Wortlaut nach ergibt sich dies zwar nur in Bezug auf Forderungen aus der Vergabe von Darlehen, aus Schuldverschreibungen und aus vergleichbaren Rechtsgeschäften. Man wird aber auch bei den ebenfalls in Abs. 1 genannten **„anderen" Forderungen** verlangen müssen, dass es sich um Geldforderungen handelt. Denn Forderungen, die nicht unmittelbar auf Geldzahlung gerichtet sind, müssen letztlich durch Verwertung in eine Geldforderung transformiert werden und unterliegen deshalb nicht nur dem Emittentenrisiko „öffentliche Hand" sondern darüber hinaus auch dem Marktpreisrisiko. Damit wäre die Realisierung der Forderungen nicht mehr ausschließlich von der Bonität der öffentlichen Hand abhängig. Ob die Geldforderung direkt zwischen Bank und öffentlicher Hand entstanden ist oder ob sie zwischen einem Dritten und der öffentlichen Hand zur Entstehung gelangt ist und von dem Dritten an die Pfandbriefbank übertragen wurde, ist unerheblich.

3 **Beispiele für Forderungen im Sinne des Abs. 1 erste Alternative:**
a) Die Pfandbriefbank gewährt der öffentlichen Hand ein Darlehen oder kauft von der öffentlichen Hand eine Schuldverschreibung oder einen Schuldschein.
b) Ein privater Dritter gewährt der öffentlichen Hand ein Darlehen oder kauft von ihr eine Schuldverschreibung oder einen Schuldschein. Die Ansprüche auf Zahlung von Kapital und Zins aus diesen Rechtsverhältnissen verkauft der private Dritte an die Pfandbriefbank und tritt sie an die Pfandbriefbank ab.

4 **Beispiel für „andere" Forderungen im Sinne des Abs. 1 zweite Alternative:**
Ein privater Dritter errichtet und/oder betreibt im Interesse der öffentlichen Hand eine Einrichtung, die der Erledigung eigentlich öffentlicher Aufgaben dient. Dies geschieht im Rahmen eines Rechtsverhältnisses zwischen dem privaten Dritten und der öffentlichen Hand. Bestandteil dieses Rechtsverhältnisses ist es, dass der private Dritte die Einrichtung irgendwann einmal gegen Zahlung eines Kaufpreises an die öffentliche Hand überträgt. Den Anspruch auf Kaufpreiszahlung verkauft der private Dritte an die Pfandbriefbank und tritt ihn – beispielsweise im Rahmen einer Forfaitierung – an diese ab.[1]

3. Rechtswirksamkeit der Forderung

5 Das Rechtsgeschäft, auf dem die Forderung beruht, muss **rechtswirksam** sein. Andernfalls würde der Pfandbriefbank gegen die öffentliche Hand allenfalls ein schuldrechtlicher Bereicherungsanspruch zustehen. Dieser ist zwar ebenfalls eine Geldforderung, aber eine, die sofort fällig ist und daher unverzüglich zurückgezahlt

1 Public-Private-Partnership. Vgl. BT DS 15/4321, zu § 20.

werden kann. Damit ist sie für den Deckungsstock vom Grundsatz her ungeeignet, weil mit dem Deckungsstock langfristig laufende Pfandbriefe abgesichert werden sollen. Unter anderem muss das Rechtsgeschäft, welches als Grundlage für die Forderung dient, vom Wirkungskreis der öffentlichen Stelle erfasst sein. Denn eine juristische Person des öffentlichen Rechts ist nur zu Rechtshandlungen befugt, die im Rahmen des ihr durch Gesetz oder Satzung zugewiesenen Wirkungskreises liegen. Außerhalb dieses Wirkungskreises liegende Rechtshandlungen entbehren der Rechtswirksamkeit.[2] Entsprechendes gilt für Rechtshandlungen auf dem Gebiete des Privatrechts, die die juristische Person des öffentlichen Rechts zwar vornehmen darf, die aber der **Genehmigung der Aufsichtsbehörde** unterliegen. Bis zur Erteilung dieser Genehmigung ist die betreffende Rechtshandlung schwebend unwirksam. Wird die Genehmigung verweigert, war die Rechtshandlung von Anfang an unwirksam, wird sie erteilt, wird die Rechtshandlung grundsätzlich ex tunc wirksam. Es gibt jedoch Ausnahmen. So wirkt die Genehmigung z.B. erst ab dem Zeitpunkt der Genehmigung, wenn es sich bei der zu genehmigenden Erklärung um eine Gestaltungserklärung handelt. Wenn der Genehmigende die Verfügungsbefugnis erst nach Abgabe der zu genehmigenden Willenserklärung erlangt, wirkt die Genehmigung erst ab dem Zeitpunkt der Erlangung dieser Verfügungsbefugnis.[3] Allerdings kann die juristische Körperschaft des öffentlichen Rechts wegen Verschuldens bei Vertragsschluss haften, wenn sie nicht darauf hinweist, dass ein von ihr abgeschlossener Vertrag einer aufsichtlichen Genehmigung bedarf oder sich nicht in angemessener Weise um die Erteilung der aufsichtlichen Mitwirkungshandlung bemüht.[4] Um die sich aus dieser Situation ergebenden Risiken zu minimieren ist anzuraten, dass die Pfandbriefbank bei der Aufsicht beziehungsweise der übergeordneten Behörde nachfragt, ob der öffentlich rechtliche Forderungsschuldner das betreffende Rechtsgeschäft abschließen durfte und ob eventuell erforderliche Mitwirkungshandlungen der Aufsicht vorgenommen wurden. Alternativ kann der öffentlich rechtliche Forderungsschuldner auch eine entsprechende Bescheinigung der Aufsichtsbehörde vorlegen.

4. Schuldverschreibungen

Infrage kommen **Inhaber-** oder **Namenschuldverschreibungen** im Sinne der 6
§§ 793 bis 806 BGB. Es muss sich aber um klassische Schuldverschreibungen handeln. Dies bedeutet, dass die Rückzahlungen von Zins und Tilgung aus den Schuldverschreibungen nur dem Emittentenrisiko „öffentliche Hand" ausgesetzt sein dürfen. Keinesfalls darf die Rückzahlung von Zins und Tilgung von anderen Risikofaktoren abhängen. Daher fallen **strukturierte Schuldverschreibungen**, deren Rückzahlung von Zins oder Tilgung an die Wertentwicklung von Warenkörben, Wertpapierportofolien oder ähnlichem gekoppelt sind, ebenso wenig in den Kreis der nach § 20 deckungsfähigen Schuldverschreibungen wie solche, bei denen die Rückzahlung von Zins oder Tilgung daran gekoppelt ist, dass Zins oder Tilgung aus Darlehensverhältnissen gezahlt werden, wobei diese Darlehensverhältnisse in Referenzportofolien zusammengefasst sind (sogenannte **Credit linked Notes**).

2 BGHZ 20, S. 124 f.
3 Palandt, § 184 Rdn. 2.
4 BGH NJW 1999, S. 3335 ff.

5. Vergleichbare Rechtsgeschäfte

7 Beispielsweise kommen **Schuldscheindarlehen** nach deutschem Recht in Betracht. In Frage kommen aber auch Geldforderungen aus solchen ausländischen Rechtsverhältnissen, die mit Darlehensverhältnissen, Schuldverschreibungen oder Schuldscheindarlehen nach deutschem Recht vergleichbar sind.

6. Schriftliches Anerkenntnis der Einredefreiheit

8 Die Anforderung, dass eine der in Nummer 1 Buchstabe a bis f genannten Stellen die Forderung schriftlich als einredefrei anerkannt haben muss, bezieht sich nach dem grammatikalischen Satzaufbau nicht auf die **Geldforderungen im Sinne des Abs. 1 Satz 1 erste Alternative** sondern **nur** auf die **anderen Forderungen** im Sinne der **zweiten Alternative** des Abs. 1 Satz 1. Die Forderungen aus Darlehen, Schuldverschreibungen oder vergleichbaren Rechtsgeschäften (erste Alternative) zwischen Bank und öffentlicher Hand sind nicht an eine Rechtsbeziehung gekoppelt, welche sich außerhalb der Korrelation „Geldvergabe auf Zeit gegen Zins" bewegt. Da die Forderung der Pfandbriefbank auf Zahlung von Kapital und Zins regelmäßig erst nach Auszahlung des Kapitals bzw. des Kaufpreises für die Schuldverschreibung entsteht und die diesen Forderungen zugrundeliegenden Rechtsakte in aller Regel rechtswirksam sind, gibt es bei den Geldforderungen der ersten Alternative keine Umstände, aus denen Einwendungen entstehen könnten, die die öffentliche Hand der Pfandbriefbank entgegenhalten kann (siehe jedoch unten, „Rechtswirksamkeit der Forderung"). Bei den anderen Forderungen (zweite Alternative) ist dies jedoch anders. So korreliert der Anspruch eines Dritten gegen die öffentliche Hand auf Kaufpreiszahlung mit dem Anspruch auf Lieferung einer mangelfreien Sache. Der Anspruch eines Dritten gegen die öffentliche Hand auf Zahlung eines Preises für das Betreiben einer Einrichtung korreliert mit der mangelfreien und richtigen Dienstleistung des Betreibens der Einrichtung. Werden der Anspruch eines Dritten gegen die öffentliche Hand auf Kaufpreiszahlung oder Zahlung eines Entgeltes für das Betreiben einer Einrichtung (zum Zwecke einer vergleichsweise günstigen Refinanzierung über den Pfandbriefmarkt) auf eine Pfandbriefbank übertragen, wäre es möglich, dass die öffentliche Hand der Pfandbriefbank Einwendungen aus den Grundgeschäften entgegenhält. Dies würde zu Lasten der Werthaltigkeit des Deckungsstockes der Pfandbriefbank und damit zu Lasten der Pfandbriefgläubiger gehen. Wohl um diese Wirkung zu vermeiden, verlangt § 1 Abs. 1 Satz 1 zweite Alternative ausdrücklich, dass die dort genannten anderen Forderungen von den in Nummer 1 Buchstaben a bis f genannten Stellen schriftlich als einredefrei anerkannt wurden. Auf diese Weise werden die anderen Forderungen der zweiten Alternative den in der ersten Alternative genannten Forderungen hinsichtlich der Einredefreiheit gleichgestellt. Allerdings schadet es nichts, wenn auch die in der ersten Alternative angesprochenen Forderungen von einer der in Nummer 1a bis f genannten Stellen schriftlich als einredefrei anerkannt werden.[5]

5 Vgl. BT DS 15/4321, zu § 20.

7. Einredeverzicht als staatliche Beihilfe

Unter Umständen kann der Einredeverzicht eine **staatliche Beihilfe** im Sinne des **Art. 107 Abs. 1 des AEU-Vertrags** (AEUV) darstellen. Eine staatliche Beihilfe ist gemäß § 107 Abs. 1 AEUV grundsätzlich mit dem gemeinsamen Markt unvereinbar, wenn sie den Handel zwischen den Mitgliedstaaten beeinträchtigen und den Wettbewerb verfälschen oder zu verfälschen droht. Ausnahmen werden in Art. 107 Abs. 2 aufgezählt. In Art. 107 Abs. 3 werden bestimmte Fälle aufgeführt, bei denen eine Vereinbarkeit mit dem Gemeinsamen Markt angenommen werden kann. Liegen die Ausnahmen des Art. 107 Abs. 2 nicht vor bzw. liegt keine Zertifizierung der staatlichen Beihilfe durch die Kommission im Sinne des Art 107 Abs. 3 in Verbindung mit Art. 108 Abs. 2 vor, so entscheidet die Kommission, dass die Beihilfe umzugestalten oder aufzuheben ist. Die Folge dieser Entscheidung wäre, dass die betreffende Forderung von der Pfandbriefbank aus der Deckung genommen werden müsste, wenn die Kommission die Unvereinbarkeit mit dem Gemeinsamen Markt feststellt. Die sich hieraus ergebenden Risiken können dadurch ausgeschaltet werden, dass sich die Pfandbriefbank von der staatlichen Stelle, die die Einredefreiheit schriftlich anerkannt hat, die ebenfalls schriftliche Zertifizierung der Kommission vorlegen lässt und eine Kopie davon zu den Akten nimmt. Die Vorlage einer schriftlichen Erklärung der staatlichen Stelle, dass die Zertifizierung der Kommission vorliegt, beinhaltet Restrisiken. Sollte diese Erklärung nicht den Tatsachen entsprechen, würden die oben genannten Wirkungen ebenfalls eintreten und die staatliche Beihilfe in Form des Einredeverzichts wäre ebenfalls aufzuheben oder abzuändern. Als Folge hiervon müsste die Forderung auch in diesem Falle aus der Deckung genommen werden. Allenfalls käme eine Haftung der Stelle, die wahrheitswidrig das Vorliegen einer positiven Zertifizierung der Kommission bestätigt hat, in Betracht. Diese Haftung wäre zudem wohl auf den Ersatz des Vertrauensschadens begrenzt. 9

Der Einredeverzicht stellt aber dann **keine unzulässige staatliche Beihilfe** dar, wenn der Forderungsgläubiger für diesen einen angemessenen wirtschaftlichen Ausgleich leistet.[6] 10

8. Unmittelbarkeit

Die Forderung muss sich unmittelbar gegen eine der in Abs. 1 Nr. 1 genannten Stellen richten. Der Begriff der Unmittelbarkeit wird üblicherweise definiert als **„ohne Zwischenschritt“**. Das bedeutet, dass zwischen dem Forderungsgläubiger und dem Forderungsschuldner kein Intermediär zwischengeschaltet sein darf. 11

9. Körperschaften des öffentlichen Rechts

Körperschaften sind mitgliedschaftlich organisierte Einheiten, die Aufgaben der öffentlichen Verwaltung wahrnehmen und denen die Selbstverwaltung im Rahmen einer staatlichen Aufsicht gewährt ist. Sie werden durch Gesetz oder aufgrund eines 12

6 Vgl. Schreiben der Europäischen Kommission vom 22. März 2006 an die Bundesregierung betreffend Staatliche Beihilfe N 339/2005 – Deutschland – K(2006) 815 endg. – Finanzierung des Baues des Müllheizkraftwerkes MHKW Rothensee.

Gesetzes errichtet und sind stets rechtsfähig. Die Mitgliedschaft kann dabei an unterschiedliche Kriterien anknüpfen, nämlich an räumliche Gebiete, persönliche Merkmale oder reale Merkmale oder an die Zugehörigkeit zu einem Verband (s.u.).

a) Gebietskörperschaften

13 Gebietskörperschaften sind Körperschaften des öffentlichen Rechts, bei denen die Mitgliedschaft an räumliche Gebiete anknüpft. In der Bundesrepublik Deutschland bilden der Bund, die einzelnen Länder sowie die einzelnen Gemeinden beziehungsweise Gemeindeverbände jeweils eine Gebietskörperschaft.

b) Personalkörperschaften

14 Personalkörperschaften sind solche Körperschaften des öffentlichen Rechts, bei denen die Mitgliedschaft auf persönlichen Merkmalen oder einem Aufnahmeakt beruht. Hierzu gehören beispielsweise Universitäten oder Kammern.

c) Realkörperschaften

15 Bei Realkörperschaften des öffentlichen Rechts knüpft die Mitgliedschaft an ein qualifiziertes Nutzungsrecht oder an das Eigentum an. Hierzu zählen beispielsweise Jagdgenossenschaften.

d) Verbandskörperschaften

16 Gemeint sind solche Verbandskörperschaften, die aus juristischen Personen bestehen. **Beispiele:** Die „Deutsche Rentenversicherung Bund", die „Deutsche Rentenversicherung Knappschaft-Bahn-See", die Bundesrechtsanwaltskammer, kommunale Zweckverbände.

10. Anstalten des öffentlichen Rechts

17 Diese zeichnen sich dadurch aus, dass sie von einem Träger öffentlicher Gewalt (Anstaltsträger) errichtet werden und der Erledigung von Aufgaben dieses Trägers dienen. Die Anstalten können rechtsfähig sein oder auch nur ein verselbstständigter Teil des Anstaltsträgers. **Beispiele**: Die Bundesbank, die Bundesanstalt für Finanzdienstleistungsaufsicht, die Bundesagentur für Arbeit.

11. Unterschriftenprüfung

18 Üblicherweise wird im Geschäftsverkehr die Richtigkeit der Unterschriften anhand von Unterschriftenverzeichnissen geprüft. Dies dürfte auch dann erforderlich sein, wenn die Körperschaft des öffentlichen Rechts ein offizielles Dienstsiegel verwendet. Zwar wird durch die Verwendung eines Dienstsiegels das Risiko minimiert, dass das Dokument nicht von der Körperschaft des öffentlichen Rechts ausgestellt wurde. Doch kann durch die Verwendung eines Dienstsiegels weder die Echtheit der Unterschrift noch die Zuständigkeit des Unterzeichners ermittelt werden.

12. Gewährleistung

Die Gewährleistung kann wahlweise auf einer **Anstaltslast**, einer auf **Gesetz beruhenden Gewährträgerhaftung** oder einer **staatlichen Refinanzierungsgarantie** beruhen. 19

a) Anstaltslast

Unter einer **Anstaltslast** versteht man die auf ungeschriebenem Rechtsgrundsatz beruhende Verpflichtung des Trägers einer Anstalt, diese Anstalt mit denjenigen Mitteln auszustatten, die sie zur Aufrechterhaltung der ordnungsgemäßen Funktion benötigt. Die Anstaltslast ist kein festgeschriebenes Gesetz, sondern ein allgemeiner Rechtsgrundsatz.[7] Sie gilt nur im Innenverhältnis zwischen dem Anstaltsträger und der Anstalt. Der Gläubiger hat somit **kein eigenes Recht**, den Anstaltsträger entsprechend zu verklagen. Er kann aber die Anstalt selbst auf Zahlung verklagen, wodurch im Falle der Zahlungsunfähigkeit der Anstalt eine Pflicht des Anstaltsträgers ausgelöst wird, die den Inhalt hat, die Anstalt freizustellen. Da man bei inländischen Anstalten des öffentlichen Rechts davon ausgehen kann, dass sie sich rechtstreu verhalten, dürfte die Anstaltslast auch für eine Pfandbriefbank ein akzeptables Sicherungsmittel darstellen. Die Anstalt entrichtet für die Anstaltslast **keine Vergütung**. 20

b) Gewährträgerhaftung

Gewährträgerhaftung ist die unbeschränkte subsidiäre Haftung einer Körperschaft des öffentlichen Rechts für die Verbindlichkeiten von öffentlich rechtlichen Kreditinstituten. Rechtsgrundlage ist ein Gesetz oder eine Satzung. Die Gewährträgerhaftung wirkt im Gegensatz zur Anstaltslast im Außenverhältnis. Der Forderungsgläubiger erwirbt mit der Gewährträgerhaftung somit ein **eigenes Recht** gegen den Anstaltsträger auf Freistellung. Dieses Recht ist auch einklagbar. Die Gewährträgerhaftung wird von der Körperschaft **nicht vergütet**. 21

c) Staatliche Refinanzierungsgarantie

Eine **staatliche Refinanzierungsgarantie** bezieht sich auf einzelne Forderungen oder Forderungsgruppen, beispielsweise aus der Ausgabe von Schuldverschreibungen, der Gewährung von Krediten, aus Gewährleistungen für Kredite Dritter. Auch für diese Absicherung wird in der Regel **keine Vergütung** gezahlt. 22

d) Vereinbarkeit von Anstaltslast, Gewährträgerhaftung und staatlicher Refinanzierungsgarantie mit Europäischem Beihilferecht

Im Rahmen einer Beschwerde der Bankenvereinigung der Europäischen Union hat die Europäische Kommission die Anstaltslast, die Gewährträgerhaftung und der 23

7 Schreiben der Kommission an die Bundesregierung vom 27.3.02 C(2002) 1286, S. 4 – www.voeb.de/de/themen/foerdergeschaeft/eu_wettbewerbsrecht_artikel/.

Sache nach auch die staatliche Refinanzierungsgarantie sowie jede andere unmittelbare oder mittelbare staatliche Beihilfe für **unvereinbar** mit den Beihilferegeln der Artikel 107 und 108 des Vertrages über die Arbeitsweise der Europäischen Union (früher: Artikel 87 und 88 des EG-Vertrages) erklärt.[8] Ein Verstoß gegen Art. 107 AEUV liegt dann vor, wenn 1) die Anstalt oder Körperschaft des öffentlichen Rechts keinen marktgerechten wirtschaftlichen Ausgleich für die Absicherung zahlt,[9] 2) die Möglichkeit einer Wettbewerbsverfälschung[10] und 3) die Möglichkeit einer Handelsbeeinträchtigung zwischen den Mitgliedsstaaten entsteht. Ein Verstoß gegen die Artikel 107 und 108 des AEUV führt dazu, dass der innerstaatliche Rechtsakt rechtswidrig, in bestimmten Fällen auch nichtig ist. Bereits gewährte Beihilfen müssen zurückgefordert werden.[11] Gemäß Art. 108 Abs. 3 AEUV hat die öffentliche Hand die Europäische Kommission von jeder beabsichtigten Einführung oder Umgestaltung von Beihilfen zu unterrichten. Bis zu einer abschließenden Entscheidung der Kommission darf der Mitgliedstaat die beabsichtigte Maßnahme nicht durchführen. Daneben haben sich die betreffenden Behörden der Bundesrepublik Deutschland mit Schreiben vom März 2002 schriftlich verpflichtet, die Kommission über jede zukünftige Zurverfügungstellung finanzieller Mittel an **Sparkassen oder Landesbanken**, die Beihilfeelemente enthält, zu informieren.[12] Aufgrund dieser Notifizierung prüft die Kommission, ob eine staatliche Beihilfe im Sinne der Artikel 107 und 108 AEUV vorliegt. Ist dies der Fall, prüft die Kommission weiter, ob diese Beihilfe mit dem gemeinsamen Markt vereinbar ist oder nicht. Gesetzessystematisch sind grundsätzlich alle staatlichen Beihilfen mit dem gemeinsamen Markt unvereinbar. Art. 107 Abs. 2 erklärt jedoch folgende Ausnahmen als mit dem gemeinsamen Markt vereinbar: **a: Beihilfen sozialer Art** an einzelne Verbraucher, wenn sie ohne Diskriminierung nach der Herkunft der Waren gewährt werden, **b: Beihilfen zur Beseitigung von Schäden**, die durch Naturkatastrophen oder sonstige außergewöhnliche Ereignisse entstanden sind, **c: Beihilfen für die Wirtschaft** bestimmter, durch die Teilung betroffener Gebiete der Bundesrepublik Deutschland, soweit sie zum Ausgleich der durch die Teilung verursachten wirtschaftlichen Nachteile erforderlich sind. Neben diesen Ausnahmen nennt Art. 107 Abs. 3 Fälle, in denen die Kommission Beihilfen als mit dem gemeinsamen Markt vereinbar ansehen kann. Im Einzelnen handelt es sich um folgende Fälle: **a: Beihilfen zur Förderung der wirtschaftlichen Entwicklung von Gebieten**, in denen die Lebenshaltung außergewöhnlich niedrig ist oder in denen eine erhebliche Unterbeschäftigung herrscht, **b: Beihilfen zur Förderung wichtiger Vorhaben von gemeinsamem europäischem Interesse** oder zur Behebung einer beträchtlichen Störung im Wirtschaftsleben eines Mitgliedslandes, **c: Beihilfen zur Förderung gewisser Wirtschaftszweige** oder Wirtschaftsge-

---

8 Vgl. Schreiben der Europäischen Kommission vom 27.3.2002, Az C(2002) 1286 an den Bundesminister des Auswärtigen.

9 Schreiben der Europäischen Kommission vom 22. März 2006 an die Bundesregierung betreffend Staatliche Beihilfe N 339/2005 – Deutschland – K(2006) 815 endg. – Finanzierung des Baues des Müllheizkraftwerkes MHKW Rothensee – Rundschreiben des Verbandes Deutscher Pfandbriefbanken Nr. 64 vom 5. Juni 2007, AZ 11.265/7.823/WH/RH – Schimansky/Bunte/Lwowski, Bankrechtshandbuch Band I, 4. Aufl. 2011, § 89, Rdn. 19.

10 Schimansky/Bunte/Lwowski, Bankrechtshandbuch Band I, § 89 Rdn. 19.

11 Schimansky/Bunte/Lwowski, Bankrechtshandbuch Band I, § 89 Anm. 19, 20.

12 Vgl. Schreiben der Europäischen Kommission vom 27.3.2002, AZ C(2002) 1286, S. 8.

biete, soweit sie die Handelsbedingungen nicht in einer Weise verändern, die dem gemeinsamen Interesse zuwiderläuft, **d: Beihilfen zur Förderung der Kultur** und der Erhaltung des kulturellen Erbes, soweit sie die Handels- und Wirtschaftsbeziehungen in der Gemeinschaft nicht in einem Maße beeinträchtigen, dass sie dem gemeinsamen Interesse zuwiderlaufen, **e: Sonstige Arten von Beihilfen**, die der Rat durch eine Entscheidung mit qualifizierter Mehrheit auf Vorschlag der Kommission bestimmt.

Auf der Basis der Ausnahmeregelungen des Art. 107 AEUV hat die **Europäische Kommission** im Rahmen ihres **Schreibens vom 27. März 2002** an den Außenminister der Bundesrepublik Deutschland in Bezug auf **Förderinstitute** folgende Ausnahmen konkretisiert: 24

Die staatlichen Haftungsinstitute **Anstaltslast und/oder Gewährträgerhaftung und/oder Refinanzierungsgarantie** dürfen bei Förderinstituten eingesetzt werden, wenn die Förderinstitute nach ihrem Förderauftrag auf die Unterstützung der Struktur- und Wirtschaftspolitik sowie der Sozialpolitik und der öffentlichen Aufgaben ihrer staatlichen Träger ausgerichtet sind. Unter dieser Voraussetzung dürfen die oben genannten drei Haftungsinstitute **in folgenden Bereichen** angewandt werden: 25

a: Der Durchführung von öffentlichen Förderaufgaben. Diese Förderaufgaben, z.B. die Aufbringung und/oder Durchleitung von öffentlichen Fördermitteln, bestehen in der Durchführung und Verwaltung von Fördermaßnahmen im staatlichen Auftrag in präzise zu benennenden Förderbereichen, insbesondere Mittelstandsfinanzierung, Finanzierungen im Rahmen von Risikokapital, Finanzierung von Umweltschutzinvestitionen, Technologie/Innovationsfinanzierung, Infrastrukturfinanzierung, Wohnungswirtschaft sowie international vereinbarte Förderprogramme und Zusammenarbeit mit Entwicklungsländern. Die Förderprogramme sind in einschlägigen Regelwerken konkret zu beschreiben. Zur Durchführung ihrer öffentlichen Förderaufgaben können sich die Förderinstitute aller ihnen zur Verfügung stehenden Instrumente bedienen, insb. des Durchleitungsprinzips und der Konsortialfinanzierung. Adressaten ihrer Fördermaßnahmen können alle natürlichen und juristischen Personen des privaten und öffentlichen Rechts sein. 26

b: Beteiligung an Projekten im Gemeinschaftsinteresse, die von der Europäischen Investitionsbank oder ähnlichen europäischen Finanzierungseinrichtungen mitfinanziert werden. 27

c: Gewährung von Darlehen und anderen Finanzierungsformen an Gebietskörperschaften und öffentlich rechtliche Zweckverbände. 28

d: Maßnahmen rein sozialer Art, beispielsweise: Gewährung von Darlehen an Mitarbeiter und Mitglieder der gesetzlich vorgeschriebenen Organe der Förderinstitute, Gewährung von Darlehen als Finanzierungsbeiträge im Rahmen der staatlichen sozialen Wohnraumförderung für Haushalte, die – insbesondere unter Berücksichtigung ihres Einkommens – die finanziellen Belastungen für einen angemessenen Wohnraum nicht tragen können. Die sozialen Kriterien für den begünstigten Personenkreis sind vom Beihilfegeber präzise zu definieren. Finanzierung von sozialen Einrichtungen, welche Leistungen im Sozialbereich für Personen erbringen, die die vom Gesetzgeber festgelegte Voraussetzungen erfüllen (z.B. Rehabilitation und Teilhabe behinderter Menschen, Kinder- und Jugendhilfe, soziale Pflege). Finanzierungen, die das Förderinstitut im staatlichen Auftrag aufgrund eines Gesetzes oder einer staatlichen Richtlinie an Personen gewährt, die die in diesen sozialrechtlichen 29

Vorschriften festgelegten Voraussetzungen erfüllen (z.B. Ausbildungssituation, Arbeitslosigkeit, geringe Einkommens-/Vermögensverhältnisse, Behinderung).

30 **e: Exportfinanzierungen** außerhalb der Europäischen Union, des Europäischen Wirtschaftsraumes und von Ländern mit offiziellem Status als EU-Beitrittskandidat, soweit diese im Einklang mit den für die Gemeinschaft bindenden internationalen Handelsabkommen, insb. den WTO-Abkommen stehen.

31 Dabei gelten im Einzelnen **folgende Grundsätze**:

a: Beteiligungen von Förderinstituten an Konsortialfinanzierungen auf Aufforderung und unter Führung eines oder mehrerer Kreditinstitute/Finanzierungsinstitutionen dürfen nicht zu Konditionen erfolgen, die für das Unternehmen günstiger oder für das Förderinstitut ungünstiger als die Konditionen sind, die dem Unternehmen von den anderen am Konsortium beteiligten Kreditinstituten/Finanzierungsinstitutionen eingeräumt werden. Diese Bedingung ist nicht erfüllt, wenn die Aufforderung und/oder Führung durch ein Förderinstitut oder ein Finanzierungsinstitut erfolgt, das im Verhältnis zu dem sich beteiligenden Förderinstitut folgende Merkmale aufweist, indem dieses direkt oder indirekt: a) die Mehrheit des gezeichneten Kapitals besitzt; oder b) über die Mehrheit der mit den Anteilen des Unternehmens verbundenen Stimmrechte verfügt; oder c) mehr als die Hälfte der Mitglieder des Verwaltungs-, Leitungs- oder Aufsichtsorgans des Unternehmens bestellen kann. Der Finanzierungsanteil von Förderinstituten darf nicht über 50% hinausgehen, es sei denn, die beteiligten Konsorten gestehen den Förderinstituten im Einzelfall übereinstimmend einen höheren Anteil zu, der jedoch nicht über 75% hinausgehen darf.

b: Bei Beteiligungen von Förderinstituten an Konsortialfinanzierungen in eigener Initiative und/oder bei eigener Führung des Förderinstituts müssen folgende Voraussetzungen erfüllt sein:

- Zusammenarbeit mit mindestens einem Co Lead Arranger, der kein Förderinstitut und auch keine Finanzierungsinstitution ist, an bzw. bei der das Förderinstitut direkt oder indirekt a) die Mehrheit des gezeichneten Kapitals besitzt; oder b) über die Mehrheit der mit den Anteilen des Unternehmens verbundenen Stimmrechte verfügt; oder c) mehr als die Hälfte der Mitglieder des Verwaltungs-, Leitungs-, oder Aufsichtsorgans des Unternehmens bestellen kann.
- Dem Begünstigten werden keine günstigeren Konditionen als von anderen am Konsortium beteiligten Kreditinstitute/Finanzierungsinstitute eingeräumt, und das Förderinstitut akzeptiert keine Konditionen, die schlechter sind als diejenigen, die von den anderen Kreditinstituten/Finanzierungsinstituten angeboten werden.
- Bereitschaft des Förderinstituts, mit allen in der EU niedergelassenen Kreditinstituten konsortial zusammenzuarbeiten.

32 Alleine kann ein Förderinstitut nur tätig werden, wenn:

- ein Land aus der OECD Länderrisikokategorie 7 betroffen ist; oder
- ein Land aus den OECD Länderrisikokategorien 5 oder 6 betroffen ist, das zugleich in Teil 1 der DAC Liste aufgeführt ist und die Finanzierungssumme unter 50 Mio € und die Laufzeit der Finanzierung über 4 Jahren liegt.[13]

---

13 Vgl. Schreiben der EU Kommission vom 27.3.2002, Az.: C(2002) 1286.

e) Zusammenfassung

Grundsätzlich sind alle staatlichen Beihilfen, für die kein marktgerechter Ausgleich geleistet wird, unvereinbar mit den Beihilferegeln der Artikel 107 Abs. 1 und 108 Abs. 2 AEUV. Art. 107 Abs. 2 AEUV legt einige Ausnahmen fest, und Art. 107 Abs. 3a bis d AEUV zählt einige Fälle auf, in denen die Europäische Kommission die Vereinbarkeit mit dem Gemeinsamen Markt anerkennen kann. Gemäß Art. 107 Abs. 3e AEUV kann der Rat auf Vorschlag der Kommission sonstige Arten von Beihilfen mit qualifizierter Mehrheit als vereinbar mit dem Gemeinsamen Markt und damit mit Art. 107 Abs. 1 ansehen. 33

Gemäß Art. 108 Abs. 3 (Früher: Art. 88 Abs. 3 EG-Vertrag) muss die Kommission von jeder beabsichtigten Einführung oder Umgestaltung von Beihilfen unterrichtet werden. Die Kommission prüft die betreffende Regelung. Bis zu einer abschließenden Entscheidung darf diese gemäß Art. 108 nicht umgesetzt werden. Kommt die Kommission zu dem Ergebnis, dass die Beihilfe mit dem Gemeinsamen Markt unvereinbar ist, entscheidet sie entsprechend. Die Folge dieser Entscheidung ist die Ungültigkeit des innerstaatlichen Rechtsaktes. Ist die betreffende Beihilfe bereits gewährt, muss sie zurückgefordert werden.[14] 34

Auf der Grundlage der Regelungen der Artikel 107 und 108 hat die Europäische Kommission entschieden, dass Anstaltslasten und Gewährträgerhaftungen, die öffentlichen Kreditinstituten sowie Landesbanken und Sparkassen (ohne marktgerechten Ausgleich) gewährt werden, mit dem Gemeinsamen Markt unvereinbar sind. Diese Entscheidung, die die Kommission mit Schreiben vom 27.3.2002, Az.: C(2002) 1286 mitgeteilt hat, bezieht sich der Sache nach auch auf staatliche Refinanzierungsgarantien, soweit für diese kein marktgerechter Ausgleich geleistet wird. Eine Ausnahme macht die Kommission in ihrer Entscheidung nur für Institute, die öffentliche Förderaufgaben wahrnehmen. Allerdings knüpft sie diese Ausnahmen an Voraussetzungen, die sie in ihrem Schreiben vom 27.3.2002 ebenfalls ausführt. 35

In der **Konsequenz** heißt dies, dass die Pfandbriefbank sich vor Indeckungnahme einer im Rahmen einer Anstaltslast, Gewährträgerhaftung oder staatlichen Refinanzierungsgarantie abgesicherten Geldforderung vergewissern muss, ob diese staatliche Absicherung vereinbar mit dem Gemeinsamen Markt ist. Aus obigen Darlegungen wird klar, dass die Pfandbriefbank die zur Vergewisserung erforderliche Prüfung in der Praxis schon deshalb nicht vornehmen kann, weil die Entscheidungskompetenz bei der Europäischen Kommission liegt und diese über einen gewissen Beurteilungsspielraum verfügt. Daraus folgt, dass die Pfandbriefbank vor Indeckungnahme eine Bestätigung der Kommission einholen muss, dass die Anstaltslast, Gewährträgerhaftung oder staatliche Refinanzierungsgarantie mit dem Gemeinsamen Markt vereinbar ist, beziehungsweise keinen Beihilfetatbestand im Sinne des Gemeinschaftsrechts darstellt. Da die Vereinbarkeit einer Beihilfe mit der Europäischen Gemeinschaft von der EU-Kommission zertifiziert werden muss, dürfte die öffentliche Stelle, die die Beihilfe gewährt, in aller Regel im Besitz einer entsprechenden Zertifizierung sein. 36

14 Schimansky/Bunte/Lwowski, Bankrechtshandbuch, Bd I, § 89 Anm. 20.

37 Bei **Förderinstituten** dürfte es ausreichend sein, wenn die Pfandbriefbank die Rechtsgrundlage (Gesetz, Satzung) der Beihilfe (Anstaltslast, Gewährträgerhaftung oder Gewährleistungsgarantie) nachvollzieht und sich von dem Förderinstitut schriftlich bestätigen lässt, dass diese Rechtsgrundlage der Kommission zur Kenntnis gebracht und von ihr bis zum Ablauf einer angemessenen Frist nicht beanstandet wurde. In Bezug auf die **Kreditanstalt für Wiederaufbau (KfW)** ergibt sich aus § 1 Abs. 1 des Gesetzes über die KfW, Stand 31. Oktober 2006, dass die Kreditanstalt eine Anstalt des öffentlichen Rechts ist. In § 1a des Gesetzes über die KfW ist die Haftung des Bundes für die KfW festgelegt. § 1a hat folgenden Wortlaut: „Der Bund haftet für die von der Anstalt aufgenommenen Darlehen und begebenen Schuldverschreibungen, die als Festgeschäfte ausgestalteten Termingeschäfte, die Rechte aus Optionen und andere Kredite an die Anstalt, sowie für Kredite an Dritte, soweit sie von der Anstalt ausdrücklich gewährleistet werden".

38 **Übergangsfristen.** Verbindlichkeiten, die am 18.7.2001 bestehen, sind bis zum Ende ihrer Laufzeit von der Gewährträgerhaftung gedeckt. Bis zum 18.7.2005 konnte das in Deutschland bestehende System von Anstaltslast und Gewährträgerhaftung in der gegenwärtigen Form aufrechterhalten werden. Ab dem 18.7.2005 wird jede bis dahin bestehende und nach dem 18.7.2001 begründete Verbindlichkeit weiterhin von der Gewährträgerhaftung gedeckt sein unter der Bedingung, dass ihre Laufzeit nicht über den 31.12.2015 hinausgeht.[15]

13. Das gesetzliche Recht zur Erhebung von Gebühren, Umlagen oder anderen Abgaben

a) Gesetzliches Recht

39 Auch Satzungen, die eine juristische Person des öffentlichen Rechts im Rahmen ihrer Satzungsautonomie erlässt, fallen unter den Begriff des gesetzlichen Rechts.[16] In Bezug auf Gemeinden ergeben sich die Satzungshoheit und deren Ausgestaltung aus den Gemeindeordnungen der jeweiligen Länder. Die Befugnis zum Erlass von Gemeindeordnungen ergibt sich wiederum aus den Verfassungen der jeweiligen Bundesländer. Auch in Bezug auf Körperschaften und Anstalten des öffentlichen Rechts, die keine Gebietskörperschaften sind, kann sich die Rechtsgrundlage aus einer Satzung ergeben, die der Träger der Körperschaft oder Anstalt des öffentlichen Rechts erlassen hat.

b) Abgaben

40 Abgaben sind Forderungen auf Geldleistungen, die hoheitlich geltend gemacht werden und zumindest auch der Deckung des Finanzbedarfs eines Hoheitsträgers zu dienen bestimmt sind. Gebühren, Beiträge oder Umlagen sind Unterfälle von Abgaben.

15 Vgl. Schreiben der Europäischen Kommission vom 27.3.2002, AZ C(2002) 1286, S. 9.
16 Fehling,/Kastner, § 47 VwGO Rdn. 46.

14. Mitgliedstaaten der Europäischen Union

Die Europäische Union umfasst derzeit 28 Mitgliedsstaaten: Belgien, Bulgarien, Dänemark, Deutschland, Estland, Finnland, Frankreich, Griechenland, Irland, Italien, Kroatien, Lettland, Litauen, Luxemburg, Malta, Niederlande, Österreich, Polen, Portugal, Rumänien, Schweden, Slowakei, Slowenien, Spanien, Tschechien, Ungarn, Vereinigtes Königreich, Zypern. 41

15. Vertragsstaaten des Abkommens über den Europäischen Wirtschaftsraum

Es gibt 30 Vertragsstaaten des Europäischen Wirtschaftsraumes: Belgien, Bulgarien, Dänemark, Deutschland, Estland, Finnland, Frankreich, Griechenland, Irland, Island, Italien, Lettland, Liechtenstein, Litauen, Luxemburg, Malta, Niederlande, Norwegen, Österreich, Polen, Portugal, Rumänien, Schweden, Slowakei, Slowenien, Spanien, Tschechien, Ungarn, Vereinigtes Königreich, Zypern. 42

16. Die Vereinigten Staaten von Amerika, Japan, die Schweiz und Kanada sowie deren Zentralnotenbanken

Im Gegensatz zu den Mitgliedstaaten der Europäischen Union und den Vertragsstaaten über den Europäischen Wirtschaftsraum sind Forderungen gegen die USA, Japan, die Schweiz und Kanada nur dann deckungsfähig, wenn deren **Risikogewicht** nach Tabelle 1 des Artikels 114 Abs. 2 der Verordnung (EU) Nr. 575/2013[17] (entsprechend der von den zuständigen Behörden vorgenommenen Zuordnung des Ratings anerkannter internationaler Ratingagenturen) der **Bonitätsstufe 1** zugeordnet worden ist. 43

17. Regionalverwaltungen und Gebietskörperschaften der Vereinigten Staaten von Amerika, Japan, der Schweiz und Kanada

§ 20 Abs. 1 Nr. 1e räumt den Zentralstaaten USA, Japan, Schweiz und Kanada ein Wahlrecht ein. Sofern die in diesen Staaten zuständigen nationalen Behörden die Regionalverwaltungen und Gebietskörperschaften ihren jeweiligen Zentralstaaten gleichgestellt haben, ist die Ermittlung der **Bonitätsstufe 1** der Gebietskörperschaften und Regionalverwaltungen identisch mit der Ermittlung der **Bonitätsstufe 1** ihrer Zentralstaaten. Alternativ dazu haben die USA, Japan, die Schweiz und Kanada die Möglichkeit, ihren Regionalverwaltungen oder Gebietskörperschaften nach eigenen nationalen Regelungen ein Risikogewicht zuzuordnen. Sofern dieses **Risikogewicht** nach Tabelle 5 des Artikels 121 Abs. 1 der Verordnung (EU) Nr. 575/2013 der Bonitätsstufe 1 entspricht,[18] sind Geldforderungen gegen die betreffenden Regionalverwaltungen und Gebietskörperschaften deckungsfähig. Ob die Bonitätsstufe 1 gegeben ist, bestimmt sich wiederum nach den Ratings anerkannter inter- 44

---

17 S. Anlage 1 zu § 20.
18 S. Anlage 2 zu § 20.

nationaler Ratingagenturen sowie der Zuordnung dieser Ratings zu einer der sechs Bonitätsstufen.

18. Multilaterale Entwicklungsbanken

45 Hierzu gehören folgende Institutionen: Internationale Bank für Wiederaufbau und Entwicklung, Internationale Finanzcorporation, Interamerikanische Entwicklungsbank, Asiatische Entwicklungsbank, Afrikanische Entwicklungsbank, Rat der Europäischen Entwicklungsbank, Nordische Entwicklungsbank, Karibische Entwicklungsbank, Europäische Bank für Wiederaufbau und Entwicklung, Europäische Investitionsbank, Europäischer Investitionsfonds, Multilaterale Investitions-Garantieagentur, Internationale Finanzierungsfazilität für Impfungen, Islamische Entwicklungsbank.

19. Internationale Organisationen

46 Internationale Organisationen im Sinne des § 20 Abs. 1 Nr. 1f sind:

a) Internationale Bank für Wiederaufbau und Entwicklung,
b) Internationale Finanz-Corporation,
c) Interamerikanische Entwicklungsbank,
d) Asiatische Entwicklungsbank,
e) Afrikanische Entwicklungsbank,
f) Entwicklungsbank des Europarates,
g) Nordische Investitionsbank,
h) Karibische Entwicklungsbank,
i) Europäische Bank für Wiederaufbau und Entwicklung,
j) Europäische Investitionsbank,
k) Europäischer Investitionsfonds,
l) Multilaterale Investitions-Garantie-Agentur,
m) Internationale Finanzierungsfazilität für Impfungen,
n) Islamische Entwicklungsbank,
o) Europäische Union,
p) Internationaler Währungsfonds,
q) Bank für Internationalen Zahlungsausgleich,
r) Europäische Finanzstabilitätsfazilität,
s) Europäischer Stabilitätsmechanismus,
t) ein internationales Finanzinstitut, das von zwei oder mehr Mitgliedstaaten mit dem Ziel eingerichtet wurde, für diejenigen seiner Mitglieder, die schwerwiegende Finanzierungsprobleme haben oder denen solche Probleme drohen, finanzielle Mittel zu mobilisieren und ihnen finanzielle Hilfe zu gewähren.

20. Öffentliche Stellen

47 Eine „öffentliche Stelle" im Sinne des Artikels 4 Abs. 1 Nummer 8 der Verordnung (EU) 575/2013 ist eine nicht gewerbliche Verwaltungseinrichtung, die von Zentralstaaten, regionalen oder lokalen Gebietskörperschaften oder von Behörden, die die gleichen Aufgaben wie regionale und lokale Behörden wahrnehmen, getragen wird oder

ein im Besitz von Zentralstaaten oder regionalen oder lokalen Gebietskörperschaften befindliches oder von diesen errichtetes und gefördertes Unternehmen ohne Erwerbszweck, für das eine einer ausdrücklichen Garantie gleichstehende Haftung gilt. Sie kann selbstverwaltete Einrichtungen des öffentlichen Rechts, die einer öffentlichen Beaufsichtigung unterliegen, einschließen.

21. Gewährleistungsübernahme gemäß Abs. 1 Satz 1 Nummer 2

a) Exportkreditversicherer

Durch die Bezugnahme auf Art. 2 der Richtlinie 98/29 EG wird der Kreis der Exportkreditversicherer ausgeweitet. Bereits bislang schon waren Exportkreditversicherer taugliche Gewährsleistungsgeber nach § 20, wenn sie entweder **unmittelbar dem Staat zuzuordnen** waren oder wenn sie als **juristische Personen des Privatrechts im Auftrag und auf Rechnung des Staates** tätig waren. Nunmehr fallen in diesen Kreis auch solche Exportkreditversicherer, **die öffentliche Stellen** im Sinne des § 20 Abs. 1 Nr. 1g sind. Darüber hinaus erfolgt durch diese Bezugnahme eine Begrenzung auf Exportkreditversicherer aus einem Mitgliedstaat der europäischen Union oder eines anderen Vertragsstaats des Abkommens über den europäischen Wirtschaftsraum. 48

b) Gewährleistung

Als Gewährleistung kommen eine Bürgschaft, eine Garantie, eine Mischform von Bürgschaft und Garantie oder eine Gewährleistung sui generis in Betracht. Die Wirksamkeit einer **Bürgschaft** ist nach deutschem Recht vom Bestand einer Hauptforderung abhängig. Aus diesem Grunde kann der Bürge dem Gläubiger gemäß § 768 Abs. 1 BGB auch die Einreden entgegenhalten, die dem Hauptschuldner gegen den Gläubiger zustehen. Bei einer **Garantie** ist dies vom Grundsatz her nicht der Fall. Zwar ist die Garantie im deutschen Recht nicht definiert, doch haben sich international gewisse Standards herausgebildet. Danach ist eine Garantie **nicht vom Bestand der Hauptforderung** abhängig, und Einreden und Einwendungen aus dem Grundgeschäft können dem Garantiebegünstigten vom Garanten nicht entgegengehalten werden. Aus diesem Grunde enthalten Garantien in der Regel Abreden, dass Zahlungen entweder auf erstes Anfordern oder allenfalls gegen Vorlage einer schriftlichen Bestätigung, dass die Hauptforderung nicht gezahlt wurde, zu erfolgen haben. Außerdem sind Garantien nur werthaltig, wenn sie unbedingt und unwiderruflich sind. Alle diese Standards sind zwar üblich. Sie haben auch Eingang in die §§ 162 und 164 der Solvabilitätsverordnung gefunden, weswegen diese Vorschriften für die Ausgestaltung einer deckungsfähigen Gewährleistung auch gute Hinweise bieten. Sie sind aber nicht im Bürgerlichen Gesetzbuch festgeschrieben und müssen daher ausdrücklich im Garantievertrag vereinbart werden. Neben Bürgschaften und Garantien sind wegen des Grundsatzes der Vertragsfreiheit auch **Mischformen zwischen Bürgschaften und Garantien** möglich. Konsequenterweise verlangt § 20 Abs. 1 Nr. 2 ausdrücklich, dass der Gewährleistende gegenüber der Pfandbriefbank **nicht das Recht haben darf, Einwendungen des Gläubigers gegenüber dem Schuldner aus dem Grundgeschäft geltend zu machen**. Bei einer Bürgschaft nach deutschem Recht 49 muss die Geltendmachung dieser Rechte im Bürgschaftsvertrag ausdrücklich ausgeschlossen werden, weil diese Rechte wegen § 768 Abs. 1 BGB per Gesetz automatisch auf den Bürgen übergehen. Bei einer Garantie ist ein ausdrücklicher Ausschluss der Geltendmachung von Einwendungen aus dem der Garantie zugrundeliegenden Grundgeschäft mit Dritten demgegenüber nicht erforderlich, weil Garantien im Gegensatz zu Bürgschaften nicht vom Bestand der Hauptforderung abhängen und § 768 Abs. 1 BGB daher auf Garantien nicht – auch nicht analog – anwendbar ist. Es reicht daher, wenn in dem Garantievertrag kein Bezug zum Grundgeschäft vereinbart ist, der eine analoge Anwendung des § 768 Abs. 1 BGB nahelegt. Dass die Gewährleistung (Bürgschaft, Garantie oder Gewährleistung sui generis) **werthaltig** sein muss, versteht sich von selbst. Zusätzlich verlangt § 20 Abs. 1 Nr. 2 zur Sicherstellung dieser Werthaltigkeit ausdrücklich, dass der Gewährleistende **nicht das Recht haben darf, sich einseitig aus seinen Verpflichtungen zu lösen**. Er darf somit nicht das Recht haben, den Gewährleistungsvertrag ganz oder teilweise zu **kündigen**, zu **widerrufen**, hinsichtlich der **Laufzeit zu verkürzen** oder hinsichtlich der **Höhe zu reduzieren**. Darüber hinaus ist erforderlich, dass die Gewährleistung die Geldforderung in voller Höhe abdeckt.[19] Eine **schriftliche Fixierung** dieser Eigenschaften im Garantievertrag ist aus dem Gesetzeswortlaut nicht ableitbar und im deutschen Rechtskreis auch nicht erforderlich, weil ein abstrakter Garantievertrag nach deutschem Recht zum einen nicht nachträglich einseitig geändert werden kann und zum anderen auch nicht einseitig vom Gewährleistungsgeber gekündigt, widerrufen oder hinsichtlich der Laufzeit oder der Höhe verändert werden kann. Anders ist es aber, wenn ein Garantievertrag nach ausländischem Recht in Rede steht. Bei solchen Garantieverträgen nach ausländischem Recht ist eine exakte schriftliche Fixierung der oben genannten Eigenschaften im Garantievertrag allein schon wegen der Vielzahl der in Frage kommenden Rechtsordnungen unabdingbar. Ob die Gewährleistung von einer **Bedingung** abhängen darf, hängt vom Sachverhalt ab. Im Falle einer **aufschiebenden Bedingung** ist die Bedingung dann unschädlich, wenn sie spätestens zum Zeitpunkt der Indeckungnahme eingetreten ist, weil der Garantievertrag mit dem Eintritt der Bedingung wirksam wird und sich die Bedingung erledigt hat. Steht der Gewährleistungsvertrag aber unter einer **auflösenden Bedingung**, so liegt zwar zunächst ein wirksamer Garantievertrag vor. Diese Wirksamkeit kann aber jederzeit durch den Eintritt der auflösenden Bedingung entfallen. Eine auflösende Bedingung ist daher vom Grundsatz her immer schädlich und führt deshalb dazu, dass die Gewährleistung keine taugliche Gewährleistung im Sinne des § 20 Abs. 1 Nr. 2 darstellt. Eine schriftliche Fixierung, dass die Gewährleistung nicht unter einer schädlichen Bedingung steht, ist nicht erforderlich, solange nur der deutsche Rechtskreis betroffen ist.

50 Man wird nicht fordern müssen, dass die Laufzeit der Gewährleistung mit der Laufzeit der korrespondierenden Geldforderung übereinstimmt oder über sie hinausgeht. Die Laufzeit der Gewährleistung kann wohl kürzer sein als die Laufzeit der Geldforderung, aber nur unter der Voraussetzung, dass die mit der kürzeren Laufzeit selbstverständlich einhergehende kürzere Deckungsfähigkeit bei der Steuerung der Deckungskongruenz berücksichtigt wird. Denn es kann insoweit nicht auf die Laufzeit des Deckungswertes ankommen, sondern nur auf die Laufzeit der Gewährleistung.

19 Vgl. BT DS 16/11130 zu Nr. 17.

c) Rechtsanspruch

Aus der Gewährleistung muss ein **eigener, von der Pfandbriefbank einklagbarer Rechtsanspruch** der Pfandbriefbank gegen den Gewährleistenden hervorgehen, dass dieser entweder die Pfandbriefbank direkt befriedigt oder aber dass der Gewährleistende den Schuldner in die Lage versetzt, seine Schuld gegenüber der Pfandbriefbank zu begleichen.[20] 51

d) Verhältnis des schriftlichen Anerkenntnisses der Einredefreiheit der anderen Forderungen gemäß Abs. 1 Satz 1 zu der Anforderung gemäß Abs. 1 Satz 1 Nr. 2 Satz 3, dass der Gewährleistende gegenüber der Pfandbriefbank nicht das Recht haben darf, Einwendungen aus dem Rechtsverhältnis mit Dritten geltend zu machen

Das Erfordernis des **schriftlichen Anerkenntnisses der Einredefreiheit** gemäß 52
Abs. 1 Satz 1 gilt, wie oben dargelegt, **nur** in Bezug auf die **anderen Forderungen** im Sinne der **zweiten Alternative** des Abs. 1, nicht aber auch auf die **Forderungen aus Darlehen, Schuldverschreibungen und vergleichbaren Geschäften** im Sinne der **ersten Alternative** des Abs. 1 Satz 1. Die in Abs. 1 Satz 1 Nr. 2 Satz 3 festgelegte Anforderung, dass der **Gewährleistende gegenüber der Pfandbriefbank nicht das Recht haben darf, Einwendungen aus dem Rechtsverhältnis mit Dritten geltend zu machen**, gilt demgegenüber sowohl in Bezug auf die Forderungen der ersten als auch der „anderen Forderungen" im Sinne der zweiten Alternative des Abs. 1 Satz 1. Damit stellt sich die Frage, in welchem **Verhältnis** die in der Überschrift genannten beiden Anforderungen zueinander stehen. Der Abs. 1 umfasst unter anderem auch die Nummern 1 bis 3. Aus diesem grammatikalischen Zusammenhang könnte man schließen, dass das schriftliche Anerkenntnis der Einredefreiheit sowohl für die „anderen Forderungen" der Nummer 1 als auch für die „anderen Forderungen" der Nummern 2 und 3 des Abs. 1 vorliegen muss. Dieser auf den ersten Blick naheliegenden Auslegung kann jedoch in Bezug auf die Nummer 2 nicht gefolgt werden. Vielmehr ist Abs. 1 Satz 1 dahingehend einschränkend zu interpretieren, dass in Bezug auf die Nummer 2 das Erfordernis des schriftlichen Anerkenntnisses der Einredefreiheit nur in Bezug auf Einwendungen gilt, die der Gewährleistungsgeber gegenüber der Pfandbriefbank aus der direkten Rechtsbeziehung zwischen Gewährleistungsgeber und Pfandbriefbank hat. Dagegen kann das Erfordernis des schriftlichen Anerkenntnisses der Einredefreiheit nicht auch in Bezug auf Einwendungen gelten, die dem Gewährleistungsgeber gegenüber der Pfandbriefbank aus dem Rechtsverhältnis mit Dritten zustehen. Denn die in Nummer 2 Satz 3 ausdrücklich festgelegte Bestimmung, dass der Gewährleistungsgeber nicht das Recht haben darf, gegenüber der Pfandbriefbank Einwendungen aus dem Rechtsverhältnis mit Dritten geltend zu machen, wäre überflüssig, wenn sich das Erfordernis des Vorliegens eines schriftlichen Anerkenntnisses der Einredefreiheit auch auf die in Nr. 2 des Abs. 1 geregelten Einwendungen gegenüber der Pfandbriefbank aus dem Rechtsverhältnis mit Dritten beziehen würde. Sie wäre darüber hinaus auch falsch, weil es ja gerade nicht ausreichen würde, dass der

20 BT DS 16/11130 zu § 17.

Gewährleistende der Pfandbriefbank gegenüber kein Recht hat, Einwendungen aus dem Rechtsverhältnis mit Dritten geltend zu machen. Vielmehr müsste der Gewährleistende darüber hinaus die Einredefreiheit vielmehr schriftlich anerkannt haben.

22. Bestandsschutz

53 § 20 Abs. 1 Nr. 3 gewährt einen gewissen Bestandschutz. Wenn ein in Nummer 3 genannter Forderungsschuldner oder Gewährleistungsgeber von der Bonitätsstufe 1 in die Bonitätsstufe 2 herabgestuft wird, bleibt die betreffende Forderung deckungsfähig. Voraussetzung ist aber, dass der herabgestufte Forderungsschuldner oder Gewährleistungsgeber zum Zeitpunkt der Indeckungnahme der Forderung der Bonitätsstufe 1 zugeordnet war. Außerdem darf der Anteil der von der nachträglichen Herabstufung betroffenen Forderungen 20% des Gesamtbetrages der ausstehenden öffentlichen Pfandbriefe nicht übersteigen.

54 Wegen der in Abs. 1 Satz 2 festgelegten **Kontingentierung** des Gesamtbetrages der Forderungen gegen Schuldner in Staaten, die nicht der Europäischen Union angehören und bei denen nicht sichergestellt ist, dass sich das Vorrecht der Gläubiger gemäß § 30 Abs. 1 auf diese Forderung erstreckt, wird auf die Kommentierung zu § 13 – Kontingentierung – verwiesen.

23. Weitere Deckungswerte

a) Die in § 19 Abs. 1 Nr. 1 genannten Werte

55 Bei diesen Werten handelt es sich um **Inhaberschuldverschreibungen,** die aus der **Umwandlung von Ausgleichsforderungen entstanden sind.** Hintergrund ist die Einführung der Deutschen Mark West in dem ehemaligen Gebiet der DDR. Im Zuge dieser Währungsumstellung erstellten Geldinstitute, die vor dem 1. Juli 1990 im Währungsgebiet der Deutschen Mark Ost befugt Bankgeschäfte betrieben haben, und Außenhandelsunternehmen, die vor dem 1. Juli 1990 im Währungsgebiet der Deutschen Mark Ost im Auftrag staatlicher Stellen bestimmte Geschäfte mit Unternehmen oder Ländern außerhalb des Währungsgebietes der Deutschen Mark Ost betrieben hatten, eine Schlussbilanz in der Währung der Deutschen Mark Ost und eine Eröffnungsbilanz in der Deutschen Mark West. Diese Bilanzen wurden von der Bundesanstalt (damals noch Bundesaufsichtsamt für das Kreditwesen) daraufhin überprüft, ob Vermögenswerte und Verbindlichkeiten nach dem D-Markbilanzgesetz umgestellt worden waren. Sofern die Umstellung korrekt war, wurde sie von der Bundesanstalt bestätigt. Die Bundesanstalt teilte den Geldinstituten beziehungsweise Außenhandelsbetrieben Forderungen gegen den Ausgleichsfonds Währungsumstellung zu. Die Höhe dieser Forderungen richtete sich nach bestimmten Kriterien, die in § 4 der Verordnung über die Bestätigung der Umstellungsrechnung und das Verfahrend der Zuteilung und des Erwerbs von Ausgleichsforderungen (BUZAV) festgelegt sind. Diese Forderungen können gemäß § 8 Abs. 2 dieser Verordnung auf Antrag der Gläubiger in **Inhaberschuldverschreibungen** umgewandelt werden, deren Emittentin der Ausgleichsfonds Währungsumstellung ist. Der Ausgleichsfonds Währungsumstellung ist eine Anstalt des öffentlichen Rechts mit eigener Rechtspersönlichkeit.

b) Geldforderungen gegen geeignete Kreditinstitute

Die in § 4 Abs. 1 Satz 2 Nr. 3 festgelegte Anforderung der Zuordnung eines der **Bonitätsstufe 1** entsprechenden **Risikogewichtes** ist als Voraussetzung anzusehen, ohne deren Vorliegen die **Geeignetheit** des Kreditinstitutes von vorne herein ausgeschlossen ist.[21] Auch bei Vorliegen dieses Kriteriums ist die Geeignetheit des Kreditinstitutes zu verneinen, wenn auf andere Weise Zweifel an der Liquidität auftreten. Entsprechendes gilt auch dann, wenn die wirtschaftlichen und politischen Verhältnissen eines in § 4 eigentlich zugelassenen Institutes Zweifel daran aufkommen lassen, ob das Kreditinstitut noch auf absehbare Zeit in der Lage sein wird, die Guthaben an die Pfandbriefbank zu überweisen. Die Schwelle zur Ungeeignetheit wird wohl dann erreicht sein, wenn Umstände ersichtlich oder absehbar sind, aus denen sich begründete Zweifel ergeben, dass das Kreditinstitut – aus welchen Gründen auch immer – das Guthaben an die Pfandbriefbank zahlen kann. 56

Der in § 4 Abs. 1 Satz 2 Nr. 3 genannte Begriff des **geeigneten Kreditinstitutes** ist nicht identisch mit dem Begriff des geeigneten Kreditinstitutes, wie er in § 1 Abs. 2 Satz 1 verwandt wird. Der Unterschied ist darin begründet, dass es in § 1 Abs. 2 Satz 1 um den (insolvenzfesten) Anspruch gegen ein Kreditinstitut auf Erwerb einer Hypothek geht, während es sich in § 4 Abs. 1 Satz 2 Nr. 3 um Guthaben bei einem Kreditinstitut handelt. Dieser Unterschied führt dazu, dass der in § 4 Abs. 1 Satz 2 Nr. 3 verwendete Begriff des geeigneten Kreditinstituts nach weniger Kriterien zu interpretieren ist als derselbe Begriff, wie er in § 1 Abs. 2 Satz 1 zum Gebrauch kommt. Allerdings wird man auch im Rahmen des § 4 verlangen müssen, dass keinerlei Zweifel an der Zahlungsfähigkeit des Kreditinstituts bestehen. 57

Der Anteil der Geldforderungen gegen geeignete Kreditinstitute ist auf maximal 10% des Gesamtbetrages der im Umlauf befindlichen Öffentlichen Pfandbriefe begrenzt. Dabei muss der Pfandbriefbank die Höhe dieser Forderungen bereits bei dem Erwerb bekannt sein. Der Anteil der Geldforderungen gegen ein und dasselbe geeignete Kreditinstitut darf 2% des Gesamtbetrages der im Umlauf befindlichen Öffentlichen Pfandbriefe nicht übersteigen. Diese Regelung dient der **Minimierung von Risiken** einschließlich sogenannter Klumpenrisiken. 58

Geldforderungen sind Rechtsansprüche, die mit einer erbrachten Leistung korrelieren.[22] Daher gehören auch Ansprüche der Pfandbriefbank auf Rückzahlungen aus angekauften Schuldverschreibungen zu den Geldforderungen im Sinne des § 19 Absatz 1 Nr. 2. Zu Schuldverschreibungen gehören auch Pfandbriefe. Dieses Ergebnis ergibt sich auch aus den Gesetzesmaterialien. In der öffentlichen Anhörung im Finanzausschuss des Bundestages vom 26. Januar 2005 hat der Sachverständige Rudolph ausgeführt, dass Pfandbriefe ebenfalls als Forderungen gegen geeignete Kreditinstitute anzusehen seien. In seiner Stellungnahme zum PfandBG hat der Bundesrat vorgeschlagen, Hypothekenpfandbriefe und Öffentliche Pfandbriefe zur Pfandbriefdeckung zuzulassen. In der Folge hat der Finanzausschuss die Annahme des PfandBG empfohlen und folgendes ausgeführt: „Hingegen soll es im Rahmen des § 19 Abs. 1 Nr. 2 bei der Deckungsfähigkeit auch von Geldforderungen gegen die 59

21 Vgl. zu oben § 20 I Nr. 1d und e.
22 Gabler, Band F–H, S. 1123.

genannten Banken einschließlich deren Schuldverschreibungen bleiben".[23] In der Folgezeit wurde das PfandBG wie vorgeschlagen verabschiedet. Nach dem Wortlaut des § 19 Abs. 1 Nr. 2 müssen sich auch Geldforderungen aus angekauften Schuldverschreibungen einschließlich Pfandbriefen gegen „geeignete Kreditinstitute" im Sinne des § 4 Abs. 1 Satz 2 Nr. 3 richten. Dies ist unzweifelhaft, solange es um Schuldverschreibungen geht, bei denen es ausschließlich ein Emittentenrisiko gibt. Bei Pfandbriefen ist das Emittentenrisiko aber auf operationelle Risiken beschränkt. Denn selbst wenn die Pfandbriefbank als solche insolvent wird, bleibt die Deckungsmasse als eigenständiger Geschäftsbereich bestehen. Weder die Pfandbriefe noch die Deckungswerte werden fällig. Bei Pfandbriefen kommt es daher allenfalls marginal auf die Bonität des Emittenten an und weit überwiegend auf die Bonität des Pfandbriefes selbst. Es erscheint daher richtiger, bei Pfandbriefen nicht auf die Bonität des Emittenten abzustellen, sondern auf die Bonität des Pfandbriefes. Angesichts des klaren Wortlautes des § 4 Abs. 1 Satz 2 Nr. 3 bedarf es hierzu aber einer entsprechenden Änderung dieser Vorschrift.

60 Die Beschränkung der Werte gemäß § 20 Abs. 2 Nr. 2 auf 10% bezieht sich auf den Deckungsgrad von 100%, bezogen auf die Geamtheit der umlaufenden öffentlichen Pfandbriefe. Die Pfandbriefbank ist aber nicht gehindert, zur Vorhaltung eines besseren Puffers oder aus Ratinggesichtspunkten zusätzlich weitere Werte vorzuhalten, die zur Deckung eines öffentlichen Pfandbriefs geeignet sind.

c) Die in § 19 Abs. 1 Nr. 4 genannten Werte

61 Es wird auf den Gesetzestext zu § 19 Abs. 1 Nummer 4 sowie die Kommentierung zu den Ansprüchen aus Derivategeschäften verwiesen. Es ist zu beachten, dass an die Stelle des Gesamtbetrages der im Umlauf befindlichen Hypothekenpfandbriefe der Gesamtbetrag der im Umlauf befindlichen Öffentlichen Pfandbriefe tritt.

d) Ausnahmen

62 Gemäß Abs. 3 kann die Bundesanstalt Ausnahmen von den Begrenzungen des Abs. 2 zulassen, wenn die Erlaubnis zum Betreiben des Pfandbriefsgeschäftes erlischt oder wenn die Bundesanstalt diese Erlaubnis aufhebt. In beiden Fällen sind die Deckungsmassen abzuwickeln. Im Rahmen dieser Abwicklung kann es geboten sein, Ausnahmen zuzulassen.[24]

23 Vgl. Öffentlche Anhörung im Finanzausschuß des Bundestages am 26. Januar 2005, Protokoll Nr. 15/86, Stellungnahme des Sachverständigen Rudolph abgedruckt in „Das Pfandbriefgesetz, Textsammlung und Materialien", Fritz Knapp Verlag, 2005, Seite 183; Einzelbegründung der vom Finanzausschussvorgeschlagenen Änderungen des Gesetzesentwurfs (DS 15/4321, 15/4487, zu § 4 Abs. 2, abgedruckt in „Das Pfandbriefgesetz, Textsammlung und Materialien", Fritz Knapp Verlag, 2005, Seite 216.

24 BT DS 15/4321 zu § 19 und zu § 20.

24. Erstreckung der Deckungswerte

Der Wortlaut des Abs. 4 ist sehr weit gefasst. Im Ergebnis erstrecken sich die im Deckungsregister eingetragenen Deckungswerte auf alle Forderungen, die mit dem Grundstück zusammenhängen und in irgendeiner Weise auf die wirtschaftliche Substanz des Deckungswertes gerichtet sind, etwa weil sie wertsteigernd sind, zur Inhaberschaft führen oder den Verwertungserlös betreffen. Die Aufzählung bestimmter Forderungen in Abs. 4 ist nicht abschließend. Dies geht aus der Verwendung des Begriffes „insbesondere“ hervor. Daneben stellt der beispielhafte Verweis auf die gesetzlichen Regelungen der §§ 1120, 1123, 1126, 1127 und 1128 BGB – Erstreckung der Hypothek auf Erzeugnisse, Bestandteile, Zubehör, Miet- oder Pachtforderungen, wiederkehrende Leistungen und Versicherungen – klar, dass neben rechtsgeschäftlichen Forderungen auch gesetzliche Forderungen erfasst werden. Abs. 4 trägt dem Umstand Rechnung, dass gemäß § 13 nicht nur inländische Hypotheken zur Pfandbriefdeckung herangezogen werden können, sondern auch bestimmte ausländische. Ausländische Hypotheken sind naturgemäß nicht identisch zu den inländischen Hypotheken geregelt. Das gleiche gilt für die nach ausländischem Recht geregelten Forderungen, die auf die wirtschaftliche Substanz des Grundstücks gerichtet sind. Die Erstreckung der eingetragenen Deckungswerte auf alle Forderungen, die auf die wirtschaftliche Substanz des Grundstücks gerichtet sind, hat zur Folge, dass alle diese Forderungen in der Insolvenz der Pfandbriefbank nicht in die Insolvenzmasse fallen, sondern für die Pfandbriefgläubiger ausgesondert werden können. Dies gilt auch, soweit die Forderungen nicht vom sonstigen Vermögen der Pfandbriefbank unterschieden werden können. Abs. 4 ergänzt insoweit als Spezialvorschrift den § 48 Satz 2 der Insolvenzordnung. 63

Anlage 1 zu § 20 PfandBG

Tabelle 1 des Artikels 114 Abs. 2 der Verordnung (EU) Nr. 575/2013

Bonitätsstufe:	1	2	3	4	5	6
Risikogewicht:	0%	20%	50%	100%	100%	150%

Anlage 2 zu § 20 PfandBG

Tabelle 5 des Artikels 121 Abs. 1 der Verordnung (EU) Nr. 575/2013

Bonitätsstufe:	1	2	3	4	5	6
Risikogewicht:	20%	50%	100%	100%	100%	150%

UNTERABSCHNITT 3
Schiffspfandbriefe

§ 21
Deckungswerte

Zur Deckung für Schiffspfandbriefe dürfen nur durch Schiffshypotheken gesicherte Darlehensforderungen verwendet werden, soweit sie den Erfordernissen der § 22 bis 24 entsprechen. Im Falle einer teilweisen Verwendung einer Darlehensforderung zur Deckung hat die Pfandbriefbank den Vorgang nachvollziehbar zu dokumentieren.

Übersicht

1. Schiffshypotheken

1 Schiffshypotheken können an **Schiffen** und **Schiffsbauwerken** bestellt werden. Die Bestellung einer Hypothek an einem Schiff richtet sich im deutschen Recht nach § 8 Abs. 1 SchiffsRG in Verbindung mit § 3 SchiffsRG.[1] Danach kann eine Schiffshypothek nur an einem Schiff bestellt werden, das in einem Schiffsregister eines deutschen Gerichts eingetragen ist. Die Bestellung einer Hypothek an einem Schiffsbauwerk richtet sich nach den §§ 76 ff. SchiffsRG, wobei gemäß der §§ 77 und 78 SchiffsRG unter anderem die §§ 3 bis 8 unter bestimmten Voraussetzungen Anwendung finden. Aus diesen Vorschriften ergibt sich, dass Schiffsbauwerke und Schiffsbauhypotheken nicht in das Schiffsregister eingetragen werden, sondern in ein gesondertes Register für Schiffsbauwerke. Nach dieser Eintragung gelten die §§ 3 bis 7 auch für Schiffsbauwerke. Eine Schiffshypothek **entsteht durch Einigung** über das Entstehen der Schiffshypothek **und Eintragung** in das Schiffsregister. **Eintragungsfähig** sind die Eigentumsverhältnisse sowie die Rechtsverhältnisse an den Schiffen oder Schiffsbauwerken. Art und Umfang dieser Eintragung wird sowohl in Bezug auf Schiffe als auch in Bezug auf Schiffsbauwerke in den §§ 24 ff. SchiffsRG geregelt. Gemäß § 24 müssen bei der Eintragung der Hypothek für ein Schiff der Gläubiger, der Geldbetrag der Forderung, und – sofern vereinbart – der Zinssatz sowie der Gesamtbetrag sonstiger Nebenleistungen eingetragen werden. Dabei kann auf die Eintragungsbewilligung Bezug genommen werden. Sofern der Hypothekengläubiger eine Kreditanstalt ist, deren Satzung von der zuständigen Behörde bekannt gemacht worden ist, kann wegen der satzungsgemäß zu entrichtenden Nebenleistungen (mit Ausnahme der Zinsen) auf die Satzung Bezug genommen werden. Bei Schiffsbauwerken gelten neben den §§ 24 ff. SchiffsRG zusätzlich die §§ 76 ff. SchiffsRG. Aus § 76 Abs. 1 geht hervor, dass eine Schiffshypothek auch an einem in einer Schiffswerft im Bau befindlichen Schiff bestellt werden kann. Abs. 2 schränkt dies jedoch ein, indem er festlegt, dass die Hypothekenbestellung an dem Schiffsbauwerk nur dann zulässig ist, sobald entweder der Kiel gelegt ist oder aber

1 Gesetz über Rechte an eingetragenen Schiffen und Schiffsbauwerken.

das Schiffsbauwerk durch Namen oder Nummern an einer bis zum Stapellauf des Schiffes sichtbar bleibenden Stelle dauernd gekennzeichnet ist. Außerdem muss das Schiffsbauwerk nach seiner Fertigstellung entweder als Seeschiff mehr als 50 Kubikmeter Bruttoraum haben oder als Binnenschiff zur Eintragung in das Binnenschiffsregister geeignet sein.

Wegen der Einzelheiten zu Schiffen, Schiffsbauwerken und Registern wird auf die Kommentierung zu § 22 verwiesen. 2

2. Schiffsurkunden

Die Registergerichte müssen gemäß § 60 Abs. 1 der Schiffsregisterordnung (SchRegO) über Schiffe Urkunden ausstellen, die den vollen Inhalt des Registers beinhalten. Bei Seeschiffen wird diese Urkunde als Schiffszertifikat bezeichnet, bei Binnenschiffen als Schiffsbrief. 3

3. Indeckungnahme eines Darlehensteils

§ 21 Satz 2 erlaubt es, eine Darlehensforderung nur in dem Umfang in Deckung zu nehmen, wie die Beleihungsvorschriften erfüllt sind.[2] Dieser Vorgang muss nachvollziehbar dokumentiert werden, um sowohl dem Treuhänder als auch der Bundesanstalt eine Kontrolle zu ermöglichen.[3] 4

§ 22
Beleihungsgrenze

(1) Die Beleihung ist auf Schiffe und Schiffsbauwerke beschränkt, die in einem öffentlichen Register eingetragen sind.

(2) Die Beleihung darf die ersten 60 Prozent des von der Pfandbriefbank auf Grund einer Wertermittlung nach § 24 festgesetzten Wertes des Schiffes (Schiffsbeleihungswert) oder Schiffsbauwerkes nicht übersteigen. Sie darf nur durch Gewährung von Abzahlungsdarlehen erfolgen, wobei die Abzahlung des Darlehens in der Regel gleichmäßig auf die einzelnen Jahre zu verteilen ist; die Vereinbarung sich ermäßigender Tilgungsraten ist unschädlich. Wird für ein Darlehen vereinbart, dass dieses bis zum Ende der Darlehenslaufzeit nicht vollständig durch Abzahlungsraten gemäß Satz 2, sondern zusätzlich durch eine am Ende der Darlehenslaufzeit zu erbringende Schlussrate zu tilgen ist, gilt dies nicht als Fall ungleichmäßiger Abzahlung, wenn die Schlussrate den Betrag nicht übersteigt, der bei Zugrundelegung der für das Darlehen vereinbarten gleichmäßigen Abzahlung bis zum Ende des 20. Lebensjahres des Schiffes zurückgezahlt werden könnte. Die Bundesanstalt kann in Einzelfällen weitere Ausnahmen von den Vorschriften der Sätze 1 und 2 zulassen, wenn die Eigenart des zu beleihenden Schiffes oder Schiffsbauwerks, die wirtschaftli-

2 Vgl. § 14 und § 5 Abs. 1a.
3 BT DS 16/11130 S. 36.

chen Verhältnisse des Darlehensschuldners oder zusätzliche Sicherheiten sie gerechtfertigt erscheinen lassen.

(3) *(weggefallen)*

(4) Die Beleihung darf höchstens bis zum Ende des 20. Lebensjahres des Schiffes reichen, es sei denn, dass eine geringere Lebensdauer zu erwarten ist. Die Bundesanstalt kann darüber hinaus unter den Voraussetzungen des Absatzes 2 Satz 4 weitere Ausnahmen zulassen. Eine dem Darlehensnehmer gewährte Stundung, die zur Folge haben würde, dass die zulässige Höchstdauer des Beleihungszeitraums überschritten wird, ist nur mit Zustimmung des Treuhänders zulässig. Werden mehrere Schiffe oder Schiffsbauwerke durch eine durch Schiffshypotheken gesicherte Darlehensforderung beliehen, ist die Darlehensforderung nur dann zur Deckung geeignet, wenn bei deren Aufteilung auf die einzelnen Schiffe und Schiffsbauwerke die einzelnen Darlehensforderungen zur Deckung geeignet wären.

(5) Die Beleihung von Schiffen und Schiffsbauwerken, die im Ausland registriert sind, ist zulässig, wenn nach dem Recht des Staates, in dessen Register das Schiff oder das Schiffsbauwerk eingetragen ist,

1. an Schiffen und Schiffsbauwerken ein dingliches Recht bestellt werden kann, das in ein öffentliches Register eingetragen wird,
2. das dingliche Recht dem Gläubiger eine der Schiffshypothek des deutschen Rechts vergleichbare Sicherheit, insbesondere das Recht gewährt, wegen der gesicherten Darlehensforderung Befriedigung aus dem Schiff oder dem Schiffsbauwerk zu suchen,
3. die Rechtsverfolgung für Gläubiger, die einem anderen Staat angehören, gegenüber den eigenen Staatsangehörigen nicht wesentlich erschwert ist.

Der Gesamtbetrag der Beleihungen nach Satz 1 außerhalb der Mitgliedstaaten der Europäischen Union, bei denen nicht sichergestellt ist, dass sich das Vorrecht der Schiffspfandbriefgläubiger nach § 30 Abs. 1 auf die Forderungen der Pfandbriefbank aus diesen Beleihungen erstreckt, darf 20 Prozent des Gesamtbetrages der Forderungen, bei denen das Vorrecht sichergestellt ist, nicht übersteigen. Sieht das Recht des Staates, in dessen Register das Schiff oder Schiffsbauwerk eingetragen ist, vor, dass das dingliche Recht ohne Eintragung in ein öffentliches Register entsteht, zur Sicherung der Rechte des Gläubigers Dritten gegenüber aber in ein solches Register eingetragen werden kann, so ist die Beleihung nur mit der Maßgabe zulässig, dass die Pfandbriefbank die Eintragung in das öffentliche Register unverzüglich herbeiführt. Die Beleihung ist regelmäßig nur zur ersten Stelle zulässig; Absatz 2 Satz 4 gilt entsprechend.

(6) Die eingetragenen Deckungswerte erstrecken sich auch auf alle Forderungen, deren Inhaber die Pfandbriefbank ist und die auf die wirtschaftliche Substanz des Schiffes oder Schiffsbauwerkes gerichtet sind, insbesondere Forderungen, auf die sich die Schiffshypothek bei in das deutsche Seeschiffsregister eingetragenen Schiffen und Schiffsbauwerken nach den §§ 31 und 32 des Gesetzes über Rechte an eingetragenen Schiffen und Schiffsbauwerken erstrecken würde, sowie Miet- und Pachtforderungen, Forderungen auf die Übertragung des Schiffes oder Schiffsbauwerkes und Forderungen auf Auskehr des Erlöses einer Verwertung.

Übersicht

1. Schiffe

Eine allgemein gültige Definition des **Schiffsbegriffes** gibt es nicht. Im deutschen Rechtsgebrauch scheint es jedoch Übereinstimmung darüber zu geben, dass ein Schiff ein schwimmender Hohlkörper von nicht unbedeutender Größe ist, der geeignet und bestimmt ist, auf oder unter Wasser mit oder ohne eigenem Antrieb fortbewegt zu werden.[1] Unter diese Definition fallen Fracht- oder Passagierschiffe, Schlepper, Pontons, Rohrleger, Schwimmkräne, Schwimmbagger, Schuten, Leichter, Feuerschiffe, Forschungsschiffe und bewegliche Offshore-Einrichtungen, wie zum Beispiel Bohrinseln oder Förderplattformen. Offshore-Einrichtungen aber nur dann, wenn sie beweglich sind. Dies ist dann der Fall, wenn sie nicht oder nicht dauerhaft auf dem Meeresboden befestigt sind und zu oder von ihrem Einsatzort mit oder ohne Antrieb bewegt werden können.[2] Keine Schiffe sind zum Beispiel Schwimmdocks, schwimmende Hotels oder schwimmende Restaurants, kleine Boote und Wracks. Ein Schiff wird vom Schiff zum Wrack, wenn es gesunken ist und nicht mehr bergungsfähig ist. Allerdings wird im Rahmen eines Abkommens über die Beseitigung von Wracks gegenwärtig diskutiert, ob nicht bereits ein gestrandetes oder gesunkenes Schiff zum Wrack wird.[3] Es wird zwischen Seeschiffen und Binnenschiffen unterschieden. **Seeschiffe** sind solche, die zum **Einsatz in der Seefahrt bestimmt** sind.[4] Innerhalb dieser Gruppe wird zwischen Schiffen unterschieden, die **zum Erwerb durch Seefahrt** bestimmt sind, zum Beispiel Frachtschiffe, Fahrgastschiffe, Schlepper oder Bergungsschlepper, und den **sonstigen Seeschiffen.** Zu den sonstigen Seeschiffen gehören alle Nichterwerbsschiffe, die in privatem oder öffentlichem Eigentum stehen, gleich, ob sie hoheitlichen oder nicht hoheitlichen Zwecken dienen. Staatsschiffe müssen nach § 10 Abs. 3 SchRegO nicht in das Schiffsregister eingetragen werden. Sie unterliegen dann nicht dem SchiffsRG.[5] **Binnenschiffe** sind solche, die unabhängig vom Bestehen oder Nichtbestehen eines Erwerbszweckes zum **Einsatz in der Binnenschifffahrt** bestimmt sind.[6] 1

1 Staudinger, Kommentar zum BGB, Buch 3, 2002 §§ 1204–1296 BGB – Schiffs-RG, 2002 § 1 SchiffsRG Anm. 3 ff.
2 Staudinger, § 1 SchiffsRG, Anm. 5.
3 Staudinger, § 1 SchiffsRG Anm. 8.
4 Staudinger, § 1 Rdn. 11.
5 Staudinger, § 1 Rdn. 11.
6 Staudinger, § 1 Rdn. 12.

2. Schiffsbauwerke

2 Ein Schiffsbauwerk ist ein Schiff, das sich auf einer Schiffsbauwerft im Bau befindet. Dies geht aus § 76 Abs. 1 SchiffsRG hervor.

3. Öffentliche Register

3 Öffentliche Register im Sinne des § 22 sind die Seeschiffsregister, die Binnenschiffsregister und die Schiffsbauregister. Gemäß § 3 Abs. 2 der Schiffsregisterordnung werden in das **Seeschiffsregister** solche Seeschiffe eingetragen, die die Bundesflagge führen dürfen oder müssen. In das **Binnenschiffsregister** werden gemäß § 3 Abs. 3 der Schiffsregisterordnung Binnenschiffe eingetragen, die entweder zur Beförderung von Gütern bestimmt sind und eine maximale Tragfähigkeit von mindestens 10 Tonnen haben oder nicht zur Beförderung von Gütern bestimmt sind, wenn ihre Wasserverdrängung bei größter Eintauchung mindestens 5 Kubikmeter beträgt, sowie Schubboote, Schlepper und Tankschiffe. In das **Schiffsbauregister** werden gemäß § 66 SchRegO Schiffsbauwerke eingetragen, wenn für sie zugleich eine Schiffshypothek eingetragen oder die Zwangsversteigerung beantragt ist. Gemäß § 1 Abs. 1 SchRegO werden die Register von den Amtsgerichten geführt. Seeschiffe sind in das Seeschiffsregister ihres **Heimathafens** einzutragen, Binnenschiffe sind in das Binnenschiffsregister ihres Heimatortes einzutragen. Schiffsbauwerke werden in das Schiffsbauregister ihres Bauortes eingetragen. Der Heimathafen eines Seeschiffes ist derjenige Hafen, von dem aus das Schiff betrieben wird. Dies wiederum ist der Hafen, in dem sich die gewerbliche Niederlassung des Eigentümers befindet. Hat ein Seeschiff keinen inländischen Heimathafen, etwa weil das Schiff von Bord aus oder vom Ausland aus betrieben wird, kann der Eigentümer den Registerort frei wählen. Der Registerort ist dann der Heimathafen. Führt das Schiff die deutsche Flagge, muss es in diesem Fall den Namen des Registerortes am Heck tragen. Schiffe, die eine fremde Flagge führen, müssen den Namen ihres ausländischen Registerhafens nach dem Recht des Flaggenstaates tragen.[7] Binnenschiffe werden in das Binnenschiffsregister ihres **Heimatortes** eingetragen. Der Heimatort ist derjenige Ort, von dem aus das Binnenschiff betrieben wird. Dies wiederum ist der Ort, an dem sich die Hauptniederlassung des Schiffseigners befindet. Hat das Schiff keinen Heimatort in diesem Sinne, ist Heimatort derjenige Ort, an dem der Eigentümer des Binnenschiffes zur Steuer veranlagt wird.[8] Schiffe können nicht mehrere Heimathäfen oder Heimatorte haben.[9]

4. Beleihung

4 Gemäß Abs. 2 Satz 1 darf die Beleihung die ersten 60% des nach § 24 festgesetzten Beleihungswertes des Schiffes oder Schiffsbauwerkes nicht übersteigen.[10]

---

7 Staudinger, § 1 Anm. 35.
8 Staudinger, § 1 Rdn. 36.
9 Staudinger, § 1 Rdn. 37.
10 Vgl. § 14.

5. Schlussraten

Gemäß Abs. 2 Satz 3 ist die Vereinbarung von Schlussraten zulässig. Voraussetzung ist allerdings, dass die Schlussrate nicht denjenigen Betrag übersteigt, der bei Zugrundelegung der für das Darlehen vereinbarten gleichmäßigen Abzahlung bis zum Ende des 20. Lebensjahres zurückgezahlt werden könnte. Die Schlussrate darf also nicht höher sein als die Summe aller auf der Basis der tatsächlich vereinbarten Tilgungsleistungen gezahlten Tilgungen, die bei einem hypothetisch unterstellten Zahlungszeitraum von 20 Jahren hätten gezahlt werden können. Aus der Gesetzesbegründung geht hervor, dass die Vereinbarung einer Schlussrate dann zulässig sein soll, wenn die Kreditrückführung durch die Schlussrate gegenüber einem „normalen" Abzahlungsdarlehen bis zum 20. Lebensjahr nicht beeinträchtigt wird und es sich bei dem Darlehen im übrigen, d.h. mit Ausnahme der Schlussrate, um ein Abzahlungsdarlehen handelt.[11] 5

6. Beleihungsdauer

Die Beleihung darf höchstens **bis zum 20. Lebensjahr** eines Schiffes reichen, es sei denn, dass eine geringere Lebensdauer zu erwarten ist. Mit dieser Regelung berücksichtigt das Gesetz Untersuchungen, die gezeigt haben, dass das Lebensalter verschrotteter Schiffe mindestens 25 Jahre betragen hat.[12] Gleichwohl ist zu empfehlen, dass sich die Schiffsfinanzierer den Zustand des finanzierten Schiffes regelmäßig durch Zertifikate von Klassifikationsgesellschaften nachweisen lassen.[13] Die maximale Beleihungsdauer von 20 Jahren kann gemäß Abs. 4 Satz 3 durch eine Stundung hinausgeschoben werden, wobei allerdings die Zustimmung des Treuhänders erforderlich ist. Der Treuhänder wird sich bei der Erteilung seiner Zustimmung nicht auf kredittechnische Erwägungen stützen können, sondern sich ausschließlich an der Sicherheit des Deckungswertes orientieren. Daraus folgt, dass er seine Zustimmung nur dann erteilen wird, wenn ihm durch ein Gutachten bescheinigt wird, dass der Beleihungszeitraum unter Berücksichtigung des Zeitraumes der Stundung die Lebensdauer des Schiffes nicht erreicht. Dabei wird noch eine angemessene Zeit als Sicherheitspuffer zu berücksichtigen sein. Es kann vorgeschlagen werden, dass dieser Sicherheitspuffer ca. 5 Jahre beträgt. Dieser Zeitraum entspricht der Differenz zwischen der grundsätzlich maximalen Beleihungsdauer bis zum 20. Lebensjahr eines Schiffes und dem oben genannten statistischen Lebensalter eines Schiffes von mindestens 25 Jahren. 6

7. Flottenfinanzierung

§ 22 Abs. 4 Satz 4 erlaubt die Finanzierung ganzer Schiffsflotten mit einem einzigen Darlehen. Dieses Darlehen muss aber bei fiktiver Aufteilung auf die einzelnen Schiffe pro Schiff innerhalb des Beleihungsauslaufs von maximal 60% des Belei- 7

11 BT DS 15/4321, zu § 22.
12 BT DS 16/11130, S. 37.
13 BT DS 16/11130, S. 37.

hungswertes liegen. Darüber hinaus muss jedes einzelne Schiff den weiteren Anforderungen des PfandBG entsprechen.

8. Im Ausland registrierte Schiffe

8 Abs. 5 stellt im Ausland registrierte Schiffe unter den dort genannten Voraussetzungen im Inland registrierten Schiffen gleich. Ob die im Abs. 5 genannten Voraussetzungen erfüllt sind, wird die Pfandbriefbank im Regelfall nicht überprüfen können. In diesem Falle kann angeraten werden, das Rechtsgutachten einer international anerkannten Rechtsanwaltskanzlei einzuholen, welche sowohl im Inland als auch im betreffenden Ausland vertreten ist und auf dem Gebiet der Schiffsfinanzierung erfahren ist. Auf jeden Fall ist eine Abstimmung mit der Bundesanstalt zu empfehlen.

9. Kontingentierung

9 Wegen der Kontingentierung des Abs. 5 Satz 2 wird auf die Ausführungen zu § 13 verwiesen. Die Differenz des in § 13 genannten Prozentsatzes von 10% zu dem in Abs. 5 Satz 2 genannten Prozentsatz von 20% ergibt sich daraus, dass im Schiffsfinanzierungsgeschäft seit langer Zeit ein hoher Anteil von Beleihungen nicht im europäischen Ausland registrierter Schiffe üblich ist.[14] Die aus dieser Übung resultierenden Erfahrungen rechtfertigen wohl die Privilegierung der Kontingentierung gemäß § 22 Abs. 5 Satz 2 im Vergleich zur Kontingentierung gemäß § 13 Abs. 1 Satz 2. Siehe im Übrigen die Ausnahmevorschrift des § 47.

10. Erstreckung der Deckungswerte

10 Die Erstreckung der Deckungswerte auf alle Forderungen, deren Inhaber die Pfandbriefbank ist und die auf die wirtschaftliche Substanz des Schiffes oder Schiffsbauwerkes gerichtet sind, dient der Stärkung des Schiffspfandbriefes. Zur wirtschaftlichen Substanz eines Schiffes gehören nicht nur die in den §§ 31 und 32 des Gesetzes über Rechte an eingetragenen Schiffen und Schiffsbauwerken genannten Rechte – im wesentlichen Zubehör und Bestandteile des Schiffes, sofern diese im Eigentum des Schiffseigners stehen, sowie die Möglichkeit der Haftungsausdehnung auf einen Zinssatz von 5% auch bei unverzinslicher Darlehensforderung – sondern auch alle anderen auf die Substanz des Schiffes gerichtete Forderungen. Soweit ausländisches Recht betroffen ist, muss sichergestellt sein, dass Abs. 6 auch nach diesem ausländischen Recht durchgreift. Sofern das jeweilige ausländische Recht keine klaren Regelungen enthält, kommt der Abschluss entsprechender Vereinbarungen auf vertraglicher Basis in Frage.

---

14 Vgl. BT DS 15/4321, zu § 22.

§ 23
Versicherung

(1) Das Schiff oder das Schiffsbauwerk muss während der gesamten Dauer der Beleihung zumindest in Höhe von 110 Prozent der jeweiligen ausstehenden Darlehensforderungen zuzüglich eventueller vor- oder gleichrangiger Schiffshypotheken Dritter entsprechend den Geschäftsbedingungen der Pfandbriefbank versichert sein. Der Versicherer muss sich verpflichtet haben, der Pfandbriefbank gegenüber Einwendungen auf Grund des § 36 Abs. 2 Nr. 2 des Gesetzes über Rechte an eingetragenen Schiffen und Schiffsbauwerken oder bei Beleihung von im Ausland registrierten Schiffen und Schiffsbauwerken die entsprechenden Einwendungen nicht zu erheben.

(2) Die Pfandbriefbank hat die Beleihung dem Versicherer unverzüglich anzuzeigen.

(3) Soweit der Versicherer auf Grund der nach Absatz 1 übernommenen Verpflichtung die Pfandbriefbank befriedigt, geht die Schiffshypothek auf ihn über. Der Übergang kann nicht zum Nachteil der Pfandbriefbank oder eines gleich- oder nachstehenden Schiffshypothekengläubigers, demgegenüber die Verpflichtung des Versicherers zur Leistung bestehen geblieben ist, geltend gemacht werden.

(4) Erstreckt sich die Schiffshypothek nicht kraft Gesetzes auf die Versicherungsforderung, ist die Beleihung nur zulässig, wenn die Pfandbriefbank durch Vertrag eine entsprechende Sicherheit erhält.

Übersicht

1. Dauer der Beleihung

Abs. 1 Satz 1 verlangt, dass das Schiff oder Schiffsbauwerk während der gesamten Dauer der Beleihung versichert sein muss. Um Fristenprobleme auszuschalten ist anzuraten, dass die Laufzeit der Versicherung jedoch über die Laufzeit der Beleihung hinausgeht. Gerade wenn im Darlehensvertrag eine Schlussrate vorgesehen ist, sollte die Pfandbriefbank darauf achten, dass sie Ausfälle auch am Ende der Beleihung noch bei der Versicherung geltend machen kann und sich für diese Geltendmachung eine angemessene Nachlauffrist sichern. 1

2. Versicherungssumme

Der Satz von 110% entspricht den Usancen des internationalen Schiffskreditgeschäfts. Dieser Prozentsatz muss sich auf die jeweils ausstehende Darlehensforderung zuzüglich eventuell bestehender vor- oder gleichrangiger Schiffshypotheken Dritter beziehen. Da wegen § 22 Abs. 2 Schiffe nur mit Abzahlungsdarlehen finanziert werden dürfen, folgt daraus, dass die Versicherungssumme absolut gesehen entsprechend der Tilgung des Darlehens abnehmen darf. Der Satz von 110% muss 2 allerdings erhalten bleiben. Der 10-%ige Sicherheitszuschlag auf die Darlehensforderung wird für ausreichend gehalten, um gegebenenfalls rückständige Zinsen und Nebenkosten abdecken zu können.[1]

3. Ausschluss von Einwendungen

3 Hinsichtlich der von Abs. 1 Satz 2 geforderten Erklärung des Versicherers, die dort genannten Einwendungen der Pfandbriefbank gegenüber nicht zu erheben, wird man wohl Schriftform fordern müssen. Außerdem darf die Verpflichtung des Versicherers nicht unter einer Bedingung stehen, widerruflich sein oder auf andere Weise nachträglich verkürzbar oder gar abdingbar sein. Nicht ausreichend ist es, wenn die Einwendungen – etwa aus Rechtsgründen – von vorneherein nicht bestehen können. Auch in diesem Fall verlangt Abs. 1 Satz 2 eine ausdrückliche Erklärung des Versicherers. Es ist auch nicht ausreichend, dass der Versicherer der Pfandbriefbank gegenüber bescheinigt, dass Einwendungen nicht bestehen. Die Verpflichtungserklärung muss in jedem Falle daraufhin lauten, Einwendungen gegenüber der Pfandbriefbank nicht geltend zu machen.

4. Erstreckung der Schiffshypothek auf die Versicherungsforderung

4 Gemäß § 32 SchiffsRG erstreckt sich bei inländischen Schiffen die Hypothek bereits kraft Gesetzes auf die Versicherungsforderung. Sofern ausländisches Recht betroffen ist, muss das ausländische Recht entweder eine inhaltsgleiche Vorschrift enthalten oder aber wenigstens der vertraglichen Vereinbarung inhaltsgleicher Klauseln nicht entgegenstehen.

§ 24
Beleihungswertermittlung

(1) Die als Grundlage für die Festsetzung des Schiffsbeleihungswertes dienende Wertermittlung ist von einem von der Kreditentscheidung unabhängigen Gutachter vorzunehmen, der über die hierzu notwendige Berufserfahrung sowie über die notwendigen Fachkenntnisse für Schiffsbeleihungswertermittlungen verfügen muss.

(2) Der Schiffsbeleihungswert darf den Wert nicht überschreiten, der sich im Rahmen einer vorsichtigen Bewertung der zukünftigen Verkäuflichkeit des Schiffes und unter Berücksichtigung der langfristigen, nachhaltigen Merkmale des Objektes, der Marktgegebenheiten sowie der derzeitigen und möglichen anderweitigen Nutzungen ergibt. Spekulative Elemente dürfen dabei nicht berücksichtigt werden. Der Schiffsbeleihungswert darf einen auf transparente Weise und nach einem anerkannten Bewertungsverfahren ermittelten Marktwert nicht übersteigen. § 16 Abs. 2 Satz 4 gilt entsprechend.

1 BT DS 16/11130, zu § 23.

(3) Die Absätze 1 und 2 gelten für die Bewertung eines Schiffsbauwerkes sinngemäß.

(4) Die zur Deckung von Schiffspfandbriefen in Ansatz gebrachten, durch Schiffshypotheken an Schiffsbauwerken gesicherten Forderungen dürfen zusammen 20 Prozent des Gesamtbetrages der zur Deckung der Schiffspfandbriefe verwendeten Schiffshypotheken nicht übersteigen.

(5) Das Bundesministerium der Finanzen wird ermächtigt, im Einvernehmen mit dem Bundesministerium der Justiz durch Rechtsverordnung, die nicht der Zustimmung des Bundesrates bedarf, Einzelheiten der Methodik und Form der Schiffsbeleihungswertermittlung sowie die Mindestanforderungen an die Qualifikation des Gutachters zu bestimmen. Vor Erlass der Rechtsverordnung sind die Spitzenverbände der Kreditwirtschaft anzuhören. Das Bundesministerium der Finanzen kann diese Ermächtigung durch Rechtsverordnung auf die Bundesanstalt für Finanzdienstleistungsaufsicht übertragen.

Übersicht

1. Unabhängiger Gutachter

Grundsätzlich kann die Pfandbriefbank frei darüber entscheiden, ob sie externe oder interne Gutachter einschaltet. Der Gutachter darf jedoch nichts mit der **Kreditentscheidung** zu tun haben. Personenverschiedenheit zwischen dem Gutachter und demjenigen Sachbearbeiter, der über die Kreditvergabe entscheidet, ist notwendig, aber nicht ausreichend. Die berufliche Anerkennung und die beruflichen Perspektiven dürfen in keiner Weise von der konkreten Kreditvergabe oder dem Volumen der Kreditvergaben insgesamt und schon gar nicht von Provisionen beeinflusst werden können. Die **Objektivität** des Gutachters darf auch nicht durch persönliche gruppendynamische Prozesse, wie sie in Abteilungen üblich sind, gefährdet werden. Aus diesen Gründen formuliert § 8 Abs. 1 der Schiffsbeleihungswertermittlungsverordnung im Hinblick sowohl auf externe als auch in Bezug auf interne Gutachter wie folgt: *Der Gutachter muss sowohl vom Kreditaquisitions- und Kreditentscheidungsprozess als auch von Vermittlung, Verkauf, Vermietung und Vercharterung des zu bewertenden Schiffes unabhängig sein. Er darf nicht in einem verwandtschaftlichen, sonstigen rechtlichen oder wirtschaftlichen Verhältnis zum Darlehensnehmer stehen, und er darf kein eigenes Interesse am Ergebnis des Gutachtens haben. Der Gutachter darf auch nicht den Beleihungswert festsetzen oder den Kredit bearbeiten.* Für den Fall, dass die Pfandbriefbank das Gutachten durch interne Gutachter selbst erstellt, müssen neben den oben in § 8 Abs. 1 der Schiffsbeleihungswertermittlungsverordnung dargestellten Anforderungen zusätzlich auch die in § 8 Abs. 2 dieser Verordnung festgelegten Anforderungen erfüllt sein. Diese Anforderungen bestehen darin, dass der bei der Pfandbriefbank angestellte Gutachter entweder direkt der Geschäftsleitung unterstellt ist oder einer Gutachtereinheit angehört, die direkt der Geschäftsleitung unterstellt ist. Dabei darf der Geschäftsbereich, für den der Geschäftsleiter verantwortlich ist, nichts mit der Anbahnung von Schiffskreditgeschäften zu tun 1 haben. Schiffskreditgeschäfte dürfen in diesem Geschäftsbereich auch nicht zum Gegenstand des einzigen Votums gemacht werden.

2. Fachkenntnisse/Berufserfahrung

2 Der Gutachter muss über die notwendigen Fachkenntnisse sowie über die notwendige **Berufserfahrung auf dem Gebiet der Bewertung von Schiffen** verfügen. Gemäß § 7 der Schiffsbeleihungswertermittlungsverordnung muss sich die Pfandbriefbank vom Vorliegen dieser Qualifikationen überzeugen. Sie hat sich dabei an der Ausbildung und der bisherigen Tätigkeit des Gutachters zu orientieren. Diese bisherige Tätigkeit muss langjährig gewesen sein und sich insbesondere auf die Erstellung von **Beleihungswertgutachten für Schiffe** erstreckt haben. Er muss auch in der Lage sein, den **Schiffsmarkt** einschätzen zu können. Wenn der Gutachter die Schiffsbesichtigung nicht selbst vornimmt, ist eine entsprechende technische oder ingenieurmäßige Ausbildung entbehrlich.

3. Beleihungswert/Marktwert

3 § 24 Abs. 2 hat die Bedeutung einer Generalklausel für die Schiffsbeleihung. Es werden diejenigen Merkmale festgelegt, die bei der **Ermittlung des Beleihungswertes** Berücksichtigung finden dürfen. Die Einbeziehung **spekulativer Elemente** in die Bewertung wird in Satz 2 **ausgeschlossen**. Gemäß Satz 3 darf der Beleihungswert den Markwert nicht übersteigen. Über den Verweis in Satz 4 auf § 16 Abs. 2 Satz 4 wird festgelegt, was unter Marktwert zu verstehen ist. Danach ist Marktwert der geschätzte Betrag, für welchen ein Beleihungsobjekt am Bewertungsstichtag zwischen einem verkaufsbereiten Verkäufer und einem kaufbereiten Erwerber, nach angemessenem Vermarktungszeitraum, in einer Transaktion im gewöhnlichen Geschäftsverkehr verkauft werden könnte, wobei jede Partei mit Sachkenntnis, Umsicht und ohne Zwang handelt. Konkretisiert wird § 16 Abs. 2 Satz 4 durch die Schiffsbeleihungswertermittlungsverordnung, die die Bundesanstalt auf der Grundlage des § 24 Abs. 5 verordnet hat.[1]

4. Kontingentierungen

4 § 24 Abs. 4 soll Risiken für die Deckungsmasse minimieren, die sich daraus ergeben, dass Schiffsbauwerke – aus welchen Gründen auch immer – nicht fertig gestellt werden. Zwar ist gemäß § 4 Abs. 5 in Verbindung mit § 13 der Schiffsbeleihungswertermittlungsverordnung bei im **Bau befindlichen Schiffen** der Beleihungswert auf den Zustandswert des Schiffes, so wie es sich im Bau befindet, beschränkt. Sollte das Schiffsbauwerk jedoch nicht fertig gestellt werden, kann dies dazu führen, dass der Marktwert in erheblichem Maße unter den Zustandswert fällt. Da gemäß Abs. 2 Satz 3 der Beleihungswert durch den Marktwert begrenzt wird, besteht das Risiko einer **unvorhergesehenen Unterdeckung**.

1 Vgl. auch BT DS 15/4321, zu § 24.

5. Ermächtigungsgrundlage

Das Bundesfinanzministerium hat die auf der Grundlage des § 24 Abs. 5 bestehende Ermächtigung auf die Bundesanstalt für Finanzdienstleistungsaufsicht übertragen. Die Bundesanstalt hat am 6. Mai 2008 die „Verordnung über die Ermittlung der Beleihungswerte von Schiffen und Schiffsbauwerken nach § 24 Abs. 1 bis 3 des Pfandbriefgesetzes“ **(Schiffsbeleihungswertermittlungsverordnung – SchiffsBelWertV)** erlassen. Diese Beleihungswertermittlungsverordnung konkretisiert die Absätze 1 bis 3 des § 24 PfandBG. Dabei vereinheitlicht sie die Grundsätze der Beleihungswertermittlung für alle Pfandbriefbanken. 5

§ 25
Abzahlungsbeginn

Der Beginn der Abzahlung darf für einen Zeitraum, der die Dauer von zwei Jahren nicht übersteigt, hinausgeschoben werden; mit Genehmigung der Bundesanstalt kann dieser Zeitraum für einzelne Darlehensforderungen aus besonderen Gründen bis zu fünf Jahren verlängert werden.

Maximale Verschiebung

§ 25 ist im Zusammenhang mit § 22 Abs. 4 Satz 1 bis 3 zu lesen. Grundsätzlich darf durch die Verschiebung des Beginns der Abzahlung die in § 22 Abs. 4 Satz 1 festgelegte maximale Beleihungsdauer bis zum Ende des 20. Lebensjahres des Schiffes nicht überschritten werden. Eine Ausnahme besteht gemäß § 22 Abs. 4 Satz 3 dann, wenn der Treuhänder der Verlängerung der maximalen Beleihungsdauer zustimmt. Er wird sich bei der Erteilung seiner Zustimmung nicht auf kredittechnische Erwägungen stützen können, sondern sich ausschließlich an der Sicherheit des Deckungswertes orientieren. Daraus folgt, dass er seine Zustimmung nur dann erteilen wird, wenn ihm durch ein Gutachten bescheinigt wird, dass der Beleihungszeitraum unter Berücksichtigung des Zeitraumes der Stundung die Lebensdauer des Schiffes nicht erreicht. Dabei wird noch eine angemessene Zeit als Sicherheitspuffer zu berücksichtigen sein. Es kann vorgeschlagen werden, dass dieser Sicherheitspuffer ca. 5 Jahre beträgt. Dieser Zeitraum entspricht der Differenz zwischen der grundsätzlich maximalen Beleihungsdauer bis zum 20. Lebensjahr eines Schiffes und dem oben genannten statistischen Lebensalter eines Schiffes von mindestens 25 Jahren.[1] 1

§ 26
Weitere Deckungswerte

(1) Die in § 21 Satz 1 vorgeschriebene Deckung kann auch erfolgen

1. **durch Schuldversprechen oder Schuldanerkenntnisse im Sinne der §§ 780 und 781 des Bürgerlichen Gesetzbuchs, die durch Schiffshypotheken gesi-**

1 Vgl. § 22 „Beleihungsdauer“.

chert sind, sofern ihnen Darlehensforderungen zugrunde liegen, die den in den §§ 22 bis 24 bezeichneten Erfordernissen entsprechen; soweit die Darlehensforderungen den vorgenannten Erfordernissen nur teilweise entsprechen, können sie nur in diesem Umfang zur Deckung verwendet werden; § 21 Satz 2 gilt entsprechend;

2. **durch Werte der in § 19 Abs. 1 Nr. 1 bezeichneten Art;**
3. **bis zu 10 Prozent des Gesamtbetrages der im Umlauf befindlichen Schiffspfandbriefe durch Werte der in § 4 Abs. 1 Satz 2 Nr. 1 und 2 bezeichneten Art sowie durch Geldforderungen gegen die Europäische Zentralbank, gegen Zentralbanken der Mitgliedstaaten der Europäischen Union oder gegen geeignete Kreditinstitute im Sinne des § 4 Abs. 1 Satz 2 Nr. 3, sofern die Höhe der Forderungen der Pfandbriefbank bereits beim Erwerb bekannt ist; der Anteil an Geldforderungen gegen ein und dasselbe Kreditinstitut darf nicht höher als 2 Prozent des Gesamtbetrages der in Halbsatz 1 genannten Schiffspfandbriefe sein;**
4. **bis zu insgesamt 20 Prozent des Gesamtbetrages der im Umlauf befindlichen Schiffspfandbriefe durch Werte der in § 20 Abs. 1 bezeichneten Art, sofern es sich um Schuldverschreibungen handelt; die in Nummer 3 genannten Deckungswerte sind anzurechnen;**
5. **durch die in § 19 Abs. 1 Nr. 4 genannten Werte unter den dort genannten Voraussetzungen und Begrenzungen mit der Maßgabe, dass an die Stelle des Gesamtbetrages der im Umlauf befindlichen Hypothekenpfandbriefe der Gesamtbetrag der im Umlauf befindlichen Schiffspfandbriefe tritt.**

(2) Im Falle des § 2 Abs. 3 kann die Bundesanstalt Ausnahmen von den Begrenzungen des Absatzes 1 Nr. 3 und 4 zulassen.

Übersicht

1. Allgemeines

1 Die in § 26 abschließend aufgeführten weiteren Deckungswerte stehen den in § 21 genannten Deckungswerten, also den Hypotheken an Schiffen oder Schiffsbauwerken, vollkommen gleich. Sie können daher nicht nur als Ersatz für diese Deckungswerte eingesetzt werden, sondern auch im Zuge der Neuemission von Pfandbriefen.[1] Die Zulässigkeit der weiteren Deckungswerte verschafft der Pfandbriefbank eine größere Flexibilität, als sie sie bei der Beschränkung auf Hypotheken an Schif-

1 Vgl. auch Bellinger/Kerl, § 6 Anm. 30.

fen oder Schiffsbauwerken hätte. Beispielsweise kann sich das Volumen der zur Deckung zur Verfügung stehenden Schiffe oder Schiffsbauwerke anders entwickeln als das Volumen der umlaufenden Pfandbriefe. Diese divergierende Entwicklung kann schon im Rahmen der Kalkulation einer Pfandbriefemission beginnen. Die Folge könnte sein, dass die Pfandbriefbank auf die Beschaffung weiterer Hypotheken an Schiffen oder Schiffsbauwerken angewiesen ist und diese Beschaffung aufgrund der Marktlage nicht in vollem Maße möglich ist. Es könnte auch der Fall eintreten, dass die Beschaffung weiterer Hypotheken nur zu ungünstigen Konditionen möglich ist. Die Begrenzungen der weiteren Deckungswerte in § 26f Abs. 1 Nr. 3 bis 5 beziehen sich auf den Gesamtbetrag aller im Umlauf befindlichen Schiffspfandbriefe.

2. Schuldversprechen oder Schuldanerkenntnis

§ 780 BGB regelt das **abstrakte** Schuldversprechen. § 781 BGB regelt das **abstrakte** Schuldanerkenntnis. Sowohl in Bezug auf das Schuldversprechen als auch in Bezug auf das Schulderkenntnis bedeutet der Begriff der Abstraktheit, dass eine **Leistungspflicht** begründet wird, die **von einem zugrundeliegenden Rechtsgeschäfte völlig losgelöst** ist. Dies bedeutet, dass Einwendungen und Einreden aus einem in der Regel bestehenden Grundgeschäft in keiner Weise auf das Schuldanerkenntnis einwirken können. Ein Schuldversprechen bzw. ein Anerkenntnis ist nur dann abstrakt, wenn es einen selbstständigen Schuldgrund erzeugt. Demgegenüber liegt Abstraktheit nicht vor, wenn nur auf einen bereits bestehenden Schuldgrund Bezug genommen werden soll. Ob eine Schuldversprechen oder ein Schuldanerkenntnis abstrakt ist oder nicht, ist aus der inhaltlichen Gestaltung zu entnehmen. Eine Formulierung wie zum Beispiel „ich verpflichte mich hiermit zu zahlen“ deutet auf ein abstraktes Schuldversprechen hin. Demgegenüber lässt die Formulierung „ich anerkenne zu schulden“ zunächst einmal die Auslegung zu, dass das Anerkenntnis auf eine bereits bestehende Verbindlichkeit Bezug nimmt und damit letztlich nur Beweiszwecken dient.[2] Dies wiederum hätte zur Folge, dass Einwendungen und Einreden aus dem Grundgeschäft, auf das Bezug genommen wurde, auf das Schuldanerkenntnis durchschlagen würden. Um Auslegungsschwierigkeiten zu vermeiden ist anzuraten, dass sowohl in Bezug auf das Schuldversprechen als auch in Bezug auf das Schuldanerkenntnis ausdrücklich auf die Abstraktheit hingewiesen wird. Dies allein wird allerdings in vielen Fällen nicht ausreichen. Deshalb sollte darüber hinaus **ausdrücklich** festgehalten werden, **dass die Urkunde selbst den Schuldgrund erzeugt und Einwendungen und Einreden aus Grundgeschäften der Verpflichtung aus der Schuldurkunde nicht entgegengehalten werden können**. Sowohl das abstrakte Schuldversprechen als auch das abstrakte Schuldanerkenntnis müssen **auf die Zahlung von Geld** gerichtet sein. Andernfalls bestünde ein zusätzliches Marktpreisrisiko, durch welches der Schutz der Pfandbriefgläubiger zusätzlich gefährdet wäre. Abs. 1 Nr. 1 trägt der Tatsache Rechnung, dass sich Schiffsfinanzierer neben der Darlehensforderung ein abstraktes Schuldversprechen oder ein abstraktes Schuldanerkenntnis ausstellen lassen, das wiederum durch eine Schiffshypothek besichert wird.[3] 2

2 Bamberger/Roth, § 780 BGB Rdn. 1 ff.
3 Vgl. BT DS 15/4321, zu § 26.

3. Werte der in § 19 Abs. 1 Nr. 1 genannten Art

3 Bei diesen Werten handelt es sich um **Inhaberschuldverschreibungen,** die in **Ausgleichsforderungen** umgewandelt wurden. Hintergrund ist die Einführung der Deutschen Mark West in dem ehemaligen Gebiet der DDR. Im Zuge dieser Währungsumstellung erstellten Geldinstitute, die vor dem 1. Juli 1990 im Währungsgebiet der Deutschen Mark Ost befugt Bankgeschäfte betrieben haben, und Außenhandelsunternehmen, die vor dem 1. Juli 1990 im Währungsgebiet der Deutschen Mark Ost im Auftrag staatlicher Stellen bestimmte Geschäfte mit Unternehmen oder Ländern außerhalb des Währungsgebietes der Deutschen Mark Ost betrieben hatten, eine Schlussbilanz in der Währung der Deutschen Mark Ost und eine Eröffnungsbilanz in der Deutschen Mark West erstellt. Diese Bilanzen wurden von der Bundesanstalt (damals noch Bundesaufsichtsamt für das Kreditwesen) daraufhin überprüft, ob Vermögenswerte und Verbindlichkeiten nach dem D-Markbilanzgesetz umgestellt worden waren. Sofern die Umstellung korrekt war, wurde sie von der Bundesanstalt bestätigt. Die Bundesanstalt teilte den Geldinstituten beziehungsweise Außenhandelsbetrieben Forderungen gegen den Ausgleichsfonds Währungsumstellung zu. Die Höhe dieser Forderungen richtete sich nach bestimmten Kriterien, die in § 4 der Verordnung über die Bestätigung der Umstellungsrechnung und das Verfahren der Zuteilung und des Erwerbs von Ausgleichsforderungen (BUZAV) festgelegt sind. Diese Forderungen können gemäß § 8 Abs. 2 dieser Verordnung auf Antrag der Gläubiger in **Inhaberschuldverschreibungen** umgewandelt werden, deren Emittentin der Ausgleichsfonds Währungsumstellung ist. Der Ausgleichsfonds Währungsumstellung ist eine Anstalt des öffentlichen Rechts mit eigener Rechtspersönlichkeit.

4. Werte der in § 4 Abs. 1 Satz 2 Nr. 1 und 2 genannten Art

4 Bei den in § 4 Abs. 1 Satz 2 Nr. 1 und 2 genannten Werten handelt es sich um bestimmte, dort näher genannte Werte, aus denen auch die sichernde Überdeckung im Sinne des § 4 Abs. 1 Satz 2 bestehen kann. Diese Werte können auch als weitere Deckungswerte im Sinne des § 26 Abs. 1 verwandt werden.

5. Geldforderungen

5 Erfasst werden Geldforderungen gegen die Europäische Zentralbank, gegen Zentralbanken der Mitgliedstaaten der Europäischen Union oder gegen geeignete Kreditinstitute im Sinne des § 4 Abs. 1 Satz 2 Nr. 3. Wegen des Begriffes der **Geeignetheit** des Kreditinstitutes wird auf die entsprechende Kommentierung zu § 4 Abs. 1 Satz 2 Nr. 3 verwiesen. Siehe auch unten.

6. Beschränkung

6 Werte gemäß § 26 Abs. 1 Nr. 3 können nur bis zu einem Volumen von insgesamt **10%** des Gesamtbetrages sämtlicher im Umlauf befindlicher Schiffspfandbriefe als weitere Deckungswerte in Deckung genommen werden. Die Werte gemäß § 4 Abs. 1 Satz 2 Nr. 1 und 2 können auch zur **sichernden Überdeckung** von 2% he-

rangezogen werden. Daher liegt der Gedanke nahe, dass die Sätze von 10% für die weitere Deckung und 2% für die sichernde Überdeckung addiert werden können. Dies wird man jedoch im Ergebnis ablehnen müssen. Die Überschrift „Weitere Deckungswerte“ des § 26 ist insoweit missverständlich. Der Wortlaut des § 26 Abs. 1 ist wie folgt formuliert: *„Die in § 4 vorgesehene Deckung kann auch erfolgen ...“*. Dieser Wortlaut umfasst die gesamte in § 4 vorgesehene Deckung, also auch die dort vorgeschriebene sichernde Überdeckung. Außerdem orientiert sich der Satz von 10% ausschließlich am Gesamtbetrag der im Umlauf befindlichen Pfandbriefe und nicht zusätzlich auch an der sichernden Überdeckung. Aus diesen beiden Überlegungen folgt, dass der Satz der sichernden Überdeckung von 2% in dem Satz von 10% des Gesamtbetrages der im Umlauf befindlichen Schiffspfandbriefe enthalten ist. Wegen des Begriffes des Pfandbriefumlaufes siehe § 4 Abs. 5 sowie die Kommentierung hierzu. Bei den in § 26 Abs. 1 Nr. 3 genannten **Geldforderungen** kommt zu der volumenmäßigen Beschränkung auf 10% aller im Umlauf befindlicher Schiffspfandbriefe hinzu, dass die Höhe der Geldforderung bei deren Erwerb bereits bekannt sein muss. Darüber hinaus darf der Anteil der Geldforderungen gegen ein und dasselbe Kreditinstitut den Gesamtbetrag von 2% aller im Umlauf befindlicher Schiffspfandbriefe nicht überschreiten. Die Beschränkung der Werte gemäß § 26 Abs. 1 Nr. 3 auf 10% bezieht sich auf den Deckungsgrad von 100%, bezogen auf die Geamtheit der umlaufenden Schiffspfandbriefe. Die Pfandbriefbank ist aber nicht gehindert, zur Vorhaltung eines besseren Puffers oder aus Ratinggesichtspunkten zusätzlich weitere Werte vorzuhalten, die zur Deckung eines Schiffsfandbriefs geeignet sind.

7. Deckungswerte für öffentliche Pfandbriefe

Abs. 1 Nr. 4 bezieht Deckungswerte für öffentliche Pfandbriefe in den Kreis der 7
weiteren Deckungswerte mit ein, soweit es sich um Schuldverschreibungen handelt. Außerdem **beschränkt** sie das Volumen dieser weiteren Deckungswerte auf 20% aller im Umlauf befindlicher Schiffspfandbriefe, wobei die in Abs. 1 Nr. 3 genannten weiteren Deckungswerte anzurechnen sind. Im Ergebnis bedeutet dies, dass alle in Abs. 1 Nr. 3 und 4 genannten weiteren Deckungswerte 20% aller im Umlauf befindlicher Schiffspfandbriefe nicht übersteigen dürfen, wobei die in Nr. 4 genannten Werte den maximalen Satz von 20% erreichen dürfen, während die in Nr. 3 genannten Werte nur 10% erreichen dürfen. Die restlichen 10% können aber durch Werte der in Nr. 4 genannten Art aufgefüllt werden, so dass bei einer Mischung der Werte nach Nr. 3 und Nr. 4 insgesamt der Höchstsatz von 20% erreicht wird. Hinsichtlich der in den Kreis der weiteren Deckungswerte einbezogenen Deckungswerte für öffentliche Pfandbriefe gilt innerhalb der Beschränkung auf 20% zusätzlich die Beschränkung des § 20 Abs. 1 Satz 2. Danach darf der Gesamtbetrag aller Forderungen gegen Schuldner in Staaten, die nicht der europäischen Union angehören und bei denen nicht sichergestellt ist, dass sich das Vorrecht der Gläubiger der öffentlichen Pfandbriefe nach § 30 Abs. 1 auf die Forderungen der Pfandbriefbank aus diesen Forderungen erstreckt, 10% des Gesamtbetrages derjenigen Forderungen, bei denen das Vorrecht der Gläubiger der öffentlichen Pfandbriefe sichergestellt ist, nicht übersteigen. Siehe insoweit auch die Kommentierung zu § 13 Abs. 1 Satz 2. Die Beschränkung der Werte gemäß § 26 Abs. 1 Nr. 4 auf 20% bezieht sich auf den Deckungsgrad von

100%, bezogen auf die Geamtheit der umlaufenden Schiffspfandbriefe. Die Pfandbriefbank ist aber nicht gehindert, zur Vorhaltung eines besseren Puffers oder aus Ratinggesichtspunkten zusätzlich weitere Werte vorzuhalten, die zur Deckung eines Schiffsfandbriefs geeignet sind.

8. Werte der in § 19 Abs. 1 Nr. 4 genannten Art

8 Bei diesen Werten handelt es sich um **Ansprüche aus Derivategeschäften.** Während es bei § 4 Abs. 3 um die **Verbindlichkeiten** der Pfandbriefbank aus Derivategeschäften geht, geht es bei § 19 Abs. 1 Nr. 4 um die Ansprüche der Pfandbriefbank aus Derivategeschäften, also um die **Forderungen** aus diesen Geschäften. § 19 Abs. 1 Nr. 4 und § 4 Abs. 3 Satz 1 bilden gewissermaßen die beiden Seiten derselben Medaille ab.

9 § 19 Abs. 1 Nr. 4 Satz 1 umfasst Derivateansprüche im Sinne des § 4 Abs. 3 Satz 2. Diese Vorschrift verweist ihrerseits auf Derivate nach § 1 Abs. 11 Satz 4 Nr. 1 KWG. Letztere Vorschrift wiederum definiert Derivategeschäfte als **Festgeschäfte** oder **Optionsgeschäfte,** die als Kauf, Tausch oder auch anders ausgestaltet sind, die zeitlich verzögert zu erfüllen sind und deren Wert sich unmittelbar oder mittelbar vom Preis oder Maß eines der folgenden Basiswerte ableitet (Termingeschäfte): a) Wertpapiere oder Geldmarktinstrumente, b) Devisen oder Rechnungseinheiten, c) Zinssätze oder andere Erträge, d) Indices der Basiswerte der Buchstaben a, b oder c, andere Finanzindices oder Finanzmessgrößen oder d) Derivate. Festgeschäfte sind solche, bei denen für beide Vertragspartner Rechte und Pflichten begründet werden, die beiderseits noch nicht erfüllt sind. Demgegenüber handelt es sich bei Optionsgeschäften um solche, bei denen einer Partei das Recht (Option) eingeräumt wird, zu oder bis zu einem künftigen Zeitpunkt durch einseitige Willenserklärung (Ausübung) ein Geschäft zu im Voraus festgelegten Konditionen abzuschließen. Als Gegenleistung erhält der Vertragspartner des Optionsberechtigten eine Prämie, die im Regelfall im Voraus zu zahlen ist. Mit Abschluss des Optionsgeschäftes erhält der Optionskäufer zwar ein Optionsrecht. Daraus ergibt sich aber keine Pflicht zur Ausübung dieses Optionsrechtes. Festgeschäfte und Optionsgeschäfte können miteinander kombiniert werden.[4] Aus dem Umstand, dass § 4 Abs. 3 Satz 2 auf § 1 Abs. 11 Satz 4 Nr. 1 KWG verweist und diese Vorschrift des KWG nicht nur Festgeschäfte, sondern auch Optionen umfasst, darf allerdings nicht hergeleitet werden, dass auch Optionen uneingeschränkt deckungsfähig sind (s.a. unten, „Risiken").

10 Durch den Verweis auf Derivategeschäfte im Sinne des § 4 Abs. 3 Satz 2 wird auch klargestellt, dass nicht nur die Verbindlichkeiten, sondern auch die Forderungen aus diesen Derivategeschäften alle Rechte umfasst, die unter demselben **Rahmenvertrag** abgeschlossen wurden, und zwar einschließlich der Rechte aus **Anhängen** und **sonstigen Abreden zum Rahmenvertrag**. Die Struktur ist dabei wie folgt: Derivategeschäfte werden üblicherweise aufgrund eines standardisierten Rahmenvertrags abgeschlossen. Dieser Rahmenvertrag gilt für alle mit einem bestimmten Partner abzuschließenden Derivategeschäfte. Der jeweilige Abschluss des konkreten Einzelgeschäftes erfolgt durch einen Einzelvertrag. Dieser Einzelvertrag

4 B/F/S-M, § 1 KWG Rdn. 225 f.

bildet mit dem korrespondierenden Rahmenvertrag einen einheitlichen Vertrag. Zur Sicherung von Ansprüchen der Pfandbriefbank gegen den Derivatepartner aus dem Derivategeschäft, welches auf oben genannter Vertragskonstruktion abgeschlossen wurde, werden in der Regel Sicherheiten gestellt. Diese Sicherheitenstellung erfolgt – ebenfalls üblicherweise – auf der Grundlage eines ebenfalls standardisierten Besicherungsanhangs, der mit dem Rahmenvertrag ebenso wie der Einzelvertrag einen **einheitlichen Vertrag** bildet. Typischerweise erfolgt die Stellung der Sicherheit durch Vollrechtsübertragung des Sicherungsgegenstandes. Sofern das Derivategeschäft erfüllt wird, ist der Sicherungszweck erledigt, und es entsteht ein Rückgewährsanspruch des Sicherungsgebers auf Rückübertragung. Um alle diese Rechte zu erfassen, stellt § 4 Abs. 3 Satz 2 klar, dass zu den Derivategeschäften im Sinne dieses Gesetzes nicht nur die Ansprüche aus den Derivategeschäften im engeren Sinn gehören, sondern auch alle anderen Rechte, die im Zusammenhang mit Anhängen und weiteren zugehörenden Vereinbarungen begründet wurden einschließlich der Ansprüche auf Rückübertragung des Eigentums an gestellten Sicherheiten.

Die Pfandbriefbank kann ihre Forderungen aus den in § 4 Abs. Abs. 3 Satz 2 genannten Derivaten nur dann in Deckung nehmen, wenn der **Vertragspartner** der Pfandbriefbank in den Kreis der in § 19 Abs. 1 Nr. 4 Satz 1 festgelegten Vertragspartner fällt. Diesen Kreis wird man aus Gründen der Sicherheit der Deckungsmasse als abschließend ansehen müssen. Wegen des Begriffs der **Geeignetheit** des Kreditinstituts wird auf die Kommentierung zu § 4 Abs. 1 Satz 2 Nr. 3 verwiesen. 11

Gemäß § 19 Abs. 1 Nr. 4 Satz 1 muss darüber hinaus **sichergestellt** sein, dass die **Ansprüche der Pfandbriefbank** nach Maßgabe des Rahmenvertrages im Falle der Insolvenz der Pfandbriefbank oder der anderen Deckungsmassen **nicht beeinträchtigt** werden können. Hintergrund dieser Regelung ist folgender: Die standardisierten Rahmenverträge sehen vor, dass in der Insolvenz die Rahmenverträge als gekündigt gelten. Außerdem sehen die Rahmenverträge vor, dass im Falle einer Kündigung aus abgeschlossenen, aber noch nicht erfüllten Derivategeschäften keine Zahlungen erfolgen. Es müssen daher Ersatzgeschäfte abgeschlossen werden und die benachteiligte Partei erhält einen Anspruch auf Schadensersatz. Diese Konsequenz möchte § 19 Abs. 1 Nr. 4 Satz 1 vermeiden und verlangt, dass die Rahmenvereinbarungen Regelungen vorsehen, die diese Konsequenz ausschließen und sicherstellen, dass die Ansprüche der Pfandbriefbank im Falle der Insolvenz der Pfandbriefbank oder der anderen Deckungsmassen nicht beeinträchtigt werden können. Dies wird dadurch erreicht, dass in Bezug auf jede Pfandbriefgattung ein separater standardisierter Rahmenvertrag einschließlich zugehörender Anhänge und weiterer zugehörender Vereinbarungen abgeschlossen wird. Zu diesen Anhängen gehört u.a. ein Deckungsanhang. Dieser Deckungsanhang bezieht sich ebenfalls auf eine bestimmte Pfandbriefgattung und legt unter anderem fest, dass die Insolvenz der Pfandbriefbank für sich genommen kein wichtiger Grund zu einer Kündigung des Rahmenvertrags ist. Außerdem bestimmt der Deckungsanhang, dass im Falle der Insolvenz der Rahmenvertrag nur dann als beendet gilt, wenn sich die Insolvenz auf diejenige Deckungsmasse bezieht, auf die sich auch der Rahmenvertrag bezieht. Dadurch wird sichergestellt, dass die Insolvenz der Pfandbriefbank keinen Einfluss auf die einer bestimmten Pfandbriefgattung zugehörenden Deckungsmasse einschließlich Forderungen aus Derivategeschäften hat, solange diese Deckungsmasse nicht selbst insolvent wird. Dabei versteht es sich von selbst, dass der Deckungsan- 12 hang nur greift, wenn die Derivate auch in Deckung genommen wurden, das heißt im Deckungsregister eingetragen sind.

13 Die Derivategeschäfte selbst dürfen gemäß § 19 Abs. 1 Nr. 4 Satz 2 nur **Risiken** beinhalten, die die Pfandbriefbank auch mit Geschäften über die übrigen nach dem PfandBG zulässigen Deckungswerte eingehen kann. Vor diesem Hintergrund stellt sich die Frage, welche Ansprüche aus welchen Derivategeschäften denn nun konkret in Deckung genommen werden können. Zunächst einmal wird man nur solche Derivategeschäfte einbeziehen können, die in einem einheitlichen standardisierten Rahmenvertrag einschließlich zugehörender Einzelverträge und einschließlich zugehörender Anhänge, insbesondere eines Deckungsanhangs, abgeschlossen wurden. Dies ergibt sich einerseits aus dem Wortlaut des § 4 Abs. 3 Satz 2 und andererseits aus dem Umstand, dass Ansprüche aus Derivategeschäften nur dann nettingfähig sind, wenn sie unter einem einheitlichen Rahmenvertrag abgeschlossen wurden. Darüber hinaus wird man nur solche Derivategeschäfte einbeziehen können, bei denen sich dieser einheitliche Rahmenvertrag ausschließlich auf eine Pfandbriefgattung bezieht. Dies ergibt sich bereits daraus, dass gemäß § 4 Abs. 1 der Deckungsregisterverordnung für jede Pfandbriefbank ein gesondertes Deckungsregister zu führen ist und deshalb die verschiedenen Deckungsmassen entsprechend voneinander getrennt sein müssen. Außerdem besteht ein wesentlicher Grund der Einbeziehung von Ansprüchen aus Derivatengeschäften in die Deckung darin, den Pfandbriefgläubigern im Insolvenzfall der Pfandbriefbank nicht nur den Zugriff auf die einer Pfandbriefgattung zugeordneten Deckungswerte zu sichern, sondern auch die Ansprüche aus Derivategeschäften, die zur Absicherung von Risiken aus diesen Deckungswerten abgeschlossen wurden. Ob man auch solche Ansprüche aus Derivategeschäften in Deckung nehmen kann, die nicht zur Absicherung von Inkongruenzen aus dem Pfandbriefgeschäft abgeschlossen wurden, sondern zur Absicherung von Inkongruenzen aus dem sonstigen Geschäft der Pfandbriefbank, ist zweifelhaft. Dies wird man allenfalls dann bejahen können, wenn es sich bei diesem sonstigen Geschäft der Pfandbriefbank um Geschäfte handelt, aus denen Forderungen resultieren, die zwar nicht in Deckung genommen sind, die aber in Deckung genommen werden könnten. Andernfalls würden diese Geschäfte eben nicht nur solche Risiken beinhalten oder nachbilden, welche die Pfandbriefbank auch mit Geschäften über die übrigen nach diesem Gesetz zulässigen Deckungswerte eingehen kann, sondern auch andere Risiken. Jedenfalls wird man Derivategeschäfte ausschließen müssen, bei denen nicht der Absicherungscharakter im Vordergrund steht, sondern spekulative Erwägungen. Dies ergibt sich aus dem Postulat des Schutzes der Pfandbriefgläubiger. Vom Kreis der deckungsfähigen Ansprüche aus Derivategeschäften sind ausdrücklich ausgeschlossen Optionen, optionsähnliche und andere Derivategeschäfte, wenn diese Geschäfte eine offene Stillhalterposition der Pfandbriefbank begründen. Daraus folgt, dass solche Geschäfte nur dann deckungsrelevant sind, wenn die Pfandbriefbank das Recht auf Ausübung hat.

9. Begrenzung

14 Das Volumen der Ansprüche aus in Deckung genommenen Derivategeschäften ist gemäß § 19 Abs. 1 Nr. 4 Satz 3 sowohl **aktivseitig** als auch **passivseitig** auf maximal 12% begrenzt. Dabei orientiert sich dieser Prozentsatz **aktivseitig am Ge-**

samtbetrag aller Deckungswerte und **passivseitig am Gesamtbetrag aller im Umlauf befindlicher Schiffspfandbriefe**. Durch diese Orientierung wird hinsichtlich der Aktivseite erreicht, dass durch die Indeckungnahme von Derivaten eine erhebliche, vom Gesetzgeber für unangemessen hoch gehaltene Überdeckung geschaffen wird, hinsichtlich der Passivseite wird das Interesse der Pfandbriefgläubiger geschützt, indem der Umfang von Verbindlichkeiten aus deckungsrelevanten Derivategeschäften begrenzt wird. Die Beschränkung der Werte gemäß § 19 Abs. 1 Nr. 4 Satz 3 auf 12% bezieht sich auf den Deckungsgrad von 100%, bezogen auf die Gesamtheit der umlaufenden öffentlichen Pfandbriefe. Die Pfandbriefbank ist aber nicht gehindert, zur Vorhaltung eines besseren Puffers oder aus Ratinggesichtspunkten zusätzlich weitere Werte vorzuhalten, die zur Deckung eines öffentlichen Pfandbriefs geeignet sind.

10. Ausnahmen

Gemäß Abs. 2 kann die Bundesanstalt Ausnahmen von den Begrenzungen des 15
Abs. 1 Nr. 3 und 4 zulassen, wenn die Erlaubnis zum Betreiben des Pfandbriefsgeschäftes erlischt oder wenn die Bundesanstalt diese Erlaubnis aufhebt. In beiden Fällen sind die Deckungsmassen abzuwickeln. Im Rahmen dieser Abwicklung kann es geboten sein, Ausnahmen zuzulassen.[5]

5 BT DS 14/4321, zu § 19.

UNTERABSCHNITT 4
Flugzeugpfandbriefe

§ 26a
Deckungswerte

Zur Deckung für Flugzeugpfandbriefe dürfen nur durch Registerpfandrechte nach § 1 des Gesetzes über Rechte an Luftfahrzeugen oder durch ausländische Flugzeughypotheken gesicherte Darlehensforderungen verwendet werden, soweit sie den Erfordernissen der §§ 26b bis 26f entsprechen. Im Falle einer teilweisen Verwendung einer Darlehensforderung zur Deckung hat die Pfandbriefbank den Vorgang nachvollziehbar zu dokumentieren.

Übersicht

1. Registerpfandrecht

1 Gemäß § 1 des Gesetzes über Rechte an Luftfahrzeugen (LuftFzgG) kann ein Luftfahrzeug zur Sicherung einer Forderung in der Weise belastet werden, dass der Gläubiger berechtigt ist, wegen einer bestimmten Geldsumme Befriedigung aus dem Luftfahrzeug zu suchen. Zur **Bestellung** dieses Pfandrechts ist gemäß § 5 Abs. 1 dieses Gesetzes erforderlich, dass sich der Eigentümer und der Gläubiger über die Bestellung **einigen** und das Registerpfandrecht in das Register für Pfandrechte an Luftfahrzeugen **eingetragen** wird. Die Einzelheiten der Eintragungen ergeben sich aus § 24 LuftFzgG. Danach müssen der Gläubiger, der Geldbetrag der Forderung und, wenn die Forderung verzinslich ist, der Zinssatz und, wenn andere Nebenleistungen zu entrichten sind, deren Geldbetrag eingetragen werden. Wird das Registerpfandrecht für das Darlehen einer Kreditanstalt eingetragen, deren Satzung von der zuständigen Behörde öffentlich bekannt gemacht worden ist, so genügt zur Bezeichnung der außer den Zinsen satzungsgemäß zu entrichtenden Nebenleistungen die Bezugnahme auf die Satzung. Die Bestellung eines Registerpfandrechts an einem **Eigentumsbruchteil** ist dann zulässig, wenn dieser Bruchteil mit dem Bruchteil eines Eigentümers identisch ist. Grundsätzlich können mehrere Registerpfandrechte an ein und demselben Luftfahrzeug bestellt werden, wobei sich der Rang dieser Pfandrechte untereinander gemäß § 25 LuftFzgG nach der Reihenfolge der Eintragungen richtet. Eine Ausnahme besteht aber dann, wenn bereits ein Registerpfandrecht im Wege der Zwangsvollstreckung oder der Arrestvollziehung eingetragen wurde. In diesem Fall ist gemäß § 7 LuftFzgG die Bestellung eines weiteren Registerpfandrechtes unzulässig. Das Registerpfandrecht ist streng akzessorisch. Es ist vom Bestand der Darlehensforderung abhängig und kann auch nicht ohne die Darlehensforderung übertragen werden.[1] Gemäß § 78 LuftFzgG ist das Amtsgericht Braunschweig als **Registergericht** zuständig. Die **internationale gegenseitige Anerken-**

1 BT DS 16/11130 S. 38 zu § 26a (neu).

nung von Registerpfandrechten an Flugzeugen und von Flugzeughypotheken richtet sich zunächst nach dem internationalen Privatrecht desjenigen Staates, in dem die Sicherungsrechte durchgesetzt werden sollen. Neben diesen nationalen Regelwerken gibt es verschiedene internationale Abkommen, die die wechselseitige zwischenstaatliche Anerkennung regeln, nämlich das Chicago-Abkommen, das Genfer Pfandrechtsabkommen und die Kapstadt-Konvention.[2]

2. Indeckungnahme eines Darlehensteils

§ 26a Satz 2 erlaubt es, eine Darlehensforderung nur in dem Umfang in Deckung 2
zu nehmen, wie die Beleihungsvorschriften erfüllt sind.[3] Dieser Vorgang muss nachvollziehbar dokumentiert werden, um sowohl dem Treuhänder als auch der Bundesanstalt eine Kontrolle zu ermöglichen.[4]

§ 26b
Beleihungsgrenze

(1) Die Beleihung ist auf Flugzeuge im Sinne des § 1 Abs. 2 Satz 1 Nr. 1 des Luftverkehrsgesetzes beschränkt, die in einem öffentlichen Register eingetragen sind.

(2) Die Beleihung darf die ersten 60 Prozent des von der Pfandbriefbank auf Grund einer Wertermittlung nach § 26d festgesetzten Wertes des Flugzeuges (Flugzeugbeleihungswert) nicht übersteigen. Es ist durch geeignete Maßnahmen sicherzustellen, dass sich das Registerpfandrecht oder die ausländische Flugzeughypothek auch auf die Triebwerke erstreckt. Umregistrierungen von Flugzeugen und sich daraus ergebende Auswirkungen auf das Registerpfandrecht oder die ausländische Flugzeughypothek sind zu überwachen; die fortlaufende Erfüllung der Anforderungen nach Absatz 4 ist durch geeignete Maßnahmen sicherzustellen. Die Beleihung darf nur durch Gewährung von Abzahlungsdarlehen erfolgen, wobei die Abzahlung des Darlehens in der Regel gleichmäßig auf die einzelnen Jahre zu verteilen ist; die Vereinbarung sich ermäßigender Tilgungsraten ist unschädlich. Wird für ein Darlehen vereinbart, dass dieses bis zum Ende der Darlehenslaufzeit nicht vollständig durch Abzahlungsraten nach Satz 4, sondern zusätzlich durch eine am Ende der Darlehenslaufzeit zu erbringende Schlussrate zu tilgen ist, gilt dies nicht als Fall ungleichmäßiger Abzahlung, wenn die Schlussrate den Betrag nicht übersteigt, der bei Zugrundelegung der für das Darlehen vereinbarten gleichmäßigen Abzahlung bis zum Ende des 20. Lebensjahres des Flugzeuges zurückgezahlt werden könnte. Die Bundesanstalt kann in Einzelfällen weitere Ausnahmen von den Vorschriften der Sätze 1 und 4 zulassen, wenn die Eigenart des zu beleihenden Flugzeuges, die wirtschaftlichen Verhältnisse des Dar-

---

2 BT DS 16/11130 S. 38 zu § 26a (neu).
3 Vgl. auch § 14 und § 5 Abs. 1a.
4 BT DS 16/11130 S. 36, dort für Schiffspfandrechte.

lehensschuldners oder zusätzliche Sicherheiten sie gerechtfertigt erscheinen lassen.

(3) Die Beleihung darf höchstens bis zum Ende des 20. Lebensjahres des Flugzeuges reichen, es sei denn, dass eine geringere Lebensdauer zu erwarten ist. Die Bundesanstalt kann darüber hinaus unter den Voraussetzungen des Absatzes 2 Satz 6 weitere Ausnahmen zulassen. Eine dem Darlehensnehmer gewährte Stundung, die zur Folge haben würde, dass die zulässige Höchstdauer des Beleihungszeitraums überschritten wird, ist nur mit Zustimmung des Treuhänders zulässig.

(4) Die Beleihung von Flugzeugen, die im Ausland registriert sind, ist zulässig, wenn nach dem Recht des Staates, in dessen Register das Flugzeug eingetragen ist,

1. **an Flugzeugen ein dingliches Recht bestellt werden kann, das in ein öffentliches Register eingetragen wird,**
2. **das dingliche Recht dem Gläubiger eine dem Registerpfandrecht des deutschen Rechts vergleichbare Sicherheit, insbesondere das Recht gewährt, wegen der gesicherten Darlehensforderung Befriedigung aus dem Flugzeug zu suchen, und**
3. **die Rechtsverfolgung für Gläubiger, die einem anderen Staat angehören, gegenüber den eigenen Staatsangehörigen nicht wesentlich erschwert ist.**

Der Gesamtbetrag der Beleihungen nach Satz 1 außerhalb der Mitgliedstaaten der Europäischen Union, bei denen nicht sichergestellt ist, dass sich das Vorrecht der Flugzeugpfandbriefgläubiger nach § 30 Abs. 1 auf die Forderungen der Pfandbriefbank aus diesen Beleihungen erstreckt, darf 20 Prozent des Gesamtbetrages der Forderungen, bei denen das Vorrecht sichergestellt ist, nicht übersteigen. Sieht das Recht des Staates, in dessen Register das Flugzeug eingetragen ist, vor, dass das dingliche Recht ohne Eintragung in ein öffentliches Register entsteht, zur Sicherung der Rechte des Gläubigers Dritten gegenüber aber in ein solches Register eingetragen werden kann, so ist die Beleihung nur mit der Maßgabe zulässig, dass die Pfandbriefbank die Eintragung in das öffentliche Register unverzüglich herbeiführt. Die Beleihung ist regelmäßig nur zur ersten Stelle zulässig; Absatz 2 Satz 4 gilt entsprechend.

(5) Die eingetragenen Deckungswerte erstrecken sich auch auf alle Forderungen, deren Inhaber die Pfandbriefbank ist und die auf die wirtschaftliche Substanz des Flugzeuges gerichtet sind, insbesondere Forderungen, auf die sich das Registerpfandrecht nach den §§ 31 und 32 des Gesetzes über Rechte an Luftfahrzeugen oder die ausländische Flugzeughypothek erstrecken würde, sowie Miet- und Pachtforderungen, Forderungen auf die Übertragung des Flugzeuges und Forderungen auf Auskehr des Erlöses einer Verwertung.

Übersicht

1. Flugzeuge

Gemäß § 1 Abs. 2 Nr. 1 des Luftverkehrsgesetzes (LuftVG) sind folgende Luftfahrzeuge keine Flugzeuge und damit auch keine zulässigen Deckungswerte: Drehflügler (Hubschrauber), Luftschiffe, Segelflugzeuge, Motorsegler, Frei- oder Fesselballone, Drachen, Rettungsfallschirme, Flugmodelle, Luftsportgeräte, Raumfahrzeuge, Raketen und sonstige für die Benutzung des Luftraums bestimmte Geräte, sofern diese sonstigen Geräte in Höhen von mehr als 30 Metern betrieben werden können. 1

2. Öffentliches Register

Die Flugzeuge müssen gemäß § 26b Abs. 1 in einem öffentlichen Register eingetragen sein. In der Bundesrepublik Deutschland ist dieses Öffentliche Register die **Luftfahrzeugrolle**. Diese Luftfahrzeugrolle wird im Luftfahrtbundesamt in Braunschweig geführt und gilt für das gesamte Bundesgebiet. Gemäß § 14 Abs. 1 der Luftverkehrszulassungsordnung (LuftVZO) sind Flugzeuge bei der Verkehrszulassung von Amts wegen in die Luftfahrzeugrolle einzutragen. Vor der Zulassung zum Verkehr können Flugzeuge dann in die Rolle eingetragen werden, wenn ein berechtigtes Interesse glaubhaft gemacht wird. Ein berechtigtes Interesse liegt beispielsweise vor, wenn die Eintragung für die Finanzierung notwendig ist.[1] 2

3. Beleihung

Gemäß Abs. 2 Satz 1 darf die Beleihung die ersten 60% des nach § 26d festgesetzten Beleihungswertes des Flugzeuges nicht übersteigen.[2] 3

4. Triebwerke

Gemäß §§ 31 und 32 LuftfzRG erstreckt sich das Registerpfandrecht an Flugzeugen auf Zubehör, Versicherung und Bestandteile. Während es bei Rumpf, Tragflächen und Leitwerk anerkannt ist, dass sie Bestandteile eines Flugzeugs sind, ist dies bei den Triebwerken nicht der Fall. Diesem Umstand trägt Abs. 2 Satz 2 Rechnung, indem dieser Absatz die Sicherstellung dieser Erstreckung durch geeignete Maßnahmen verlangt.[3] Eine solche geeignete Maßnahme kann beispielsweise ein Vertrag sein. 4

5. Umregistrierungen

Im Gegensatz zu Schiffen werden Flugzeuge grundsätzlich in ein anderes nationales Flugzeugregister umregistriert, wenn bei einem Halterwechsel der neue Halter in einem anderen Staat beheimatet ist. Ausnahmen bestehen dann, wenn zwischen den betreffenden Staaten entsprechende Abkommen bestehen. In diesem Falle er- 5

1 Schölermann/Schmid-Burgk, WM 1990, 1139.
2 Vgl. § 14.
3 BT DS 16/11130, zu § 26b (neu).

folgt lediglich eine Übertragung der Aufsichtsbefugnisse über das Flugzeug auf den Heimatstaat des neuen Halters. Erfolgt jedoch eine Umregistrierung, so wechselt dadurch auch die Staatszugehörigkeit des Flugzeugs. Dies hat zur Folge, dass eine neue Flugzeughypothek nach den Gesetzen des neuen Registrierungsstaates bestellt werden muss.[4]

6. Schlussraten

6 Gemäß Abs. 2 Satz 4 ist die Vereinbarung von Schlussraten zulässig. Voraussetzung ist allerdings, dass die Schlussrate nicht denjenigen Betrag übersteigt, der bei Zugrundelegung der für das Darlehen vereinbarten gleichmäßigen Abzahlung bis zum Ende des 20. Lebensjahres zurückgezahlt werden könnte. Die Schlussrate darf also nicht höher sein als die Summe aller auf der Basis der tatsächlich vereinbarten Tilgungsleistungen gezahlten Tilgungen, die bei einem hypothetisch unterstellten Zahlungszeitraum von 20 Jahren hätten gezahlt werden können. Aus der Gesetzesbegründung geht hervor, dass die Vereinbarung einer Schlussrate dann zulässig sein soll, wenn die Kreditrückführung durch die Schlussrate gegenüber einem „normalen" Abzahlungsdarlehen bis zum 20. Lebensjahr nicht beeinträchtigt wird und es sich bei dem Darlehen im übrigen, d.h. mit Ausnahme der Schlussrate, um ein Abzahlungsdarlehen handelt.[5]

7. Im Ausland registrierte Flugzeuge

7 Abs. 4 stellt im Ausland registrierte Flugzeuge unter den dort genannten Voraussetzungen im Inland registrierten Flugzeugen gleich. Ob die im Abs. 4 genannten Voraussetzungen erfüllt sind wird die Pfandbriefbank im Regelfalle nicht überprüfen können. In diesem Falle kann angeraten werden, das Rechtsgutachten einer international anerkannten Rechtsanwaltskanzlei einzuholen, welche sowohl im Inland als auch im betreffenden Ausland vertreten ist und auf dem Gebiet der Flugzeugfinanzierung erfahren ist. Auf jeden Fall ist eine Abstimmung mit der Bundesanstalt zu empfehlen.

8. Kontingentierung

8 Wegen der Kontingentierung des Abs. 4 Satz 2 wird auf die Ausführungen zu § 13 verwiesen. Die Differenz des in § 13 genannten Prozentsatzes von 10% zu dem in Abs. 4 Satz 2 genannten Prozentsatz von 20% ergibt sich daraus, dass im Flugzeugfinanzierungsgeschäft seit langer Zeit ein hoher Anteil von Beleihungen nicht im europäischen Ausland registrierter Flugzeuge üblich ist.[6] Die aus dieser Übung resultierenden Erfahrungen rechtfertigen wohl die Privilegierung der Kontingentierung gemäß § 26b Abs. 4 Satz 2 im Vergleich zur Kontingentierung gemäß § 13 Abs. 1 Satz 2.

---

4 BT DS 16/11130, zu § 26b (neu).
5 BT DS 15/4321, zu § 22, dort für Schiffspfandbriefe.
6 Vgl. BT DS 15/4321, zu § 26b (neu) mit Verweis auf die Begründung zu § 22.

9. Erstreckung der Deckungswerte

Die Erstreckung der Deckungswerte auf alle Forderungen, deren Inhaber die Pfandbriefbank ist und die auf die wirtschaftliche Substanz des Flugzeuges gerichtet sind, dient der Stärkung des Flugzeugpfandbriefes. Zur wirtschaftlichen Substanz eines Flugzeuges gehören nicht nur die in den §§ 31 und 32 des Gesetzes über Rechte Luftfahrzeugen genannten Werte, also Zubehör, Bestandteile und die Flugzeugversicherung, sondern auch alle anderen auf die Substanz des Flugzeugs gerichteten Forderungen. Soweit ausländisches Recht betroffen ist, muss sichergestellt sein, dass Abs. 5 auch nach diesem ausländischen Recht durchgreift. Sofern das jeweilige ausländische Recht keine klaren Regelungen enthält, kommt der Abschluss entsprechender Vereinbarungen auf vertraglicher Basis in Frage. 9

§ 26c
Versicherung

(1) Das Flugzeug muss während der gesamten Dauer der Beleihung zumindest in Höhe von 110 Prozent der jeweiligen ausstehenden Darlehensforderungen zuzüglich eventueller vor- oder gleichrangiger Registerpfandrechte Dritter entsprechend den Geschäftsbedingungen der Pfandbriefbank versichert sein. Der Versicherer muss sich verpflichtet haben, der Pfandbriefbank gegenüber Einwendungen in Bezug auf leistungsbefreiendes Verhalten des Versicherungsnehmers oder des Versicherten nach § 36 Satz 1 des Gesetzes über Rechte an Luftfahrzeugen oder bei Beleihung von im Ausland registrierten Flugzeugen die entsprechenden Einwendungen nicht zu erheben.

(2) Die Pfandbriefbank hat die Beleihung dem Versicherer unverzüglich anzuzeigen.

(3) Soweit der Versicherer auf Grund der nach Absatz 1 übernommenen Verpflichtung die Pfandbriefbank befriedigt, geht das Registerpfandrecht auf ihn über. Der Übergang kann nicht zum Nachteil der Pfandbriefbank oder eines gleich- oder nachstehenden Registerpfandrechtsgläubigers, demgegenüber die Verpflichtung des Versicherers zur Leistung bestehen geblieben ist, geltend gemacht werden.

(4) Erstreckt sich die Registerpfandrecht nicht kraft Gesetzes auf die Versicherungsforderung, ist die Beleihung nur zulässig, wenn die Pfandbriefbank durch Vertrag eine entsprechende Sicherheit erhält.

Übersicht

1. Dauer der Beleihung

Abs. 1 Satz 1 verlangt, dass das Flugzeug während der gesamten Dauer der Beleihung versichert sein muss. Um Fristenprobleme auszuschalten ist anzuraten, dass 1 die Laufzeit der Versicherung jedoch über die Laufzeit der Beleihung hinausgeht. Gerade wenn im Darlehensvertrag eine Schlussrate vorgesehen ist, sollte die Pfandbriefbank darauf achten, dass sie Ausfälle auch am Ende der Beleihung noch bei der Versicherung geltend machen kann und sich für diese Geltendmachung eine angemessene Nachlauffrist sichern.

2. Versicherungssumme

2 Der Satz von 110% entspricht den Usancen des internationalen Flugzeugkreditgeschäfts. Dieser Prozentsatz muss sich auf die jeweils ausstehende Darlehensforderung zuzüglich eventuell bestehender vor- oder gleichrangiger Flugzeughypotheken Dritter beziehen. Da wegen § 26b Abs. 2 Flugzeuge nur mit Abzahlungsdarlehen finanziert werden dürfen, folgt daraus, dass die Versicherungssumme absolut gesehen entsprechend der Tilgung des Darlehens abnehmen darf. Der Satz von 110% muss allerdings erhalten bleiben. Der 10-% Sicherheitszuschlag auf die Darlehensforderung wird für ausreichend gehalten, um gegebenenfalls rückständige Zinsen und Nebenkosten abdecken zu können.1

3. Ausschluss von Einwendungen

3 Hinsichtlich der von Abs. 1 Satz 2 geforderten Erklärung des Versicherers, die dort genannten Einwendungen der Pfandbriefbank gegenüber nicht zu erheben, wird man wohl Schriftform fordern müssen. Außerdem darf die Verpflichtung des Versicherers nicht unter einer Bedingung stehen, widerruflich sein oder auf andere Weise nachträglich verkürzbar oder gar abdingbar sein. Nicht ausreichend ist es, wenn die Einwendungen – etwa aus Rechtsgründen – von vorneherein nicht bestehen können. Auch in diesem Fall verlangt Abs. 1 Satz 2 eine ausdrückliche Erklärung des Versicherers. Es ist auch nicht ausreichend, dass der Versicherer der Pfandbriefbank gegenüber bescheinigt, dass Einwendungen nicht bestehen. Die Verpflichtungserklärung muss in jedem Falle daraufhin lauten, Einwendungen gegenüber der Pfandbriefbank nicht geltend zu machen.

4. Erstreckung des Registerpfandrechts auf die Versicherungsforderung

4 Gemäß § 32 LuftfzgG erstreckt sich bei inländischen Flugzeugen das Registerpfandrecht bereits kraft Gesetzes auf die Versicherungsforderung.

5 Sofern ausländisches Recht betroffen ist, muss dieses ausländische Recht entweder eine inhaltsgleiche Regelung enthalten oder aber wenigstens der vertraglichen Vereinbarung einer inhaltsgleichen Regelung nicht entgegenstehen.

1 BT DS 16/11130, zu § 26b.

§ 26d
Beleihungswertermittlung

(1) Die als Grundlage für die Festsetzung des Flugzeugbeleihungswertes dienende Wertermittlung ist von einem von der Kreditentscheidung unabhängigen Gutachter vorzunehmen, der über die hierzu notwendige Berufserfahrung sowie über die notwendigen Fachkenntnisse für Flugzeugbeleihungswertermittlungen verfügen muss.

(2) Der Flugzeugbeleihungswert darf den Wert nicht überschreiten, der sich im Rahmen einer vorsichtigen Bewertung der zukünftigen Verkäuflichkeit des Flugzeugs und unter Berücksichtigung der langfristigen, nachhaltigen Merkmale des Objekts, der Marktgegebenheiten sowie der derzeitigen und möglichen anderweitigen Nutzungen ergibt. Spekulative Elemente dürfen dabei nicht berücksichtigt werden. Der Flugzeugbeleihungswert darf einen auf transparente Weise und nach einem anerkannten Bewertungsverfahren ermittelten Marktwert nicht übersteigen. § 16 Abs. 2 Satz 4 gilt entsprechend.

(3) Das Bundesministerium der Finanzen wird ermächtigt, im Einvernehmen mit dem Bundesministerium der Justiz durch Rechtsverordnung, die nicht der Zustimmung des Bundesrates bedarf, Einzelheiten der Methodik und Form der Flugzeugbeleihungswertermittlung sowie die Mindestanforderungen an die Qualifikation des Gutachters zu bestimmen. Vor Erlass der Rechtsverordnung sind die Spitzenverbände der Kreditwirtschaft anzuhören. Das Bundesministerium der Finanzen kann diese Ermächtigung durch Rechtsverordnung auf die Bundesanstalt für Finanzdienstleistungsaufsicht übertragen.

Übersicht

1. Unabhängiger Gutachter

Grundsätzlich kann die Pfandbriefbank frei darüber entscheiden, ob sie externe 1 oder interne Gutachter einschaltet. Der Gutachter darf jedoch nichts mit der **Kreditentscheidung** zu tun haben. Personenverschiedenheit zwischen dem Gutachter und demjenigen Sachbearbeiter, der über die Kreditvergabe entscheidet, ist notwendig aber nicht ausreichend. Die berufliche Anerkennung und die beruflichen Perspektiven dürfen in keiner Weise von der konkreten Kreditvergabe oder dem Volumen der Kreditvergaben insgesamt und schon gar nicht von Provisionen beeinflusst werden können. Die **Objektivität** des Gutachters darf auch nicht durch persönliche gruppendynamische Prozesse, wie sie in Abteilungen üblich sind, gefährdet werden. Aus diesen Gründen formuliert § 8 Abs. 1 der Flugzeugbeleihungswertermittlungsverordnung im Hinblick sowohl auf externe als auch in Bezug auf interne Gutachter wie folgt: *Der Gutachter muss sowohl vom Kreditaquisitions- und Kreditentscheidungsprozess als auch von Vermittlung, Verkauf, Vermietung und Vercharterung des zu bewertenden Flugzeugs unabhängig sein. Er darf nicht in einem verwandtschaftlichen, sonstigen rechtlichen oder wirtschaftlichen Verhältnis zum Darlehensnehmer stehen, und er darf kein eigenes Interesse am Ergebnis des Gutachtens haben. Der Gutachter darf* *auch nicht den Beleihungswert festsetzen oder den Kredit bearbeiten.* Für den Fall, dass die Pfandbriefbank das Gutachten durch interne Gutachter selbst erstellt, müssen neben den oben in § 8 Abs. 1 der Flugzeugbeleihungswertermittlungsverordnung dargestellten Anforderungen zusätzlich auch die in § 8 Abs. 2 dieser Verordnung festgelegten Anforderungen erfüllt sein. Diese Anforderungen bestehen darin, dass der bei der Pfandbriefbank angestellte Gutachter entweder direkt der Geschäftsleitung unterstellt ist oder einer Gutachtereinheit angehört, die direkt der Geschäftsleitung unterstellt ist. Dabei darf der Geschäftsbereich, für den der Geschäftsleiter verantwortlich ist, nichts mit der Anbahnung von Flugzeugkreditgeschäften zu tun haben. Flugzeugkreditgeschäfte dürfen in diesem Geschäftsbereich auch nicht zum Gegenstand des einzigen Votums gemacht werden.

2. Fachkenntnisse/Berufserfahrung

2 Der Gutachter muss über die notwendigen Fachkenntnisse sowie über die notwendige **Berufserfahrung auf dem Gebiet der Bewertung von Flugzeugen** verfügen. Gemäß § 7 der Flugzeugbeleihungswertermittlungsverordnung muss sich die Pfandbriefbank vom Vorliegen dieser Qualifikationen überzeugen. Sie hat sich dabei an der Ausbildung und der bisherigen Tätigkeit des Gutachters zu orientieren. Diese bisherige Tätigkeit muss langjährig gewesen sein und sich insbesondere auf die Erstellung von **Beleihungswertgutachten für Flugzeuge** erstreckt haben. Er muss auch in der Lage sein, den **Flugzeugmarkt** einschätzen zu können. Wenn der Gutachter die Flugzeugbesichtigung nicht selbst vornimmt, ist eine entsprechende technische oder ingenieurmäßige Ausbildung entbehrlich.

3. Beleihungswert/Marktwert

3 Abs. 2 hat die Bedeutung einer Generalklausel für die Flugzeugbeleihung. Es werden diejenigen Merkmale festgelegt, die bei der **Ermittlung des Beleihungswertes** Berücksichtigung finden dürfen. Die Einbeziehung **spekulativer Elemente** in die Bewertung wird in Satz 2 **ausgeschlossen**. Gemäß Satz 3 darf der Beleihungswert den Markwert nicht übersteigen. Über den Verweis in Satz 4 auf § 16 Abs. 2 Satz 4 wird festgelegt, was unter Marktwert zu verstehen ist. Danach ist Marktwert der geschätzte Betrag, für welchen ein Beleihungsobjekt am Bewertungsstichtag zwischen einem verkaufsbereiten Verkäufer und einem kaufbereiten Erwerber, nach angemessenem Vermarktungszeitraum, in einer Transaktion im gewöhnlichen Geschäftsverkehr verkauft werden könnte, wobei jede Partei mit Sachkenntnis, Umsicht und ohne Zwang handelt. Konkretisiert wird Abs. 2 durch die Flugzeugbeleihungswertermittlungsverordnung, die die Bundesanstalt auf der Grundlage des Abs. 3 verordnet hat.[1]

4. Ermächtigungsgrundlage

4 Das Bundesfinanzministerium hat von der Ermächtigungsgrundlage des § 26d Abs. 3 Gebrauch gemacht und am 20. April 2009 die „Verordnung über die Ermitt-

1 BT DS 15/4321, zu § 24.

lung der Beleihungswerte von Flugzeugen nach § 26d Abs. 1 und 2 des Pfandbriefgesetzes“ **(Flugzeugbeleihungswertermittlungsverordnung – FlugBelWertV)** erlassen. Diese Beleihungswertermittlungsverordnung konkretisiert die Absätze 1 und 2 des § 26d. Dabei vereinheitlicht sie die Grundsätze der Beleihungswertermittlung für alle Pfandbriefbanken.

§ 26e
Abzahlungsbeginn

Der Beginn der Abzahlung darf für einen Zeitraum, der die Dauer von zwei Jahren nicht übersteigt, hinausgeschoben werden; mit Genehmigung der Bundesanstalt kann dieser Zeitraum für einzelne Darlehensforderungen aus besonderen Gründen bis zu fünf Jahren verlängert werden.

Maximale Verschiebung

§ 26e ist im Zusammenhang mit § 26b Abs. 3 Satz 1 bis 3 zu lesen. Grundsätzlich 1
darf durch die Verschiebung des Beginns der Abzahlung die in § 26b Abs. 3 Satz 1 festgelegte **maximale Beleihungsdauer** bis zum Ende des 20. Lebensjahres des Flugzeugs nicht überschritten werden. Eine Ausnahme besteht gemäß § 26b Abs. 3 Satz 3 dann, wenn der Treuhänder der Verlängerung der maximalen Beleihungsdauer zustimmt. Er wird sich bei der Erteilung seiner Zustimmung nicht auf kredittechnische Erwägungen stützen können, sondern sich ausschließlich an der Sicherheit des Deckungswertes orientieren. Daraus folgt, dass er seine Zustimmung nur dann erteilen wird, wenn ihm durch ein Gutachten bescheinigt wird, dass der Beleihungszeitraum unter Berücksichtigung des Zeitraumes der Stundung die Lebensdauer des Flugzeugs nicht erreicht. Dabei wird noch eine angemessene Zeit als Sicherheitspuffer zu berücksichtigen sein.[1]

§ 26f
Weitere Deckungswerte

(1) Die in § 26a Satz 1 vorgeschriebene Deckung kann auch erfolgen

1. **durch Schuldversprechen oder Schuldanerkenntnisse im Sinne der §§ 780 und 781 des Bürgerlichen Gesetzbuchs, die durch Registerpfandrechte gesichert sind, sofern ihnen Darlehensforderungen zugrunde liegen, die den in den §§ 26b bis 26d bezeichneten Erfordernissen entsprechen; soweit die Darlehensforderungen den vorgenannten Erfordernissen nur teilweise entsprechen, können sie nur in diesem Umfang zur Deckung verwendet werden; § 21 Satz 2 gilt entsprechend;**
2. **durch Werte der in § 19 Abs. 1 Nr. 1 bezeichneten Art;**

1 Vgl. auch § 25 „Maximal Verschiebung“ und zu § 22, „Beleihungsdauer“.

3. bis zu 10 Prozent des Gesamtbetrages der im Umlauf befindlichen Flugzeugpfandbriefe durch Werte der in § 4 Abs. 1 Satz 2 Nr. 1 und 2 bezeichneten Art sowie durch Geldforderungen gegen die Europäische Zentralbank, gegen Zentralbanken der Mitgliedstaaten der Europäischen Union oder gegen geeignete Kreditinstitute im Sinne des § 4 Abs. 1 Satz 2 Nr. 3, sofern die Höhe der Forderungen der Pfandbriefbank bereits beim Erwerb bekannt ist; der Anteil an Geldforderungen gegen ein und dasselbe Kreditinstitut darf nicht höher als 2 Prozent des Gesamtbetrages der in Halbsatz 1 genannten Flugzeugpfandbriefe sein;

4. bis zu insgesamt 20 Prozent des Gesamtbetrages der im Umlauf befindlichen Flugzeugpfandbriefe durch Werte der in § 20 Abs. 1 bezeichneten Art, sofern es sich um Schuldverschreibungen handelt; die in Nummer 3 genannten Deckungswerte sind anzurechnen;

5. durch die in § 19 Abs. 1 Nr. 4 genannten Werte unter den dort genannten Voraussetzungen und Begrenzungen mit der Maßgabe, dass an die Stelle des Gesamtbetrages der im Umlauf befindlichen Hypothekenpfandbriefe der Gesamtbetrag der im Umlauf befindlichen Flugzeugpfandbriefe tritt.

(2) Im Falle des § 2 Abs. 3 kann die Bundesanstalt Ausnahmen von den Begrenzungen des Absatzes 1 Nr. 3 und 4 zulassen.

Übersicht

1. Allgemeines

1 Die in § 26f abschließend aufgeführten weiteren Deckungswerte stehen den in § 26a genannten Deckungswerten, also den Registerpfandrechten an Flugzeugen oder ausländischen Flugzeughypotheken vollkommen gleich. Sie können daher nicht nur als Ersatz für diese Deckungswerte eingesetzt werden, sondern auch im Zuge der Neuemission von Pfandbriefen.[1] Die Zulässigkeit der weiteren Deckungswerte verschafft der Pfandbriefbank eine größere Flexibilität, als sie bei der Beschränkung auf Registerpfandrechte an Flugzeugen oder ausländischen Flugzeughypotheken hätte. Beispielsweise kann sich das Volumen der zur Deckung zur Verfügung stehenden Flugzeuge anders entwickeln als das Volumen der umlaufenden Pfandbriefe. Diese divergierende Entwicklung kann schon im Rahmen der Kalkulation einer Pfandbriefemission beginnen. In diesem Falle könnte die Deckungskongruenz dadurch gefährdet werden, dass die Pfandbriefbank auf die Beschaffung

1 Vgl. auch Bellinger/Kerl, § 6 Anm. 30.

weiterer Registerpfandrechte oder ausländischer Hypotheken an Flugzeugen angewiesen ist und diese Beschaffung aufgrund der Marktlage nicht in vollem Maße möglich ist. Es könnte auch der Fall eintreten, dass die Beschaffung weiterer Hypotheken nur zu ungünstigen Konditionen möglich ist. Die Begrenzungen der weiteren Deckungswerte in § 26f Abs. 1 Nr. 3 bis 5 beziehen sich auf den Gesamtbetrag aller im Umlauf befindlichen Flugzeugpfandbriefe.

2. Schuldversprechen oder Schuldanerkenntnis

§ 780 BGB regelt das **abstrakte** Schuldversprechen. § 781 BGB regelt das **abstrakte** Schuldanerkenntnis. Sowohl in Bezug auf das Schuldversprechen als auch in Bezug auf das Schuldanerkenntnis bedeutet der Begriff der Abstraktheit, dass eine **Leistungspflicht** begründet wird, die **von einem zugrundeliegenden Rechtsgeschäfte völlig losgelöst** ist. Dies bedeutet, dass Einwendungen und Einreden aus einem in der Regel bestehenden Grundgeschäft in keiner Weise auf das Schuldanerkenntnis einwirken können. Ein Schuldversprechen bzw. ein Anerkenntnis ist nur dann abstrakt, wenn es einen selbstständigen Schuldgrund erzeugt. Demgegenüber liegt Abstraktheit nicht vor, wenn nur auf einen bereits bestehenden Schuldgrund Bezug genommen werden soll. Ob ein Schuldversprechen oder ein Schuldanerkenntnis abstrakt ist oder nicht, ist aus der inhaltlichen Gestaltung zu entnehmen. Eine Formulierung wie zum Beispiel „ich verpflichte mich hiermit zu zahlen" deutet auf ein abstraktes Schuldversprechen hin. Demgegenüber lässt die Formulierung „ich anerkenne zu schulden" zunächst einmal die Auslegung zu, dass das Anerkenntnis auf eine bereits bestehende Verbindlichkeit Bezug nimmt und damit letztlich nur Beweiszwecken dient.[2] Dies wiederum hätte zur Folge, dass Einwendungen und Einreden aus dem Grundgeschäft, auf das Bezug genommen wurde, auf das Schuldanerkenntnis durchschlagen würden. Um Auslegungsschwierigkeiten zu vermeiden ist anzuraten, dass sowohl in Bezug auf das Schuldversprechen als auch in Bezug auf das Schuldanerkenntnis ausdrücklich auf die Abstraktheit hingewiesen wird. Dies allein wird allerdings in vielen Fällen nicht ausreichen. Deshalb sollte darüber hinaus **ausdrücklich** festgehalten werden, **dass die Urkunde selbst den Schuldgrund erzeugt und Einwendungen und Einreden aus Grundgeschäften der Verpflichtung aus der Schuldurkunde nicht entgegengehalten werden können**. Sowohl das abstrakte Schuldverhältnis als auch das abstrakte Schuldanerkenntnis müssen **auf die Zahlung von Geld** gerichtet sein. Andernfalls bestünde ein zusätzliches Marktpreisrisiko, durch welches der Schutz der Pfandbriefgläubiger zusätzlich gefährdet wäre. 2

3. Werte der in § 19 Abs. 1 Nr. 1 genannten Art

Bei diesen Werten handelt es sich um **Inhaberschuldverschreibungen,** die in **Ausgleichsforderungen** umgewandelt wurden. Hintergrund ist die Einführung der Deutschen Mark West in dem Gebiet der ehemaligen DDR. Im Zuge dieser Währungsumstellung erstellten Geldinstitute, die vor dem 1. Juli 1990 im Währungsge- 3

2 Bamberger/Roth, § 780 BGB Rdn. 1 ff.

biet der Deutschen Mark Ost befugt Bankgeschäfte betrieben haben, und Außenhandelsunternehmen, die vor dem 1. Juli 1990 im Währungsgebiet der Deutschen Mark Ost im Auftrag staatlicher Stellen bestimmte Geschäfte mit Unternehmen oder Ländern außerhalb des Währungsgebietes der Deutschen Mark Ost betrieben hatten, eine Schlussbilanz in der Währung der Deutschen Mark Ost und eine Eröffnungsbilanz in der Deutschen Mark West. Diese Bilanzen wurden von der Bundesanstalt (damals noch Bundesaufsichtsamt für das Kreditwesen) daraufhin überprüft, ob Vermögenswerte und Verbindlichkeiten nach dem D-Markbilanzgesetz umgestellt worden waren. Sofern die Umstellung korrekt war, wurde sie von der Bundesanstalt bestätigt. Die Bundesanstalt teilte den Geldinstituten beziehungsweise Außenhandelsbetrieben Forderungen gegen den Ausgleichsfonds Währungsumstellung zu. Die Höhe dieser Forderungen richtete sich nach bestimmten Kriterien, die in § 4 der Verordnung über die Bestätigung der Umstellungsrechnung und das Verfahren der Zuteilung und des Erwerbs von Ausgleichsforderungen (BUZAV) festgelegt sind. Diese Forderungen können gemäß § 8 Abs. 2 dieser Verordnung auf Antrag der Gläubiger in **Inhaberschuldverschreibungen** umgewandelt werden, deren Emittentin der Ausgleichsfonds Währungsumstellung ist. Der Ausgleichsfonds Währungsumstellung ist eine Anstalt des öffentlichen Rechts mit eigener Rechtspersönlichkeit.

4. Werte der in § 4 Abs. 1 Satz 2 Nr. 1 und 2 genannten Art

4 Bei den in § 4 Abs. 1 Satz 2 Nr. 1 und 2 genannten Werten handelt es sich um bestimmte, dort näher genannte Werte, aus denen auch die sichernde Überdeckung im Sinne des § 4 Abs. 1 Satz 2 bestehen kann. Diese Werte können auch als weitere Deckungswerte im Sinne des § 26f Abs. 1 verwandt werden.

5. Geldforderungen

5 Erfasst werden Geldforderungen gegen die Europäische Zentralbank, gegen Zentralbanken der Mitgliedstaaten der Europäischen Union oder gegen geeignete Kreditinstitute im Sinne des § 4 Abs. 1 Satz 2 Nr. 3. Wegen des Begriffes der **Geeignetheit** des Kreditinstitutes wird auf die entsprechende Kommentierung zu § 4 Abs. 1 Satz 2 Nr. 3 verwiesen. Siehe auch unten.

6. Beschränkung

6 Werte gemäß § 26f Abs. 1 Nr. 3 können nur bis zu einem Volumen von insgesamt 10% des Gesamtbetrages sämtlicher im Umlauf befindlicher Flugzeugpfandbriefe als weitere Deckungswerte in Deckung genommen werden. **Die Werte gemäß § 4 Abs. 1 Satz 2 Nr. 1 und 2** können auch zur sichernden Überdeckung von 2% herangezogen werden. Daher liegt der Gedanke nahe, dass die Sätze von 10% für die weitere Deckung und 2% für die sichernde Überdeckung addiert werden können. Dies wird man jedoch im Ergebnis ablehnen müssen. Die Überschrift „Weitere Deckungswerte" des § 26f ist insoweit missverständlich. Der Wortlaut des § 26f Abs. 1 ist wie folgt formuliert: *„Die in § 4 vorgesehene Deckung kann auch erfolgen ...“*. Dieser Wortlaut umfasst die gesamte in § 4 vorgesehene Deckung, also auch die dort

vorgeschriebene sichernde Überdeckung. Außerdem orientiert sich der Satz von 10% ausschließlich am Gesamtbetrag der im Umlauf befindlichen Pfandbriefe und nicht zusätzlich auch an der sichernden Überdeckung. Aus diesen beiden Überlegungen folgt, dass der Satz der sichernden Überdeckung von 2% in dem Satz von 10% des Gesamtbetrages der im Umlauf befindlichen Schiffspfandbriefe enthalten ist.[3] Bei den in § 26f Abs. 1 Nr. 3 genannten **Geldforderungen** kommt zu der volumenmäßigen Beschränkung auf 10% aller im Umlauf befindlicher Flugzeugpfandbriefe hinzu, dass die Höhe der Geldforderung bei deren Erwerb bereits bekannt sein muss. Darüber hinaus darf der Anteil der Geldforderungen gegen ein und dasselbe Kreditinstitut den Gesamtbetrag von 2% aller im Umlauf befindlicher Flugzeugpfandbriefe nicht überschreiten. Die Beschränkung der Werte gemäß § 26f Abs. 1 Nr. 3 auf 10% bezieht sich auf den Deckungsgrad von 100%, bezogen auf die Geamtheit der umlaufenden Flugzeugpfandbriefe. Die Pfandbriefbank ist aber nicht gehindert, zur Vorhaltung eines besseren Puffers oder aus Ratinggesichtspunkten zusätzlich weitere Werte vorzuhalten, die zur Deckung eines Flugzeugpfandbriefs geeignet sind.

7. Deckungswerte für öffentliche Pfandbriefe

Abs. 1 Nr. 4 bezieht Deckungswerte für öffentliche Pfandbriefe in den Kreis der 7
weiteren Deckungswerte mit ein, soweit es sich um Schuldverschreibungen handelt. Außerdem **beschränkt** sie das Volumen dieser weiteren Deckungswerte auf 20% aller im Umlauf befindlicher Flugzeugpfandbriefe, wobei die in Abs. 1 Nr. 3 genannten weiteren Deckungswerte anzurechnen sind. Im Ergebnis bedeutet dies, dass alle in Abs. 1 Nr. 3 und 4 genannten weiteren Deckungswerte 20% aller im Umlauf befindlicher Flugzeugpfandbriefe nicht übersteigen dürfen, wobei die in Nr. 4 genannten Werte den maximalen Satz von 20% erreichen dürfen, während die in Nr. 3 genannten Werte nur 10% erreichen dürfen. Die restlichen 10% können aber durch Werte der in Nr. 4 genannten Art aufgefüllt werden, so dass bei einer Mischung der Werte nach Nr. 3 und Nr. 4 insgesamt der Höchstsatz von 20% erreicht wird. Hinsichtlich der in den Kreis der weiteren Deckungswerte einbezogenen Deckungswerte für öffentliche Pfandbriefe gilt innerhalb der Beschränkung auf 20% zusätzlich die Beschränkung des § 20 Abs. 1 Satz 2. Danach darf der Gesamtbetrag aller Forderungen gegen Schuldner in Staaten, die nicht der Europäischen Union angehören und bei denen nicht sichergestellt ist, dass sich das Vorrecht der Gläubiger der öffentlichen Pfandbriefe nach § 30 Abs. 1 auf die Forderungen der Pfandbriefbank aus diesen Forderungen erstreckt, 10% des Gesamtbetrages derjenigen Forderungen, bei denen das Vorrecht der Gläubiger der öffentlichen Pfandbriefe sichergestellt ist, nicht übersteigen. Siehe insoweit auch die Kommentierung zu § 13 Abs. 1 Satz 2. Die Beschränkung der Werte gemäß § 26f Abs. 1 Nr. 4 auf 20% bezieht sich auf den Deckungsgrad von 100%, bezogen auf die Geamtheit der umlaufenden Flugzeugpfandbriefe. Die Pfandbriefbank ist aber nicht gehindert, zur Vorhaltung eines besseren Puffers oder aus Ratinggesichtspunkten zusätzlich weitere Werte vorzuhalten, die zur Deckung eines Flugzeugpfandbriefs geeignet sind.

3 Wegen des Begriffes des Pfandbriefumlaufes s. § 4 Abs. 5 sowie die Kommentierung hierzu.

8. Werte der in § 19 Abs. 1 Nr. 4 genannten Art

8 Bei diesen Werten handelt es sich um **Ansprüche aus Derivategeschäften.** Während es bei § 4 Abs. 3 um die **Verbindlichkeiten** der Pfandbriefbank aus Derivategeschäften geht, geht es bei § 19 Abs. 1 Nr. 4 um die Ansprüche der Pfandbriefbank aus Derivategeschäften, also um die **Forderungen** aus diesen Geschäften. § 19 Abs. 1 Nr. 4 und § 4 Abs. 3 Satz 1 bilden gewissermaßen die beiden Seiten derselben Medaille ab.

9 § 19 Abs. 1 Nr. 4 Satz 1 umfasst Derivateansprüche im Sinne des § 4 Abs. 3 Satz 2. Diese Vorschrift verweist ihrerseits auf Derivate nach § 1 Abs. 11 Satz 4 Nr. 1 KWG. Letztere Vorschrift wiederum definiert Derivategeschäfte als **Festgeschäfte** oder **Optionsgeschäfte,** die als Kauf, Tausch oder auch anders ausgestaltet sind, die zeitlich verzögert zu erfüllen sind und deren Wert sich unmittelbar oder mittelbar vom Preis oder Maß eines der folgenden Basiswerte ableitet (Termingeschäfte): a) Wertpapiere oder Geldmarktinstrumente, b) Devisen oder Rechnungseinheiten, c) Zinssätze oder andere Erträge, d) Indices der Basiswerte der Buchstaben a, b oder c, andere Finanzindices oder Finanzmessgrößen oder d) Derivate. Festgeschäfte sind solche, bei denen für beide Vertragspartner Rechte und Pflichten begründet werden, die beiderseits noch nicht erfüllt sind. Demgegenüber handelt es sich bei Optionsgeschäften um solche, bei denen einer Partei das Recht (Option) eingeräumt wird, zu oder bis zu einem künftigen Zeitpunkt durch einseitige Willenserklärung (Ausübung) ein Geschäft zu im Voraus festgelegten Konditionen abzuschließen. Als Gegenleistung erhält der Vertragspartner des Optionsberechtigten eine Prämie, die im Regelfall im Voraus zu zahlen ist. Mit Abschluss des Optionsgeschäftes erhält der Optionskäufer zwar ein Optionsrecht. Daraus ergibt sich aber keine Pflicht zur Ausübung dieses Optionsrechtes. Festgeschäfte und Optionsgeschäfte können miteinander kombiniert werden.[4] Aus dem Umstand, dass § 4 Abs. 3 Satz 2 auf § 1 Abs. 11 Satz 4 Nr. 1 KWG verweist und diese Vorschrift des KWG nicht nur Festgeschäfte, sondern auch Optionen umfasst, darf allerdings nicht hergeleitet werden, dass auch Optionen uneingeschränkt deckungsfähig sind.[5]

10 Durch den Verweis auf Derivategeschäfte im Sinne des § 4 Abs. 3 Satz 2 wird auch klargestellt, dass nicht nur die Verbindlichkeiten, sondern auch die Forderungen aus diesen Derivategeschäften alle Rechte umfassen, die unter demselben **Rahmenvertrag** abgeschlossen wurden, und zwar einschließlich der Rechte aus **Anhängen** und **sonstigen Abreden zum Rahmenvertrag**. Die Struktur ist dabei wie folgt: Derivategeschäfte werden üblicherweise aufgrund eines standardisierten Rahmenvertrags abgeschlossen. Dieser Rahmenvertrag gilt für alle mit einem bestimmten Partner abzuschließenden Derivategeschäfte. Der jeweilige Abschluss des konkreten Einzelgeschäftes erfolgt durch einen Einzelvertrag. Dieser Einzelvertrag bildet mit dem korrespondierenden Rahmenvertrag einen einheitlichen Vertrag. Zur Sicherung von Ansprüchen der Pfandbriefbank gegen den Derivatepartner aus dem Derivategeschäft, welches auf oben genannter Vertragskonstruktion abgeschlossen wurde, werden in der Regel Sicherheiten gestellt. Diese Sicherheitenstellung erfolgt

4 B/F/S-M, § 1 KWG Rdn. 225f.

5 Siehe unten „Risiken".

– ebenfalls üblicherweise – auf der Grundlage eines ebenfalls standardisierten Besicherungsanhangs, der mit dem Rahmenvertrag ebenso wie der Einzelvertrag einen **einheitlichen Vertrag** bildet. Typischerweise erfolgt die Stellung der Sicherheit durch Vollrechtsübertragung des Sicherungsgegenstandes. Sofern das Derivategeschäft erfüllt wird, ist der Sicherungszweck erledigt, und es entsteht ein Rückgewährsanspruch des Sicherungsgebers auf Rückübertragung. Um alle diese Rechte zu erfassen, stellt § 4 Abs. 3 Satz 2 klar, dass zu den Derivategeschäften im Sinne dieses Gesetzes nicht nur die Ansprüche aus den Derivategeschäften im engeren Sinn gehören, sondern auch alle anderen Rechte, die im Zusammenhang mit Anhängen und weiteren zugehörenden Vereinbarungen begründet wurden einschließlich der Ansprüche auf Rückübertragung des Eigentums an gestellten Sicherheiten.

Die Pfandbriefbank kann ihre Forderungen aus den in § 4 Abs. Abs. 3 Satz 2 genannten Derivaten nur dann in Deckung nehmen, wenn der **Vertragspartner** der Pfandbriefbank in den Kreis der in § 19 Abs. 1 Nr. 4 Satz 1 festgelegten Vertragspartner fällt. Diesen Kreis wird man aus Gründen der Sicherheit der Deckungsmasse als abschließend ansehen müssen. Wegen des Begriffs der **Geeignetheit** des Kreditinstituts wird auf die Kommentierung zu § 4 Abs. 1 Satz 2 Nr. 3 verwiesen. 11

Gemäß § 19 Abs. 1 Nr. 4 Satz 1 muss darüber hinaus **sichergestellt** sein, dass die **Ansprüche der Pfandbriefbank** nach Maßgabe des Rahmenvertrages im Falle der Insolvenz der Pfandbriefbank oder der anderen Deckungsmassen **nicht beeinträchtigt** werden können. Hintergrund dieser Regelung ist folgender: Die standardisierten Rahmenverträge sehen vor, dass in der Insolvenz die Rahmenverträge als gekündigt gelten. Außerdem sehen die Rahmenverträge vor, dass im Falle einer Kündigung aus abgeschlossenen, aber noch nicht erfüllten Derivategeschäften keine Zahlungen erfolgen. Es müssen daher Ersatzgeschäfte abgeschlossen werden, und die benachteiligte Partei erhält einen Anspruch auf Schadensersatz. Diese Konsequenz möchte § 19 Abs. 1 Nr. 4 Satz 1 vermeiden und verlangt, dass die Rahmenvereinbarungen Regelungen vorsehen, die diese Konsequenz ausschließen und sicherstellen, dass die Ansprüche der Pfandbriefbank im Falle der Insolvenz der Pfandbriefbank oder der anderen Deckungsmassen nicht beeinträchtigt werden können. Dies wird dadurch erreicht, dass in Bezug auf jede Pfandbriefgattung ein separater standardisierter Rahmenvertrag einschließlich zugehörender Anhänge und weiterer zugehörender Vereinbarungen abgeschlossen wird. Zu diesen Anhängen gehört u.a. ein Deckungsanhang. Dieser Deckungsanhang bezieht sich ebenfalls auf eine bestimmte Pfandbriefgattung und legt unter anderem fest, dass die Insolvenz der Pfandbriefbank für sich genommen kein wichtiger Grund zu einer Kündigung des Rahmenvertrags ist. Außerdem bestimmt der Deckungsanhang, dass im Falle der Insolvenz der Rahmenvertrag nur dann als beendet gilt, wenn sich die Insolvenz auf diejenige Deckungsmasse bezieht, auf die sich auch der Rahmenvertrag bezieht. Dadurch wird sichergestellt, dass die Insolvenz der Pfandbriefbank keinen Einfluss auf die einer bestimmten Pfandbriefgattung zu gehörenden Deckungsmasse einschließlich Forderungen aus Derivategeschäften hat, solange diese Deckungsmasse nicht selbst insolvent wird. Dabei versteht es sich von selbst, dass der Deckungsanhang nur greift, wenn die Derivate auch in Deckung genommen wurden, das heißt im Deckungsregister eingetragen sind. 12

Die Derivategeschäfte selbst dürfen gemäß § 19 Abs. 1 Nr. 4 Satz 2 nur **Risiken** beinhalten, die die Pfandbriefbank auch mit Geschäften über die übrigen nach dem 13

PfandBG zulässigen Deckungswerte eingehen kann. Vor diesem Hintergrund stellt sich die Frage, welche Ansprüche aus welchen Derivategeschäften denn nun konkret in Deckung genommen werden können. Zunächst einmal wird man nur solche Derivategeschäfte einbeziehen können, die in einem einheitlichen standardisierten Rahmenvertrag einschließlich zugehörender Einzelverträge und einschließlich zugehörender Anhänge, insbesondere eines Deckungsanhangs, abgeschlossen wurden. Dies ergibt sich einerseits aus dem Wortlaut des § 4 Abs. 3 Satz 2 und andererseits aus dem Umstand, dass Ansprüche aus Derivategeschäften nur dann nettingfähig sind, wenn sie unter einem einheitlichen Rahmenvertrag abgeschlossen wurden. Darüber hinaus wird man nur solche Derivategeschäfte einbeziehen können, bei denen sich dieser einheitliche Rahmenvertrag ausschließlich auf eine Pfandbriefgattung bezieht. Dies ergibt sich bereits daraus, dass gemäß § 4 Abs. 1 der Deckungsregisterverordnung für jede Pfandbriefbank ein gesondertes Deckungsregister zu führen ist und deshalb die verschiedenen Deckungsmassen entsprechend voneinander getrennt sein müssen. Außerdem besteht ein wesentlicher Grund der Einbeziehung von Ansprüchen aus Derivatengeschäften in die Deckung darin, den Pfandbriefgläubigern im Insolvenzfall der Pfandbriefbank nicht nur den Zugriff auf die einer Pfandbriefgattung zugeordneten Deckungswerte zu sichern, sondern auch die Ansprüche aus Derivategeschäften, die zur Absicherung von Risiken aus diesen Deckungswerten abgeschlossen wurden. Ob man auch solche Derivategeschäfte in Deckung nehmen kann, die nicht zur Absicherung von Inkongruenzen aus dem Pfandbriefgeschäft abgeschlossen wurden, sondern zur Absicherung von Inkongruenzen aus dem sonstigen Geschäft der Pfandbriefbank, ist zweifelhaft. Dies wird man allenfalls dann bejahen können, wenn es sich bei diesem sonstigen Geschäft der Pfandbriefbank um Geschäfte handelt, aus denen Forderungen resultieren, die zwar nicht in Deckung genommen sind, die aber in Deckung genommen werden könnten. Andernfalls würden diese Geschäfte eben nicht nur solche Risiken beinhalten oder nachbilden, welche die Pfandbriefbank auch mit Geschäften über die übrigen nach diesem Gesetz zulässigen Deckungswerte eingehen kann, sondern auch andere Risiken. Jedenfalls wird man Derivategeschäfte ausschließen müssen, bei denen nicht der Absicherungscharakter im Vordergrund steht, sondern spekulative Erwägungen. Dies ergibt sich aus dem Postulat des Schutzes der Pfandbriefgläubiger. Vom Kreis der deckungsfähigen Ansprüche aus Derivategeschäften sind ausdrücklich ausgeschlossen Optionen, optionsähnliche und andere Derivategeschäfte, wenn diese Geschäfte eine offene Stillhalterposition der Pfandbriefbank begründen. Daraus folgt, dass solche Geschäfte nur dann deckungsrelevant sind, wenn die Pfandbriefbank das Recht auf Ausübung hat.

9. Begrenzung

14 Das Volumen der Ansprüche aus in Deckung genommenen Derivategeschäften ist gemäß § 19 Abs. 1 Nr. 4 Satz 3 sowohl **aktivseitig** als auch **passivseitig** auf maximal 12% begrenzt. Dabei orientiert sich dieser Prozentsatz, **aktivseitig am Gesamtbetrag aller Deckungswerte** und **passivseitig am Gesamtbetrag aller im Umlauf befindlicher Flugzeugpfandbriefe**. Durch diese Orientierung wird hinsichtlich der Aktivseite erreicht, dass durch die Indeckungnahme von Derivaten eine erhebliche, vom Gesetzgeber für unangemessen hoch gehaltene Überdeckung ge-

schaffen wird, hinsichtlich der Passivseite wird das Interesse der Pfandbriefgläubiger geschützt, indem der Umfang von Verbindlichkeiten aus deckungsrelevanten Derivategeschäften begrenzt wird.

10. Ausnahmen

Gemäß Abs. 2 kann die Bundesanstalt Ausnahmen von den Begrenzungen des Abs. 1 Nr. 3 und 4 zulassen, wenn die Erlaubnis zum Betreiben des Pfandbriefsgeschäftes erlischt oder wenn die Bundesanstalt diese Erlaubnis aufhebt. In beiden Fällen sind die Deckungsmassen abzuwickeln. Im Rahmen dieser Abwicklung kann es geboten sein, Ausnahmen zuzulassen.[6] 15

6 BT DS 14/4321, zu § 19.

ABSCHNITT 4
Allgemeine Vorschriften für das Pfandbriefgeschäft

§ 27
Risikomanagement

(1) Die Pfandbriefbank muss für das Pfandbriefgeschäft über ein geeignetes Risikomanagementsystem verfügen. Das System hat die Identifizierung, Beurteilung, Steuerung und Überwachung sämtlicher damit verbundener Risiken, wie insbesondere Adressenausfallrisiken, Zinsänderungs-, Währungs- sowie sonstiger Marktpreisrisiken, operationeller Risiken und Liquiditätsrisiken sicherzustellen. Darüber hinaus muss

1. die Konzentration von Risiken anhand eines Limitsystems begrenzt werden,
2. ein Verfahren vorgehalten werden, das bei starker Erhöhung des Risikos die Risikorückführung sicherstellt; das Verfahren muss die frühzeitige Information der Entscheidungsträger beinhalten,
3. das Risikomanagementsystem kurzfristig an sich ändernde Bedingungen angepasst sowie zumindest jährlich einer Überprüfung unterzogen werden,
4. ein gemäß dieser Vorschrift erstellter Risikoreport dem Vorstand in angemessenen Zeitabständen, mindestens vierteljährlich, vorgelegt werden.

Das Risikomanagementsystem ist ausführlich und nachvollziehbar zu dokumentieren.

(2) Vor Aufnahme von Geschäften in neuen Produkten, Geschäftsarten oder auf neuen Märkten hat die Pfandbriefbank eine umfassende Analyse der damit einhergehenden Risiken und der daraus resultierenden Erfordernisse an das Risikomanagementsystem vorzunehmen und zu dokumentieren. Die Pfandbriefbank darf die Werte erst nach Erwerb eines gefestigten Erfahrungswissens hinsichtlich dieser neuen Geschäfte in Deckung nehmen, bei Geschäften auf neuen Märkten im Bereich des Hypothekarkredites nicht jedoch vor Ablauf von zwei Jahren nach deren Aufnahme. Das Vorhandensein eines gefestigten Erfahrungswissens ist ausführlich schriftlich darzulegen.

Übersicht

1. Schutz der Pfandbriefgläubiger

§ 27 ergänzt § 25a KWG für das Pfandbriefgeschäft. Das Pfandbriefgeschäft unterliegt Risiken, die über die Risiken des allgemeinen Bankgeschäfts hinausgehen. Die Anforderungen des § 27 PfandBG und 25a KWG müssen daher, bezogen auf das Pfandbriefgeschäft, **kumulativ** vorliegen. Dadurch wird der Schutz der Pfandbriefgläubiger gestärkt. Abs. 1 Satz 2 bestimmt, dass alle mit dem Pfandbriefgeschäft verbundenen Risiken identifiziert, beurteilt, gesteuert und überwacht werden müssen, und nennt 1 die wichtigsten Risikoarten. Diese ausdrücklich genannten Risiken werden dabei nur beispielhaft genannt. Der Katalog ist daher nicht abschließend. Abs. 1 Satz 2 wird durch die Nummern 1 bis 4 des Satzes 3 konkretisiert beziehungsweise ergänzt. Nummer 1 soll sogenannte Klumpenrisiken begrenzen. Diese Begrenzung von Klumpenrisiken ist der Sache nach eine Begrenzung der Risikohöhe. Nummer 2 soll die Eskalation von Risiken begrenzen. Der Sache nach geht es hierbei nicht um die Begrenzung der Risikohöhe, sondern um die Begrenzung der Risikointensität. Darüber hinaus soll sichergestellt werden, dass gewisse Risikointensitäten frühzeitig erkannt werden und dass bei Überschreiten von zuvor festgelegten Grenzen konkrete und unverzügliche Maßnahmen zur Senkung dieser Risikointensität zwingend ergriffen werden. Nummer 4 stellt das Risikomanagement in den besonderen Focus des Vorstands.[1]

2. Voraussetzung

2 Ein wirksames Risikomanagement setzt voraus, dass diejenigen Parameter, die risikobehaftet sind, dargestellt und laufend überwacht werden. Welche Parameter im Einzelnen herangezogen werden müssen, sagt § 27 PfandBG nicht. Eine umfassende Aufzählung erscheint auch kaum möglich, denn jede Pfandbriefbank hat unterschiedliche Verfahrensabläufe und betreibt unterschiedliche Geschäftsarten. Es gibt jedoch einige Parameter, die für alle Pfandbriefbanken gleich sind. Hierzu gehören die Anforderungen an die Deckungskongruenz und an die Deckungswerte, wobei die Deckungswerte der verschiedenen Pfanbriefgattungen (Hypothekenpfandbrief, Öffentlicher Pfandbrief, Schiffspfandbrief oder Flugzeugpfandbrief) verschieden sind. Daüber hinaus sind die weiteren Deckungswerte nach §§ 19, 20 Abs. 2, 26 und 26f PfandBG, die sichernde Überdeckung nach § 4 Abs. 1 PfandBG sowie bestimmte Begrenzungen zu beachten. Aus diesen Parametern ergeben sich für die vier Pfandbriefgattungen unterschiedliche Grundmuster. Diese Grundmuster werden in der Anlage 1 bis 4 zu § 27 PfandBG dargestellt. Zu beachten ist aber, dass diese Grundmuster Mindestanforderungen darstellen, die komplettiert werden müssen.[2] Weitere Parameter ergeben sich aus der in § 4 Abs. 1a PfandBG festgelegten Pflicht der Pfandbriefbank, für die nächsten 180 Tage einen taggenauen Abgleich aller fällig werdenen Forderungen aus eingetragenen Deckungswerten und Verbindlichkeiten aus ausstehenden Pfandbriefen vorzunehmen. Diese Parameter können analog zu dem oben genannten Muster (siehe Anlage 1 zu § 27) dargestellt werden.

3. Neue Geschäfte

3 Abs. 2 regelt die Aufnahme von Geschäften in neuen Produkten, Geschäftsarten oder neuen Märkten. Die Pfandbriefbank hat vor Aufnahme dieser Geschäfte ein auf diese Geschäfte gerichtetes Risikoprofil zu erstellen und auf dieser Basis den Anpassungsbedarf des bereits vorhandenen Risikomanagement zu bestimmen. Die in dieses Risikoprofil zu integrierenden neuen Risiken können Adressen-, Marktpreisrisiken, Rechtsrisiken oder andere Risiken sein. Bei der Ausweitung der Geschäfte in

1 BT DS 15/4321, zu § 27.
2 Siehe Anlage 1 zu § 27 PfandBG.

das Ausland sehen diese Risiken naturgemäß anders aus als beim Inlandsgeschäft. Erst nach Erwerb eines ausreichenden Erfahrungswissens darf die Pfandbriefbank die erworbenen Werte in Deckung nehmen. Im Bezug auf neue Geschäfte im Bereich des Hypothekarkredits darf die Indeckungnahme von Werten nicht vor Ablauf von 2 Jahren nach Geschäftsaufnahme erfolgen. Wegen der vergleichbaren Komplexität wird man den Begriff des Hypothekarkredits nicht nur auf grundpfandrechtliche Kredite und Schiffshypotheken beschränken können. Er ist vielmehr auf Registerpfandrechte an Flugzeugen auszudehnen.

Bei der Einführung von neuen Verfahren, z.B neuer EDV Systeme oder neuer Arbeitsprozesse, handelt es sich weder um neue Produkte noch um neue Geschäftsarten noch um neue Märkte. Bei der Einführung neuer Verfahren handelt es sich vielmehr lediglich um die Einführung eines neuen Vehikels, über die Geschäfte oder der Verkehr von Produkten auf bestimmten Märkten abgewickelt werden. Die Einführung neuer Verfahren einschließlich EDV Systeme fällt daher nicht unter § 27 Abs. 2. Das bedeutet aber nicht, dass die Einführung neuer Verfahren nicht unter § 27 Abs. 1 fällt. Auch die Einführung neuer Verfahren einschließlich neuer EDV Verfahren ist mit banküblicher Sorgfalt durchzuführen wobei ein Risikomanagement im Sinne des Abs. 1 einbezogen sein muss. Die von der Bundesanstalt vor dem Hintergrund des § 25a KWG in einem Rundschreiben festgelegten „Mindestanforderungen an das Riskikomanagement" (MaRisk) dürften auch in Bezug auf § 27 Abs. 1 PfandBG anwendbar sein. In Bezug auf die Einführung neuer Verfahren (nicht: neue Produkte, neue Märkte oder neue Geschäftsarten) dürften die in AT 4 der MaRisk niedergelegten „Allgemeinen Anforderungen an das Risikomanagement" anwendbar sein. 4

4. Treuhänder

Es gehört nicht zu den Aufgaben des Treuhänders, darauf zu achten, ob die Vorschriften des § 27 PfandBG über das Risikomanagement eingehalten wurden. Die Einhaltung dieser Vorschriften obliegt vielmehr der Pfandbriefbank selbst. Sofern die Pfandbriefbank ein Treuhandbüro zur Unterstützung des Treuhänders eingerichtet hat, ist auch dieses Treuhandbüro nicht verpflichtet, auf die Einhaltung des § 27 PfandBG zu achten. Denn das Treuhandbüro der Pfandbriefbank ist verlängerter Arm des Treuhänders. Mit der Unabhängigkeit des Treuhänders von der Pfandbriefbank ist es aber nicht zu vereinbaren, wenn das Treuhandbüro mit Aufgaben betraut wird, die nichts mit den Aufgaben des Treuhänders zu tun haben. 5

5. Kontrolle

Gemäß Abs. 1 Satz 4 ist das Risikomanagement ausführlich und nachvollziehbar zu dokumentieren. Gemäß Abs. 2 Satz 3 ist in Bezug auf Geschäfte in neuen Produkten, Geschäftsarten oder neuen Märkten das Vorhandensein eines gefestigten Erfahrungswissens ausführlich und schriftlich darzulegen. Beide Bestimmungen dienen der Überprüfbarkeit durch den Treuhänder, interne und externe Prüfer und nicht zuletzt durch die Bundesanstalt.[3] 6

3 BT DS 15/4321, zu § 27.

Anlage 1 zu § 27 PfandBG

Aufbau eines Statusberichtes zu einem Deckungsregister für Pfandbriefe

1) Pfandbriefumlauf nominal in einer Zahl

2) bezogen auf 100 Prozent des Pfandbriefumlaufs und einschließlich der Zinsverpflichtungen aus den Pfandbriefen:

a) Ordentliche Deckungswerte (Hypotheken/Grundschulden)

aa Ordentliche Deckung nominal in einer Zahl und in einem Prozentsatz zum Pfandbriefumlauf

bb Ordentliche Deckung barwertig in einer Zahl und in einem Prozentsatz zum Pfandbriefumlauf

b) Weitere Deckungswerte (§ 19 PfandBG)

aa Weitere Deckung nominal in einer Zahl und in einem Prozentsatz zum Pfandbriefumlauf,

bb Weitere Deckung barwertig in einer Zahl und in einem Prozentsatz zum Pfandbriefumlauf,

c) Sichernde Überdeckung (4 Abs. 1 Satz 2 PfandBG)

aa Sichernde Überdeckung nominal in einer Zahl und in einem Prozentsatz zum Pfandbriefumlauf

bb Sichernde Überdeckung barwertig in einer Zahl und in einem Prozentsatz zum Pfandbriefumlauf

3) Zusätzliche Überdeckung

aa Überdeckung insgesamt nominal in einer Zahl und in einem Prozentsatz zum Pfandbriefumlauf

bb Überdeckung insgesamt barwertigin einer Zahl und in einem Prozensatz zum Pfandbriefumlauf

cc Überdeckung der potentiell ordentlichen Deckungswerte nominal in einer Zahl und in einem Prozentsatz zum Pfandbriefumlauf

dd Überdeckung der potentiell ordentlichen Deckungswerte barwertig in einer Zahl und in einem Prozentsatz zum Pfandbriefumlauf

ee Überdeckung der potentiell weiteren Deckungswerte nominal in einer Zahl und in einem Prozentsatz zum Pfandbriefumlauf

ff Überdeckung der potentiell weiteren Deckungswerte barwertig in einer Zahl und in einem Prozentsatz zum Pfandbriefumlauf

gg Überdeckung von Werten, die Gegenstand der sichernden Überdeckung sein könnten nominal in einer Zahl und in einem Prozentsatz zum Pfandbriefumlauf hh Überdeckung von Werten, die Gegenstand der sichernden Überdeckung sein könnten barwertig in einer Zahl und in einem Prozentsatz zum Pfandbriefumlauf

Anmerkung:

Das Muster gilt für jede Pfandbriefgattung. Für jede Gattung muss ein eigener Status erstellt werden. Auch innerhalb des Status für eine bestimmte Gattung und innerhalb der Grobunterteilung nach der ordentlichen, weiteren, sichernden und (freiwillig) zusätzlichen Deckung muss zwischen den einzelnen Arten der Deckungswerte unterschieden werden (Geldforderungen, Schuldverschreibungen, Ansprüche aus Derivategeschäften und sonstige).

Alle diese einzelnen Arten müssen als solche getrennt dargestellt werden.

Auch die Zinsverpflichtungen aus den umlaufenden Pfandbriefen sind in die Deckung einzubeziehen.

§ 28
Transparenzvorschriften

(1) Die Pfandbriefbank hat quartalsweise folgende, jeweils auf das Quartalsende bezogene Angaben zu veröffentlichen:

1. **den jeweiligen Gesamtbetrag der im Umlauf befindlichen Hypothekenpfandbriefe, Öffentlichen Pfandbriefe, Schiffspfandbriefe und Flugzeugpfandbriefe sowie der entsprechenden Deckungsmassen in Höhe des Nennwertes, des Barwertes sowie des in der Rechtsverordnung nach § 4 Abs. 6 festgelegten Risikobarwertes,**
2. **die Laufzeitenstruktur der im Umlauf befindlichen Hypothekenpfandbriefe, Öffentlichen Pfandbriefe, Schiffspfandbriefe und Flugzeugpfandbriefe sowie die Zinsbindungsfristen der entsprechenden Deckungsmassen, jeweils in Stufen von bis zu sechs Monaten, von mehr als sechs Monaten bis zu zwölf Monaten, von mehr als zwölf Monaten bis zu 18 Monaten, von mehr als 18 Monaten bis zu zwei Jahren, von mehr als zwei Jahren bis zu drei Jahren, von mehr als drei Jahren bis zu vier Jahren, von mehr als vier Jahren bis zu fünf Jahren, von mehr als fünf Jahren bis zu zehn Jahren und über zehn Jahren,**
3. **den Anteil der Derivategeschäfte an den Deckungsmassen gemäß § 19 Abs. 1 Nr. 4 Satz 3, auch in Verbindung mit § 20 Abs. 2 Nr. 3 und § 26 Abs. 1 Nr. 5 sowie § 26f Abs. 1 Nr. 5, bei einem negativen Gesamtwert der Derivategeschäfte an Stelle des Anteils an den Deckungsmassen den Anteil an den zu deckenden Verbindlichkeiten,**
4. **jeweils den Gesamtbetrag der in das Deckungsregister eingetragenen Forderungen im Sinne des § 19 Absatz 1 Nummer 1, § 20 Absatz 2 Nummer 1, § 26 Absatz 1 Nummer 2 und § 26f Absatz 1 Nummer 2,**
5. **jeweils den Gesamtbetrag der in das Deckungsregister eingetragenen Forderungen im Sinne des § 19 Absatz 1 Nummer 2, § 20 Absatz 2 Nummer 2, § 26 Absatz 1 Nummer 3 und § 26f Absatz 1 Nummer 3 getrennt nach den Staaten, in denen die Schuldner ihren Sitz haben, und hierzu jeweils zu-**

sätzlich den Gesamtbetrag der Forderungen im Sinne des Artikels 129 der Verordnung (EU) Nr. 575/2013,
6. jeweils den Gesamtbetrag der in das Deckungsregister eingetragenen Forderungen im Sinne des § 19 Absatz 1 Nummer 3, § 26 Absatz 1 Nummer 4 sowie § 26f Absatz 1 Nummer 4 getrennt nach den Staaten, in denen die Schuldner oder im Fall einer vollen Gewährleistung die gewährleistenden Stellen ihren Sitz haben,
7. für die in das Deckungsregister eingetragenen Hypotheken nach § 12 Absatz 1 auch den Gesamtbetrag der Forderungen, die die Grenzen des § 13 Absatz 1 überschreiten,
8. für die Nummern 5 und 6 jeweils auch den Gesamtbetrag der Forderungen, die die Begrenzungen des § 19 Absatz 1, des § 20 Absatz 2, des § 26 Absatz 1 und des § 26f Absatz 1 überschreiten,
9. den Prozentualen Anteil der festverzinslichen Deckungswerte an der entsprechenden Deckungsmasse sowie den Prozentualen Anteil der festverzinslichen Pfandbriefe an den zu deckenden Verbindlichkeiten,
10. je Fremdwährung den Nettobarwert nach § 6 der Pfandbrief-Barwertverordnung und
11. für die zur Deckung nach § 12 Absatz 1 verwendeten Forderungen auch den volumengewichteten Durchschnitt der seit der Kreditvergabe verstrichenen Laufzeit.

Die Angaben sind in den Anhang des Jahresabschlusses aufzunehmen und für die Dauer von zwei Jahren auf der Internetseite der Pfandbriefbank zu veröffentlichen. Die Veröffentlichung der Angaben auf der Internetseite hat für die ersten drei Quartale eines Geschäftsjahres jeweils innerhalb eines Monats nach Quartalsende zu erfolgen; für das vierte Quartal eines Geschäftsjahres hat die Veröffentlichung der Angaben innerhalb von zwei Monaten nach Quartalsende zu erfolgen.

(2) Für den Gesamtbetrag der zur Deckung von Hypothekenpfandbriefen verwendeten Forderungen nach § 12 Absatz 1 sind zusätzlich anzugeben:
1. die Verteilung mit den nennwertig als Deckung in Ansatz gebrachten Beträgen
   a) nach ihrer Höhe in Stufen bis zu 300 000 Euro, von mehr als 300 000 Euro bis zu 1 Million Euro, von mehr als 1 Million Euro bis zu 10 Millionen Euro und von mehr als 10 Millionen Euro,
   b) nach den Staaten, in denen die Grundstückssicherheiten liegen, dabei jeweils
   c) nach gewerblich und wohnwirtschaftlich genutzten Grundstücken sowie nach Eigentumswohnungen, Ein- und Zweifamilienhäusern, Mehrfamilienhäusern, Bürogebäuden, Handelsgebäuden, Industriegebäuden, sonstigen gewerblich genutzten Gebäuden, unfertigen und noch nicht ertragsfähigen Neubauten sowie Bauplätzen,
2. der Gesamtbetrag der mindestens 90 Tage rückständigen Leistungen auf diese Forderungen sowie der Gesamtbetrag dieser Forderungen, soweit der jeweilige Rückstand mindestens 5 Prozent der Forderung beträgt, und deren Verteilung nach Staaten entsprechend Nummer 1 Buchstabe b,

3. den durchschnittlichen, anhand des Beleihungswerts gewichteten Beleihungsauslauf; werden mehrere auf einem Grundstück lastende Hypotheken zur Deckung genutzt, so ist hiervon nur diejenige mit dem höchsten Beleihungsauslauf zugrunde zu legen; Beleihungsauslauf im Sinne dieses Gesetzes ist das prozentuale Verhältnis der nach § 14 zur Deckung genutzten Hypothek zuzüglich der ihr vorrangigen und gleichrangigen Belastungen zum Beleihungswert, sowie
4. ausschließlich im Anhang des Jahresabschlusses
   a) die Zahl der Zwangsversteigerungs- und Zwangsverwaltungsverfahren, die am Abschlussstichtag anhängig waren, sowie die Zahl der im Geschäftsjahr durchgeführten Zwangsversteigerungen,
   b) die Zahl der Fälle, in denen die Pfandbriefbank während des Geschäftsjahres Grundstücke zur Verhütung von Verlusten an Hypotheken hat übernehmen müssen,
   c) der Gesamtbetrag der Rückstände auf die von Hypothekenschuldnern zu entrichtenden Zinsen, soweit diese nicht bereits in den vorhergehenden Jahren abgeschrieben worden sind.

Die in Satz 1 Nummer 4 Buchstabe a bis c bezeichneten Angaben sind getrennt nach gewerblich genutzten und Wohnzwecken dienenden Grundstücken aufzuführen.

(3) Für den Gesamtbetrag der zur Deckung von Öffentlichen Pfandbriefen verwendeten Forderungen nach § 20 Absatz 1 Satz 1 sind zusätzlich anzugeben:

1. verteilt auf die einzelnen Staaten, in denen die Schuldner und im Falle einer vollen Gewährleistung die gewährleistenden Stellen ihren Sitz haben, die nennwertig als Deckung in Ansatz gebrachten Beträge, der Art nach zusätzlich danach aufgeschlüsselt, ob sich die Forderung gegen den Staat, regionale Gebietskörperschaften, örtliche Gebietskörperschaften oder sonstige Schuldner richtet oder von diesen jeweils voll gewährleistet ist;
2. der Gesamtbetrag der mindestens 90 Tage rückständigen Leistungen auf diese Forderungen sowie der Gesamtbetrag dieser Forderungen, soweit der jeweilige Rückstand mindestens 5 Prozent der Forderung beträgt, und deren regionale Verteilung gemäß Nummer 1.

(4) Für den Gesamtbetrag der zur Deckung von Schiffspfandbriefen und Flugzeugpfandbriefen verwendeten Forderungen nach § 21 Satz 1 und § 26a Satz 1 sind zusätzlich anzugeben:

1. die Verteilung mit den nennwertig als Deckung in Ansatz gebrachten Beträgen
   a) nach ihrer Höhe in Stufen bis zu 500 000 Euro, von mehr als 500 000 Euro bis zu 5 Millionen Euro und von mehr als 5 Millionen Euro,
   b) nach den Staaten, in denen die beliehenen Schiffe und Schiffsbauwerke registriert sind, jeweils getrennt nach Seeschiffen und Binnenschiffen, und
   c) nach den Staaten, in denen die beliehenen Flugzeuge registriert sind, sowie

2. ausschließlich im Anhang des Jahresabschlusses
a) die Zahl der Verfahren zur Zwangsversteigerung von Schiffen, Schiffsbauwerken und Flugzeugen, die am Abschlussstichtag anhängig waren, sowie die Zahl der im Geschäftsjahr durchgeführten Zwangsversteigerungen,
b) die Zahl der Fälle, in denen die Bank während des Geschäftsjahres Schiffe, Schiffsbauwerke oder Flugzeuge zur Verhütung von Verlusten an Schiffshypotheken, Registerpfandrechten oder ausländischen Flugzeughypotheken hat übernehmen müssen,
c) der Gesamtbetrag der Rückstände auf die von Darlehensschuldnern zu entrichtenden Zinsen, soweit diese nicht bereits in den vorhergehenden Jahren abgeschrieben worden sind.

Die in Satz 1 Nr. 2 Buchstabe a bis c bezeichneten Angaben sind getrennt nach Seeschiffen und Binnenschiffen vorzunehmen.

(5) Für sämtliche Angaben nach den Absätzen 1 bis 4 ist jeweils auch der entsprechende Wert des Vorjahres anzugeben.

Übersicht

1. Anlegerschutz

1 § 28 dient dem Schutz der Anleger. Es soll ein möglichst hohes Maß an Transparenz schaffen und einen verlässlichen **Vergleich** aller Pfandbriefbanken untereinander ermöglichen. Die bislang in § 28 PfandBG normierten Pflichten zur Veröffentlichung sind im Zuge der bis Ende 2013 erfolgten Gesetzesänderungen wesentlich erweitert worden. U.a. die in der alten Fassung des § 28 PfandBG festgelegten Informationen über die Fälligkeiten und Zinsbindungsfristen von Deckungswerten für die ersten zwei Jahre haben sich als zu grob erwiesen. Um die Einschätzungen von Liquiditätsrisiken zu verbessern, wurden die Laufzeiten für die ersten beiden Jahre deshalb auf sechs Monate aufgegliedert. Daneben wurden die in der alten Fassung des § 28 PfandBG festgelegten Aussagen zu Zins- und Währungsrisiken als unzureichend erkannt. Daher bestimmt die neue Fassung des § 28 PfandBG, dass nunmehr auch Angaben über die Verteilung von fest- und variabel verzinsten Deckungswerten sowie Pfandbriefen veröffentlicht werden. Insgesamt ermöglicht die Neufassung des § 28 PfandBG ein genaueres Bild über die Qualität der Deckungsmassen und der Pfandbriefe.[1] Abs. 1 gilt für alle Pfandbriefgattungen. Die Absätze 2 bis 4 gelten nur für die dort jeweils genannten Pfandbriefgattungen. Die Veröffentlichungen haben **quartalsweise** zu erfolgen. Damit wird dem Anleger erleichtert, die Entwicklung der Pfandbriefbank zu beurteilen. Gemäß Abs. 1 Nr. 1 sind die Gesamtbeträge aller umlaufenden Pfandbriefe, getrennt nach der jeweiligen Pfandbriefgattung und die Gesamtbetrag aller Deckungswerte, ebenfalls bezogen auf die jeweilige Pfandbriefgattung gegenüberzustellen. Dabei sind diese Gesamtbeträge nach dem **Nennwert**,

1 S. BT DS 17/10974 B. Besonderer Teil „zu Nr. 14".

dem **Barwert** und dem **Risikobarwert** anzugeben. Bei der Angabe des Barwertes sind dabei erfolgte **Stresstests** zu berücksichtigen. Dadurch wird der Anleger nicht nur über die Deckung an sich in Kenntnis gesetzt, sondern darüber hinaus auch darüber, in welchem Umfang die Deckungsmasse **Zins- oder Währungsrisiken** ausgesetzt ist. Durch die gemäß Abs. 1 Nr. 2 zu veröffentlichenden Laufzeitstrukturen und dem gemäß Abs. 1 Nr. 3 zu veröffentlichenden Anteil der Derivategeschäfte wird dem Anleger ermöglicht, Risiken aus **Laufzeitinkongruenzen** und **Derivategeschäften** in seine Beurteilung mit einzubeziehen. Die Absätze 2 bis 4 legen fest, welche weiteren Angaben in die vierteljährlichen Veröffentlichungen aufgenommen werden müssen. Dabei gilt Abs. 2 nur für Hypothekenpfandbriefe, Abs. 3 nur für Öffentliche Pfandbriefe und Abs. 4 nur für Schiffs- und Flugzeugpfandbriefe. Die Trennung nach den Pfandbriefgattungen hat zur Folge, dass die in den Absätzen 2 bis 4 genannten Angaben, beispielsweise die Angaben zur regionalen Verteilung der Deckungswerte, Leistungsrückstände und Größenklassen, in Bezug auf jede Pfandbriefgattung anders zu werten sind.[2]

Gemäß Abs. 5 sind in den vierteljährlichen Veröffentlichungen ab dem 1. Januar 2 2007 auch die **Werte des Vorjahres** anzugeben. Diese Regelung soll eine Vergleichbarkeit gewährleisten.

2. Veröffentlichungen

Die in § 28 Abs. 1, 2 Nr. 1 bis 3, 3 und 4 Nr. 1 genannten Angaben sind sowohl in 3 den Anhang des Jahresabschlusses aufzunehmen als auch für die Dauer von zwei Jahren auf der Internetseite der Pfandbriefbank zu veröffentlichen. Die in § 28 Abs. 2 Nr. 4 und § 28 Abs. 4 Nr. 2 PfandBG genannten Angaben sind ausschließlich im Anhang des Jahresabschlusses anzugeben. Dabei ist in allen Fällen jeweils auch der Wert des Vorjahres anzugeben.

3. Rückständige Leistungen

Sowohl bei den rückständigen Leistungen im Sinne des Abs. 2 Nr. 2 als auch bei 4 den rückständigen Leistungen im Sinne des Abs. 3 Nr. 2 geht es ausschließlich um rückständige Leistungen der Forderungsschuldner. Es geht nicht um wie auch immer geartete Rückstände aus den Sicherheiten. Ist beispielsweise ein Pool von Darlehensforderungen mit einer Garantie der öffentlichen Hand besichert, so kommt es nicht auf die Rückstände fälliger Leistungen aus der Innspruchnahme der Garantie an, sondern auf die rückständigen Leistungen auf die besicherten Forderung(en). Erfasst werden Rückstände aus den Darlehenvaluten und den Darlehenszinsen. Nicht von § 28 erfasst werden Rückstände auf Kosten, Gebühren oder ähnliches.

Der Gesamtbetrag aller Rückstände muss seit mindestens 90 Tagen bestehen. In 5 den Gesamtbetrag brauchen solche Einzelrückstände nicht einbezogen werden, deren Höhe 5% der betreffenden Einzelforderung nicht erreicht. Außerdem müssen solche Einzelforderungen nicht berücksichtigt werden, die weniger als 90 Tage rückständig sind.

2 Vgl. BT DS 15/4321, zu § 28.

4. Treuhänder

6 Es gehört nicht zu den Aufgaben des Treuhänders, darauf zu achten, ob die Transparenzvorschriften des § 28 PfandBG eingehalten wurden. Die Einhaltung dieser Vorschriften obliegt vielmehr der Pfandbriefbank selbst. Sofern die Pfandbriefbank ein Treuhandbüro zur Unterstützung des Treuhänders eingerichtet hat, ist auch dieses Treuhandbüro nicht verpflichtet, auf die Einhaltung des § 28 PfandBG zu achten. Denn das Treuhandbüro der Pfandbriefbank ist verlängerter Arm des Treuhänders. Mit der Unabhängigkeit des Treuhänders von der Pfandbriefbank ist es aber nicht zu vereinbaren, wenn das Treuhandbüro mit Aufgaben betraut wird, die nichts mit den Aufgaben des Teuhänders zu tun haben.

ABSCHNITT 5
Schutz vor Zwangsvollstreckung; Trennungsprinzip bei Insolvenz der Pfandbriefbank

§ 29
Schutz vor Zwangsvollstreckung, Arresten und Aufrechnung

Arreste und Zwangsvollstreckungen in alle in ein Deckungsregister eingetragenen Werte einschließlich der Werte im Sinne des § 30 Abs. 3 finden nur wegen der Ansprüche aus den jeweiligen Pfandbriefen und der Ansprüche aus den in das entsprechende Deckungsregister eingetragenen Derivategeschäften statt. § 394 des Bürgerlichen Gesetzbuchs ist entsprechend anzuwenden.

Übersicht

1. Insolvenzfestigkeit

§ 29 ergänzt § 30 Abs. 1. Während letztere Vorschrift die in das Deckungsregister eingetragenen Deckungswerte aus der Insolvenzmasse der Pfandbriefbank herausnimmt und daraus eine eigene Vermögensmasse bildet, welche ausschließlich dem Zugriff der Pfandgläubiger beziehungsweise den Gläubigern aus Derivategeschäften zur Verfügung steht, weitet § 29 diesen Gläubigerschutz aus. Diese Ausweitung hat zur Folge, dass auch **Arreste und Zwangsvollstreckungen** in eingetragene Deckungswerte ebenfalls nur wegen Ansprüchen von Pfandbriefgläubigern aus Pfandbriefen bzw. Gläubigern von Ansprüchen aus Derivategeschäften wegen dieser Ansprüche aus Derivategeschäften stattfinden. Wegen des Verweises auf § 30 Abs. 3 gilt dieser Schutz grundsätzlich auch für Deckungswerte, die zwar im Deckungsregister eingetragen sind, die aber nicht zur Deckung der Pfandbriefe bestimmt sind. Allerdings hat der Sachwalter die Erlöse aus diesen nicht zur Pfandbriefdeckung bestimmten Deckungsteilen nach Abzug angemessener Kosten an die Insolvenzmasse bzw. die in § 30 Abs. 3 näher genannten Berechtigten abzuführen. 1

2. Aufrechnung

§ 29 Satz 2 erklärt § 394 BGB als entsprechend anwendbar. Diese entsprechende Anwendung des § 394 hat zur Folge, dass gegen Werte, die in das Deckungsregister eingetragen sind, die Aufrechnung nicht stattfindet. 2

Dabei ist für die Ausnahmeregelung des § 394 Satz 2 BGB regelmäßig kein Raum. § 394 Satz 2 macht von dem Aufrechnungsverbot des § 394 Satz 1 Ausnahmen. Liegen diese vor, kann trotz des Aufrechnungsverbots des Satzes 1 aufgerechnet werden. Allerdings hat die Ausnahmeregelung des Satzes 2 ausschließlich Fälle im Blick, bei denen bestimmte Kassen an ihre Beitragszahler Renten auszahlen. Werden die Beiträge nicht in die Kassen gezahlt, sollen sich die säumigen Beitragszahler nicht darauf verlassen können, Auszahlungen aus diesen Kassen, die Rentencharak- 3 ter haben, behalten zu dürfen.[1] Dass eine Interessenkollision zwischen den in § 394 Satz 2 genannten Rentenkassen und den Pfandbriefgläubigern in Bezug auf Deckungsmassen möglich sein soll, ist kaum vorstellbar.

4 Es entspricht der üblichen Praxis, dass Pfandbriefbanken die Verwaltung von Darlehen und Sicherheiten, die sie in Deckung genommen hat, an Dritte auslagern. Insbesondere dann, wenn sie Deckungswerte von Dritten erworben haben ist es üblich, dass dieser Dritte die **Verwaltung der Darlehen und Sicherheiten** auch nach der Veräußerung wie bisher fortführt. Entsprechendes gilt, wenn die Darlehen und Sicherheiten von der Pfandbriefbank zwar nicht im Sinne des § 1 Abs. 1 Nummer 1 erworben wurden, wenn aber die Pfandbriefbank gemäß § 1 Abs. 2 Satz 1 Ansprüche auf Übertragung dieser Darlehen und Sicherheiten erworben hat, die im Insolvenzfall des Anspruchsverpflichteten zu einer Aussonderung der betreffenden Darlehen und Sicherheiten berechtigen. In diesen Fällen drängt sich der Gedanke auf, dass die Pfandbriefbank und der Dritte die **Vergütung** für die Darlehens- und Sicherheitenverwaltung in einer Zinsmarge ausdrücken und diese Zinsmarge von denjenigen Zinsen, die der Dritte im Rahmen der Darlehensverwaltung von den Darlehensnehmern einzieht, **verrechnen**. Diese Verrechnung widerspricht dem Aufrechnungsverbot des § 29 Abs. 2 in Verbindung mit § 394 BGB und ist daher **unzulässig**. Außerdem kann diese Verrechnung dazu führen, dass die jederzeitige Deckung der umlaufenden Pfandbriefe unter Berücksichtigung der Zins- und Tilgungsverpflichtungen nicht gewährleistet ist. Pfandbriefbank und Dritter haben deshalb darauf zu achten, dass der Dritte die von ihm im Rahmen der Darlehensverwaltung einzuziehenden Zinsen und Tilgungen ungeschmälert an die Pfandbriefbank weiterleitet und die Pfandbriefbank die Vergütung für die Darlehensverwaltung gesondert entrichtet.

§ 30
Trennungsprinzip bei Insolvenz der Pfandbriefbank; Sachwalterernennung

(1) Die in die Deckungsregister eingetragenen Werte einschließlich der Werte im Sinne des Absatzes 3 sowie die bei der Deutschen Bundesbank unterhaltene Mindestreserve, soweit sie auf Pfandbriefe entfällt, bilden vom allgemeinen Vermögen der Pfandbriefbank getrennte Vermögensmassen, die nicht in die Insolvenzmasse fallen, wenn über das Vermögen der Pfandbriefbank das Insolvenzverfahren eröffnet wird (insolvenzfreie Vermögen). Die Forderungen der Pfandbriefgläubiger werden von der Eröffnung des Insolvenzverfahrens über das Vermögen der Pfandbriefbank nicht berührt; das Recht der Pfandbriefgläubiger nach Absatz 6 Satz 4 bleibt gewahrt. Diese in den Sätzen 1 und 2 genannten Teile der Pfandbriefbank bestehen außerhalb des Insolvenzverfahrens für jede Pfandbriefgattung als Pfandbriefbank mit beschränkter Geschäftstätigkeit fort. Zweck der jeweiligen Pfandbriefbank mit beschränkter Geschäftstätigkeit ist die vollständige und fristgerechte Erfül-

1 MünchKomm BGB, § 394 Anm. 18.

lung der Pfandbriefverbindlichkeiten und die hierzu notwendige ordnungsgemäße Verwaltung des insolvenzfreien Vermögens. Die Geschäftsführung der jeweiligen Pfandbriefbank mit beschränkter Geschäftstätigkeit steht dem nach § 31 Absatz 1 und 2 ernannten Sachwalter zu. Die jeweilige Pfandbriefbank mit beschränkter Geschäftstätigkeit haftet für die Pfandbriefverbindlichkeiten sowie für die Ansprüche nach Absatz 3 Satz 3 und 4 und den Absätzen 4 und 7 sowie für die aus Geschäften des Sachwalters entstehenden Verbindlichkeiten mit dem zugehörigen insolvenzfreien Vermögen.

(2) Im Fall des Absatzes 1 ist ein Sachwalter zu ernennen; für das Verfahren gilt § 31 Absatz 1 und 2. Mit der Ernennung geht das Recht, alle eingetragenen Werte einschließlich der Werte im Sinne des Absatzes 3 zu verwalten und über sie zu verfügen, auf den Sachwalter über. Hat die Pfandbriefbank nach der Ernennung des Sachwalters über einen im Deckungsregister eingetragenen Wert verfügt, so ist diese Verfügung unwirksam; die §§ 892 und 893 des Bürgerlichen Gesetzbuchs und die §§ 16 und 17 des Gesetzes über Rechte an eingetragenen Schiffen und Schiffsbauwerken sowie die §§ 16 und 17 des Gesetzes über Rechte an Luftfahrzeugen bleiben unberührt. Hat die Pfandbriefbank am Tag der Ernennung des Sachwalters verfügt, so wird vermutet, dass sie nach der Ernennung verfügt hat. Der Sachwalter darf mit Wirkung für die jeweilige Pfandbriefbank mit beschränkter Geschäftstätigkeit nach Absatz 1 Rechtsgeschäfte tätigen, soweit dies für die ordnungsgemäße Verwaltung der Deckungsmassen im Interesse der vollständigen und fristgerechten Erfüllung der Pfandbriefverbindlichkeiten erforderlich ist; insbesondere kann er liquide Mittel zur zeitgerechten Bedienung ausstehender Pfandbriefe beschaffen. Für diesen Geschäftskreis vertritt er die Pfandbriefbank gerichtlich und außergerichtlich. Der Sachwalter ist unter den in Satz 5 genannten Voraussetzungen auch berechtigt, sonstige Handlungen im Hinblick auf die Verwaltung der Deckungsmassen vorzunehmen, insbesondere ein neues Refinanzierungsregister im Sinne der §§ 22a bis 22o des Kreditwesengesetzes einzurichten und ein bestehendes Refinanzierungsregister der Pfandbriefbank zu nutzen. Die Begrenzungen des § 19 Absatz 1 Nummer 2 bis 4, des § 20 Abs. 2 Nr. 2 und 3 und des § 26 Absatz 1 Nummer 3 bis 5 sowie des § 26f Absatz 1 Nummer 3 bis 5 gelten nicht.

(3) Die im Deckungsregister eingetragenen Werte unterliegen auch insoweit der Verwaltungs- und Verfügungsbefugnis des Sachwalters, als sie nach § 5 Absatz 1a nicht zur Deckung der Pfandbriefe der Pfandbriefbank bestimmt sind. Der Sachwalter hat insbesondere Forderungen entsprechend ihrer Fälligkeit einzuziehen und Hypotheken bei Verwertungsreife zu verwerten. Nach Abzug angemessener Verwaltungskosten führt er an die Gläubiger treuhänderisch gehaltener Werte im Sinne des § 5 Abs. 1a Satz 4 und 5 und im Übrigen an die Insolvenzmasse den Anteil ab, der bei getrennten Forderungen oder Einzelhypotheken auf die Anteile unter Berücksichtigung ihres Ranges entfallen würde. Die in Satz 3 genannten Gläubiger und der Insolvenzverwalter können jeweils rangwahrende Teilung von Forderungen oder Hypotheken verlangen; die Kosten tragen die Gläubiger oder, soweit der Insolvenzverwalter Teilung verlangt, die Insolvenzmasse.

(4) Der Insolvenzverwalter kann jederzeit verlangen, dass eingetragene Werte, die nicht treuhänderischer Verwaltung unterliegen und zur Deckung

der jeweiligen Pfandbriefgattung einschließlich der sichernden Überdeckung offensichtlich nicht notwendig sein werden, vom Sachwalter der Insolvenzmasse zugeführt werden. Nach Befriedigung der Pfandbriefgläubiger und Deckung der Verwaltungskosten verbleibende Werte sind an die Insolvenzmasse herauszugeben. Eine Anfechtung der Handlungen des Sachwalters durch den Insolvenzverwalter der Pfandbriefbank ist ausgeschlossen.

(5) Das nach § 31 Absatz 11 zuständige Gericht kann auf Antrag der Bundesanstalt schon vor der Eröffnung eines Insolvenzverfahrens über das Vermögen der Pfandbriefbank bei Vorliegen der Voraussetzungen des § 46 Absatz 1 des Kreditwesengesetzes einen Sachwalter ernennen. Für die Rechtsstellung dieses Sachwalters gelten die Vorschriften über den nach Absatz 2 Satz 1 ernannten Sachwalter entsprechend.

(6) Die Bundesanstalt kann entsprechend § 46 des Kreditwesengesetzes eigene Maßnahmen in Bezug auf einzelne Deckungsmassen treffen. Im Falle der Zahlungsunfähigkeit oder Überschuldung einer Deckungsmasse findet über das Vermögen der Pfandbriefbank mit beschränkter Geschäftstätigkeit ein gesondertes Insolvenzverfahren statt; der Antrag auf Eröffnung des Insolvenzverfahrens kann nur von der Bundesanstalt gestellt werden. Absatz 4 ist entsprechend anzuwenden. Im Insolvenzverfahren über das übrige Vermögen der Pfandbriefbank können die Pfandbriefgläubiger ihre Forderungen nur in Höhe des Ausfalls geltend machen; im Übrigen gelten die Vorschriften für absonderungsberechtigte Gläubiger, insbesondere § 52 Satz 1, § 190 Abs. 1 und 2 sowie § 192 der Insolvenzordnung entsprechend. Werte im Sinne des Absatzes 3, die zur Insolvenzmasse der Pfandbriefbank gehören, berechtigen im Insolvenzverfahren über das Vermögen der Pfandbriefbank mit beschränkter Geschäftstätigkeit zur Aussonderung nach § 47 der Insolvenzordnung. Sowohl der Sachwalter als auch der Insolvenzverwalter in dem Insolvenzverfahren über das Vermögen der Pfandbriefbank mit beschränkter Geschäftstätigkeit sind berechtigt, die in Satz 4 genannten Forderungen der Pfandbriefgläubiger in dem Insolvenzverfahren über das Vermögen der Pfandbriefbank anzumelden. Das Recht der Pfandbriefgläubiger, die Anmeldung abzulehnen oder zurückzunehmen, bleibt unberührt.

(6a) Im Insolvenzverfahren über das Vermögen der Pfandbriefbank mit beschränkter Geschäftstätigkeit soll das Insolvenzgericht auf Antrag der Bundesanstalt die Eigenverwaltung durch den Sachwalter anordnen, es sei denn, es ist nach den Umständen zu erwarten, dass die Anordnung zu Nachteilen für die Gläubiger führen wird. Falls eine solche von der Bundesanstalt beantragte Anordnung dem einstimmigen Beschluss eines vorläufigen Gläubigerausschusses, sofern ein solcher vorhanden ist, widerspricht, entscheidet das Gericht nach pflichtgemäßem Ermessen auf der Grundlage der von der Bundesanstalt, dem Sachwalter und dem vorläufigen Gläubigerausschuss mitgeteilten Tatsachen. Im Verfahren der Eigenverwaltung bleibt der Sachwalter im Sinne des Absatzes 2 (Eigenverwalter) für die schuldnerische Pfandbriefbank mit beschränkter Geschäftstätigkeit geschäftsführungs- und vertretungsbefugt, soweit die Vorschriften der Insolvenzordnung diese Befugnisse nicht beschränken. Die Stellung des Beirats nach § 31 Absatz 6a bleibt unberührt. Vor der Bestellung des Sachwalters im Sinne des § 270c der Insolvenzordnung und

des vorläufigen Sachwalters im Sinne des § 270a Absatz 1 Satz 2 der Insolvenzordnung ist die Bundesanstalt zu hören. Neben den gemäß § 272 Absatz 1 der Insolvenzordnung Antragsberechtigten ist auch die Bundesanstalt berechtigt, die Aufhebung der Anordnung der Eigenverwaltung zu beantragen. § 270 Absatz 2, § 270a Absatz 2 und die §§ 270b, 276a, 278 Absatz 1 der Insolvenzordnung gelten nicht.

(7) Gläubiger von Ansprüchen aus Derivategeschäften nach § 4 Abs. 3 stehen Pfandbriefgläubigern gleich.

Übersicht

1. Trennung der Deckungsmasse von der Insolvenzmasse

Abs. 1 Satz 1 legt fest, dass die **Deckungsmasse** und die **allgemeine Vermögensmasse** einer Pfandbriefbank voneinander **getrennt** sind. Diese Trennung erfolgt nicht erst mit Eröffnung des Insolvenzverfahrens, sondern bereits mit Bildung der Deckungsmasse. Die Trennung führt im Falle der Insolvenzeröffnung über das allgemeine Vermögen der Pfandbriefbank dazu, dass die Deckungsmasse einschließlich der hierzu korrespondierenden Pfandbriefe zu einem besonderen Teil der Pfandbriefbank mit beschränkter Geschäftstätigkeit wird. Gleichwohl bleibt die Pfandbriefbank auch nach der Eröffnung des Insolvenzverfahrens Rechtsträger dieses besonderen Teils der Pfandbriefbank. Nach Eröffnung des Insolvenzverfahrens ist die Pfandbriefbank daher sowohl Rechtsträger des besonderen Teils der Pfandbriefbank als auch Rechtsträger der Insolvenzmasse, die aus dem von der Deckungsmasse getrennten, sonstigen Vermögen der Pfandbriefbank besteht.[1] Dabei wird die Geschäftsführung über das insolvenzfreie Vermögen dem Sachwalter übertragen, während die Geschäftsführung über das insolvente allgemeine Vermögen der Pfandbriefbank auf den Insolvenzverwalter übergeht. Die Eröffnung des Insolvenzverfahrens betrifft daher nur die allgemeine Vermögensmasse der Pfandbriefbank. Nur diese allgemeine Vermögensmasse wird zur Insolvenzmasse. Mit Eröffnung des Insolvenzverfahrens werden weder die Pfandbriefe noch die Deckungswerte fällig. Für den Pfandbriefgläubiger bringt die Eröffnung des Insolvenzverfahrens daher nur diejenige Änderung, dass nicht mehr die Geschäftsleitung der Pfandbriefbank für die Verwaltung der Deckungswerte und der Pfandbriefe befugt ist sondern der Sachwalter.[2] § 30 Abs. 1 Satz 1 legt fest, dass die in den Deckungsregistern eingetragenen Werte nicht in die Insolvenzmasse fallen. Daher kann gemäß Abs. 6 Satz 4 1

1 BT DS 16/13823, zu Nr. 27 (§ 30); BT DS 17/1720, zu Nr. 14 (§ 30).
2 BT DS 16/13823 S. 1.

und 5 die Aussonderung aus der Insolvenzmasse verlangt werden. Es ist nicht ausreichend, dass die Werte für die Eintragung in das Deckungsregister bestimmt sind. Sie müssen vielmehr in dieses Register eingetragen sein. Dies gilt wegen des Verweises auf die Werte des § 30 Abs. 3 auch für in das Deckungsregister eingetragene Werte, welche nicht zur Deckung bestimmt sind. Allerdings werden diese Werte, nachdem sie entsprechend ihrer Fälligkeit eingetrieben wurden, nach Abzug der angemessenen Beitreibungskosten an den Insolvenzverwalter bzw. die sonstigen Berechtigten ausgekehrt (siehe unten).

2 Maßgebliches **Kriterium für die Trennung** der Deckungsmasse von der Insolvenzmasse ist ausschließlich das formale Kriterium der **Eintragung in das Deckungsregister**. Auf die materielle Rechtslage kommt es nicht an. Diese formale Betrachtungsweise ist der Rechtssicherheit und dem Bedürfnis nach der klaren Trennung der Zuständigkeiten des Sachwalters und des Insolvenzverwalters geschuldet.[3] Die **Pfandbriefe** werden durch die Eröffnung des Insolvenzverfahrens **nicht fällig**. § 30 Abs. 1 Satz 2 stellt in der zweiten Satzhälfte die Konsequenz klar, welche daraus folgt, dass die eingetragenen Deckungswerte nicht in die Insolvenzmasse fallen: Die Forderungen der Pfandbriefgläubiger werden von der Eröffnung des Insolvenzverfahrens über die Pfandbriefbank nicht berührt.

Gemäß § 30 Abs. 3 unterliegen Werte, die in das Deckungsregister eingetragen sind, auch insoweit der Verfügungsbefugnis des Sachwalters, als sie **nicht zur Deckung von Pfandbriefen bestimmt** sind. Dies bedeutet aber nicht, dass diese Werte auch in dem Maße, in dem sie nicht zur Pfandbriefdeckung bestimmt sind, durch die Eintragung im Deckungsregister in irgendeiner Weise zur Deckung dieser Pfandbriefe herangezogen werden können. Diese Regelung besagt nur, dass die Verwaltungs- und Verfügungsbefugnis über die in das Deckungsregister eingetragenen Werte nicht geteilt, sondern auch insoweit dem Sachwalter zugewiesen wird, als sie nicht zur Pfandbriefdeckung bestimmt sind. Nach dem vertragsgemäßen Einzug hat er die Erlöse, soweit sie aus eingetragenen Werten stammen, die zur Pfandbriefdeckung bestimmt waren, den Pfandbriefgläubigern zuzuweisen und im Übrigen nach Abzug angemessener Verwaltungskosten den Berechtigten, seien es die Gläubiger von treuhänderisch gehaltenen Werten oder sei es die Insolvenzmasse.[4] Die Alternative wäre, dass der Sachwalter die Verwaltungs- und Verfügungsbefugnis über die in das Deckungsregister eingetragenen Werte erhält, soweit sie zur Pfandbriefdeckung bestimmt sind, während der Insolvenzverwalter die Verwaltungs- und Verfügungsbefugnis über diejenigen Teile der in das Deckungsregister eingetragenen Deckungswerte erhält, die nicht zur Deckung bestimmt sind. Diese Lösung dürfte in der Regel jedoch unpraktisch sein, weil die eingetragenen Werte gedanklich geteilt werden müssten in den Teil, der zur Pfandbriefdeckung bestimmt ist, und den Teil, der nicht zur Pfandbriefdeckung bestimmt ist. Beide Teile würden der Verwaltungs- und Verfügungsbefugnis verschiedener Personen, nämlich dem Sachwalter und dem Insolvenzverwalter, unterfallen. Aufgrund der unterschiedlichen Funktion von Sachwalter und Insolvenzverwalter wären Interessenkonflikte vorprogrammiert. Zur Sicherung der Interessen der Gläubiger der nicht zur Pfandbriefdeckung bestimmten

3 BT DS 16/11130 S. 41, zu Nr. 27.
4 BT DS 16/11130 zu Nr. 27 S. 42.

und gleichwohl im Deckungsregister eingetragenen Teilwerte sieht Abs. 3 Satz 4 die Möglichkeit der Teilung vor. Diese Teilung hat dann entsprechend ihrem Rang, welcher gemäß § 5 Abs. 1a im Deckungsregister festgehalten wurde, zu erfolgen. Die Teilungsberechtigten können auch eine entsprechende Eintragung im Grundbuch verlangen.[5]

2. Befriedigung der Pfandbriefgläubiger

Gemäß § 30 Abs. 1 Satz 3 sind die Forderungen der Pfandbriefgläubiger aus den in das entsprechende Deckungsregister eingetragenen Werten voll zu befriedigen. Diese Formulierung „die Forderungen der Pfandbriefgläubiger" ist dahingehen zu interpretieren, dass die Gesamtheit aller Pfandbriefgläubiger gemeint ist. Daher müssen **alle Pfandbriefgläubiger in voller Höhe** befriedigt werden. Es ist nicht zulässig, dass die Pfandbriefgläubiger bei nicht ausreichenden Erlösen aus der Deckungsmasse in Relation zu ihren jeweiligen Forderungen nur zum Teil befriedigt werden. Es ist auch nicht zulässig, dass die Pfandbriefgläubiger bis auf einen voll befriedigt werden, dieser eine Pfandbriefgläubiger aber nur teilweise befriedigt wird oder gar leer ausgeht. Denn dann wären eben nicht mehr „die Forderungen der Pfandbriefgläubiger" in voller Höhe befriedigt, sondern eben nur die Forderungen der Pfandbriefgläubiger bis auf einen. 3

Es ist allerdings sehr unwahrscheinlich, dass tatsächlich eine Situation eintritt, in der die **Deckungsmasse** einer Pfandbriefbank **nicht zur Befriedigung** aller Gläubiger der betreffenden Pfandbriefgattung **ausreicht**. Das PfandBG sieht eine Vielzahl von Regelungen vor, die den Eintritt einer solchen Situation verhindern sollen: Gemäß § 4 muss die **Deckung** der umlaufenden Pfandbriefe sowohl nach dem Barwert als auch nach dem Nennwert **jederzeit gewährleistet** sein. Dies erfordert einen **täglichen Abgleich**. Die Entwicklung der Deckungsmasse wird dadurch frühzeitig und kontinuierlich sichtbar. Hinzu kommt, dass **Deckungswerte** vom Grundsatz her nur **langsamen Veränderungen** unterliegen, so dass negative Entwicklungen schon frühzeitig absehbar sind. Damit auf negative Entwicklungen flexibel reagiert werden kann, sehen die §§ 19, 20 Abs. 2, 26 und 26f sogenannte **„weitere Deckungswerte"** vor. Diese weiteren Deckungswerte sind vom Grundsatz her liquide. Daher können sie dazu genutzt werden, negativen Entwicklungen der Deckungsmasse gegenzusteuern. Damit dies effektiv geschieht, schreibt § 4 Abs. 1a vor, dass die Pfandbriefbank **für die nächsten 180 Tage einen taggenauen Abgleich** der fällig werdenden Forderungen aus eingetragenen Deckungswerten zu fällig werdenden Verbindlichkeiten aus ausstehenden Pfandbriefen und in Deckung befindlichen Derivatgeschäften vorzunehmen hat. Gemäß § 32 ist es möglich, **Deckungsmassen** ganz oder zum Teil auf eine andere Pfandbriefbank zu **übertragen.** Daneben können gemäß § 30 Abs. 2 Satz 5 auch einzelne Deckungswerte veräußert werden, um Liquidität zu beschaffen. Darüber hinaus dürfen gemäß §§ 14, 22 und 26b Werte nur bis zu einer Höhe von **60% ihres Beleihungswertes** in Deckung genommen werden. Dieser Beleihungswert ist nach Kriterien zu ermitteln, die im PfandBG und der auf der Grundlage des PfandBG erlassenen drei Verordnungen zur Ermittlung der Belei- 4

5 BT DS 16/11130 zu Nr. 27 S. 42.

hungswerte von Grundstücken, Flugzeugen und Schiffen genau spezifiziert sind. Alle diese drei Verordnungen enthalten Vorschriften, nach denen die Beleihungswerte zu überprüfen und gegebenenfalls zu **korrigieren** sind, wenn Anhaltspunkte bestehen, dass sich die Grundlagen der Beleihungswertermittlung nicht nur unerheblich **verschlechtert** haben. In diesem Zusammenhang wird in allen drei Verordnungen zur Ermittlung der Beleihungswerte ausdrücklich der Fall genannt, dass das allgemeine Preisniveau in einem erheblichen Maß gesunken ist.[6] Die in § 4 Abs. 1 Satz 2 vorgeschriebene **sichernde Überdeckung** von 2% ergänzt den Puffer, den die Beschränkung der Indeckungnahme auf maximal 60% des Beleihungswertes bildet. Daneben besteht die Möglichkeit, dass die **Bundesanstalt** entsprechend §§ 46 und 46a KWG **Maßnahmen zum Schutz der Pfandbriefgläubiger** trifft. Erst wenn nach Ausschöpfung all dieser Möglichkeiten die vollständige Befriedigung aller Pfandbriefgläubiger nicht erreicht werden kann, findet auf Antrag der Bundesanstalt ein gesondertes Insolvenzverfahren statt. Dieses **gesonderte Insolvenzverfahren** betrifft nur die **überschuldete Deckungsmasse** und hat mit dem Insolvenzverfahren über das allgemeine Vermögen der Pfandbriefbank nichts zu tun. An letztgenanntem Insolvenzverfahren über das allgemeine Vermögen der Pfandbriefbank nehmen die Pfandbriefgläubiger nur im Umfang des Abs. 6 teil. Gemäß Abs. 6 Satz 4 können die Pfandbriefgläubiger ihre Forderungen nur in Höhe ihres Ausfalles geltend machen, das heißt desjenigen Ausfalles, den sie im Rahmen der Abwicklung des Insolvenzverfahrens über die zu ihrem Pfandbrief korrespondierenden Deckungsmasse erlitten haben.

3. Der Sachwalter

5 Die **Ernennung** des Sachwalters erfolgt gemäß § 31 Abs. 1 in Verbindung mit § 3 Abs. 11 und den §§ 2 und 3 InsO durch das zuständige Insolvenzgericht dann, wenn über das **allgemeine Vermögen** der Pfandbriefbank das **Insolvenzverfahren** eröffnet wurde. Es ist nicht erforderlich, dass auch über die Pfandbriefbank mit beschränkter Geschäftstätigkeit ein Insolvenzverfahren im Raume steht oder gar eröffnet ist. Ausnahmsweise kann die Ernennung des Sachwalters gemäß Abs. 5 **schon vor Eröffnung** des Insolvenzverfahrens erfolgen, nämlich dann, wenn die Voraussetzungen des § 46 KWG vorliegen. Aus dieser Vorschrift geht hervor, dass die Voraussetzungen zur Ernennung eines Sachwalters vor der Eröffnung eines Insolvenzverfahrens dann vorliegen, wenn die Gefahr besteht, dass die Pfandbriefbank ihre Verpflichtungen gegenüber ihren Gläubigern, insbesondere im Hinblick auf die Sicherheit der ihr anvertrauten Vermögenswerte, nicht mehr erfüllen kann, oder wenn der begründete Verdacht besteht, dass eine wirksame Aufsicht über die Pfandbriefbank nicht möglich ist.

6 Mit seiner Ernennung erhält der Sachwalter die **Verfügungsberechtigung über die Deckungsmassen.** Die Geschäftsleitung der Pfandbriefbank verliert ihre Verfügungsbefugnis zu demselben Zeitpunkt. Verfügungen, die die Pfandbriefbank nach der Bestellung des Sachwalters über einen eingetragenen Deckungswert vornimmt, sind unwirksam. Allerdings kann die Wirksamkeit gemäß § 184 BGB und § 185 Abs. 2

6 S. § 26 Belwert V, § 12 FlugBelWertV und § 14 SchiffsBelWertV.

BGB mit rückwirkender Wirkung hergestellt werden, indem der Sachwalter die Verfügung genehmigt. Wohl um Unschärfen auszuschließen, fingiert § 30 Abs. 2 Satz 3, dass für den Fall, dass die Ernennung des Sachwalters und eine Verfügung der Geschäftsleitung einer Pfandbriefbank am selben Tage erfolgen, die Verfügung der Geschäftsleitung der Pfandbriefbank als zeitlich nach der Ernennung des Sachwalters getroffen gilt. Die Ernennung des Sachwalters muss so **rechtzeitig** erfolgen, dass die ordnungsgemäße Bedienung der Pfandbriefe und die ordnungsgemäße Verwaltung der Deckungsmassen gewährleistet bleiben.

4. Aufgaben und Rechte des Sachwalters

Abs. 2 Satz 4 bringt indirekt zum Ausdruck, dass der Sachwalter für eine **ordnungsgemäße Abwicklung** der Deckungsmasse im Interesse der **vollständigen Befriedigung** der Pfandbriefgläubiger Sorge zu tragen hat. Aus dem Zusammenhang der ordnungsgemäßen Abwicklung der Deckungsmasse und dem daneben eröffneten Insolvenzverfahren über das allgemeine Vermögen der Pfandbriefbank ergibt sich, dass der Sachwalter die Deckungsmasse und den Umfang der korrespondierenden umlaufenden Pfandbriefe zumindest grundsätzlich nicht weiter aufbauen darf. Vielmehr muss er – zumindest auf Dauer gesehen – die Volumina der Deckungswerte und der umlaufenden Pfandbriefe abbauen. Der Gesetzgeber spricht in diesem Zusammenhang von der **vollständigen Befriedigung** der Pfandbriefgläubiger. Damit verstärkt der Gesetzgeber seine in Abs. 1 Satz 2 festgelegte Bestimmung, dass die Forderungen der Pfandbriefgläubiger aus den Deckungswerten voll, das heißt vollständig, zu befriedigen sind. Aus diesem Kontext folgt, dass der Sachwalter nur und ausschließlich Rechtshandlungen vornehmen darf, die zu einer **vollständigen Befriedigung** der Pfandbriefgläubiger führen. Dabei müssen **alle Pfandbriefgläubiger voll** befriedigt werden. Der Sachwalter darf keine Rechtshandlungen vornehmen, die entweder zu einem Teil- oder Totalausfall auch nur eines einzigen Pfandbriefgläubigers führen. Auch dann nicht, wenn alle übrigen Pfandbriefgläubiger in voller Höhe befriedigt werden. Denn wenn auch nur ein einziger Pfandbriefgläubiger einen Teilausfall hätte, dann sind eben nicht „die Pfandbriefgläubiger" voll befriedigt sondern nur „alle bis auf einen". 7

§ 30 begrenzt das Instrumentarium, das dem Sachwalter zur Verfügung steht, wenn man von der Übertragung der Deckungsmasse als ganzes oder zum Teil absieht, nicht. Der Sachwalter kann daher alle Rechtshandlungen vornehmen, die seiner Aufgabenerfüllung dienen. Unter anderem kann er Darlehen aufnehmen oder Schuldverschreibungen emittieren. Die Möglichkeit des Sachwalters, Rechtsgeschäfte zur Liquiditätsbeschaffung zu tätigen, nennt § 30 Abs. 2 Satz 4 nur beispielhaft. Unter anderem kann der Sachwalter zur Liquiditätsbeschaffung einzelne Deckungswerte verkaufen.[7] Gemäß Abs. 2 Satz 5 darf der Sachwalter ein bestehendes **Refinanzierungsregister** nutzen oder ein neues einrichten. Es darf aber nicht zu einer Duplizierung eines schon vorhandenen Refinanzerungsregisters kommen.[8] Die Nutzung eines Refinanzierungsregisters ermöglicht es dem Sachwalter, 8

7 BT DS 16/11130, S. 41 zu Nr. 27.
8 BT DS 16/11130, S. 41 zu Nr. 27.

Deckungswerte, die zum Zwecke der Liquiditätsbeschaffung veräußert werden, durch Eintragung in dieses Refinanzierungsregister insolvenzfest zu machen. Denn gemäß § 22J KWG bewirkt die ordnungsgemäße Eintragung eines Deckungswertes in ein Refinanzierungsregister, dass der ebenfalls im Refinanzierungsregister einzutragende Übertragungsberechtigte diesen Deckungswert aus der Deckungsmasse aussondern kann, wenn diese insolvent wird.[9] Dabei wird diese Aussonderungsfähigkeit bereits durch die bloße **Eintragung** in das Refinanzierungsregister erreicht. Allerdings muss diese Eintragung im Sinne des § 22d KWG **ordnungsgemäß** sein. Nicht erforderlich ist es, dass die ins Refinanzierungsregister eingetragenen Deckungswerte auch rechtwirksam auf den Übertragungsberechtigten übertragen wurden. Es reicht, dass der Übertragungsberechtigte einen schuldrechtlichen Anspruch auf Übertragung hat. Es ist zu beachten, dass die Eintragung in das Refinanzierungsregister nur die Aussonderungsfähigkeit herstellt. Die Eintragung heilt aber keine Rechtsmängel in Bezug auf die Zugehörigkeit der eingetragenen Forderung oder Grundsicherheit zum Vermögen des Eintragenden.[10]

9 Eine Begrenzung des Instrumentariums des Sachwalters besteht nur dann, wenn er die Deckungsmasse ganz oder zum Teil an eine andere Pfandbriefbank übertragen möchte. Eine solche Übertragung unterliegt den Regeln des § 32. Insbesondere kann sie nur mit schriftlicher Zustimmung der Bundesanstalt erfolgen. Fehlt diese Zustimmung, ist die Übertragung unwirksam.

10 Die vollständige oder teilweise Übertragung einer Deckungsmasse ist vom Verkauf eines einzelnen Deckungswertes zu unterscheiden. Bei dem Verkauf von Deckungswerten im Sinne des § 30 Abs. 2 bleiben die Verpflichtungen der Pfandbriefbank aus den korrespondierenden Pfandbriefen unberührt. Dies bedeutet, dass in das Deckungsregister eingetragene Werte nur dann verkauft und übertragen werden können, wenn dadurch die ordnungsgemäße Bedienung der Pfandbriefe nicht gefährdet wird. Demgegenüber geht es bei der vollständigen oder teilweisen Übertragung einer Deckungsmasse nach § 32 nicht nur um die Übertragung der in das Deckungsregister eingetragenen Deckungswerte, sondern auch um die Übertragung der Verbindlichkeiten aus den korrespondierenden Pfandbriefen, wobei die eingetragenen Deckungswerte und die Verbindlichkeiten aus den hierzu korrespondierenden Pfandbriefen eine Gesamtheit bilden.

5. Insolvenzverwalter

11 Der **Insolvenzverwalter** erhält mit seiner Ernennung die **Verfügungsbefugnis** über das von der Deckungsmasse getrennte, **allgemeine Vermögen der Pfandbriefbank.** In keinem Falle erhält der Insolvenzverwalter eine Verfügungsbefugnis oder einen Zugriff auf die Deckungsmasse. Auch dann nicht, wenn er zeitlich vor dem Sachwalter ernannt wurde. Man wird fordern müssen, dass **Sachwalter und Insolvenzverwalter personenverschieden** sind. Denn zwischen Sachwalter und Insolvenzverwalter bestehen naturgemäß Interessenkonflikte. Jeder der beiden möchte

---

9 BT DS 16/11130, S. 42 zu Nr. 27.
10 Vgl. § 22j Abs. 2 KWG.

im Interesse der Gläubiger der ihm zugeordneten Masse Zugriff auf die Masse des jeweils anderen haben beziehungsweise die seiner Verfügungsgewalt zugeordnete Masse vor dem Zugriff des jeweils anderen schützen.

6. Rechte des Insolvenzverwalters

Gemäß § 30 Abs. 4 kann der Insolvenzverwalter jederzeit verlangen, dass eingetragene Werte, die nicht treuhänderischer Verwaltung unterliegen und zur Deckung der jeweiligen Pfandbriefgattung einschließlich der sichernden Überdeckung **offensichtlich** nicht notwendig **sein werden**, vom Sachwalter der Insolvenzmasse zugeführt werden. Nach Befriedigung der Pfandbriefgläubiger und Deckung der Verwaltungskosten verbleibende Werte sind an die Insolvenzmasse herauszugeben. Erfasst werden alle eingetragenen Deckungswerte einschließlich der **sichernden Überdeckung,** sofern diese nicht treuhänderischer Verwaltung unterliegen. Hinsichtlich der sichernden Überdeckung macht § 30 Abs. 4 keinen Unterschied zwischen der in § 4 Abs. 1 gesetzlich vorgeschriebenen sichernden Überdeckung von 2% und einer eventuell über das gesetzliche Mindestmaß hinausgehenden weiteren Überdeckung. Auch diese weitere Überdeckung dient der Sicherung der Pfandbriefgläubiger. Sie ist deshalb ebenfalls eine sichernde Überdeckung im Sinne des § 30 Abs. 4 und kann daher nur unter den Voraussetzungen des § 30 vom Insolvenzverwalter herausverlangt und der Insolvenzmasse zugeführt werden.[11] Es muss **offensichtlich** sein, dass die Deckungswerte nicht zur Bedienung der Pfandbriefgläubiger ausreichen werden. Aus der Verwendung des Begriffes der Offensichtlichkeit ergibt sich, dass nur unverhältnismäßig hohe Überdeckungen aus der Deckungsmasse herausverlangt werden können. Andernfalls wäre es eben gerade nicht offensichtlich, dass die Überdeckung nicht zur Befriedigung der Pfandbriefgläubiger benötigt werden wird.[12] Die Offensichtlichkeit ist nicht stichtagsbezogen zu beurteilen. Vielmehr umfasst der Beurteilungsspielraum auch eine Zukunftsprognose. Dies geht aus dem Wortlaut des § 30 Abs. 4 Satz 1 hervor, genauer gesagt aus der Verwendung der Formulierung **„sein werden“**.[13] Sofern die eingetragenen Deckungswerte nur **treuhänderisch** von der Pfandbriefbank gehalten werden, kann der Insolvenzverwalter ohnehin keine Herausgabe zur Insolvenzmasse verlangen. Der Sachwalter hat diese treuhänderisch gehaltenen Werte gemäß § 30 Abs. 3 in Verbindung mit § 5 Abs. 1a entsprechend dem Gesetz und den vertraglich getroffenen Vereinbarungen einzuziehen und an die aus dem Treuhandverhältnis berechtigten Gläubiger herauszugeben, wobei er angemessene Verwaltungskosten einbehalten darf. 12

7. Verhältnis zwischen Sachwalter und Insolvenzverwalter

Der neu in § 30 Abs. 4 PfandBG eingefügte Satz 3 legt fest, dass die Handlungen des Sachwalters nicht vom Insolvenzverwalter angefochten werden können. Damit wird klargestellt, dass der Sachwalter und der Insolvenzverwalter gleichberechtigt nebeneinander stehen und dass zwischen Sachwalter und Insolvenzverwalter keine 13

11 So im Ergebnis auch BT DS 16/13823 S. 4.
12 BT DS 16/13823 S. 4.
13 BT DS 16/13823 S. 4.

Rangordnung besteht. Der in den Sätzen 1 und 2 des § 30 Abs. 4 PfandBG geregelte Interessensausgleich lässt somit keine weitere Korrektur durch eine insolvenzrechtliche Anfechtung nach den §§ 129 ff. der Insolvenzordnung zu.[14]

8. Schutz des guten Glaubens

14 Gemäß Abs. 2 Satz 2 bleiben die §§ 892 und 893 BGB und die §§ 16 und 17 SchRG sowie die §§ 16 und 17 LuftfzgG unberührt. Dies bedeutet allerdings nur, dass zugunsten eines Erwerbers der **Inhalt** des Grundbuch bzw. des Schiffs- oder Flugzeugregisters als **richtig** und **vollständig** gilt. Unabhängig davon muss das Rechtsgeschäft zwischen dem im Grundbuch oder den Registern eingetragenen Verfügenden und dem Erwerber wirksam sein. Diese Wirksamkeit setzt die Verfügungsberechtigung des Erwerbers voraus und stellt sie nicht etwa her.[15] Der Gutglaubenschutz fingiert somit nur die Richtigkeit und Vollständigkeit des Grundbuches bzw. des Schiffs- oder Flugzeugregisters. Er heilt nicht auch daneben noch die fehlende Verfügungsbefugnis.

9. Maßnahmen der Bundesanstalt

15 § 30 Abs. 6 Satz 1 bestimmt, dass die Bundesanstalt auch in Bezug auf die einzelnen Deckungsmassen einer Pfandbriefbank die in den § 46 KWG (Maßnahmen bei Gefahr) festgelegten Maßnahmen ergreifen kann.

10. Insolvenz der Deckungsmasse

16 Auch über das **Vermögen einer Deckungsmasse** kann ein Insolvenzverfahren eröffnet werden. Den Antrag kann nur die Bundesanstalt stellen. Eröffnungsgrund ist entweder die Zahlungsunfähigkeit oder die Überschuldung einer Deckungsmasse. § 30 Abs. 6 Satz 2 spricht in diesem Zusammenhang nicht von der Deckungsmasse im Allgemeinen sondern ausdrücklich von **einer Deckungsmasse**. Daraus folgt, dass die Eröffnung des Insolvenzverfahrens nicht notwendigerweise über alle Deckungsmassen erfolgen muss. Sie kann sich vielmehr auf eine einzelne oder mehrere Deckungsmassen beschränken. Sofern eine Pfandbriefbank nicht nur das Pfandbriefgeschäft betreibt, sondern auch andere Bankgeschäfte, ist es möglich, dass in Bezug auf ein und dieselbe Pfandbriefbank mehrere Insolvenzverfahren nebeneinander laufen können, wobei jedes dieser Insolvenzverfahren mit dem jeweils anderen Insolvenzverfahren nichts zu tun hat. Im Einzelnen kann es sich dabei um jeweils ein Insolvenzverfahren über die einer der in § 1 Abs. 1 genannten Pfandbriefgattungen zugeordneten Deckungsmasse sowie über das sonstige allgemeine Vermögen der Pfandbriefbank aus sonstigen Geschäften handeln. Dass eine Deckungsmasse nicht zur Befriedigung aller Pfandbriefgläubiger der betreffenden Pfandbriefgattung ausreicht, ist sehr **unwahrscheinlich**. Das PfandBG sieht eine Vielzahl von Regelungen vor, die dieses Risiko in hohem Maße minimieren.[16] Zusätzlich können Pfandbrief-

14 S. hierzu auch BT DS 17/10974 B. Besonderer Teil zu Art. 2 Nr. 15c.
15 Palandt, § 892 BGB Rdn. 3 für Grundbücher.
16 S. hierzu die Kommentierung zu oben „Befriedigung der Pfandbriefgläubiger".

gläubiger in dem Maße, in dem sie im Insolvenzverfahren über die zu ihrem Pfandbrief korrespondierende Deckungsmasse ausgefallen sind, am Insolvenzverfahren über das **übrige Vermögen** der Pfandbriefbank teilnehmen.

Der neu in § 30 eingefügte Abs. 6a dient der kontinuierlichen Verwaltung auch der insolventen Deckungsmasse. Diese neue Vorschrift ermöglicht die Eigenverwaltung der Pfandbriefbank mit beschränkter Geschäftstätigkeit durch den Sachwalter. Gemeint ist die Eigenverwaltung nach den §§ 270ff. InsO. Eine Eigenverwaltung scheidet jedoch aus, wenn der Sachverwalter schon im Rahmen seiner bisherigen Tätigkeit nicht überzeugen konnte oder wenn entweder die Bundesanstalt oder die nach § 272 Abs. 1 InsO Antragsberechtigten die Aufhebung der Eigenverwaltung verlangen.[17] 17

Die §§ 270 Abs. 2, 276a und 278 Abs. 1 InsO sind auf die Eigenverwaltung im Sinne des § 30 Abs. 6a PfandBG nicht anwendbar. Die §§ 270 und 270b InsO haben keinen Anwendungsbereich, da § 30 Abs. 6 Satz 2 PfandBG einen Insolvenzantrag der Bundesanstalt wegen Zahlungsunfähigkeit gerade nicht zulässt und ein abwickelndes Insolvenzverfahren voraussetzt, wenn der Sachwalter der ordnungsgemäßen Erfüllung der Pfandbriefverbindlichkeiten nicht (mehr) nachkommen kann.[18] 18

§ 31
Ernennung des Sachwalters; Rechte und Pflichten

(1) Zuständig für die Ernennung des Sachwalters ist das gemäß Absatz 11 zuständige Gericht. Die Bundesanstalt schlägt dem Gericht mindestens eine geeignete natürliche Person zur Ernennung vor. Das Gericht darf die Ernennung einer vorgeschlagenen Person nur versagen, wenn die Person zur Übernahme des Amtes nicht geeignet ist; vor einer Versagung ist die Bundesanstalt anzuhören. Vor einer vom Vorschlag der Bundesanstalt abweichenden Ernennung ist die Bundesanstalt ebenfalls zu hören.

(2) Das zuständige Gericht kann auf Vorschlag der Bundesanstalt bis zu drei Sachwalter ernennen. Der Vorschlag der Bundesanstalt muss bei Benennung mehrerer Sachwalter eine Regelung der Geschäftsführungs- und Vertretungsbefugnisse enthalten; Absatz 1 Satz 4 gilt entsprechend. Ein Sachwalter kann gleichzeitig für mehrere Pfandbriefbanken mit beschränkter Geschäftstätigkeit ernannt werden. Die Vorschriften dieses Gesetzes über den Sachwalter gelten für mehrere Sachwalter entsprechend.

(2a) Der Sachwalter steht unter der Aufsicht des für die Ernennung zuständigen Gerichts. Das Gericht kann insbesondere jederzeit einzelne Auskünfte oder einen Bericht über den Sachstand und die Geschäftsführung von ihm verlangen. Es kann den Sachwalter auf Antrag der Bundesanstalt abberufen, wenn ein wichtiger Grund vorliegt. Der Sachwalter tritt gegenüber der Bundesanstalt in die Pflichten ein, die von der Pfandbriefbank nach diesem Gesetz

17 S. BT DS 17/10974 B. Besonderer Teil, zu Art. 2 156.
18 S. BT DS 17/10974 B. Besonderer Teil, zu Art. 2 156.

und dem Kreditwesengesetz im Zusammenhang mit der Verwaltung der Deckungswerte zu erfüllen sind.

(2b) Der Sachwalter erhält eine Urkunde über seine Ernennung, die er bei Beendigung seines Amtes dem Gericht zurückzugeben hat. Das Gericht hat die Ernennung und Abberufung des Sachwalters dem zuständigen Registergericht mitzuteilen und unverzüglich im Bundesanzeiger bekannt zu machen. Die Ernennung und Abberufung des Sachwalters ist von Amts wegen in das Handelsregister oder im Falle des § 33 Abs. 5 in das Genossenschaftsregister einzutragen. Die Eintragungen werden nicht bekannt gemacht. Die Vorschriften des § 15 des Handelsgesetzbuchs sind nicht anzuwenden.

(3) Die Ernennung des Sachwalters ist bei den im Register eingetragenen Hypotheken in das Grundbuch einzutragen, wenn nach Art des Rechts und nach den Umständen zu befürchten ist, dass ohne die Eintragung die Pfandbriefgläubiger benachteiligt würden. Die Eintragung ist vom Sachwalter beim Grundbuchamt zu beantragen. Werden Hypotheken, bei denen die Ernennung des Sachwalters eingetragen worden ist, im Register gelöscht, so hat der Sachwalter beim Grundbuchamt die Löschung der Eintragung der Sachwalterernennung zu beantragen. Bei im Register eingetragenen Rechten an Schiffen tritt an die Stelle des Grundbuches das Schiffsregister, bei im Register eingetragenen Rechten an Schiffsbauwerken das Schiffsbauregister, an die Stelle des Grundbuchamtes tritt das Registergericht.

(4) *(weggefallen)*

(5) Der Sachwalter hat die Werthaltigkeit der einzelnen Deckungsmassen regelmäßig zu überwachen; § 4 Absatz 4 ist entsprechend anzuwenden. Die Bundesanstalt kann Sonderprüfungen anordnen. Die der Bundesanstalt dadurch entstehenden Kosten sind anteilig aus den in den Registern eingetragenen Werten zu tragen; maßgeblich ist das Verhältnis des Nennwertes der einzelnen Deckungsmasse zum Nennwert aller Deckungsmassen der Pfandbriefbank.

(6) Der Sachwalter hat bei seiner Geschäftsführung die Sorgfalt eines ordentlichen und gewissenhaften Geschäftsführers anzuwenden. Bei einer Pflichtverletzung ist er der Pfandbriefbank mit beschränkter Geschäftstätigkeit zum Schadensersatz verpflichtet. Eine Pflichtverletzung liegt nicht vor, wenn der Sachwalter bei einer unternehmerischen Entscheidung vernünftigerweise annehmen durfte, auf der Grundlage angemessener Information zum Wohle der Pfandbriefgläubiger zu handeln.

(6a) Der Sachwalter kann einen Beirat mit bis zu fünf sachverständigen Mitgliedern berufen. Der Beirat berät den Sachwalter. Er gibt sich eine Geschäftsordnung. Der Sachwalter kann die Mitglieder abberufen und neue Mitglieder berufen. Für die Vergütung und den Ersatz von Auslagen gilt § 31a Absatz 1 und 2 entsprechend. Das Bundesministerium der Finanzen wird ermächtigt, die Vergütung und die Erstattung der Auslagen der Beiratsmitglieder sowie das hierfür maßgebliche Verfahren durch Rechtsverordnung zu regeln, die nicht der Zustimmung des Bundesrates bedarf.

(7) Sachwalter und Insolvenzverwalter haben einander alle Informationen mitzuteilen, die für das Insolvenzverfahren der Pfandbriefbank oder die Verwaltung der Deckungswerte von Bedeutung sein können.

(8) Der Sachwalter ist berechtigt, zur Erfüllung seiner Aufgaben auf die personellen und sachlichen Mittel der Pfandbriefbank zurückzugreifen. Die dabei tatsächlich anfallenden Kosten hat er der Insolvenzmasse zu erstatten.

(9) Der Sachwalter darf personenbezogene Daten erheben und verwenden, soweit dies zur Erfüllung seiner Aufgaben erforderlich ist. § 203 des Strafgesetzbuchs steht einer Übertragung von Informationen, die zur Erfüllung seiner Aufgaben erforderlich ist, nicht entgegen.

(10) Die Bundesanstalt kann einen Sonderbeauftragten gemäß § 45c Absatz 1 Satz 1 des Kreditwesengesetzes bestellen mit der ausschließlichen Aufgabe, die Verwaltung der Deckungsmasse als Sachwalter vorzubereiten. Der Sonderbeauftragte darf keine geschäftsführenden oder beratenden Aufgaben wahrnehmen. Im Übrigen gilt § 45c Absatz 1 Satz 3 bis 5, Absatz 6 und 7 des Kreditwesengesetzes entsprechend. Die Bestellung zum Sonderbeauftragten ist kein Grund zur Ablehnung der späteren Ernennung zum Sachwalter durch das zuständige Gericht, es sei denn, der Sonderbeauftragte hat entgegen den Sätzen 1 und 2 geschäftsführende oder beratende Aufgaben wahrgenommen.

(11) Für alle die Ernennung und Stellung des Sachwalters betreffenden gerichtlichen Entscheidungen richtet sich die Zuständigkeit nach den §§ 2 und 3 der Insolvenzordnung. Die Entscheidungen ergehen durch Beschluss. Für das Verfahren gelten die §§ 4, 5 Absatz 1 und 3 und § 6 Absatz 1 Satz 2 und Absatz 2 und 3 der Insolvenzordnung entsprechend. Gegen Entscheidungen des Gerichts steht der Bundesanstalt, dem Sachwalter sowie der Pfandbriefbank die sofortige Beschwerde zu; Halbsatz 1 gilt nicht in den Fällen des § 30 Absatz 6a.

Übersicht

1. Die Ernennung des Sachwalters

1 Die Absätze 1 und 2 wurden im Zuge des CRD IV Umsetzungsgesetzes neu in § 31 PfandBG eingefügt. Der neu eingefügte Abs. 1 regelt die Zuständigkeit in Bezug auf die Ernennung des Sachwalters. Zuständig für die Ernennung des Sachwalters ist gemäß der Verweisungskette der § 31 Abs. 1 und 11 sowie der §§ 2 und 3 InsO das Insolvenzgericht. Damit liegen die Ernennung des Sachwalters und die Eröffnung des Insolvenzverfahrens in einer Hand, nämlich der Hand des Insolvenzgerichts. Ergänzt wird dieser Gleichklang dadurch, dass das Insolvenzgericht gemäß § 31 Abs. 11 auch für alle sonstigen gerichtlichen Entscheidungen zuständig ist, welche die Ernennung und die Stellung des Sachwalters betreffen. Ein Vorteil diese Regelung besteht darin, dass bei einer sich anschließenden Insolvenz über das Vermögen der Pfandbriefbank mit beschränkter Geschäftstätigkeit (Deckungsmasse) eine insolvenzrechtliche Eigenverwaltung des nach den Regeln des PfandBG bereits be-

stellten Sachwalters besser möglich ist, weil das Insolvenzgericht den Sachwalter selbst ernannt hat.[1]

2 Durch die in § 31 Abs. 1 festgelegten Mitwirkungsrechte der Bundesanstalt ist sichergestellt, dass die Sachkunde der Bundesanstalt in die Entscheidung des Insolvenzgerichts einfließt. Dabei kommt der Mitwirkung der Bundesanstalt große Bedeutung zu, denn sie schlägt dem Insolvenzgericht mindestens eine natürliche Person zur Ernennung vor und das Insolvenzgericht darf von diesem Vorschlag nur dann abweichen, wenn es die vorgeschlagene(n) Person(en) für ungeeignet hält. Darüber hinaus hat das Insolvenzgericht vor einer abweichenden Entscheidung die Bundesanstalt zu hören.

2. Stellung des Sachwalters

3 Während § 30 Abs. 2 Satz 2 dem Sachwalter die Verfügungsbefugnis über die eingetragenen Werte zuweist, bestimmt § 31 Abs. 2a Satz 3, dass der Sachwalter gegenüber der Bundesanstalt in diejenigen Pflichten eintritt, die von der Pfandbriefbank nach dem PfandBG und dem Gesetz über das Kreditwesen im Zusammenhang mit der Verwaltung der Deckungswerte zu erfüllen sind. Damit ersetzt der Sachwalter mit seiner Ernennung insoweit die Geschäftsführung. Gemäß § 7 Abs. 3 Satz 4 führt die Ernennung des Sachwalters dazu, dass das Amt des Treuhänders ruht, solange die Ernennung des Sachwalters wirksam ist. Das PfandBG enthält keine Regelungen über das Verhältnis zwischen Sachwalter und Insolvenzverwalters in Bezug auf ein Insolvenzverfahren über eine Deckungsmasse. Der Gesetzgeber geht wohl als selbstverständlich davon aus, dass der Sachwalter mit Eröffnung des Insolvenzverfahrens über eine Deckungsmasse automatisch seine Stellung eines auf die (insolvente) Deckungsmasse beschränkten Geschäftsführers verliert und die Verfügungsbefugnis über diese insolvente Deckungsmasse auf den Insolvenzverwalter übergeht.

3. Kontrolle des Sachwalters

4 Gemäß § 31 Abs. 2a Satz 1 steht der Sachwalter unter der Kontrolle des Insolvenzgerichts. Er wird aber auch von der **Bundesanstalt** kontrolliert. Außerdem kann die Bundesanstalt Maßnahmen entsprechend des § 46 oder auch Sonderprüfungen nach § 31 Abs. 5 anordnen. Sie kann bei Vorliegen eines wichtigen Grundes bei dem Gericht, dem die Aufsicht über den Sachwalter obliegt, einen Antrag auf **Abberufung** stellen, sodass das Gericht nach Prüfung und Bejahung dieses wichtigen Grundes entsprechend verfährt und den Sachwalter abberuft. Im Übrigen gelten die **Straf- und Bußgeldvorschriften** der §§ 38 und 39 auch für den Sachwalter und der Sachwalter haftet gemäß Abs. 6 der Pfandbriefbank gegenüber auch für Schäden, die dieser aus Sorgfaltspflichtverletzungen entstehen.

1 S. hierzu BT DS B. Besonderer Teil, zu Art. 2 Nr. 16b.

4. Zusammenarbeit von Sachwalter und Insolvenzverwalter über das allgemeine Vermögen der Pfandbriefbank

Gemäß Abs. 7 haben der Sachwalter und der Insolvenzverwalter untereinander alle Informationen auszutauschen, die sie für die Erfüllung ihrer Aufgaben benötigen. Daraus folgt, dass Sachwalter und Insolvenzverwalter vertrauensvoll zusammenarbeiten sollen, was den Austausch von Informationen angeht. Weiter geht diese Pflicht aber nicht. Insbesondere folgt aus Abs. 7 keine wechselseitige Pflicht zur aktiven Unterstützung oder Mitarbeit. 5

5. Zugriff auf die personellen und sachlichen Mittel

Eine Beschränkung dieses Zugriffs nimmt Abs. 8 nicht vor. Der Sachwalter hat daher das Recht, auf **alle** personellen und sachlichen Mittel der Pfandbriefbank zuzugreifen, also auch auf diejenigen Mittel, die nicht zur Verwaltung der Deckungsmasse erforderlich sind. Es reicht, dass sie zur Aufgabenerledigung irgendwie dienlich sind. § 31 Abs. 8 ergänzt § 30 Abs. 2 Satz 2. Nach letzterer Vorschrift geht die Verfügungsbefugnis über die Deckungsmasse einschließlich der eingetragenen Werte, die nicht zur Deckung bestimmt sind, mit der Ernennung des Sachwalters auf diesen über. 6

6. Personenbezogene Daten

Abs. 9 nimmt die Erhebung und Verwendung personenbezogener Daten durch den Sachwalter aus dem Schutzbereich des **Datenschutzgesetzes** heraus. Darüber hinaus bestimmt Abs. 9, dass die Verwendung der vom Sachwalter erhobenen personenbezogenen Daten keine **Verletzung von Privatgeheimnissen** im Sinne des Strafgesetzbuches darstellt. Diese Privilegierung der Erhebung und Verwendung personenbezogener Daten durch den Sachwalter ist aber daran geknüpft, dass die Erhebung und Verwendung dieser Daten für die Erfüllung der Aufgaben des Verwalters erforderlich ist. Dabei ist die Erforderlichkeit der Datenerhebung und die Erforderlichkeit der Datenverwendung getrennt zu beurteilen. Das gilt sowohl in Bezug auf die datenschutzrechtliche Privilegierung als auch in Bezug auf die Herausnahme aus dem Anwendungsbereich des Strafgesetzbuches. Sowohl die Erhebung personenbezogener Daten als auch deren Verwendung müssen für die Erledigung der Aufgaben des Sachwalters **erforderlich** sein. Welche Anforderungen an den Begriff der Erforderlichkeit zu stellen sind, sagt weder das PfandBG noch die Gesetzesbegründung hierzu. Für eine enge Auslegung dieses Begriffes spricht, dass die Bedeutung des Wortes nicht viel Interpretationsspielraum zulässt. Daneben kann der Gesetzgeber die Herausnahme von eigentlich rechtswidrigen Vorgängen aus der Rechtswidrigkeit nur unter engen Voraussetzungen gewollt haben. Andererseits darf die Tätigkeit des Sachwalters und damit das Interesse der Pfandbriefgläubiger an einer vollständigen Befriedigung nicht dadurch beeinträchtigt werden, dass der Sachwalter bei der Erhebung oder Verwendung personenbezogener Daten immer damit rechnen muss, sich rechtswidrig zu verhalten, weil sich später herausstellt, dass entweder die Erhebung oder die Verwendung der personenbezogenen Daten doch nicht zur Aufgabenerledigung erforderlich war, weil der Sachwalter seine Aufgaben auch genauso gut ohne die betreffende Datenerhebung oder Datenverwen- 7 dung hätte bewältigen können. Zur Lösung des Problems kann folgende Umschreibung angeboten werden: Das Kriterium der Erforderlichkeit liegt dann vor, wenn der Sachwalter zum Zeitpunkt der Vornahme seiner Handlung aus seiner Sicht, in seiner Situation, nach seinem Kenntnisstand und unter Berücksichtigung von Alternativverhalten vernünftigerweise davon ausgehen durfte, dass er seine Aufgaben ohne die Erhebung und/oder die Verwendung der personenbezogenen Daten nicht mit demselben Erfolg hätte durchführen können.

7. Sonderbeauftragter

8 Die in § 45c KWG geregelte Institution eines Sonderbeauftragten wird über § 31 Abs. 10 PfandBG auch in Bezug auf Pfandbriefbanken mit beschränkter Geschäftstätigkeit (Deckungsmassen) zur Anwendung gebracht. Allerdings werden die Befugnisse des Sonderbeauftragten im Anwendungsbereich des § 31 PfandBG insoweit beschnitten, als der Sonderbeauftragte im Sinne des § 31 PfandBG keine geschäftsführenden oder beratende Aufgaben wahrnehmen darf. Der Sinn dieser Beschränkung liegt darin, dass der Sonderbeauftragte im Sinne des § 31 PfandBG ausschließlich die Verwaltung der Deckungsmasse durch den Sachwalter vorzubereiten hat.[2] Aus der Formulierung des § 31 Abs. 10 Satz 1 geht hervor, dass der von der Bundesanstalt zu ernennende Sonderbeauftragte mit derjenigen Person identisch sein muss, die die Bundesanstalt dem Insolvenzgericht als künftigen Sachwalter vorschlägt.

9 Die Befugnisse, welche der Sonderbeauftrage zur Vorbereitung der Verwaltung der Deckungsmasse durch den (künftigen) Sachwalter hat, ergeben sich aus § 45c Abs. 1 Satz 3 bis 5 des KWG. Die Kostenerstattung und die Haftung des Sonderbeauftragten ergeben sich aus § 45c Abs. 6 und 7 KWG.

§ 31a
Vergütung des Sachwalters; Verordnungsermächtigung

(1) Der Sachwalter hat Anspruch auf Vergütung seiner Tätigkeit und Ersatz angemessener Auslagen. Der Regelsatz der Vergütung wird nach dem Wert der Deckungsmasse berechnet, soweit sich die Verwaltung durch den Sachwalter darauf erstreckt. Die Kosten der Verwaltung durch den Sachwalter einschließlich seiner Vergütung und der Erstattung seiner Auslagen sind aus dem Vermögen der Pfandbriefbank mit beschränkter Geschäftstätigkeit zu tragen.

(2) Das für die Ernennung zuständige Gericht setzt die Vergütung und die Auslagen auf Antrag des Sachwalters fest. Aus der rechtskräftigen Entscheidung findet die Zwangsvollstreckung nach der Zivilprozessordnung statt.

(3) Das Bundesministerium der Finanzen wird ermächtigt, die Vergütung und die Erstattung der Auslagen des Sachwalters sowie das hierfür maßgebliche Verfahren durch Rechtsverordnung zu regeln, die nicht der Zustimmung des Bundesrates bedarf.

---

2 Vgl. hierzu BT DS 17/10974, B. Besonderer Teil, zu Art. 2 Nr. 16i.

1. Allgemeines

Die in Abs. 3 geregelte Ermächtigung des Bundesministeriums der Finanzen zum Erlass von konkretisierenden Verordnungen orientiert sich an der insolvenzrechtlichen Verordnungsermächtigung des § 65 InsO.

§ 32
Übertragung der Deckungsmassen und -verbindlichkeiten

(1) Der Sachwalter kann mit schriftlicher Zustimmung der Bundesanstalt alle oder einen Teil der im Deckungsregister eingetragenen Werte einschließlich der Werte im Sinne des § 30 Abs. 3 und der Verbindlichkeiten aus Pfandbriefen als Gesamtheit nach den folgenden Vorschriften auf eine andere Pfandbriefbank übertragen.

(2) Der Übertragungsvertrag muss mindestens folgende Angaben enthalten:

1. **die Firma und den Sitz der übertragenden und der übernehmenden Pfandbriefbank,**
2. **die Vereinbarung über die Übertragung der im Deckungsregister eingetragenen Werte und der Verbindlichkeiten aus Pfandbriefen als Gesamtheit und gegebenenfalls über eine Gegenleistung,**
3. **die genaue Bezeichnung der zu übertragenden Werte und Verbindlichkeiten aus Pfandbriefen.**

(3) Soweit für die Übertragung von Gegenständen im Falle der Einzelrechtsnachfolge in den allgemeinen Vorschriften eine besondere Art der Bezeichnung bestimmt ist, sind diese Regelungen für die Bezeichnung der zu übertragenden Werte und Verbindlichkeiten aus Pfandbriefen nach Absatz 2 Nr. 3 anzuwenden. § 28 der Grundbuchordnung sowie § 36 der Schiffsregisterordnung und § 87 des Gesetzes über Rechte an Luftfahrzeugen sind zu beachten. Im Übrigen kann auf Urkunden Bezug genommen werden, deren Inhalt eine Zuweisung des einzelnen Gegenstands ermöglicht; die Urkunden sind dem Übertragungsvertrag als Anlagen beizufügen.

(4) Der Übertragungsvertrag muss notariell beurkundet werden.

Übersicht

1. Übertragung der Deckungsmasse

Die vollständige oder teilweise Übertragung einer Deckungsmasse ist vom Verkauf eines einzelnen Deckungswertes zu unterscheiden. Bei dem Verkauf von Deckungswerten nach § 30 Abs. 2 bleiben die Verpflichtungen der Pfandbriefbank aus den korrespondierenden Pfandbriefen unberührt. Dies bedeutet, dass in das Deckungsregister eingetragene Werte nur dann verkauft und übertragen werden können, wenn dadurch die Bedienung der Verbindlichkeiten aus den korrespon- 1 dierenden Pfandbriefen nicht negativ beeinträchtigt wird. Demgegenüber geht es bei der vollständigen oder teilweisen Übertragung einer Deckungsmasse nach § 32 nicht nur um die Übertragung der in das Deckungsregister eingetragenen Deckungswerte, sondern auch um die Übertragung der Verbindlichkeiten aus den korrespondierenden Pfandbriefen. Dabei bilden die eingetragenen Deckungswerte und die Verbindlichkeiten aus den hierzu korrespondierenden Pfandbriefen eine Gesamtheit. Gemäß § 36 muss der bei der insolventen Pfandbriefbank verbleibende Teil der Deckungsmasse den Vorschriften über die Pfandbriefdeckung genügen.

2 Die Übertragung bedarf der Zustimmung der Bundesanstalt. Fehlt diese, ist die Übertragung nach den allgemeinen Regeln des BGB unwirksam. Erfolgt die Zustimmung zeitlich nach der Übertragung, wirkt sie grundsätzlich auf den Zeitpunkt der Übertragung zurück.[1]

3 Abs. 1 stellt klar, dass sich die Befugnis des Sachwalters zur Übertragung der Deckungsmasse auch auf die eingetragenen Werte im Sinne des § 30 Abs. 3 bezieht. Dies sind solche Werte, die zwar in das Deckungsregister eingetragen sind, die aber nicht zur Pfandbriefdeckung bestimmt sind. Diese Werte im Sinne des § 30 Abs. 3 sind nach der Veräußerung nicht anders zu behandeln als vor der Veräußerung. Dies bedeutet, dass der Sachwalter Forderungen vertragsgemäß einzuziehen und Sicherheiten bei Verwertungsreife zu verwerten hat. Die sich daraus ergebenden Erlöse hat er nach Abzug angemessener Verwaltungskosten an die Gläubiger treuhänderisch gehaltener Werte bzw. an die Insolvenzmasse herauszugeben. Abs. 1 stellt klar, dass sich die Befugnis des Sachwalters aus dem formalen Akt der Eintragung der Werte in das Deckungsregister ergibt und dass es nicht auf die materielle Rechtmäßigkeit dieser Eintragung ankommt.[2]

2. Inhalt des Übertragungsvertrages

4 Abs. 2 legt den Mindestinhalt des Übertragungsvertrages fest. Weitere Vertragsabreden dürften in aller Regel notwendig sein und können selbstverständlich in den Übernahmevertrag aufgenommen werden. Nr. 3 legt fest, dass sowohl die zu übertragenden Werte als auch die Verbindlichkeiten aus den Pfandbriefen genau bezeichnet werden müssen. Daraus folgt, dass Bestimmbarkeit nicht ausreicht. Sowohl die zu übertragenden Werte (Grundsicherheiten, Registerpfandrechte und Darlehensforderungen) als auch die Verbindlichkeiten aus den Pfandbriefen müssen **genau bestimmt** werden. In diesem Zusammenhang stellt Abs. 3 klar, dass diejenigen Bestimmungen der allgemeinen Rechtsvorschriften beachtet werden müssen, die im Rahmen der Übertragung von Gegenständen durch Einzelrechtsnachfolge die Bezeichnung besonders regeln. Beispielhaft nennt Abs. 3 § 28 der Grundbuchordnung, § 36 SchRegO und § 87 LuftfzgG. § 28 GBO regelt die Bezeichnung von Grundstücken und Geldbeträgen (letztere sind in inländischer Währung anzugeben), § 36 SchRegO regelt, dass im Rahmen von Eintragungsbewilligungen oder Eintragungsanträgen Geldbeträge in inländischer Währung angegeben werden müssen, wenn keine ge-

1 Vgl. Palandt, Einleitung zu den §§ 182 ff. Anm. 4.
2 BT DS 16/11130 S. 42 zu Nr. 28.

setzliche Ausnahmeregelung vorliegt, und § 87 LuftfzgG erlaubt, dass Forderungen in ausländischer Währung angegeben werden können. Soweit allgemeine Regeln, die die Bezeichnung der zu übertragenden Werte und Verbindlichkeiten regeln, nicht entgegenstehen, kann die genaue Bestimmung dadurch erfolgen, dass auf Urkunden Bezug genommen wird, sofern diese Urkunden die zu übertragenden Gegenstände genau bestimmen und eine Zuweisung ermöglichen. Diese Urkunden sind dem Übernahmevertrag als Anlage beizufügen. In welcher Form diese Beifügung zu erfolgen hat, sagt § 32 nicht. Man wird aber aus Beweisgründen verlangen müssen, dass die Beifügung durch eine feste Verbindung von Übernahmevertrag und Urkunde erfolgen muss. Außerdem muss der Übernahmevertrag die Urkunde in der Bezugnahme genau bezeichnen.

3. Wirksamkeit der Übertragung

Gemäß § 34 Abs. 1 steht die Übertragung der Deckungsmasse unter der Rechts- 5
bedingung, dass die Übertragung in das Handelsregister am Sitz der übertragenden Pfandbriefbank eingetragen wird.

Durch diese Eintragung wird der eventuell bestehende Mangel der notariellen 6
Beurkundung geheilt, siehe § 34 Abs. 1.

§ 33
Handelsregistereintragung

(1) Der Sachwalter und das Vertretungsorgan der übernehmenden Pfandbriefbank haben die Übertragung zur Eintragung in das Handelsregister des Sitzes der jeweiligen Pfandbriefbank anzumelden. Der Anmeldung sind der Übertragungsvertrag in Ausfertigung oder öffentlich beglaubigter Abschrift und die Zustimmungsurkunde der Bundesanstalt beizufügen.

(2) Die Übertragung darf in das Handelsregister des Sitzes der übertragenden Pfandbriefbank erst eingetragen werden, nachdem sie im Handelsregister des Sitzes der übernehmenden Pfandbriefbank eingetragen worden ist. Die Eintragung im Handelsregister des Sitzes der übernehmenden Pfandbriefbank ist mit dem Vermerk zu versehen, dass die Übertragung erst mit der Eintragung im Handelsregister des Sitzes der übertragenden Pfandbriefbank wirksam wird.

(3) Das Gericht des Sitzes der übertragenden Pfandbriefbank hat von Amts wegen dem Gericht des Sitzes der übernehmenden Pfandbriefbank den Tag der Eintragung der Übertragung mitzuteilen und einen Auszug aus dem Handelsregister zu übersenden. Nach Eingang der Mitteilung hat das Gericht des Sitzes der übernehmenden Pfandbriefbank von Amts wegen den Tag der Eintragung der Übertragung im Handelsregister zu vermerken.

(4) Das Gericht des Sitzes jeder der an der Übertragung beteiligten Pfandbriefbanken hat jeweils die von ihr vorgenommene Eintragung der Übertragung von Amts wegen im Bundesanzeiger ihrem ganzen Inhalt nach bekannt zu machen.

(5) Sofern die Pfandbriefbank eine eingetragene Genossenschaft im Sinne des § 1 Abs. 1 des Genossenschaftsgesetzes ist, tritt bei Anwendung der Absätze 1 bis 4 an die Stelle des Handelsregisters das Genossenschaftsregister.

Übersicht

1. Eintragung der Übertragung

1 Die Übertragung der Deckungsmasse oder Teilen davon muss sowohl in das **Handelregister am Sitz der übertragenden** als auch in das **Handelsregister am Sitz der übernehmenden Pfandbriefbank** eingetragen werden. Bezüglich der übertragenden Pfandbriefbank stellt der Sachwalter den zur Eintragung erforderlichen Antrag bei dem Amtsgericht am Sitze der übertragenden Bank, während die Geschäftsleitung der übernehmenden Bank den Antrag auf Eintragung bei dem Amtsgericht am Sitz der übernehmenden Pfandbriefbank stellt. Beiden Anträgen sind mit Originalunterschriften versehende Ausfertigungen oder öffentlich beglaubigte Abschriften des **Übernahmevertrages** beizufügen. Außerdem muss beiden Anträgen die Zustimmungsurkunde der Bundesanstalt beigefügt werden. Hinsichtlich der **Zustimmungsurkunde** sieht Abs. 1 nicht vor, dass öffentlich beglaubigte Abschriften ausreichen. Es ist den Pfandbriefbanken daher zu empfehlen darauf zu achten, dass die Bundesanstalt mindestens vier mit Originalunterschrift versehene Ausfertigungen der Zustimmungsurkunde ausstellt. Damit ist gewährleistet, dass sowohl die übertragende als auch die übernehmende Pfandbriefbank als auch die beiden Amtsgerichte, die die Handelsregister führen, über eine Ausfertigung verfügen.

2. Reihenfolge der Eintragungen

2 Gemäß Abs. 2 darf die Eintragung der Übertragung der Deckungsmasse bzw. Teilen davon in das Handelsregister am Sitz der übertragenden Bank erst dann erfolgen, wenn die Eintragung in das Handelsregister am Sitz der übernehmenden Bank erfolgt ist.

3. Wirkung der Eintragung

3 Gemäß § 34 Abs. 1 wird die **Übertragung der Deckungsmasse** erst durch die Eintragung der Übertragung in das Handelsregister des Gerichts am Sitz der übertragenden Bank **wirksam**. Der Abschluss des Übertragungsvertrages allein reicht für die Wirksamkeit der Übertragung nicht aus. Ob die Übertragung im Handelsregister des Amtsgerichts am Sitz der übernehmenden Bank eingetragen ist oder nicht, spielt

für die Wirksamkeit der Übertragung dagegen keine Rolle. Dies wird nach außen hin dadurch klar gestellt, dass die Eintragung im Handelsregister des Gerichts am Sitz der übernehmenden Pfandbriefbank einen Vermerk enthalten muss, aus dem hervorgeht, dass die Übertragung der Deckungsmasse erst dann wirksam wird, wenn die Eintragung in das Handelsregister des Gerichts am Sitze der übertragenden Pfandbriefbank erfolgt ist.

4. Publizitätswirkung der Eintragungen in den Handelsregistern

Aus der gesetzlich vorgeschriebenen Reihenfolge der Eintragungen der Übertra- 4
gung der Deckungsmasse, nämlich zuerst in das Handelsregister des Gerichts am Sitz der übernehmenden Pfandbriefbank und erst danach in das Handelsregister des Gerichts am Sitz der übertragenden Pfandbriefbank und der Regelung, dass die Übertragung erst mit Eintragung in das Register des Gerichts am Sitz der übertragenden Pfandbriefbank wirksam ist, ergibt sich, dass die Wirksamkeit der Übertragung ohne weitere Erläuterung immer aus dem Auszug des Registers des Gerichts am Sitz der übertragenden Bank hervorgeht. Bei dem Auszug des Registers des Gerichts am Sitz der übernehmenden Bank ist dies aber nicht der Fall. Im Gegenteil ist dort vermerkt, dass die Übertragung erst dann wirksam wird, wenn die Eintragung in das andere Register erfolgt ist. Damit auch aus dem Handelsregister des Gerichts am Sitz der übernehmenden Pfandbriefbank die Wirksamkeit der Übertragung hervorgeht, verpflichtet Abs. 3 das registerführende Gericht am Sitz der übertragenden Bank, dem registerführenden Gericht am Sitz der übernehmenden Bank von Amts wegen den Tag der Registereintragung mitzuteilen und diesem Gericht einen Registerauszug zu übersenden aus dem die Eintragung hervorgeht. Das empfangende Gericht des Sitzes der übernehmenden Pfandbriefbank hat auf der Grundlage dieser Information diesen Tag der Eintragung im eigenen Register zu vermerken. Mit diesem Vermerk geht dann auch aus dem Register des Gerichts der übernehmenden Pfandbriefbank hervor, dass die Übertragung der Deckungsmasse wirksam ist.

5. Veröffentlichungen im Bundesanzeiger

Die Gerichte am Sitz der übertragenden und der übernehmenden Bank haben 5
gemäß Abs. 4 die in ihren jeweiligen Handelsregistern vorgenommenen **Eintragungen der Übertragung** im **Bundesanzeiger** bekannt zu machen. Hinsichtlich der **Eintragung** in das Register des Gerichts am Sitz der **übertragenden Bank** reicht dabei **eine Bekanntmachung** im Bundesanzeiger aus. Denn gemäß § 34 Abs. 1 wird mit der Eintragung in das Register am Sitz der übertragenden Bank die Wirksamkeit der Übertragung der Deckungsmasse hergestellt.

Hinsichtlich des Registers des Gerichts am Sitz der übernehmenden **Bank** ist dies anders. Denn in diesem Register werden genau genommen **zwei Eintragungen** vorgenommen. Die **erste Eintragung** hat gemäß Abs. 2 Satz 3 den Vermerk zu enthalten, dass die Übertragung erst dann wirksam wird, wenn auch im Register des Gerichts am Sitz der übertragenden Bank die Eintragung erfolgt ist. Nach dieser Eintragung im Register des Gerichts am Sitz der übertragenden Bank erfolgt im Register des Gerichts der übernehmenden Bank eine **zweite Eintragung**, aus der hervorgeht, dass die Eintragung im Register der übertragenden Bank nunmehr erfolgt ist. Zwischen diesen beiden Eintragungen liegen nicht ganz unerhebliche Zeiträume. Es stellt sich somit die Frage, ob es ausreicht, dass das Gericht am Sitz der übernehmenden Bank nur eine einzige Bekanntmachung im Bundesanzeiger veröffentlicht, die den Inhalt beider oben genannter Eintragungen vollständig wiedergibt, oder ob das Gericht am Sitz der übernehmenden Bank bereits die erste Eintragung im Bundesanzeiger bekannt macht und danach eine zweite Veröffentlichung im Bundesanzeiger vornimmt, aus der auch die zweite Eintragung hervorgeht.

6 Für die **erste Ansicht** spricht, dass die Rechtswirkung der Übertragung bei der ersten Eintragung durch die übernehmende Bank noch nicht eingetreten ist. Außerdem sprechen für die erste Ansicht Gründe der Wirtschaftlichkeit.

7 Im Ergebnis dürfte aber der **zweiten Ansicht** der Vorzug zu geben sein. Für die zweite Ansicht spricht neben rein formalen Gründen der Umstand, dass der Bundesanzeiger dann, wenn er nicht schon die erste Eintragung im Register des Gerichts am Sitz der übernehmenden Bank veröffentlicht, nicht schon frühzeitig die – wenn auch noch unwirksame – **Übertragung** der Deckungsmasse publiziert, sondern erst die später erfolgte wirksame Übertragung. Die Veröffentlichung bereits der ersten Eintragung ist jedoch durchaus sinnvoll, weil die erste Eintragung im Handelsregister der übernehmenden Bank bereits eine Ankündigungs- beziehungsweise Warnfunktion hat.

6. Genossenschaftsbanken

8 Für den Fall, dass eine der an der Übertragung beteiligten Pfandbriefbanken eine Genossenschaftsbank ist, stellt Abs. 5 klar, dass für diese Genossenschaftsbank das Genossenschaftsregister an die Stelle des Handelsregisters tritt.

§ 34
Übergang von Deckungswerten und -verbindlichkeiten

(1) Bei Eintragung der Übertragung in das Handelsregister des Sitzes der übertragenden Pfandbriefbank gehen die im Übertragungsvertrag bezeichneten Werte und Pfandbriefverbindlichkeiten als Gesamtheit auf die übernehmende Pfandbriefbank über. Durch die Eintragung wird der Mangel der notariellen Beurkundung des Übertragungsvertrags geheilt. § 33 Abs. 5 gilt entsprechend. Für die übertragenen Pfandbriefverbindlichkeiten haften die übertragende Pfandbriefbank und die übernehmende Pfandbriefbank als Gesamtschuldner.

(2) Im Falle der Gewährung einer Gegenleistung gilt § 30 Absatz 4 Satz 1 und 2 entsprechend. § 30 Abs. 3 gilt mit der Maßgabe entsprechend, dass an die Stelle des Sachwalters die übernehmende Pfandbriefbank tritt.

1. Wirkung der Eintragung

1 Die im Übertragungsvertrag vereinbarte **Übertragung** der Deckungswerte und Pfandbriefverbindlichkeiten wird gemäß Abs. 1 erst dann **wirksam**, wenn diese Übertragung in das Handelsregister des Sitzes der **übertragenden Pfandbriefbank**

eingetragen ist. Damit stellt die Eintragung in das Handelsregister der übertragenden Bank eine **Rechtsbedingung** dar, ohne deren Vorliegen die Übertragung schwebend unwirksam ist, auch wenn alle anderen Voraussetzungen zur wirksamen Übertragung gegeben sind.[1] Dies gilt nicht nur in Bezug auf die Verbindlichkeiten aus den Pfandbriefen und in Bezug auf die Darlehensforderungen, sondern in gleicher Weise auch in Bezug auf die Übertragung der Sicherheiten, also der Hypotheken, Grundschulden, Schiffs- oder Flugzeughypotheken und öffentlichen Gewährleistungen. Es ist **nicht ausreichend**, dass die Eintragung in das Register des Sitzes der **übernehmenden Pfandbriefbank** eingetragen wurde.

Durch die Eintragung wird ein eventuell bestehender Mangel der **notariellen** 2
Beurkundung geheilt. Das Fehlen der notariellen Beurkundung führt daher nicht zu einer Unwirksamkeit des Übertragungsvertrages, wenn diese Übertragung in das Handelsregister der übertragenden Pfandbriefbank eingetragen wurde.

Gemäß Abs. 1 Satz 1 werden mit der Eintragung in das Handelsregister des Sit- 3
zes der übertragenden Pfandbriefbank die Deckungsmasse und die Pfandbriefverbindlichkeiten zu einer Gesamtheit zusammengefasst die – ebenfalls mit dieser Eintragung – auf die übernehmende Pfandbriefbank übergeht. Dieser Übergang hat aber nicht zur Folge, dass die Haftung für die Verbindlichkeiten aus den Pfandbriefen vom Veräußerer auf den Erwerber übergeht. Vielmehr bleibt der Veräußerer auch nach der wirksamen Übertragung in der Haftung, und der Erwerber tritt als zusätzlicher Haftungspartner der Pfandbriefgläubiger hinzu. Die Pfandbriefgläubiger haben somit nach der Übertragung nicht nur einen neuen Haftungspartner, sie behalten vielmehr auch den alten. Durch diese Regelung wird das (allerdings sehr unwahrscheinliche) Risiko ausgeschaltet, dass die Pfandbriefgläubiger nach dem Übergang der Pflichten der übertragenden Pfandbriefbank auf die übernehmende Pfandbriefbank schlechter gestellt sind als vorher.

Abs. 2 setzt als selbstverständlich voraus, dass die Übertragung der Gesamtheit 4
von Deckungswerten und Verbindlichkeiten aus den Pfandbriefen – sofern vereinbart – auch diejenigen Werte umfasst, die zwar in das Deckungsregister eingetragen sind, die aber **nicht zur Deckung bestimmt** sind.[2] Sofern – was im Fall der Insolvenz der übertragenden Pfandbriefbank nicht selbstverständlich ist – für die Übertragung eine positive Gegenleistung gezahlt wird, kann der Insolvenzverwalter vom Sachwalter der übertragenden Pfandbriefbank in entsprechender Anwendung des § 30 Abs. 4 verlangen, dass der Kaufpreis **an die allgemeine Insolvenzmasse** der übertragenden Pfandbriefbank **ausgekehrt** wird. Entsprechendes gilt auch in Bezug auf die übergegangenen eingetragenen Werte, die nicht zur Pfandbriefdeckung bestimmt sind, selbst. In Bezug auf diese Werte tritt gemäß § 34 Abs. 2 Satz 2 an die Stelle des Sachwalters die übernehmende Pfandbriefbank. Werden die Erlöse aus der Verwertung dieser nicht zur Deckung bestimmten, aber gleichwohl in das Deckungsregister eingetragenen Werte offensichtlich nicht zur vollständigen Befriedigung aller Pfandbriefgläubiger benötigt, führt die übernehmende Pfandbriefbank die Erlöse nach Abzug angemessener Verwaltungskosten an die Berechtigten ab.

---

1 Palandt, vor 158 BGB Rdn. 5.
2 Vgl. § 30 Abs. 3 und § 5 Abs. 1a.

§ 35
Treuhänderische Verwaltung

(1) Mit schriftlicher Zustimmung der Bundesanstalt kann der Sachwalter mit einer anderen Pfandbriefbank vereinbaren, dass die in den Deckungsregistern der insolventen Pfandbriefbank eingetragenen Werte einschließlich der Werte im Sinne des § 30 Abs. 3 ganz oder teilweise treuhänderisch durch den Sachwalter der insolventen Pfandbriefbank für die andere Pfandbriefbank verwaltet werden, soweit die andere Pfandbriefbank die Haftung für die gedeckten Verbindlichkeiten der insolventen Pfandbriefbank übernimmt. Der Vertrag bedarf der Schriftform. Die Werte und Pfandbriefverbindlichkeiten sind darin genau zu bezeichnen.

(2) Die im Sinne des Absatzes 1 treuhänderisch verwalteten Werte gelten im Verhältnis zwischen der anderen Pfandbriefbank und der insolventen Pfandbriefbank oder deren Gläubigern als Werte der anderen Pfandbriefbank, auch wenn sie nicht auf diese übertragen wurden.

(3) Der aus dem Treuhandverhältnis folgende Übertragungsanspruch ist in das entsprechende Register der anderen Pfandbriefbank einzutragen. Die im Vertrag im Sinne des Absatzes 1 bezeichneten und im Deckungsregister der insolventen Pfandbriefbank eingetragenen Werte gelten als im Register der anderen Pfandbriefbank eingetragen. Der Treuhänder der anderen Pfandbriefbank nimmt seine Aufgaben und Befugnisse insoweit gegenüber der insolventen Pfandbriefbank wahr. Die teilweise treuhänderische Verwaltung ist im jeweiligen Deckungsregister der insolventen Pfandbriefbank bei den einzelnen Deckungswerten zu vermerken.

(4) § 30 Abs. 3 gilt entsprechend.

Übersicht

1. Fallgestaltungen

1 § 35 bildet mehrere Fallgestaltungen ab:

- Die insolvente Pfandbriefbank ist aufgrund eines Treuhandverhältnisses verpflichtet, einzelne Deckungswerte ganz oder teilweise für eine andere Pfandbriefbank zu halten. Diese Übertragung steht aber noch aus.
- Die insolvente Pfandbriefbank hat die einzelnen Deckungswerte ganz oder teilweise an die übernehmende Pfandbriefbank übertragen.
- Die insolvente Pfandbriefbank ist aufgrund eines Treuhandverhältnisses verpflichtet, die Gesamtheit einer Deckungsmasse bzw. Teile davon für eine andere Pfandbriefbank zu halten. Die Übertragung dieser Gesamtheit steht aber noch aus.
- Die insolvente Pfandbriefbank hat die Gesamtheit einer Deckungsmasse bzw. Teile davon an die übernehmende Pfandbriefbank wirksam übertragen.

Grundsätzlich kommt in Bezug auf die Fallgestaltungen a) und c) jedes irgendwie geartete Treuhandverhältnis in Frage, sofern es zum Inhalt hat, dass die verpflichtete Pfandbriefbank die Deckungswerte aus irgendeinem Grund für die berechtigte Pfandbriefbank zu halten hat. In der Regel wird das Treuhandverhältnis jedoch daraus hervorgehen, dass sich die veräußernde Bank gegenüber der übernehmenden Bank in einem Kaufvertrag verpflichtet, die Werte an die übernehmende Bank zu übertragen. 2

Bei all diesen Fallgestaltungen kann es sinnvoll sein, dass die insolvente Pfandbriefbank die Verwaltung der Deckungswerte auch nach dem Abschluss der schuldrechtlichen Verpflichtung zur Übertragung oder aber auch nach der Übertragung selbst weiterhin fortführt. Unter anderem können dadurch Fehler vermieden werden, die durch Datenmigration entstehen oder dadurch, dass die übernehmende Bank ihre Darlehensverträge anders ausgestaltet als die übertragende und die Darlehensverwaltung daher anders ausführt. Auch können die Usancen in beiden Häusern unterschiedlich sein, was ebenfalls Auswirkungen auf die Verwaltung von Darlehen und Sicherheiten haben kann. Sofern nur die schuldrechtliche Pflicht zur Übertragung besteht und die Übertragung selbst (noch) nicht vorgenommen wurde, kann darüber hinaus die Offenlegung der Rechtsänderungen gegenüber den Darlehensnehmern auch dann vermieden werden, wenn die Darlehen durch Buchgrundschulden gesichert sind. 3

2. Absicherung der Pfandbriefgläubiger

Gemäß Abs. 1 setzt die treuhänderische Verwaltung der Deckungswerte allerdings voraus, dass diese Werte nach wie vor im Deckungsregister der verpflichteten Pfandbriefbank eingetragen sind. Außerdem muss die berechtigte Pfandbriefbank die Haftung für diejenigen Verbindlichkeiten übernehmen, die zu diesen Deckungswerten korrespondieren. Der Verwaltungsvertrag bedarf zwingend der Schriftform. Die einzelnen Deckungswerte und die Pfandbriefverbindlichkeiten sind in dem Verwaltungsvertrag genau zu bezeichnen. Daraus geht hervor, dass insoweit Bestimmtheit erforderlich ist. Bestimmbarkeit reicht demgegenüber nicht aus. Daraus ergibt sich die Frage, welche Angaben konkret gemacht werden müssen, um das Kriterium der Bestimmtheit zu erfüllen. Es kann angeraten werden, sich diesbezüglich am notwendigen Inhalt eines Deckungsregisters zu orientieren. Diese notwendigen Inhalte werden in den §§ 9 bis 14 der Deckungsregisterverordnung für die verschiedenen Pfandbriefgattungen sowie für die Ansprüche und Verbindlichkeiten aus Derivategeschäften[1] geregelt. 4

3. Deckungsregister

Die von der insolventen Pfandbriefbank treuhänderisch für die berechtigte Pfandbriefbank verwalteten Deckungswerte müssen gemäß Abs. 1 Satz 1 in den Deckungsregistern der insolventen Pfandbriefbank eingetragen bleiben. Der Übertragungsanspruch ist gemäß Abs. 3 Satz 1 in das Deckungsregister der berechtigten 5

1 Vgl. §§ 4 Abs. 3 und 19 Abs. 4.

Pfandbriefbank einzutragen. Sind diese Voraussetzungen erfüllt, gelten die betreffenden Deckungswerte als im Deckungsregister der anspruchsberechtigten Bank eingetragen. Damit können sie von der anspruchsberechtigten Bank zur Deckung eigener Pfandbriefe verwendet werden, sofern sie nicht noch zur Deckung von Pfandbriefen der insolventen Pfandbriefbank benötigt werden (wobei die anspruchsberechtigte „andere" Pfandbriefbank die Verbindlichkeiten aus den Pfandbriefen der insolventen Pfandbriefbank bereits übernommen hat).

4. Insolvenzfestigkeit des Übertragungsanspruchs

6 Der Anspruch der berechtigten Bank gegen die insolvente Bank auf Übertragung der Werte muss aus mindestens zwei Gründen insolvenzfest sein. Erstens wird sich kein Erwerber auf die Aussetzung der Übertragung einlassen, wenn er in der Insolvenz der übertragenden Bank auf die Insolvenzmasse reduziert wird, und zweitens kann der Anspruch auf Übertragung eines Deckungswertes nur dann zur Indeckungnahme des betreffenden Wertes ausreichen, wenn die betreffende Hypothek/Grundschuld im Falle der Insolvenz der zur Übertragung verpflichteten Pfandbriefbank ausgesondert werden kann. Diese Insolvenzfestigkeit wird dadurch hergestellt, dass Abs. 2 bestimmt, dass die im Sinne des Abs. 1 treuhänderisch gehaltenen Werte im Verhältnis zwischen den beiden Pfandbriefbanken als Werte der anderen Pfandbriefbank gelten. Zudem bestimmt Abs. 3, dass diese Werte als im Deckungsregister der anderen Pfandbriefbank eingetragen gelten. Damit treten die Wirkungen des § 29 ein, und die betreffenden Werte stehen ausschließlich den Pfandbriefgläubigern beziehungsweise den Gläubigern von eingetragenen Derivateansprüchen zur Verfügung.

7 Ein anderer Weg zur Herstellung der Insolvenzfestigkeit stellt der Einsatz eines **Refinanzierungsregisters** dar. Dieser Einsatz ist (ebenfalls) nur in Bezug auf die Deckungswerte möglich, nicht aber auch in Bezug auf die Verbindlichkeiten aus Pfandbriefen. Denn gemäß § 22d Abs. 2 KWG können in ein Refinanzierungsregister nur Forderungen und Sicherheiten eingetragen werden. Bei den Verbindlichkeiten aus Pfandbriefen handelt es sich aber nicht um Forderungen, sondern um Verbindlichkeiten. Es ist zu beachten, dass ein Refinanzierungsregister gemäß § 22a KWG grundsätzlich nur vom Refinanzierungsunternehmen (sofern dieses ein Kreditinstitut ist), also der zur Übertragung verpflichteten Bank geführt wird. Die Auslagerung ist gemäß § 22a Abs. 3 nicht statthaft, und für Dritte kann ein Refinanzierungsregister nur unter den engen Voraussetzungen des § 22b geführt werden, nämlich dann wenn das Refinanzierungsunternehmen kein Kreditinstitut oder ein anderes Institut im Sinne des § 2 Abs. 1 Nr. 1 bis 3a KWG ist oder aber wenn das Refinanzierungsunternehmen zwar ein Kreditinstitut ist, aber die Führung eines Refinanzierungsregisters nach Art und Umfang des Geschäftsbetriebs eine unangemessene Belastung darstellt.

5. Zugriff der Pfandbriefgläubiger des übertragungsberechtigten Instituts

8 Durch die Regelung des § 35 Abs. 2 wird aber nur die Insolvenzfestigkeit zugunsten der übertragungsberechtigten Pfandbriefbank hergestellt nicht aber auch der alleinige Zugriff der Pfandbriefgläubiger dieser übertragungsberechtigten Pfand-

briefbank. Der alleinige Zugriff der Pfandbriefgläubiger des übertragungsberechtigten Instituts und der Ausschluss aller anderen Gläubiger wird dadurch hergestellt, dass die Deckungswerte, sofern sie im Übertragungsvertrag bezeichnet und im Deckungsregister der insolventen Pfandbriefbank eingetragen sind, gemäß Abs. 3 als im Register der anderen Pfandbriefbank eingetragen gelten. Denn gemäß § 29 Satz 1 finden Arreste und Vollstreckungen in Werte, die in das Deckungsregister des übertragungsberechtigen Instituts eingetragen sind, nur wegen der Ansprüche der Gläubiger der korrespondierenden Pfandbriefe und den in dieses Register eingetragenen Ansprüchen aus Derivategeschäften statt.

6. Treuhänder

Da die im Übertragungsvertrag bezeichneten und im Deckungsregister der insolventen Pfandbriefbank eingetragenen Deckungswerte respektive die Gesamtheit von Deckungswerten wegen Abs. 2 im Verhältnis der am Übertragungsvertrag beteiligten Institute als auf das berechtigte Institut als übergegangen gelten, ist es nur folgerichtig, dass der Treuhänder der übertragungsberechtigten Pfandbriefbank die Verfügungsbefugnis vom Sachwalter des insolventen Instituts übernimmt. Der Zeitpunkt dieser Übernahme muss identisch sein mit dem Zeitpunkt des Wirksamwerdens der Übertragung oder – wenn die Übertragung ausgesetzt wird und das übertragende Institut die Verwaltung der verkauften Werte übernimmt – mit dem Zeitpunkt der Eintragung des Übertragungsanspruches in das Deckungsregister der übertragungsberechtigten Pfandbriefbank. 9

7. Nicht zur Pfandbriefdeckung bestimmte eingetragene Werte

Abs. 4 stellt klar, dass auch diejenigen Werte, die nicht zur Pfandbriefdeckung bestimmt sind und gleichwohl im Deckungsregister eingetragen sind, vom Anwendungsbereich des § 35 erfasst werden. Dabei treten auch hier die Wirkungen des § 30 Abs. 3 ein. Dies bedeutet, dass nach vertragsgemäßer Einziehung der Forderung beziehungsweise nach vertragsgemäßer Verwertung die Erlöse nach Abzug angemessener Verwaltungskosten an das allgemeine Vermögen der berechtigten Pfandbriefbank respektive an die Gläubiger treuhänderisch gehaltener Werte ausgekehrt werden müssen. 10

§ 36
Teilweise Übertragung

Im Falle der teilweisen Übertragung der Deckungsmasse nach § 32 Abs. 1 muss der bei der insolventen Pfandbriefbank verbleibende Teil der entsprechenden Deckungsmasse den Vorschriften über die Pfandbriefdeckung genügen. Satz 1 gilt entsprechend für den Fall der teilweisen treuhänderischen Verwaltung der Deckungsmasse nach § 35 Abs. 1.

Übersicht

1. Deckungskongruenz

1 § 36 Satz 1 ist klarstellend. Denn wenn der bei der insolventen Pfandbriefbank verbleibende Teil der Deckungsmasse nicht den Vorschriften über die Pfandbriefdeckung genügen würde, wäre die jederzeitige Deckung der umlaufenden Pfandbriefe des insolventen Instituts im Sinne des § 4 Abs. 1 Satz 1 nicht (mehr) gewährleistet. Außerdem läge ein Verstoß gegen § 4 Abs. 7 Satz 2 vor. Danach ist es verboten, über einen eingetragenen Deckungswert zu verfügen, wenn die übrigen eingetragenen Deckungswerte zur vorschriftsmäßigen Deckung der umlaufenden Pfandbriefe und der Ansprüche aus Derivategeschäften nach § 4 Abs. 3 nicht genügen. Damit wäre der Straftatbestand des § 38 Nr. 2 erfüllt, und der Täter müsste mit Geldstrafe oder einer Freiheitsstrafe von bis zu einem Jahr rechnen.

2. Ausdehnung des Regelungsgehalts

2 § 36 Satz 2 dehnt den Regelungsinhalt des Satzes 1 auf den Fall aus, dass die insolvente Pfandbriefbank Deckungswerte oder Gesamtheiten von Deckungsmassen bzw. Teile davon treuhänderisch für die berechtigte Pfandbriefbank verwaltet.

§ 36a
Trennungsprinzip bei Reorganisation oder Restrukturierung der Pfandbriefbank

(1) Maßnahmen nach den Vorschriften des Kreditinstitute-Reorganisationsgesetzes finden keine Anwendung auf die Teile der Pfandbriefbank, die nach § 30 Absatz 1 Satz 3 im Falle einer Insolvenz als Pfandbriefbank mit beschränkter Geschäftstätigkeit fortbestehen würden. Wird ein Reorganisationsverfahren nach § 7 des Kreditinstitute-Reorganisationsgesetzes angeordnet, gelten für den Bereich des Pfandbriefgeschäfts die §§ 30 bis 36 entsprechend. Der Sachwalter soll die Bestimmungen des Reorganisationsplans bei Erfüllung seiner Pflichten und Ausübung seiner Rechte beachten, es sei denn, es droht entgegen §§ 30 bis 36 eine Benachteiligung der Pfandbriefgläubiger.

(2) Trifft eine Übertragungsanordnung nach § 48a des Kreditwesengesetzes Bestimmungen zur teilweisen oder vollständigen Übertragung des Pfandbriefgeschäfts, ist die Übertragung abweichend von § 48g Absatz 2 Nummer 1 des Kreditwesengesetzes nach Maßgabe der §§ 30 bis 36 zu vollziehen. Der Sachwalter ist an die Bestimmungen der Übertragungsanordnung nicht gebunden, soweit diese entgegen §§ 30 bis 36 die Pfandbriefgläubiger benachteiligt. Die Übertragungsanordnung kann abweichend von den Sätzen 1 und 2 auch den unmittelbaren Übergang der in den Deckungsregistern eingetragenen Werte einschließlich der Werte im Sinne des § 30 Absatz 3 und der zugehörigen Pfandbriefverbindlichkeiten anordnen. Im Fall des Satzes 3 gilt § 30 Absatz 3 mit der Maßgabe entsprechend, dass an die Stelle des Sachwalters die übernehmende Pfandbriefbank tritt und die Abführungspflicht gegenüber der übertragenden Pfandbriefbank unabhängig von ihrer Insolvenz besteht; ist die

Gewährung einer Gegenleistung vorgesehen, gilt darüber hinaus § 30 Absatz 4 Satz 1 und 2 entsprechend. Sind im Deckungsregister

1. **Forderungen gegen Schuldner eingetragen, die ihren Sitz nicht in einem Mitgliedstaat der Europäischen Union oder einem anderen Vertragsstaat des Abkommens über den Europäischen Wirtschaftsraum haben, oder**
2. **Sicherheiten an Grundstücken oder grundstücksgleichen Rechten, Schiffen oder Flugzeugen eingetragen, die ihrerseits außerhalb der Mitgliedstaaten der Europäischen Union oder der anderen Vertragsstaaten des Abkommens über den Europäischen Wirtschaftsraum belegen oder registriert sind,**

kann die Übertragung nach Satz 3 jedoch nur in der Weise erfolgen, dass die Bundesanstalt in der Übertragungsanordnung die Rechtsfolge des § 35 Absatz 2 anordnet und zeitgleich einen Sachwalter von Amts wegen vorläufig bestellt, der die übertragenen Werte gemäß § 35 treuhänderisch für die übernehmende Pfandbriefbank verwaltet; Absatz 3 Satz 2 gilt entsprechend.

(3) Bei Einleitung des Reorganisationsverfahrens oder bei Erlass der Übertragungsanordnung kann die Bundesanstalt den Sachwalter von Amts wegen vorläufig bestellen, sofern nicht ohnehin nach Absatz 2 Satz 5 eine vorläufige Bestellung erfolgen muss. Die gerichtliche Ernennung gemäß § 31 Absatz 1 und 2 ist in allen Fällen unverzüglich nachzuholen.

Übersicht

1. Allgemeines

1 Die mit der Gesetzesnovelle 2010 erfolgte Einführung des neuen § 36a in das PfandBG trägt dem Umstand Rechnung, dass am 1. Januar 2011 das neue Kreditinstitute-Reorganisationsgesetz (KredReorgG) in Kraft getreten ist. Dieses ist die Folge von Erkenntnissen, die im Verlaufe der Finanzmarktkrise der Jahre 2007 bis 2009 gewonnen wurden. Da der Staat in seinen Möglichkeiten zur Krisenbewältigung von Kreditinstituten beschränkt ist, soll diese Krisenbewältigung solange wie möglich auf der Ebene des betroffenen Instituts verbleiben. Außerdem sollen die Geber von Eigen- und Fremdkapital so weit wie möglich an den Kosten beteiligt werden.[1] Zur Erreichung dieser Ziele sieht das Kreditinstitute-Reorganisationsgesetz ein Sanierungsverfahren und ein Reorganisationsverfahren vor. Den ersten Schritt bildet das **Sanierungsverfahren**. Mit diesem Verfahren sollen Schieflagen bereits weit im Vorfeld einer Insolvenz auf der Ebene der Geschäftsführung bewältigt werden können. Sofern ein Sanierungsverfahren fehlgeschlagen ist oder nicht als ausreichend erscheint, kann als zweite Stufe ein **Reorganisationsverfahren** eingeleitet werden. Dieses Reorganisationsverfahren, welches Ähnlichkeiten mit dem Insolvenzplanverfahren hat, enthält einige Besonderheiten: Elemente zur Verfahrensbeschleunigung, einen verschlankten Rechtsschutz, Möglichkeiten zum Eingriff in Gläubigerrechte

1 BT DS 17/3024, A. Problem und Ziel.

sowie die Einbeziehung von Anteilsinhabern. Außerdem ist die Durchführung des Reorganisationsverfahrens nicht unbedingt mit einem Verlust der Verfügungsbefugnis des Kreditinstituts verbunden. Sowohl im Sanierungs- als auch im Reorganisationsverfahren ist vom zuständigen Gericht ein Berater einzusetzen. Seine Funktion lehnt sich an die des Sonderbeauftragten nach dem KWG sowie des vorläufigen Insolvenzverwalters an.[2] Begleitet werden beide Verfahren durch verschiedene aufsichtsrechtliche Instrumente. Während das Sanierungsverfahren allen Kreditinstituten offensteht, bleibt das Reorganisationsverfahren **systemrelevanten Kreditinstituten** vorbehalten.[3]

2. Trennungsprinzip

2 § 36a ergänzt § 30 für den Fall, dass im Falle einer Schieflage ein Sanierungs- oder Reorganisationsverfahren nach dem Kreditinstitute-Reorganisationsgesetz eingeleitet wird. In diesem Falle werden die insolvenzfreien Teile der Pfandbriefbank nicht anders behandelt, als wenn das Insolvenzverfahren über das allgemeine Vermögen der Pfandbriefbank eröffnet worden wäre.

3. Wirkung der Übertragungsanordnung

3 Gemäß § 48a KWG kann die Bundesanstalt die Übertragung des Vermögens eines Kreditinstituts einschließlich seiner Verbindlichkeiten auf einen anderen Rechtsträger anordnen. Diese Übertragung erfolgt im Wege einer Ausgliederung. Gemäß § 48g Abs. 1 KWG wird diese Ausgliederung mit der Bekanntgabe der Übertragungsanordnung gegenüber dem Kreditinstitut und dem übernehmenden Rechtsträger wirksam. Dabei gehen mit Wirksamwerden der Übertragungsanordnung gemäß § 48g Abs. 2 KWG die Ausgliederungsgegenstände (Vermögenswerte, Verbindlichkeiten, sonstige Rechtsverhältnisse) grundsätzlich per Gesetz auf das übernehmende Institut über. § 36a Abs. 2 macht von diesem gesetzlichen Übergang eine spezialgesetzliche Ausnahme, in dem es für den Fall, dass die Übertragungsanordnung die teilweise oder vollständige Übertragung des Pfandbriefgeschäfts zum Gegenstand hat, bestimmt, dass die Übertragung nach dem rechtsgeschäftlichen Instrumentarium zu erfolgen hat, welches die §§ 30 bis 36 zur Verfügung stellen. Dabei wird der Schutz der Pfandbriefgläubiger dadurch gestärkt, dass der Sachwalter gemäß § 36a Abs. 2 Satz 2 nicht an die Bestimmungen der Übertragungsanordnung gebunden ist, soweit diese die Pfandbriefgläubiger entgegen §§ 30 bis 36 benachteiligt.

4 Gemäß § 36a Abs. 2 Satz 3 kann die Bundesanstalt in der Übertragungsanordnung auch den unmittelbaren rechtlichen Übergang der von der Übertragungsanordnung betroffenen Werte anordnen. Die Bundesanstalt wird den unmittelbaren Übergang dann in Betracht ziehen, wenn die Einschaltung eines Sachwalters unnötig kompliziert und zum Schutz der Pfandbriefgläubiger nicht notwendig ist. Die Gesetzesbegründung formuliert hierzu wie folgt:

2 BT DS 17/3024, B. Lösung 1.
3 BT DS 17/3024, B. Lösung 2.

„Es kann Fälle einer Übertragungsanordnung nach § 48a KWG geben, in denen trotz rascher vorläufiger Sachwalterernennung die Einschaltung eines Sachwalters unnötig kompliziert und auch zum Schutz der Pfandbriefgläubiger gar nicht notwendig ist. Zu denken ist dabei vor allem an den Fall eines neu gegründeten Brückeninstituts, auf das durch Übertragungsanordnung alle Aktiva und Passiva übertragen werden. Anders als im Fall einer Übertragung auf eine bereits existierende Bank mit eigenen Altgläubigern und Altschuldnern ist hier die besondere schützende Funktion des Sachwalters, wie sie § 36a Abs. 2 Satz 1 und 2 PfandBG festschreibt, nicht notwendig, weil rasch ein reiner Rechtsträgerwechsel ohne denkbare Interessenkonflikte erfolgen soll. Es reicht in diesen Fällen, eine modifizierte Geltung des § 30 Abs. 3 PfandBG bei der Verwaltung und Zuteilung von Werten nach § 5 Abs. 1a PfandBG und des § 30 Abs. 4 Satz 1 und 2 PfandBG bei Festlegung einer Gegenleistung anzuordnen. Im Übrigen kann der Übergang der im Deckungsregister eingetragenen Werte einschließlich der Werte im Sinne des § 30 Abs. 3 unmittelbar ohne den Zwischenschritt über eine Verwaltung durch den Sachwalter erfolgen […].“[4]

Satz 5 trägt dem Umstand Rechnung, dass Deckungswerte, die außerhalb der Mitgliedstaaten der Europäischen Union belegen sind, unter Umständen von Vollstreckungsmaßnahmen fremden Rechts bedroht sind.[5] 5

4 Siehe BT-DS 17/10974, B. Besonderer Teil, zu Art. 2 Nr. 20a (S. 102).
5 Siehe BT-DS 17/10974, B. Besonderer Teil, zu Art. 2 Nr. 20a (S. 102).

ABSCHNITT 6
Rechtsbehelfe und Zuwiderhandlungen

§ 37
Sofortige Vollziehbarkeit

Widerspruch und Anfechtungsklage gegen Maßnahmen der Bundesanstalt auf der Grundlage von § 2 Abs. 2 Nr. 1, § 3 Satz 2 und 3, § 7 Abs. 3 Satz 2, § 32 Abs. 1, § 35 Abs. 1 Satz 1, § 36a Absatz 3 Satz 1 sowie § 42 Abs. 1 Satz 3 und Abs. 2 haben keine aufschiebende Wirkung.

§ 38
Strafvorschriften

Mit Freiheitsstrafe bis zu einem Jahr oder mit Geldstrafe wird bestraft, wer
1. **entgegen § 4 Abs. 7 Satz 1 Pfandbriefe in den Verkehr bringt,**
2. **wissentlich entgegen § 4 Abs. 7 Satz 2 über einen dort genannten Wert verfügt oder**
3. **entgegen § 5 Abs. 1 Satz 3 einen Ersatzwert nicht oder nicht rechtzeitig in das Deckungsregister einträgt.**

§ 39
Bußgeldvorschriften

(1) Ordnungswidrig handelt, wer vorsätzlich oder fahrlässig entgegen § 4 Abs. 7 Satz 3 Pfandbriefe in den Verkehr bringt.

(2) Die Ordnungswidrigkeit kann mit einer Geldbuße bis zu einhunderttausend Euro geahndet werden.

§ 40
Verwaltungsbehörde

Verwaltungsbehörde im Sinne des § 36 Abs. 1 Nr. 1 des Gesetzes über Ordnungswidrigkeiten ist die Bundesanstalt für Finanzdienstleistungsaufsicht.

Übersicht

1. Schutz der Pfandbriefgläubiger

Die §§ 38 und 39 weisen bestimmte, dem PfandBG zuwiderlaufende Handlungen **1**
dem Bereich der Ordnungswidrigkeiten sowie der Straftaten zu. Damit wird die

Schwelle, diese Handlungen vorzunehmen, massiv erhöht und die Schutzfunktion, die das PfandBG in Bezug auf die Pfandbriefgläubiger hat, abgesichert.

2. Straftatbestände

2 Die **Nummer 1** der Strafvorschrift des § 38 umfasst drei Tatbestände. Die Nr. 1 betrifft das Inverkehrbringen von Pfandbriefen, ohne dass deren Betrag durch die im jeweiligen Deckungsregister eingetragenen Werte vorschriftsmäßig gedeckt ist, also die Passivseite. Ein **„in den Verkehr bringen"** liegt dann vor, wenn der Pfandbrief veräußert oder verpfändet wurde. Der Begriff des „Inverkehrbringens" ist nicht identisch mit dem Begriff des „in-Umlauf-bringens". Letzteres liegt bereits dann vor, wenn der Treuhänder ihn gemäß § 8 Abs. 3 ausgefertigt und der Pfandbriefbank übergeben hat.[1]

3 **Die Nummern 2 und 3** betreffen demgegenüber die Aktivseite. **Nummer 2** betrifft den Fall, dass über einen im Deckungsregister eingetragenen Wert durch **Veräußerung oder Belastung** zum Nachteil der Pfandbriefgläubiger oder der Gläubiger von Ansprüchen aus Derivategeschäften im Sinne des § 4 Abs. 3 verfügt wird, obwohl die übrigen im jeweiligen Register eingetragenen Werte zur vorschriftsmäßigen Deckung der entsprechenden Pfandbriefe und der Ansprüche aus Derivategeschäften nicht ausreichen. Letzteres muss dem Verfügenden bei seiner Verfügung bewusst sein. Andernfalls läge das Tatbestandsmerkmal der Wissentlichkeit nicht vor.[2] Die Veräußerung oder Belastung muss **zum Nachteil** der **Pfandbriefgläubiger** oder der **Gläubiger von Ansprüchen aus Derivategeschäften** erfolgt sein. Es ist nicht jeder Nachteil ausreichend. Vielmehr muss dieser Nachteil darin bestehen, dass die verbleibenden Deckungswerte nicht zur vorschriftsmäßigen Deckung der Pfandbriefe ausreichen. Die **Nummer 3** betrifft den Fall, dass derjenige Mitarbeiter der Pfandbriefbank, der für die Eintragung der Deckungswerte der Pfandbriefbank verantwortlich ist, den Ersatzwert nicht oder nicht rechtzeitig in das Deckungsregister einträgt. Der Ersatzwert ist dabei derjenige Wert, der einen anderen eingetragenen und zur Deckung benötigten Wert ersetzt, weil dieser andere Wert wegen Rückzahlung aus der Deckung genommen werden muss. Die Eintragung des Ersatzwertes hat gemäß § 5 Abs. 1 unverzüglich zu erfolgen, das heißt sofort nach Austragung des wegen Rückzahlung auszutragenden Wertes. Steht zu diesem Zeitpunkt kein Ersatzwert zur Verfügung, muss so schnell wie irgend möglich solcher beschafft und sofort nach Beschaffung eingetragen werden.

4 Verstöße gegen § 38 stellen Straftaten dar. Diese werden vor den Strafgerichten verhandelt.

3. Ordnungswidrigkeit

5 Wer gemäß § 39 Abs. 1 vorsätzlich oder fahrlässig Pfandbriefe in den Verkehr bringt, ohne dass die Bescheinigung des Treuhänders vorliegt, dass die vorschriftsmäßige Deckung vorliegt und die Eintragung in das entsprechende Deckungsregis-

1 Vgl. § 4, Verbote.
2 Wegen der Ansprüche aus Derivategeschäften siehe §§ 4 Abs. 3 und 19 Abs. 4.

ter erfolgt ist, handelt ordnungswidrig. Diese Ordnungswidrigkeit kann gemäß Abs. 2 mit einer Geldbuße von bis zu einhunderttausend Euro belegt werden. Wegen des Begriffs des „Inverkehrbringens" siehe oben. Dieses „in den Verkehr bringen" muss vorsätzlich oder fahrlässig geschehen sein. **Vorsatz** bedeutet „Wissen und Wollen der Tatbestandsverwirklichung".[3] **Fahrlässigkeit** liegt dann vor, wenn der Täter die Tatbestandsverwirklichung zwar nicht sieht, wenn er sie aber unter Berücksichtigung seiner subjektiven Fähigkeiten und Kenntnisse hätte sehen und vermeiden können und die Unkenntnis der Tatbestandsverwirklichung auf einer Sorgfaltspflichtverletzung des Täters beruht.[4]

4. Verwaltungsbehörde

Verstöße gegen die in § 39 behandelten Tatbestände stellen Ordnungswidrigkeiten dar. Ordnungswidrigkeiten werden von den zuständigen Verwaltungsbehörden geahndet. Im Fall der in § 39 angesprochenen Tatbestände ist dies wegen § 40 die Bundesanstalt für Finanzdienstleistungsaufsicht (BaFin). 6

Auf der Grundlage des § 40 in Verbindung mit § 36 Abs. 1 Nummer 1 des Ordnungswidrigkeitengesetzes ist die Bundesanstalt nicht nur in Bezug auf Ordnungswidrigkeiten im Sinne des § 39 zuständige Verwaltungsbehörde, sondern daneben auch in Bezug auf alle anderen Maßnahmen, die die Bundesanstalt aufgrund der Bestimmungen des PfandBG oder des KWG anordnen kann. Gegen solche von der Bundesanstalt angeordneten Maßnahmen kann nach den Regeln des Verwaltungsverfahrensgesetzes Widerspruch und – bei Erfolglosigkeit dieses Widerspruchs – Klage vor den Verwaltungsgerichten erhoben werden. Gemäß § 80 Abs. 1 der Verwaltungsgerichtsordnung haben Widerspruch und Anfechtungsklage aufschiebende Wirkung. Dies bedeutet, dass die Wirksamkeit der mit dem Widerspruch oder der Anfechtungsklage angegriffenen Maßnahme bis zu einer rechtskräftigen Entscheidung aufgeschoben wird und vom Adressaten dieser Maßnahme nicht beachtet werden muss. 7

Etwas anderes kann aber durch Gesetz bestimmt werden. Ein solches Gesetz ist § 37. Diese Vorschrift bestimmt, dass Widerspruch und Anfechtungsklage in Bezug auf die in § 37 näher bezeichneten Maßnahmen der Bundesanstalt keine aufschiebende Wirkung haben. Die Wirksamkeit einer solchen angegriffenen Maßnahme wird daher durch die Einlegung eines Widerspruchs oder die Erhebung einer Anfechtungsklage nicht aufgeschoben, und die betreffende Maßnahme muss vom Adressaten sofort beachtet werden. Ob diese Maßnahme wirksam bleibt oder nicht, richtet sich dann nach dem Ausgang des Widerspruchs- oder Klageverfahrens. Die in § 37 näher bezeichneten Maßnahmen der Bundesanstalt sollen in der Regel das Vertrauen des Publikums in die Zuverlässigkeit des Finanzsystems und die Solidität des Pfandbriefmarktes stärken. Daher sind sie oft eilbedürftig. Daher überwiegt zunächst das öffentliche Interesse am sofortigen Vollzug der angeordneten Maßnahme das Interesse der Pfandbriefbank, die Rechtmäßigkeit der von der Bundesanstalt angeordneten Maßnahme gerichtlich überprüfen lassen zu können.[5] 8

3 Vgl. BGHZ 36, 19 f.
4 Vgl. BGHZ 49, 1, 5.
5 BT DS 15/4321, zu §§ 37 bis 39.

ABSCHNITT 7
Schlussvorschriften

§ 41
Bezeichnungsschutz

Schuldverschreibungen dürfen unter einer der in § 1 Abs. 1 Satz 2 Nr. 1 bis 4 genannten Bezeichnungen oder unter einer anderen Bezeichnung, die das Wort Pfandbrief enthält, nur in Verkehr gebracht werden

1. **von Kreditinstituten, denen eine Erlaubnis zum Betreiben des Pfandbriefgeschäfts erteilt worden ist,**
2. **von Kreditinstituten im Sinne des Artikels 4 Absatz 1 Nummer 1 der Verordnung (EU) Nr. 575/2013 mit Sitz in einem anderen Mitgliedstaat der Europäischen Union oder einem anderen Vertragsstaat des Abkommens über den Europäischen Wirtschaftsraum auch ohne Erlaubnis durch die Bundesanstalt, wenn**
   a) **die Ausgabe von Schuldverschreibungen unter einer der oben genannten Bezeichnungen auch im Herkunftsstaat zulässigerweise betrieben wird,**
   b) **es sich um Schuldverschreibungen im Sinne des Artikels 52 Absatz 4 Unterabsatz 1 der Richtlinie 2009/65/EG des Europäischen Parlaments und des Rates vom 13. Juli 2009 zur Koordinierung der Rechts- und Verwaltungsvorschriften betreffend bestimmte Organismen für gemeinsame Anlagen in Wertpapieren (OGAW) (ABl. L 302 vom 17.11.2009, S. 32, L 269 vom 13.10.2010, S. 27) in der jeweils geltenden Fassung handelt und die Schuldverschreibungen in einer gemäß Artikel 52 Absatz 4 Unterabsatz 3 der vorgenannten Richtlinie vom Herkunftsstaat des Kreditinstituts an die Europäische Kommission übersandten Liste enthalten sind,**
   c) **bei den zur Deckung verwendeten Hypotheken, Schiffshypotheken und Registerpfandrechten oder ausländischen Flugzeughypotheken eine Grenze von 50 Prozent des Marktwertes oder 60 Prozent des Beleihungswertes entsprechend dem Artikel 4 Absatz 1 Nummer 74 der Verordnung (EU) Nr. 575/2013 nicht überschritten wird und**
   d) **bei der Bezeichnung der Schuldverschreibung in allen Prospekten, Berichten und Werbeschriften eine etwaige fremdsprachige Originalbezeichnung des Pfandbriefs angegeben wird und darauf hingewiesen wird, dass die Schuldverschreibung auf der Grundlage des jeweiligen ausländischen Rechts ausgegeben wird.**

Übersicht

1. Allgemeines

1 § 41 schützt die Verwendung des Begriffes „Pfandbrief“ und damit das Vertrauen des Marktes in die Bonität von Schuldverschreibungen, die die Bezeichnung „Pfandbrief“ oder eine andere Bezeichnung, die das Wort „Pfandbrief“ enthält, tragen. Dabei wird zwischen Kreditinstituten unterschieden, die ihren Sitz im Inland haben, und solchen, die ihren Sitz im Ausland haben. § 41 nähert sich an vergleichbare Regelungen europäischer Nachbarstaaten an.[1] Die in Nummer 2a bis d genannten Voraussetzungen müssen kumulativ vorliegen.

2. Inländische Institute

2 Schuldverschreibungen inländischer Institute, die solche Bezeichnungen tragen, dürfen gemäß **Nummer 1** nur von Kreditinstituten in den Verkehr gebracht werden, denen die Erlaubnis zum Betreiben des Pfandbriefgeschäftes erteilt wurde. Es ist selbstverständlich, dass diese Erlaubnis zum Zeitpunkt des „Inverkehrbringens“ noch besteht.[2] Was Pfandbriefgeschäfte sind, geht aus § 1 hervor. Die Erlaubnis zum Betreiben des Pfandbriefgeschäfts ist in § 2 geregelt.

3 Zuständig für die Erteilung dieser Erlaubnis ist gemäß § 2 die Bundesanstalt.

3. Ausländische Institute

4 **Nummer 2** regelt den Bezeichnungsschutz in Bezug auf Kreditinstitute, die ihren Sitz nicht im Inland haben sondern im Ausland. Nicht alle ausländischen Kreditinstitute sind erfasst, sondern nur solche, die ihren Sitz in einem anderen Mitgliedstaat der Europäischen Union oder in einem anderen Vertragsstaat des Abkommens über den Europäischen Wirtschaftsraum haben. Ausländische Kreditinstitute mit Sitz in einem der oben genannten Staaten können Schuldverschreibungen, deren Bezeichnung das Wort „Pfandbrief“ enthält, auch ohne die Erlaubnis durch die Bundesanstalt in den Verkehr bringen, wenn sie Einlagenkreditinstitute sind und die unter § 42 Satz 1 Nr. 2a bis d genannten Voraussetzungen erfüllen.

4. Mitgliedstaaten der Europäischen Union

5 Die Europäische Union umfasst derzeit 28 Mitgliedstaaten: Belgien, Bulgarien, Dänemark, Deutschland, Estland, Finnland, Frankreich, Griechenland, Irland, Italien, Kroatien, Lettland, Litauen, Luxemburg, Malta, Niederlande, Österreich, Polen, Portugal, Rumänien, Schweden, Slowakei, Slowenien, Spanien, Tschechien, Ungarn, Vereinigtes Königreich, Zypern.

1 BT DS 15/4321, zu § 41.
2 Zum Begriff des „In den Verkehr bringens“ siehe § 4, „Verbote“.

5. Vertragsstaaten des Abkommens über den Europäischen Wirtschaftsraum

Es gibt 30 Vertragsstaaten des Europäischen Wirtschaftsraumes: Belgien, Bulgarien, Dänemark, Deutschland, Estland, Finnland, Frankreich, Griechenland, Irland, Island, Italien, Lettland, Liechtenstein, Litauen, Luxemburg, Malta, Niederlande, Norwegen, Österreich, Polen, Portugal, Rumänien, Schweden, Slowakei, Slowenien, Spanien, Tschechien, Ungarn, Vereinigtes Königreich, Zypern. 6

6. Kreditinstitute im Sinne des Artikels 4 Abs. 1 Nr. 1 der EU-Verordnung Nr. 575/2013

Kreditinstitute im Sinne der oben genannten EU-Verordnung sind Unternehmen, deren Tätigkeit darin besteht, Einlagen oder andere rückzahlbare Gelder des Publikums entgegenzunehmen und Kredite für eigene Rechnung zu gewähren. 7

7. Schuldverschreibungen im Sinne des Artikels 52 Abs. 4 Unterabsatz 1 der Richtlinie 2009/65/EG

Es handelt sich dabei um Schuldverschreibungen, die von einem Kreditinstitut mit Sitz in einem Mitgliedstaat begeben werden, das aufgrund gesetzlicher Vorschriften zum Schutz der Inhaber dieser Schuldverschreibungen einer besonderen öffentlichen Aufsicht unterliegt. Insbesondere müssen die Erträge aus der Emission dieser Schuldverschreibungen gemäß den gesetzlichen Vorschriften in Vermögenswerten angelegt werden, die während der gesamten Laufzeit der Schuldverschreibungen die sich daraus ergebenden Verbindlichkeiten ausreichend decken und vorrangig für die beim Ausfall des Emittenten fällig werdende Rückzahlung des Kapitals und der Zinsen bestimmt sind. 8

8. Deckungswerte

Hinsichtlich der in Buchstabe c) genannten Hypotheken, Schiffshypotheken oder Flugzeughypotheken wird man, sofern es sich dabei um **ausländische Werte** handelt, fordern müssen, dass diese Werte den Voraussetzungen des § 18 entsprechen und eine Sicherheit bieten, die mit der Sicherheit entsprechender inländischer Werte vergleichbar ist und den Gläubiger berechtigen, seine Forderung auch durch Wertwertung des belasteten Grundstücks oder Rechts im Sinne des § 13 Abs. 1 Satz 1 zu befriedigen. Würde man die Regelungen der §§ 13 Abs. 1 Satz 1 und 18 Abs. 1 nur auf inländische Pfandbriefbanken anwenden, so würde dies zu einer unangemessenen Benachteiligung der inländischen Pfandbriefbanken gegenüber ihren ausländischen Mitbewerbern führen und darüber hinaus die Sicherheit des Pfandbriefes an sich aufweichen. 9

9. Hinweis auf ausländisches Recht

Der in Nummer 2d) geforderte Hinweis, nach dem in den dort genannten Unterlagen eine etwaige fremdsprachige Originalbezeichnung des Pfandbriefs angegeben 10 wird und daneben auf diesen Unterlagen darauf hingewiesen wird, dass die Schuldverschreibung auf der Grundlage des jeweiligen ausländischen Rechts ausgegeben wird, ist die folgerichtige Konsequenz aus dieser Ausweitung des Produktes Pfandbrief auf das europäische Ausland. Wegen der Vielfalt und Unterschiedlichkeit der jeweiligen Gesetzgebungen kann es zu gewissen Aufweichungen der Sicherheit der Pfandbriefgläubiger kommen. Auf dieses Risiko werden die Investoren durch die geforderten Hinweise aufmerksam gemacht. Indirekt wird dadurch die Qualität des inländischen Pfandbriefs betont.

§ 42
Erlaubnis für bestehende Pfandbriefbanken

(1) Soweit ein Kreditinstitut vor dem 19. Juli 2005 zulässigerweise Pfandbriefe der in § 1 Abs. 1 Satz 2 Nr. 1 bis 3 genannten Gattungen begeben hat und auch noch zu Beginn des 19. Juli 2005 die Befugnis zur Ausgabe von Pfandbriefen besitzt, gilt die für das Betreiben des Pfandbriefgeschäfts nach § 2 Abs. 1 Satz 1 erforderliche Erlaubnis beschränkt auf die jeweilige Pfandbriefgattung als erteilt. Das Kreditinstitut hat vor Ablauf des 18. Oktober 2005 eine Anzeige einzureichen, die den inhaltlichen Anforderungen eines Erlaubnisantrages entspricht. Wird die Anzeige nicht fristgerecht eingereicht, kann die Bundesanstalt die als erteilt geltende Erlaubnis aufheben.

(2) Die Bundesanstalt kann die als erteilt geltende Erlaubnis auch aufheben, wenn die Voraussetzungen für eine Aufhebung nach § 35 Abs. 2 des Kreditwesengesetzes erfüllt sind oder wenn das Kreditinstitut, unbeschadet des Absatzes 3, die Anforderungen des § 2 Abs. 1 Satz 2 nicht erfüllt.

(3) Für die in Absatz 1 genannten Kreditinstitute findet § 2 Abs. 1 Satz 2 Nr. 1 bis zum 31. Dezember 2008 keine Anwendung. Die in Satz 1 genannte Befristung ist nicht anzuwenden auf das Ritterschaftliche Kreditinstitut Stade und den Calenberg-Göttingen-Grubenhagen-Hildesheim'schen ritterschaftlichen Kreditverein.

Übersicht

1. Kreditinstitute

1 § 42 Abs. 1 gilt nicht nur für Hypothekenbanken im Sinne des vom PfandBG abgelösten Hypothekenbankgesetzes, sondern für alle Kreditinstitute, die bis zum Ablauf des 18. Juli 2005 zulässigerweise Hypothekenpfandbriefe, öffentliche Pfandbriefe oder Schiffspfandbriefe begeben haben. In Bezug auf diese Kreditinstitute gilt die Erlaubnis zum Betreiben des Pfandbriefgeschäfts zunächst als erteilt. Eine gesonderte Erlaubnis nach § 2 ist somit zunächst nicht erforderlich.

2. Bestandsschutz

Der Bestandsschutz des § 42 Abs. 1 gilt nur in Bezug auf diejenigen Pfandbriefgattungen, hinsichtlich derer das betreffende Kreditinstitut das Pfandbriefgeschäft auch bislang schon zulässigerweise betrieben hat. Möchte das betreffende Kreditinstitut das Pfandbriefgeschäft nunmehr auch in Bezug auf andere Pfandbriefgattungen betreiben, ist – bezogen auf diese anderen Pfandbriefgattungen – wie bei jedem anderen Kreditinstitut die Erteilung einer Erlaubnis nach § 2 erforderlich. Der Bestandsschutz des § 42 Abs. 1 gilt außerdem **nicht schrankenlos**. Vielmehr hat das betreffende Kreditinstitut bis zum Ablauf des 18. Oktober 2005 bei der Bundesanstalt eine Anzeige einzureichen, die inhaltlich den Anforderungen eines Erlaubnisantrages entspricht. Dies bedeutet, dass aus der Anzeige alle Angaben hervorgehen und alle Unterlagen beigefügt sind, die es der Bundesanstalt ermöglichen, zu prüfen, ob das den Antrag stellende Kreditinstitut hinsichtlich der von ihm bislang zulässigerweise betriebenen Pfandbriefgeschäfte die bankaufsichtlichen Anforderungen an den Betrieb des Pfandbriefgeschäftes erfüllt.[1] Geht eine solche Anzeige nicht fristgerecht ein, stellt allein diese Fristversäumnis einen sachlichen Grund dar, der zu der Aufhebung der als erteilt geltenden Erlaubnis durch die Bundesanstalt führen kann. Auch bei fristgerechtem Eingang dieser Anzeige kann die Bundesanstalt die als erteilt geltende Erlaubnis aufheben, wenn die Voraussetzungen des § 2 Abs. 1 Satz 2 PfandBG oder des § 35 Abs. 2 KWG nicht vorliegen. In Bezug auf Kreditinstitute, die auch schon bis zum Inkrafttreten des PfandBG zulässigerweise das Pfandbriefgeschäft betrieben haben und die zum Inkrafttreten des PfandBG nicht über eine Kernkapitalquote von mindestens 25 Mio Euro verfügt haben, wird die Geltung des § 2 Abs. 1 Satz 2 Nr. 1 bis zum 31. Dezember 2008 ausgesetzt. Mit dieser Regelung wird kleineren Kreditinstituten Zeit gewährt, um das eigentlich geforderte Volumen an Kernkapital von mindestens 25 Mio Euro aufzubauen. 2

§ 43
Erlaubnis für Hypothekenbanken

Für die bei Ablauf des 18. Juli 2005 zugelassenen Hypothekenbanken im Sinne des § 1 des Hypothekenbankgesetzes gilt die Erlaubnis für die in § 1 Abs. 1 Satz 2 Nr. 1 bis 5 und 7 bis 10 des Kreditwesengesetzes bezeichneten Bankgeschäfte nach § 32 des Kreditwesengesetzes als erteilt. Die in § 35 Abs. 1 des Kreditwesengesetzes genannte Frist beginnt am 19. Juli 2005.

Übersicht

1. Hypothekenbanken

Während § 42 für alle Kreditinstitute gilt, die bereits vor dem 19. Juli 2005 das Pfandbriefgeschäft zulässigerweise betrieben haben, regelt § 43 den Bestandsschutz 1

1 BT DS 15/4321, zu § 42.

für Hypothekenbanken im Sinne des vom PfandBG abgelösten Hypothekenbankgesetzes. Die Bezugnahmen auf das KWG erfolgen deshalb, weil die Erlaubnis zum Betreiben des Hypothekenbankgeschäftes nicht im Hypothekenbankgesetz geregelt war sondern im KWG. Bei den in Satz 1 durch Bezugnahme auf § 1 Abs. 1 Satz 2 Nr. 1 bis 5 und 7 bis 10 KWG genannten Bankgeschäften handelt es sich um folgende Tätigkeiten:

- die Annahme fremder Gelder als Einlagen oder anderer unbedingt rückzahlbarer Gelder des Publikums, sofern der Rückzahlungsanspruch nicht in Inhaber- oder Orderschuldverschreibungen verbrieft wird, ohne Rücksicht darauf, ob Zinsen vergütet werden (Einlagengeschäft),
- die in § 1 Abs. 1 Satz 2 PfandBG bezeichneten Geschäfte (Pfandbriefgeschäft),
- die Gewährung von Gelddarlehen und Akzeptkrediten (Kreditgeschäft);
- der Ankauf von Wechseln und Schecks (Diskontgeschäft),
- die Anschaffung und die Veräußerung von Finanzinstrumenten im eigenen Namen für fremde Rechnung (Finanzkommissionsgeschäft),
- die Verwahrung und die Verwaltung von Wertpapieren für andere (Depotgeschäft),
- die Eingehung der Verpflichtung, zuvor veräußerte Darlehensforderungen vor Fälligkeit zurückzuerwerben,
- die Übernahme von Bürgschaften, Garantien und sonstigen Gewährleistungen für andere (Garantiegeschäft),
- die Durchführung des bargeldlosen Scheckeinzugs (Scheckeinzugsgeschäft), des Wechseleinzugs (Wechseleinzugsgeschäft) und die Ausgabe von Reiseschecks (Reisescheckgeschäft),
- die Übernahme von Finanzinstrumenten für eigenes Risiko zur Platzierung oder die Übernahme gleichwertiger Garantien (Emissionsgeschäft).

2. Frist

2 Bei der in § 35 Abs. 1 des KWG genannten Frist handelt es sich um die Frist zwischen Erteilung der Erlaubnis bis zur Aufnahme der erlaubten Geschäfte. Diese Frist beträgt gemäß § 35 Abs. 1 ein Jahr. In Bezug auf den Anwendungsbereich des § 43 beginnt der Lauf dieser Frist nicht mit dem Zeitpunkt der Erteilung der Erlaubnis sondern am 19. Juli 2005.

§ 44
Erlaubnis für Schiffspfandbriefbanken

Für die bei Ablauf des 18. Juli 2005 zugelassenen Schiffspfandbriefbanken im Sinne des § 1 des Schiffsbankgesetzes gilt die Erlaubnis für die in § 1 Abs. 1 Satz 2 Nr. 1 bis 5 und 7 bis 10 des Kreditwesengesetzes bezeichneten Bankgeschäfte nach § 32 des Kreditwesengesetzes als erteilt. Die in § 35 Abs. 1 des Kreditwesengesetzes genannte Frist beginnt am 19. Juli 2005.

Übersicht

1. Schiffspfandbriefbanken

Während § 42 für alle Kreditinstitute gilt, die bereits vor dem 19. Juli 2005 das Pfandbriefgeschäft zulässigerweise betrieben haben, regelt § 44 den Bestandsschutz für Schiffspfandbriefbanken. Bei den in Satz 1 durch Bezugnahme auf § 1 Abs. 1 Satz 2 Nr. 1 bis 5 und 7 bis 10 KWG genannten Bankgeschäften handelt es sich um folgende Tätigkeiten: 1

- die Annahme fremder Gelder als Einlagen oder anderer unbedingt rückzahlbarer Gelder des Publikums, sofern der Rückzahlungsanspruch nicht in Inhaber- oder Orderschuldverschreibungen verbrieft wird, ohne Rücksicht darauf, ob Zinsen vergütet werden (Einlagengeschäft),
- die in § 1 Abs. 1 Satz 2 PfandBG bezeichneten Geschäfte (Pfandbriefgeschäft),
- die Gewährung von Gelddarlehen und Akzeptkrediten (Kreditgeschäft);
- der Ankauf von Wechseln und Schecks (Diskontgeschäft),
- die Anschaffung und die Veräußerung von Finanzinstrumenten im eigenen Namen für fremde Rechnung (Finanzkommissionsgeschäft),
- die Verwahrung und die Verwaltung von Wertpapieren für andere (Depotgeschäft),
- die Eingehung der Verpflichtung, zuvor veräußerte Darlehensforderungen vor Fälligkeit zurückzuerwerben,
- die Übernahme von Bürgschaften, Garantien und sonstigen Gewährleistungen für andere (Garantiegeschäft),
- die Durchführung des bargeldlosen Scheckeinzugs (Scheckeinzugsgeschäft), des Wechseleinzugs (Wechseleinzugsgeschäft) und die Ausgabe von Reiseschecks (Reisescheckgeschäft).
- die Übernahme von Finanzinstrumenten für eigenes Risiko.

2. Frist

Bei der in § 35 Abs. 1 KWG genannten Frist handelt es sich um die Frist zwischen Erteilung der Erlaubnis bis zur Aufnahme der erlaubten Geschäfte. Diese Frist beträgt gemäß § 35 Abs. 1 ein Jahr. In Bezug auf den Anwendungsbereich des § 43 beginnt der Lauf dieser Frist nicht mit dem Zeitpunkt der Erteilung der Erlaubnis sondern am 19. Juli 2005. 2

§ 45
Versicherungspflicht

Hypotheken, die den Pfandbriefbanken zu Beginn des 19. Juli 2005 zustehen, sind zur Deckung der von ihnen ausgegebenen Hypothekenpfandbriefe nicht aus dem Grunde ungeeignet, weil das aufstehende Gebäude nicht nach Maßgabe des § 15 Abs. 1 versichert ist. Durch Schiffshypotheken gesicherte Darlehensforderungen, die den Pfandbriefbanken zu Beginn des 19. Juli 2005

zustehen, sind zur Deckung der von ihnen ausgegebenen Schiffspfandbriefe nicht aus dem Grunde ungeeignet, weil das Schiff oder Schiffsbauwerk nicht in Höhe der Versicherungspflicht nach Maßgabe des § 23 Abs. 1 Satz 1 versichert ist.

1. Bestandsschutz

1 Eine gesetzliche Pflicht zur Versicherung von Bauwerken, Schiffen oder Schiffsbauwerken gab es vor dem Inkrafttreten des PfandBG nicht. Hypotheken an solchen unversicherten Bauwerken, Schiffen oder Schiffsbauwerken, die die Pfandbriefbanken bereits vor dem Inkrafttreten dieses PfandBG zulässigerweise in Deckung genommen hatten, sollen auch weiterhin und ohne Rücksicht auf § 15 Abs. 1 zur Pfandbriefdeckung verwendet werden dürfen.[1]

§ 46
Beleihungsgrenze

(1) Hypotheken, die vor dem 13. Oktober 2004 in ein bei der Pfandbriefbank geführtes Deckungsregister für Hypothekenpfandbriefe eingetragen worden sind, dürfen, soweit sie nicht den Erfordernissen des § 16 Abs. 1 bis 3 entsprechen, abweichend von § 14 Abs. 1 bis zum 30. Juni 2006 in Höhe von 50 Prozent des von der Pfandbriefbank auf Grund einer vor dem 13. Oktober durchgeführten Wertermittlung festgesetzten Wertes zur Deckung von Hypothekenpfandbriefen benutzt werden.

(2) Im Falle des Absatzes 1 sind § 14 Abs. 2 und § 30 Abs. 3 Satz 4 mit der Maßgabe anzuwenden, dass statt der in § 14 Abs. 1 festgelegten Beleihungsgrenze die Grenze nach Absatz 1 maßgeblich ist.

Übersicht

1. Bestandsschutz

1 Der Bestandsschutz des § 46 ist am 30. Juni 2006 ausgelaufen.

2 Hypotheken, die vor der Geltung des PfandBG zulässiger Weise in Deckung genommen wurden, entsprachen in der Regel nicht den engen Anforderungen, die § 16 in Verbindung mit der auf der Grundlage des § 16 Abs. 4 erlassenen Verordnung zur Ermittlung des Beleihungswertes an die **Beleihungswertermittlung** stellt. Müssten die betroffenen Pfandbriefbanken alle diese Werte aus der Deckung nehmen und durch Werte ersetzen, bei denen der Beleihungswert nach dem PfandBG ermittelt wurde, kämen diese Banken in Bedrängnis, wenn keine entsprechenden Volumina an Werten zur Verfügung stünden. Die Privilegierung des § 46 kann aber nur dann gelten, wenn die betroffenen Hypotheken vor der Geltung des PfandBG in Deckung

1 BT DS 15/4321, zu § 45.

genommen wurden. Als Stichtag legt § 46 den 13. Oktober 2004 fest. Außerdem wird man fordern müssen, dass die Indeckungnahme **nach altem Recht zulässig** war. Die durch § 46 privilegierten Hypotheken konnten gemäß § 46 Abs. 1 nur bis zu 50% des nach altem Recht und zeitlich vor dem 13. Oktober 2004 ermittelten Beleihungswertes in Deckung genommen werden. Diese Regelung bedeutet der Sache nach eine Spezialregelung zu § 14, die § 14 im Range vorgeht und verdrängt, solange die Privilegierung des § 46 greift. Dies wird in § 46 Abs. 2 noch einmal klargestellt. Durch die ausdrückliche Bezugnahme auf § 30 Abs. 3 Satz 4 stellt § 46 Abs. 2 klar, dass die Privilegierung des § 46 keine Auswirkungen auf das Recht des Insolvenzverwalters sowie auf das Recht der Gläubiger treuhänderisch gehaltener und im Deckungsregister eingetragener Werte hat, rangwahrende Teilung von Forderungen und Sicherheiten zu verlangen, soweit diese nicht zur Deckung bestimmt sind.

Der Gesetzgeber geht davon aus, dass jeweils getrennte Deckungsmassen und 3
damit auch getrennte Deckungsregister für das Altgeschäft, das nicht den Erfordernissen der §§ 14 bis 16 Abs. 1 bis 3, § 17 Abs. 1 entspricht, für das Altgeschäft, das diesen Anforderungen entspricht, und für das Neugeschäft einzurichten und zu führen sind.[1]

2. Frist

Die Privilegierung galt nur bis zum 30. Juni 2006. Danach musste die Verein- 4
barkeit mit dem PfandBG und der auf diesem Gesetz basierenden Verordnung zur Ermittlung des Beleihungswertes entweder hergestellt sein oder die betroffenen Hypotheken mussten aus der Deckung genommen und eventuell durch pfandbriefgesetzkonforme Werte ersetzt werden.

§ 47
Vorrecht der Schiffspfandbriefgläubiger

Bis zum Ablauf des 18. Juli 2009 unterliegt eine Pfandbriefbank, die vor dem 19. Juli 2005 Schiffspfandbriefe nach § 1 Nr. 1 des Schiffsbankgesetzes begeben hat, nicht der Grenze des § 22 Abs. 5 Satz 2. Die Pfandbriefbank hat jedoch sicherzustellen, dass der Gesamtbetrag der Beleihungen, bei denen nicht sichergestellt ist, dass sich das Vorrecht der Schiffspfandbriefgläubiger nach § 30 Abs. 1 auf die Forderungen der Pfandbriefgläubiger aus diesen Beleihungen erstreckt, bis zum Ablauf des 18. Juli 2007 50 Prozent des Gesamtbetrages der Forderungen, bei denen das Vorrecht sichergestellt ist, nicht übersteigt.

Übersicht

1 Vgl. BT DS 15/4321, zu § 46.

1. Bestandsschutz

1 Eine mit § 22 Abs. 5 Satz 2 vergleichbare Regelung gab es im Hypothekenbankgesetz in Bezug auf Schiffspfandbriefe nicht. Daher war es notwendig, eine entsprechende Übergangsregelung einzuführen. Diese wurde mit § 47 getroffen.[1]

2. Befristung

2 Die Privilegierung des § 47 hat sich durch Zeitablauf erledigt. Seit dem 19. Juli 2009 gilt auch für die in § 47 näher bezeichnete Fallgestaltung die Grenze des § 22 Abs. 5 Satz 2.

§ 48
Schiffspfandbriefe in ausländischer Währung

Auf die von einer Schiffspfandbriefbank im Sinne des § 1 des Schiffsbankgesetzes vor dem 19. Juli 2005 nach § 37 des Schiffsbankgesetzes ausgegebenen Schiffspfandbriefe sind die vor dem 19. Juli 2005 geltenden Vorschriften des Schiffsbankgesetzes weiter anzuwenden.

Übersicht

1. Bestandsschutz

1 § 48 betrifft alle Schiffspfandbriefe, die nach § 37 des Schiffsbankgesetzes von einer Schiffspfandbriefbank ausgegeben wurden. Zusätzlich musste diese Ausgabe vor dem 19. Juli 2005 erfolgen, also spätestens bis zum Ablauf des 18. Juli 2005. § 37 des Schiffsbankgesetzes verpflichtete die Schiffsbanken, für Schiffspfandbriefe, die auf ausländische Währung lauteten, Schiffshypotheken in gleichlautender Währung vorzuhalten. Diese Pflicht ist im PfandBG nicht vorgesehen. Gesonderte Deckungsmassen gibt es im PfandBG nur für die unterschiedlichen Pfandbriefgattungen nach § 1 Abs. 1 Satz 2 Nr. 1 bis 4, nicht aber für verschiedene Währungen.

2. Gesonderte Deckungsmasse

2 Über die Einführung des § 48 sind Schiffspfandbriefbanken verpflichtet, diese auf der Grundlage des § 37 des Schiffbankgesetzes eingerichteten Deckungsregister neben den auf der Grundlage dieses PfandBG zusätzlich einzurichtenden Deckungsregister weiterzuführen, bis die betreffenden, auf ausländische Währung lautenden Schiffspfandbriefe endgültig aus dem Umlauf ausgeschieden sind.[1]

---

1 Vgl. BT DS 15/4321, zu § 47.
1 BT DS 15/4321, zu § 48.

§ 49
Fortgeltende Deckungsfähigkeit

(1) Abweichend von § 20 Abs. 1 Satz 1 Nr. 1 Buchstabe a sind Forderungen gegen solche Kreditinstitute, die in der Rechtsform einer Körperschaft oder Anstalt des öffentlichen Rechts geführt werden, weiterhin unbeschränkt deckungsfähig, wenn die Forderungen bereits am 18. Juli 2001 bestanden. Forderungen gegen die genannten Kreditinstitute sind auch deckungsfähig, wenn die Forderungen nach dem 18. Juli 2001 und vor dem 19. Juli 2005 vereinbart worden sind und ihre Laufzeit nicht über den 31. Dezember 2015 hinausgeht.

(2) Abweichend von § 20 Absatz 1 Satz 1 Nr. 1 Buchstabe d, e und h in der ab dem 26. März 2009 geltenden Fassung sind Forderungen gegen die dort genannten Schuldner oder Gewährleistungsgeber, welche der Bonitätsstufe 2 nach Tabelle 1 des Artikels 114 Absatz 2, Tabelle 5 des Artikels 121 Absatz 1, Tabelle 2 des Artikels 116 Absatz 1 oder Tabelle 3 des Artikels 120 Absatz 1 der Verordnung (EU) Nr. 575/2013 zugeordnet worden sind, weiterhin deckungsfähig, sofern die Forderungen vor dem 26. März 2009 in das Deckungsregister eingetragen worden sind. Der Gesamtbetrag der Forderungen gegen Schuldner der Bonitätsstufe 2 darf höchstens einen Anteil von 20 Prozent der ausstehenden Pfandbriefe der jeweiligen Pfandbriefgattung betragen; die von § 20 Absatz 1 Satz 1 Nr. 3 in der ab dem 26. März 2009 geltenden Fassung umfassten Deckungswerte sind anzurechnen.

1. Fortgeltung der Gewährträgerhaftung

§ 49 stellt sicher, dass die Forderungen gegen öffentlich-rechtliche Kreditinstitu- 1
te, die nach dem Hypothekenbankgesetz, dem ÖPG und dem Schiffsbankgesetz deckungsfähig sind, insoweit deckungsfähig bleiben, als die Gewährträgerhaftung nach der Verständigung vom 18. Juli 2001 mit der EU-Kommission über Anstaltslast und Gewährträgerhaftung betreffend Landesbanken und Sparkassen weiter gilt. Die Regelung ist notwendig, da § 20 Abs. 1 Satz 1 Nr. 1 Buchstabe a nur für die öffentlichen Kreditinstitute gilt, für deren Verbindlichkeiten grundsätzlich eine Gewährträgerhaftung gilt.[1] In Bezug auf die Bonitätsstufe 2 wird auf die entsprechende Kommentierung zu § 20 PfandBG verwiesen.

§ 50
Fortgeltung bisherigen Rechts

(1) Im Falle des § 2 Abs. 3 gelten für öffentlich-rechtliche Kreditanstalten hinsichtlich der von ihnen nach den Vorschriften des Gesetzes über die Pfandbriefe und verwandten Schuldverschreibungen öffentlich-rechtlicher Kreditanstalten abgeschlossenen Geschäfte und der ausschließlich zur Deckung dieser Geschäfte geführten Deckungsregister das vorgenannte Gesetz

1 BT DS 15/4321, zu § 49.

und die zu dessen Durchführung erlassenen Rechtsverordnungen jeweils in der vor dem 19. Juli 2005 geltenden Fassung mit der Maßgabe fort, dass Forderungen gegen inländische öffentlich-rechtliche Kreditinstitute nur so weit zur ordentlichen Deckung geeignet sind, als für die Kreditinstitute eine unbeschränkte Anstaltslast oder als für die entsprechenden Verbindlichkeiten der Kreditinstitute eine Gewährträgerhaftung oder Refinanzierungsgarantie gilt.

(2) Im Falle des § 2 Abs. 3 gelten für Hypothekenbanken hinsichtlich der von ihnen nach den Vorschriften des Hypothekenbankgesetzes abgeschlossenen Geschäfte und der ausschließlich zur Deckung dieser Geschäfte geführten Deckungsregister das Hypothekenbankgesetz und die zu dessen Durchführung erlassenen Rechtsverordnungen jeweils in der vor dem 19. Juli 2005 geltenden Fassung mit der Maßgabe fort, dass Forderungen gegen inländische öffentlich-rechtliche Kreditinstitute nur so weit zur ordentlichen Deckung geeignet sind, als für die Kreditinstitute eine unbeschränkte Anstaltslast oder als für die entsprechenden Verbindlichkeiten der Kreditinstitute eine Gewährträgerhaftung oder Refinanzierungsgarantie gilt.

(3) Im Falle des § 2 Abs. 3 gelten für Schiffsbanken hinsichtlich der von ihnen nach den Vorschriften des Schiffsbankgesetzes abgeschlossenen Geschäfte und der ausschließlich zur Deckung dieser Geschäfte geführten Deckungsregister das Schiffsbankgesetz und die zu dessen Durchführung erlassenen Rechtsverordnungen jeweils in der vor dem 19. Juli 2005 geltenden Fassung mit der Maßgabe fort, dass Forderungen gegen inländische öffentlich-rechtliche Kreditinstitute nur so weit zur ordentlichen Deckung geeignet sind, als für die Kreditinstitute eine unbeschränkte Anstaltslast oder als für die entsprechenden Verbindlichkeiten der Kreditinstitute eine Gewährträgerhaftung oder Refinanzierungsgarantie gilt.

(4) Im Falle der Umwandlung einer öffentlich-rechtlichen Kreditanstalt in einer in § 1 Abs. 1 des Umwandlungsgesetzes genannten Weise gilt Absatz 1 hinsichtlich der von der Kreditanstalt vor Wirksamwerden der Umwandlung abgeschlossenen Geschäfte für den fortbestehenden Rechtsträger nach Rechtsformwechsel oder für einen Rechtsträger, auf den im Zuge der Umwandlung das Vermögen der Kreditanstalt als Ganzes oder in Teilen übertragen worden ist, auch dann, wenn es sich bei dem Rechtsträger um ein Unternehmen in einer Rechtsform des Privatrechts handelt.

Übersicht

1. Geltungsbereich

1 Die Absätze 1 bis 3 des § 50 gelten nur für Institute (öffentlich-rechtliche Kreditanstalten, Hypothekenbanken und Schiffsbanken), die bis zum Inkrafttreten dieses Pfandbriefgesetzes zulässigerweise das Pfandbriefgeschäft betrieben haben, die dieses bislang zulässigerweise betriebene Pfandbriefgeschäft nach den neuen Regeln jedoch nicht weiterführen, weil die Betriebserlaubnis hierzu entweder gemäß

§ 2 Abs. 3 erloschen ist oder aber von der Bundesanstalt aufgehoben wurde. Diese Institute betreiben kein neues Pfandbriefgeschäft mehr, sondern wickeln nur bestehendes Pfandbriefgeschäft ab. Die Einbeziehung dieser Pfandbriefgeschäfte in das PfandBG erscheint überflüssig. Wohl deshalb legen die Absätze 1 bis 3 des § 50 fest, dass in Bezug auf öffentlich-rechtliche Kreditanstalten, Hypothekenbanken und Schiffsbanken im Rahmen dieser Abwicklung das jeweils geltende alte Recht gilt.[1]

2. Forderungen gegen inländische öffentlich-rechtliche Kreditinstitute

Soweit die von den Absätzen 1 bis 3 betroffenen Deckungswerte aus Forderungen gegen inländische öffentlich-rechtliche Kreditinstitute bestehen, gilt die Privilegierung des § 50 nur mit der Maßgabe, dass für diese Institute eine unbeschränkte Anstaltslast oder – in Bezug auf die Deckungswerte – eine Gewährträgerhaftung oder Refinanzierungsgarantie gilt.[2] Ob eine solche Gewährleistung greift, dürfte für die über § 50 privilegierten Institute schon deshalb nur schwer nachzuvollziehen sein, weil diese Frage in Spezialvorschriften geregelt ist, die ihre Grundlage in einer Verständigung mit der EU-Kommission vom 18. Juli 2001 haben. Das über § 50 privilegierte Institut (öffentlich-rechtliche Kreditanstalt, Hypothekenbank, Schiffsbank) wird daher in der Praxis gezwungen sein, sich die entsprechenden Regelungen von den betroffenen öffentlich-rechtlichen Kreditinstituten lückenlos und in nachvollziehbarer Form darlegen zu lassen. 2

3. Rechtsnachfolge oder Vermögensübernahme

Abs. 4 dehnt den Geltungsbereich der Privilegierung des § 50 einerseits auf denjenigen Fall aus, dass das privilegierte Institut im Rahmen des § 1 Abs. 1 des Umwandlungsgesetzes die Rechtsform ändert, und andererseits auf den Fall, dass das Vermögen des privilegierten Instituts – ebenfalls im Rahmen des § 1 Abs. 1 des Umwandlungsgesetzes – ganz oder teilweise auf ein anderes Institut übertragen wurde. Auch diese von Abs. 4 erfassten Institute müssen unter den § 2 Abs. 3 fallen, das heißt, auch deren Deckungsmasse muss abgewickelt werden, weil die Erlaubnis zum Betreiben des Pfandbriefgeschäftes von der Bundesanstalt aufgehoben wurde oder erloschen ist. 3

§ 51
Getrennter Pfandbriefumlauf

Abweichend von § 4 Abs. 1 bis 2 kann eine Pfandbriefbank die von ihr vor Inkrafttreten dieses Gesetzes begebenen Pfandbriefe weiter nach den bis zum Inkrafttreten dieses Gesetzes geltenden Vorschriften decken, wenn die Pfandbriefbank diese Absicht bis spätestens zum 18. Juli 2005 bei der Bundesanstalt angezeigt hat. Bei der Anzeigefrist handelt es sich um eine Ausschlussfrist. In diesem Falle ist das bisherige Deckungsregister getrennt von demjenigen nach

1 BT DS 15/4321 zu § 50.
2 Siehe insoweit die Kommentierung zu § 20 PfandBG.

§ 5 Abs. 1 Satz 1 zu führen. Forderungen gegen inländische öffentlich-rechtliche Kreditinstitute sind nur soweit zur ordentlichen Deckung geeignet, als für die Kreditinstitute eine unbeschränkte Anstaltslast oder als für die entsprechenden Verbindlichkeiten der Kreditinstitute eine Gewährträgerhaftung oder Refinanzierungsgarantie gilt. Die Vorschriften der §§ 8, 9, 10, 27 und 28 sind hinsichtlich des bisherigen Deckungsregisters nicht anzuwenden.

Übersicht

1. Geltungsbereich

1 Es werden nur solche Pfandbriefe privilegiert, die **bis zum** Inkrafttreten des PfandBG begeben wurden. Aus der Bezugnahme des § 51 auf § 4 Absätze 1 bis 2 ist zu entnehmen, dass die Privilegierung dieser Pfandbriefe nicht in Bezug auf alle Vorschriften gilt. Sie bezieht sich vielmehr nur auf die Tatbestände, die in den Absätzen 1 bis 2 des § 4 geregelt werden, also die **Kongruenz von Deckungswerten und Pfandbriefen und die Sicherung der Liquidität**. Dies bedeutet im Einzelnen, dass die jederzeitige Deckung der umlaufenden Pfandbriefe nach dem Barwert, der die Zins- und Tilgungsverpflichtungen einbezieht, sichergestellt sein muss. Außerdem muss der Gesamtbetrag der umlaufenden Pfandbriefe einer Gattung auch in Höhe des Nennwertes beziehungsweise des bekannten maximalen Einlösungswertes durch Werte von mindestens gleicher Höhe zu jeder Zeit gedeckt sein. Daneben ist auf der Grundlage des neuen § 4 Abs. 1a für die nächsten **180** Tage ein Abgleich der fällig werdenden Forderungen aus Deckungswerten und Verbindlichkeiten aus Pfandbriefen vorzunehmen. Nur diese Regelungstatbestände werden von der Privilegierung des § 51 erfasst. Sofern diese nach altem Recht anders geregelt waren, kann die Pfandbriefbank auch nach Inkrafttreten des PfandBG nach altem Recht verfahren, wenn es die entsprechende Absicht bis spätestens zum 18. Juli 2005 bei der Bundesanstalt angezeigt hat und für die betreffenden Deckungswerte ein gesondertes Deckungsregister einrichtet und führt. Hat die Pfandbriefbank ihre diesbezügliche Absicht nicht bis spätestens zum 18 Juli 2005 bei der Bundesanstalt angezeigt, so kann sie diese Anzeige gemäß Satz 2 nicht mehr nachholen. Die Folge ist, dass die Privilegierung des § 51 Abs. 1 nicht greift. Daraus folgt, dass die bis zum Inkrafttreten des PfandBG am 19. Juli 2005 begebenen Pfandbriefe nach den Vorschriften des PfandBG und den auf Grundlage des PfandBG erlassenen Rechtsverordnungen gedeckt werden müssen. Zu diesen Rechtsverordungen gehören auch die Beleihungswertermittlungsverordnungen.

2. Anstaltslast, Gewährträgerhaftung, Refinanzierungsgarantie

2 Wegen der Definition der Begriffe Anstaltslast, Gewährträgerhaftung und Refinanzierungsgarantie wird auf die Kommentierung zu § 20, „Gewährleistung" ver-

wiesen. Das Bestehen einer dieser drei Formen der Gewährleistung richtet sich nach verschiedenen Spezialregelungen, die zudem für die verschiedenen öffentlich-rechtlichen Kreditinstitute vollkommen unterschiedlich ausgestaltet sind. Aus diesem Grunde sollte sich die Pfandbriefbank von dem betroffenen öffentlich-rechtlichen Kreditinstitut das Vorliegen der Gewährleistung (Anstaltslast, Gewährträgerhaftung oder Refinanzierungsgarantie) in nachvollziehbarer Form und unter Darlegung der jeweils geltenden vollständigen Paragrafenkette nachweisen lassen.

3. Nichtanwendbarkeit der §§ 8, 10, 27 und 28

Nach dem Wortlaut des § 52 sind die §§ 8, 10, 27 und 28 in Bezug auf die über 3
§ 51 privilegierten Deckungswerte **nicht anzuwenden**. Die §§ 8 und 10 regeln die Pflicht des Treuhänders darauf zu achten, dass die vorschriftsmäßige Deckung der Pfandbriefe und Ansprüche aus Derivategeschäften nach § 4 Abs. 3 jederzeit vorhanden ist, und räumen dem Treuhänder die zur Erfüllung dieser Pflicht erforderlichen Befugnisse ein. § 27 regelt das Risikomanagement, und § 28 dient der Transparenz.

Die Herausnahme der von § 51 privilegierten Fälle vom Anwendungsbereich der 4
§§ 8 und 10 kann jedoch nicht bedeuten, dass der Treuhänder hinsichtlich dieser privilegierten Fälle überhaupt keine Überwachungspflichten mehr hat. Denn diese Konsequenz würde zu einer Verschlechterung der Qualität der betreffenden Pfandbriefe führen. Vielmehr müssen an die Stelle der §§ 8 und 10 diejenigen Regeln alten Rechts treten, die vor Inkrafttreten des PfandBG die Regelungstatbestände der §§ 8 und 10 geregelt haben. Dies sind in Bezug auf das Hypothekenbankgesetz die §§ 30 und 32 HBG.[1] Auch gemäß § 30 HBG hat der Treuhänder darauf zu achten, dass die vorschriftsmäßige Deckung der Hypothekenpfandbriefe jederzeit vorhanden ist. Allerdings richtet sich die Vorschriftsmäßigkeit dieser Deckung nicht wie bei § 8 nach den Verordnungen zur Ermittlung der Beleihungswerte für Hypotheken, Schiffe und Flugzeuge, sondern nach der von der Aufsichtsbehörde genehmigten Arbeitsanweisung des Instituts. Zur Erfüllung dieser Aufgabe hat der Treuhänder die Befugnisse gemäß § 32 HBG.

Anders ist es bei den §§ 27 und 28. Die Regelungstatbestände dieser beiden Vor- 5
schriften (Risikomanagement und Transparenz) wurden im Hypothekenbankgesetz nicht geregelt. Daher führt die Herausnahme der von § 52 privilegierten Fälle aus dem Anwendungsbereich der §§ 27 und 28 zu keiner Verschlechterung der Qualität des betreffenden Pfandbriefs.

Anlage 1 zu § 51 PfandBG

§ 30 HBG (Hypothekenbankgesetz)

(1) Der Treuhänder hat darauf zu achten, daß die vorschriftsmäßige Deckung für die Hypothekenpfandbriefe und Ansprüche aus Derivaten nach § 6 Abs. 6 Satz 2 je-

1 S. Anlage 1 zu § 51.

derzeit vorhanden ist; hierbei ist er, sofern der Wert der beliehenen Grundstücke gemäß der von der Aufsichtsbehörde genehmigten Anweisung festgesetzt ist, nicht verpflichtet, zu untersuchen, ob der festgesetzte Wert dem wirklichen Wert entspricht.

(2) Er hat darauf zu achten, daß die zur Deckung der Hypothekenpfandbriefe und der Ansprüche aus Derivaten nach § 6 Abs. 6 Satz 2 verwendeten Werte gemäß den Vorschriften des § 22 Abs. 1 in das Hypothekenregister eingetragen werden. Die Eintragung eines Derivats hat er unverzüglich dem Vertragspartner der Hypothekenbank mitzuteilen.

(3) Er hat die Hypothekenpfandbriefe vor der Ausgabe mit einer Bescheinigung über das Vorhandensein der vorschriftsmäßigen Deckung und über die Eintragung in das Hypothekenregister zu versehen. Eine Nachbildung der eigenhändigen Unterschrift genügt.

(4) Im Hypothekenregister eingetragene Werte können nur mit Zustimmung des Treuhänders in dem Register gelöscht werden. Die Zustimmung des Treuhänders bedarf der schriftlichen Form; sie kann in der Weise erfolgen, daß der Treuhänder seine Namensunterschrift dem Löschungsvermerk im Hypothekenregister beifügt. Für die Löschung eines eingetragenen Derivats, das noch nicht vollständig abgewickelt ist, ist ferner die Zustimmung des Vertragspartners der Hypothekenbank erforderlich; eine Löschung ohne die erforderliche Zustimmung gilt als nicht erfolgt. Abs. 2 Satz 2 ist entsprechend anzuwenden.

(5) Der Treuhänder hat bei Erteilung der Bescheinigung nach Abs. 3 darauf zu achten, daß der Gesamtbetrag der im Umlauf befindlichen Hypothekenpfandbriefe die in § 7 bezeichnete Grenze nicht überschreitet. Wird diese Grenze überschritten, so hat der Treuhänder dies der Aufsichtsbehörde mitzuteilen.

§ 32 HBG (Hypothekenbankgesetz)

(1) Der Treuhänder ist befugt, jederzeit die Bücher und Schriften der Bank einzusehen, soweit sie sich auf die Hypothekenpfandbriefe und auf die in das Hypothekenregister eingetragenen Werte beziehen.

(2) Die Hypothekenbank ist verpflichtet, von den Kapitalrückzahlungen auf die in das Hypothekenregister eingetragenen Werte sowie von sonstigen für die Pfandbriefgläubiger und die Gläubiger von Ansprüchen aus Derivaten nach § 6 Abs. 6 Satz 2 erheblichen Änderungen, welche diese Werte betreffen, dem Treuhänder fortlaufende Mitteilung zu machen.

§ 52
Fortgeltende Bestimmungen des Gesetzes zur Änderung und Ergänzung des Schiffsbankgesetzes

(1) Wird für eine Forderung, die in ausländischer Währung zu zahlen ist, eine Schiffshypothek in das Schiffsregister eingetragen, so kann der Geldbetrag der Forderung und etwaiger Nebenleistungen oder der Höchstbetrag, bis zu dem das Schiff haften soll, in ausländischer Währung angegeben werden. Dasselbe gilt für die Eintragung einer Schiffshypothek in das Schiffsbauregister.

(2) Die durch Artikel 4 Abs. 1 des Gesetzes zur Änderung und Ergänzung des Schiffsbankgesetzes in der im Bundesgesetzblatt Teil III, Gliederungsnummer 7628-2-1, veröffentlichten bereinigten Fassung mit der Maßgabe aufgehobenen Vorschriften, dass sie, soweit sie noch in Geltung sind, auf Rechte anwendbar bleiben, die vor Inkrafttreten des bezeichneten Gesetzes in ausländischer Währung eingetragen waren, bleiben für den durch die Maßgabe bezeichneten Umfang und Anwendungsbereich unverändert anwendbar.

Übersicht

1. Allgemeines

1 Durch Art. 18 Nr. 8 des Gesetzes zur Neuordnung des Pfandbriefrechts wurde das Gesetz zur Änderung und Ergänzung des Schiffsbankgesetzes aufgehoben. In diesem Gesetz wurden unter anderem die Sachverhalte der beiden Absätze des § 52 geregelt. Da diese Sachverhalte auch nach der Aufhebung des Gesetzes zur Änderung und Ergänzung des Schiffsbankgesetzes regelungsbedürftig sind, wurden entsprechende Reglungen in § 52 vorgenommen.[1]

2. Forderungen in ausländischer Währung

2 Abs. 1 betrifft nur für Forderungen aus Schiffs- oder Schiffbaufinanzierungen, die durch Schiffshypotheken gesichert sind. Sofern diese Forderungen auf ausländische Währungen lauten, können sie auch weiterhin in dieser ausländischen Währung im Schiffs- oder Schiffsbauregister eingetragen werden.[2]

3 Abs. 2 ist ein Pauschalverweis auf Vorschriften des Schiffsbankgesetzes, die von dem Gesetz zur Änderung und Aufhebung des Schiffsbankgesetzes nicht betroffen sind und weiterhin gelten. Diese Fortgeltung gilt aber nur für Altfälle, die vor dem Inkrafttreten des Gesetzes zur Änderung und Ergänzung des Schiffsbankgesetzes in ausländischer Währung im Schiffs- oder Schiffsbauregister eingetragen waren.[3]

§ 53
Übergangsvorschrift zum CRD IV-Umsetzungsgesetz

§ 28 Absatz 1 bis 3 dieses Gesetzes in der ab dem 1. Januar 2014 geltenden Fassung ist erstmals auf das am 1. April 2014 beginnende Quartal, bei Anwendung des § 28 Absatz 5 erstmals auf das am 1. April 2015 beginnende Quartal, anzuwenden. § 28 Absatz 1 bis 3 in der bis zum 31. Dezember 2013 geltenden Fassung ist letztmalig auf das am 31. März 2014 endende Quartal und § 28 Ab-

1 BT DS 15/4321, zu § 51.
2 BT DS 15/4321, zu § 51.
3 BT DS 15/4321, zu § 51.

satz 5 in der bis zum 31. Dezember 2013 geltenden Fassung ist in Bezug auf § 28 Absatz 1 Satz 1 Nummer 1 und 3, Absatz 2 Satz 1 Nummer 3 und Satz 2, Absatz 3 Nummer 1 und Absatz 4 in der bis zum 31. Dezember 2013 geltenden Fassung letztmalig auf das am 31. März 2015 endende Quartal anzuwenden.

Mit der Übergangsregelung des § 53 PfandBG soll den Pfandbriefbanken ausreichend Zeit gegeben werden, die im Rahmen des CRD IV-Umsetzungsgesetzes neu in § 28 Abs. 1 aufgenommenen Transparenzvorschriften umzusetzen, insbesondere um ihre IT-Programme entsprechend anzupassen.

Gesetz über das Kreditwesen – KWG

Zweiter Abschnitt
2a. Refinanzierungsregister

In der Fassung der Bekanntmachung vom 9. September 1998, BGBl. I S. 2776, zuletzt geändert durch Artikel 18 des Gesetzes vom 7.8.2013 (BGBl. I S. 3090)

Vorbemerkungen zu den §§ 22a–o KWG

Mit dem in den §§ 22a bis o KWG geregelten **Refinanzierungsregister** wurde ein völlig neues Instrument in das Bankenrecht eingeführt. Durch die ordnungsgemäße Eintragung in das Refinanzierungsregister werden die eingetragenen Gegenstände, also Forderungen und Grundsicherheiten, für den ebenfalls einzutragenden Berechtigten insolvenzfest. Damit können sie im Falle der Insolvenz des Refinanzierungsunternehmens aus dessen Vermögen ausgesondert werden. Dies gilt auch für Gegenstände, die an die Stelle der ordnungsgemäß eingetragenen Gegenstände treten. Im Gegensatz zu § 48 Satz 2 InsO macht § 22j Abs. 1 Satz 2 die Unterscheidbarkeit nicht zur Voraussetzung für die Aussonderung und unterscheidet sich insoweit von § 48 Satz 2 InsO, welchen § 22j Abs. 1 Satz 2 als Spezialtatbestand verdrängt. 1

Eintragungsfähig sind Forderungen und zugehörende Grundsicherheiten, auf deren Übertragung ein ebenfalls in das Register einzutragender Übertragungsberechtigter einen Rechtsanspruch hat. Andere Sicherheiten als Grundsicherheiten, wie zum Beispiel sicherheitshalber abgetretene Bankguthaben oder Lebensversicherungen, sind nicht eintragungsfähig. Werden sie gleichwohl eingetragen, ziehen diese Eintragungen nicht die Wirkungen des § 22j KWG nach sich, insbesondere werden sie durch die Eintragung nicht aussonderungsfähig. Es können auch bedingte oder künftige Gegenstände eingetragen werden. Entgegen dem Wortlaut des § 22d Abs. 2 kann ein Gegenstand selbst dann in das Refinanzierungsregister eingetragen werden, wenn der Gegenstand an denjenigen, der im Register als Übertragungsberechtigter eingetragen wird, bereits übertragen wurde und deshalb streng genommen kein Übertragungsanspruch mehr bestehen kann.[1] 2

Der **Anwendungsbereich** des Refinanzierungsregisters ist vielfältig. Er umfasst sogenannte **True Sales**, wie sie im Rahmen von **Verbriefungstransaktionen** (Asset Backed Securities) durchgeführt werden ebenso wie **Forderungsverkäufe** im Rahmen von Kreditrefinanzierungen durch Drittbanken. Dies gilt auch dann, wenn das refinanzierende Kreditinstitut eine **Pfandbriefbank** ist und die betreffenden Gegenstände zur **Deckung eines Pfandbriefes** verwandt werden sollen. § 1 Abs. 2 PfandBG setzt den **Anspruch** der Pfandbriefbank gegen ein geeignetes Kreditinstitut auf Abtretung einer Hypothek dem Erwerb dieser Hypothek gleich, wenn diese Hypothek, die von dem Kreditinstitut treuhänderisch für die Pfandbriefbank verwaltet wird, im Falle der Insolvenz des Kreditinstituts von der Pfandbriefbank ausgesondert werden kann. Diese Aussonderungsfähigkeit wird durch die Eintragung in das Refinanzierungsregister hergestellt. 3

1 Zur Eintragungsfähigkeit vgl.: BT DS 15/5852, zu § 22 a.

4 Obwohl die ordnungsgemäße Eintragung in ein Refinanzierungsregister zunächst nur zur **Aussonderungsfähigkeit** der eingetragenen Forderungen und Grundsicherheiten führt, hat diese Wirkung doch ein enormes **Rationalisierungspotential**. Denn die Wirkung der Herstellung der Aussonderungsfähigkeit allein durch die Eintragung in das Refinanzierungsregister hat zur Folge, dass die betreffenden Darlehen und Grundsicherheiten nicht mehr rechtswirksam an den Berechtigten übertragen werden müssen. Dadurch werden **Übertragungsakte, Rückübertragungsakte und Teilrückübertragungen** freigewordener Grundschuldteile **überflüssig**. Die Ansprüche auf Übertragung der Forderungen und Grundsicherheiten entstehen durch einen relativ einfachen Rechtsakt, meistens durch einen Kaufvertrag. Sie erlöschen ganz einfach entweder durch Zahlung des Kaufpreises oder, soweit die Grundsicherheiten betroffen sind, in dem Maße, in dem sich die Sicherungszwecke erledigen. Da die Grundpfandrechte nicht rechtswirksam an den Refinanzierer übertragen werden müssen, entfallen bei Buchgrundschulden die Aufwendungen für die entsprechenden Grundbucheintragungen. Neben briefgrundschuldlich gesicherten Darlehen können deshalb auch buchgrundschuldlich gesicherte Darlehen refinanziert werden ohne dass diese Refinanzierung dem Darlehensnehmer gegenüber offengelegt werden muss.[2]

5 Durch die Einführung des Instituts des Refinanzierungsregisters wurden Unsicherheiten beseitigt, die sich aus der Rechtsprechung des BGH ergaben. Nach der ständigen Rechtsprechung des BGH gewährten **schuldrechtliche Treuhandabreden** nur dann ein Aussonderungsrecht, wenn der Treugeber dem Treuhänder zuvor das Treugut unmittelbar aus seinem Vermögen übertragen hatte.[3] Ausnahmen machte der BGH nur in ganz wenigen Fällen.[4] In seiner neueren Rechtsprechung hat der BGH offengelassen, ob er an dem Prinzip der Unmittelbarkeit festhält.[5] Durch die Einführung der §§ 22a bis 22o KWG wurde diese Rechtsprechung in Bezug auf Forderungen und Grundsicherheiten, die in einem Refinanzierungsregister eingetragen sind, überholt. Die Aussonderungsfähigkeit wird in diesen Fällen vielmehr allein durch die Eintragung der für das Refinanzierungsunternehmen treuhänderisch verwalteten Gegenstände erreicht. Es kommt nicht darauf an, ob der Treugeber dem Treunehmer das Treugut vorher unmittelbar aus seinem Vermögen übertragen hat oder nicht. Die Rechtsprechung des BGH gilt allerdings nach wie vor dann, wenn die Eintragung der betreffenden Gegenstände nicht oder nicht ordnungsgemäß erfolgt.

6 **Kettenrefinanzierungen** unter Einbeziehung eines Refinanzierungsregisters sind möglich. Eine Kettenrefinanzierung liegt dann vor, wenn die Gegenstände des Refinanzierungsunternehmens zwar von einem Refinanzierer refinanziert werden, dieser sich aber seinerseits bei einem weiteren Refinanzierer refinanziert (und so weiter). Die sich aus diesen Eintragungen ergebende Kette muss lückenlos sein.[6]

7

2 Vgl.: Smola, BKR 2009, 241 ff.

3 BGH NJW 1959, 1224; BGH WM 1960, 326; BGH WM 1964, 179; BGH WM 1965, 174; BGH WM 1993, 84.

4 BGHZ 109, 47 ff.; BGHZ 155, 227 ff.; B/F/S-M, Vor §§ 22a bis 22o, Rdnr. 18–21 m.w.N.; Fleckner, ZIP 2004, 585 ff.

5 BGHZ 155, 231 = WM 2003, 1734; vgl. hierzu auch Fleckner, ZIP 2004, 588 ff.

6 B/F/S-M, Vor § 22a bis 22o, Rdnr. 25–27; siehe insoweit auch die Kommentierung zu § 22 a „Kettenrefinanzierungen".

Die ordnungsgemäße Eintragung in das Refinanzierungsregister hat nur die Herstellung der Aussonderungsfähigkeit zur Folge. Auf die **materielle Berechtigung** des Eintragenden zum Verkauf oder der Veräußerung des Eintragungsgegenstandes hat die Eintragung in das Refinanzierungsregister dagegen keinen Einfluss. **Einwendungen und Einreden Dritter** werden nicht ausgeschlossen. Allerdings kann das eintragende Refinanzierungsunternehmen nicht mit eigenen Ansprüchen gegen den Refinanzierer aufrechnen. All dies ist auch konsequent. Denn hätte der Refinanzierer die für ihn eingetragenen Rechte selbst generiert, müsste er ebenfalls das Risiko tragen, dass beispielsweise der Darlehensnehmer oder Dritte Einwendungen oder Einreden geltend machen.

Gemäß § 22d Abs. 4 stehen **mündliche oder konkludente Abtretungsverbote** 8
der Eintragung in ein Refinanzierungsregister und einer späteren Übertragung nicht entgegen. Im Umkehrschluss bedeutet dies aber auch, dass schriftliche oder gesetzliche Abtretungsverbote der späteren Übertragung eines zuvor ordnungsgemäß eingetragenen Gegenstandes durchaus entgegenstehen.

§ 22a
Registerführendes Unternehmen

(1) [1]Ist das Refinanzierungsunternehmen ein Kreditinstitut oder eine in § 2 Abs. 1 Nr. 1 bis 3a genannte Einrichtung und hat eine Zweckgesellschaft, ein Refinanzierungsmittler, ein Kreditinstitut mit Sitz in einem Staat des Europäischen Wirtschaftsraums oder eine in § 2 Abs. 1 Nr. 1 oder Nr. 3a genannte Einrichtung einen Anspruch auf Übertragung einer Forderung des Refinanzierungsunternehmens oder eines Grundpfandrechts des Refinanzierungsunternehmens, das der Sicherung von Forderungen dient, können diese Gegenstände in ein vom Refinanzierungsunternehmen geführtes Refinanzierungsregister eingetragen werden; dies gilt entsprechend für Registerpfandrechte an einem Luftfahrzeug und für Schiffshypotheken. [2]Für jede Refinanzierungstransaktion ist eine gesonderte Abteilung zu bilden.

(2) [1]Eine Pflicht des Refinanzierungsunternehmens oder des Refinanzierungsmittlers zur Führung eines Refinanzierungsregisters wird durch diesen Unterabschnitt nicht begründet. [2]Die Registerführung kann nur unter den Voraussetzungen des § 22k beendet oder übertragen werden.

(3) Eine Auslagerung der Registerführung ist nicht statthaft.

(4) Die Absätze 1 bis 3 gelten sinngemäß für Refinanzierungsmittler, die Kreditinstitut oder eine in § 2 Abs. 1 Nr. 1 bis 3a genannte Einrichtung sind.

Übersicht

1. Refinanzierungsunternehmen

1 Refinanzierungsunternehmen kann jedes Unternehmen sein. Dies ergibt sich bereits aus § 22b Abs. 1 KWG. Diese Vorschrift regelt die Führung eines Refinanzierungsregisters für Dritte, die nicht selbst ein Kreditinstitut oder eine in § 2 Abs. 1 Nr. 1 bis 3a genannte Einrichtung sind. Die Legaldefinition des Begriffes des Refinanzierungsunternehmens ergibt sich aus § 1 Abs. 24 KWG. Diese Vorschrift formuliert wie folgt:

„Refinanzierungsunternehmen sind Unternehmen, die Gegenstände oder Ansprüche auf deren Übertragung aus ihrem Geschäftsbetrieb an folgende Unternehmen zum Zwecke der eigenen Refinanzierung oder der Refinanzierung des Übertragungsberechtigten veräußern oder für diese treuhänderisch verwalten: (...) Unschädlich ist, wenn die Refinanzierungsunternehmen daneben wirtschaftliche Risiken eingehen, ohne dass damit ein Rechtsübergang einhergeht". Allerdings bestimmt § 22a Abs. 1, dass nur dann, wenn das Refinanzierungsunternehmen ein Kreditinstitut oder eine in § 2 Abs. 1 Nr. 1 bis 3a genannte Einrichtung ist, dieses Refinanzierungsunternehmen die von ihm an einen Übertragungsberechtigten veräußerten Forderungen oder Grundpfandrechte in ein Refinanzierungsregister eintragen kann, welches das Refinanzierungsunternehmen selbst führt.[1] Bei den in § 2 Abs. 1 Nr. 1 bis 3a genannten Einrichtungen handelt es sich um die Deutsche Bundesbank, die Kreditanstalt für Wiederaufbau, die Sozialversicherungsträger, die Bundesagentur für Arbeit, und die öffentliche Schuldenverwaltung des Bundes, eines seiner Sondervermögen, eines Landes oder eines anderen Staates des Europäischen Wirtschaftsraumes und deren Zentralbanken, sofern diese nicht fremde Gelder als Einlagen oder andere rückzahlbare Gelder des Publikums annimmt oder das Kreditgeschäft betreibt.

2. Refinanzierungstransaktion

2 Eine Refinanzierungstransaktion liegt gemäß § 22a Abs. 1 Satz 1 KWG dann vor, wenn sich ein Refinanzierungsunternehmen einem Anspruchsberechtigten gegenüber verpflichtet, ihm Forderungen und/ oder Grundpfandrechte, welche der Sicherung von Forderungen dienen und die im Eigentum des Refinanzierungsunternehmens stehen, zu veräußern. Dabei stellt Abs. 1 Satz 1 zweiter Halbsatz Registerpfandrechte an Flugzeugen und Schiffshypotheken den Forderungen respektive Grundpfandrechten gleich. § 22a Abs. 1a macht von dem Grundsatz, dass die oben genannten Gegenstände im Eigentum des Refinanzierungsunternehmens stehen müssen insoweit eine Ausnahme, als dass es ausreicht, wenn die zu übertragenden Gegenstände zwar nicht im Eigentum des Refinanzierungsunternehmens stehen, von diesem aber treuhänderisch für Dritte gehalten werden. Abs. 1a ermöglicht den Einsatz eines Refinanzierungsregisters auch im Rahmen der anfänglich offenen Konsortialfinanzierung. Bei dieser Art der Konsortialfinanzierung begeben die Konsorten ihre Kreditanteile direkt an die Darlehensnehmer während die im Grundbuch eingetragenen Sicherheiten allein vom Konsortialführer gehalten werden, wobei der

1 S. auch unten zu 6. Führung des Refinanzierungsregisters.

Konsortialführer die den Konsorten zustehenden Sicherheiten treuhänderisch für diese hält.[2]

Die **Refinanzierungstransaktion muss der Refinanzierung dienen** und zwar entweder der Refinanzierung des Refinanzierungsunternehmens selbst oder der Refinanzierung des Übertragungsberechtigten. Das zwingende Vorliegen dieser Zweckbestimmung ergibt sich aus § 1 Abs. 24 KWG. In aller Regel wird das Refinanzierungsunternehmen zum Zwecke der eigenen Refinanzierung handeln. 3

Der Gesetzeswortlaut verbietet es nicht, dass auch **ausländisches Refinanzierungsunternehmen** ein Refinanzierungsregister führen. Dies hat aber nur dann einen Sinn, wenn die Führung eines Registers durch ein ausländisches Unternehmen auch die in § 22j festgelegten Wirkungen nach sich zieht. Dies kann beispielsweise dann der Fall sein, wenn die Wirkungen der Registereintragungen ausländischem Insolvenzrecht entgegenstehen. 4

3. Anspruchsberechtigter

Dem Refinanzierungsunternehmen muss ein Anspruchsberechtigter gegenüberstehen. Als taugliche Anspruchsberechtigte zählt § 1 Abs. 24 Satz 1 KWG folgende Institutionen auf: 5

- Zweckgesellschaften
- Refinanzierungsvermittler
- Kreditinstitute mit Sitz in einem Staat des Europäischen Wirtschaftsraums
- Versicherungsunternehmen mit Sitz in einem Staat des Europäischen Wirtschaftsraums
- Pensionsfonds oder Pensionskassen im Sinne des Gesetzes zur Verbesserung der betrieblichen Altersversorgung (Betriebsrentengesetz)
- Die Deutsche Bundesbank
- Die Kreditanstalt für Wiederaufbau
- Die öffentliche Schuldenverwaltung des Bundes, eines seiner Sondervermögen, eines Landes oder eines anderen Staates des Europäischen Wirtschaftsraums und deren Zentralbanken, sofern diese nicht fremde Gelder als Einlagen oder andere rückzahlbare Gelder des Publikums annimmt oder das Kreditgeschäft betreibt.

a) Zweckgesellschaften

Zweckgesellschaften, sogenannte **Special Purpose Vehicles** (SPV), sind gemäß § 1 Abs. 26 KWG *Unternehmen, deren wesentlicher Zweck darin besteht, durch* ***Emission*** *von Finanzinstrumenten oder auf sonstige Weise Gelder aufzunehmen oder andere vermögenswerte Vorteile zu erlangen, um von Refinanzierungsunternehmen oder Refinanzierungsvermittlern Gegenstände aus dem Geschäftsbetrieb eines Refinanzierungsunternehmens oder Ansprüche auf deren Übertragung zu erwerben. Unschädlich ist, wenn sie daneben wirtschaftliche Risiken übernehmen, ohne dass damit ein Rechtsübergang einhergeht.* 6

2 S. hierzu auch BT DS 17/10974, B. Bersoderer Teil, zu Artikel 1 Nr. 41b.

7 Zweckgesellschaften stellen die zur Refinanzierung erforderlichen Gelder in der Regel nicht selbst. Sie behalten in der Regel auch nicht die Risiken aus den angekauften Werten. Sie refinanzieren sich daher in der Regel selbst, indem sie Schuldverschreibungen begeben. In diesem Zusammenhang geben sie die Risiken an die **Käufer** der emittierten **Schuldverschreibungen** in der Weise weiter, als in den Anleihebedingungen dieser Schuldverschreibungen festgelegt wird, dass die Schuldverschreibungen nur dann bedient werden, wenn die Zweckgesellschaft aus den vom Refinanzierungsunternehmen angekauften Vermögenswerten entsprechende **Geldeingänge** erhält.

b) Refinanzierungsmittler

8 Refinanzierungsmittler sind Kreditinstitute, die von Refinanzierungsunternehmen oder anderen Refinanzierungsmittlern Gegenstände aus dem Geschäftsbetrieb eines Refinanzierungsunternehmens oder Ansprüche auf deren Übertragung erwerben, um diese an Zweckgesellschaften oder Refinanzierungsmittler zu veräußern; unschädlich ist, wenn sie daneben wirtschaftliche Risiken weitergeben, ohne dass damit ein Rechtsübergang einhergeht.

c) Kreditinstitute

9 Kreditinstitute sind Unternehmen, *die Bankgeschäfte gewerbsmäßig oder in einem Umfang betreiben, der einen in kaufmännischer Weise eingerichteten Geschäftsbetrieb erfordert*. Was ein **Unternehmen** ist, ist im KWG nicht definiert. Da es sich bei dem KWG um ein Gesetz handelt, das wirtschaftsbezogen ist, wird man den Unternehmensbegriff des KWG dahingehend ausfüllen müssen, dass das Unternehmen sich kaufmännisch und auf wirtschaftlichen Gewinn orientiert betätigt, wobei diese Betätigung auf Dauer ausgerichtet sein muss und das Unternehmen planmäßig und organisatorisch selbstständig geführt wird.[3]

Was Bankgeschäfte sind, sagt § 1 Abs. 1 Nr. 1 bis 12 KWG:

1. die Annahme fremder Gelder als Einlagen oder anderer unbedingt rückzahlbarer Gelder des Publikums, sofern der Rückzahlungsanspruch nicht in Inhaber- oder Orderschuldverschreibungen verbrieft wird, ohne Rücksicht darauf, ob Zinsen vergütet werden (Einlagengeschäft),

1a. die in § 1 Abs. 1 Satz 2 des Pfandbriefgesetzes bezeichneten Geschäfte (Pfandbriefgeschäft),

2. die Gewährung von Gelddarlehen und Akzeptkrediten (Kreditgeschäft),
3. der Ankauf von Wechseln und Schecks (Diskontgeschäft),
4. die Anschaffung und die Veräußerung von Finanzinstrumenten im eigenen Namen für fremde Rechnung (Finanzkommissionsgeschäft),
5. die Verwahrung und die Verwaltung von Wertpapieren für andere (Depotgeschäft),
6. *(weggefallen)*

3 OLG Stuttgart, NJW 1985, 1360 f.; B/F/S-M, 3. Aufl. 2012, § 1, Rdn. 13.

7. die Eingehung der Verpflichtung, zuvor veräußerte Darlehensforderungen vor Fälligkeit zurückzuerwerben,
8. die Übernahme von Bürgschaften, Garantien und sonstigen Gewährleistungen für andere (Garantiegeschäft),
9. die Durchführung des bargeldlosen Scheckeinzugs (Scheckeinzugsgeschäft), des Wechseleinzugs (Wechseleinzugsgeschäft) und die Ausgabe von Reiseschecks (Reisescheckgeschäft).
10. die Übernahme von Finanzinstrumenten für eigenes Risiko zur Plazierung oder die Übernahme gleichwertiger Garantien (Emissionsgeschäft),
11. *(weggefallen)*
12. die Tätigkeit als zentrale Gegenpartei im Sinne von Abs. 31.

d) Europäischer Wirtschaftsraum

Es gibt 30 Vertragsstaaten des Europäischen Wirtschaftsraumes: Belgien, Bulgarien, Dänemark, Deutschland, Estland, Finnland, Frankreich, Griechenland, Irland, Island, Italien, Kroatien, Lettland, Liechtenstein, Litauen, Luxemburg, Malta, Niederlande, Norwegen, Österreich, Polen, Portugal Rumänien, Schweden, Slowakei, Slowenien, Spanien, Tschechien, Ungarn, Vereinigtes Königreich, Zypern. **10**

4. Anspruch

Der Übertragungsberechtigte muss einen Anspruch im Rechtssinne haben. Es **11** kommt nicht darauf an, ob sich dieser Rechtsanspruch aus Vertrag herleitet oder aus Gesetz. In der Regel wird sich der Anspruch jedoch wohl aus einem Kaufvertrag ergeben. Der Rechtsanspruch muss sich entweder **auf die Übertragung einer Forderung** richten oder **auf Übertragung eines Grundpfandrechts,** das zur Sicherung von Forderungen dient. Andere Sicherheiten als Grundsicherheiten können nicht ordnungsgemäß eingetragen werden. Eintragungen, die nicht ordnungsgemäß sind, können die in § 22j festgelegten Auswirkungen nicht nach sich ziehen. Ausnahmen gelten gemäß Abs. 1 für Registerpfandrechte an Schiffen oder Flugzeugen. Diese Registerpfandrechte werden in Abs. 1 den Grundpfandrechten gleichgestellt. Der Wortlaut des Gesetzes verlangt nicht, dass sowohl die Forderung als auch die zur Sicherung dieser Forderung dienenden Grundpfandrechte in das Refinanzierungsregister eingetragen werden müssen. Es können daher entweder die Forderung ohne sichernde Grundsicherheit oder die Grundsicherheit ohne die zu sichernde Forderung oder beide eingetragen werden. Auch können Forderungen eingetragen werden, die nicht besichert sind oder die durch andere als Grundsicherheiten gesichert sind.[4] Aus der Verwendung des Begriffes „können" geht hervor, dass Forderungen oder hierzu korrespondierende Grundsicherheiten oder auch beide nicht in das Refinanzierungsregister eingetragen werden müssen. § 22a Abs. 1 KWG normiert also schon wegen der Verwendung des Begriffes „können" keine Eintragungspflicht. Abs. 2 Satz 1 ist daher nur klarstellender Natur. Während sich der Anspruch auf Übertragung der Forderung beziehungsweise der Anspruch auf Übertragung des diese

4 B/F/S-M, § 22a Rdn. 33.

Forderung sichernden Grundpfandrechts gegen das Refinanzierungsunternehmen richten muss, müssen sowohl die Forderung als auch das hierzu korrespondierende Grundpfandrecht dem Refinanzierungsunternehmen zwar zustehen. Richten müssen sich sowohl die Forderung als auch die korrespondierende Grundsicherheit jedoch gegen einen Dritten. Auch die Eintragung künftiger oder bedingter Übertragungsansprüche ist ordnungsgemäß im Sinne des § 22j Abs. 1 KWG.[5] Taugliche Eintragungsgegenstände sind grundsätzlich **alle Arten von Forderungen.** In der Regel wird es sich aber um Forderungen handeln, die aus Darlehensverträgen resultieren, also um die Forderungen auf **Rückzahlung und Verzinsung der Darlehensvaluta.**

12 Nach dem Wortlaut der §§ 22a Abs. 1, 22b Abs. 1 und 22d Abs. 1 können nur Gegenstände in das Refinanzierungsregister eingetragen werden, auf deren Übertragung **ein Anspruch** besteht. Damit müssten Forderungen und Sicherheiten, die bereits vollständig auf den Berechtigten **übertragen** wurden, aus dem Kreis der eintragungsfähigen Gegenstände ausscheiden. Dies ist indes eigentlich **nicht der Fall**. Aus den Gesetzesmaterialien geht hervor, dass Forderungen die bereits vollständig an den Berechtigten abgetreten wurden in das Refinanzierungsregister eingetragen werden können.[5a] Damit werden Forderungen, die durch vollständige Übertragung bereits erloschen sind, hinsichtlich ihrer Eintragungsfähigkeit den Ansprüchen auf Übertragung von Forderungen gleichgestellt. Dies ist im Ergebnis auch sachgerecht. Zwar wird die Aussonderungsfähigkeit der Forderung schon durch die Übertragung hergestellt. Insoweit erscheint die Herstellung der Aussonderungsfähigkeit durch Eintragung im Register überflüssig. Dies wäre jedoch zu kurz gegriffen. Die Herstellung der Aussonderung durch materiell-rechtliche Abtretung ist ein wesentlich komplizierterer Vorgang als die Herstellung der Aussonderungsfähigkeit durch Registereintragung. Letzteres ist ein rein formaler Vorgang und daher rechtlich weniger angreifbar. In Bezug auf Sicherheiten muss aus denselben Erwägungen und wegen derselben Interessenlage das gleiche gelten. Auch Sicherheiten, die bereits vollständig an den Übertragungsberechtigten übertragen wurden, sind den Ansprüchen auf Übertragung gleichgestellt und können daher in das Refinanzierungsregister eingetragen werden.

13 Hinsichtlich der Forderungen oder Sicherheiten, auf deren Übertragung ein Anspruch besteht, kommt es nicht darauf an, ob die Forderungen respektive Sicherheiten vor dem Inkrafttreten des PfandBG entstanden sind oder ob sie vor dem Inkrafttreten des PfandBG vollständig an den Übertragungsberechtigten übertragen wurden. Für eine solche Annahme findet sich im Pfandbriefgesetz weder eine Stütze noch erscheint eine solche Annahme sachgerecht. Es ist im Gegenteil kein Grund ersichtlich, warum solche Fälle anders behandelt werden sollen als Forderungen oder Sicherheiten, die nach Inkrafttreten des PfandBG entstanden und/oder nach Inkrafttreten des PfandBG vollständig an den Übertragungsberechtigen übertragen wurden. Daher sind auch solche Altfälle eintragungsfähig.

5 Vgl.: BT DS 15/5825, zu § 22a.
5a BT DS 15/5852 zu § 22a.

5. Gegenstände

Gegenstände im Sinne des § 22a Abs. 1 sind **Forderungen** oder **Grundpfandrechte** beziehungsweise **Registerpfandrechte** des Refinanzierungsunternehmens an Schiffen oder Flugzeugen. Als Forderungen kommen nicht nur Geldforderungen in Frage. Der Gesetzeswortlaut schränkt den Kreis der eintragungsfähigen Forderungen nicht ein.[6] 14

Demgegenüber beschränkt der Gesetzeswortlaut den Kreis der eintragungsfähigen Sicherheiten sehr wohl auf Grundpfandrechte, Registerpfandrechte an Luftfahrzeugen oder Schiffshypotheken. Die Grundpfandrechte bzw. Registerpfandrechte müssen der Sicherung von Forderungen dienen. Wenn auch der Gesetzeswortlaut nicht verlangt, dass sich die Sicherungszwecke der in das Refinanzierungsregister eingetragenen Sicherheiten auf die Sicherung der ebenfalls in das Refinanzierungsregister eingetragenen Forderungen beziehen, ist eine andere Konstellation wohl nur schwer vorstellbar. Denn wenn sich die Zweckbestimmung der Sicherheit nicht auf die im Zusammenhang mit dieser Sicherheit eingetragene Forderung bezieht, ist die Inanspruchnahme dieser Sicherheit als Ersatz für diese eingetragene Forderung im Zweifel rechtswidrig und führt mindestens zu einem Anspruch auf Schadensersatz. Dies kann nicht im Sinne des Gesetzgebers sein. Andere Sicherheiten, wie zum Beispiel Lebensversicherungen, Guthaben, Bürgschaften oder Garantien, die der Sicherung von Forderungen dienen, sind keine eintragungsfähigen Sicherheiten im Sinne des § 22a KWG.[7] Ihre Eintragung als Sicherheit ist daher nicht ordnungsgemäß im Sinne des § 22j Abs. 1 KWG und zieht daher auch nicht die dort festgelegten Wirkungen nach sich. In Bezug auf Bürgschaften spielt dies jedoch dann keine Rolle, wenn die Bürgschaft für eine Forderung besteht, die ordnungsgemäß eingetragen wurde. In diesem Falle geht die Bürgschaft kraft Akzessorietät automatisch mit der Forderung über, § 401 Abs. 1 BGB.[8] Andere als Grundsicherheiten können daher nur insoweit in ein Refinanzierungsregister eingetragen werden, als die Forderungen aus diesen Sicherungsrechten als selbstständige Forderungen eingetragen werden können. 15

Kettenrefinanzierungen unter Einbeziehung eines Refinanzierungsregisters sind möglich. Eine Kettenrefinanzierung liegt dann vor, wenn die Gegenstände des Refinanzierungsunternehmens zwar von einem Refinanzierer refinanziert werden, dieser sich aber seinerseits bei einem weiteren Refinanzierer refinanziert (und so weiter). Zwar müssen nach dem Gesetzeswortlaut Gegenstände, die in ein Refinanzierungsregister eingetragen werden, im Eigentum des Refinanzierungsunternehmens stehen.[9] Dies hindert aber nicht, dass derjenige Refinanzierer, der das Refinanzierungsunternehmen unmittelbar refinanziert hat, seine im Register für ihn eingetragenen Übertragungsansprüche seinerseits an einen weiteren Refinanzierer abtritt und dieser weitere Refinanzierer ebenso verfährt. In diesem Falle wechseln die gegenüber 16

6 Vgl. Schmalenbach/Sester, WM 2005, 2027; Fleckner, WM 2006, 700; **a.A.** Tollmann, WM 2005, 2023.
7 So wohl auch die Gesetzesbegründung in BT DS 15/5852 zu § 22 a, die in diesem Zusammenhang nur Forderungen und Grundpfandrechte erwähnt. So im Ergebnis auch B/F/S-M, § 22a Rdn. 31, 32; Tollmann, WM 2005, 2022 f.
8 Schmalenbach/Sester, WM 2005, 2028.
9 Siehe auch BT DS 15/5852, zu § 22a.

dem Refinanzierungsunternehmen anspruchsberechtigten Refinanzierer und können daher auch im Register des Refinanzierungsunternehmens eingetragen werden. Die sich aus diesen Eintragungen ergebende Kette muss lückenlos sein.[10]

6. Führung des Refinanzierungsregisters

17 Sofern das Refinanzierungsunternehmen ein Kreditinstitut oder eine in § 2 Abs. 1 Nr. 1 bis 3 genannte Einrichtung ist, muss das Refinanzierungsregister vom Refinanzierungsunternehmen geführt werden. Eine Auslagerung der Registerführung wird in Abs. 3 ausdrücklich untersagt. Der Grund für dieses Verbot besteht darin, dass die Registerführung eine erhöhte Zuverlässigkeit voraussetzt. Aus demselben Grunde ist auch der Kreis der Institute, die ein solches Register führen dürfen, auf Kreditinstitute und die in § 2 Abs. 1 Nr. 1 bis 3a KWG genannten Institutionen beschränkt.[11] Allerdings regelt § 22b KWG Ausnahmen von diesem Verbot.

7. Aufbau des Refinanzierungsregisters

18 Abs. 1 letzter Satz bestimmt, dass für jede Refinanzierungstransaktion eine eigene Abteilung im Refinanzierungsregister gebildet werden muss. Hieraus ergibt sich die Frage nach dem Aufbau eines Refinanzierungsregisters. Dieser Aufbau kann nicht beliebig gewählt werden. Vielmehr ist er in der Refinanzierungsregisterverordnung (RefiRegV), die die Bundesanstalt für Finanzdienstleistungsaufsicht (BaFin) am 18. Dezember 2006 erlassen hat, genau vorgeschrieben. Siehe dort §§ 4 und 5 RefiRegV, insbesondere die Anlage zu § 5, Formular RR. Siehe auch § 22b Abs. 1 letzter Satz.

§ 22b
Führung des Refinanzierungsregisters für Dritte

(1) [1]Ist das Refinanzierungsunternehmen weder ein Kreditinstitut noch eine in § 2 Abs. 1 Nr. 1 bis 3a genannte Einrichtung, können die in § 22a Abs. 1 Satz 1 genannten Gegenstände des Refinanzierungsunternehmens, auf deren Übertragung eine Zweckgesellschaft, ein Refinanzierungsmittler oder ein Kreditinstitut mit Sitz in einem Staat des Europäischen Wirtschaftsraums einen Anspruch hat, in ein von einem Kreditinstitut oder von der Kreditanstalt für Wiederaufbau geführtes Refinanzierungsregister eingetragen werden. [2]Enthält das Refinanzierungsregister daneben Gegenstände, deren Übertragung das registerführende oder ein anderes Unternehmen schuldet, so ist für jeden zur Übertragung Verpflichteten innerhalb desselben Refinanzierungsregisters eine gesonderte Abteilung und innerhalb dieser für jede Refinanzierungstransaktion eine Unterabteilung zu bilden.

(2) [1]Ist das Refinanzierungsunternehmen ein Kreditinstitut, für welches die Führung eines eigenen Refinanzierungsregisters nach Art und Umfang sei-

10 B/F/S-M, Vor § 22a bis 22o Rdn. 26.
11 BT DS 15/5852, zu § 22a.

nes Geschäftsbetriebs eine unangemessene Belastung darstellt, so soll die Bundesanstalt auf Antrag des Refinanzierungsunternehmens der Führung des Refinanzierungsregisters durch ein anderes Kreditinstitut zustimmen. [2]Die Zustimmung der Bundesanstalt gilt als erteilt, wenn sie nicht binnen eines Monats nach Stellung des Antrages verweigert wird.

(3) Eintragungen, die für andere Kreditinstitute vorgenommen werden, ohne dass eine Zustimmung der Bundesanstalt nach Absatz 2 vorliegt, sind unwirksam.

(4) § 22a Abs. 2 und 3, auch in Verbindung mit Abs. 4, findet entsprechende Anwendung.

Übersicht

1. Definitionen

1 Wegen der Begrifflichkeiten, insbesondere der Begriffe Refinanzierungunternehmen, Kreditinstitut, in § 2 Abs. 1 Nr. 1 bis 3a genannte Einrichtung und Gegenstand wird auf die entsprechenden Kommentierungen zu § 22a KWG verwiesen.

2. Ausnahmeregelung

2 § 22b ist eine Ausnahmevorschrift zu § 22a. Refinanzierungsunternehmen kann jedes Unternehmen sein. Grundsätzlich ist das Refinanzierungsregister vom Refinanzierungsunternehmen zu führen. Eine Ausnahme macht § 22b KWG nur für diejenigen Refinanzierungsunternehmen, die keine Kreditinstitute oder keine der in § 2 Abs. 1 Nr. 1 bis 3a KWG Institute (Bundesbank, Kreditanstalt für Wiederaufbau, die Sozialversicherungsträger, die Bundesagentur für Arbeit, die öffentliche Schuldenverwaltung des Bundes, eines seiner Sondervermögen, eines Landes oder eines anderen Staates des europäischen Wirtschaftsraumes und deren Zentralbanken, sofern diese nicht fremde Gelder als Einlagen oder andere rückzahlbare Gelder des Publikums annimmt oder das Kreditgeschäft betreibt) sind oder die zwar Kreditinstitute sind, die Führung eines Refinanzierungsregisters für diese Kreditinstitute aber nach Art und Umfang des Geschäftsbetriebes eine **unangemessene Belastung** darstellt. Während Kreditinstitute, bei denen die Führung eines Refinanzierungsregisters eine unangemessene Belastung darstellt, diese Registerführung einem anderen Kreditinstitut oder Kreditanstalt für Wiederaufbau übertragen können aber nicht müssen, ist dies bei Nichtkreditinstituten zwingend. Der Grund liegt darin, dass die Führung eines Refinanzierungsregisters eine gewisse Zuverlässigkeit und Qualifikation erfordert, die man bei Nichtkreditinstituten nicht ohne weiteres voraussetzen kann.[1]

1 BT DS 15/5852, zu § 22a.

3. Unternehmen

3 Unternehmen im Sinne des § 1 Abs. 24 Nr. 1 bis 6 des KWG sind:
- Zweckgesellschaften
- Refinanzierungsmittler
- Kreditinstitute mit Sitz in einem Staat des Europäischen Wirtschaftsraums
- Versicherungsunternehmen mit Sitz in einem Staat des Europäischen Wirtschaftsraums
- Pensionsfonds oder Pensionskassen im Sinne des Gesetzes zur Verbesserung der betrieblichen Altersversorgung (Betriebsrentengesetz)
- Die Deutsche Bundesbank
- Die Kreditanstalt für Wiederaufbau
- Die Sozialversicherungsträger und die Bundesagentur für Arbeit
- Die öffentliche Schuldenverwaltung des Bundes, eines seiner Sondervermögen, eines Landes oder eines anderen Staates des Europäischen Wirtschaftsraums und deren Zentralbanken, sofern diese nicht fremde Gelder als Einlagen oder andere rückzahlbare Gelder des Publikums annimmt oder das Kreditgeschäft betreibt.

4. Zustimmung der Bundesanstalt für Finanzdienstleistungsaufsicht

4 Sofern das Refinanzierungsunternehmen ein **Kreditinstitut** ist, für welches die Führung eines Refinanzierungsregisters nach Art und Umfang des Geschäftsbetriebs eine unangemessene Belastung darstellt, bedarf die Führung des Registers durch ein anderes Kreditinstitut der **Zustimmung** der Bundesanstalt. Dem Gesetzeswortlaut nach handelt es sich hierbei um eine **Sollvorschrift**. Diese bedeutet, dass die Bundesanstalt in der Regel ihre Zustimmung erteilen muss. Allerdings kann die Zustimmung dann verweigert werden, wenn dem die Registerführung übertragenden Kreditinstitut nach Art und Umfang seines Geschäftsbetriebes die Registerführung selbst zugemutet werden kann. Die Registerführung dürfte dann nach **Art und Umfang des Geschäftsbetriebes** eine unangemessene Belastung darstellen, wenn ein möglicherweise sehr großes Kreditinstitut nur sehr wenige Refinanzierungstransaktionen über ein Refinanzierungsregister laufen lässt und die Aufwendungen für die Einrichtung und Führung des Registers in keinem wirtschaftlich vernünftigen Verhältnis zu dem wirtschaftlichen Vorteil steht, den die konkrete Einbeziehung eines Refinanzierungsregisters bietet, oder aber wenn die personellen und sachlichen Mittel, die die Einrichtung oder Führung eines Refinanzierungsregisters erfordert in keinem vernünftigen wirtschaftlichen Verhältnis zur personellen und sachlichen Unternehmensgröße des Kreditinstituts steht.[2]

Nur Kreditinstitute bedürfen der Zustimmung der Bundesanstalt, wenn sie die Registerführung übertragen wollen. Nichtkreditinstitute oder Einrichtungen im Sinne des § 2 Abs. 1 Nr. 1 bis 3a bedürfen dieser Zustimmung nicht.

5 Eintragungen, die ohne die erforderliche Zustimmung der Bundesanstalt vorgenommen werden, sind unwirksam. Dies hat zur Folge, dass die in § 22j festgelegten

2 BT DS 15/5852 zu § 22b.

Wirkungen der Registereintragung, insbesondere die Aussonderungsfähigkeit, nicht ausgelöst werden.

5. Registerführung

Befugt zur Registerführung für Dritte sind nur Kreditinstitute oder die Kreditanstalt für Wiederaufbau. Aus dem Umkehrschluss zu § 22b Abs. 1 Satz geht hervor, dass es nicht notwendig ist, dass das Kreditinstitut oder die Kreditanstalt für Wiederaufbau, welches bzw. welche ein Refinanzierungsregister für Dritte führt, sich auch selbst über ein Refinanzierungsregister refinanziert. Ist dies jedoch der Fall, so bestimmt Abs. 1 Satz 2, dass für jeden Übertragungsverpflichteten eine gesonderte Abteilung und innerhalb dieser für jede Refinanzierungstransaktion eine (gesonderte) Unterabteilung gebildet werden muss.[3] 6

6. Auslagerung

Abs. 4 verweist auf die Absätze 2 und 3 des § 22a. Mit dieser Verweisung wird ein Gleichklang zwischen den Instituten, die zum Zwecke der eigenen Refinanzierung ein Register führen und solchen, die für andere Institute ein Register führen insoweit hergestellt, als die Auslagerung der Registerführung unstatthaft ist und auch keine Pflicht zur Führung eines Refinanzierungsregisters besteht. Dadurch, dass die Verweisung auf die Absätze 2 und 3 des § 22a auch in Verbindung mit § 22a Abs. 4 gilt, wird festgestellt, dass das Auslagerungsverbot bzw. das Nichtvorliegen einer Pflicht zur Registerführung auch dann gilt, wenn das Kreditinstitut, für welches das Register geführt wird, als Refinanzierungsmittler auftritt. 7

§ 22c
Refinanzierungsmittler

Die §§ 22d bis 22o gelten sinngemäß für Refinanzierungsregister, die gemäß § 22a Abs. 4 von einem Refinanzierungsmittler oder gemäß § 22b Abs. 4 für einen Refinanzierungsmittler geführt werden.

Die Vorschriften der §§ 22d bis 22o KWG gehen davon aus, dass ein Refinanzierungsunternehmen als Veräußerer mit einer Zweckgesellschaft, einem Refinanzierungsmittler oder einer Pfandbriefbank eine Refinanzierungstransaktion durchführt. Deshalb stellt § 22c klar, dass die §§ 22d bis 22o sinngemäß auch dann Anwendung finden, wenn ein Refinanzierungsmittler, gemäß § 22a Abs. 4 das Refinanzierungsregister führt oder wenn gemäß § 22b Abs. 4 in Verbindung mit § 22a Abs. 4 ein Dritter das Refinanzierungsregister für den Refinanzierungsmittler führt.[1] Wegen des Begriffs des Refinanzierungsmittlers wird auf die Kommentierung zu § 22b verwiesen. 1

---

3 Wegen des Aufbaues eines Refinanzierungsregisters wird auf die Ausführungen zu § 22a verwiesen.
1 BT DS 15/5852, zu § 22c.

§ 22d
Refinanzierungsregister

(1) [1]Eine elektronische Führung des Refinanzierungsregisters ist zulässig, sofern sichergestellt ist, dass hinreichende Vorkehrungen gegen einen Datenverlust getroffen worden sind. [2]Das Bundesministerium der Finanzen hat durch Rechtsverordnung, die nicht der Zustimmung des Bundesrates bedarf, Einzelheiten über die Form des Refinanzierungsregisters sowie der Art und Weise der Aufzeichnung zu bestimmen. [3]Das Bundesministerium der Finanzen kann diese Ermächtigung durch Rechtsverordnung auf die Bundesanstalt für Finanzdienstleistungsaufsicht übertragen.

(2) [1]In das Refinanzierungsregister sind von dem registerführenden Unternehmen einzutragen:

1. die Forderungen oder die Sicherheiten, auf deren Übertragung die im Register als übertragungsberechtigt eingetragenen Zweckgesellschaften, Refinanzierungsmittler, Kreditinstitute mit Sitz in einem Staat des Europäischen Wirtschaftsraums oder in § 2 Abs. 1 Nr. 1 oder Nr. 3a genannten Einrichtungen (Übertragungsberechtigte) einen Anspruch haben,
2. der Übertragungsberechtigte,
3. der Zeitpunkt der Eintragung,
4. falls ein Gegenstand als Sicherheit dient, den rechtlichen Grund, den Umfang, den Rang der Sicherheit und das Datum des Tages, an dem der den rechtlichen Grund für die Absicherung enthaltende Vertrag geschlossen wurde.

[2]In den Fällen der Nummern 1 und 4 genügt es, wenn Dritten, insbesondere dem Verwalter, dem Sachwalter, der Bundesanstalt oder einem Insolvenzverwalter die eindeutige Bestimmung der einzutragenden Angaben möglich ist. [3]Ist der Übertragungsberechtigte eine Pfandbriefbank, so ist diese sowie der gemäß § 7 Abs. 1 des Pfandbriefgesetzes bestellte Treuhänder von der Eintragung zu unterrichten.

(3) Soweit nach Absatz 2 erforderliche Angaben fehlen oder Eintragungen unrichtig sind oder keine eindeutige Bestimmung einzutragender Angaben zulassen, sind die betroffenen Gegenstände nicht ordnungsgemäß eingetragen.

(4) [1]Forderungen sind auch dann eintragungsfähig und nach Eintragung an den Übertragungsberechtigten veräußerbar, wenn die Abtretung durch mündliche oder konkludente Vereinbarung mit dem Schuldner ausgeschlossen worden ist. [2]§ 354a des Handelsgesetzbuchs sowie gesetzliche Verfügungsverbote bleiben unberührt.

(5) [1]Eintragungen können nur mit Zustimmung des Übertragungsberechtigten sowie, sofern ein Übertragungsberechtigter eine Pfandbriefbank ist, mit Zustimmung des Treuhänders der Pfandbriefbank gelöscht werden, wobei der Zeitpunkt der Löschung einzutragen ist. [2]Fehlerhafte Eintragungen können jedoch mit Zustimmung des Verwalters gelöscht werden; Absatz 2 Satz 3 gilt entsprechend. [3]Die Korrektur, ihr Zeitpunkt und die Zustimmung des Verwalters sind im Refinanzierungsregister einzutragen. [4]Die nochmalige Eintragung ohne Löschung der früheren Eintragung entfaltet keine Rechtswirkung.

Übersicht

1. Allgemeines

§ 22d KWG regelt die Führung eines Refinanzierungsregisters. Dabei geht diese Vorschrift selbstverständlich davon aus, dass die Führung in **körperlicher Form** zulässig ist und erlaubt deshalb ausdrücklich nur die Führung in **elektronischer Form**. Hinsichtlich der Besonderheiten, die bei der elektronischen Form beachtet werden müssen, regelt Abs. 1 nur, dass hinreichende **Vorkehrungen gegen Datenverlust** getroffen sein müssen. Spezifika, die sich ausschließlich auf die körperliche Form beziehen, regelt § 22 überhaupt nicht. Stattdessen verweist Abs. 1 insoweit auf eine Rechtsverordnung, die das Bundesfinanzministerium der Finanzen zu erlassen hat und eröffnet dabei die Möglichkeit, dass das Bundesfinanzministerium seine Ermächtigung auf die Bundesanstalt für Finanzdienstleistungsaufsicht übertragen kann. Von dieser Möglichkeit hat das Bundesministerium der Finanzen Gebrauch gemacht und die Bundesanstalt hat auf der Basis dieser Ermächtigung am 18. Dezember 2006 die Refinanzierungsregisterverordnung, kurz RefiRegV,[1] erlassen. Als Anlage zu § 5 RefiRegV hat die Bundesanstalt ein Muster erstellt, das den Aufbau und den Inhalt eines Refinanzierungsregisters veranschaulicht (**Formular RR**). Dieses Formular gilt sowohl für ein körperliches als auch für ein elektronisches Refinanzierungsregister. Die Absätze 2 bis 5 des § 22 KWG gelten gleichermaßen sowohl für ein körperlich als auch für ein elektronisch geführtes Refinanzierungsregister. Demgegenüber regeln die §§ 1 bis 7 RefiRegV Anforderungen, die ebenfalls sowohl für körperlich als auch für elektronisch geführte Register gelten und in den §§ 8 und 9 jedoch Anforderungen, die nur für elektronisch geführte Register und zusätzlich zu den in den §§ 1 bis 7 geregelten Anforderungen gelten. Ein Refinanzierungsregister kann nicht zum Teil in körperlicher Form und zum Teil in elektronischer Form geführt werden. Dies geht zwar nicht zwingend schon aus § 2 Abs. 1 RefiREgV hervor. Diese Vorschrift normiert, dass das Refinanzierungsregister in Papierform **oder** als elektronisches Register geführt werden kann. Aus der Verwendung des Begriffes **„oder"** kann aber nicht zwingend auch auf ein „entweder-oder" geschlossen werden. Vielmehr kann diese Formulierung 1

1 Verordnung über die Form des Refinanzierungsregisters nach dem Kreditwesengesetz sowie die Art und Weise der Aufzeichnung.

auch dahin gehend interpretiert werden, dass – wenn die Registerführung sowohl körperlich als auch elektronisch geführt werden kann – auch Mischformen zulässig sein müssen (argumentum a maiore ad minus). Abs. 1 steht jedoch in Zusammenhang mit Abs. 2. Aus Abs. 2 Satz 1 geht hervor, dass bei einer Umstellung des Refinanzierungsregisters von der elektronischen in die körperliche Form die Registerdaten **vollständig** auszudrucken und das Register in Papierform weiterzuführen ist. Aus Abs. 2 Satz 2 geht hervor, dass im umgekehrten Falle, wenn nämlich die Registerführung von der körperlichen Form auf die elektronische Form umgestellt wird, **sämtliche** Registerdaten in das elektronische Register zu übernehmen sind. Dabei beziehen sich beide Absätze des § 2 RefRegV auf das Refinanzierungsregister als Ganzes und nicht nur auf einzelne Eintragungsgegenstände. Im Ergebnis bleibt daher für eine Auslegung nach dem Grundsatz „a maiore ad minus" kein Raum. Eine Ausnahme kann allenfalls für die Zeit des Übergangs von der körperlichen zur elektronischen Führung bzw. umgekehrt gemacht werden. Dabei wird man ergänzend fordern müssen, dass dieser Übergang in einem angemessenen Zeitraum durchgeführt wird.

2. Einzutragende Angaben

2 Abs. 2 regelt in den Nummern 1 bis 4, welche Angaben in das Register eingetragen werden müssen. Die Aufzählung ist zwingend. Fehlt eine der in den Nummern 1 bis 4 genannten Angaben oder ist eine Angabe nicht richtig oder nicht eindeutig eingetragen, so ist der Vorgang nicht im Sinne des Abs. 3 ordnungsgemäß eingetragen und die Wirkungen des § 22j KWG, insbesondere die **Aussonderungsfähigkeit**, treten nicht ein. Andere als die in den Nummern 1 bis 4 aufgezählten Angaben können eingetragen werden, ein Zwang hierzu besteht aber nicht.

a) Forderungen

3 Zunächst müssen die Forderungen eingetragen werden, die den Refinanzierungsgegenstand darstellen. Die Eintragung ist dann exakt bestimmt, wenn die Anforderungen des § 5 RefiRegV erfüllt werden. Dies ist bei Forderungen dann der Fall, wenn für jede Forderung eine gesonderte Spalte gebildet wird und in Unterspalten a bis d hierzu der **Forderungsschuldner**, die **Währung**, der **anfängliche Nominalbetrag**, und das **Aktenzeichen bzw. die Darlehens- oder Vorgangsnummer** eingetragen wird. Das Gesetz schränkt den Kreis der eintragungsfähigen Forderungen nicht ein.[2] Eintragungsfähig sind daher **alle Arten von Forderungen**.[3] Hierzu gehören beispielsweise Geldforderungen oder Forderungen auf Übertragung von Gegenständen. Wegen weiterer Einzelheiten zu den Forderungen wird auf die Kommentierung zu § 22a, „Gegenstände", verwiesen.

b) Sicherheiten

4 Der Gesetzeswortlaut des § 22a Abs. 1 beschränkt den Kreis der eintragungsfähigen Sicherheiten auf **Grundpfandrechte, Registerpfandrechte an Luftfahrzeugen**

2 Vgl. Schmalenbach/Sester, WM 2005, 2027; Fleckner, WM 2006, 700; **a.A.** Tollmann, WM 2005, 2023.
3 Schmalenbach/Sester, WM 2005, 2029.

oder **Schiffshypotheken**. Gemäß § 22d Abs. 1 KWG in Verbindung mit § 5 Abs. 2 Nr. 3 RefRegV sind Sicherheiten in der Weise einzutragen, dass im Refinanzierungsregister für jede Sicherheit eine eigene Spalte 3 angelegt wird, in der die betreffende Sicherheit als Grundpfandrecht, Schiffshypothek oder Pfandrecht an einem Flugzeug bezeichnet wird. Innerhalb dieser Spalte 3 sind in den Unterspalten a bis h folgende Angaben einzutragen: **Das beliehene Objekt**, wobei § 5 Abs. 2 Nr. 3a RefiRegV für Grundpfandrechte, Schiffshypotheken oder Pfandrechten an Flugzeugen jeweils zusätzliche Angaben verlangt, die **Abteilung des Registers**, in das das Pfandrecht eingetragen ist die **laufende Nummer** des Grundbuchblattes oder des Registers, in das das Schiff bzw. das Flugzeug eingetragen ist, die **Währung** des Pfandrechts, der **Betrag** des Pfandrechts, der **Umfang**, in dem die Sicherheit als Refinanzierungsgegenstand dient, der **rechtliche Grund** der Sicherheit, beispielsweise die Sicherungsabrede, sowie das **Datum des Tages**, an dem der Vertrag geschlossen wurde, mit dem der Rechtsgrund begründet wurde. Wegen weiterer Einzelheiten zu den Sicherheiten wird auf die Kommentierung zu § 22a, „Gegenstände", verwiesen.

c) Übertragungsberechtigter

Gemäß § 22d Abs. 2 Nr. 2 KWG i.V.m. § 5 Abs. 2 Nr. 4 RefiRegV ist der Übertra- 5
gungsberechtigte mit vollständigem Namen (Vornamen und Nachnamen) und vollständiger Adresse (einschließlich Postleitzahl und Hausnummer) anzugeben. Bei mehreren Übertragungsberechtigten ist jeder einzelne in dieser Art und Weise einzutragen.

d) Zeitpunkt der Eintragung

Gemäß § 22d Abs. 2 Nr. 3 KWG i.V.m. § 5 Abs. 2 Nr. 5 RefiRegV ist für den Zeit- 6
punkt der Eintragung sowohl die Eintragung des genauen Datums als auch die Eintragung der genauen Uhrzeit erforderlich.

3. Bestimmtheit, Bestimmbarkeit

a) Eindeutigkeit der einzutragenden Angaben

Sämtliche der in Abs. 2 Nr. 1 bis 4 genannten Angaben müssen eindeutig sein. 7
Dies bedeutet, dass die Eintragung der betreffenden Angabe eine eindeutige Bestimmung dieser Angabe zulassen muss.[4] Wegen Abs. 2 Satz 2 reicht es in den Fällen der Nummern 1 und 4 aus, dass die eingetragene Angabe auf eine Quelle verweist, in der die einzutragende Angabe mit einfachen Mitteln in bestimmter Form ermittelt werden kann. Dabei ist es in den Fällen der Nummern 1 und 4, also in Bezug auf Forderungen, Sicherheiten sowie die im Zusammenhang mit den Sicherheiten zusätzlich einzutragenden Angaben ausreichend aber auch erforderlich, wenn einem Dritten, insbesondere dem Verwalter, dem Sachwalter, einem Insolvenzverwalter

4 BT DS 15/5852, zu § 22d.

oder der Bundesanstalt aufgrund der Eintragung und der Quelle, auf die verwiesen wird, die **eindeutige Bestimmung** der Forderung möglich ist. Dabei muss die exakte Bestimmung der einzutragenden Angabe **mit einfachen Mitteln** möglich sein.[5] Andernfalls ist die Forderung nicht ordnungsgemäß eingetragen und die Wirkungen des § 22j KWG werden nicht ausgelöst. Ausreichend ist beispielsweise ein Verweis auf die Kreditakte oder einen Kaufvertrag. Dann muss aber dieser Verweis eindeutig sein und die Forderung respektive die Sicherheit oder eine der zusätzlich zu der Sicherheit einzutragenden Umstände muss aus der Kreditakte bzw. dem Kaufvertrag heraus exakt bestimmt werden können. **Kettenverweisungen** die dazu führen, dass die **eindeutige Bestimmung** der Forderung oder Sicherheit oder der in Zusammenhang mit der Sicherheit einzutragenden Angabe nur über mehrere Verweise möglich ist, sind daher jedenfalls dann nicht zulässig, wenn durch die Verweisungskette eine gewisse Komplexität überschritten wird. Wegen all dieser Risiken ist anzuraten, dass nicht nur die Angaben zum Übertragungsberechtigten und dem Zeitpunkt der Eintragung, sondern auch die Angaben zu den Forderungen, den Sicherheiten oder den gemäß Abs. 2 Nr. 4 KWG zusätzlich zu den Sicherheiten einzutragenden Angaben grundsätzlich in bestimmter Form eingetragen werden.

b) Einfluss der Refinanzierungsregisterverordnung

8 Die wegen § 22d Abs. 2 Nr. 1 bis 4 erforderlichen Angaben werden durch § 5 der RefiRegV konkretisiert. Damit stellt sich die Frage, ob eine Eintragung auch dann nicht ordnungsgemäß sein kann, wenn die Kriterien der Vollständigkeit, Richtigkeit und Eindeutigkeit zwar in Bezug auf § 22d erfüllt sind, nicht aber auch in Bezug auf § 5 RefiregV. Da sich § 22d Abs. 3 KWG nur auf § 22d Abs. 2 bezieht, nicht aber auch auf die Refinanzierungsregisterverordnung, führt ein Verstoß gegen § 5 RefiRegV weder unmittelbar noch zwingend dazu, dass die Eintragung einer Angabe nach § 22d Abs. 2 Nr. 1 bis 4 nicht ordnungsgemäß ist.[6] Es ist aber nicht zu verkennen, dass ein Verstoß gegen § 5 RefiRegV sehr wohl dazu führen kann, dass eine wegen § 22d Abs. 2 Nr. 1 bis 4 einzutragende Angabe zweideutig beziehungsweise missverständlich ist. **Beispiel:** Der Übertragungsberechtigte ist mit vollständigem Namen und Wohnort samt Postleitzahl eingetragen. Es fehlen aber Straße und Hausnummer. In diesem Falle kommt es darauf an. Gibt es in dem betreffenden Wohnort nur eine einzige natürliche oder juristische Person, die den eingetragenen Namen trägt, ist der Übertragungsberechtigte eindeutig zu ermitteln und der Gegenstand ist ordnungsgemäß eingetragen. Gibt es in dem betreffenden Wohnort aber mindestens noch eine Person, die exakt den gleichen Namen trägt, ist nicht eindeutig zu ermitteln, welche Person nun der Übertragungsberechtigte ist. Dies hat zur Folge, dass der Gegenstand insgesamt nicht ordnungsgemäß eingetragen ist. Wäre die Adresse des Übertragungsberechtigten vollständig, das heißt mit Straße und Hausnummer eingetragen worden, wäre diese Ungewissheit ausgeräumt gewesen. Der Gegenstand wäre ordnungsgemäß im Refinanzierungsregister eingetragen und die Wirkungen des § 22j KWG wären durch die Eintragung ausgelöst worden.

5 BT DS 15/5852, zu § 22d.
6 So im Ergebnis aber mit anderer Begründung wohl auch B/F/S-M, § 22d Rdn. 21, 22.

4. Anspruch auf Übertragung

Entgegen dem Wortlaut des § 22d Abs. 2 Nr. 1 können auch zukünftige oder bedingte Ansprüche auf Übertragung einer Forderung oder Sicherheit eingetragen werden. Es können auch Forderungen oder Sicherheiten eingetragen werden, die bereits übertragen wurden. Insoweit wird auf die Kommentierung zu § 22a, „Eintragungsfähigkeit" verwiesen. 9

5. Ordnungsgemäße Eintragung

§ 22d Abs. 3 stellt in Verbindung mit § 22j eine zentrale Vorschrift zu den Regelungen des Refinanzierungsregisters dar. Ist ein nach § 22d Abs. 2 i.V.m. § 5 RefiRegV einzutragender Tatbestand **nicht, nicht richtig oder nicht eindeutig eingetragen**, sind die betroffenen Gegenstände nicht richtig eingetragen. Damit treten die Wirkungen des § 22j Abs. 1 KWG nicht ein und die betreffenden Gegenstände können im Fall der Insolvenz des Refinanzierungsunternehmens nicht für den Übertragungsberechtigten ausgesondert werden. Das Gleiche gilt für Gegenstände, die an die Stelle der eingetragenen Gegenstände treten. Es kommt nicht darauf an, dass durch den Fehler, der dazu führt, dass die Eintragung nicht ordnungsgemäß ist, der betreffende Gegenstand nicht hinreichend bestimmt oder bestimmbar ist. Sofern eine Refinanzierungstransaktion mehrere Gegenstände umfasst, betrifft eine nicht ordnungsgemäße Eintragungen nur denjenigen Gegenstand, auf den sie sich bezieht. Andere Gegenstände, die ordnungsgemäß eingetragen sind, werden nicht berührt.[7] 10

Wegen weiterer Einzelheiten zu den Wirkungen einer ordnungsgemäßen Eintragung wird auf § 22 KWG und die Kommentierung dazu verwiesen. 11

a) Vollständigkeit der einzutragenden Angaben

Sämtliche in Abs. 2 Nr. 1 bis 4 genannten Angaben zu einem Eintragungsgegenstand müssen eingetragen sein. Fehlt auch nur eine einzige obligatorische Angabe, ist der betreffende Gegenstand nicht ordnungsgemäß eingetragen. Das gilt nicht nur dann, wenn Eintragungsgegenstand beispielsweise ein Grundpfandrecht ist und der Zeitpunkt der Eintragung in das Refinanzierungsregister nicht eingetragen wird, sondern schon dann, wenn keine Angaben zum Rang gemacht werden, mit dem die Sicherheit haftet.[8] Wegen der von Abs. 2 Satz 2 eröffneten Verweisungsmöglichkeit siehe die Kommentierung oben, „Bestimmbarkeit". 12

b) Richtigkeit der einzutragenden Angaben

Sämtliche in Abs. 2 Nr. 1 bis 4 genannten Angaben müssen richtig sein. Dies ist beispielsweise auch dann nicht der Fall, wenn eine eingetragene Forderung oder Sicherheit nicht oder nicht mehr existiert.[9] Bloße Schreibfehler sind unschädlich.[10] 13

7 Vgl. B/F/S-M, § 22d Rdn. 16.
8 Vgl. B/F/S-M, § 22d Rdn. 16.
9 BT DS 15/5852, zu § 22d.
10 BT DS 15/5852, zu § 22d.

6. Eintragungsfähigkeit trotz Abtretungsverbot

14 Forderungen, die eingetragen werden, müssen grundsätzlich abtretbar sein. Gemäß Abs. 4 können Forderungen aber auch dann in das Refinanzierungsregister eingetragen werden, wenn die Abtretung durch **mündliche oder konkludente** Vereinbarung **mit dem Schuldner** ausgeschlossen ist. Diese Forderungen können nach der Eintragung trotz des mündlichen oder konkludenten Abtretungsverbots auch an den Eintragungsberechtigten übertragen werden. Dieser kann die so an ihn abgetretenen Forderungen wiederum an Dritte übertragen.[11] Eine Übertragung der eingetragenen und mit einem mündlichen oder konkludenten Abtretungsverbot belasteten Forderungen an andere Personen als den oder die eingetragenen Übertragungsberechtigten wird durch Abs. 4 nicht ermöglicht.[12] Mit dieser Vorschrift privilegiert der Gesetzgeber ganz klar den Übertragungsberechtigten zu Lasten des Forderungsschuldners. Damit trifft der Gesetzgeber eine eindeutige Regelung zugunsten der Refinanzierung und zu Lasten des Verbraucherschutzes. Mit dieser Regelung wird darüber hinaus die Rechtsprechung obsolet, die zu Gunsten des Verbraucherschutzes aus dem Datenschutz, dem Bankvertrag, dem Bankgeheimnis oder aus anderen Erwägungen heraus ein Abtretungsverbot konstruierte und im Interesse des Verbraucherschutzes Refinanzierer benachteiligte.[13] Auch wird verhindert, dass Forderungsschuldner konkludent vereinbarte Abtretungsverbote behaupten. Abs. 4 betrifft nur mündliche oder konkludente Abtretungsverbote. **Gesetzliche** Abtretungsverbote werden nicht erfasst. Hierunter fallen beispielsweise Forderungen, die unpfändbar sind oder die nicht abgetreten werden können ohne dass ihr Inhalt verändert wird, § 399 BGB. **Schriftliche** Abtretungsverbote werden ebenfalls nicht erfasst, es sei denn, die Voraussetzungen des § 354a HGB liegen vor. **Schadensersatzansprüche** der Forderungsschuldner gegen das Refinanzierungsunternehmen wegen Verletzung eines Abtretungsverbots bleiben unberührt.[14] Allerdings können diese im Falle einer Insolvenz des Refinanzierungsunternehmens wohl kaum vollständig realisiert werden, da der Forderungsschuldner insoweit auf die Quote beschränkt ist.

7. Unterrichtungspflicht

15 Sofern der Übertragungsberechtigte eine Pfandbriefbank ist, ist gemäß Abs. 2 Satz 3 sowohl die **Pfandbriefbank** als auch deren **Deckungstreuhänder** von der **Eintragung** in das Refinanzierungsregister zu unterrichten. Es ist schon nach dem Gesetzeswortlaut nicht ausreichend, dass entweder die Pfandbriefbank oder deren Deckungstreuhänder unterrichtet wird. Vielmehr müssen **beide** informiert werden. Diese doppelte Unterrichtung ist aber auch deshalb erforderlich, weil die Interessen der Deckungsmasse einer Pfandbriefbank und die Interessen der allgemeinen Vermögensmasse einer Pfandbriefbank auseinander fallen können. Der von einer Pfandbriefbank nach § 7 Abs. 1 PfandBG zu bestellende Treuhänder ist nicht Ange-

11 BT/DS 15/5852, zu § 22d.
12 BT/DS 15/5852, zu § 22d; Schwennicke/Auerbach, § 22 Anm. 11 m.w.N.
13 Näher dazu B/F/S-M, § 22d Rdn. 26a.
14 BT DS 15/5852, zu § 22d.

stellter oder Beschäftigter einer Pfandbriefbank. Er ist auch kein öffentliches Organ. Er ist ein neutraler Dritter, dessen Aufgabe ausschließlich darin besteht, die Interessen der Pfandbriefgläubiger zu wahren.[15] Zu diesem Zweck hat er gemäß § 8 PfandBG unter anderem darauf zu achten, dass die vorschriftsmäßige Deckung der Pfandbriefe jederzeit vorhanden ist. Hinzu kommt, dass wegen § 30 Abs. 1 Satz 1 PfandBG die **Deckungsmasse** und die **allgemeine Vermögensmasse** einer Pfandbriefbank voneinander **getrennt** sind. Diese Trennung führt im Falle der Insolvenzeröffnung über das allgemeine Vermögen der Pfandbriefbank dazu, dass die Deckungsmasse einschließlich der hierzu korrespondierenden Pfandbriefe zu einem besonderen Teil der Pfandbriefbank mit beschränkter Geschäftstätigkeit wird.[16] Dabei wird die Geschäftsführung über das insolvenzfreie Vermögen dem Sachwalter übertragen während die Geschäftsführung über das insolvente allgemeine Vermögen der Pfandbriefbank auf den Insolvenzverwalter übergeht.

8. Zustimmungserfordernisse, Informationspflichten

Mit der ordnungsgemäßen Eintragung in ein Refinanzierungsregister werden 16
zugunsten der Eintragungsberechtigten **Rechtspositionen** erzeugt. Wird eine Eintragung gelöscht, geht die betreffende Rechtsposition unter. Wird eine Eintragung verändert, kann die Rechtsposition dann untergehen, wenn die Änderung dazu führt, dass die Eintragung nicht mehr ordnungsgemäß ist. Hieraus ergibt sich ein Bedürfnis nach Kontrolle der Löschungen bzw. Änderungen von Eintragungen einerseits und ein Bedürfnis nach Information des Übertragungsberechtigten und – sofern Übertragungsberechtigter eine Pfandbriefbank ist – des Deckungstreuhänders dieser Pfandbriefbank. Abs. 5 unterscheidet **Löschungen und Korrekturen**.

a) Löschung

Löschungen dürfen nach Abs. 5 nur mit **Zustimmung des Übertragungsbe-** 17
rechtigten und – wenn der Übertragungsberechtigte eine Pfandbriefbank oder ein Versicherungsunternehmer ist – des **Treuhänders der Pfandbriefbank oder des Versicherungsunternehmens** erfolgen. Eine Löschung liegt nicht erst dann vor, wenn der gesamte Eintragungsgegenstand gelöscht wird. Eine Löschung liegt vielmehr schon dann vor, wenn eine einzige der in Abs. 2 Nr. 1 bis 4 aufgezählten Angaben gelöscht wird. Eine Pflicht, die Zustimmung des **Verwalters des Refinanzierungsregisters** zur Löschung einzuholen, ergibt sich aus Abs. 5 zwar nicht unmittelbar. Man wird eine solche Pflicht aber gleichwohl jedenfalls für den Fall fordern müssen, dass nicht der gesamte Eintragungsgegenstand komplett gelöscht wird, sondern nur eine der nach Abs. 2 Nr. 1 bis 4 einzutragende einzelne Angabe. Dies ergibt sich daraus, dass der Verwalter des Refinanzierungsregisters gemäß § 22g KWG darauf zu achten hat, dass das Refinanzierungsregister ordnungsgemäß geführt wird. Hierzu gehört gemäß § 22g Abs. 2 Nr. 1 auch, dass er darauf achtet, dass die nach § 22d Abs. 2 erforderlichen Angaben im Register eingetragen sind. Im Rah-

15 Vgl. Kommentierung zu § 30 PfandBG.
16 Vgl. BT DS 16/13823 zu Nr. 27; BT DS 17/1720, zu Nr. 14.

men der Löschung ist der **Zeitpunkt** der Löschung im Register zu vermerken. Hierzu ist die Angabe des Datums nicht ausreichen. Hinzukommen muss die Uhrzeit.

b) Korrektur

18 Eine Korrektur bedarf weder der Zustimmung des Übertragungsberechtigten noch der Zustimmung des Deckungstreuhänders des Übertragungsberechtigten, wenn letzterer eine Pfandbriefbank ist, noch der Zustimmung des Treuhänders des Versicherungsunternehmens. Ausreichend ist die **Zustimmung des Verwalters des Refinanzierungsregisters**. Diese Zustimmung ist ebenso im Refinanzierungsregister zu vermerken wie die Korrektur selbst und der Zeitpunkt der Korrektur. Der Vermerk der Korrektur muss dabei exakt denjenigen Zustand wieder spiegeln, in dem sich die korrigierte Eintragung vor der Korrektur befand. Nur so wird eine Kontrolle der Korrektur ermöglicht. Der Begriff des **Zeitpunktes** drückt auch hier aus, dass Datum und Uhrzeit der Korrektur zu vermerken sind. Eine Korrektur liegt auf jeden Fall dann vor, wenn fehlerhafte Angaben, deren Eintragung auf maschinellem oder menschlichem Versagen beruht, gelöscht werden.[17] Gleiches gilt für Rechtschreibfehler. Darüber hinaus wird man eine Korrektur auch dann annehmen können, wenn Angaben ausschließlich deshalb eingetragen, geändert oder gelöscht werden, um die Bestimmtheit des Eintragungsgegenstandes zu ermöglichen oder zu verbessern. Wegen des Verweises auf Abs. 2 Satz 3 ist der **Übertragungsberechtigte** und – sofern Übertragungsberechtigter eine Pfandbriefbank oder ein Versicherungsunternehmer ist – auch deren **Deckungstreuhänder** bzw. **Treuhänder des Versicherungsunternehmens** von der Löschung zu **unterrichten**.

c) Abgrenzung

19 Es verbleiben Abgrenzungsschwierigkeiten zwischen der Begrifflichkeit der **Löschung** und der Begrifflichkeit der **Korrektur**. Deutlich wird dies dann, wenn beispielsweise ein in mehrfacher Hinsicht falsch eingetragener Eintragungsgegenstand zunächst vollständig gelöscht und dann wieder richtig eingetragen wird, weil er in derart vielen Punkten falsch eingetragen ist, dass eine Korrektur im engeren Sinne untunlich ist. Eine Hilfe zur Abgrenzung einer Löschung von einer Korrektur kann sich daraus herleiten, dass die ordnungsgemäße Eintragung zu einer **Rechtsposition** führt. Mit diesem Verständnis kann eine Korrektur und nicht eine Löschung dann angenommen werden, wenn durch die Eintragung, Löschung oder Veränderung einer Angabe nicht in die von der Registereintragung erzeugte oder von ihr gewünschte Rechtsposition zum Nachteil des Übertragungsberechtigten eingegriffen sondern diese im Gegenteil klargestellt oder gar erst hergestellt wird.[18]

---

17 BT/DS 15/5852, zu § 22d.
18 Vgl. B/F/S-M, § 22d Rdn. 36.

9. Informationsrecht

Gemäß § 22d Abs. 6 KWG können Übertragungsberechtigte jederzeit vom Verwalter einen Auszug über die sie betreffenden Eintragungen im Refinanzierungsregister verlangen. Auf diesem Auszug hat der Verwalter schriftlich die Übereinstimmung des Auszuges mit dem Refinanzierungsregister zu bestätigen. Die Gesetzesbegründung formuliert hierzu wie folgt:[19] 20

> *„Mit dem neuen § 22d Abs. 6 KWG wird ein Einsichtsrecht des Übertragungsberechtigten in die ihn betreffenden Eintragungen im Refinanzierungsregister geschaffen. Nur so kann er die Richtigkeit der Eintragungen prüfen und diese gegebenenfalls beanstanden. Denn nur bei Richtigkeit der Eintragung sind die insolvenzrechtlichen Folgen des § 22j KWG gewährleistet".*

10. Datenschutz

Wegen der datenschutzrechtlichen Problematik wird auf § 9 RefiRegV verwiesen. 21

§ 22e
Bestellung des Verwalters

(1) [1]Bei jedem registerführenden Unternehmen ist eine natürliche Person als Verwalter des Refinanzierungsregisters (Verwalter) zu bestellen. [2]Das Amt erlischt mit der Beendigung der Registerführung oder der Bestellung eines personenverschiedenen Sachwalters des Refinanzierungsregisters nach § 22l Abs. 4 Satz 1.

(2) [1]Die Bestellung erfolgt durch die Bundesanstalt auf Vorschlag des registerführenden Unternehmens. [2]Die Bundesanstalt soll die vorgeschlagene Person zum Verwalter bestellen, wenn deren Unabhängigkeit, Zuverlässigkeit und Sachkunde gewährleistet erscheint. [3]Bei ihrer Entscheidung hat die Bundesanstalt die Interessen des im Refinanzierungsregister eingetragenen oder einzutragenden Übertragungsberechtigten angemessen zu berücksichtigen.

(3) [1]Die Bestellung kann befristet werden; die Bundesanstalt kann den Verwalter jederzeit aus sachlichem Grund abberufen. [2]Absatz 2 Satz 3 gilt entsprechend. [3]Steht der Verwalter zu einem an einer konkreten Refinanzierungstransaktion Beteiligten in einem Beschäftigungs- oder Mandatsverhältnis, so ruht sein Amt für diese Refinanzierungstransaktion.

(4) [1]Auf Antrag des registerführenden Unternehmens ist ein Stellvertreter des Verwalters zu bestellen. [2]Der Antrag ist zu jeder Zeit zulässig. [3]Auf die Bestellung und Abberufung des Stellvertreters finden die Absätze 2 und 3 entsprechende Anwendung. [4]Wird der Verwalter nach Absatz 3 Satz 1 abberufen, ruht sein Amt oder ist er verhindert, so tritt der Stellvertreter an seine Stelle.

(5) [1]Ist ein Verwalter für einen nicht unerheblichen Zeitraum nicht vorhanden, an der Wahrnehmung seiner Aufgaben verhindert oder ruht sein Amt,

19 BT DS 17/10974, B. Besonderer Teil, Artikel 1 zu Nr. 43c.

ohne dass ein Stellvertreter an seine Stelle getreten ist, bestellt die Bundesanstalt ohne Anhörung des registerführenden Unternehmens einen geeigneten Verwalter. [2]Absatz 2 Satz 3 gilt entsprechend. [3]Das registerführende Unternehmen hat der Bundesanstalt unverzüglich mitzuteilen, wenn ein Umstand gemäß Satz 1 eingetreten ist.

(6) [1]Der Verwalter und sein Stellvertreter haften dem registerführenden Unternehmen sowie den Übertragungsberechtigten aus ihrer Tätigkeit nur im Falle von Vorsatz oder grober Fahrlässigkeit. [2]Die Ersatzpflicht des Verwalters oder des Stellvertreters beschränkt sich im Falle grob fahrlässigen Handelns auf 1 Million Euro. [3]Sie kann nicht durch Vertrag ausgeschlossen oder beschränkt werden. [4]Wird die Haftung des Verwalters oder des Stellvertreters durch eine Versicherung abgedeckt, ist ein Selbstbehalt in Höhe des Eineinhalbfachen der nach § 22i Absatz 1 festgesetzten jährlichen Vergütung vorzusehen. [5]Das registerführende Unternehmen darf den Versicherungsvertrag zugunsten des Verwalters und des Stellvertreters schließen und die Prämien zahlen.

Übersicht

1. Der Verwalter

1 Gemäß § 22e Abs. 1 ist bei jedem Unternehmen, das ein Refinanzierungsregister führt, eine **natürliche Person** als Verwalter des Refinanzierungsregisters zu bestellen. Es ist nicht zulässig, eine juristische Person zu bestellen, die dann ihre Mitarbeiter zur Erledigung der übernommenen Aufgaben einsetzt. Es ist aber möglich, dass der Verwalter und sein Stellvertreter bei einer juristischen Person beschäftigt sind. Es ist auch möglich, dass der Verwalter bei derselben juristischen Person beschäftigt ist wie sein Stellvertreter. Gemäß Abs. 4 kann neben dem Verwalter auch ein **Vertreter** bestellt werden. Um eine **lückenlose Funktion** des Verwalters zu gewährleisten, wird es in der Regel sinnvoll sein, dass das registerführende Unternehmen neben der Beantragung der Bestellung eines Verwalters auch gleich die Bestellung eines Vertreters beantragt. Der Verwalter und sein Stellvertreter sollen sicherstellen, dass das Refinanzierungsregister ordnungsgemäß geführt wird. Zu dieser ordnungsgemäßen Führung gehört nicht nur, dass die Anforderungen des § 22d KWG eingehalten werden sondern auch, dass Manipulationen unterbunden werden. Damit dient die Tätigkeit des Verwalters und seines Stellvertreters in erster Linie den Interessen der Übertragungsberechtigten, in geringerem Maße aber auch dem öffentlichen Interesse an der Zuverlässigkeit der Institution des Refinanzierungsregisters. Für die Wahrung der Interessen der Übertragungsberechtigten wie auch dem öffentlichen

Interesse ist es unerlässlich, dass die Zuverlässigkeit des Refinanzierungsregisters **zu jedem Zeitpunkt** gewährleistet ist. Aus diesem Grunde muss der Verwalter zwingend **vor der ersten Eintragung** bestellt werden. Wohl ebenfalls aus diesem Grunde hat der Gesetzgeber in Abs. 1 Satz 2 bestimmt, dass das Amt des Verwalters (erst) mit der Beendigung der Registerführung oder mit der Bestellung eines personenverschiedenen Sachwalters des Refinanzierungsregisters erlischt. Der Verwalter ist **kein öffentliches Organ**. Er ist ein nicht öffentlicher neutraler Dritter, der vorrangig den Sicherungsinteressen der Übertragungsberechtigten, dient. Zwar wird er von der Bundesanstalt bestellt. Er ist auch verpflichtet, dem BaFin Auskunft zu erteilen. Er ist aber nicht an Weisungen des BaFin gebunden.[1] Der Verwalter ist auch nicht an Weisungen des Refinanzierungsunternehmens oder des Übertragungsberechtigten gebunden.

2. Bestellung des Verwalters

Gemäß § 22e Abs. 2 Satz 1 erfolgt die Bestellung des Verwalters durch die Bundesanstalt für Finanzdienstleistungsaufsicht. Die Bundesanstalt hat dabei kein eigenes Vorschlagsrecht. Dieses steht gemäß Satz 1 dem registerführenden Unternehmen zu. Mit dieser Regelung werden zwei Absichten verfolgt. Durch das alleinige **Vorschlagsrecht** des registerführenden Unternehmens wird sichergestellt, dass nur solche Personen zum Verwalter respektive stellvertretenden Verwalter des Refinanzierungsregisters bestellt werden, die das Vertrauen des Refinanzierungsunternehmens genießen. Denn sowohl der Verwalter als auch sein Stellvertreter haben zur Erledigung ihrer Aufgaben sehr umfangreiche und weitgehende Prüfungs- und Einsichtsrechte.[2] Sie erlangen dadurch zwangsläufig Kenntnis von sensiblen Daten der Kunden und des Refinanzierungsunternehmens. Durch die **Zuweisung der Bestellung** an die Bundesanstalt wird sichergestellt, dass der Verwalter respektive sein Stellvertreter über die in Abs. 2 Satz 2 geforderte Sachkunde, Unabhängigkeit und Zuverlässigkeit verfügt. Denn die die Bundesanstalt hat bei ihrer Entscheidung über die Bestellung diese Kriterien zu prüfen. 2

Die **Übertragungsberechtigten** haben keinerlei Einfluss darauf, welche natürliche Person als Verwalter respektive Stellvertreter bestellt wird. Dies, obwohl der Verwalter und sein Stellvertreter vorrangig den Interessen dieser Übertragungsberechtigter dienen.[3] Die sich hieraus ergebende Lücke schließt Abs. 2 Satz 3 in dem er festlegt, dass die Bundesanstalt bei ihrer Entscheidung die Interessen der Übertragungsberechtigten angemessen zu berücksichtigen hat. 3

3. Weisungsrecht

Weder der Übertragungsberechtigte noch das Refinanzierungsunternehmen noch die Bundesanstalt haben gegenüber dem Verwalter oder seinem Stellvertreter ein Weisungsrecht. Hinsichtlich der Bundesanstalt ergibt sich dies ausdrücklich aus § 22f Abs. 2 KWG. Hinsichtlich des Refinanzierungsunternehmens und der 4

1 Siehe § 22f KWG.
2 Siehe § 22h KWG.
3 Vgl. BT DS 15/5852, zu § 22e.

Übertragungsberechtigten ergibt sich dies indirekt daraus, dass gemäß § 22e Abs. 2 Satz 2 eine Bestellung zum Verwalter oder stellvertretenden Verwalter ausgeschlossen ist, wenn deren Unabhängigkeit nicht gewährleistet ist. Wer weisungsunterworfen ist, kann aber nicht unabhängig sein. Das Gesetz beschränkt in diesem Zusammenhang den Kreis derjenigen, hinsichtlich derer die Unabhängigkeit des Verwalters bzw. seines Stellvertreters bestehen muss, nicht ein. Daraus ist zu entnehmen, dass diese Unabhängigkeit nicht nur gegenüber dem Refinanzierungsunternehmen bestehen muss sondern auch gegenüber den Übertragungsberechtigten.

4. Unabhängigkeit des Verwalters oder seines Stellvertreters

5 Gemäß § 22e Abs. 2 Satz 2 KWG muss der Verwalter unabhängig sein. Leider sagen die Vorschriften zum Refinanzierungsregister nicht, wie der Begriff der Unabhängigkeit auszulegen ist. An der erforderlichen Unabhängigkeit fehlt es aber dann, wenn der Verwalter bzw. sein Stellvertreter zu irgendeiner Partei, die an einer Refinanzierungstransaktion unter Einbeziehung des Refinanzierungsregisters beteiligt ist, in einem **Interessenkonflikt** steht. Ein solcher Interessenkonflikt liegt beispielsweise dann vor, wenn der Verwalter zu irgendeinem an der Refinanzierungstransaktion Beteiligten in einem **Beschäftigungs- oder Mandatsverhältnis** steht. Es kommt dabei auf die **konkrete Refinanzierungstransaktion** an. Für diesen Fall bestimmt Abs. 3 Satz 2, dass das Amt des Verwalters bezogen auf die betreffende Refinanzierungstransaktion ruht bis das Beschäftigungs- oder Mandatsverhältnis beendet ist. Abs. 4 Satz 4 regelt weiter, dass in diesem Fall der Stellvertreter an seine Stelle tritt. Im Gegensatz zu § 7 Abs. 2 PfandBG fordert § 22e Abs. 3 nicht ausdrücklich, dass das Beschäftigungs- oder Mandatsverhältnis auch nicht während der vergangenen drei Jahre bestanden haben darf. Vielmehr beschränkt sich § 22e Abs. 3 darauf, dass ein solches Verhältnis während des Laufs einer Refinanzierungstransaktion unter Einbeziehung eines Refinanzierungsregisters nicht besteht. Dass einmal ein solches Verhältnis bestanden hat, führt daher nicht automatisch auch zu einer Interessenkollision.[4] Abs. 3 Satz 3 ist nicht abschließend. Diese Vorschrift regelt lediglich ein Beispiel für das Vorliegen einer Interessenkollision, nämlich das Bestehen eines Beschäftigungs- oder Mandatsverhältnisses bei einem an einer Refinanzierungstransaktion unter Einbeziehung eines Refinanzierungsregisters Beteiligten. Ein Interessenkonflikt kann aber auch in anderen Fällen vorliegen, beispielsweise dann, wenn der Verwalter des Refinanzierungsregisters gleichzeitig **Treuhänder** einer übertragungsberechtigten **Pfandbriefbank** ist, die die für sie im Refinanzierungsregister eingetragenen Gegenstände in **Deckung** nimmt. In diesem Fall schließt Personenidentität die Unabhängigkeit wohl aus. Demgegenüber wird es vom Grundsatz her unschädlich sein, wenn der Verwalter auch bei anderen Instituten Refinanzierungsregister führt.[5]

6 Nicht nur der Verwalter muss unabhängig sein sondern auch sein Stellvertreter. Dies ergibt sich bereits aus § 22e Abs. 4 Satz 3. Danach gelten die für die Bestellung

---

4 Vgl. B/F/S-M, § 22e Rdn. 10.
5 Vgl. B/F/S-M, § 22e Rdn. 12.

des Verwalters geltenden Vorschriften der Absätze 2 und 3 auch für den Stellvertreter.

5. Zuverlässigkeit des Verwalters und seines Stellvertreters

Gemäß § 22e Abs. 2 Satz 2 KWG prüft die Bundesanstalt auch, ob die vom Refinanzierungsunternehmen als Verwalter respektive stellvertretenden Verwalter vorgeschlagene natürliche Person über ein ausreichendes Maß an Zuverlässigkeit verfügt. Da die Regeln zum Refinanzierungsregister nichts darüber aussagen, wie die erforderliche Zuverlässigkeit festzustellen ist, sind die Kriterien für diese Feststellung sehr weit. Insbesondere kommen Vorstrafen, Krankheiten einschließlich Suchtkrankheiten, Persönlichkeitsbild, frühere Tätigkeiten sowie die Art und Weise, wie diese früheren Tätigkeiten ausgeübt wurden, in Betracht. Erste Anhaltspunkte sind der Lebenslauf und ein polizeiliches Führungszeugnis.[6] 7

6. Sachkunde des Verwalters und seines Stellvertreters

Gemäß § 22l Abs. 2 Satz 2 soll die Bundesanstalt (bei drohender Insolvenzgefahr oder nach Eröffnung des Insolvenzverfahrens) grundsätzlich den Verwalter zum Sachwalter vorschlagen. Es wird daher die Regel sein, dass der Verwalter mit dem späteren Sachwalter personenidentisch ist. Daraus ergibt sich, dass der Verwalter über dieselbe Sachkunde verfügen muss wie der Sachwalter. Da gemäß § 22n Abs. 2 mit der Bestellung des Sachwalters die **Befugnis**, über die im Refinanzierungsregister eingetragenen Gegenstände **zu verfügen**, von dem Refinanzierungsunternehmen auf den Sachwalter übergeht, muss auch der Verwalter in der Lage sein, die sich hieraus ergebenden Pflichten zu erledigen. In diesem Zusammenhang ist aus § 22n Abs. 4 Satz 1 KWG abzuleiten, dass der Sachwalter in Bezug auf die ordnungsgemäß im Refinanzierungsregister eingetragenen Gegenstände die Stellung eines **Geschäftsführers** einnimmt. Im Ergebnis muss der Verwalter ebenso wie der Sachwalter in der Lage sein, die im Refinanzierungsregister eingetragenen Gegenstände zu **verwalten**, Forderungen **einzuziehen** und Sicherheiten zu **verwerten**. Dabei ist zu berücksichtigen, dass der Verwalter sich gem. § 22g Abs. 3 bei der Durchführung seiner Aufgaben anderer Personen und Einrichtungen bedienen kann. Für den Stellvertreter gelten oben genannte Ausführungen entsprechend. 8

7. Kontrolle

In seiner Funktion wird der Verwalter **von der Bundesanstalt** kontrolliert. Diese Kontrolle wird dadurch ermöglicht, dass der Verwalter der Bundesanstalt gegenüber gemäß § 22f Abs. 1 auskunftspflichtig ist. Außerdem kann die Bundesanstalt den Verwalter gemäß Abs. 3 jederzeit abberufen, wenn ein sachlicher Grund vorliegt. Ein sachlicher Grund wird bereits schon dann vorliegen, wenn Anlass zur Sorge besteht, dass der Verwalter seine Aufgaben nicht ordnungsgemäß erfüllen kann. Daraus ergibt sich, dass das Ermessen der Bundesanstalt sich im Ergebnis darauf 9

6 Vgl. B/F/S-M, § 22e Rdn. 13.

reduziert, festzustellen, wann ein entsprechender Anlass zur Besorgnis gegeben ist. Da die Bundesanstalt wegen des Verweises auf Abs. 2 Satz 3 die Interessen der ordnungsgemäß im Refinanzierungsregister eingetragenen oder einzutragenden Übertragungsberechtigten angemessen zu berücksichtigen hat, wird bereits in einem sehr frühen Zeitpunkt ein entsprechender Anlass zur Besorgnis anzunehmen sein. Ist ein solcher Anlass zu bejahen, ist das Ermessen der Bundesanstalt auf Null reduziert und die Bundesanstalt muss den Verwalter abberufen.[7] Die Bundanstalt ist insoweit Verwaltungsbehörde. Sie hat daher bei der Abberufung des Verwalters die Vorschriften des Verwaltungsverfahrensgesetzes zu beachten. Hierzu gehört auch, dass sie den Verwalter anhört.

8. Kontinuität der Verwaltung des Refinanzierungsregisters

10 Im Interesse der Übertragungsberechtigten und im Interesse der Institution des Refinanzierungsregisters ist es unerlässlich, dass die Aufgaben des Verwalters und ggf. des Sachwalter **lückenlos** wahrgenommen werden. Ist diese **lückenlose Aufgabenerledigung** nicht gewährleistet, drohen Manipulationen des Refinanzierungsregisters oder aber **Verluste**, die sich aus verzögerter Bearbeitung ergeben. Die Vorschriften zum Refinanzierungsregister enthalten Regelungen, die eine solche lückenlose Wahrnehmung der Aufgaben sicherstellen. Gemäß § 22d Abs. 5 KWG bedürfen Korrekturen zwingend der Zustimmung des Verwalters. Aus diesem Grunde ist der Verwalter bereits vor der ersten Eintragung in das Refinanzierungsregister zu bestellen. Denn die Korrektur einer fehlerhaften Eintragung könnte bereits am nächsten Tag notwendig sein. § 22e Abs. 5 macht eine **Ausnahme** vom Vorschlagsrecht des Refinanzierungsunternehmens in Bezug auf die Bestellung des Verwalters. Gemäß dieser Vorschrift bestellt die Bundesanstalt einen Verwalter ohne Anhörung des Refinanzierungsunternehmens, wenn für einen nicht unerheblichen Zeitraum ein Verwalter nicht vorhanden oder an der Wahrnehmung seiner Aufgaben verhindert ist, oder wenn sein Amt ruht **und** ein Stellvertreter nicht an seine Stelle getreten ist. Die in § 22f Abs. 1 KWG festgelegte Pflicht des Verwalters, der Bundesanstalt unaufgefordert Mitteilung zu machen, wenn Umstände darauf hindeuten, dass die ordnungsgemäße Registerführung nicht gewährleistet ist, schließt schon wegen der Mitwirkungspflichten des Verwalters bei Korrekturen ein, dass der Verwalter der Bundesanstalt auch mitteilt, wenn sein Amt ruht oder wenn er anderweitig an der Erfüllung seiner Aufgaben gehindert ist. In Verbindung mit den Umständen, dass der Verwalter unabhängiger Dritter ist und er sich gegebenenfalls gemäß § 22e Abs. 6 schadensersatzpflichtig macht, ist durch § 22f Abs. 1 sichergestellt, dass die Bundesanstalt rechtzeitig informiert wird und entsprechend reagiert. Gemäß § 22e Abs. 1 erlischt das Amt des Verwalters grundsätzlich erst mit Beendigung der Registerführung oder der Bestellung eines personenverschiedenen Sachwalters. Zwar kann die Bundesanstalt das Amt des Verwalters gemäß § 22e Abs. 2 befristen. In diesem Falle folgt aus der Pflicht der Bundesanstalt, auf die Zuverlässigkeit der Institution des Refinanzierungsregisters zu achten, die Pflicht, den Ablauf dieser Frist zu überwachen und gegebenenfalls gemäß § 22e Abs. 5 ohne Anhörung des

7 Vgl. B/F/S-M, § 22e Rdn. 17, 18.

registerführenden Unternehmens bis zum Ablauf der Frist einen neuen Verwalter zu bestellen oder aber die Frist zu verlängern oder aufzuheben.

9. Der Sachwalter und sein Stellvertreter

Beide stehen zu einander nicht in einer **Hierarchie**. Sie können ihre Zusammenarbeit frei untereinander abstimmen. In der Praxis wird allerdings der Sachwalter ein gewisses Übergewicht im Verhältnis zu dem Stellvertreter haben, weil er die erste Anlaufstelle ist und durch Vorarbeiten bereits gewisse Richtungen vorgegeben hat. 11

10. Erlöschen des Amtes des Verwalters oder seines Stellvertreters

Gemäß § 22l Abs. 4 KWG erlischt das Amt des Verwalters mit der Bestellung einer natürlichen Person zum Sachwalter. Entsprechendes gilt für den Stellvertreter des Verwalters. Sein Amt erlischt mit der Bestellung einer natürlichen Person zum zweiten Sachwalter. In beiden Fällen werden die Funktionen des Verwalters respektive seines Stellvertreters vom Sachwalter respektive zweiten Sachwalter fortgeführt. § 22l Abs. 4 gilt dem Wortlaut nach nur für den Fall, dass Verwalter/stellvertretender Verwalter und Sachwalter/zweiter Sachwalter personenverschieden sind. Entsprechendes ist aber auch bei Personenidentität anzunehmen. 12

§ 22f
Verhältnis des Verwalters zur Bundesanstalt

(1) Der Verwalter hat der Bundesanstalt Auskunft über die von ihm im Rahmen seiner Tätigkeit getroffenen Feststellungen und Beobachtungen zu erteilen und auch unaufgefordert Mitteilungen zu machen, wenn Umstände auf eine nicht ordnungsgemäße Registerführung hindeuten.
(2) Der Verwalter ist an Weisungen der Bundesanstalt nicht gebunden.

Übersicht

1. Auskunft

Gemäß Abs. 1 ist der Verwalter verpflichtet, der Bundesanstalt Auskunft über die im Rahmen seiner Tätigkeit getroffenen Feststellungen und Beobachtungen zu erteilen. Diese Pflicht setzt ein entsprechendes Auskunftsersuchen voraus. Obwohl ein solches Auskunftsersuchen der Bundesanstalt einen Verwaltungsakt darstellt, sind an die Begründetheit eines solchen Begehrens keine besonderen Anforderungen zu stellen. Eine Pflicht des Verwalters, aus eigenem Antrieb auch ohne vorheriges Auskunftsersuchen Informationen an die Bundesanstalt zu geben, geht aus Abs. 1 demgegenüber nicht vor. Dies ergibt sich daraus, dass nach üblichem Sprach- 1 gebrauch Auskünfte im Gegensatz zu Mitteilungen oder Berichten nur auf Anfrage erteilt werden. Dem Wortlaut nach ist diese Auskunftspflicht sehr weit gefasst. Sie bezieht sich ausdrücklich auf **die im Rahmen seiner Tätigkeit** getroffenen Feststellungen und Beobachtungen, also auf alle Feststellungen und Beobachtungen. Dies schließt auch Feststellungen und Beobachtungen ein, die in einem entfernten Zusammenhang mit der Tätigkeit des Treuhänders stehen.

2. Mitteilung

2 Etwas anderes ist es, wenn beispielsweise der Sachwalter im Rahmen seiner Aufgabenerledigung das registerführende Unternehmen wiederholt auf Mängel bei der Registerführung hingewiesen hat und seine diesbezüglichen Hinweise keinen Erfolg gehabt haben. Für diese Fälle bestimmt Abs. 1, dass der Sachwalter der Bundesanstalt unaufgefordert Mitteilung macht. Ebenfalls unaufgefordert mitteilen muss der Verwalter, wenn er aus irgendwelchen Gründen gehindert ist seine Pflichten nicht oder nicht in angemessener Zeitnähe zu erfüllen. Wegen der Mitwirkungspflichten des Verwalters bei der Verwaltung eingetragener Gegenstände ist auch die Verhinderung des Sachwalters ein Umstand im Sinne des Abs. 1, der auf eine nicht ordnungsgemäße Registerführung hindeutet. Ebenso dürfte die Eröffnung eines Insolvenzverfahrens über das Vermögen des registerführenden Unternehmens ein Umstand sein, der darauf hindeutet, dass die ordnungsgemäße Registerführung nicht mehr gewährleistet ist. Der Wortlaut des Abs. 2 beschränkt sich nicht auf die Gegenwart. Der Verwalter wird also auch dann der Bundesanstalt von sich aus Mitteilung machen müssen, wenn Umstände abzusehen sind, die darauf hindeuten, dass die ordnungsgemäße Registerführung zukünftig nicht (mehr) gewährleistet ist.

3 Eine Beschränkung besteht allerdings durch die Regelung des § 22h Abs. 2 Satz 2. Danach darf der Verwalter der Bundesanstalt nur solche Auskünfte erteilen oder Mittelungen machen, die in einem Zusammenhang mit der Überwachung des Refinanzierungsregisters stehen.

3. Folgen der Verletzung der Auskunfts- oder Mittelungspflichten

4 Kommt der Verwalter seinen Auskunfts- oder Mitteilungspflichten nicht nach, so kann dies einen sachlichen Grund zur Abberufung gemäß § 22e Abs. 3 darstellen.

4. Weisungen

5 Gemäß Abs. 2 ist der Verwalter nicht an Weisungen der Bundesanstalt gebunden. Durch diese Regelung wird die im Verhältnis zur Bundesanstalt neutrale Position des Verwalters festgelegt. Diese Weisungsungebundenheit besteht nicht nur gegenüber der Bundesanstalt, sondern auch gegenüber dem Refinanzierungsunternehmen und gegenüber dem Übertragungsberechtigten. Anders kann das Spannungsverhältnis nicht aufgelöst werden in dem der Verwalter steht, weil er einerseits weitgehende Einblicke in die Interna des Refinanzierungsunternehmens hat, andererseits überwiegend die Interessen der Übertragungsberechtigten zu wahren hat und andererseits das öffentliche Interesse an der Zuverlässigkeit der Institution

des Refinanzierungsregisters berücksichtigen muss. Wegen weiterer Einzelheiten hierzu wird auf die Kommentierung zu § 22e „Weisungsrecht" verwiesen.

Die Weisungsungebundenheit des Verwalters steht in keinem Widerspruch zu seinen Auskunfts- und Informationspflichten gegenüber der Bundesanstalt einerseits sowie der Kontrollfunktion der Bundesanstalt andererseits. Die Kontrollfunktion der Bundesanstalt besteht darin, darauf zu achten, dass der Verwalter unbefangen und sachkundig ist und seine Aufgaben zuverlässig erfüllt. Die Auskunfts- und Informationspflichten des Verwalters gegenüber der Bundesanstalt sollen es der Bundesanstalt erleichtern, auf die ordnungsgemäße Funktion des Instituts des Refinanzierungsregisters zu achten. Demgegenüber betrifft die Weisungsungebundenheit die Frage, auf welche Weise der Verwalter seine Tätigkeit ausübt. Solange er seine Verwaltertätigkeit zuverlässig unabhängig und sachkundig wahrnimmt, kann er sie durchführen wie es ihm beliebt, ohne dass die Bundesanstalt diesbezüglich Weisungen erteilen kann.[1] 6

§ 22g
Aufgaben des Verwalters

(1) [1]Der Verwalter wacht darüber, dass das Refinanzierungsregister ordnungsgemäß geführt wird. [2]Zu seinen Aufgaben gehört es jedoch nicht zu prüfen, ob es sich bei den eingetragenen Gegenständen um solche des Refinanzierungsunternehmens oder um nach § 22d Abs. 2 eintragungsfähige Gegenstände handelt.

(2) [1]Insbesondere hat der Verwalter des Refinanzierungsregisters darauf zu achten, dass
1. **das Refinanzierungsregister die nach § 22d Abs. 2 erforderlichen Angaben enthält,**
2. **die im Refinanzierungsregister enthaltenen Zeitangaben der Richtigkeit entsprechen und**
3. **die Eintragungen nicht nachträglich verändert werden.**

[2]Im Übrigen hat der Verwalter des Refinanzierungsregisters die inhaltliche Richtigkeit des Refinanzierungsregisters nicht zu überprüfen.

(3) Der Verwalter kann sich bei der Durchführung seiner Aufgaben anderer Personen und Einrichtungen bedienen.

Übersicht

1 Vgl. B/F/S-M, § 22f Rdn. 4.

1. Allgemeines

1 Gemäß Abs. 1 Satz 1 hat der Verwalter darüber zu wachen, dass das Refinanzierungsregister ordnungsgemäß geführt wird. Die Führung des Refinanzierungsregisters selbst gehört nach dem Wortlaut des Satzes 1 jedoch nicht zu seinen Aufgaben.[1] Satz 1 weist dem Verwalter die unmittelbare Aufsicht über die Führung des Refinanzierungsregisters zu. Ziel der Aufsicht des Verwalters über die Führung des Refinanzierungsregisters ist es, einerseits die Interessen der Übertragungsberechtigten auf Erlangung eines Aussonderungsrechts hinsichtlich der für sie im Register eingetragenen Gegenstände und andererseits das Interesse der Öffentlichkeit und des Refinanzierungsunternehmens an der Zuverlässigkeit der Institution des Refinanzierungsregisters zu wahren. Die Bundesanstalt nimmt diese Aufgabe erst dann wahr, wenn der Verwalter der Bundesanstalt Auskünfte erteilt oder Mitteilungen gemacht hat, aus denen hervorgeht, dass die ordnungsgemäße Führung des Refinanzierungsregister nicht gewährleistet ist.[2] In der Praxis werden dem Eingreifen der Bundesanstalt Bemühungen des Verwalters vorangegangen sein, die die ordnungsgemäße Führung des Refinanzierungsregisters sicher- oder wiederherstellen sollten und die erfolglos geblieben sind.

2 Gemäß § 22d Abs. 5 bedürfen Korrekturen der Zustimmung des Verwalters, wobei die Korrektur, ihre Zeitpunkt und die Zustimmung des Verwalters im Refinanzierungsregister einzutragen sind. In Bezug auf Eintragungen, Löschungen oder Änderungen gilt gleiches. Dies ergibt sich indirekt aus der Pflicht des Verwalters darüber zu wachen, dass das Refinanzierungsregister ordnungsgemäß geführt wird. Diese Überwachungsfunktion kann der Verwalter nur dann wahrnehmen, wenn jede Eintragung, Löschung, Änderung oder Korrektur seiner bzw. der Zustimmung seines Stellvertreters bedarf.

2. Ordnungsgemäße Führung des Refinanzierungsregisters

a) Angaben nach § 22d Abs. 2

3 Abs. 2 Satz 1 Nr. 1 KWG beschreibt einen – nicht abschließenden – Katalog von Kriterien, deren Ordnungsmäßigkeit der Verwalter zu prüfen hat. Gemäß Abs. 2 Nr. 1 hat der Verwalter zunächst darauf zu achten, dass das Refinanzierungsregister die nach § 22d Abs. 2 erforderlichen Angaben enthält. Im Einzelnen handelt es sich bei diesen Angaben um die in § 22d Abs. 2 Satz 1 Nr. 1 bis 4 genannten Angaben, also um die Forderungen oder Sicherheiten, auf deren Übertragung die Übertragungsberechtigten einen Anspruch haben, den bzw. die Übertragungsberechtigten, den Zeitpunkt der Eintragung in das Refinanzierungsregister sowie – falls ein Gegenstand als Sicherheit dient – den rechtlichen Grund, den Umfang, den Rang der Sicherheit und das Datum des Tages, an dem der Vertrag geschlossen wurde, aus dem der Rechtsgrund für die Absicherung hervorgeht.

---

1 Vgl. B/F/M-S, § 22g Rdn. 1.
2 Vgl. B/F/M-S, § 22g Rdn. 1.

Wegen der Einzelheiten zu diesen Angaben wird auf § 22d Abs. 2 und die Kommentierung hierzu verwiesen. Hierbei ist zu beachten, dass § 22d Abs. 2 durch § 5 der Refinanzierungsregisterverordnung konkretisiert bzw. ergänzt wird. Der Verwalter bzw. sein Stellvertreter haben daher neben den in § 22d Abs. 2 genannten Angaben auch die ordnungsgemäße Eintragung aller in § 5 RefiRegV genannten Angaben zu prüfen. 4

b) Richtigkeit der Zeitangaben

Gemäß Abs. 2 Satz 1 Nr. 2 KWG hat der Verwalter zu prüfen, ob die im Refinanzierungsregister enthaltenen Zeitangaben der Richtigkeit entsprechen. Bei diesen Zeitangaben handelt es sich um das Datum des Tages, an dem der Vertrag geschlossen wurde, aus dem der Rechtsgrund für die Stellung der Sicherheit hervorgeht (§ 22d Abs. 2 Nr. 4 KWG; § 5 Abs. 2 Nr. 3h RefiRegV), Datum und Uhrzeit der Eintragung in das Refinanzierungsregister (§ 5 Abs. 2 Nr. 5 RefiRegV) sowie das Datum und die Uhrzeit von Löschungen (§ 5 Abs. 2 Nr. 6 RefiRegV). Obwohl nicht ausdrücklich geregelt, wird man Veränderungen bereits erfolgter Eintragungen, die inhaltlicher und nicht lediglich korrigierender Natur sind, genauso behandeln müssen wie Löschungen in Verbindung mit Neueintragungen und auch hier Datum und Uhrzeit der Veränderung in das Register eintragen müssen. Aus dem Wortlaut des Abs. 2 Nr. 2 geht hervor, dass es nicht ausreicht, dass der Verwalter prüft, ob überhaupt eine Zeitangabe eingetragen wurde. Er muss dem Wortlaut nach auch prüfen, ob diese richtig ist. Hinsichtlich des Datums des Vertrages, aus dem der Rechtsgrund für die Bestellung der Sicherheit hervorgeht, ist daher erforderlich, dass sich der Verwalter diesen Vertrag wenigstens in Kopie vorlegen lässt und das Abschlussdatum überprüft. Hinsichtlich der anderen Daten ist die Sicherstellung der Richtigkeit der Zeitangaben schwieriger. Entweder muss sichergestellt werden, dass der Verwalter bei jeder Eintragung, Änderung oder Löschung körperlich zugegen ist und den Vorgang überwacht oder aber es muss sichergestellt werden, dass der Verwalter über Eintragungen, Löschungen oder Änderungen von Eintragungen taggleich in Kenntnis gesetzt wird und sich anhand eines Registerauszuges unverzüglich von der Richtigkeit der Zeitangabe überzeugt. 5

Im Zusammenhang mit der Prüfung der Richtigkeit der Zeitangaben ist zu beachten, dass gemäß § 5 Abs. 1 Satz 3 RefiRegV rückdatierte Eintragungen nicht zulässig sind. 6

c) Nachträgliche Änderungen von Eintragungen

Gemäß § 22g Abs. 2 Satz 1 Nr. 3 KWG hat der Verwalter darauf zu achten, dass Eintragungen nicht nachträglich verändert werden. Auch hierbei ist zu beachten, dass § 22d Abs. 2 KWG durch § 5 RefiRegV konkretisiert bzw. ergänzt wird. Es sind daher alle Angaben betroffen, die nach diesen beiden Vorschriften in das Refinanzierungsregister eingetragen werden. Wie der Verwalter dieser Pflicht genügt, steht ihm grundsätzlich frei. Es kann insoweit aber angeraten werden, dass der Verwalter darauf dringt, dass die Arbeitsabläufe im Refinanzierungsunternehmen so gestaltet werden, dass der zuständige Sachbearbeiter Änderungen im Refinanzierungsregister unverzüglich und taggleich dem Verwalter mitteilt und dieser die Änderung durch Eintragung seines Namenskürzels in der Spalte „sonstiges" freigibt. Da der 7

Verwalter seine Freigabe auch verweigern kann, muss zusätzlich sichergestellt werden, dass die Änderung erst nach der Freigabe durch den Verwalter wirksam wird. Dabei ist es unerlässlich, dass Manipulationen durch geeignete organisatorische Maßnahmen ausgeschlossen werden. Bei Refinanzierungsregistern, die in elektronischer Form geführt werden, kann dies beispielsweise dadurch erreicht werden, dass die Änderung von einem autorisierten Mitarbeiter des Refinanzierungsunternehmens in das elektronische System eingegeben und der Vorgang dann vollautomatisch an den Verwalter weitergeleitet wird. Dieser gibt die Änderung durch Eingabe seines Freigabezeichens (wobei die Möglichkeit der Eingabe des Freigabezeichens natürlich nur für den Verwalter freigeschaltet ist) frei. Mit dieser Freischaltung wird die Änderung erst vom System übernommen. Gleichzeitig wird der zuständige Sachbearbeiter ebenfalls vollautomatisch und zeitgleich vom System über die Freigabe und dadurch erfolgte Eintragung der Änderung im Refinanzierungsregister informiert.

d) Verhältnis nachträglicher Änderungen zu Neueintragungen, Löschungen oder Korrekturen

8 Die Abgrenzung zwischen **Eintragung, Änderung, Löschung** und **Korrektur** kann problematisch sein. Klar dürfte sein, dass die erstmalige Eintragung in das Refinanzierungsregister weder eine Änderung, noch eine Löschung noch eine Korrektur einer Eintragung ist. Bei der Änderung einer bestehenden Eintragung ist dies völlig anders. Führt die Änderung zu einem reinen „mehr“ ohne dass die Inhalte ihrem Wesen nach betroffen sind, so ist diese Änderung in Bezug auf dieses „mehr“ eigentlich eine **Neueintragung**. Daraus folgt, dass diese Änderung wie eine Neueintragung zu behandeln ist. Führt die Änderung zu einem reinen „weniger“ ohne dass die Inhalte ihrem Wesen nach betroffen sind, so liegt hinsichtlich dieses „weniger“ eigentlich eine **Löschung** vor. Dies bedeutet, dass die betreffende Änderung wie eine Löschung zu behandeln ist. Führt die Änderung zu einer inhaltlichen Änderung der Eintragung, so liegt der Sache nach eine **Löschung in Verbindung mit einer Ersteintragung** vor, wobei es auf ein „mehr“ oder „weniger“ nicht ankommt. Erheblich ist dann vielmehr, dass der Eintragungsgegenstand nach der Änderung nicht mehr derselbe ist wie vor der Änderung und somit ein „Aliud“ darstellt. Führt die Änderung weder zu einem „mehr“ noch zu einem „weniger“ noch dazu, dass ein „Aliud“ vorliegt, so wird die Rechtsposition, die durch die Eintragung geschaffen wurde, nicht berührt, so dass die Änderung eigentlich eine **Korrektur** ist.[3] Aus alledem ergibt sich folgende Konsequenz: Ist die Änderung wie eine **Löschung** zu behandeln, kann die Änderung gemäß § 22d Abs. 5 nur mit Zustimmung des Übertragungsberechtigten **und**, falls dieser Übertragungsberechtigte eine Pfandbriefbank ist, mit der Zustimmung des Treuhänders der Pfandbriefbank durchgeführt werden. Dabei kommt es nicht darauf an, ob die im Refinanzierungsregister eingetragenen Gegenstände von der Pfandbriefbank in Deckung genommen werden oder nicht. Es ist immer die Zustimmung der Pfandbriefbank als solcher **und** des Deckungstreuhänders der Pfandbriefbank erforderlich. Es reicht nicht aus, wenn entweder nur die Zustimmung der Pfandbriefbank oder die Zustimmung des Treuhän-

3 Vgl. hierzu auch die Kommentierung zu § 22d „Abgrenzung“.

ders der Pfandbriefbank vorliegt. Dies bedeutet, dass der Verwalter nicht nur die Änderung als solche prüfen muss sondern auch, ob die erforderlichen Zustimmungen vorliegen wobei im Falle, dass Übertragungsberechtigter eine Pfandbriefbank ist, die Zustimmungen sowohl der Pfandbriefbank als auch des Treuhänders der Pfandbriefbank vorliegen müssen. Handelt es sich bei der Änderung der Sache nach um eine **Korrektur**, so ist gemäß § 22d Abs. 5 die Zustimmung des Verwalters ausreichend, wobei diese Zustimmung ebenso wie die Korrektur und der Zeitpunkt dieser Korrektur im Refinanzierungsregister einzutragen sind. Handelt es sich bei der Änderung der Sache nach um eine Neueintragung, so ist die Zustimmung des Verwalters ebenfalls ausreichend, wobei auch in diesem Falle die Zustimmung, die Änderung und der Zeitpunkt der Änderung im Refinanzierungsregister einzutragen sind. Handelt es sich bei der Änderung der Sache nach um eine **Neueintragung,** so ist die Zustimmung des Verwalters ebenfalls ausreichend aber auch erforderlich. Die Erforderlichkeit der Zustimmung ergibt sich daraus, dass der Verwalter gemäß § 22g Abs. 1 Satz 1 darüber zu wachen hat, dass das Refinanzierungsregister ordnungsgemäß geführt wird. Dieser Pflicht kann er nur nachkommen, wenn nicht nur Löschungen, Änderungen und Korrekturen, sondern auch Ersteintragungen der Zustimmung des Verwalters bedürfen.[4]

3. Sonstige Aufgaben des Verwalters

Mit der Verwendung des Begriffes „insbesondere" bringt § 22g Abs. 2 zum Aus- 9
druck, dass es nicht ausreichend ist, wenn der Verwalter bzw. sein Stellvertreter die in den Katalogen der §§ 22g Abs. 2 Nr. 1 bis 3 aufgeführten Punkte überprüft. Zur Überwachung der ordnungsgemäßen Führung des Refinanzierungsregisters gehört es, auch die in § 5 Abs. 2 RefiRegV aufgeführten Punkte zu überprüfen. Dabei ist es nicht ausreichend, dass der Verwalter prüft, ob die in § 5 Abs. 2 RefiRegV genannten Punkte vollständig aufgeführt sind. Er hat auch darauf zu achten, dass der Aufbau des Refinanzierungsregisters dem Aufbau entspricht, wie er in § 5 RefiRegV in Verbindung mit dem dieser Vorschrift als Anlage beigefügten Formular RR entspricht. Dieses Formular RR ist nicht nur eine Empfehlung zum Aufbau eines Refinanzierungsregisters. Es ist vielmehr verbindlich. Dies ergibt sich daraus, dass sich der Aufbau des Formulars RR aus den in § 5 RefiRegV genau spezifizierten Abteilungen, Nummern und Spalten ergibt. Außerdem hat sich der Verwalter davon zu überzeugen, dass die Richtigkeit der Zeitangaben systemseitig gewährleistet ist. Bei Führung des Refinanzierungsregisters in elektronischer Form hat sich der Verwalter zu vergewissern, dass die Anforderungen der §§ 8 und 9 RefiRegV an die elektronische Registerführung erfüllt sind. Abs. 3 erlaubt es, dass er sich hierzu auf die Unterstützung einer entsprechenden Fachkraft stützen kann.

4. Grenzen der Prüfungspflichten des Verwalters

Gemäß § 22g Abs. 1 Satz 2 KWG braucht der Verwalter nicht zu überprüfen, ob 10
die eingetragenen Gegenstände im Eigentum des Refinanzierungsunternehmens

4 Siehe oben, „Allgemeines".

stehen. Er braucht gemäß dieser Vorschrift auch nicht zu überprüfen, ob es sich bei den Eintragungen um eintragungsfähige Gegenstände im Sinne des § 22d Abs. 2 KWG handelt. Gemäß § 22g Abs. 2 Satz hat der Verwalter auch nicht die inhaltliche Richtigkeit des Refinanzierungsregisters zu prüfen sofern nicht die Kriterien des Abs. 2 Satz 1 Nr. 1 bis 3 betroffen sind. Daraus folgt, dass der Verwalter lediglich die formale Richtigkeit des Refinanzierungsregisters prüft, d.h. ob zum einen der Aufbau des Refinanzierungsregisters den Vorgaben des § 5 RefiRegV in Verbindung mit dem hierzu als Anlage erstellten Formular RR entspricht und ob zum anderen alle gesetzlich geforderten Angaben enthalten sind. Keinesfalls hat der Verwalter die materielle Rechtslage zu prüfen. Er prüft daher beispielsweise nicht, ob die Eintragungsgegenstände (Forderungen oder Grundpfandrechte) rechtlich wirksam und durchsetzbar sind.

5. Mitwirkung anderer Personen und Einrichtungen

11 Gemäß Abs. 3 kann sich der Verwalter bei der Durchführung seiner Aufgaben anderer Personen und Einrichtungen bedienen. Diese anderen Personen werden zu Erfüllungsgehilfen des Verwalters, an dessen Verantwortung für die Überwachung der ordnungsgemäßen Führung des Refinanzierungsregisters sich durch die Einschaltung dieser Erfüllungsgehilfen nichts ändert.[5] In der Regel wird es sich anbieten, dass sich der Verwalter eines Mitarbeiters des Refinanzierungsunternehmens bedient, welcher mit den internen EDV-Systemen des Refinanzierungsunternehmens vertraut ist. Bei entsprechendem Umfang des Refinanzierungsregisters kann es sich auch anbieten, dass das Refinanzierungsunternehmen ein eigenes Büro zur Führung des Refinanzierungsregisters einrichtet. Die Mitarbeiter dieses Büros übernehmen die gesamte Führung des Refinanzierungsregisters mit Ausnahme der Freigaben. Außerdem stellt das Refinanzierungsunternehmen dem Verwalter ein eigenes Büro mit eigenem Computer zur Verfügung. Das Büro des Verwalters sollte sich in der Nähe des Büros zur Führung des Refinanzierungsregisters befinden, damit ein problemloser Informationsaustausch möglich ist. Der Computer des Verwalters darf nur für den Verwalter freigeschaltet sein und muss dem Verwalter Zugang zu allen Daten gewähren, die er zur Überwachung der ordnungsgemäßen Führung des Refinanzierungsregisters braucht. Hierzu gehören nicht nur die Daten des Refinanzierungsregisters selbst, sondern auch alle anderen Daten, die in irgendeinem Zusammenhang mit der Führung des Registers stehen. Außerdem muss sichergestellt sein, dass nur von diesem Computer aus und nur nach Eingabe eines dem Verwalter vorbehaltenen Schlüssels Freigaben von Eintragungen, Löschungen, Änderungen und Korrekturen erfolgen können.

12 Im Zusammenhang mit der Möglichkeit des Verwalters, sich zum Zwecke der Erfüllung seiner Aufgaben anderer Personen oder Einrichtungen zu bedienen, ist zu beachten, dass er gemäß § 20h Abs. 1 KWG befugt ist, jederzeit die Bücher und Papiere des registerführenden Unternehmens und – wenn dieses nicht mit dem Refinanzierungsunternehmen identisch ist – auch des Refinanzierungsunternehmens einzusehen, es sei denn, dass diese Unterlagen mit der Führung des Refinanzierungsregisters in keinem Zusammenhang stehen.

5 Vgl. B/F/S-M, § 22h Rdn. 12.

§ 22h
Verhältnis des Verwalters zum registerführenden Unternehmen und zum Refinanzierungsunternehmen

(1) [1]Der Verwalter ist befugt, jederzeit die Bücher und Papiere des registerführenden Unternehmens einzusehen, es sei denn, dass sie mit der Führung des Refinanzierungsregisters in keinem Zusammenhang stehen. [2]In den Fällen des § 22b stehen dem Verwalter dieselben Befugnisse auch gegenüber dem Refinanzierungsunternehmen zu.

(2) [1]Der Verwalter ist zur Verschwiegenheit über alle Tatsachen verpflichtet, von denen er durch Einsicht in die Bücher und Papiere des registerführenden Unternehmens oder des davon abweichenden Refinanzierungsunternehmens Kenntnis erlangt. [2]Der Bundesanstalt darf er nur über Tatsachen Auskunft geben oder Mitteilung machen, die mit der Überwachung des Refinanzierungsregisters im Zusammenhang stehen.

(3) Streitigkeiten zwischen dem Verwalter und dem registerführenden Unternehmen oder dem davon abweichenden Refinanzierungsunternehmen entscheidet die Bundesanstalt.

Übersicht

1. Einsichtsrecht

1 Gemäß Abs. 1 ist der Verwalter befugt, **jederzeit** die Bücher und Papiere des registerführenden Unternehmens einzusehen. Obwohl der Begriff „jederzeit" dem Wortlaut nach unbeschränkt ist, wird man ihn im Rahmen des Abs. 1 auf die regelmäßigen Bürozeiten des Refinanzierungsunternehmens reduzieren müssen. Das Einsichtsrecht des Verwalters bezieht sich auf die Bücher und Papiere des registerführenden Unternehmens. In Anwendung des Rechtsgedankens des § 166 HGB gehören zu den Büchern und Papieren des Unternehmens **alle Unterlagen** der Gesellschaft, auch Prüfungsberichte oder vertrauliche Unterlagen.[1] Ebenso gehören dazu Unterlagen, die dem Bankgeheimnis oder dem Datenschutz unterliegen.[2] Für den Fall, dass das registerführende Unternehmen nicht mit dem Refinanzierungsunternehmen identisch ist, steht dem Verwalter dasselbe Einsichtsrecht auch gegenüber dem Refinanzierungsunternehmen zu.

2. Begrenzung des Einsichtsrechts

2 Das Einsichtsrecht bezieht sich nur auf solche Unterlagen, die in einem Zusammenhang mit der Führung des Refinanzierungsregisters stehen. Der Zusammenhang kann weit sein. Aus den Gesetzesmaterialien geht hervor, dass die Beweislast, ob ein

1 Vgl. BT DS 15/5852, zu § 22h; Baumbach/Hopt, § 166 Rdn. 4; B/F/S-M, § 22h Rdn. 4.
2 So auch B/F/S-M, Kreditwesengesetz, 4. Aufl. 2012, § 22h Rdn. 7.

ausreichender Zusammenhang gegeben ist oder nicht, beim registerführenden Unternehmen bzw. Refinanzierungsunternehmen liegt.[3] Im Übrigen bestimmt Abs. 3, dass Streitigkeiten zwischen dem registerführenden Unternehmen oder dem davon abweichenden Refinanzierungsunternehmen von der Bundesanstalt entschieden werden. Zu diesen Streitigkeiten gehören auch Meinungsverschiedenheiten darüber, ob eine Unterlage in einem Zusammenhang mit der Führung des Refinanzierungsregisters steht oder nicht.

3. Verschwiegenheitspflicht des Verwalters

3 Die in Abs. 2 festgelegte Verschwiegenheitspflicht des Verwalters ist notwendiges Korrelat zu seinem umfassenden Einsichtsrecht, welches sich auch auf Unterlagen erstreckt, die dem Datenschutz oder dem Bankgeheimnis unterliegen. Allerdings ist die Verschwiegenheitspflicht nicht auf solche Daten beschränkt. Sie bezieht sich vielmehr auf alle Tatsachen, von denen er durch seine Einsicht Kenntnis erlangt. Eine Ausnahme besteht nur in Bezug auf die Bundesanstalt. Dieser darf er über Tatsachen Auskunft geben oder Mitteilung machen aber nur, wenn diese Tatsachen mit der Überwachung des Refinanzierungsregisters in Zusammenhang stehen.

4. Streitigkeiten

4 Gemäß Abs. 3 entscheidet die Bundesanstalt über Streitigkeiten zwischen dem Verwalter und dem Refinanzierungsunternehmen respektive dem registerführenden Unternehmen. Infrage kommen Streitigkeiten aller Art die sich auf die ordnungsgemäße Erledigung der Pflichten des Verwalters beziehungsweise seines Stellvertreters beziehen. Beispiele: Streitigkeiten über das Einsichtsrecht, eine vom Verwalter verweigerte Zustimmung oder die ordnungsgemäße Registerführung.[4]

§ 22i
Vergütung des Verwalters

(1) Der Verwalter sowie sein Stellvertreter erhalten von dem registerführenden Unternehmen eine angemessene Vergütung, deren Höhe von der Bundesanstalt festgesetzt wird, und Ersatz der notwendigen Auslagen.

(2) (aufgehoben)

(3) Außer in Fällen des Absatzes 1 sind Leistungen des registerführenden Unternehmens, des Refinanzierungsunternehmens, für welches das Register geführt wird, und der Übertragungsberechtigten an den Verwalter des Refinanzierungsregisters und dessen Stellvertreter unzulässig.

Übersicht

---

3 BT DS 15/5852 zu § 22h.
4 So auch B/F/S-M, § 22h Rdn. 11 ff.

1. Angemessene Vergütung

Die **Vergütung** des Verwalters sowie seines Stellvertreters muss **angemessen** sein. Diese Angemessenheit wird sich zunächst am tatsächlichen Arbeitsaufwand orientieren, wobei einerseits der **Zeitaufwand** und andererseits die **Komplexität** der Tätigkeit zu berücksichtigen sind. Andererseits darf durch eine zu hohe Vergütung die **Unabhängigkeit** des Verwalters oder seines Stellvertreters nicht gefährdet werden.[1] Beides wird dadurch gewährleistet, dass die Vergütung nicht durch das registerführende Unternehmen festgelegt wird, sondern durch die Bundesanstalt. 1

2. Ersatz der notwendigen Auslagen

Es dürfen nur solche Auslagen ersetzt werden, die zur ordnungsgemäßen Erledigung der Aufgaben des Verwalters oder seines Stellvertreters notwendig sind. Infrage kommen etwa die Kosten für die Hinzuziehung weiterer Personen oder die Kosten für die Anschaffung oder Benutzung von Arbeitsmaterial unter Einschluss von Computern. Aber auch Reisekosten oder Verpflegungsaufwendungen gehören dazu. 2

3. Verbot sonstiger Leistungen

Gemäß Abs. 3 dürfen weder das registerführende Unternehmen noch das Refinanzierungsunternehmen noch der Übertragungsberechtigte an den Verwalter oder seinen Stellvertreter Leistungen zahlen, die über die von der Bundesanstalt festgelegte angemessene Vergütung und die notwendigen Auslagen hinausgehen. Mit dieser Regelung wird die Stellung des Verwalters und seines Stellvertreters als unabhängige Dritte gewährleistet. Zur Frage, ob der Verwalter oder sein Stellvertreter neben ihrer Verwaltertätigkeit auch andere entgeltliche Tätigkeiten für ein Unternehmen durchführen können, welches an einer Refinanzierungstransaktion unter der Einschaltung eines Refinanzierungsregisters beteiligt ist, siehe die Kommentierung zu § 22e Abs. 3 Satz 2. 3

4. Ordnungswidrigkeit, Abberufung

Nimmt der Verwalter oder sein Stellvertreter dennoch Leistungen im Sinne des Abs. 3 an, so ist dies gemäß § 56 Abs. 3 Nr. 4a KWG ordnungswidrig. Diese Ordnungswidrigkeit kann mit einer Geldbuße von bis zu hundertfünfzigtausend Euro geahndet werden. Bereits geleistete Zahlungen haben der Verwalter oder sein Stellvertreter zurück zugewähren. Daneben wird die Entgegennahme zusätzlicher Leitungen in der Regel einen sachlichen Grund im Sinne des § 22e Abs. 3 Satz 1 KWG zur Abberufung des Verwalters oder seines Stellvertreters durch die Bundesanstalt darstellen. 4

1 BT DS 15/5852 zu § 22i, wenn auch noch für die alte Fassung des § 22i KWG.

§ 22j
Wirkungen der Eintragung in das Refinanzierungsregister

(1) [1]Gegenstände des Refinanzierungsunternehmens, die ordnungsgemäß im Refinanzierungsregister eingetragen sind, können im Fall der Insolvenz des Refinanzierungsunternehmens vom Übertragungsberechtigten nach § 47 der Insolvenzordnung ausgesondert werden. [2]Das Gleiche gilt für Gegenstände, die an die Stelle der ordnungsgemäß im Refinanzierungsregister eingetragenen Gegenstände treten. [3]Gegen Verfügungen im Wege der Zwangsvollstreckung oder der Arrestvollziehung kann der Übertragungsberechtigte Widerspruch im Wege der Klage nach § 771 der Zivilprozessordnung erheben.

(2) [1]Die Eintragung in das Refinanzierungsregister schränkt Einwendungen und Einreden Dritter gegen die eingetragenen Forderungen und Rechte nicht ein. [2]Werden die im Refinanzierungsregister eingetragenen Gegenstände ausgesondert oder an den Übertragungsberechtigten beziehungsweise von dem Übertragungsberechtigten an einen Dritten übertragen, können alle Einwendungen und Einreden wie bei einer Abtretung geltend gemacht werden. [3]Die Vorschrift des § 1156 Satz 1 des Bürgerlichen Gesetzbuchs findet keine Anwendung. [4]Dienen im Refinanzierungsregister eingetragene Gegenstände der Absicherung anderer Gegenstände, so kann der Sicherungsgeber gegenüber dem Übertragungsberechtigten alle Einwendungen und Einreden aus dem Vertrag geltend machen, der den rechtlichen Grund für die Absicherung enthält. [5]Die Vorschrift des § 1157 Satz 2 des Bürgerlichen Gesetzbuchs findet keine Anwendung. [6]§ 22d Abs. 4 in Verbindung mit § 22j Abs. 1 Satz 1 und 2 bleibt jedoch unberührt.

(3) [1]Gegenüber den Ansprüchen des Übertragungsberechtigten auf Übertragung der ordnungsgemäß im Refinanzierungsregister eingetragenen Gegenstände kann das Refinanzierungsunternehmen nicht aufrechnen und keine Zurückbehaltungsrechte geltend machen. [2]Anfechtungsrechte seiner Gläubiger nach dem Anfechtungsgesetz und den §§ 129 bis 147 der Insolvenzordnung bleiben unberührt.

Übersicht

1. Allgemeines

1 Hintergrund der Einführung des Refinanzierungsregisters war, bessere Rahmenbedingungen für die Refinanzierung der Kreditinstitute zu schaffen. Dabei ließ sich der Gesetzgeber von der Vorstellung leiten, dass **günstige Rahmenbedingungen für die Refinanzierung der Kreditinstitute** nicht nur diesen Kreditinstituten nützen sondern auch den Darlehensnehmern sowie der Gesamtwirtschaft. Wegen des harten Wettbewerbs würden diese Kreditinstitute einen Teil der gesunkenen

Refinanzierungskosten an ihre Kunden weitergeben. Dadurch würde das allgemeine Preis- und Zinsniveau sinken, was zu mehr Wachstum und Beschäftigung führt.[1] Vor diesem Hintergrund sollten durch die Einführung des Refinanzierungsregisters insbesondere alle Hindernisse beseitigt werden, die nach der Insolvenzordnung bislang bestanden.[2]

2. Gegenstände des Refinanzierungsunternehmens

Es muss sich um Gegenstände **des Refinanzierungsunternehmens** handeln. 2
Dies ist dann der Fall, wenn die Gegenstände (Forderungen und/oder Grundpfandrechte), in der Inhaberschaft respektive dem Eigentum des Refinanzierungsunternehmens stehen.[3] Handelt es sich bei den eingetragenen Gegenständen nicht um Gegenstände, die in der Inhaberschaft oder dem Eigentum des Refinanzierungsunternehmens stehen, entfaltet die Eintragung im Refinanzierungsregister keine Wirkung. Im Verhältnis zwischen dem Refinanzierungsunternehmen und einem Dritten führen Eintragungen, die das Refinanzierungsunternehmen zugunsten eines Übertragungsberechtigten vornimmt, der mit dem Dritten nicht identisch ist, nicht zu einer Veränderung der Rechtszuständigkeit.[4] Hierdurch wird der Übertragungsberechtigte aber nicht schlechter gestellt, als er es wäre, wenn die Gegenstände nicht in einem Refinanzierungsregister für ihn eingetragen wären, sondern er selbst (Quasi-)Eigentümer respektive Inhaber der betreffenden Gegenstände wäre und der Rechtsgrund für dieses Eigentum respektive die Inhaberschaft fehlerhaft wäre. Das gilt auch dann, wenn der Übertragungsberechtigte eine Pfandbriefbank ist, die die ansonsten ordnungsgemäß in das Refinanzierungsregister eingetragenen Werte – sofern diese den Anforderungen des PfandBG entsprechen – auf der Grundlage des § 1 Abs. 2 PfandBG in Deckung genommen hat. Allerdings wäre es erforderlich, dass die Pfandbriefbank die betreffenden Werte aus der Deckung nimmt.

3. Aussonderungsfähigkeit

§ 22j KWG ist die zentrale Vorschrift des Instituts des Refinanzierungsregisters. 3
Sie legt die **Wirkung** einer **ordnungsgemäßen Eintragung** in das Refinanzierungsregister fest.

Gemäß Abs. 1 Satz 1 besteht die Wirkung der ordnungsgemäßen Eintragung von 4
Gegenständen in das Refinanzierungsregister darin, dass der Übertragungsberechtigte diese Gegenstände im Falle der Insolvenz des Refinanzierungsunternehmens nach § 47 InsO **aussondern** kann. § 22j Abs. 1 Satz 1 KWG verweist auf die in § 47 InsO festgelegte Rechtsfolge.[5] Ist ein Gegenstand ordnungsgemäß im Refinanzierungsregister eingetragen, so ist der ebenfalls im Refinanzierungsregister eingetragene Übertragungsberechtigte kein Insolvenzgläubiger. Als alleinigen Rechtsgrund für die Aussonderungsfähigkeit bestimmt § 22j Abs. 1 Satz 1 die ordnungsgemäße Eintragung

1 Vgl.: BT DS 15/5852, Allgemeiner Teil, zu Artikel 4a neu.
2 Vgl.: BT DS 15/5852, Allgemeiner Teil, zu Artikel 4a neu.
3 BT DS 15/5852, zu § 22j.
4 BT DS 15/5852, zu § 22j.
5 Schmalenbach/Sester, WM 2005, 2025 ff.

im Refinanzierungsregister. Allein dieses formale Kriterium bewirkt die Aussonderungsfähigkeit. Damit hat § 22j Abs. 1 S. 1 KWG drei Wirkungen. Erstens bewirkt diese Vorschrift ein **gesetzliches Aussonderungsrecht**. Zweitens bewirkt sie die **gesetzliche Zuweisung der Rechtszuständigkeit an den Übertragungsberechtigten**.[6] Dies bedeutet aber nicht, dass mit der Geltendmachung eines Aussonderungsanspruches nach § 22j Abs. 1 Satz 1 das Eigentum respektive die Inhaberschaft an den im Refinanzierungsregister ordnungsgemäß eingetragenen Gegenständen automatisch auf den Übertragungsberechtigten übergeht. Vielmehr hat die durch die Registrierung bewirkte Zuweisung der Rechtszuständigkeit lediglich einen Anspruch gegen den Insolvenzverwalter auf dessen Mitwirkung zur Übertragung respektive Übereignung des ordnungsgemäß im Refinanzierungsregister eingetragenen Gegenstandes zum Inhalt.[7] Im Falle einer Forderung bedeutet dies, dass der Insolvenzverwalter zur Abgabe einer rechtswirksamen Abtretungserklärung verpflichtet ist (etwas anderes gilt aber dann, wenn eine registrierte Forderung vor Eröffnung des Insolvenzverfahrens an den Übertragungsberechtigten rechtswirksam übertragen wurde. Denn in diesem Falle wurde mit der Übertragung die durch die Registrierung bewirkte Zuweisung der Rechtszuständigkeit bereits vollzogen). Im Falle einer eingetragenen Grundsicherheit hat die Zuweisung der Rechtszuständigkeit zum Inhalt, dass der Insolvenzverwalter zur Abgabe von Erklärungen verpflichtet ist, die die Bewilligung zur Eintragung des Übertragungsberechtigten im Grundbuch zum Inhalt haben oder dass der Insolvenzverwalter verpflichtet ist, dem Übertragungsberechtigten zwecks Übereignung den Grundschuldbrief zu übergeben. Sichert die Grundschuld neben der registrierten Forderung weitere Forderungen, so steht dem Übertragungsberechtigten im Zuge der Aussonderung nur ein Anspruch auf Übertragung der Grundschuld in Höhe der eingetragenen Forderung zu.[8] Drittens ermöglicht die ordnungsgemäße Eintragung eines Gegenstandes in das Refinanzierungsregister problemlos die eindeutige Bestimmung und damit auch die Abtrennbarkeit des betreffenden Gegenstandes vom restlichen Vermögen.

5 Erst dann, wenn der Übertragungsberechtigte seine durch Eintragung in das Refinanzierungsregister abgesicherte Rechtsposition erlangt hat, kann er vom Insolvenzverwalter die Aussonderung des betreffenden Gegenstandes verlangen. Die Wirkung der ordnungsgemäßen Eintragung eines Gegenstandes im Refinanzierungsregister ist daher am ehesten mit der Wirkung der Eintragung einer Vormerkung im Grundbuch vergleichbar.[9] Gemäß § 106 InsO bewirkt die vor Insolvenzeröffnung im Grundbuch eingetragene Vormerkung ebenfalls die Zuweisung der Rechtszuständigkeit über den vorgemerkten Gegenstand an den Vormerkungsberechtigten mit der Folge, dass der Insolvenzverwalter zur Mitwirkung an der Erlangung der durch die Vormerkung zugewiesenen Rechtsposition verpflichtet ist.[10]

6 Vgl. Uhlenbruck, § 47 Anm. 39b.
7 Schmalenbach/Sester, WM 2005, 2025 ff.; vgl. auch B/F/S-M, 3. Aufl. 2008, § 22j Anm. 18 ff.
8 B/F/S-M, § 22j Rdn. 18.
9 Schmalenbach/Sester, WM 2005, 2025 ff.; vgl. auch B/F/S-M, § 22j Rdn. 10.
10 Uhlenbruck, § 106 Rdn. 2 und 25 ff.

4. Ersatzaussonderung

Gemäß § 22 Abs. 1 Satz 2 KWG gilt das Aussonderungsrecht nach Satz 1 auch für diejenigen Gegenstände, die an die Stelle der ordnungsgemäß im Refinanzierungsregister eingetragenen Gegenstände treten. Der Wortlaut des Satzes 2 bringt zum Ausdruck, dass der Gesetzgeber im Rahmen des Anwendungsbereichs des § 22j KWG die Ersatzaussonderung der Aussonderung gleichstellt. Auch die Ersatzaussonderung wird nach dem Wortlaut des § 22j Abs. 1 S. 2 ausschließlich an das formale Kriterium der ordnungsgemäßen Eintragung im Refinanzierungsregister geknüpft. 6

Damit regelt der Gesetzgeber das Ersatzaussonderungsrecht gem. § 22j Abs. 1 S. 2 völlig anders als das Ersatzaussonderungsrecht im Sinne des § 48 InsO. Daraus ergeben sich zwei Fragen. Zum einen die Frage nach dem **Verhältnis** beider Vorschriften zueinander und zum anderen die Frage, ob Voraussetzungen, die der § 48 InsO an die Ersatzaussonderung knüpft, in § 22j Abs. 1 S. 2 KWG hinein zu interpretieren sind. Letzteres ist im Ergebnis zu verneinen. § 22j Abs. 1 S. 2 stellt eine von § 48 InsO unabhängige, unterschiedliche und eigenständige Regelung dar. Keine der in § 48 InsO genannten Voraussetzungen, insbesondere weder die in § 48 Satz 1 genannte Voraussetzung der **unberechtigten Veräußerung** noch die in § 48 Satz 2 genannte Voraussetzung der **Unterscheidbarkeit** sind in den Anwendungsbereich des § 22j Abs. 1 S. 2 KWG hinein zu interpretieren.[11] 7

Dies ergibt sich schon nach dem unterschiedlichen **Wortlaut** beider Vorschriften. § 48 InsO knüpft die Ersatzaussonderung ausdrücklich an die **unberechtigte Veräußerung** des Gegenstandes, dessen Aussonderung hätte verlangt werden können. Diese Anknüpfung gibt es im Rahmen des § 22j Abs. 1 Satz 2 nicht. Sie wäre auch unsinnig. Denn die Fallgestaltungen, die § 22j Abs. 1 S. 2 betreffen, umfassen nicht nur Rückführungen von Zins und Kapital, sondern auch die Weiterleitung von Verwertungserlösen. Beide Fälle haben mit unberechtigten Veräußerungen nichts zu tun. Im Gegenteil, rechtmäßig generierte Verwertungserlöse beruhen immer auf berechtigten Veräußerungen, niemals auf unberechtigten. Auch in Bezug auf die **Unterscheidbarkeit** sind bereits die Wortlaute der §§ 22j Abs. 1 S. 2 KWG und 48 S. 2 völlig unterschiedlich. Während § 22j die Unterscheidbarkeit gar nicht erst erwähnt, belässt es § 48 S. 2 InsO nicht nur bei der Erwähnung, sondern macht die Unterscheidbarkeit sogar ausdrücklich zur Voraussetzung für ein Herausverlangen aus der Insolvenzmasse. Wenn es der Gesetzgeber im Rahmen der Formulierung des § 48 InsO für notwendig gehalten hat, das Merkmal der Unterscheidbarkeit ausdrücklich zu Voraussetzung für die Ersatzaussonderung zu machen, dann hätte er dies im Rahmen des § 22j KWG entweder ebenfalls tun müssen oder aber diesbezüglich auf § 48 InsO verweisen müssen. Beides hat er aber nicht getan.[12] 8

Sowohl hinsichtlich des Merkmals der unberechtigten Veräußerung als auch hinsichtlich des Merkmals der Unterscheidbarkeit führen auch der **Sinn und Zweck** des § 22j Abs. 1 S. 2 KWG zu diesem Ergebnis. Hintergrund der Einführung des Refinanzierungsregisters war, dass bessere Rahmenbedingungen für die Refinanzierung der Kreditinstitute geschaffen werden sollten.[13] Dabei ließ sich der Gesetzgeber von 9

---

11 Hinsichtlich des Merkmals der Unterscheidbarkeit vgl.: Smola, DZWIR 2012/7 S. 281.
12 Vgl. insoweit Schwennicke/Auerbach, § 22j Anm. 9; Smola, DZWIR 2012 S. 281.
13 Vgl.: BT DS 15/5852, Allgemeiner Teil, zu Artikel 4a neu.

der Vorstellung leiten, dass günstige Rahmenbedingungen für die Refinanzierung der Kreditinstitute nicht nur diesen Kreditinstituten nützen, sondern auch den Darlehensnehmern sowie der Gesamtwirtschaft. Wegen des harten Wettbewerbs würden diese Kreditinstitute einen Teil der gesunkenen Refinanzierungskosten an ihre Kunden weitergeben. Dadurch würde das allgemeine Preis- und Zinsniveau sinken, was zu mehr Wachstum und Beschäftigung führt.[14] Vor diesem Hintergrund sollten durch die Einführung des Refinanzierungsregisters insbesondere alle Hindernisse beseitigt werden, die nach der Insolvenzordnung bestanden.[15] Hierzu gehörte aber ohne jeden Zweifel auch das auf der Regelung des § 48 S. 2 basierende sogenannte „Commingling-Risiko", welches von allen Beteiligten durchweg als störend empfunden wurde und wird.[16] Dieses „Commingling-Risiko" wird aber durch die Einbeziehung des Merkmals der Unterscheidbarkeit in den § 22j Abs. 1 S.2 KWG nicht nur nicht beseitigt, sondern im Gegenteil sogar fortgesetzt. Damit wird durch die Einbeziehung der Unterscheidbarkeit in den Anwendungsbereich des § 22j KWG der Willen des Gesetzgebers sogar konterkariert.

10 Auch aus den **systematischen Strukturen** der §§ 22j KWG und 48 InsO lässt sich nicht herleiten warum die Voraussetzungen der **unberechtigten Veräußerung** oder der **Unterscheidbarkeit** in den § 22j Abs. 1 S. 2 hineininterpretiert werden soll. Diese systematischen Strukturen führen im Gegenteil zu der Schlussfolgerung, dass eine Einbeziehung beider Kriterien in den Regelungsbereich des § 22j Abs. 1 S. 2 nicht zulässig ist. Denn die systematischen Strukturen beider Vorschriften sind vollkommen unterschiedlich. Während § 48 ein eigenständiges Aussonderungsrecht begründet, welches selbstständig neben dem Aussonderungsrecht des § 47 besteht, stellt § 22j Abs. 1 Satz 2 diejenigen Gegenstände, die an die Stelle von ordnungsgemäß im Refinanzierungsregister eingetragenen Gegenstände treten, diesen gleich. Damit begründen die Regelungen der §§ 22j Abs. 1 S. 2 KWG und 48 InsO zwei unterschiedliche, eigenständige und voneinander unabhängige Aussonderungsrechte.[17] Der Ansicht, dass sich § 22j Abs. 1 Satz 2 erkennbar an § 48 InsO anlehne, kann daher nicht gefolgt werden.[18]

11 §22j Abs.1 S.2 KWG und §48 InsO haben auch in einer weiteren Hinsicht unterschiedliche systematische Strukturen. Während §48 InsO voraussetzt, dass ein Gegenstand dessen Aussonderung hätte verlangt werden können, vor Eröffnung des Insolvenzverfahrens vom Schuldner und nach Eröffnung vom Insolvenzverwalter unberechtigt veräußert wurde, kommt es bei § 22j Abs. 1 Satz 2 ausschließlich darauf an, ob der Gegenstand, an dessen Stelle ein anderer Gegenstand tritt, ordnungsgemäß im Refinanzierungsregister eingetragen war oder nicht. Diese beiden Anknüpfungspunkte sind nicht nur inhaltlich so unterschiedlich, dass sie nichts miteinander zu tun haben. Sie sind auch insoweit unterschiedlich, als §22 Abs. 1 Satz 2 über die Gleichstellung mit Satz 1 ausschließlich an eine formale Voraussetzung anknüpft, während es sich bei der Voraussetzung der unberechtigten Veräußerung, an die §48 InsO das Aussonderungsrecht knüpft, um einen rein materiell-rechtlichen und rechtsgeschäft-

14 Vgl.: BT DS 15/5852, Allgemeiner Teil, zu Artikel 4a neu.
15 Vgl.: BT DS 15/5852, Allgemeiner Teil, zu Artikel 4a neu.
16 Vgl. Schwennicke/Auerbach, § 22j Anm. 9.
17 So auch Fleckner, WM 2007, S 2274; **a.A.** wohl Schmalenbach/Sester, WM 2005, 2033 ff.
18 **A.A.** Tollmann in B/F/S-M, § 22, Rdn. 22.

lichen Anknüpfungspunkt handelt. Dieser materiell- und rechtsgeschäftliche Anknüpfungspunkt mag es rechtfertigen, das verdinglichende Merkmal der Unterscheidbarkeit zum Kriterium für die Aussonderung zu machen. Diese Situation ist aber bei § 22j Abs. 1 S. 1 KWG vollkommen anders. Während die materiell-rechtliche Zuordnung der Rechtszuständigkeit eines Gegenstandes sehr vielfältig und rechtlich kompliziert ist und deshalb auch im Einzelnen schwer abzugrenzen sein kann, ist dies bei einer formalen Zuordnung der Rechtszuständigkeit nicht der Fall.

§ 22j Abs. 1 Satz 2 in Verbindung mit Satz 1 formuliert das Recht des Übertra- **12/13**
gungsberechtigten auf Ersatzaussonderung sehr weit. Nach dem Wortlaut dieser Vorschrift erfasst das Recht auf Ersatzaussonderung alle Gegenstände, die **an die Stelle** der ordnungsgemäß im Refinanzierungsregister eingetragenen Gegenstände treten. Aus dieser sehr weiten Formulierung ist zu entnehmen, dass der Gesetzgeber nicht nur Surrogate im engeren Sinn erfassen wollte, sondern alle irgendwie gearteten Gegenstände, die aus der Werthaltigkeit der eingetragenen Gegenstände entspringen. Hierzu gehören – bezogen auf Darlehen – neben **Kapitalrückzahlungen** auch **Zinszahlungen** sowie **Erlöse** aus der Verwertung von Sicherheiten. Dieses Ergebnis folgt auch aus der gesetzgeberischen Absicht, durch die Einführung des Instituts des Refinanzierungsregisters alle insolvenzrechtlichen Hindernisse zu beseitigen, die die Refinanzierung von Kreditinstituten bislang erschwerten.[19]

5. Drittwiderspruchsklage

Aus der gesetzlichen Zuweisung der Rechtszuständigkeit an den ordnungsge- **14**
mäß im Refinanzierungsregister eingetragenen Übertragungsberechtigten folgt die logische Konsequenz, dass dieser Übertragungsberechtigte gegen Verfügungen im Rahmen einer **Zwangsvollstreckung** gegen das Refinanzierungsunternehmen oder gegen **Arrestvollziehungen,** die ordnungsgemäß im Refinanzierungsregister für ihn eingetragene Gegenstände betreffen, Drittwiderspruchsklage nach § 771 der Zivilprozessordnung erheben kann. § 22j Abs. 1 Satz 3 ist daher nur klarstellender Natur.

6. Einwendungen und Einreden

Einwendungen Dritter, die die im Refinanzierungsregister ordnungsgemäß **15**
eingetragenen Forderungen oder Rechte betreffen, werden gemäß Abs. 2 Satz 1 durch die Eintragung im Refinanzierungsregister nicht ausgeschlossen. Dies ergibt sich auch schon daraus, dass durch die Eintragung im Refinanzierungsregister keine Veränderung der Rechtszuständigkeit im Verhältnis zwischen dem Refinanzierungsunternehmen und dem Dritten – beispielsweise einem Darlehensnehmer – erfolgt. § 22 Abs. 2 Satz 1 ist daher nur klarstellender Natur.[20] Diese Fortgeltung von Einwendungen und Einreden Dritter berührt aber weder das Aussonderungsrecht nach Abs. 1 Satz 1 noch das Ersatzaussonderungsrecht nach Abs. 1 Satz 2. Auch bei Vorliegen von Einreden oder Einwendungen Dritter können ordnungsgemäß im Re-

19 Vgl.: BT DS 15/5852, Allgemeiner Teil, zu Artikel 4a neu.
20 BT DS 15/5852, zu § 22j; vgl. oben, „Gegenstände des Refinanzierungsunternehmens".

finanzierungsregister eingetragene Gegenstände vom Übertragungsberechtigten ausgesondert werden, wenn über das Vermögen des Refinanzierungsunternehmens das Insolvenzverfahren eröffnet wird. In Bezug auf Gegenstände, die an die Stelle der ordnungsgemäß im Refinanzierungsregister eingetragenen Gegenstände treten, gilt das gleiche. Allerdings kann der Dritte die ihm gegenüber dem Refinanzierungsunternehmen zustehenden Einreden und Einwendungen auch dem Übertragungsberechtigten entgegenhalten. Dies gilt nach Abs. 2 Satz 2 nicht nur dann, wenn die betreffenden Gegenstände ausgesondert wurden, sondern auch dann, wenn die Gegenstände an den (nunmehr ehemaligen) Übertragungsberechtigten übertragen wurden.

16 **Vor der Aussonderung** respektive der Übertragung besteht das Recht des Dritten auf Geltendmachung von Einwendungen und Einreden nur gegenüber dem Refinanzierungsunternehmen, und zwar unbeschränkt. Dies ergibt sich aus dem Wortlaut des Abs. 2 Satz 1.

17 **Nach der Aussonderung respektive nach der Übertragung** an den im Refinanzierungsregister eingetragenen Übertragungsberechtigten besteht das Recht des Dritten auf Geltendmachung von Einwendungen und Einreden nur gegenüber dem Übertragungsberechtigten oder einem Dritterwerber. Allerdings kann der Dritte gemäß Abs. 2 Satz 2 seine Rechte nur in dem Maße geltend machen, wie es **bei einer Abtretung** der Fall wäre. Mit dieser Formulierung verweist Abs. 2 Satz 2 auf die §§ 404 bis 410 BGB. Diese Vorschriften gewähren das Recht auf Geltendmachung von Einwendungen oder Einreden aber **nicht unbeschränkt**, sondern nur unter den dort genannten Voraussetzungen. In entsprechender Anwendung des § 404 BGB heißt das, dass der Dritte nach Aussonderung respektive nach der Übertragung an den im Register eingetragenen Übertragungsberechtigten und gegebenenfalls nach Übertragung an einen Dritterwerber diesen Einwendungen nur dann entgegenhalten kann, wenn diese Einwendungen zur Zeit der Aussonderung respektive Erstübertragung an den eingetragenen Übertragungsberechtigten gegenüber dem Refinanzierungsunternehmen bereits begründet waren. In entsprechender Anwendung des § 406 BGB heißt das, dass der Dritte nach Aussonderung respektive nach der Übertragung an den Übertragungsberechtigten und gegebenenfalls nach Übertragung an einen Dritterwerber eine ihm gegen das Refinanzierungsunternehmen zustehende Forderung gegenüber dem im Register eingetragenen Übertragungsberechtigten respektive einem Dritterwerber nur dann aufrechnen kann, wenn er (der Dritte) bei Erwerb seiner Forderung von der Aussonderung bzw. Übertragung an den im Register eingetragenen Übertragungsberechtigten Kenntnis hatte oder aber wenn seine Forderung nach Erlangung seiner Kenntnis von der Aussonderung bzw. Übertragung an dem im Register eingetragenen Übertragungsberechtigten und später als die im Refinanzierungsregister eingetragene Forderung fällig geworden ist.

18 **Der Dritte** (z.B. der Darlehensnehmer) kann beispielsweise mit eigenen Ansprüchen **aufrechnen**. Sofern es sich bei den im Refinanzierungsregister eingetragenen Gegenständen um eine Darlehensforderung handelt, könnte dies unter Umständen bedeuten, dass die Darlehensforderung im Zuge einer solchen Aufrechnung ganz oder teilweise erlischt während der Kaufpreis bereits in voller Höhe an das Refinanzierungsunternehmen geflossen ist. Der Übertragungsberechtigte könnte in diesem Falle zwar einen entsprechenden Anspruch auf Rückerstattung des Kauf-

preises gegen das Refinanzierungsunternehmen haben, wäre aber im Falle der Insolvenz des Refinanzierungsunternehmens insoweit auf die Quote beschränkt. Mit diesem Ergebnis wird der Übertragungsberechtigte jedoch nicht schlechter gestellt, als er es wäre, wenn die Gegenstände nicht in einem Refinanzierungsregister für ihn eingetragen wären, sondern er die Gegenstände ohne Einbeziehung eines Refinanzierungsregisters erworben hätte. Auch in diesem Falle könnte der Dritte gegen den Erwerber seine Aufrechnungsrechte geltend machen. Anders stellt sich die Situation dar, wenn der Übertragungsberechtigte eine **Pfandbriefbank** ist und diese die Darlehensforderung in **Deckung** genommen hat. In diesem Falle greift § 29 Satz 2 des PfandBG ein. Diese Vorschrift erklärt in Bezug auf Deckungswerte, also solche Werte, die in das Deckungsregister einer Pfandbriefbank eingetragen sind, § 394 BGB als entsprechend anwendbar. Aus dieser Verweisung ergibt sich, dass Aufrechnungen gegen im Deckungsregister eingetragene Werte unzulässig sind. Mit diesem Verweis hat der Gesetzgeber eine klare Privilegierung des Pfandbriefgläubigers gegenüber dem Darlehensschuldner vorgenommen. Diese Privilegierung ist aber gerechtfertigt. Und zwar auch unter dem Gesichtspunkt des hinsichtlich des Darlehensnehmers zu berücksichtigenden Verbraucherschutzgedankens. Denn die Privilegierung des Pfandbriefgläubigers dient nicht nur seiner Sicherheit, sie führt auch dazu, dass der Pfandbrief mit für die Pfandbriefbank günstigeren Konditionen ausgestattet ist als sonstige Schuldverschreibungen es wären. Diese günstigeren Konditionen wird die Pfandbriefbank zumindest zum Teil an die Darlehensnehmer weitergeben. Dadurch nützt die Privilegierung der Pfandbriefgläubiger indirekt auch dem Darlehensnehmer und auch der Gesamtwirtschaft. Insoweit besteht also ein Gleichklang zwischen dem Sinn und Zweck des Deckungsregisters und dem Sinn und Zweck der Institution des Refinanzierungsregisters. Auch das Refinanzierungsregister dient nicht nur den Interessen der Kreditinstitute einen günstigeren Refinanzierung. Die Institution des Refinanzierungsregisters führt durch die Ermöglichung einer günstigeren Refinanzierung auch dazu, dass die sich hieraus ergebenden Margenvorteile zumindest zum Teil an die Darlehensnehmer weitergegeben werden. Dies wiederum führt ebenfalls zu einem positiven Einfluss auf die Gesamtwirtschaft.[21]

§ 22 Abs. 2 Satz 3 KWG schließt die Geltung des § 1156 Satz 1 BGB aus. Letztere 19
Vorschrift schließt die Anwendung der §§ 406 und 408 BGB in Ansehung einer Hypothek aus. Dieser Ausschluss ist konsequent. Denn § 1156 BGB schützt den Erwerber einer durch eine Hypothek gesicherte Forderung davor, dass die durch den Forderungserwerb gemäß § 1153 Abs. 1 BGB miterworbene Hypothek durch ein nach dem Erwerb vorgenommenes Rechtsgeschäft zwischen dem bisherigen Gläubiger und dem Eigentümer oder dem persönlichen Schuldner beeinträchtigt wird.[22] Dieser Schutzzweck wird von dem Institut des Refinanzierungsregisters nicht verfolgt. Die ordnungsgemäße Eintragung in das Refinanzierungsregister soll nur die Rechtszuständigkeit in Bezug auf die Aussonderungsfähigkeit der eingetragenen Gegenstände sichern, nicht aber auch die allgemeine Rechtszuständigkeit.[23]

21 Vgl. BT DS 15/5852 Allgemeiner Teil, zu Artikel 4a neu.
22 Palandt, § 1156 Rdn. 1.
23 Vgl. BT DS 15/5852, zu § 22.

20 Sofern ein im Refinanzierungsregister eingetragener Gegenstand der **Absicherung eines anderen Gegenstandes** dient, bestimmt § 22 Abs. 2 Satz 4 KWG, dass der Dritte dem Übertragungsberechtigten alle Einwendungen und Einreden entgegenhalten, kann, die dem Dritten aufgrund des Vertrages zustehen, welcher den rechtlichen Grund für die Absicherung enthält. Gemeint sind alle Einwendungen und Einreden, die der Dritte aus der Sicherungszweckerklärung hat. Damit ist der gutgläubige Erwerb der Einredefreiheit ausgeschlossen.[24]

21 Eine **Ausnahme** macht § 22j Abs. 2 Satz 6 nur für **mündliche oder konkludente Abtretungsverbote** (nicht: schriftliche Abtretungsverbote oder gesetzliche Verfügungsverbote). Solche Abtretungsverbote können gemäß § 22d Abs. 4 weder dem Refinanzierungsunternehmen noch dem Übertragungsberechtigten noch einem Dritterwerber entgegengehalten werden, und zwar unabhängig davon, ob eine Aussonderung oder Übertragung an den Übertragungsberechtigten oder einen Dritterwerber erfolgt ist oder nicht. Insoweit wird der im Refinanzierungsregister eingetragene Übertragungsberechtigte gegenüber einem nicht eingetragenen Übertragungsberechtigten **privilegiert**.

22 Das **Refinanzierungsunternehmen** kann gegenüber dem im Refinanzierungsregister eingetragenen Übertragungsberechtigten gemäß § 22j Abs. 3 weder **aufrechnen** noch **Zurückbehaltungsrechte** geltend machen. Denn das Refinanzierungsunternehmen könnte auch nach Übertragung gegenüber dem Erwerber kein Aufrechnungs- oder Zurückbehaltungsrecht mit der Wirkung geltend machen, dass die Übertragung selbst unwirksam wird. Daher soll das Refinanzierungsunternehmen bereits nach Eintragung des Gegenstandes in das Refinanzierungsregister die Übertragung nicht mehr verhindern können.[25]

7. Requalifizierung

23 In § 22j Abs. 4 wird nunmehr klargestellt, dass es den in § 22j festgelegten Wirkungen der ordnungsgemäßen Eintragung von Gegenständen nicht entgegensteht, wenn das Refinanzierungsunternehmen im Rahmen der Veräußerung der eingetragenen Gegenstände an den Übertragungsberechtigten das Risiko der Werthaltigkeit ganz oder teilweise behält. Dies ging zwar schon früher aus der Gesetzesbegründung zur Einführung des Instituts des Refinanzierungsregisters klar hervor,[26] wurde jedoch gleichwohl mehrfach angezweifelt. Hintergrund war ein Urteil des Bundesfinanzhofes[27] zu einer ABS-Transaktion (Asset Backed Securities). In diesem Urteil hatte der Bundesfinanzhof ein besichertes Darlehen auch nach der Veräußerung als im Eigentum des Veräußerers stehend beurteilt, weil der Veräußerer die Risiken aus dem Darlehen auch nach der Veräußerung behalten hatte (wirtschaftliches Eigentum).

24 BT DS 15/5852, zu § 22.
25 BT DS 15/5852, zu § 22j.
26 BT DS 15/5852, zu § 22j.
27 BFH DStR 2010, 2455.

8. Wahlrecht des Insolvenzverwalters

Gemäß § 103 InsO hat der Insolvenzverwalter unter den in dieser Vorschrift näher genannten Voraussetzungen die Möglichkeit, die Erfüllung eines Vertrages, welcher vom Schuldner und vom Gläubiger zum Zeitpunkt der Eröffnung des Insolvenzverfahrens nicht oder nicht vollständig erfüllt wurde, abzulehnen. Es stellt sich die Frage, ob über § 103 InsO die in § 22j Abs. 1 KWG gesetzlich angeordnete Aussonderungsfähigkeit von Gegenständen, die in das Refinanzierungsregister eingetragen sind, ausgehebelt werden kann. Dies ist im Ergebnis nicht der Fall. 24

Bei gegenseitigen Verträgen, die in Bezug auf mindestens eine Seite auf den Austausch mehrerer Leistungen oder den Austausch einer teilbaren Leistung gerichtet ist, erfasst dieses Wahlrecht des Insolvenzverwalters nach der neueren höchstrichterlichen Rechtsprechung solche Leistungen oder Teilleistungen nicht, die bereits vor Eröffnung des Insolvenzverfahrens erbracht wurden. 25

Bereits in seinem Urteil vom 4.5.1995 hat der BGH ausgeführt, dass die mit der Eröffnung des Insolvenzverfahrens und dem Erfüllungsverlangen verbundenen Rechtsfolgen auf den Teil der Gegenleistung zu beschränken seien, der auf die bei Verfahrenseröffnung noch ausstehende Erfüllungsleistung der Masse entfällt.[28] Der BGH hat in diesem Zusammenhang weiter ausgeführt, dass bei teilweise erbrachten Leistungen des Gemeinschuldners die auf diesen Teil entfallende Gegenleistung weder durch die Eröffnung des Insolvenzverfahrens noch durch das Erfüllungsverlangen des Insolvenzverwalters berührt wird.[29] Ebenfalls in diesem Zusammenhang spricht der BGH in demselben Urteil davon, dass die Aufspaltung eines einheitlichen Rechtsverhältnisses dem geltenden Recht nicht fremd ist.[30] In seinem Urteil vom 27.7.1997 wiederholt der BGH seine im Urteil vom 4.5.1995 vertretene Auffassung indem er ausführt, dass – wenn der Gemeinschuldner (vor Insolvenzeröffnung) bereits einen Teil der ihm obliegenden Leistung vollbracht hat, der dieser Leistung entsprechende Anspruch auf die Gegenleistung durch die Eröffnung des Insolvenzverfahrens nicht berührt wird.[31] In seinem Urteil vom 1.3.2007 stellt der BGH fest, dass die Eröffnung des Insolvenzverfahrens nicht zu einem Erlöschen der beiderseitigen Ansprüche führt, sondern nur dazu, dass sie (während der Dauer des Insolvenzverfahrens) nicht durchgesetzt werden können.[32] Aus dieser höchstrichterlichen Rechtsprechung ergibt sich, dass bereits vor Eröffnung des Insolvenzverfahrens geleistete teilbare Leistungen weder von der Eröffnung des Insolvenzverfahrens noch von dem Wahlrecht des Insolvenzverwalters nach § 103 InsO erfasst werden.[33] Für den oben dargestellten Fall bedeutet dies, dass die Eintragung in das Refinanzierungsregister und die wegen § 22j Abs. 1 Satz 1 KWG damit verbundene gesetzliche Wirkung der Herstellung der Aussonderungsfähigkeit[34] weder durch die Eröffnung 26

28 BGH NJW 1995,1967.
29 BGH NJW 1995, 1967.
30 BGH NJW 1995, 1967.
31 BGH ZIP 1997,689.
32 BHW NJW 2007, 1594.
33 So im Ergebnis auch Wegener in Uhlenbruck, § 103 Rdn. 15.
34 Vgl. Uhlenbruck, § 47 Rdn. 39a und 39b.

des Insolvenzverfahrens noch durch das Wahlrecht des Insolvenzverwalters berührt wird.[35]

27 Die Pflicht des Insolvenzverwalters zur Herausgabe bzw. Abtretung des auszusondernden Gegenstandes kann ebenfalls nicht vom Wahlrecht des Insolvenzverwalters nach § 103 InsO beeinflusst werden. Denn diese Pflicht entspringt nicht dem Rechtsverhältnis der Partner des gegenseitigen Vertrags, sondern ist Bestandteil der Pflichten des Insolvenzverwalters, die aus seiner Rechtsstellung als Insolvenzverwalter resultieren. Denn zu den Pflichten des Insolvenzverwalters gehört es unter anderem die „Ist-Masse" zur „Soll-Masse" zu berichtigen.[36] Bestandteil dieser Pflicht zur Masseberichtigung ist es festzustellen, welche Gegenstände nicht zur Masse gehören und diese Gegenstände an den Berechtigten herauszugeben oder abzutreten.[37]

9. Sonstiges

28 Wegen der Begrifflichkeiten „Refinanzierungsunternehmen", „Gegenstände" und „ordnungsgemäße Eintragung" wird auf die Kommentierungen zu den §§ 22a und 22d verwiesen.

§ 22k
Beendigung und Übertragung der Registerführung

(1) [1]Willigen alle im Refinanzierungsregister eingetragenen Übertragungsberechtigten und deren Gläubiger ein, kann die Führung des Refinanzierungsregisters einen Monat nach Anzeige an die Bundesanstalt beendet werden. [2]Willigen alle im Refinanzierungsregister eingetragenen Übertragungsberechtigten und deren Gläubiger ein, kann die Registerführung unter Aufsicht der Bundesanstalt auf ein geeignetes Kreditinstitut übertragen werden, sofern es sich bei den eingetragenen Gegenständen um solche des die Registerführung übernehmenden Kreditinstituts handelt oder die Voraussetzungen des § 22b über die Führung des Refinanzierungsregisters für Dritte vorliegen.

(2) [1]Die Registerführung endet außerdem, wenn das registerführende Unternehmen nach Einschätzung der Bundesanstalt zur Registerführung ungeeignet ist. [2]In diesem Fall wird die Führung des Registers unter Aufsicht der Bundesanstalt auf ein nach Einschätzung der Bundesanstalt zur Registerführung geeignetes Kreditinstitut übertragen. [3]Die Vorschriften des § 22b über die Führung des Refinanzierungsregisters für Dritte finden sinngemäße Anwendung.

(3) Absatz 2 findet keine Anwendung, wenn über das Vermögen eines Unternehmens, das ein Refinanzierungsregister nicht nur für Dritte führt, das Insolvenzverfahren eröffnet wird.

---

35 Smola, DZWIR 2012, 318 f.
36 Vgl. Uhlenbruck, § 47 Anm. 4 m.w.N.
37 Vgl. Uhlenbruck, § 47 Anm. 4 m.w.N.

Übersicht

1. Allgemeines

§ 22k KWG regelt zwei Arten der Beendigung der Führung eines Refinanzierungsregisters, von denen die in Abs. 1 genannte erste Beendigungsform freiwilliger Natur ist, während die in Abs. 2 genannte zweite Beendigungsart unfreiwilliger Natur ist. 1

Über die freiwillige Beendigung der Registerführung hinaus regelt Abs. 1 die Übertragung der Registerführung auf ein anderes Kreditinstitut. Nach Abs. 1 ist es daher möglich, die Führung des Refinanzierungsregisters entweder ersatzlos zu beenden oder aber auf ein anderes Kreditinstitut zu übertragen. Demgegenüber sieht Abs. 2 für den Fall der unfreiwilligen Beendigung der Registerführung dem Wortlaut nach immer die Übertragung der Registerführung auf ein anderes Kreditinstitut vor (Siehe hierzu aber auch unten, zur unfreiwilligen Beendigung der Registerführung). Abs. 3 bestimmt, dass die Eröffnung des Insolvenzverfahrens über das Vermögen des registerführenden Unternehmens, welches ein Register nicht nur für sich selbst führt, für sich genommen nicht dazu führt, das das Unternehmen seine Eignung zur Registerführung verliert.

2. Verhältnis zu § 22b Abs. 2 KWG

§ 22k KWG überlagert die Vorschrift des § 22b Abs. 2 KWG. Nach letzterer Vorschrift ist Führung eines Refinanzierungsregisters von einem Kreditinstitut für ein anderes Kreditinstitut (nach Zustimmung der Bundesanstalt) nur dann möglich, wenn die Registerführung für das refinanzierende Kreditinstitut nach Art und Umfang seines Geschäftsbetriebes eine unangemessene Belastung darstellt. Von dieser Vorschrift macht § 22k für die Fälle der freiwilligen oder unfreiwilligen Beendigung der Registerführung eine Ausnahme. In den Fällen der Übertragung der Registerführung auf ein anderes Unternehmens im Rahmen des § 22k ist die Übertragung auch dann zulässig, wenn die Registerführung nach Art und Umfang des Geschäftsbetriebes keine unangemessene Belastung für das registerführende Unternehmen darstellt.[1] 2

1 Vgl. BT DS 15/5852, zu § 22k.

3. Freiwillige Beendigung der Registerführung

a) Grundsätzliches

3 Die freiwillige Beendigung der Registerführung setzt zunächst voraus, dass alle im Register eingetragenen **Übertragungsberechtigten** in die Beendigung **einwilligen.** Ist Übertragungsberechtigter eine Pfandbriefbank oder ein Versicherungsunternehmen, so ist zusätzlich die Einwilligung der Treuhänder dieser Institute erforderlich. Fehlt auch nur eine einzige Einwilligung, so ist die Beendigung rechtswidrig. Durch die im Zuge der Beendigung durchzuführende Auflösung des Refinanzierungsregisters verlieren die Übertragungsberechtigten alle Rechtspositionen, die sie durch die Eintragung erlangt haben. Hierzu gehört die Aussonderungsfähigkeit der für sie ordnungsgemäß eingetragenen Gegenstände bzw. derjenigen Gegenstände, die an die Stelle der ordnungsgemäß eingetragenen Gegenstände treten, § 22j Abs. 1 KWG. Hierzu gehört aber auch die durch die Eintragung erfolgte Wirkungslosigkeit ausdrücklicher oder konkludenter (nicht: schriftlicher) Abtretungsverbote, es sei denn, die betreffenden Abtretungen wurden nach Eintragung und vor Beendigung bereits vorgenommen.[2]

4 Die Beendigung der Registerführung ist der **Bundesanstalt vorab anzuzeigen.** § 22k sagt nicht, wem diese Anzeigepflicht obliegt. In der Regel wird die Anzeige aber wohl über das registerführende Unternehmen erfolgen.

5 Eine Einwilligung oder Zustimmung der Bundesanstalt in die Beendigung ist nicht erforderlich. Allerdings bestimmt Abs. 1 Satz 1, dass die Beendigung erst dann erfolgen darf, wenn der Zeitraum von **einem Monat** nach der Anzeige vergangen ist. Hierdurch wird der Bundesanstalt Zeit und Gelegenheit gegeben den Vorgang zu prüfen und gegebenenfalls Einwendungen zu erheben. Damit die Bundesanstalt diese Prüfung vornehmen kann ist es unerlässlich, dass die Beendigungsanzeige unter Beifügung aller erforderlicher (schriftlichen) Einwilligungen erfolgt.[3] Außerdem sollten der Anzeige Nachweise beigefügt sein, aus denen sich die Vollständigkeit der beigefügten Einwilligungserklärungen ergibt.

6 Zur Berechnung **der Monatsfrist** wird es nicht ausreichend, dass auf die Absendung der Anzeige abgestellt wird. Vielmehr ist der **Zugang bei der Bundesanstalt** erforderlich. In diesem Zusammenhang ist anzuraten, dass das registerführende Unternehmen diesen Eingang in geeigneter Form nachweisen kann, beispielsweise indem sie die Anzeige per Einschreiben mit Rückantwort versendet und den Rückschein zu den Akten nimmt.

7 Die freiwillige Beendigung der Registerführung ist auch nach Eröffnung des Insolvenzverfahrens über das Vermögen des registerführenden Instituts möglich.[4]

b) Rechtsfolgen der freiwilligen Beendigung

8 Wird die Führung des Refinanzierungsregisters ersatzlos beendet, so erlöschen die Rechtswirkungen der Eintragung. Die Übertragungsberechtigten fallen in dieje-

---

2 So auch Tollmann in B/F/S-M, § 22k Rdn. 1.
3 Vgl. hierzu auch B/F/S-M, § 22k Rdn. 5.
4 BT DS 15/5852, zu § 22k.

nigen **Rechtspositionen** zurück, welche sie vor der ordnungsgemäßen Registereintragung hatten. Eine Ausnahme gilt nur dann, wenn nach der ordnungsgemäßen Registereintragung und vor der Beendigung rechtswirksame Abtretungen von Forderungen im Sinne des § 22d Abs. 5 vorgenommen wurden. Diese Abtretungen bleiben wirksam, auch wenn sie mit mündlichen oder konkludenten (nicht: schriftlichen) Abtretungsverboten behaftet waren.[5]

c) Übertragung der Registerführung im Zusammenhang mit der freiwilligen Beendigung der Registerführung

Gemäß § 22k Abs. 1 Satz 2 kann die Registerführung unter den dort genannten Voraussetzungen auf ein anderes Unternehmen **übertragen** werden. Ob diese Übertragung dazu führt, dass das Register bei dem ursprünglich registerführenden Unternehmen erlischt und beim übernehmenden Institut ein neues Refinanzierungsregister entsteht oder ob das Register von einem zum anderen Unternehmen ohne Löschung übergeht, sagen die Gesetzesmaterialien nicht. Der Umstand, dass Abs. 1 Satz 2 ausdrücklich davon spricht, dass die Registerführung **übertragen** werden kann und die Tatsache, dass die Übertragungsberechtigten ein fundamentales Interesse daran haben, dass die Wirkungen der ordnungsgemäßen Eintragungen auch dann lückenlos bestehen bleiben, wenn eigentlich nur ein Wechsel des registerführenden Unternehmens gewünscht wird, sprechen dafür, in der Übertragung der Registerführung keine Beendigung des Registers selbst in Verbindung mit der Einrichtung eines neuen Registers zu sehen, sondern einen **Übergang ein und desselben Registers auf ein neues registerführendes Unternehmen.**[6] 9

Die Übertragung bedarf der **Einwilligung** aller im Register eingetragener Übertragungsberechtigter und – sofern ein Übertragungsberechtigter eine Pfandbriefbank oder ein Versicherungsunternehmen ist – zusätzlich der Einwilligung der Treuhänder dieser Institute. 10

Die Übertragung der Registerführung bedarf gemäß Abs. 1 Satz 2 der **Aufsicht der Bundesanstalt.** Mit dieser Regelung behandelt der Gesetzgeber die Übertragung der Registerführung anders als die Einrichtung eines Refinanzierungsregisters, die nicht unter die Aufsicht der Bundesanstalt gestellt ist. Aus den Gesetzesmaterialien geht hervor, dass der Grund für diese unterschiedliche Behandlung darin liegt, dass die Übertragung der Registerführung in der Regel wohl dann erfolgt, wenn die Übertragungsberechtigten mit der Registerführung unzufrieden sind.[7] Die Bundesanstalt kann ihre Aufsichtsfunktion nur dann wahrnehmen wenn sie sich über jeden Schritt unterrichten lässt. Selbstverständlich kann die Bundesanstalt im Rahmen ihrer Aufsicht auch eigene Nachforschungen anstellen oder Anordnungen treffen. Auch in Bezug auf die Übertragung der Registerführung obliegen der Bundesanstalt ihre Pflichten und Befugnisse nach § 6 KWG. Danach hat die Bundesanstalt unter anderem Missständen entgegenzuwirken und kann zur Erfüllung dieser Pflicht hierzu geeignete und erforderliche Anordnungen treffen. 11

5 Vgl. Tollmann in B/F/S-M, § 22k Rdn. 1.
6 So auch Tollmann in B/F/S-M, § 22k Rdn. 14, 15, 21.
7 BT DS 15/5852, zu § 22k.

12 Die **Übertragung** darf gemäß Abs. 1 Satz 2 nur auf ein **Kreditinstitut** übertragen werden, welches die Bundesanstalt für **geeignet** hält. Mit dieser Regelung soll wohl vermieden werden, dass die Übertragungsberechtigten ein zweites Mal von einem registerführenden Unternehmen enttäuscht werden. Bei seiner **Eignungsprüfung** wird die Bundesanstalt unter anderem prüfen, ob die personellen und technischen Einrichtungen des betreffenden Unternehmens ausreichen, um die Komplexität des konkret zu übertragenden Refinanzierungsregisters zu beherrschen. Die Komplexität eines Refinanzierungsregisters, welches nur wenige Übertragungsberechtigte und wenige Eintragungsgegenstände umfasst, unterscheidet sich wesentlich von der Komplexität eines Refinanzierungsregisters, welches eine Vielzahl von Übertragungsberechtigen und eine Vielzahl von Eintragungsgegenständen umfasst, vor allem dann, wenn einer der Übertragungsberechtigten eine **Pfandbriefbank** ist, für die eine Vielzahl von Darlehen und/oder Grundpfandrechten im Refinanzierungsregister eingetragen sind, die die Pfandbriefbank zudem noch in **Deckung** genommen hat. Dieser Fall erfordert in der Regel ein ausgefeiltes elektronisches **Refinanzierungsregister,** ein ausgefeiltes elektronisches **Deckungsregister** sowie die Fähigkeit beider EDV-Systeme zur vollautomatischen Kommunikation, und zwar auch hinsichtlich aller Daten, die das jeweils andere System benötigt. Das kann konkret bedeuten, dass das EDV-System des Refinanzierungsregisters auch diejenigen Daten verarbeiten und liefern muss, die in das Deckungsregister eingestellt werden müssen und umgekehrt.

13 Das Kreditinstitut, auf welches die Führung des Refinanzierungsregisters übertragen wird, muss entweder Rechtsinhaber der eingetragenen Gegenstände sein, oder es müssen die Voraussetzungen des § 22b KWG zur Führung eines Refinanzierungsregisters für Dritte vorliegen. In der Praxis dürfte eher letzterer Fall überwiegen. Denn wenn das Kreditinstitut, auf welches die Registerführung übertragen werden soll, bereits Inhaber der Eintragungsgegenstände ist, so wird die Führung eines Refinanzierungsregisters für dieses Kreditinstitut nach Art und Umfang seines Geschäftsbetriebes eine unangemessene Belastung darstellen. Andernfalls hätte es die Registerführung bereits von Anfang an durchführen müssen. Dies folgt daraus, dass gemäß § 22a Abs. 1 die Registerführung immer vom Refinanzierungsunternehmen zu leisten ist, wenn dieses ein Kreditinstitut ist und es eine Auslagerung der Registerführung durch ein Kreditinstitut ist, gemäß § 22a Abs. 3 nur unter den Voraussetzungen des § 22b Abs. 2 zulässig ist. Diese Voraussetzungen bestehen aber gerade darin, dass die Führung eines Refinanzierungsregisters für dieses Kreditinstitut nach Art und Umfang seines Geschäftsbetriebes eine unangemessene Belastung darstellt. Ist das Kreditinstitut, auf welches die Registerführung übertragen werden soll nicht bereits Inhaber der Eintragungsgegenstände, so müsste es diese Rechtsstellung erst erwerben. Dies erscheint aber untunlich. Denn dann können die Eintragungsgegenstände auch gleich von den Übertragungsberechtigten erworben werden.

4. Unfreiwillige Beendigung der Registerführung

a) Grundsätzliches

14 Gemäß Abs. 2 Satz 1 setzt die unfreiwillige Beendigung der Registerführung voraus, dass das registerführende Unternehmen **nach Einschätzung der Bundesanstalt zur Registerführung ungeeignet** ist. Wegen der Auslegung des Begriffes der

Ungeeignetheit gelten die Ausführungen oben zu Übertragung der Registerführung auf ein geeignetes Kreditinstitut entsprechend. Ob das registerführende Unternehmen ungeeignet ist oder nicht unterstellt Abs. 2 Satz 1 der Einschätzung der Bundesanstalt. Damit erhält die Bundesanstalt einen weiten Ermessensspielraum. Andererseits wird die unfreiwillige Beendigung der Registerführung die Reputation des registerführenden Unternehmens in den meisten Fällen in nicht unerheblichem Maß schädigen. Die Bundesanstalt wird daher ihr Ermessen in der Regel nur dann richtig ausüben, wenn sie zunächst mildere Mittel anordnet. Etwas anderes ist es, wenn das registerführende Unternehmen die Geeignetheit zur Registerführung nicht aus Gründen der Zuverlässigkeit oder der sachlichen und personellen Ausstattung verliert sondern deshalb, weil es seine Eigenschaft als Kreditinstitut verliert, etwa, weil es den Geschäftsbetrieb aufgibt oder weil es die Erlaubnis zum Betreiben von Bankgeschäften verliert.[8] In diesem Fall reduziert sich das Ermessen der Bundesanstalt auf Null, weil die Registerführung gemäß § 22b an die Kreditinstitutseigenschaft (mit Ausnahme der Kreditanstalt für Wiederaufbau) anknüpft. Deshalb muss in diesem Fall die Bundesanstalt die Beendigung der Registerführung anordnen ohne zuvor mildere Mittel in Betracht zu ziehen. Nur die Bundesanstalt ist befugt, die unfreiwillige Beendigung der Registerführung anzuordnen. Unerheblich ist, ob das registerführende Unternehmen die Registerführung für sich oder für ein anderes Unternehmen durchführt.[9] Ob Anlass zur Vermutung besteht, dass ein registerführendes Unternehmen zur Registerführung ungeeignet ist, wird der Bundesanstalt in der Regel wohl über den Verwalter des Refinanzierungsregisters erfahren. Denn dieser ist gemäß § 22f Abs. 1 verpflichtet, der Bundesanstalt unaufgefordert Mitteilung zu machen, wenn Umstände auf eine nicht ordnungsgemäße Registerführung hindeuten. Kommt der Verwalter seiner Pflicht nach, kann die Bundesanstalt zunächst vom Verwalter weitere Auskünfte verlangen. Es bleibt ihr aber auch unbenommen eigene Nachforschungen, etwa im Rahmen einer Sonderprüfung nach § 44 KWG, anzustellen.[10]

Die unfreiwillige Beendigung der Registerführung kann nur durch die Bundesanstalt erfolgen und bedarf weder der Einwilligung der Übertragungsberechtigten noch der Einwilligung deren Gläubiger. 15

b) Übertragung der Registerführung im Zusammenhang mit der unfreiwilligen Beendigung der Registerführung

Im Falle der unfreiwilligen Beendigung der Registerführung wird nach Abs. 2 Satz 2 die Registerführung auf ein anderes Kreditinstitut übertragen, welches die Bundesanstalt für geeignet hält (zum Begriff der Geeignetheit siehe oben). Daraus kann aber nicht gefolgert werden, dass ein Kreditinstitut, welches die Bundesanstalt für geeignet hält, auch zur Übernahme der Registerführung verpflichtet ist. Gemäß § 2 Abs. 2 KWG ist die **Kreditanstalt für Wiederaufbau** Kreditinstitut im Sinne der §§ 22a bist 22o KWG. 16

8 BT DS 15/5852, zu § 22k.
9 So auch Tollmann in B/F/S-M, § 22k Rdn. 18.
10 So auch Tollmann in B/F/S-M, § 22k, Rdn. 19 m.w.N.

17 Abs. 2 Satz 2 sieht für den Fall der unfreiwilligen Beendigung der Registerführung dem Wortlaut nach immer die Übertragung der Registerführung auf ein anderes Kreditinstitut vor. Es sind aber auch im Rahmen der unfreiwilligen Beendigung der Registerführung Fälle denkbar, in denen es sinnvoller sein kann auf die Übertragung der Registerführung auf ein anderes Kreditinstitut zu verzichten. Dies kann beispielsweise dann der Fall sein, wenn sich die Beteiligten auf eine andere Form der Aussonderungsfähigkeit respektive Insolvenzfestigkeit der im Register eingetragenen Gegenstände, beispielsweise im Rahmen einer rechtswirksamen Übertragung, einigen und die Umsetzung dieser anderen Form schneller und problemloser möglich ist als die Übertragung der Registerführung auf ein anders Kreditinstitut. In diesem Falle dürfte Abs. 2 einschränkend dahingehend auszulegen sein, dass unter Aufsicht der Bundesanstalt auch eine Beendigung der Registerführung ohne Übertragung auf ein anders Kreditinstitut möglich ist.

18 Die Übertragung der Registerführung im Zusammenhang mit der unfreiwilligen Beendigung der Registerführung bedarf weder der Einwilligung der Übertragungsberechtigten noch der Einwilligung deren Gläubiger.

5. Insolvenzverfahren

19 Abs. 3 bestimmt, dass die Eröffnung des Insolvenzverfahrens über das Vermögen des registerführenden Unternehmens für sich allein keinen Grund zur Annahme der Ungeeignetheit zur Führung eines bereits eingerichteten Refinanzierungsregisters darstellt. Abs. 3 beschränkt dieses aber auf solche Unternehmen, die das Register nicht nur für Dritte führen. Daraus folgt im Umkehrschluss, dass ein Unternehmen, welches ein Refinanzierungsregister ausschließlich für einen oder mehrere Dritte führt, durch die Eröffnung des Insolvenzverfahrens durchaus seine Eignung zur Führung des Refinanzierungsregisters verliert und Abs. 2 eingreift.

§ 22l
Bestellung des Sachwalters bei Eröffnung des Insolvenzverfahrens

(1) [1]Ist über das Vermögen eines Unternehmens, das ein Refinanzierungsregister nicht nur für Dritte führt, das Insolvenzverfahren eröffnet, bestellt das Insolvenzgericht auf Antrag der Bundesanstalt eine oder zwei von der Bundesanstalt vorgeschlagene natürliche Personen als Sachwalter des Refinanzierungsregisters (Sachwalter). [2]Das Gericht kann vom Vorschlag der Bundesanstalt abweichen, wenn dies zur Sicherstellung einer sachgerechten Zusammenarbeit zwischen Insolvenzverwalter und Sachwalter erforderlich erscheint. [3]Der Sachwalter erhält eine Urkunde über seine Ernennung, die er bei Beendigung seines Amtes dem Insolvenzgericht zurückzugeben hat.

(2) [1]Die Bundesanstalt stellt einen Antrag nach Absatz 1 Satz 1, wenn dies nach Anhörung der Übertragungsberechtigten zur ordnungsgemäßen Verwaltung der im Refinanzierungsregister eingetragenen Gegenstände erforderlich erscheint. [2]Als Sachwalter des Refinanzierungsregisters soll die Bundesanstalt den Verwalter des Refinanzierungsregisters vorschlagen, bei Fehlen oder dauernder Verhinderung desselben seinen Stellvertreter oder eine andere geeig-

nete natürliche Person. [3]Der Sachwalter des Refinanzierungsregisters ist auf Antrag der Bundesanstalt abzuberufen, wenn ein wichtiger Grund vorliegt.

(3) [1]Erscheint die Bestellung eines zweiten Sachwalters des Refinanzierungsregisters zur ordnungsgemäßen Verwaltung der im Refinanzierungsregister eingetragenen Gegenstände erforderlich, kann die Bundesanstalt nach Anhörung der Übertragungsberechtigten einen weiteren Antrag nach Absatz 1 Satz 1 stellen. [2]Stellt sie diesen Antrag, soll sie den Stellvertreter des Verwalters des Refinanzierungsregisters oder, wenn ein solcher fehlt, eine andere geeignete natürliche Person vorschlagen.

(4) [1]Mit der Bestellung einer anderen Person als der des Verwalters zum Sachwalter erlischt das Amt des Verwalters. [2]Das Amt wird vom Sachwalter des Refinanzierungsregisters fortgeführt. [3]Die Sätze 1 und 2 gelten entsprechend für den Stellvertreter des Verwalters.

Übersicht

1. Allgemeines

1 Die §§ 221 bis o regeln die Bestellung eines oder zweier Sachwalter, wenn über das Vermögen des registerführenden Unternehmens entweder das Insolvenzverfahren eröffnet wurde oder aber die Voraussetzungen des § 46 KWG vorliegen. Die Voraussetzungen des § 46 KWG liegen nicht erst dann vor, wenn das Insolvenzverfahrens eröffnet wurde sondern auch schon vorher, nämlich wenn eine Gefahr für die Erfüllung der Verpflichtungen des registerführenden Unternehmens gegenüber seinen Gläubigern, insbesondere für die Sicherheit der ihm anvertrauten Vermögenswerte, besteht oder der begründete Verdacht vorliegt, dass eine wirksame Aufsicht über das Unternehmen nicht möglich ist.

2. Anwendungsbereich

2 Es muss sich um ein Unternehmen handeln, welches das **Refinanzierungsregister nicht nur für Dritte** führt. Das Unternehmen muss das Register somit entweder **für sich selbst oder aber für sich und für Dritte** führen. Wird das Register nur für Dritte geführt, so berührt die Eröffnung des Insolvenzverfahrens über das Vermögen des registerführenden Unternehmens die Rechtsstellung der Übertragungsberechtigten nicht, da die Übertragung der im Register ordnungsgemäß eingetragenen Gegenstände in diesem Falle nicht vom registerführenden Unternehmen geschuldet wird, sondern vom nicht insolventen Refinanzierungsunternehmen.[1] § 221 ist auch dann nicht anwendbar, wenn über das Vermögen des Refinanzie-

1 BT DS 15/5852 zu § 221.

rungsunternehmens, welches nicht zugleich auch registerführendes Unternehmen ist, das Insolvenzverfahren eröffnet wird.[2]

3. Bestellung des Sachwalters

3 Die Bestellung einer oder zwei Personen zum Sachwalter des Refinanzierungsregisters erfolgt durch das Insolvenzgericht, also durch das Amtsgericht, bei dem der Insolvenzschuldner seinen allgemeinen Gerichtsstand hat, §§ 2 und 3 InsO. Dies ist gem. § 3 InsO das Amtsgericht, in dessen Bezirk der Insolvenzschuldner seinen Sitz hat. Das Insolvenzgericht wird dabei nicht von sich aus tätig, vielmehr erfolgt die Bestellung auf Antrag der Bundesanstalt. Zwar kann die Bundesanstalt von sich aus tätig werden. In der Regel dürfte es aber der Verwalter des Refinanzierungsregisters sein, der die Kette anstößt, an deren Ende die Bestellung des Sachwalters steht. Denn einerseits überwacht der Verwalter die ordnungsgemäße Führung des Refinanzierungsregisters und hat deshalb unmittelbaren Einblick in das registerführende Unternehmen. Er wird daher bereits in einem sehr frühen Stadium von einer bevorstehenden Insolvenz dieses registerführenden Unternehmens Kenntnis erlangen. Andererseits hat er vordringlich die Interessen der Übertragungsberechtigten zu berücksichtigen. Zum Dritten hat der Verwalter der Bundesanstalt gemäß § 22f Abs. 1 unaufgefordert Mitteilung zu machen, wenn Umstände auf eine nicht ordnungsgemäße Registerführung hindeuten. Hierunter fällt nicht nur die laufende, sondern auch die zukünftige Registerführung. Dass die drohende Insolvenz ein Umstand ist, der darauf hindeutet, dass die ordnungsgemäße Registerführung in Zukunft nicht (mehr) gewährleistet ist, dürfte einleuchten.[3]

4 Das Insolvenzgericht kann von dem Antrag der Bundesanstalt abweichen, wenn dies zur Sicherstellung einer sachgerechten Zusammenarbeit zwischen dem Insolvenzverwalter und dem Sachwalter erforderlich erscheint. Ob diese Zusammenarbeit zufriedenstellend verläuft oder nicht, kann das Insolvenzgericht relativ einfach feststellen. Denn es bestellt nicht nur den oder die Sachwalter sondern auch den Insolvenzverwalter. Beide stehen auch unter der Aufsicht des Insolvenzgerichts. Für den Sachwalter ergibt sich dies aus § 22n Abs. 1 Satz 1. Für den Insolvenzverwalter wird dies in § 58 Abs. 1 InsO geregelt. Die Bundesanstalt ist in der Frage, ob sie den Antrag stellt, nicht frei. Sie hat diesen Antrag zu stellen, wenn dies nach Anhörung der Übertragungsberechtigten erforderlich erscheint. Diese **Anhörung** der Übertragungsberechtigten ist **zwingend. Alle** Übertragungsberechtigten sind anzuhören. Erscheint der Bundesanstalt nach Anhörung aller Übertragungsberechtigter die Stellung eines Antrags auf Bestellung eines Sachwalters zur ordnungsgemäßen Verwaltung der im Refinanzierungsregister eingetragenen Gegenstände als erforderlich, so stellt sie diesen Antrag. Abs. 2 Satz 2 formuliert ausdrücklich „erforderlich erscheint" und nicht „erforderlich ist". Das Vorliegen der objektiven Erforderlichkeit ist daher nicht notwendig. Unerheblich ist es, ob die Anhörung der Übertragungsberechtigten kausal dafür war, dass die Bundesanstalt die Bestellung eines Sachwalters für notwendig hält oder ob die Bundesanstalt auch ohne Anhörung zu dieser

---

2 BT DS 15/5852 zu § 22l.

3 Vgl. die Kommentierung zu § 22f Abs. 1 KWG.

Haltung gelangt ist. Die Bundesanstalt hat sich bei ihrer Entscheidung in besonderem Maße von den Interessen der Aussonderungsberechtigten leiten zu lassen.[4] Danach wird sich in aller Regel ergeben, dass die Bestellung eines Sachwalters erforderlich erscheint, allein schon deswegen, um ein die Interessen der Übertragungsberechtigten wahrendes Gegengewicht zum Insolvenzverwalter zu bilden. Es sind aber auch Fälle denkbar, in denen es sachgerechter erscheint, die eingetragenen Gegenstände für die Übertragungsberechtigten auszusondern und auf die Bestellung eines Sachwalters zu verzichten. Dies wird unter anderem dann der Fall sein, wenn nur eine geringe Zahl von Gegenständen eingetragen ist. Es wird dann kostengünstiger sein, wenn die Übertragungsberechtigten die eingetragenen Gegenstände aussondern und anschließend selbst verwalten oder verwerten.[5]

4. Person des Sachwalters

Sachwalter kann nach § 22l Abs. 1 nur eine (oder zwei) **natürliche Person**(en) 5
sein. Es kann daher keine juristische Person zum Sachwalter bestellt werden. Wohl aber kann die natürliche Person, die zum Sachwalter bestellt wird, Angestellter einer juristischen Person sein. Weder das Gesetz noch die Gesetzesmaterialien sagen etwas über die Qualifikation des Sachwalters. Dies ist umso verwunderlicher als dies in Bezug auf die Person des Verwalters völlig anders ist. Aus § 22e Abs. 2 Satz 2 KWG geht hervor, dass der Verwalter **sachkundig, zuverlässig** und **unabhängig** sein muss.[6] Aus dem Fehlen einer entsprechenden Vorschrift in Bezug auf die Person des Sachwalters kann aber nicht geschlossen werden, dass der Sachwalter diese Eigenschaften nicht haben muss. Denn der Aufgabenbereich des Sachwalters deckt den Aufgabenbereich des Verwalters nicht nur ab. Er geht über den Aufgabenbereich des Verwalters sogar hinaus. Gemäß § 22n Abs. 1 Satz 2 obliegen dem Sachwalters die Pflichten eines Verwalters. Gemäß § 22n Abs. 2 Satz 1 geht das Recht, die im Refinanzierungsregister eingetragenen Gegenstände zu verwalten und über sie zu verfügen mit der Ernennung des Sachwalters auf diesen über (wenn und soweit das registerführende Unternehmen bis zum Zeitpunkt der Ernennung des Sachwalters selbst zur Verwaltung oder Verfügung befugt war). Es ist somit davon auszugehen, dass der Gesetzgeber das Vorliegen der Kriterien der Sachkunde, Zuverlässigkeit und Unabhängigkeit auch in Bezug auf den Sachwalter für eine Selbstverständlichkeit hielt und deshalb auf eine entsprechende gesetzliche Regelung verzichtete.

Gemäß Abs. 2 Satz 2 soll die Bundesanstalt den Verwalter des Refinanzierungs- 6
registers respektive seinen Stellvertreter als Sachwalter vorschlagen. Damit soll ein reibungsloser Übergang der Tätigkeit des Verwalters auf die Tätigkeit des Sachwalters gewährleistet werden. Dies setzt aber voraus, dass die Sachkunde des Verwalters respektive seines Stellvertreters nicht nur zur Überwachung der ordnungsgemäßen Führung des Refinanzierungsregisters im Sinne des § 22g KWG ausreicht. Vielmehr muss der Verwalter respektive sein Stellvertreter über diese Sachkunde hinaus auch die Eignung besitzen, die erforderlich ist um die im Register eingetragenen Gegenstände ordnungsgemäß zu verwalten und sachgerecht und im Interesse

4 BT DS 15/5852, zu § 22l.
5 BT DS 15/5852, zu § 22l.
6 Vgl. wegen dieser Begriffe die Kommentierung zu § 22e KWG.

der Übertragungsberechtigten über sie zu verfügen. In diesem Zusammenhang ist zu berücksichtigen, dass der Sachwalter auch bei der Verwaltung von eingetragenen respektive der Verfügung über eingetragene Gegenstände gemäß § 22n Abs. 2 Satz 2 in Abstimmung mit dem Insolvenzverwalter auf die Einrichtungen des registerführenden Unternehmens zurückgreifen kann. Kommt es zwischen dem Sachwalter und dem Insolvenzverwalter hierüber zu Meinungsverschiedenheiten, entscheidet das Insolvenzgericht. Denn sowohl der Sachwalter als auch der Insolvenzverwalter unterliegen der Aufsicht dieses Insolvenzgerichts.

5. Abberufung des Sachwalters

7 Gemäß Abs. 2 Satz 3 ist der Sachwalter auf Antrag der Bundesanstalt abzuberufen, wenn ein wichtiger Grund vorliegt. Ein wichtiger Grund wird immer dann vorliegen, wenn begründete Zweifel an der Sachkunde, Zuverlässigkeit oder Unabhängigkeit des Sachwalters bestehen. Ein wichtiger Grund wird aber auch dann vorliegen, wenn begründete Zweifel an der sachgerechten Zusammenarbeit zwischen dem Sachwalter und dem Insolvenzverwalter bestehen und diese begründeten Zweifel in der Person des Sachwalters begründet sind.

6. Der zweite Sachwalter

8 Gemäß Abs. 3 kann die Bundesanstalt beim Insolvenzgericht den Antrag auf Bestellung einer zweiten natürlichen Person als Sachwalter stellen, wenn dies zur ordnungsgemäßen Verwaltung der im Register eingetragenen Gegenstände erforderlich erscheint. Auch hier ist die (vorherige) Anhörung der Übertragungsberechtigten erforderlich. Die Formulierung des Gesetzes legt die Annahme nahe, dass der Gesetzgeber davon ausgeht, dass im Normalfall ein Sachwalter ausreicht. Ob sich dies in der Praxis als richtig erweist bleibt abzuwarten. Allein schon um auch bei Krankheit oder Urlaub die lückenlose Sachwaltertätigkeit sicherzustellen und das im Kreditwesen übliche Vier-Augen-Prinzip zu gewährleisten,[7] ist anzuraten, grundsätzlich auf die Bestellung von zwei Sachwaltern hinzuwirken. Es ist in diesem Zusammenhang zu beachten, dass der zweite Sachwalter nicht unbedingt im Zuge der Eröffnung des Insolvenzverfahrens bestellt werden muss, sondern auch später noch bestellt werden kann.

9 Gemäß § 3 Satz 2 soll die Bundesanstalt grundsätzlich den Stellvertreter des Verwalters des Refinanzierungsregisters zum zweiten Sachwalter vorschlagen. Damit erreicht der Gesetzgeber auch in Bezug auf den zweiten Sachwalter eine gewisse Kontinuität der Aufgabenerledigung.

10 In Bezug auf die Bestellung oder Abberufung des zweiten Sachwalters gelten die Regelungen zur Bestellung des Sachwalters entsprechend.

7 Vgl. BT DS 15/5852, zu § 22l.

7. Erlöschen des Amtes des Verwalters oder seines Stellvertreters

Mit der Bestellung einer anderen natürlichen Person zum Sachwalter erlischt gemäß Abs. 4 das Amt des Verwalters. Entsprechendes gilt in Bezug auf den Stellvertreter des Verwalters. Sein Amt erlischt mit der Bestellung einer anderen natürlichen Person zum zweiten Sachwalter. In beiden Fällen werden die Funktionen des Verwalters respektive seines Stellvertreters vom Sachwalter respektive zweiten Sachwalter fortgeführt. Abs. 4 gilt dem Wortlaut nach nur für den Fall, dass Verwalter/stellvertretender Verwalter und Sachwalter/zweiter Sachwalter personenverschieden sind. Entsprechendes ist aber auch bei Personenidentität anzunehmen. 11

§ 22m
Bekanntmachung der Bestellung des Sachwalters

(1) [1]Das Insolvenzgericht hat die Ernennung und Abberufung des Sachwalters unverzüglich dem zuständigen Registergericht mitzuteilen und öffentlich bekannt zu machen. [2]Die Ernennung und Abberufung des Sachwalters sind auf die Mitteilung von Amts wegen in das Handelsregister einzutragen. [3]Die Eintragungen werden nicht bekannt gemacht. [4]Die Vorschriften des § 15 des Handelsgesetzbuchs finden keine Anwendung.

(2) [1]Sind in das Refinanzierungsregister Rechte des registerführenden Unternehmens eingetragen, für die eine Eintragung im Grundbuch besteht, so ist die Bestellung des Sachwalters auf Ersuchen des Insolvenzgerichts oder des Sachwalters in das Grundbuch einzutragen, wenn nach der Art der Rechte und den Umständen zu besorgen ist, dass ohne die Eintragung die Interessen der Übertragungsberechtigten gefährdet werden. [2]Satz 1 gilt entsprechend für Rechte des registerführenden Unternehmens, die im Schiffsregister, Schiffsbauregister oder im Register für Pfandrechte an Luftfahrzeugen eingetragen sind.

Übersicht

1. Publizität

§ 22m regelt die Art und Weise, wie **Ernennungen** oder **Abberufungen** von Sachwaltern respektive zweiten Sachwaltern veröffentlicht werden. Gemäß § 22m Abs. 1 Satz 1 macht das Insolvenzgericht die Ernennung oder Abberufung **öffentlich bekannt** und **informiert das Registergericht**. Beides hat gemäß Satz 1 **unverzüglich** zu erfolgen. Dadurch soll der Rechtverkehr zügig darüber in Kenntnis gesetzt werden, dass die **Verwaltung** der im Refinanzierungsregister eingetragenen Gegenstände **durch einen Sachwalter** vorgenommen wird.[1] § 22m ist im Zusammenhang 1

1 BT DS 15/5852, zu § 22m.

mit § 22l Abs. 1 Satz 3 zu betrachten. Gemäß letzterer Vorschrift händigt das Insolvenzgericht dem Sachwalter und ggf. auch dem zweiten Sachwalter eine Urkunde über die Ernennung aus, welche bei Beendigung des Sachwalteramtes dem Gericht zurückzugeben ist.

2. Öffentliche Bekanntmachung

2 Die öffentliche Bekanntmachung der Ernennungen oder Abberufungen von Sachwaltern hat zwingend **unverzüglich** zu erfolgen. Wie die öffentliche Bekanntmachung zu erfolgen hat, sagt § 22m KWG nicht. Allerdings schreibt § 9 Abs. 1 InsO vor, dass öffentliche Bekanntmachungen des Insolvenzgerichts über eine zentrale und länderübergreifende Veröffentlichung **im Internet** zu erfolgen haben.[2] § 9 Abs. 1 InsO dürfte auch im Zusammenhang mit § 22m KWG Anwendung finden.[3] Es ist kein Grund ersichtlich, warum die öffentliche Bekanntmachung im Rahmen des § 22m KWG anders erfolgen soll als die öffentliche Bekanntmachung im Rahmen des § 9 InsO.

3. Mitteilung an das Registergericht

3 Die Mitteilung an das **Registergericht** hat ebenfalls **unverzüglich** zu erfolgen. Dieses hat die Ernennung oder Abberufung von Sachwaltern von Amts wegen in das Handelsregister einzutragen. Diese Eintragung im Handelsregister wird nicht bekannt gemacht. Aus diesem Grunde findet auch § 15 HBG keine Anwendung. Nach dieser Vorschrift kann eine im Handelsregister einzutragende Tatsache von demjenigen, in dessen Angelegenheiten sie einzutragen ist, einem Dritten erst dann entgegengehalten werden, wenn sowohl die Eintragung als auch die Bekanntmachung dieser Eintragung erfolgt ist, es sei denn, dass sie diesem bekannt war.

4. Eintragung im Grundbuch

4 Sofern in das Refinanzierungsregister Gegenstände eingetragen sind, für die eine Eintragung im Grundbuch besteht, so ist die Bestellung eines Sachwalters in das betreffende Grundbuch einzutragen. Sofern es sich bei den im Refinanzierungsregister eingetragenen Gegenstände um solche handelt, hinsichtlich derer eine Eintragung im Schiffsregister, Schiffbauregister oder im Register für Pfandrechte an Luftfahrzeugen besteht, gilt entsprechendes und die Bestellung eines Sachwalters ist in das betreffende Register einzutragen.

5 Die Eintragung erfolgt entweder auf Ersuchen des Insolvenzgerichts oder auf Ersuchen des Sachwalters, wenn nach Art der Rechte und nach den Umständen zu besorgen ist, dass die Interessen der Übertragungsberechtigten ohne die Eintragung gefährdet sind. An diese Besorgnis sind keine hohen Anforderungen zu stellen. Sie wird immer schon dann gegeben sein, wenn der gutgläubige Erwerb von Rechtspositionen ausgeschlossen werden muss. Dies ist unter anderem dann der Fall, wenn die

---

2 www.insolvenzbekanntmachungen.de.
3 So auch Rinze/Noglik in Schwennicke/Auerbach, § 22m Rdn. 2; ebenso Tollmann in B/F/S-M, § 22m Rdn. 6.

Möglichkeit besteht, dass das (insolvente) Refinanzierungsunternehmen über einen im Refinanzierungsregister eingetragenen Gegenstand, für den eine Grundbucheintragung besteht, verfügt. Die abstrakte Möglichkeit reicht aus. Außerdem kann der Sachwalter durch die Eintragung seiner Bestellung im Grundbuch verhindern, dass der Grundeigentümer oder der persönliche Schuldner seine Aktivlegitimation bestreitet.[4]

Vor diesem Hintergrund wird es die Regel sein, dass der Sachwalter so früh wie möglich auf die Eintragung seiner Bestellung im Grundbuch hinwirkt. Denn tut er es nicht und werden durch dieses Versäumnis die Interessen der Übertragungsberechtigten beeinträchtigt, so macht sich der Sachwalter gegenüber den Übertragungsberechtigten unter Umständen gemäß § 22n Abs. 4 KWG schadensersatzpflichtig. 6

§ 22n
Rechtsstellung des Sachwalters

(1) [1]Der Sachwalter steht unter der Aufsicht des Insolvenzgerichts. [2]Das Insolvenzgericht kann vom Sachwalter insbesondere jederzeit einzelne Auskünfte oder einen Bericht über den Sachstand und die Geschäftsführung verlangen. [3]Daneben obliegen dem Sachwalter die Pflichten eines Verwalters. [4]Der Sachwalter und der Insolvenzverwalter haben einander alle Informationen mitzuteilen, die für das Insolvenzverfahren über das Vermögen des registerführenden Unternehmens und für die Verwaltung der im Refinanzierungsregister eingetragenen Gegenstände von Bedeutung sein können.

(2) [1]Soweit das registerführende Unternehmen befugt war, die im Refinanzierungsregister eingetragenen Gegenstände zu verwalten und über sie zu verfügen, geht dieses Recht auf den Sachwalter über. [2]In Abstimmung mit dem Insolvenzverwalter nutzt der Sachwalter alle Einrichtungen des registerführenden Unternehmens, die zur Verwaltung der eingetragenen Gegenstände erforderlich sind.

(3) [1]Hat das registerführende Unternehmen nach der Bestellung des Sachwalters über einen im Refinanzierungsregister eingetragenen Gegenstand verfügt, so ist diese Verfügung unwirksam. [2]Die Vorschriften der §§ 892, 893 des Bürgerlichen Gesetzbuchs, der §§ 16, 17 des Gesetzes über Rechte an eingetragenen Schiffen und Schiffsbauwerken und der §§ 16, 17 des Gesetzes über Rechte an Luftfahrzeugen bleiben unberührt. [3]Hat das registerführende Unternehmen am Tage der Bestellung des Sachwalters des Refinanzierungsregisters verfügt, so wird vermutet, dass es nach der Bestellung verfügt hat.

(4) [1]Der Sachwalter des Refinanzierungsregisters hat bei seiner Geschäftsführung die Sorgfalt eines ordentlichen und gewissenhaften Sachwalters anzuwenden. [2]Verletzt der Sachwalter des Refinanzierungsregisters seine Pflichten, so können die Übertragungsberechtigten und das registerführende Unternehmen Ersatz des hierdurch entstehenden Schadens verlangen. [3]Dies

4 Tollmann in B/F/S-M, § 22m Rdn. 11.

gilt nicht, wenn der Sachwalter des Refinanzierungsregisters die Pflichtverletzung nicht zu vertreten hat.

(5) [1]Der Sachwalter des Refinanzierungsregisters erhält von der Bundesanstalt eine angemessene Vergütung und Ersatz seiner Aufwendungen. [2]Die gezahlten Beträge sind der Bundesanstalt von den Übertragungsberechtigten anteilig nach der Anzahl der für sie eingetragenen Gegenstände gesondert zu erstatten und auf Verlangen der Bundesanstalt vorzuschießen. [3]Soweit das Refinanzierungsregister für Dritte geführt wird, sind diese neben den Übertragungsberechtigten als Gesamtschuldner zur Erstattung und zum Vorschuss verpflichtet. [4]§ 22i Abs. 2 und 3 Satz 1 gilt sinngemäß. [5]§ 22i Abs. 3 Satz 2 findet mit der Maßgabe entsprechende Anwendung, dass die Bundesanstalt beim Insolvenzgericht einen Antrag auf Abberufung stellen soll.

Übersicht

1. Aufsicht

1 Gemäß Abs. 1 Satz 1 steht der Sachwalter unter der Aufsicht des Insolvenzgerichts. Gemäß § 58 Abs. 1 InsO gilt für den Insolvenzverwalter das gleiche. Damit ist sichergestellt, dass ein und dasselbe Gericht, nämlich das Insolvenzgericht, sowohl den Insolvenzverwalter als auch den Sachwalter beaufsichtigt. Diese Aufsicht wird dadurch verbessert, dass das Insolvenzgericht sowohl vom Sachwalter als auch vom Insolvenzverwalter Auskünfte verlangen kann. Hinsichtlich des Insolvenzverwalters ergibt sich dies aus § 58 Abs. 1 Satz 2 InsO. Nach dieser Vorschrift kann das Insolvenzgericht vom Insolvenzverwalter jederzeit Auskünfte oder einen Bericht über den Sachstand und die Geschäftsführung verlangen. Hinsichtlich des Sachwalters ergibt sich gleiches aus Abs. 1 Satz 2. Daneben bestimmt Abs. 1 Satz 3, dass dem Sachwalter auch die Pflichten des Verwalters obliegen. Hierzu gehören auch die Pflichten des § 22f Abs. 1 KWG. Danach hat auch der Sachwalter der Bundesanstalt Auskunft über die von ihm im Rahmen seiner Tätigkeit getroffenen Feststellungen und Beobachtungen zu erteilen. Sofern Umstände darauf hindeuten, dass die ordnungsgemäße Führung des Refinanzierungsregisters nicht gegeben ist, hat der Sachwalter von sich aus der Bundesanstalt Mitteilung zu machen.

2 Unter anderem entscheidet die Aufsicht über **Meinungsverschiedenheiten** zwischen Sachwalter und Insolvenzverwalter. Sie löst auf diese Art auch Interessenskonflikte zwischen beiden. Beispielsweise können sich Meinungsverschiedenheiten aus der Frage ergeben, ob ein Gegenstand zur Insolvenzmasse gehört oder ob infolge ordnungsgemäßer Eintragung in das Refinanzierungsregister die Rechtszu-

ständigkeit der Übertragungsberechtigten fingiert wird. Die Aufsicht wird aber auch dann korrigierend eingreifen, wenn Meinungsverschiedenheiten zwischen Art und Umfang der Auskunftsrechte (siehe unten) bestehen, wenn die Abstimmung zwischen Sachwalter und Insolvenzverwalter über die Nutzung der Einrichtungen des registerführenden Unternehmens nicht reibungslos verläuft oder wenn der Insolvenzverwalter Einrichtungen schließen möchte, die der Sachwalter zur ordnungsgemäßen Erledigung seiner Aufgaben noch benötigt.

Da das Insolvenzgericht sowohl den Sachwalter als auch den Insolvenzverwal- 3
ter beaufsichtigt, hat es sowohl die Interessen des Sachwalters und damit insbesondere die Interessen der Übertragungsberechtigten zu berücksichtigen als auch die Interessen des Insolvenzverwalters und damit insbesondere die Interessen der Insolvenzgläubiger.

2. Verhältnis des Sachwalters zu dem registerführenden Unternehmen

Gemäß § 22n Abs. 2 geht das Recht des registerführenden Unternehmens, die im 4
Refinanzierungsregister eingetragenen Gegenstände zu verwalten und über sie zu verfügen, auf den Sachwalter über. Der Übergang erfolgt mit seiner Ernennung. Der Übergang sowohl der Verwaltungsbefugnis als auch der Verfügungsbefugnis kann nur dann erfolgen, wenn das registerführende Unternehmen selbst zur Verwaltung oder Verfügung befugt ist und auch nur in dem Maße, in dem es diese Befugnis innehat. Der Übergang erfolgt unbeschränkt. Das bedeutet, dass der Sachwalter hinsichtlich der Verwaltungs- und Verfügungsbefugnis über die im Refinanzierungsregister eingetragenen Gegenstände voll und ganz an die Stelle der Geschäftsleitung des registerführenden Unternehmens tritt.

Sofern das registerführende Unternehmen nicht die Verwaltungs- oder Verfü- 5
gungsbefugnis über die im Refinanzierungsregister eingetragenen Gegenstände innehat, geht diese Befugnis auch nicht auf den Sachwalter über. Daraus folgt, dass die Bestellung eines Sachwalters in diesem Falle sinnlos ist. Denn in diesem Falle beschränkt sich die Funktion des Sachwalters auf die Überwachung der ordnungsgemäßen Führung des Refinanzierungsregisters. Diese Funktion wird aber bereits vom Verwalter ausgefüllt.

3. Verhältnis des Sachwalters zu dem Insolvenzverwalter

Wie oben dargelegt, tritt der Sachwalter in Bezug auf die Verwaltungs- und Ver- 6
fügungsbefugnis über die im Refinanzierungsregister eingetragenen Gegenstände voll und ganz in die Geschäftsführerposition ein, während die Geschäftsführung des registerführenden Unternehmens beide Befugnisse spiegelbildlich verliert. Damit nimmt der Sachwalter in Bezug auf die im Refinanzierungsregister eingetragenen Gegenstände eine ähnliche, wenn nicht die gleiche Stellung ein wie der Insolvenzverwalter in Bezug auf die Insolvenzmasse.[1]

1 BT DS 15/5852 zu § 22n; Tollmann in B/F/S-M, § 22n Rdn. 11; Schwennicke/Auerbach, § 22a Rdn. 3.

4. Zusammenarbeit von Sachwalter und Insolvenzverwalter

7 Gemäß § 22n Abs. 2 Satz 2 geht die Befugnis des registerführenden Unternehmens, über die im Refinanzierungsregister ordnungsgemäß eingetragenen Gegenstände zu verfügen, sofern sie denn besteht, auf den Sachwalter über. Gemäß § 80 Abs. 1 InsO geht die Befugnis des Insolvenzschuldners, über zur Insolvenzmasse gehörende Vermögen zu verfügen und es zu verwalten, durch die Eröffnung des Insolvenzverfahrens auf den Insolvenzverwalter über. Der Sachwalter erhält die Verwaltungs- und Verfügungsbefugnis über die im Refinanzierungsregister eingetragenen Gegenstände, während der Insolvenzverwalter die Verwaltung- und Verfügungsbefugnis über das zur Insolvenzmasse gehörende sonstige Vermögen erhält. Daraus ergibt sich, dass Sachwalter und Insolvenzverwalter eine ähnliche, wenn nicht eine gleichwertige Rechtsstellung erlangen.[2] Dabei überschneiden sich die Zuständigkeitsbereiche des Sachwalters und des Insolvenzverwalters vom Grundsatz her nicht. Denn die Verwaltungs- und Verfügungsbefugnis des Insolvenzverwalters bezieht sich nur auf die Insolvenzmasse. Zur Insolvenzmasse gehört aber gemäß § 35 Abs. 1 InsO nur das Vermögen, welches **zum Zeitpunkt** der Eröffnung des Insolvenzverfahrens dem Schuldner gehört. Dieses „gehören", also die Rechtszuständigkeit, wird bei Sachen durch die Zuweisung des Eigentums und bei Forderungen durch die Zuweisung der Inhaberschaft bestimmt. Beides kann entweder durch Rechtsgeschäft oder durch Gesetz erfolgen.[3] Was die Zuordnung der Rechtszuständigkeit durch Gesetz angeht, so kann diese gesetzliche Zuordnung nicht nur darin bestehen, dass per Gesetz die Inhaberschaft respektive das Eigentum einem anderen zugewiesen wird. Es gibt auch Sonderformen der gesetzlichen Zuordnung der Rechtszuständigkeit, die nicht einen Wechsel der Inhaberschaft respektive des Eigentums beinhalten, sondern bei denen diese Rechtszuständigkeit allein durch Fiktion erfolgt. Um eine solche gesetzliche Fiktion der Zuordnung der Rechtzuständigkeit handelt es sich bei § 22j Abs. 1 Satz 1 und 2 KWG.[4] Nach dieser Vorschrift können Gegenstände, die ordnungsgemäß in das Refinanzierungsregister eingetragen wurden, nach § 47 InsO vom Übertragungsberechtigten ausgesondert werden. Das gleiche gilt für Gegenstände, die an die Stelle der ordnungsgemäß im Refinanzierungsregister eingetragenen Gegenstände treten. § 22j Abs. 1 verändert dabei nicht das Eigentum oder die Inhaberschaft sondern stellt ausschließlich auf das formale Kriterium der ordnungsgemäße Eintragung im Refinanzierungsregister ab. Das Eigentum bzw. die Inhaberschaft spielen im Rahmen des § 22j Abs. 1 KWG nur insoweit eine Rolle, dass das Refinanzierungsunternehmen Eigentümerin oder Inhaberin der eingetragenen Gegenstände sein muss. Eine Zuweisung des Eigentums oder der Inhaberschaft vom Refinanzierungsunternehmen auf den im Refinanzierungsregister eingetragenen Übertragungsberechtigten erfolgt jedoch nicht.

8 Gemäß Abs. 1 Satz 3 haben Sachwalter und Insolvenzverwalter einander alle Informationen mitzuteilen, die für das Insolvenzverfahren über das allgemeine Vermögen des registerführenden Unternehmens und für die Verwaltung der im Refinanzierungsregister eingetragenen Gegenstände von Bedeutung sein können. In der

2 BT DS 15/5852 zu § 22n; Tollmann in B/F/S-M, § 22n Rdn. 11; Schwennicke/Auerbach, § 22n Rdn. 3.
3 Vgl. Uhlenbruck, § 35 Rdn. 25.
4 Vgl. auch Uhlenbruck, § 35 Rdn. 37, 41 m.w.N.

Praxis werden dabei wohl weder der Sachwalter noch der Insolvenzverwalter von sich aus tätig werden. Vielmehr wird der eine den anderen aus gegebenem Anlass um Auskunft bitten. Erhält der Anfragende keine ausreichenden Auskünfte so kann er das Insolvenzgericht um Hilfe bitten. In diesem Fall ist das Insolvenzgericht als Aufsichtsorgan verpflichtet, auf eine reibungslose Zusammenarbeit zwischen Sachwalter und Insolvenzverwalter hinzuwirken. Bleiben die Bemühungen des Insolvenzgerichts erfolglos, so kann es denjenigen, in dessen Person die Ursachen für die unbefriedigende Zusammenarbeit liegen, abberufen bzw. entlassen. Was den Sachwalter angeht, so dürfte in diesen Fällen regelmäßig ein sachlicher Grund zur Abberufung gemäß § 22e Abs. 3 vorliegen. Was den Insolvenzverwalter angeht, so dürfte in diesen Fällen regelmäßig ein wichtiger Grund zur Entlassung im Sinne des § 59 Abs. 1 gegeben sein. Denn es ist sowohl für die Aufgabenerfüllung des Sachwalters als auch für die Aufgabenerledigung des Insolvenzverwalters unabdingbar, dass sich beide untereinander austauschen.[5]

Der Sachwalter des Refinanzierungsregisters arbeitet auch insoweit mit dem Insolvenzverwalter zusammen als der Sachwalter die Einrichtungen des registerführenden Unternehmens nutzen kann, soweit dies zur Verwaltung der im Register eingetragenen Gegenstände erforderlich ist. Denn gemäß Abs. 2 Satz 2 erfolgt diese Nutzung **in Abstimmung** mit dem Insolvenzverwalter. Diese Abstimmung ist in zweifacher Hinsicht erforderlich. Zum einen sind die Ressourcen eines Unternehmens begrenzt. Sachwalter und Insolvenzverwalter werden daher in die Lage kommen, dass eine Einrichtung nicht gleichzeitig zur Unterstützung des Sachwalters **und** des Insolvenzverwalters herangezogen werden kann, weil die Kapazität der Einrichtung nicht ausreicht. In diesem Fall ist eine Abstimmung zwischen Sachwalter und Insolvenzverwalter notwendig, wer von beiden die Einrichtung zuerst nutzt. Zum zweiten kann der Sachwalter in die Lage kommen, dass der Insolvenzverwalter eine bestehende Einrichtung aus Kostengründen schließen möchte, weil er sie zur Verwaltung der Insolvenzmasse nicht mehr benötigt. Ist in diesem Falle eine Weiterführung dieser Einrichtung zur ordnungsgemäßen Aufgabenerledigung des Sachwalters erforderlich, so entsteht ein Interessenkonflikt zwischen Sachwalter und Insolvenzverwalter. Kann dieser nicht für beide Seiten befriedigend beigelegt werden, beispielsweise weil die Kostenfrage nicht geklärt werden kann, so besteht für beide Seiten die Möglichkeit, das Insolvenzgericht um Entscheidung zu bitten. Da das Insolvenzgericht nicht nur die Interessen der Insolvenzgläubiger zu beachten hat, sondern auch die Interessen der Übertragungsberechtigten, ist davon auszugehen, dass es die Aufrechterhaltung der betreffenden Einrichtungen anordnen wird, wenn es ggf. auch in reduziertem Umfang und in diesem Zusammenhang eine sachgerechte Kostenregelung trifft. 9

Zu den Einrichtungen des registerführenden Unternehmens gehören nicht nur die Sacheinrichtungen sondern auch die Personalressourcen.[6] Die Inanspruchnahme dieser Einrichtungen wird in den allermeisten Fällen wegen der Komplexität der Abwicklungen sowohl für den Sachwalter als auch für den Insolvenzverwalter unverzichtbar sein. 10

5 BT DS 15/5852, zu § 22a.
6 So auch Tollmann in B/F/S-M, § 22n Rdn. 12.

5. Verfügungen des registerführenden Unternehmens

11 Gemäß Abs. 3 sind Verfügungen, die das registerführende Unternehmen nach der Bestellung des Sachwalters über einen im Refinanzierungsregister eingetragenen Gegenstand trifft, unwirksam. Um Unschärfen zu vermeiden, bestimmt Abs. 3 weiter, dass Verfügungen, die das registerführende Unternehmen am Tage der Bestellung des Sachwalters vorgenommen hat, als nach der Bestellung vorgenommen gelten. Damit sind **alle Verfügungen unwirksam**, die das registerführende Unternehmen **am Tage der Bestellung** des Sachwalters über einen im Refinanzierungsregister eingetragenen Gegenstand trifft. **Gutgläubiger Erwerb** eines Dritten wird jedoch wegen Abs. 3 Satz 2 nicht ausgeschlossen. Der Sachwalter tut daher gut daran, sobald als möglich geeignete Maßnahmen zu treffen, um gutgläubigen Erwerb auszuschließen. In der Regel wird hierzu gehören, dass er im Zuge seiner Bestellung unverzüglich auf die **Eintragung** seiner Bestellung **im Grundbuch** im Sinne des § 22m Abs. 2 KWG hinwirkt.

6. Verletzung refinanzierungsregisterspezifischer Pflichten

12 Gemäß Abs. 4 Satz 1 hat der Sachwalter bei seiner Aufgabenerledigung die Sorgfalt eines **ordentlichen und gewissenhaften Sachwalters** anzuwenden. Damit legt Abs. 4 für den Sachwalter denselben Maßstab an wie § 60 Abs. 1 Satz 2 InsO für den Insolvenzverwalter. Die Rechtsprechung, die sich in Bezug auf § 60 Abs. 1 Satz 2 InsO gebildet hat, dürfte daher auch auf die Auslegung des Abs. 4 Anwendung finden.[7]

13 Sofern der Sachwalter seine Sorgfaltspflichten verletzt, können sowohl die **Übertragungsberechtigten** als auch das **registerführende Unternehmen** hinsichtlich der ihnen hieraus entstehenden **Schäden** vom Sachwalter **Ersatz** verlangen. Mit dieser Regelung unterstreicht Abs. 4 nicht nur die neutrale Stellung des Sachwalters, der sowohl den Übertragungsberechtigten als auch dem registerführenden Unternehmen die ordentliche und gewissenhafte Erledigung seiner Aufgaben schuldet,[8] darüber hinaus stellt Abs. 4 auch einen Gleichklang mit dem Insolvenzverwalter her. Denn dieser schuldet gemäß § 60 Abs. 1 ebenfalls nicht nur den Insolvenzgläubigern die ordentliche und gewissenhafte Erledigung seiner Aufgaben sondern **allen** am Insolvenzverfahren **Beteiligten.**

14 Die Haftung des Sachwalters besteht nicht, wenn er die **Pflichtverletzung nicht zu vertreten** hat. Gemäß § 276 BGB hat der Sachwalter **Vorsatz** und **jeden Grad der Fahrlässigkeit** zu vertreten. Die **Beweislast**, dass dem Sachwalter weder Vorsatz noch Fahrlässigkeit zur Last gelegt werden kann, trifft den Sachwalter.[9]

15 Sofern der Sachwalter sich bei seiner Aufgabenerledigung **personeller Einrichtungen des registerführenden Unternehmens** bedient, handeln diese insoweit als Erfüllungsgehilfen. Die allgemeine Haftung des Sachwalters für Erfüllungsgehilfen nach § 278 BGB wird durch analoge Anwendung der insoweit spezialgesetzlichen Vor-

---

7 So auch Tollmann in B/F/S-M, § 22n Rdn. 13; Rinze/Noglik in Schwennicke/Auerbach, § 22n Rdn. 5.
8 BT DS 15/5852, zu § 22n.
9 BT/DS 15/5852, zu § 22n.

schrift des § 60 Abs. 2 InsO verdrängt. In analoger Anwendung dieser Vorschrift haftet der Sachwalter für diese Mitarbeiter des registerführenden Unternehmens nur dann, wenn diese zur Aufgabenerledigung **offensichtlich ungeeignet** sind, wenn er sie nicht ordentlich und gewissenhaft **überwacht** oder wenn diese fehlerhafte **Entscheidungen von besonderer Bedeutung** treffen. Setzt der Sachwalter **eigene Mitarbeiter** zur Aufgabenerledigung ein, so bleibt es bei der allgemeinen Haftung des Sachwalters für seine Erfüllungsgehilfen nach § 278 BGB, das heißt er haftet für das Verschulden seiner Mitarbeiter ebenso wie für eigenes Verschulden.

7. Verletzung nicht refinanzierungsregisterspezifischer Pflichten

Abs. 4 betrifft nur die Verletzung von Pflichten, die der Sachwalter in Bezug auf die Überwachung der ordnungsgemäßen Führung des Refinanzierungsregisters sowie in Bezug auf die sachgerechte Verwaltung der im Register eingetragenen Gegenstände und die sachgerechten Ausübung der Verfügungsbefugnis über diese Gegenstände hat. Daneben haftet der Sachwalter auch nach den allgemeinen oder anderen spezialgesetzlichen Regeln, wenn er außerhalb seiner refinanzierungsregisterspezifischen Pflichten Schäden verursacht.[10] 16

8. Vergütung

Gemäß Abs. 5 erhält der Sachwalter **von der Bundesanstalt** eine **angemessene Vergütung** und **Ersatz seiner Aufwendungen**. Wer diese angemessene Vergütung festsetzt, sagt Abs. 5 nicht. Die Angemessenheit der Vergütung des Sachwalters richtet sich nach denselben Grundsätzen wie die Angemessenheit der Vergütung des Verwalters. Da die Vergütung des Verwalters gemäß § 22i Abs. 1 von der Bundesanstalt festgesetzt wird, ist es sachgerecht, wenn die **Bundesanstalt** auch die Vergütung des Sachwalters festsetzt. Bei der Prüfung der Angemessenheit wird die Bundesanstalt berücksichtigen, dass der Sachwalter das Amt des Verwalters fortführt. Zusätzlich übernimmt der Sachwalter die Verfügungsbefugnis, Verwaltung und die Verwertung der im Refinanzierungsregister eingetragenen Gegenstände. Mit diesen Funktionen ist nicht nur ein erhöhter Arbeitsaufwand verbunden, sondern auch eine erhöhte Verantwortung. 17

9. Rückgriff der Bundesanstalt

Gemäß Abs. 5 Satz 2 sind die **Übertragungsberechtigten** verpflichtet, der Bundesanstalt die von dieser an den Sachwalter gezahlten Beträge (Vergütungen und Aufwendungsersatz) zu erstatten oder vorzuschießen. Die Pflicht des einzelnen Übertragungsberechtigten besteht dabei **anteilig** zu den anderen Übertragungsberechtigten, und zwar bezogen auf die **Anzahl aller** für den jeweiligen Übertragungsberechtigten eingetragenen Gegenstände. Der Gesetzeswortlaut schreibt dabei ausdrücklich vor, dass sich der Anteil des einzelnen Übertragungsberechtigten nach der **Anzahl** aller für ihn eingetragenen Gegenstände bemisst. Es kommt daher nicht auf die wirt- 18

10 Vgl. Sinz in Uhlenbruck, § 60 Rdn. 53 ff. in Bezug auf den Insolvenzverwalter.

schaftlichen Volumina dieser Gegenstände an. Derjenige Übertragungsberechtigte, für den eine Vielzahl von Gegenstände eingetragen sind, die der Summe nach aber nur einen geringen wirtschaftlichen Wert ausmachen, zahlt daher mehr als derjenige, für den nur ein Gegenstand eingetragen ist, dessen Wert aber viel höher ist.

19 Für ihre Pflichten haften alle Übertragungsberechtigen als Gesamtschuldner. Bei Ausfall eines Übertragungsberechtigten haften die verbleibenden Übertragungsberechtigten für dessen Ausfall.

20 Abs. 5 Satz 3 bestimmt, dass für den Fall, dass das Refinanzierungsregister für Dritte geführt wird, diese Dritten neben den Übertragungsberechtigten als Gesamtschuldner zur Erstattung bzw. dem Vorschuss verpflichtet sind. Es ist nicht erforderlich, dass das Register ausschließlich für den oder die Dritten geführt wurde.[11] Das registerführende Unternehmen kann das Register daher sowohl für sich als auch für einen oder mehrere Dritte führen.

21 Über den Verweis auf § 22i Abs. 3 stellt Abs. 5 sicher, dass neben dem Verwalter auch der Sachwalter über die von der Bundesanstalt festgesetzten Beträge hinaus weder vom registerführenden Unternehmen noch vom Refinanzierungsunternehmen noch von den Übertragungsberechtigten Leistungen annehmen darf. Aus der Verwendung des Begriffes „Leistungen“ ergibt sich, dass zusätzliche Leistungen aller Art unzulässig sind und es sich nicht unbedingt um Geldleistungen handeln muss. Nimmt der Sachwalter gleichwohl zusätzliche Leistungen an, so bestimmt § 22n Abs. 5 Satz 5, dass die Bundesanstalt beim Insolvenzgericht einen Antrag auf Abberufung des Sachwalters stellen soll.

§ 22o
Bestellung des Sachwalters bei Insolvenzgefahr

(1) [1]Unter den Voraussetzungen des § 46 bestellt das Gericht am Sitz des registerführenden Unternehmens auf Antrag der Bundesanstalt eine oder zwei Personen als Sachwalter. [2]Die Bundesanstalt stellt einen Antrag nach Satz 1, wenn dies nach Anhörung der Übertragungsberechtigten zur ordnungsgemäßen Verwaltung der im Refinanzierungsregister eingetragenen Gegenstände erforderlich erscheint. [3]Bei Gefahr im Verzuge ist auf die Anhörung zu verzichten. [4]In diesem Fall ist die Anhörung unverzüglich nachzuholen.

(2) [1]Für die Bestellung und Abberufung sowie für die Rechtsstellung eines unter diesen Umständen bestellten Sachwalters gelten die Vorschriften der §§ 22l bis 22n mit der Maßgabe entsprechend, dass an die Stelle des Insolvenzgerichts das Gericht am Sitz des registerführenden Unternehmens tritt. [2]Ein wichtiger Grund im Sinne des § 22l Abs. 2 Satz 3 liegt insbesondere dann vor, wenn die Voraussetzungen des § 46 wieder entfallen sind. [3]In diesem Fall soll die Bundesanstalt aus dem Kreis der Sachwalter den Verwalter bestellen.

(3) [1]Wird das Insolvenzverfahren über das Vermögen des registerführenden Unternehmens nach Bestellung des Sachwalters nach Maßgabe der Absätze 1 und 2 eröffnet, so gilt der Sachwalter für die Zeit nach Eröffnung des

11 So wohl auch BT DS 15/5852, zu § 22n.

Insolvenzverfahrens als mit Eröffnung des Insolvenzverfahrens vom Insolvenzgericht bestellt. ²Das Insolvenzgericht tritt an die Stelle des Gerichts am Sitz des registerführenden Unternehmens. ³Das Gericht am Sitz des registerführenden Unternehmens hat dem Insolvenzgericht alle mit der Bestellung und Aufsicht des Sachwalters des Refinanzierungsregisters in Zusammenhang stehenden Unterlagen zu übergeben.

Übersicht

1. Allgemeines

§ 22o ergänzt § 22l für den Fall, dass zwar keine Insolvenz vorliegt, dass aber die Voraussetzungen des § 46 erfüllt sind. Die Voraussetzungen des § 46 sind dann erfüllt, wenn die Gefahr besteht, dass ein Institut seine Verpflichtungen gegenüber seinen Gläubigern nicht erfüllen kann oder Gefahr für die Sicherheit der dem Institut anvertrauten Vermögenswerte besteht oder wenn der begründete Verdacht besteht, dass eine wirksame Aufsicht über das Institut nicht möglich ist. Ist einer dieser drei Sachverhalte erfüllt, bestellt das Gericht am Sitz des registerführenden Unternehmens auf Antrag der Bundesanstalt eine oder zwei (natürliche) Personen als Sachwalter. Im Gegensatz zu § 22l erfolgt die Bestellung dabei nicht vom Insolvenzgericht, sondern vom Gericht am Sitze des registerführenden Unternehmens. Diese unterschiedliche Regelung hat ihren Sinn darin, dass es mangels Eröffnung eines Insolvenzverfahrens auch kein für das betreffende Institut zuständiges Insolvenzgericht gibt. Erst wenn später das Insolvenzverfahren eröffnet wird, wird gemäß Abs. 3 das Insolvenzgericht anstelle des Gerichts am Sitze des registerführenden Unternehmens für dieses nunmehr insolvente Unternehmen zuständig und übt die Aufsicht über dieses aus. Das Gericht am Sitze des registerführenden Unternehmens hat dem Insolvenzgericht alle mit der Bestellung und der Aufsicht des Sachwalters in Zusammenhang stehenden Unterlagen zu übergeben. Gleichzeitig gilt gemäß Abs. 3 der bereits vom Gericht am Sitze des registerführenden Unternehmens bestellte Sachwalter als vom Insolvenzgericht bestellt. 1

Unter den Voraussetzungen des § 46 KWG kann die Bundesanstalt neben der Bestellung eines oder zweier Sachwalter auch alle anderen Maßnahmen treffen, die der § 46 KWG vorsieht. Hierzu gehören unter anderem auch vorläufige Zahlungs- oder Verfügungsverbote in Bezug auf Gegenstände, die in das Refinanzierungsregister eingetragen wurden, das Verbot zur Entgegennahme von Zahlungen, die in Bezug auf eingetragene Gegenstände von den Schuldnern geleistet werden oder Einziehungs- und Verwertungsverbote. Damit kann die Bundesanstalt die Verwaltung von Darlehen und Sicherheiten durch das registerführende Refinanzierungsunternehmen unterbinden, wenn die Gefahr besteht, dass die Übertragungsberechtigten hierdurch Nachteile erleiden.[1] 2

1 So auch Tollmann, in B/F/S-M, § 22o, Rdn. 1.

2. Antragsbefugnis

3 Nur die Bundesanstalt ist befugt, beim Gericht am Sitze des registerführenden Unternehmens einen Antrag auf Bestellung eines oder zweier Sachwalter zu stellen. Grundsätzlich hat die Bundesanstalt vor Antragstellung die Übertragungsberechtigten anzuhören. Nur wenn Gefahr im Verzug vorliegt, kann die Antragstellung auch ohne Anhörung erfolgen. Diese muss dann jedoch unverzüglich nachgeholt werden. Das Gericht am Sitze des registerführenden Unternehmens hat keine Prüfungskompetenz. Es ist an den Antrag der Bundesanstalt gebunden.[2]

3. Antrag

4 Der Antrag auf Bestellung eines oder zweier Sachwalter ist nur dann zulässig, wenn die Bestellung zur ordnungsgemäßen Verwaltung der im Refinanzierungsregister eingetragenen Gegenstände erforderlich erscheint. Diese Beurteilung, die der Bundesanstalt obliegt, muss immer auch auf den Stellungnahmen der Übertragungsberechtigten beruhen. Dies ist unproblematisch, wenn deren Anhörung vor der Antragstellung erfolgt. Erfolgt die Anhörung jedoch nach Antragstellung, so hat die Bundesanstalt zu prüfen, ob die Bestellung eines oder zweier Sachwalter nach wie vor erforderlich erscheint, um die ordnungsgemäße Verwaltung der im Refinanzierungsregister eingetragenen Gegenstände zu gewährleisten. Ist dies nicht mehr der Fall, so hat sie den Antrag zurückzuziehen.

4. Anhörung

5 Es müssen alle Übertragungsberechtigten angehört werden. Es ist nicht ausreichend, alle bis auf einen anzuhören.

5. Bestellung und Abberufung

6 Gemäß Abs. 2 gelten für die Bestellung und die Abberufung die Vorschriften der §§ 22l bis 22n entsprechend, wobei das Gericht am Sitz des registerführenden Unternehmens an die Stelle des Insolvenzgerichts tritt. In diesem Zusammenhang legt Abs. 2 Satz 2 ausdrücklich fest, dass der Wegfall der Voraussetzungen des § 46 KWG einen wichtigen Grund zur Abberufung des Sachwalters darstellt. Ist der Sachwalter wegen Wegfalls der Voraussetzungen des § 46 KWG abzuberufen, muss die Bundesanstalt zwingend einen Verwalter bestellen. Gemäß Abs. 2 Satz 3 soll die Bundesanstalt den Verwalter aus dem Kreis der Sachwalter bestellen. Haben sich die Sachwalter bei ihrer Sachwaltertätigkeit als ungeeignet erwiesen oder lehnen diese die Bestellung zum Verwalter ab, so wird die Bundesanstalt einen geeigneten Dritten zum Verwalter bestellen. Im Interesse der lückenlosen Überwachung der ordnungsgemäßen Führung des Refinanzierungsregisters wird die Bundesanstalt zunächst vorübergehend auch einen ungeeigneten oder nicht bereiten Sachwalter zum Verwalter bestellen und diesen alsbald durch einen geeigneten Dritten ersetzen. In die-

2 BT DS 15/5852, zu § 22o.

sem Falle ist auch ein nicht bereiter Sachwalter verpflichtet, die Verwaltertätigkeit ordnungsgemäß auszuüben, bis ein geeigneter Dritter zum Verwalter bestellt werden kann. Um Unklarheiten auszuschließen kann angeraten werden, dass schon im Zuge der Bestellung des Sachwalters dieser entsprechend verpflichtet wird.

Wurde vor der Eröffnung des Insolvenzverfahrens über das Vermögen des registerführenden Unternehmens vom Gericht am Sitze des registerführenden Unternehmens bereits ein Sachwalter bestellt und wird nach dieser Bestellung das Insolvenzverfahren eröffnet, so gilt der Sachwalter für die Zeit nach Eröffnung des Insolvenzverfahrens als mit Eröffnung des Insolvenzverfahrens vom Insolvenzgericht bestellt. Mit dieser Regelung sorgt Abs. 3 für einen nahtlosen Übergang zur allgemeinen Rechtslage nach den §§ 22l bis 22n KWG.[3] Außerdem wird mit dieser Regelung sichergestellt, dass Rechtshandlungen, die der Sachwalter vor Eröffnung des Insolvenzverfahrens vorgenommen hat, ihre Gültigkeit behalten.[4] 7

Mit Eröffnung des Insolvenzverfahrens tritt das Insolvenzgericht an die Stelle des Gerichts am Sitz des registerführenden Unternehmens. 8

6. Sonstiges

Im Übrigen, insbesondere in Bezug auf die Einzelheiten in Bezug auf die Bestellung, Abberufung und Stellung der Sachwalter gelten die §§ 22l bis 22n entsprechend. Die Voraussetzungen dieser Vorschriften müssen vorliegen. Unter anderem muss es sich bei dem registerführenden Unternehmen um ein Unternehmen handeln, welches das Refinanzierungsregister nicht nur für Dritte führt. Es wird auf die Kommentierung zu den §§ 22l bis 22n verwiesen. 9

3 BT DS 15/5852, zu § 22o.
4 BT DS 15/5852, zu § 22o.

ANHÄNGE

I. Gesetzestexte

1. Beleihungswertermittlungsverordnung

Verordnung über die Ermittlung der Beleihungswerte von Grundstücken nach § 16 Abs. 1 und 2 des Pfandbriefgesetzes (– BelWertV)

Beleihungswertermittlungsverordnung vom 12. Mai 2006 (BGBl. I S. 1175), die durch die Verordnung vom 16. September 2009 (BGBl. I S. 3041) geändert worden ist
Stand: Geändert durch V v. 16.9.2009 I 3041

Eingangsformel

Auf Grund des § 16 Abs. 4 Satz 1 bis 3 des Pfandbriefgesetzes vom 22. Mai 2005 (BGBl. I S. 1373) in Verbindung mit § 1 Nr. 4 der Verordnung zur Übertragung von Befugnissen zum Erlass von Rechtsverordnungen auf die Bundesanstalt für Finanzdienstleistungsaufsicht vom 13. Dezember 2002 (BGBl. 2003 I S. 3), § 1 Nr. 4 zuletzt geändert durch Artikel 7 Nr. 1 des Gesetzes vom 22. Juni 2005 (BGBl. I S. 1698), verordnet die Bundesanstalt für Finanzdienstleistungsaufsicht im Einvernehmen mit dem Bundesministerium der Justiz nach Anhörung der Spitzenverbände der Kreditwirtschaft:

Teil 1
Allgemeine Bestimmungen und Verfahrensgrundsätze

§ 1 Anwendungsbereich

Bei der Ermittlung der Beleihungswerte nach § 16 Abs. 1 und 2 des Pfandbriefgesetzes und bei der Erhebung der für die Wertermittlung erforderlichen Daten sind die Vorschriften dieser Verordnung anzuwenden.

§ 2 Gegenstand der Wertermittlung

Gegenstand der Beleihungswertermittlung ist das Grundstück, grundstücksgleiche Recht oder vergleichbare Recht einer ausländischen Rechtsordnung, das mit dem Grundpfandrecht belastet ist oder belastet werden soll.

§ 3 Grundsatz der Beleihungswertermittlung

(1) Der Wert, der der Beleihung zugrunde gelegt wird (Beleihungswert), ist der Wert der Immobilie, der erfahrungsgemäß unabhängig von vorübergehenden, etwa konjunkturell bedingten Wertschwankungen am maßgeblichen Grundstücksmarkt und unter Ausschaltung von spekulativen Elementen während der gesamten Dauer der Beleihung bei einer Veräußerung voraussichtlich erzielt werden kann.

(2) Zur Ermittlung des Beleihungswerts ist die zukünftige Verkäuflichkeit der Immobilie unter Berücksichtigung der langfristigen, nachhaltigen Merkmale des Objekts, der normalen regionalen Marktgegebenheiten sowie der derzeitigen und möglichen anderweitigen Nutzungen im Rahmen einer vorsichtigen Bewertung zugrunde zu legen.

§ 4 Verfahren zur Ermittlung des Beleihungswerts

(1) Zur Ermittlung des Beleihungswerts sind der Ertragswert (§§ 8 bis 13) und der Sachwert (§§ 14 bis 18) des Beleihungsobjekts getrennt zu ermitteln. Der Beleihungswert ist unter Berücksichtigung dieser Werte nach Maßgabe der Absätze 2 bis 6 abzuleiten. Das zu bewertende Objekt ist im Rahmen der Wertermittlung zu besichtigen.

(2) Bei Wohnungs- und Teileigentum ist ergänzend das Vergleichswertverfahren nach § 19 durchzuführen und der Vergleichswert als Kontrollwert bei der Ermittlung des Beleihungswerts zu berücksichtigen. Bei Eigentumswohnungen und einzelnen, in sich selbständigen gewerblich genutzten Einheiten kann in diesen Fällen eine Ermittlung des Sachwerts entfallen.

(3) Maßgeblich für die Ermittlung des Beleihungswerts ist regelmäßig der Ertragswert, der nicht überschritten werden darf. Bleibt in diesen Fällen der Sachwert oder der Vergleichswert des Beleihungsobjekts um mehr als 20 Prozent hinter dem Ertragswert zurück, bedarf es einer besonderen Überprüfung der Nachhaltigkeit der zugrunde gelegten Erträge und ihrer Kapitalisierung. Bestätigt sich hierbei der anfangs ermittelte Ertragswert, bedarf das Ergebnis der Überprüfung einer nachvollziehbaren Begründung, andernfalls ist der Ertragswert entsprechend zu mindern.

(4) Bei Ein- und Zweifamilienhäusern sowie Eigentumswohnungen kann der Beleihungswert am Sachwert orientiert werden und eine Ertragswertermittlung entfallen, wenn das zu bewertende Objekt nach Zuschnitt, Ausstattungsqualität und Lage zweifelsfrei zur Eigennutzung geeignet ist und bei gewöhnlicher Marktentwicklung nach den Umständen des Einzelfalls vorausgesetzt werden kann, dass das Objekt von potenziellen Erwerbern für die eigene Nutzung dauerhaft nachgefragt wird. Der Beleihungswert kann in diesen Fällen auch an einem nach § 19 ermittelten Vergleichswert orientiert werden; neben der Ertragswertermittlung kann hierbei auch die Sachwertermittlung entfallen. Bei Ein- und Zweifamilienhäusern darf eine Orientierung am Vergleichswert jedoch nur dann erfolgen, wenn der Ermittlung aktuelle Vergleichspreise von mindestens fünf Objekten zugrunde liegen, die auch hinsichtlich der Größe der Wohnfläche mit dem zu bewertenden Objekt hinreichend übereinstimmen.

(5) Ein zum Zeitpunkt der Bewertung erkennbarer Instandhaltungsrückstau oder sonstiger baulicher Aufwand sowie Baumängel und Bauschäden sind auf der Grundlage der für ihre Beseitigung am Wertermittlungsstichtag erforderlichen Aufwendungen oder nach Erfahrungssätzen als gesonderter Wertabschlag zu berücksichtigen. Der Beleihungswert ist entsprechend anzupassen.

(6) Bei im Bau befindlichen Objekten ist der Beleihungswert der Zustandswert. Dieser ist die Summe aus dem Bodenwert (§ 15) und dem anteiligen Wert der baulichen Anlage. Der anteilige Wert der baulichen Anlage errechnet sich aus dem Wert der baulichen Anlage des fertig gestellten Objekts (§ 16) und dem erreichten Bautenstand. Der in Ansatz gebrachte Bautenstand ist von einer von der Pfandbriefbank auszuwählenden, fachkundigen, von Bauplanung und -ausführung unabhängigen Person festzustellen; § 7 Abs. 1 Satz 1 gilt entsprechend. In den Fällen, in denen der Ertragswert des planmäßig fertig gestellten Objekts unter dessen Sachwert liegt, darf der Zustandswert den anteiligen Ertragswert, der prozentual dem jeweiligen Bautenstand entspricht, nicht überschreiten.

Teil 2
Gutachten und Gutachter

§ 5 Gutachten

(1) Der Beleihungswert ist mittels eines Gutachtens zu ermitteln.

(2) Das Gutachten muss durch einen oder mehrere Gutachter erstellt werden, die von der Pfandbriefbank allgemein oder von Fall zu Fall bestimmt werden. In besonderen Fällen, etwa im Rahmen von Kooperationen oder bei Portfoliokäufen, können für andere Kreditinstitute oder Versicherungsunternehmen erstellte Gutachten zugrunde gelegt werden, wenn

1. diese Gutachten den Bestimmungen dieser Verordnung entsprechen,
2. ein nicht mit der Kreditentscheidung befasster, fachkundiger Mitarbeiter der Pfandbriefbank eine Plausibilitätsprüfung, auch im Hinblick auf die einzelnen angesetzten Bewertungsparameter, durchführt und
3. das Ergebnis der Plausibilitätsprüfung dokumentiert wird. Gutachten, die vom Darlehensnehmer vorgelegt oder in Auftrag gegeben worden sind, dürfen nicht zugrunde gelegt werden.

(3) Das Gutachten muss zur Objekt- und Standortqualität, zum regionalen Immobilienmarkt, zu den rechtlichen und tatsächlichen Objekteigenschaften und zur Beleihungsfähigkeit des Objekts, seiner Verwertbarkeit und Vermietbarkeit Stellung nehmen. Das Gutachten hat sich auch damit auseinander zu setzen, ob für die begutachtete Immobilie ein genügend großer potenzieller Käufer- und Nutzerkreis besteht und somit die nachhaltige Ertragsfähigkeit der Immobilie anhand ihrer vielseitigen Verwendbarkeit und ihrer ausreichenden Nutzbarkeit durch Dritte gewährleistet ist; ein im Zeitablauf zu erwartender Wertverlust ist darzustellen und insbesondere bei der Bemessung des Modernisierungsrisikos (§ 11 Abs. 7) und der Restnutzungsdauer (§ 12 Abs. 2) zu berücksichtigen. Die wesentlichen Bewertungsparameter und getroffenen Annahmen sind nachvollziehbar darzulegen und zu begründen.

(4) Alle den Sachwert oder den Ertragswert beeinflussenden Umstände, insbesondere auch etwaige Nutzungsbeschränkungen, Dienstbarkeiten, Duldungspflichten, Vorkaufsrechte, Baulasten und alle sonstigen Beschränkungen und Lasten sind zu nennen, zu beachten und gegebenenfalls wertmindernd zu berücksichtigen.

§ 6 Gutachter

Der Gutachter muss nach seiner Ausbildung und beruflichen Tätigkeit über besondere Kenntnisse und Erfahrungen auf dem Gebiet der Bewertung von Immobilien verfügen; eine entsprechende Qualifikation wird bei Personen, die von einer staatlichen, staatlich anerkannten oder nach DIN EN ISO/IEC 17024 akkreditierten Stelle als Sachverständige oder Gutachter für die Wertermittlung von Immobilien bestellt oder zertifiziert worden sind, vermutet. Bei der Auswahl des Gutachters hat sich die Pfandbriefbank davon zu überzeugen, dass der Gutachter neben langjähriger Berufserfahrung in der Wertermittlung von Immobilien speziell über die zur Erstellung von Beleihungswertgutachten notwendigen Kenntnisse, insbesondere bezüglich des jeweiligen Immobilienmarkts und der Objektart, verfügt.

§ 7 Unabhängigkeit des Gutachters

(1) Der Gutachter muss sowohl vom Kreditakquisitions- und Kreditentscheidungsprozess als auch von Objektvermittlung, -verkauf und -vermietung unabhängig sein. Er darf nicht in einem verwandtschaftlichen, einem sonstigen rechtlichen oder einem wirtschaftlichen Verhältnis zum Darlehensnehmer stehen und darf kein eigenes Interesse am Ergebnis des Gutachtens haben. Der Gutachter darf auch nicht den Beleihungswert festsetzen oder den Kredit bearbeiten.

(2) Gutachten von bei der Pfandbriefbank angestellten Gutachtern dürfen nur dann der Beleihungswertermittlung zugrunde gelegt werden, wenn im Rahmen der Aufbauorganisation der Pfandbriefbank die betreffenden Gutachter nur der Geschäftsleitung verantwortlich sind oder ausschließlich Teil einer Gutachtereinheit sind, die unmittelbar der Geschäftsleitung unterstellt ist, oder Teil einer alle betreffenden Gutachter zusammenfassenden Einheit und auch im Übrigen bis einschließlich der Ebene der Geschäftsleitung nicht einem Bereich der Pfandbriefbank zugeordnet sind, in dem Immobilienkreditgeschäfte entweder angebahnt oder zum Gegenstand des einzigen Votums gemacht werden.

Teil 3
Wertermittlungsverfahren

Abschnitt 1
Ertragswertverfahren

§ 8 Grundlagen der Ertragswertermittlung

(1) Für das Ertragswertverfahren ist der Ertragswert der baulichen Anlage, getrennt von dem Bodenwert, nach den §§ 9 bis 12 zu ermitteln.

(2) Der Bodenwert ist nach § 15 zu ermitteln.

(3) Bodenwert und Ertragswert der baulichen Anlage ergeben vorbehaltlich § 13 den Ertragswert des Beleihungsobjekts.

§ 9 Ermittlung des Ertragswerts der baulichen Anlage

(1) Bei der Ermittlung des Ertragswerts der baulichen Anlage ist vom nachhaltig erzielbaren jährlichen Reinertrag auszugehen. Der Reinertrag ergibt sich aus dem Rohertrag (§ 10) abzüglich der Bewirtschaftungskosten (§ 11).

(2) Der Reinertrag ist um den Betrag zu vermindern, der sich durch angemessene Verzinsung des Bodenwerts ergibt. Der Verzinsung ist der für die Kapitalisierung nach § 12 maßgebende Kapitalisierungszinssatz zugrunde zu legen. Ist das Grundstück wesentlich größer als es einer der baulichen Anlage angemessenen Nutzung entspricht und ist eine zusätzliche Nutzung oder Verwertung einer Teilfläche zulässig und möglich, ist bei der Berechnung des Verzinsungsbetrags der Bodenwert dieser Teilfläche nicht anzusetzen. In der Wertermittlung ist die zusätzliche Nutzung und Verwertung dieser Teilfläche auch in baurechtlicher Hinsicht nachvollziehbar darzulegen.

(3) Der nach Absatz 2 verminderte Reinertrag ist nach § 12 zu kapitalisieren.

§ 10 Rohertrag

(1) Bei der Ermittlung des Rohertrags darf nur der Ertrag berücksichtigt werden, den das Objekt bei ordnungsgemäßer Bewirtschaftung und zulässiger Nutzung jedem Eigentümer nachhaltig gewähren kann. Liegt die nachhaltige Miete über der vertraglich vereinbarten Miete, ist im Regelfall die vertraglich vereinbarte Miete anzusetzen. Die Mietfläche entspricht der vermietbaren Wohnfläche bei wohnwirtschaftlicher Nutzung oder der dauerhaft vermietbaren Nutzfläche bei gewerblicher Nutzung. Bei verschiedenen Nutzungsarten sind die anteiligen Erträge getrennt darzustellen. Umlagen, die vom Mieter oder Pächter zur Deckung von Betriebskosten zu zahlen sind, sind nicht zu berücksichtigen.

(2) Im Falle von Hotel-, Klinik-, Pflegeheim- oder einer vergleichbaren Nutzung sind die daraus resultierenden Roherträge nach Absatz 1 auf der Basis vorsichtig angenommener, durchschnittlich erzielbarer Umsätze pro Zimmer oder Bett herzuleiten.

(3) Bestehen strukturelle oder lang andauernde Leerstände, ist besonders zu prüfen, ob aufgrund der jeweiligen Marktlage eine Vermietung überhaupt oder zu den angesetzten Mietpreisen in absehbarer Zeit noch zu erwarten ist.

§ 11 Bewirtschaftungskosten

(1) Der nach § 10 ermittelte Rohertrag ist um die üblicherweise beim Vermieter verbleibenden Bewirtschaftungskosten zu kürzen. Dafür sind ertragsmindernde, aus langfristiger Markterfahrung gewonnene Einzelkostenansätze für Verwaltungskosten, Instandhaltungskosten, das Mietausfallwagnis und gegebenenfalls weitere nicht durch Umlagen gedeckte Betriebskosten anzusetzen sowie objektartenspezifisch ein Modernisierungsrisiko nach Absatz 7 zu berücksichtigen.

(2) Die Einzelkostenansätze haben sich innerhalb der nach Anlage 1 zulässigen Bandbreiten zu bewegen, sofern nicht die besonderen Umstände des Einzelfalls einen höheren Ansatz erfordern. Ein erkennbares, akutes Mietausfallwagnis, welches über dem angesetzten Erfahrungssatz liegt, ist als gesonderter Wertabschlag in Höhe des erwarteten Ausfalls anzusetzen. Die Mindesthöhe für den Bewirtschaftungskostenabzug insgesamt beträgt 15 Prozent des Rohertrags. Im Ergebnis dürfen aber die tatsächlichen oder kalkulierten Bewirtschaftungskosten eines Objekts nicht unterschritten werden.

(3) Verwaltungskosten im Sinne des Absatzes 1 Satz 2 sind

1. die Kosten der zur Verwaltung des Grundstücks erforderlichen Arbeitskräfte und Einrichtungen sowie der Aufsicht,
2. die Kosten für Buchhaltung, Rechnungsprüfung, Zahlungsverkehr und Jahresabschluss sowie
3. die Kosten für Abschluss und Änderung von Mietverträgen und die Bearbeitung von Versicherungsfällen.

(4) Instandhaltungskosten im Sinne des Absatzes 1 Satz 2 sind Kosten, die infolge Abnutzung, Alterung und Witterung zur Erhaltung des bestimmungsgemäßen Gebrauchs der baulichen Anlage während ihrer Nutzungsdauer aufgewendet werden müssen. Sie umfassen die laufende Instandhaltung und regelmäßige Instandsetzung der baulichen Anlage, nicht jedoch deren Modernisierung.

(5) Mietausfallwagnis im Sinne des Absatzes 1 Satz 2 ist das Wagnis einer Ertragsminderung, die durch uneinbringliche Mietrückstände oder Leerstehen von

Raum, der zur Vermietung bestimmt ist, entsteht. Es dient auch zur Deckung der Kosten einer Rechtsverfolgung auf Zahlung oder Aufhebung eines Mietverhältnisses oder Räumung.

(6) Betriebskosten im Sinne des Absatzes 1 Satz 2 sind die Kosten, die durch das Eigentum am Grundstück oder durch den bestimmungsgemäßen Gebrauch des Grundstücks sowie seiner baulichen und sonstigen Anlagen laufend entstehen.

(7) Die Kosten für notwendige Anpassungsmaßnahmen, die zusätzlich zu den Instandhaltungskosten zur Aufrechterhaltung der Marktgängigkeit und der dauerhaften Sicherung des Mietausgangsniveaus notwendig sind, bilden das Modernisierungsrisiko nach Absatz 1 Satz 2. Sie sind als prozentualer Anteil an den Neubaukosten darzustellen.

§ 12 Kapitalisierung der Reinerträge

(1) Der um den Verzinsungsbetrag des Bodenwerts nach § 9 Abs. 2 verminderte Reinertrag ist in Abhängigkeit von der Restnutzungsdauer der baulichen Anlage und dem Kapitalisierungszinssatz mit dem sich daraus ergebenden, finanzmathematisch dem Rentenbarwertfaktor entsprechenden Vervielfältiger nach Anlage 4 zu kapitalisieren.

(2) Bei der Bemessung der Restnutzungsdauer ist im Gegensatz zur technischen Lebensdauer ausschließlich auf den Zeitraum abzustellen, in dem die bauliche Anlage bei ordnungsgemäßer Unterhaltung und Bewirtschaftung noch wirtschaftlich betrieben werden kann. Die wirtschaftliche Restnutzungsdauer ist unter Berücksichtigung der sich in zunehmend kürzer werdenden zeitlichen Abständen wandelnden Nutzeranforderungen objektspezifisch anhand der Fragestellung, wie lange die Vermietbarkeit des Objekts zu den angenommenen Erträgen gesichert erscheint, einzuschätzen. Die in Anlage 2 genannten Erfahrungssätze für die Nutzungsdauer baulicher Anlagen sind zu berücksichtigen.

(3) Der Kapitalisierungszinssatz entspricht dem angenommenen Zinssatz, mit dem die künftig erzielbaren nachhaltigen Reinerträge eines Grundstücks auf den Zeitraum ihrer angenommenen Zahlung nach vorsichtiger Schätzung erfahrungsgemäß diskontiert werden. Er muss aus der regional maßgeblichen langfristigen Marktentwicklung abgeleitet werden. Je höher das Ertrags- und Verkaufsrisiko der Immobilie einzustufen ist, umso höher muss auch der Kapitalisierungszinssatz gewählt werden. Verschiedene Nutzungsarten sind jeweils gesondert zu betrachten.

(4) Bei wohnwirtschaftlicher Nutzung darf der Kapitalisierungszinssatz nicht unter 5 Prozent, bei gewerblicher Nutzung unbeschadet des Satzes 3 nicht unter 6 Prozent in Ansatz gebracht werden (Mindestsätze). Die in Anlage 3 genannten Bandbreiten für einzelne Nutzungsarten sind zugrunde zu legen. Die untere Grenze der jeweiligen Bandbreite darf bei gewerblich genutzten Objekten um höchstens 0,5 Prozentpunkte unterschritten werden, wenn es sich um erstklassige Immobilien handelt. Dies ist dann der Fall, wenn mindestens folgende Kriterien erfüllt sind:
1. eine sehr gute Lage im Verdichtungsraum,
2. ein entsprechend der jeweiligen Objektart bevorzugter Standort,
3. eine gute Infrastruktur,
4. eine gute Konzeption,
5. eine hochwertige Ausstattung,
6. eine hochwertige Bauweise,

7. eine besonders hohe Marktgängigkeit,
8. die Beschränkung auf die Nutzungsarten Handel, Büro und Geschäfte,
9. ein sehr guter Objektzustand und
10. die gegebene Möglichkeit anderweitiger Nutzungen.

Ein Unterschreiten nach Satz 3 bedarf im Gutachten der besonderen, nachvollziehbaren Begründung.

§ 13 Ermittlung des Ertragswerts in besonderen Fällen

(1) Verbleibt bei der Minderung des Reinertrags um den Verzinsungsbetrag des Bodenwerts nach § 9 Abs. 2 kein Anteil für die Ermittlung des Ertragswerts der baulichen Anlage, so ist als Ertragswert des Beleihungsobjekts abweichend von § 8 Abs. 3 nur der Bodenwert anzusetzen. Der Bodenwert ist in diesem Fall um die gewöhnlichen Kosten zu mindern, die aufzuwenden wären, um das Grundstück vergleichbaren unbebauten Grundstücken anzugleichen. Gewöhnliche Kosten im Sinne des Satzes 2 sind insbesondere die Abbruchkosten für die baulichen Anlagen.

(2) Bei einer Restnutzungsdauer der baulichen Anlage von weniger als 30 Jahren ist auch der Anteil des Bodenwerts am Ertragswert auf die Restnutzungsdauer der baulichen Anlage zu kapitalisieren oder es müssen die Abbruchkosten der baulichen Anlage ermittelt, ausgewiesen und vom Ertragswert abgezogen werden.

(3) In Fällen, in denen der Bodenwert mehr als die Hälfte des Ertragswerts ausmacht, sind im Gutachten die bei der Ermittlung des Bodenwerts zugrunde gelegten Annahmen zu begründen und die Voraussetzungen für eine Ersatzbebauung und die dafür gegebenenfalls notwendigen Aufwendungen besonders darzulegen.

Abschnitt 2
Sachwertverfahren

§ 14 Grundlagen der Sachwertermittlung

Der Sachwert des Beleihungsobjekts setzt sich aus dem Bodenwert und dem nach § 16 zu ermittelnden Wert der baulichen Anlage zusammen. Zu der baulichen Anlage gehören auch die Außenanlagen.

§ 15 Bodenwert

(1) Zur Ermittlung des Bodenwerts sind Erhebungen anzustellen über

1. die örtliche Lage, die Größe und den Zuschnitt des Grundstücks,
2. die Art und das Maß der baurechtlich festgesetzten Nutzungsmöglichkeiten und die tatsächliche Nutzung,
3. die Art und Beschaffenheit der Zuwegungen,
4. die wichtigsten wirtschaftlichen und verkehrstechnischen Verbindungen,
5. die Anschlussmöglichkeiten an Versorgungsleitungen und Kanalisation,
6. die noch anfallenden Erschließungsbeiträge und
7. vorhandene Richtwerte und Vergleichspreise.

(2) Der Bodenwert ist nach Quadratmetern der Grundstücksfläche anzusetzen. Bei der Ermittlung des Bodenwerts darf keine höherwertige Nutzung als zulässig zugrunde gelegt werden.

§ 16 Wert der baulichen Anlage

(1) Zur Ermittlung des Werts der baulichen Anlage sind die aus Erfahrungssätzen abzuleitenden Herstellungskosten je Raum- oder Flächeneinheit mit der Anzahl der entsprechenden Bezugseinheit des zu bewertenden Gebäudes zu vervielfachen (Herstellungswert). Die angesetzten Herstellungskosten müssen regional und objektspezifisch angemessen sein. Wertmäßig zu berücksichtigen sind dabei insbesondere

1. die beabsichtigte und mögliche Verwendung,
2. der Umfang und die Raumaufteilung,
3. die Bauweise und die für den Rohbau verwendeten Materialien,
4. die Ausstattung und die wertbeeinflussenden Nebenanlagen,
5. das Alter und der Erhaltungszustand nach Maßgabe des § 17,
6. sonstige wertbeeinflussende Umstände nach Maßgabe des § 18.

Die Kosten für Außenanlagen dürfen im Regelfall mit nicht mehr als 5 Prozent des Herstellungswerts angesetzt werden.

(2) Um eventuellen Baupreissenkungen und damit der nachhaltigen Gültigkeit der Ansätze Rechnung zu tragen, ist der nach Absatz 1 ermittelte Herstellungswert um einen Sicherheitsabschlag von mindestens 10 Prozent zu kürzen. Aus allen Bewertungen müssen der Ausgangswert je Raum- oder Flächeneinheit, der Sicherheitsabschlag sowie gegebenenfalls die Wertminderung wegen Alters ersichtlich sein.

(3) Baunebenkosten, insbesondere Kosten für Planung, Baudurchführung, behördliche Prüfungen und Genehmigungen, können nur in üblicher Höhe und soweit Berücksichtigung finden, wie ihnen eine dauernde Werterhöhung entspricht. Der Ansatz von Baunebenkosten ist auf bis zu 20 Prozent des nach Absatz 2 verminderten Herstellungswerts beschränkt.

§ 17 Wertminderung wegen Alters

(1) Die Wertminderung wegen Alters bestimmt sich nach dem Verhältnis der Restnutzungsdauer zur Nutzungsdauer der baulichen Anlage; sie ist in einem Prozentsatz des Herstellungswerts auszudrücken. Bei der Bestimmung der Wertminderung kann je nach Art und Nutzung der baulichen Anlage von einer gleichmäßigen oder von einer mit zunehmendem Alter sich verändernden Wertminderung ausgegangen werden.

(2) Ist die bei ordnungsgemäßem Gebrauch übliche Nutzungsdauer der baulichen Anlage durch Instandsetzungen oder Modernisierungen verlängert worden oder haben unterlassene Instandhaltung oder andere Gegebenheiten zu einer Verkürzung der Restnutzungsdauer geführt, soll der Bestimmung der Wertminderung wegen Alters die geänderte Restnutzungsdauer und die für die bauliche Anlage übliche Nutzungsdauer zugrunde gelegt werden.

§ 18 Berücksichtigung sonstiger wertbeeinflussender Umstände

Sonstige nach den §§ 16 und 17 noch nicht erfasste, den Wert beeinflussende Umstände, insbesondere eine wirtschaftliche Überalterung, ein über- oder unterdurchschnittlicher Erhaltungszustand und ein erhebliches Abweichen der tatsächlichen von der vorgesehenen Nutzung, sind durch Zu- oder Abschläge oder in anderer geeigneter Weise zu berücksichtigen.

Abschnitt 3
Vergleichsverfahren

§ 19 Ermittlung des Vergleichswerts

(1) Zur Ermittlung des Vergleichswerts sind nachhaltig erzielbare Vergleichspreise von Objekten heranzuziehen, die hinsichtlich der maßgeblich ihren Wert beeinflussenden Merkmale, insbesondere Lage, Ausstattung und Nutzungsmöglichkeiten, mit dem zu bewertenden Objekt hinreichend übereinstimmen; die Vergleichspreise können aus Kaufpreis- oder anderen Marktdatensammlungen entnommen werden. Von dem so ermittelten Ausgangswert ist ein Sicherheitsabschlag in Höhe von mindestens 10 Prozent in Abzug zu bringen.

(2) Bei Wohnungs- oder Teileigentum ergibt sich der Ausgangswert des zu bewertenden Objekts aus der Vervielfachung des Vergleichspreises je Quadratmeter Wohn- beziehungsweise Nutzfläche mit der gesamten Fläche des zu bewertenden Wohnungs- oder Teileigentums, im Falle von Stellplätzen aus der Vervielfachung des Vergleichspreises für einen Stellplatz mit der Anzahl der zu bewertenden Stellplätze; Absatz 1 Satz 2 gilt entsprechend.

Abschnitt 4
Besonderheiten bei einzelnen Objekten

§ 20 Bauland

Bei der Wertermittlung von Bauland ist sowohl dessen Entwicklungszustand als auch der künftige Bedarf an Baugrundstücken zu prüfen. Zu Bebauungsrecht, Erschließungszustand und eventuellen Altlasten ist im Gutachten Stellung zu nehmen. Nur gesichertes Bebauungsrecht darf berücksichtigt werden. Der Wertansatz ist unter Berücksichtigung der vorgefundenen Grundstücksmerkmale aus geeigneten Vergleichswerten abzuleiten. § 15 Abs. 2 ist entsprechend anzuwenden.

§ 21 Erbbaurechte und andere grundstücksgleiche Rechte

Bei der Beleihung von Erbbaurechten ist die Restlaufzeit des Erbbaurechts zu berücksichtigen. Sich aus dem Erbbaurecht ergebenden Einschränkungen ist durch angemessene Wertabschläge ausreichend Rechnung zu tragen. Im Gutachten ist darzulegen, ob und wie lange das Erbbaurecht im Hinblick auf seine Laufzeit und die bei seiner Beendigung für das Bauwerk vereinbarte Entschädigungsregelung angemessen verwertbar erscheint. Die Regelung gilt für andere grundstücksgleiche Rechte und solche Rechte einer ausländischen Rechtsordnung, die den grundstücksgleichen Rechten deutschen Rechts vergleichbar sind, entsprechend.

§ 22 Landwirtschaftlich genutzte Grundstücke

(1) Landwirtschaftlich genutzte Grundstücke sind solche, deren überwiegender Teil des Rohertrags durch land- oder forstwirtschaftliche Nutzung erzielt wird.

(2) Im Falle unbebauter Grundstücke (Acker, Grünland, Obst- und Weinbauflächen, Wald) ist der Wert der Grundstücke unter Berücksichtigung der vorgefundenen Grundstücksmerkmale aus geeigneten Vergleichspreisen abzuleiten; § 15 ist

entsprechend anzuwenden. Dabei sind Art, Struktur und Größe des Grundstücks im Hinblick auf regionale Gegebenheiten unter besonderer Berücksichtigung der Bodenqualität und der klimatischen Bedingungen im Gutachten besonders zu würdigen und bei der Ableitung des Bodenwerts zu berücksichtigen.

(3) Sofern bebaute Grundstücke bei der Bewertung einbezogen werden sollen, sind für diese jeweils der Ertragswert und der Sachwert zu ermitteln. Den Gebäuden kann ein eigenständiger Wert, der bei der Beleihungswertermittlung berücksichtigt werden kann, nur dann beigemessen werden, wenn sie selbständig und auch außerhalb des jeweiligen landwirtschaftlichen Betriebs genutzt werden können. § 4 Abs. 4 ist entsprechend anzuwenden.

§ 23 Maschinen und Betriebseinrichtungen

Maschinen und Betriebseinrichtungen sind bei der Ermittlung des Sachwerts grundsätzlich unberücksichtigt zu lassen, sofern sie nicht wesentliche Bestandteile des Gegenstands der Beleihungswertermittlung im Sinne des § 2 sind. Der Wert solcher wesentlicher Bestandteile ist, wenn sich das Grundpfandrecht darauf erstreckt, unter Berücksichtigung einer normalen Abschreibung und ausreichender Abschläge für Abnutzung und technische Entwertung gesondert zu schätzen. Sofern bei Maschinen infolge der technischen Entwicklung mit einer schnellen Überalterung zu rechnen ist, können diese wertmäßig nicht angesetzt werden.

§ 24 Wohnwirtschaftlich genutzte Objekte bei Vergabe von Kleindarlehen

(1) Bei der Beleihung eines im Inland gelegenen wohnwirtschaftlich genutzten Objekts kann auf die Erstellung eines Gutachtens nach § 5 verzichtet werden, wenn der auf dem Objekt abzusichernde Darlehensbetrag unter Einbeziehung aller Vorlasten den Betrag von 400.000 Euro nicht übersteigt. Bei einer teilweise gewerblichen Nutzung des Objekts darf jedoch der darauf entfallende Ertragsanteil ein Drittel des Rohertrags nicht überschreiten. Anstelle des Gutachtens ist eine vereinfachte Wertermittlung zu erstellen oder erstellen zu lassen, die den übrigen Anforderungen dieser Verordnung genügen muss.

(2) Die Person, die im Falle des Absatzes 1 die Wertermittlung durchführt und erstellt, muss für die Beleihungswertermittlung der dort genannten Objekte ausreichend geschult und qualifiziert sein. Sie darf nicht identisch sein mit der Person, die die abschließende Kreditentscheidung trifft oder den Beleihungswert festsetzt; § 7 Abs. 1 Satz 2 gilt entsprechend. Die Pfandbriefbank hat die Ordnungsmäßigkeit der Wertermittlungen mittels einer in regelmäßigen Abständen durch Gutachter vorzunehmenden Überprüfung einer hinreichend großen Zahl repräsentativer Stichproben sicherzustellen; die §§ 6 und 7 sind entsprechend anzuwenden.

(3) Abweichend von § 4 Abs. 1 Satz 3 kann in Fällen des Absatzes 1 eine Besichtigung des zu bewertenden Objekts dann unterbleiben, wenn

1. das Objekt der Pfandbriefbank oder dem mit der Pfandbriefbank kooperierenden Kreditinstitut oder Versicherungsunternehmen bereits bekannt ist, wobei Bekanntheit nur dann angenommen werden kann, wenn das Objekt in den letzten beiden Jahren von einem Mitarbeiter der Pfandbriefbank oder des kooperierenden Kreditinstituts oder Versicherungsunternehmens oder im Auftrag der

Pfandbriefbank oder des kooperierenden Kreditinstituts oder Versicherungsunternehmens besichtigt worden ist,
2. es sich um die Beleihung einer Eigentumswohnung handelt, die in einem Gebäude belegen ist, in dem die Pfandbriefbank bereits zumindest eine gleichartige Wohnung innerhalb der letzten zwei Jahre besichtigt hat,
3. bei Beleihung eines in einer Siedlung von gleichartigen Einfamilienhäusern belegenen Einfamilienhauses die Pfandbriefbank zumindest ein gleichartiges Objekt in dieser Siedlung innerhalb der letzten zwei Jahre besichtigt hat oder
4. bei Beleihung eines neu errichteten Fertighauses der Pfandbriefbank oder dem kooperierenden Kreditinstitut oder Versicherungsunternehmen der Bauplatz bekannt ist und das Fertighaus nach Art und Typus anhand des Katalogs des Herstellers eindeutig bestimmt werden kann.

Die Gründe für das Unterbleiben der Besichtigung sind in nachvollziehbarer Weise zu dokumentieren.

(3a) Abweichend von § 4 Absatz 1 Satz 3 kann in den Fällen des Absatzes 1 auf eine Innenbesichtigung des zu bewertenden Objekts verzichtet werden, wenn der Person, die die Wertermittlung durchführt, die wesentlichen Bewertungsparameter hinreichend bekannt sind und
1. die Immobilie innerhalb der letzten zehn Jahre fertiggestellt worden ist, wobei die Gründe für den Verzicht auf die Innenbesichtigung in nachvollziehbarer Weise zu dokumentieren sind, oder
2. ein Abschlag in Höhe von mindestens 10 Prozent auf das Ergebnis der Beleihungswertermittlung vorgenommen wird.

(4) Bei Erwerb einer Vielzahl von Darlehensforderungen im Sinne des Absatzes 1 von anderen Kreditinstituten oder Versicherungsunternehmen können von diesen oder für diese erstellte vereinfachte Wertermittlungen zugrunde gelegt werden, wenn
1. diese Wertermittlungen den Bestimmungen des Absatzes 1 Satz 3 und des Absatzes 2 Satz 1 und 2 entsprechen,
2. ein nicht mit der Kreditentscheidung befasster, fachkundiger Mitarbeiter der Pfandbriefbank eine Plausibilitätsprüfung, auch im Hinblick auf die einzelnen angesetzten Bewertungsparameter, durchführt und
3. das Ergebnis der Plausibilitätsprüfung dokumentiert wird.

Die nach Satz 1 Nr. 2 erforderliche Plausibilitätsprüfung kann auf eine repräsentative, das erworbene Portfolio regional und objektmäßig abbildende Anzahl von Bewertungen beschränkt werden. Ergibt sich hierbei, dass die seinerzeit ermittelten Werte der Beleihungsobjekte nicht nur in Einzelfällen zu hoch angesetzt worden sind oder ergeben sich sonstige Zweifel bezüglich der Angemessenheit der ermittelten Werte, so ist in Abhängigkeit vom Ergebnis der Überprüfung die Stichprobe angemessen auszuweiten oder eine Einzelprüfung aller Bewertungen für bestimmte Regionen oder Objekttypen oder eine vollständige Neubewertung bestimmter oder aller Beleihungsobjekte nach Absatz 1 Satz 3 in Verbindung mit Absatz 2 Satz 1 und 2 durchzuführen. Die Wertermittlungen nach Satz 1 sind in die nach Absatz 2 Satz 3 vorzunehmende Überprüfung einzubeziehen.

Abschnitt 5
Im Ausland belegene Objekte

§ 25 Beleihungen im Ausland

(1) Die Ermittlung des Beleihungswerts von außerhalb der Bundesrepublik Deutschland belegenen Objekten ist nach den §§ 1 bis 23 und 26 durchzuführen, soweit in den Absätzen 2 bis 5 nichts Abweichendes bestimmt ist.

(2) Bei der Ermittlung des Beleihungswerts können wesentliche Informationen, Daten und Einschätzungen aus einem in Bezug auf das zu bewertende Objekt erstellten landesspezifischen Gutachten herangezogen werden, sofern dieses Gutachten auf transparenten und von Fachkreisen anerkannten Bewertungsmethoden beruht und die wesentlichen Informationen zur Ermittlung des Beleihungswerts enthält. Das landesspezifische Gutachten darf zum Zeitpunkt der Beleihungswertermittlung nicht älter als zwei Jahre sein und muss den Vorgaben des § 4 Abs. 1 Satz 3, des § 5 Abs. 2 Satz 1 und 3 und Abs. 3 sowie der §§ 6 und 7 entsprechend erstellt worden sein. Die aus dem landesspezifischen Gutachten entnommenen Daten und Parameter sind in dem nach § 5 Abs. 1 zu erstellenden Beleihungswertgutachten kenntlich zu machen. Auf eine erneute Besichtigung des Objekts im Rahmen der Beleihungswertermittlung kann verzichtet werden, wenn das landesspezifische Gutachten die im Rahmen der seinerzeitigen Besichtigung gewonnenen Erkenntnisse ausreichend beschreibt sowie alle notwendigen Informationen zu Lage, Ausstattung und Zustand des Objekts enthält.

(3) Bei der Ableitung des anzusetzenden Kapitalisierungszinssatzes nach § 12 Abs. 3 sind die in dem jeweiligen Markt nicht nur kurzfristig erreichten Spitzenwerte angemessen zu gewichten.

(4) Sofern eine Berücksichtigung der wirtschaftlichen Restnutzungsdauer im Sinne des § 12 Abs. 2 in landesspezifischen Wertermittlungen unüblich oder nicht ausgewiesen ist, kann zur Ermittlung des Vervielfältigers nach § 12 Abs. 1 eine Restnutzungsdauer von 100 Jahren zugrunde gelegt werden, sofern die geringere tatsächliche Restnutzungsdauer durch zusätzliche Gebäudeabschreibungen im Rahmen der Abzüge für Bewirtschaftungskosten kompensiert wird.

(5) Sieht die jeweilige landesspezifische Bewertungsmethodik üblicherweise einen Abzug von Bewirtschaftungskosten nicht oder nur in stark verminderter Form vor, kann der in § 11 Abs. 2 Satz 3 vorgeschriebene Mindestabzug auch in Form eines ergebnisgleichen Äquivalents durch Ansatz eines erhöhten Kapitalisierungszinssatzes erfolgen.

Abschnitt 6
Überprüfung der Beleihungswertermittlung

§ 26 Überprüfung der Grundlagen der Beleihungswertermittlung

(1) Bestehen Anhaltspunkte, dass sich die Grundlagen der Beleihungswertermittlung nicht nur unerheblich verschlechtert haben, sind diese zu überprüfen. Dies gilt insbesondere dann, wenn das allgemeine Preisniveau auf dem jeweiligen regionalen Immobilienmarkt in einem die Sicherheit der Beleihung gefährdenden Umfang gesunken ist. Sofern es sich nicht um eigengenutzte Wohnimmobilien handelt, ist eine Überprüfung auch dann vorzunehmen, wenn die auf dem Beleihungsobjekt

abgesicherte Forderung einen wesentlichen Leistungsrückstand von mindestens 90 Tagen aufweist. Der Beleihungswert ist bei Bedarf zu mindern.

(2) Soweit nach anderen Vorschriften eine weitergehende Verpflichtung zur Überprüfung des Beleihungswerts besteht, bleibt diese unberührt.

Teil 4
Schlussvorschriften

§ 27 Bezugsquelle der DIN-Norm

Die in § 6 Satz 1 genannte DIN-Norm ist im Beuth Verlag GmbH, Berlin erschienen und im Deutschen Patent- und Markenamt in München archivmäßig gesichert niedergelegt.

§ 28 Inkrafttreten

Diese Verordnung tritt am 1. August 2006 in Kraft.

Anlage 1 (zu § 11 Abs. 2)

Bandbreite der Einzelkostenansätze für die Ermittlung der Bewirtschaftungskosten

Fundstelle des Originaltextes: BGBl. I 2006, 1182

Verwaltungskosten

a) Wohnungsbau
Bandbreiten der Kosten, kalkuliert auf Basis der Einheiten:
- Wohnungen: 200,00 bis 275,00 Euro
- Garagen: 25,00 bis 50,00 Euro

b) Gewerbliche Objekte
Bandbreite: 1% bis 3% des Jahresrohertrages

In jedem Einzelfall ist darauf zu achten, dass der ausgewiesene absolute Betrag unzweifelhaft für eine ordnungsgemäße Verwaltung angemessen ist.

Instandhaltungskosten

Kalkulationsbasis: Herstellungskosten pro qm Wohn- oder Nutzfläche (ohne Baunebenkosten und Außenanlagen). Die untere Grenze der Bandbreite ist in der Regel für neue, die obere Grenze für ältere Objekte angemessen. Objektzustand, Ausstattungsgrad und Alter sind bei der Bemessung der Instandhaltungskosten zu berücksichtigen.

a) z.B. Lager- und Produktionshallen mit Herstellungskosten von 250,00 bis 500,00 Euro/qm: 0,8% bis 1,2%, absolute Untergrenze: 2,50 Euro/qm
b) z. B. gewerbliche Objekte einfachen Standards und SB-Verbrauchermärkte mit Herstellungskosten von mehr als 500,00 Euro/qm: 0,8% bis 1,2%, absolute Untergrenze: 5,00 Euro/qm
c) z.B. Wohngebäude und gewerbliche Gebäude mit mittlerem Standard und Herstellungskosten von mehr als 1.000,00 Euro/qm: 0,5% bis 1%, absolute Untergrenze: 7,50 Euro/qm

d) z.B. hochwertige Büro- und Handels- und andere gewerbliche Objekte mit Herstellungskosten von mehr als 2.000,00 Euro/qm: 0,4% bis 1%, absolute Untergrenze: 9,00 Euro/qm
e) Garagen und Tiefgaragenstellplätze: 30,00 bis 80,00 Euro je Stellplatz

Mietausfallwagnis
a) Wohnungsbau: 2% oder mehr
b) Gewerbliche Objekte: 4% oder mehr

Modernisierungsrisiko
Berechnungsbasis sind die Herstellungskosten (ohne Baunebenkosten und Außenanlagen)
a) Kein Modernisierungsrisiko (z.B. normale Wohnhäuser, kleinere Wohn- und Geschäftshäuser, kleine und mittlere Bürogebäude, Lager- und Produktionshallen): 0% bis 0,3%
b) geringes Modernisierungsrisiko (z.B. größere Bürogebäude, Wohn-, Büro- und Geschäftshäuser mit besonderen Ausstattungsmerkmalen, Einzelhandel mit einfachem Standard): 0,2% bis 1,2%
c) höheres Modernisierungsrisiko (z.B. innerstädtische Hotels, Einzelhandel mit höherem Standard, Freizeitimmobilien mit einfachem Standard): 0,5% bis 2%
d) sehr hohes Modernisierungsrisiko (z.B. Sanatorien, Kliniken, Freizeitimmobilien mit höherem Standard, Hotels und Einzelhandelsobjekte mit besonders hohem Standard): 0,75% bis 3%

Anlage 2 (zu § 12 Abs. 2)

Erfahrungssätze für die Nutzungsdauer baulicher Anlagen
Fundstelle des Originaltextes: BGBl. I 2006, 1183

A) Wohnwirtschaftliche Nutzung (in Deutschland belegene Objekte): Wohnhäuser: 25 bis 80 Jahre
B) Gewerbliche Nutzung (in Deutschland belegene Objekte):
   a) Geschäfts- und Bürohäuser: 30 bis 60 Jahre
   b) Warenhäuser, Einkaufszentren: 15 bis 50 Jahre
   c) Hotels und Gaststätten: 15 bis 40 Jahre
   d) Landwirtschaftlich genutzte Objekte: 15 bis 40 Jahre
   e) Kliniken, Reha-Einrichtungen, Alten- und Pflegeheime: 15 bis 40 Jahre
   f) Lagerhallen, Produktionsgebäude: 15 bis 40 Jahre
   g) Freizeitimmobilien (z. B. Sportanlagen): 15 bis 30 Jahre
   h) Parkhäuser: 15 bis 40 Jahre
   i) SB- und Fachmärkte, Verbrauchermärkte: 10 bis 30 Jahre
   j) Tankstellen: 10 bis 30 Jahre

Anlage 3 (zu § 12 Abs. 4)

Bandbreiten für Kapitalisierungszinssätze

Fundstelle des Originaltextes: BGBl. I 2006, 1184

A) Wohnwirtschaftliche Nutzung (in Deutschland belegene Objekte): Wohnhäuser: 5,0% bis 8,0%
B) Gewerbliche Nutzung (in Deutschland belegene Objekte):
   a) Geschäftshäuser: 6,0% bis 7,5%
   b) Bürohäuser: 6,0% bis 7,5%
   c) Warenhäuser: 6,5% bis 8,0%
   d) SB- und Fachmärkte: 6,5% bis 8,5%
   e) Hotels und Gaststätten: 6,5% bis 8,5%
   f) Kliniken, Reha-Einrichtungen: 6,5% bis 8,5%
   g) Alten- und Pflegeheime: 6,5% bis 8,5%
   h) Landwirtschaftlich genutzte Objekte: 6,5% bis 8,5%
   i) Verbrauchermärkte, Einkaufszentren: 6,5% bis 9,0%
   j) Freizeitimmobilien (z.B. Sportanlagen): 6,5% bis 9,0%
   k) Parkhäuser, Tankstellen: 6,5% bis 9,0%
   l) Lagerhallen: 6,5% bis 9,0%
   m) Produktionsgebäude: 7,0% bis 9,0%

Anlage 4 (zu § 12 Abs. 1)

Vervielfältigertabelle

(Fundstelle des Originaltextes: BGBl. I 2006, 1185–1186)

Bei einer Restnutzungsdauer von ... Jahren	bei einem Kapitalisierungszinssatz in Höhe von ... Prozent										
	5	5,5	6	6,5	7	7,5	8	8,5	9	9,5	10
1	0,95	0,95	0,94	0,94	0,93	0,93	0,93	0,92	0,92	0,91	0,91
2	1,86	1,85	1,83	1,82	1,81	1,80	1,78	1,77	1,76	1,75	1,74
3	2,72	2,70	2,67	2,65	2,62	2,60	2,58	2,55	2,53	2,51	2,49
4	3,55	3,51	3,47	3,43	3,39	3,35	3,31	3,28	3,24	3,20	3,17
5	4,33	4,27	4,21	4,16	4,10	4,05	3,99	3,94	3,89	3,84	3,79
6	5,08	5,00	4,92	4,84	4,77	4,69	4,62	4,55	4,49	4,42	4,36
7	5,79	5,68	5,58	5,48	5,39	5,30	5,21	5,12	5,03	4,95	4,87
8	6,46	6,33	6,21	6,09	5,97	5,86	5,75	5,64	5,53	5,43	5,33
9	7,11	6,95	6,80	6,66	6,52	6,38	6,25	6,12	6,00	5,88	5,76
10	7,72	7,54	7,36	7,19	7,02	6,86	6,71	6,56	6,42	6,28	6,14
11	8,31	8,09	7,89	7,69	7,50	7,32	7,14	6,97	6,81	6,65	6,50
12	8,86	8,62	8,38	8,16	7,94	7,74	7,54	7,34	7,16	6,98	6,81
13	9,39	9,12	8,85	8,60	8,36	8,13	7,90	7,69	7,49	7,29	7,10
14	9,90	9,59	9,29	9,01	8,75	8,49	8,24	8,01	7,79	7,57	7,37
15	10,38	10,04	9,71	9,40	9,11	8,83	8,56	8,30	8,06	7,83	7,61

Bei einer Restnutzungsdauer von ... Jahren	bei einem Kapitalisierungszinssatz in Höhe von ... Prozent										
	5	5,5	6	6,5	7	7,5	8	8,5	9	9,5	10
16	10,84	10,46	10,11	9,77	9,45	9,14	8,85	8,58	8,31	8,06	7,82
17	11,27	10,86	10,48	10,11	9,76	9,43	9,12	8,83	8,54	8,28	8,02
18	11,69	11,25	10,83	10,43	10,06	9,71	9,37	9,06	8,76	8,47	8,20
19	12,09	11,61	11,16	10,73	10,34	9,96	9,60	9,27	8,95	8,65	8,36
20	12,46	11,95	11,47	11,02	10,59	10,19	9,82	9,46	9,13	8,81	8,51
21	12,82	12,28	11,76	11,28	10,84	10,41	10,02	9,64	9,29	8,96	8,65
22	13,16	12,58	12,04	11,54	11,06	10,62	10,20	9,81	9,44	9,10	8,77
23	13,49	12,88	12,30	11,77	11,27	10,81	10,37	9,96	9,58	9,22	8,88
24	13,80	13,15	12,55	11,99	11,47	10,98	10,53	10,10	9,71	9,33	8,98
25	14,09	13,41	12,78	12,20	11,65	11,15	10,67	10,23	9,82	9,44	9,08
26	14,38	13,66	13,00	12,39	11,83	11,30	10,81	10,35	9,93	9,53	9,16
27	14,64	13,90	13,21	12,57	11,99	11,44	10,94	10,46	10,03	9,62	9,24
28	14,90	14,12	13,41	12,75	12,14	11,57	11,05	10,57	10,12	9,70	9,31
29	15,14	14,33	13,59	12,91	12,28	11,70	11,16	10,66	10,20	9,77	9,37
30	15,37	14,53	13,76	13,06	12,41	11,81	11,26	10,75	10,27	9,83	9,43
31	15,59	14,72	13,93	13,20	12,53	11,92	11,35	10,83	10,34	9,89	9,48
32	15,80	14,90	14,08	13,33	12,65	12,02	11,43	10,90	10,41	9,95	9,53
33	16,00	15,08	14,23	13,46	12,75	12,11	11,51	10,97	10,46	10,00	9,57
34	16,19	15,24	14,37	13,58	12,85	12,19	11,59	11,03	10,52	10,05	9,61
35	16,37	15,39	14,50	13,69	12,95	12,27	11,65	11,09	10,57	10,09	9,64
36	16,55	15,54	14,62	13,79	13,04	12,35	11,72	11,14	10,61	10,13	9,68
37	16,71	15,67	14,74	13,89	13,12	12,42	11,78	11,19	10,65	10,16	9,71
38	16,87	15,80	14,85	13,98	13,19	12,48	11,83	11,23	10,69	10,19	9,73
39	17,02	15,93	14,95	14,06	13,26	12,54	11,88	11,28	10,73	10,22	9,76
40	17,16	16,05	15,05	14,15	13,33	12,59	11,92	11,31	10,76	10,25	9,78
41	17,29	16,16	15,14	14,22	13,39	12,65	11,97	11,35	10,79	10,27	9,80
42	17,42	16,26	15,22	14,29	13,45	12,69	12,01	11,38	10,81	10,29	9,82
43	17,55	16,36	15,31	14,36	13,51	12,74	12,04	11,41	10,84	10,31	9,83
44	17,66	16,46	15,38	14,42	13,56	12,78	12,08	11,44	10,86	10,33	9,85
45	17,77	16,55	15,46	14,48	13,61	12,82	12,11	11,47	10,88	10,35	9,86
46	17,88	16,63	15,52	14,54	13,65	12,85	12,14	11,49	10,90	10,36	9,88
47	17,98	16,71	15,59	14,59	13,69	12,89	12,16	11,51	10,92	10,38	9,89
48	18,08	16,79	15,65	14,64	13,73	12,92	12,19	11,53	10,93	10,39	9,90
49	18,17	16,86	15,71	14,68	13,77	12,95	12,21	11,55	10,95	10,40	9,91
50	18,26	16,93	15,76	14,72	13,80	12,97	12,23	11,57	10,96	10,41	9,91
51	18,34	17,00	15,81	14,76	13,83	13,00	12,25	11,58	10,97	10,42	9,92
52	18,42	17,06	15,86	14,80	13,86	13,02	12,27	11,60	10,99	10,43	9,93
53	18,49	17,12	15,91	14,84	13,89	13,04	12,29	11,61	11,00	10,44	9,94
54	18,57	17,17	15,95	14,87	13,92	13,06	12,30	11,62	11,01	10,45	9,94
55	18,63	17,23	15,99	14,90	13,94	13,08	12,32	11,63	11,01	10,45	9,95
56	18,70	17,28	16,03	14,93	13,96	13,10	12,33	11,64	11,02	10,46	9,95
57	18,76	17,32	16,06	14,96	13,98	13,12	12,34	11,65	11,03	10,47	9,96
58	18,82	17,37	16,10	14,99	14,00	13,13	12,36	11,66	11,04	10,47	9,96
59	18,88	17,41	16,13	15,01	14,02	13,15	12,37	11,67	11,04	10,48	9,96
60	18,93	17,45	16,16	15,03	14,04	13,16	12,38	11,68	11,05	10,48	9,97
61	18,98	17,49	16,19	15,05	14,06	13,17	12,39	11,68	11,05	10,48	9,97
62	19,03	17,52	16,22	15,07	14,07	13,18	12,39	11,69	11,06	10,49	9,97

Bei einer Restnutzungsdauer von ... Jahren	bei einem Kapitalisierungszinssatz in Höhe von ... Prozent										
	5	5,5	6	6,5	7	7,5	8	8,5	9	9,5	10
63	19,08	17,56	16,24	15,09	14,08	13,19	12,40	11,70	11,06	10,49	9,98
64	19,12	17,59	16,27	15,11	14,10	13,20	12,41	11,70	11,07	10,49	9,98
65	19,16	17,62	16,29	15,13	14,11	13,21	12,42	11,71	11,07	10,50	9,98
66	19,20	17,65	16,31	15,14	14,12	13,22	12,42	11,71	11,07	10,50	9,98
67	19,24	17,68	16,33	15,16	14,13	13,23	12,43	11,71	11,08	10,50	9,98
68	19,28	17,70	16,35	15,17	14,14	13,24	12,43	11,72	11,08	10,50	9,98
69	19,31	17,73	16,37	15,19	14,15	13,24	12,44	11,72	11,08	10,51	9,99
70	19,34	17,75	16,38	15,20	14,16	13,25	12,44	11,73	11,08	10,51	9,99
71	19,37	17,78	16,40	15,21	14,17	13,25	12,45	11,73	11,09	10,51	9,99
72	19,40	17,80	16,42	15,22	14,18	13,26	12,45	11,73	11,09	10,51	9,99
73	19,43	17,82	16,43	15,23	14,18	13,27	12,45	11,73	11,09	10,51	9,99
74	19,46	17,84	16,44	15,24	14,19	13,27	12,46	11,74	11,09	10,51	9,99
75	19,48	17,85	16,46	15,25	14,20	13,27	12,46	11,74	11,09	10,51	9,99
76	19,51	17,87	16,47	15,26	14,20	13,28	12,46	11,74	11,10	10,52	9,99
77	19,53	17,89	16,48	15,26	14,21	13,28	12,47	11,74	11,10	10,52	9,99
78	19,56	17,90	16,49	15,27	14,21	13,29	12,47	11,74	11,10	10,52	9,99
79	19,58	17,92	16,50	15,28	14,22	13,29	12,47	11,75	11,10	10,52	9,99
80	19,60	17,93	16,51	15,28	14,22	13,29	12,47	11,75	11,10	10,52	10,00
81	19,62	17,94	16,52	15,29	14,23	13,30	12,48	11,75	11,10	10,52	10,00
82	19,63	17,96	16,53	15,30	14,23	13,30	12,48	11,75	11,10	10,52	10,00
83	19,65	17,97	16,53	15,30	14,23	13,30	120,48	11,75	11,10	10,52	10,00
84	19,67	17,98	16,54	15,31	14,24	13,30	12,48	11,75	11,10	10,52	10,00
85	19,68	17,99	16,55	15,31	14,24	13,30	12,48	11,75	11,10	10,52	10,00
86	19,70	18,00	16,56	15,32	14,24	13,31	12,48	11,75	11,10	10,52	10,00
87	19,71	18,01	16,56	15,32	14,25	13,31	12,48	11,75	11,10	10,52	10,00
88	19,73	18,02	16,57	15,32	14,25	13,31	12,49	11,76	11,11	10,52	10,00
89	19,74	18,03	16,57	15,33	14,25	13,31	12,49	11,76	11,11	10,52	10,00
90	19,75	18,03	16,58	15,33	14,25	13,31	12,49	11,76	11,11	10,52	10,00
91	19,76	18,04	16,58	15,33	14,26	13,31	12,49	11,76	11,11	10,52	10,00
92	19,78	18,05	16,59	15,34	14,26	13,32	12,49	11,76	11,11	10,52	10,00
93	19,79	18,06	16,59	15,34	14,26	13,32	12,49	11,76	11,11	10,52	10,00
94	19,80	18,06	16,60	15,34	14,26	13,32	12,49	11,76	11,11	10,52	10,00
95	19,81	18,07	16,60	15,35	14,26	13,32	12,49	11,76	11,11	10,52	10,00
96	19,82	18,08	16,60	15,35	14,26	13,32	12,49	11,76	11,11	10,52	10,00
97	19,82	18,08	16,61	15,35	14,27	13,32	12,49	11,76	11,11	10,52	10,00
98	19,83	18,09	16,61	15,35	14,27	13,32	12,49	11,76	11,11	10,52	10,00
99	19,84	18,09	16,61	15,35	14,27	13,32	12,49	11,76	11,11	10,52	10,00
100	19,85	18,10	16,62	15,36	14,27	13,32	12,49	11,76	11,11	10,53	10,00

2. Flugzeugbeleihungswertermittlungsverordnung

Verordnung über die Ermittlung der Beleihungswerte von Flugzeugen nach § 26d Absatz 1 und 2 des Pfandbriefgesetzes (FlugBelWertV)

Ausfertigungsdatum: 20.4.2009
Vollzitat: „Flugzeugbeleihungswertermittlungsverordnung vom 20. April 2009 (BGBl. I S. 1036)“

Eingangsformel
Auf Grund des § 26d Absatz 3 Satz 1 und 2 des Pfandbriefgesetzes, der durch Artikel 1 Nummer 24 des Gesetzes vom 20. März 2009 (BGBl. I S. 607) eingefügt worden ist, verordnet das Bundesministerium der Finanzen im Einvernehmen mit dem Bundesministerium der Justiz nach Anhörung der Spitzenverbände der Kreditwirtschaft:

Teil 1
Allgemeine Bestimmungen und Verfahrensgrundsätze

§ 1 Anwendungsbereich
Bei der Ermittlung der Flugzeugbeleihungswerte nach § 26d Absatz 1 und 2 des Pfandbriefgesetzes und bei der Erhebung der für die Wertermittlung erforderlichen Daten sind die Vorschriften dieser Verordnung anzuwenden.

§ 2 Gegenstand der Wertermittlung
Gegenstand der Flugzeugbeleihungswertermittlung sind Flugzeuge im Sinne des § 1 Absatz 2 Satz 1 Nummer 1 des Luftverkehrsgesetzes, die in einem öffentlichen Register eingetragen sind.

§ 3 Grundsatz der Flugzeugbeleihungswertermittlung
(1) Der Wert, der der Beleihung zugrunde gelegt wird (Flugzeugbeleihungswert), ist der Wert des Flugzeugs, der erfahrungsgemäß unabhängig von vorübergehenden, etwa konjunkturell bedingten Wertschwankungen am maßgeblichen Markt und unter Ausschaltung von spekulativen Elementen bei einer Veräußerung voraussichtlich erzielt werden kann.

(2) Bei der Ermittlung des Flugzeugbeleihungswerts sind die dauernden Eigenschaften des Flugzeugs, sein Alter und seine Einsatzmöglichkeiten zu berücksichtigen.

§ 4 Verfahren zur Ermittlung von Beleihungswerten für Flugzeuge
(1) Zur Ermittlung des Flugzeugbeleihungswerts für ein Flugzeug sind der aktuelle Marktwert (§ 9), der durchschnittliche Marktwert der letzten zehn Jahre (§ 10) sowie der Wert bei ausgeglichenen Marktbedingungen und durchschnittlichem Zustand (§ 11) des zu bewertenden Flugzeugs heranzuziehen.

(2) Der Flugzeugbeleihungswert darf weder den aktuellen Marktwert des Flugzeugs, den durchschnittlichen Marktwert der letzten zehn Jahre noch den nach § 11 ermittelten Wert bei ausgeglichenen Marktbedingungen und durchschnittlichem Zustand übersteigen. Sind Marktwerte nur für einen kürzeren Zeitraum als zehn Jah-

re verfügbar, ist der durchschnittliche Marktwert für diesen kürzeren Zeitraum zu ermitteln; in diesen Fällen ist Satz 1 mit der Maßgabe anzuwenden, dass der nach § 11 ermittelte Wert bei ausgeglichenen Marktbedingungen und durchschnittlichem Zustand um 10 Prozent zu mindern ist. Ist für ein Flugzeugmuster kein durchschnittlicher Marktwert ermittelbar, gilt Satz 2 entsprechend.

(3) Ist ein aktueller Marktwert nach § 9 nicht zu ermitteln, ist ein anderes angemessenes Verfahren anzuwenden. In diesen Fällen darf der Flugzeugbeleihungswert den um 25 Prozent geminderten Wert bei ausgeglichenen Marktbedingungen und durchschnittlichem Zustand nicht überschreiten.

Teil 2
Gutachten und Gutachter

§ 5 Gutachten

(1) Der Flugzeugbeleihungswert ist mittels eines Gutachtens zu ermitteln.

(2) Das Gutachten muss durch einen oder mehrere Gutachter erstellt werden, die von der Pfandbriefbank allgemein oder von Fall zu Fall bestimmt werden. In besonderen Fällen, etwa im Rahmen von Kooperationen oder bei Portfoliokäufen, können für andere Kreditinstitute erstellte Gutachten zugrunde gelegt werden, wenn

1. diese Gutachten den Bestimmungen dieser Verordnung entsprechen,
2. ein nicht mit der Kreditentscheidung befasster, fachlich kundiger Mitarbeiter der Pfandbriefbank eine Plausibilitätsprüfung, auch im Hinblick auf die einzelnen angesetzten Bewertungsparameter, durchführt und
3. das Ergebnis der Plausibilitätsprüfung dokumentiert wird.

Gutachten, die vom Darlehensnehmer oder Flugzeugeigentümer vorgelegt oder in Auftrag gegeben worden sind, dürfen nicht zugrunde gelegt werden.

(3) Im Gutachten ist auf die in § 4 genannten Parameter einzugehen.

(4) Im Gutachten sind das Flugzeugmuster und seine praktische Verwendbarkeit, insbesondere hinsichtlich Nutzlast-Reichweite-Profil, Leistungsdaten und Treibstoffverbrauch, unter Berücksichtigung der vorhandenen Ausrüstung, insbesondere auch in Bezug auf Flugsicherungs- und Navigationsausrüstung, Triebwerkshersteller und Triebwerksvariante sowie Leistungsvariante (Berücksichtigung der höchstzulässigen Abflugmasse), darzustellen. Auf Vorzüge und Mängel des Flugzeugs ist hinzuweisen.

(5) Bei der Ermittlung des aktuellen Marktwerts, des durchschnittlichen Marktwerts der letzten zehn Jahre sowie des Wertes bei ausgeglichenen Marktbedingungen und durchschnittlichem Zustand kann das Gutachten auf die Schätzung eines im Bereich der Flugzeugwertermittlung tätigen und anerkannten Schätzers Bezug nehmen. Falls eine Besichtigung durch einen anerkannten technischen Sachverständigen vorgenommen worden ist, kann das Gutachten auch auf den Besichtigungsbericht Bezug nehmen.

§ 6 Besichtigung

(1) Das zu bewertende Flugzeug ist im Rahmen der Wertermittlung zu besichtigen. Dabei sind sämtliche gemäß den Regelungen der Luftverkehrs-Zulassungs-Ordnung an Bord mitzuführende Flugzeugpapiere einzusehen. Hierbei sind die Ausstattungsmerkmale von Flugzeugzelle, Flugzeugausrüstung und Triebwerken zu

ermitteln; der Wartungszustand ist festzustellen. Die Besichtigung kann auch durch einen anerkannten technischen Sachverständigen erfolgen.

(2) Auf eine Besichtigung kann verzichtet werden, wenn das Flugzeug erstmals abgeliefert und vom Betreiber abgenommen worden ist oder der Pfandbriefbank von dem Flugzeugeigentümer die Wartung im Rahmen eines vom Hersteller und der jeweils zuständigen Luftfahrtbehörde zugelassenen Wartungsprogramms zugesichert und zur Bewertung ein aktueller Wartungsnachweis vorgelegt wird. Aus dem Wartungsnachweis muss sich ergeben, dass das Flugzeug einem von der zuständigen Luftfahrtbehörde zugelassenen Wartungsprogramm unterliegt und von einem von der jeweiligen Luftfahrtbehörde zugelassenen Wartungsbetrieb gewartet wird. Die Wartung im Rahmen eines zugelassenen Wartungsprogramms gilt als zugesichert im Sinne des Satzes 1, wenn das Flugzeug in einem Luftfahrtunternehmen mit der in § 20 Absatz 4 des Luftverkehrsgesetzes genannten Betriebsgenehmigung betrieben wird.

§ 7 Gutachter

(1) Der Gutachter muss nach seiner Ausbildung und beruflichen Tätigkeit über besondere Kenntnisse und Erfahrungen auf dem Gebiet der Bewertung von Flugzeugen verfügen. Bei der Auswahl des Gutachters hat sich die Pfandbriefbank davon zu überzeugen, dass der Gutachter neben langjähriger Berufserfahrung in der Bewertung von Flugzeugen speziell über die zur Erstellung von Flugzeugbeleihungswert-Gutachten notwendigen Kenntnisse, insbesondere bezüglich des Flugzeugmarkts, verfügt. Bei Gutachtern, die bei der International Society of Transport Aircraft Trading (ISTAT) zertifiziert sind, gelten die notwendigen Kenntnisse als nachgewiesen.

(2) Wenn der Gutachter die Besichtigung nicht selbst vornimmt, ist eine technische oder ingenieurmäßige Berufsausbildung nicht erforderlich.

§ 8 Unabhängigkeit des Gutachters

(1) Der Gutachter muss sowohl vom Kreditakquisitions- und Kreditentscheidungsprozess als auch von Vermittlung, Verkauf, Vermietung und Vercharterung des zu bewertenden Flugzeugs unabhängig sein. Er darf nicht in einem verwandtschaftlichen, sonstigen rechtlichen oder wirtschaftlichen Verhältnis zum Darlehensnehmer stehen und darf kein eigenes Interesse am Ergebnis des Gutachtens haben. Der Gutachter darf auch nicht den Beleihungswert festsetzen oder den Kredit bearbeiten. Die Sätze 1 bis 3 gelten auch für anerkannte Schätzer oder technische Sachverständige, auf deren Schätzung oder Besichtigungsbericht im Gutachten Bezug genommen wird.

(2) Gutachten von bei der Pfandbriefbank angestellten Gutachtern dürfen nur dann der Flugzeugbeleihungswertermittlung zugrunde gelegt werden, wenn die betreffenden Gutachter im Rahmen der Aufbauorganisation der Pfandbriefbank nur der Geschäftsleitung verantwortlich sind oder ausschließlich Teil einer Gutachtereinheit sind, die unmittelbar der Geschäftsleitung unterstellt ist, oder Teil einer alle betreffenden Gutachter zusammenfassenden Einheit und auch im Übrigen bis einschließlich der Ebene der Geschäftsleitung nicht einem Bereich der Pfandbriefbank zugeordnet sind, in dem Flugzeugkreditgeschäfte entweder angebahnt oder zum Gegenstand des einzigen Votums gemacht werden.

Teil 3
Wertermittlungsverfahren

§ 9 Aktueller Marktwert

(1) Der aktuelle Marktwert ist der geschätzte Betrag, für welchen ein Flugzeug am Bewertungsstichtag zwischen einem verkaufsbereiten Verkäufer und einem kaufbereiten Erwerber unter den gegebenen Marktverhältnissen nach angemessenem Vermarktungszeitraum in einer Transaktion im gewöhnlichen Geschäftsverkehr verkauft werden könnte, wobei jede Partei mit Sachkenntnis, Umsicht und ohne Zwang handelt.

(2) Für die Ermittlung des aktuellen Marktwerts ist von einem Flugzeug auszugehen, das keinem Leasingvertrag unterliegt. Wenn aus den Verkäufen gleichartiger Flugzeuge ein Basispreis abgeleitet worden ist, ist dieser den Besonderheiten des zu bewertenden Flugzeugs anzupassen.

§ 10 Durchschnittlicher Marktwert

(1) Der durchschnittliche Marktwert ist der Durchschnittsbetrag der Marktwerte eines gleichartigen Flugzeugs für die zugrunde zu legenden letzten Kalenderjahre vor dem Jahr der Wertermittlung.

(2) § 9 Absatz 2 gilt entsprechend.

§ 11 Wert bei ausgeglichenen Marktbedingungen und durchschnittlichem Zustand

(1) Der Wert bei ausgeglichenen Marktbedingungen und durchschnittlichem Zustand ist der geschätzte Betrag, für welchen ein Flugzeug am Bewertungsstichtag unter der Annahme eines durchschnittlichen Wartungszustandes und eines durchschnittlichen Gesamtzustandes zwischen einem verkaufsbereiten Verkäufer und einem kaufbereiten Erwerber bei ausgeglichenen Marktverhältnissen nach angemessenem Vermarktungszeitraum in einer Transaktion im gewöhnlichen Geschäftsverkehr verkauft werden könnte, wobei jede Partei mit Sachkenntnis, Umsicht und ohne Zwang handelt.

(2) § 9 Absatz 2 ist entsprechend anzuwenden.

Teil 4
Überprüfung der Flugzeugbeleihungswertermittlung und Inkrafttreten

§ 12 Überprüfung der Grundlagen der Flugzeugbeleihungswertermittlung

(1) Bestehen Anhaltspunkte, dass sich die Grundlagen der Flugzeugbeleihungswertermittlung nicht nur unerheblich verschlechtert haben, sind diese zu überprüfen. Dies gilt insbesondere dann, wenn das allgemeine Preisniveau auf dem jeweiligen Flugzeugmarkt in einem die Sicherheit der Beleihung gefährdenden Umfang gesunken ist. Der Flugzeugbeleihungswert ist bei Bedarf zu mindern.

(2) Soweit nach anderen Vorschriften eine weitergehende Verpflichtung zur Überprüfung des Flugzeugbeleihungswerts besteht, bleibt diese unberührt.

§ 13 Inkrafttreten

Diese Verordnung tritt am Tag nach der Verkündung in Kraft.

3. Schiffsbeleihungswertermittlungsverordnung

Verordnung über die Ermittlung der Beleihungswerte von Schiffen und Schiffsbauwerken nach § 24 Abs. 1 bis 3 des Pfandbriefgesetzes (SchiffsBelWertV)

Ausfertigungsdatum: 6.5.2008
Vollzitat: „Schiffsbeleihungswertermittlungsverordnung vom 6. Mai 2008 (BGBl. I S. 851)"

Eingangsformel
Auf Grund des § 24 Abs. 5 Satz 1 und 2 des Pfandbriefgesetzes vom 22. Mai 2005 (BGBl. I S. 1373) in Verbindung mit § 1 Nr. 4 der Verordnung zur Übertragung von Befugnissen zum Erlass von Rechtsverordnungen auf die Bundesanstalt für Finanzdienstleistungsaufsicht vom 13. Dezember 2002 (BGBl. 2003 I S. 3), § 1 Nr. 4 zuletzt geändert durch Artikel 7 Nr. 1 des Gesetzes vom 22. Juni 2005 (BGBl. I S. 1698), verordnet die Bundesanstalt für Finanzdienstleistungsaufsicht im Einvernehmen mit dem Bundesministerium der Justiz nach Anhörung der Spitzenverbände der Kreditwirtschaft:

Teil 1
Allgemeine Bestimmungen und Verfahrensgrundsätze

§ 1 Anwendungsbereich
Bei der Ermittlung der Schiffsbeleihungswerte nach § 24 Abs. 1 bis 3 des Pfandbriefgesetzes und bei der Erhebung der für die Wertermittlung erforderlichen Daten sind die Vorschriften dieser Verordnung anzuwenden.

§ 2 Gegenstand der Wertermittlung
Gegenstand der Schiffsbeleihungswertermittlung sind Schiffe und Schiffsbauwerke, die in einem öffentlichen Register eingetragen sind.

§ 3 Grundsatz der Schiffsbeleihungswertermittlung
(1) Der Wert, der der Beleihung zugrunde gelegt wird (Schiffsbeleihungswert), ist der Wert des Schiffes oder Schiffsbauwerks, der erfahrungsgemäß unabhängig von vorübergehenden, etwa konjunkturell bedingten Wertschwankungen am maßgeblichen Markt und unter Ausschaltung von spekulativen Elementen bei einer Veräußerung voraussichtlich erzielt werden kann.

(2) Bei der Ermittlung des Schiffsbeleihungswerts sind die dauernden Eigenschaften des Schiffes, sein Alter und seine Einsatzmöglichkeiten zu berücksichtigen.

§ 4 Verfahren zur Ermittlung von Beleihungswerten für Schiffe und Schiffsbauwerke
(1) Zur Ermittlung des Schiffsbeleihungswerts für ein Schiff sind der aktuelle Marktwert (§ 9), der durchschnittliche Marktwert der letzten zehn Jahre (§ 10) und der Neubaupreis (§ 11) oder Kaufpreis (§ 12) des zu bewertenden Schiffes zu ermitteln.

(2) Der Schiffsbeleihungswert darf weder den aktuellen Marktwert des Schiffes noch den durchschnittlichen Marktwert der letzten zehn Jahre übersteigen. Sind Marktwerte nur für einen kürzeren Zeitraum als zehn Jahre verfügbar, ist der durchschnittliche Marktwert für diesen kürzeren Zeitraum zu ermitteln; in diesen Fällen ist Satz 1 mit der Maßgabe anzuwenden, dass der aktuelle Marktwert um 15 Prozent zu mindern ist; lässt sich der durchschnittliche Marktwert nur für drei oder weniger Jahre ermitteln, beträgt dieser Abschlag mindestens 25 Prozent.

(3) Bei Schiffsneubauten stellt der Neubaupreis eine weitere Obergrenze für den Schiffsbeleihungswert dar. Bei Schiffsankäufen darf der Schiffsbeleihungswert den Kaufpreis nicht übersteigen.

(4) Ist ein aktueller Marktwert nicht verfügbar oder ist ein durchschnittlicher Marktwert eines gleichartigen Schiffes nicht zu ermitteln, ist ein anderes angemessenes Verfahren anzuwenden. In diesen Fällen darf der Schiffsbeleihungswert nicht den um mindestens 25 Prozent geminderten Neubaupreis oder ebenso geminderten Kaufpreis überschreiten.

(5) Die Ermittlung des Schiffsbeleihungswerts für ein Schiffsbauwerk hat nach Maßgabe des § 13 zu erfolgen.

Teil 2
Gutachten und Gutachter

§ 5 Gutachten

(1) Der Schiffsbeleihungswert ist mittels eines Gutachtens zu ermitteln.

(2) Das Gutachten muss durch einen oder mehrere Gutachter erstellt werden, die von der Pfandbriefbank allgemein oder von Fall zu Fall bestimmt werden. In besonderen Fällen, etwa im Rahmen von Kooperationen oder bei Portfoliokäufen, können für andere Kreditinstitute erstellte Gutachten zugrunde gelegt werden, wenn

1. diese Gutachten den Bestimmungen dieser Verordnung entsprechen,
2. ein nicht mit der Kreditentscheidung befasster, fachlich kundiger Mitarbeiter der Pfandbriefbank eine Plausibilitätsprüfung, auch im Hinblick auf die einzelnen angesetzten Bewertungsparameter, durchführt und
3. das Ergebnis der Plausibilitätsprüfung dokumentiert wird.

Gutachten, die vom Darlehensnehmer oder Schiffseigentümer vorgelegt oder in Auftrag gegeben worden sind, dürfen nicht zugrunde gelegt werden.

(3) Im Gutachten ist auf die in § 4 genannten Parameter einzugehen.

(4) Im Gutachten sind der Schiffstyp und seine praktische Verwendbarkeit, insbesondere hinsichtlich Fahrtbereich, Einsatzmöglichkeit und Ladefähigkeit, unter Berücksichtigung der vorhandenen Ausrüstung, insbesondere in Bezug auf Lade- und Löscheinrichtungen, darzustellen. Auf Vorzüge und Mängel des Schiffes ist hinzuweisen.

(5) Bei der Ermittlung des aktuellen Marktwerts und des durchschnittlichen Marktwerts der letzten zehn Jahre kann das Gutachten auf die Schätzung eines im Bereich der Schiffswertermittlung tätigen und anerkannten Brokers oder Schätzers Bezug nehmen. Falls eine Besichtigung durch einen anerkannten technischen Sachverständigen vorgenommen worden ist, kann das Gutachten auch auf den Besichtigungsbericht Bezug nehmen.

§ 6 Besichtigung

(1) Das zu bewertende Schiff ist im Rahmen der Wertermittlung zu besichtigen. Dabei sind sämtliche an Bord befindliche Schiffspapiere einzusehen. Hierbei sind die Klassifikationen von Schiffskörper und Maschinenanlage zu ermitteln; die Gültigkeitsdauer der Klassifikationszertifikate ist festzustellen. Die Besichtigung kann auch durch einen anerkannten technischen Sachverständigen erfolgen.

(2) Auf eine Besichtigung kann verzichtet werden, wenn

1. der Pfandbriefbank von dem Schiffseigentümer die Klassifikationsunterlagen einer anerkannten Klassifikationsgesellschaft vorgelegt werden und sich hieraus ergibt, dass das Schiff von der Klassifikationsgesellschaft innerhalb der letzten 15 Monate besichtigt worden ist,
2. das Schiff nicht älter als drei Jahre ist und das Klassifikationszertifikat bei Ablieferung vorgelegt wird, oder
3. das Schiff nicht älter als fünf Jahre ist und neben dem Klassifikationszertifikat bei Ablieferung das Zertifikat über die Interimsklasse vorgelegt wird.

Die Pfandbriefbank hat die Klassifikationsunterlagen auf Echtheit zu überprüfen.

§ 7 Gutachter

(1) Der Gutachter muss nach seiner Ausbildung und beruflichen Tätigkeit über besondere Kenntnisse und Erfahrungen auf dem Gebiet der Bewertung von Schiffen verfügen. Bei der Auswahl des Gutachters hat sich die Pfandbriefbank davon zu überzeugen, dass der Gutachter neben langjähriger Berufserfahrung in der Bewertung von Schiffen speziell über die zur Erstellung von Schiffsbeleihungswert-Gutachten notwendigen Kenntnisse, insbesondere bezüglich des Schiffsmarkts, verfügt.

(2) Wenn der Gutachter die Besichtigung nicht selbst vornimmt, ist eine technische oder ingenieurmäßige Berufsausbildung nicht erforderlich.

§ 8 Unabhängigkeit des Gutachters

(1) Der Gutachter muss sowohl vom Kreditakquisitions- und Kreditentscheidungsprozess als auch von Vermittlung, Verkauf, Vermietung und Vercharterung des zu bewertenden Schiffes unabhängig sein. Er darf nicht in einem verwandtschaftlichen, sonstigen rechtlichen oder wirtschaftlichen Verhältnis zum Darlehensnehmer stehen und darf kein eigenes Interesse am Ergebnis des Gutachtens haben. Der Gutachter darf auch nicht den Beleihungswert festsetzen oder den Kredit bearbeiten. Die Sätze 1 bis 3 gelten auch für anerkannte Schätzer, Broker oder technische Sachverständige, auf deren Schätzung oder Besichtigungsbericht im Gutachten Bezug genommen wird.

(2) Gutachten von bei der Pfandbriefbank angestellten Gutachtern dürfen nur dann der Schiffsbeleihungswertermittlung zugrunde gelegt werden, wenn die betreffenden Gutachter im Rahmen der Aufbauorganisation der Pfandbriefbank nur der Geschäftsleitung verantwortlich sind oder ausschließlich Teil einer Gutachtereinheit sind, die unmittelbar der Geschäftsleitung unterstellt ist, oder Teil einer alle betreffenden Gutachter zusammenfassenden Einheit und auch im Übrigen bis einschließlich der Ebene der Geschäftsleitung nicht einem Bereich der Pfandbriefbank zugeordnet sind, in dem Schiffskreditgeschäfte entweder angebahnt oder zum Gegenstand des einzigen Votums gemacht werden.

Teil 3
Wertermittlungsverfahren

§ 9 Aktueller Marktwert

(1) Der aktuelle Marktwert ist der geschätzte Betrag, für welchen ein Schiff am Bewertungsstichtag zwischen einem verkaufsbereiten Verkäufer und einem kaufbereiten Erwerber, nach angemessenem Vermarktungszeitraum, in einer Transaktion im gewöhnlichen Geschäftsverkehr verkauft werden könnte, wobei jede Partei mit Sachkenntnis, Umsicht und ohne Zwang handelt.

(2) Für die Ermittlung des aktuellen Marktwerts ist von einem charterfreien Schiff auszugehen. Wenn aus den Verkäufen gleichartiger Schiffe ein Basispreis abgeleitet worden ist, ist dieser den Besonderheiten des zu bewertenden Schiffes anzupassen.

§ 10 Durchschnittlicher Marktwert

Der durchschnittliche Marktwert ist der Durchschnittsbetrag der Marktwerte eines gleichartigen Schiffes für die zugrunde zu legenden letzten Kalenderjahre vor dem Jahr der Wertermittlung.

§ 11 Neubaupreis

Der Neubaupreis ist der mit der Werft vertraglich vereinbarte Baupreis zuzüglich Nebenkosten wie Bauzeitenzinsen, Kosten der Bauaufsicht sowie der Erstausrüstung, sofern die Nebenkosten angemessen und üblich sind.

§ 12 Kaufpreis

Der Kaufpreis ist der vertraglich vereinbarte Preis für den Erwerb des zu bewertenden Schiffes. Kaufpreis ist auch der Preis, der für den Erwerb eines Bauvertrags über ein Schiffsbauwerk oder ein in Zukunft zu bauendes Schiff vereinbart wird.

§ 13 Wertermittlung bei Schiffsbauwerken

Bei Schiffsbauwerken ist als Schiffsbeleihungswert der Zustandswert zu ermitteln. Der Zustandswert entspricht dem Bautenstand, der durch einen technischen Sachverständigen oder die Werft schriftlich zu bestätigen ist. Im Rahmen der Beleihungswertermittlung sind die Baubeschreibungen, die Bauzeichnungen und die mit der Werft geschlossenen Verträge einzusehen.

Teil 4
Überprüfung der Schiffsbeleihungswertermittlung und Inkrafttreten

§ 14 Wertermittlung bei Schiffsbauwerken

Überprüfung der Grundlagen der Schiffsbeleihungswertermittlung

(1) Bestehen Anhaltspunkte, dass sich die Grundlagen der Schiffsbeleihungswertermittlung nicht nur unerheblich verschlechtert haben, sind diese zu überprüfen. Dies gilt insbesondere dann, wenn das allgemeine Preisniveau auf dem jeweiligen Schiffsmarkt in einem die Sicherheit der Beleihung gefährdenden Umfang gesunken ist. Der Schiffsbeleihungswert ist bei Bedarf zu mindern.

(2) Soweit nach anderen Vorschriften eine weitergehende Verpflichtung zur Überprüfung des Schiffsbeleihungswerts besteht, bleibt diese unberührt.

§ 15 Inkrafttreten
Diese Verordnung tritt am 1. Juli 2008 in Kraft.

Bonn, den 6. Mai 2008
Der Präsident der Bundesanstalt für Finanzdienstleistungsaufsicht
Sanio

4. Pfandbrief-Barwertverordnung

Verordnung über die Sicherstellung der jederzeitigen Deckung von Hypothekenpfandbriefen, Öffentlichen Pfandbriefen, Schiffspfandbriefen und Flugzeugpfandbriefen nach dem Barwert und dessen Berechnung bei Pfandbriefbanken (PfandBarwertV)

In der Fassung der Bekanntmachung vom: 14. Juli 2005 (BGBl. I S. 2165)
Zuletzt geändert durch: Artikel 4 des Gesetzes vom 19. November 2010 (BGBl. I S. 1592)

Auf Grund des § 4 Abs. 6 des Pfandbriefgesetzes vom 22. Mai 2005 (BGBl. I S. 1373) in Verbindung mit § 1 Nr. 4 der Verordnung zur Übertragung von Befugnissen zum Erlass von Rechtsverordnungen auf die Bundesanstalt für Finanzdienstleistungsaufsicht vom 13. Dezember 2002 (BGBl. 2003 I S. 3), der zuletzt durch Artikel 11 des Gesetzes vom 22. Mai 2005 (BGBl. I S. 1373) geändert worden ist, verordnet die Bundesanstalt für Finanzdienstleistungsaufsicht im Einvernehmen mit dem Bundesministerium der Justiz nach Anhörung der Spitzenverbände der Kreditwirtschaft:

§ 1 Begriffsbestimmungen

Im Sinne dieser Verordnung ist

1. „Barwert" die Summe aller mittels jeweils marktüblicher Zinskurven auf den aktuellen Tag abgezinsten Zahlungsströme und
2. „Wechselkurs" der Wert einer Fremdwährungseinheit, wie er sich auf der Grundlage der aktuellen, von der Europäischen Zentralbank täglich veröffentlichten Euro-Referenzkurse ergibt.

Bei der Umrechnung von Währungen, für die kein Euro-Referenzkurs veröffentlicht wird, sind die aktuellen Mittelkurse aus feststellbaren An- und Verkaufskursen zugrunde zu legen.

§ 2 Barwertdeckungsrechnung

Die Barwerte der im Umlauf befindlichen Hypothekenpfandbriefe, Öffentlichen Pfandbriefe, Schiffspfandbriefe und Flugzeugpfandbriefe (Pfandbriefe) und der zu ihrer Deckung verwendeten Werte sind für jede Pfandbriefgattung gesondert bankarbeitstäglich zu ermitteln und abzugleichen. Der Abgleich ist durch Abzug des Barwertes der im Umlauf befindlichen Pfandbriefe einer Gattung vom Barwert der zu ihrer Deckung verwendeten Werte vorzunehmen. Ergibt sich hieraus ein negativer Betrag, ist dieser unverzüglich in Form zusätzlicher Deckungswerte barwertig auszugleichen.

§ 3 Ermittlung der aktuellen Barwerte

(1) Für die Ermittlung der Barwerte ist die alleinige Verwendung der währungsspezifischen Zinskurve für Swapgeschäfte zulässig. Derivate sind abweichend von Satz 1 mit ihrem aktuellen Marktpreis zu berücksichtigen, der durch eine vom Handel weisungsunabhängige Stelle, welche alle zur Ermittlung des Marktpreises notwendigen organisatorischen, materiellen und fachlichen Voraussetzungen erfüllt, zu ermitteln ist.

(2) Die Barwerte von Fremdwährungspositionen sind zum jeweils aktuellen Wechselkurs in Euro umzurechnen.

§ 4 Stresstest

Die Pfandbriefbank hat sicherzustellen, dass die barwertige Deckung nach § 4 Abs. 1 Satz 1 des Pfandbriefgesetzes auch im Falle von Zins- und Währungskursveränderungen gegeben ist. Hierzu hat sie das der Berechnung nach § 3 Abs. 1 zugrunde liegende Portfolio mindestens wöchentlich einem Stresstest nach Maßgabe der §§ 5 und 6 zu unterziehen. Ergibt sich bei dem anschließenden betragsmäßigen Abgleich des Wertes der im Umlauf befindlichen Pfandbriefe und der zu ihrer Deckung verwendeten Werte auf der Grundlage der in dem jeweiligen Stresstest ermittelten Barwerte eine barwertige Unterdeckung, so ist der höchste aus der Gesamtheit der Simulationen resultierende barwertige Fehlbetrag unverzüglich zusätzlich in die Deckungsmasse einzustellen. Eine Verminderung der Deckungsmasse darf nur vorgenommen werden, falls das Ergebnis des Stresstests auch danach keine barwertige Unterdeckung ausweist.

§ 5 Simulation der Auswirkung von Zinsveränderungen auf die Barwerte

(1) Zur Abbildung der Auswirkung von Zinsveränderungen sind die zur Barwertberechnung verwendeten Zinskurven nach Maßgabe eines statischen oder eines dynamischen Ansatzes um jeweils eine bestimmte Anzahl von Basispunkten nach oben und unten zu verschieben; sich ergebende negative Zinssätze sind auf null zu setzen. Im Anschluss daran sind für alle Bestandteile des der Berechnung nach § 3 Abs. 1 zugrunde liegenden Portfolios mittels der sich ergebenden neuen Zinskurven neue Barwerte zu ermitteln. Auf Fremdwährungspositionen ist anschließend § 6 anzuwenden.

1. Für den statischen Ansatz beträgt die Anzahl der Basispunkte 250.
2. Für den dynamischen Ansatz ist auf der jeweiligen Zinskurve eine dem Umfang und der Struktur des Geschäftes der Pfandbriefbank angemessene Anzahl und Verteilung von Laufzeiten auszuwählen, wobei deren Anzahl mindestens sechs betragen und die Laufzeiten 1 Monat, 1 Jahr, 5 Jahre, 7 Jahre, 10 Jahre und 15 Jahre umfassen muss. Für den Zinssatz jeder gewählten Laufzeit ist die Standardabweichung der Tagesdifferenzen der logarithmierten Zinssätze auf Basis des historischen Beobachtungszeitraumes der vorherigen 250 Bankarbeitstage zu bestimmen. Die Standardabweichung der jeweiligen Laufzeit ist anschließend unter Zugrundelegung eines einseitigen Konfidenzniveaus von 99 Prozent

und einer Haltedauer des Portfolios von 6 Monaten mit dem Faktor 2,33 und der Quadratwurzel aus 125 zu multiplizieren. Die sich ergebenden Werte sind danach mit dem aktuellen Zinssatz der jeweiligen Laufzeit und im Anschluss daran mit Faktor 100 zu multiplizieren. Um die so ermittelte Anzahl von Basispunkten, mindestens jedoch um 100 Basispunkte, ist an der dazugehörigen Laufzeit die zugrunde gelegte Zinskurve nach oben und unten zu verschieben. Zur Konstruktion der neuen Zinskurven werden die derart ermittelten neuen Zinssätze interpoliert.

(2) Abweichend von Absatz 1 darf auch ein Risikowert in Ansatz gebracht werden. Dieser ist mittels eines eigenen Risikomodells zu ermitteln, dessen Eignung die Bundesanstalt für Finanzdienstleistungsaufsicht (Bundesanstalt) auf Grundlage einer Prüfung nach § 44 Abs. 1 Satz 2 des Kreditwesengesetzes schriftlich bestätigt hat. § 313 Absatz 3 Satz 1 der Solvabilitätsverordnung gilt mit den folgenden Maßgaben entsprechend:

1. Zur Anpassung an die Anforderungen des dynamischen Ansatzes müssen die gewählten Laufzeiten mindestens die in Absatz 1 Nr. 2 genannten Laufzeiten beinhalten.
2. Der mittels des Risikomodells geschätzte Risikowert ist von einer Haltedauer von 10 Tagen auf 125 Tage durch Multiplikation mit Quadratwurzel 125 und Division mit Quadratwurzel 10 hochzuskalieren.
3. Währungsrisiken, die im Rahmen der Schätzung des Risikowertes nicht mindestens gemäß den Anforderungen des § 6 berücksichtigt werden, sind entsprechend den dort genannten Anforderungen zusätzlich einzubeziehen.
4. Der nach § 3 ermittelte Barwert der Deckungsmasse ist um den ermittelten Risikowert zu verringern.

(3) Das einmal gewählte Verfahren ist durchgehend für alle Berechnungen anzuwenden.

§ 6 Simulation der Auswirkung von Währungsveränderungen auf die Barwerte

(1) Für Fremdwährungspositionen gleicher Währung ist ein Nettobarwert zu bestimmen, der der Differenz der gemäß § 5 Abs. 1 ermittelten Barwerte der Fremdwährungsaktivpositionen und Fremdwährungspassivpositionen entspricht. Im Falle eines positiven Nettobarwertes sind Abschläge, im Falle eines negativen Nettobarwertes sind Aufschläge nach Maßgabe des Absatzes 2 zu berücksichtigen.

(2) Die Berechnung der nach Absatz 1 vorzunehmenden Abschläge oder Aufschläge muss nach einem statischen oder einem dynamischen Ansatz erfolgen. Das einmal gewählte Verfahren ist durchgehend für alle Berechnungen anzuwenden.

1. Für den statischen Ansatz sind auf die aktuellen Wechselkurse der jeweiligen Fremdwährungseinheit folgende prozentuale Abschläge oder Aufschläge vorzunehmen:
   a) 10 Prozent bei Währungen anderer Mitgliedstaaten der Europäischen Union, anderer Vertragsstaaten des Abkommens über den Europäischen Wirtschaftsraum und der Schweiz,
   b) 15 Prozent bei Währungen anderer europäischer Vollmitgliedstaaten der Organisation für wirtschaftliche Zusammenarbeit und Entwicklung

c) 20 Prozent bei den Währungen der Vereinigten Staaten von Amerika, Kanada und Japan,
d) mindestens 25 Prozent bei Währungen sonstiger Staaten.

2. Für den dynamischen Ansatz ist die Standardabweichung der Tagesdifferenzen der logarithmierten jeweiligen Wechselkurse auf Basis des historischen Beobachtungszeitraumes der vorherigen 250 Bankarbeitstage zu bestimmen. Die Standardabweichung des jeweiligen Wechselkurses ist anschließend unter Zugrundelegung eines einseitigen Konfidenzniveaus von 99 Prozent und einer Haltedauer des Portfolios von 6 Monaten mit dem Faktor 2,33 und der Quadratwurzel aus 125 zu multiplizieren. Der sich ergebende Wert ist mit dem aktuellen Wechselkurs der jeweiligen Fremdwährung zu multiplizieren. Das Ergebnis entspricht dem Abschlag oder Aufschlag, der auf den aktuellen Wechselkurs vorzunehmen ist.

§ 7 Dokumentationspflichten

(1) Jede Pfandbriefbank ist verpflichtet,

1. das Verfahren zur Bewertung von Derivaten nach § 3 Abs. 1 Satz 2 sowie spätere Veränderungen dieses Verfahrens,
2. das Verfahren zur Ermittlung der Standardabweichung sowie das Interpolationsverfahren nach § 5 Abs. 1 Nr. 2,
3. die Art und Weise der Berücksichtigung oder Einbeziehung der Währungsrisiken nach § 5 Abs. 2 Nr. 3 und
4. das Verfahren zur Ermittlung der Standardabweichung nach § 6 Abs. 2 Nr. 2 zu dokumentieren.

(2) Die Dokumentationen sind von der Pfandbriefbank dauerhaft aufzubewahren.

§ 8 Methodenwechsel

Die Pfandbriefbank darf das von ihr einmal gewählte Berechnungsverfahren nur mit Zustimmung der Bundesanstalt wechseln. Als Wechsel gilt dabei nicht nur die Wahl eines anderen vorgegebenen Berechnungsverfahrens, sondern ebenso der Wechsel von Parametern und Verfahren innerhalb des jeweils angewandten Berechnungsverfahrens. Bei Verwendung eigener Risikomodelle gilt Satz 2 zweiter Halbsatz mit der Einschränkung, dass unbeschadet des § 313 der Solvabilitätsverordnung eine Zustimmung nur hinsichtlich des Wechsels der in § 5 Abs. 2 genannten Parameter erforderlich ist. Die Zustimmung kann nur erteilt werden, wenn die Pfandbriefbank nachvollziehbar darlegt, dass die geänderte Methode zu einer Verbesserung der Ergebnisqualität führt.

§ 9 Übergangsbestimmungen

(1) Pfandbriefbanken, die eine Anzeige nach § 51 des Pfandbriefgesetzes abgegeben haben, haben für die von dieser Anzeige erfassten Pfandbriefe und die zu deren Deckung verwendeten Werte die jeweiligen Vorschriften der Pfandbrief-Barwertverordnung vom 19. Dezember 2003 (BGBl. I S. 2815) oder der Hypothekenpfandbrief- Barwertverordnung vom 19. Dezember 2003 (BGBl. I S. 2818) weiter anzuwenden.

(2) Pfandbriefbanken, die bereits vor Inkrafttreten des Pfandbriefgesetzes Schiffspfandbriefe oder Kommunalschuldverschreibungen nach § 1 des Schiffsbankgesetzes

begeben haben, dürfen die nach § 4 Abs. 2 Satz 1 des Pfandbriefgesetzes erforderliche Berechnung zur Sicherstellung der jederzeitigen Deckung dieser Pfandbriefe nach dem Barwert noch bis zum 30. November 2005 nach einem anderen geeigneten Verfahren durchführen.

§ 10 Inkrafttreten, Außerkrafttreten

Diese Verordnung tritt am Tag nach der Verkündung in Kraft. Gleichzeitig treten außer Kraft:

1. die Pfandbrief-Barwertverordnung vom 19. Dezember 2003 (BGBl. I S. 2815) und
2. die Hypothekenpfandbrief-Barwertverordnung vom 19. Dezember 2003 (BGBl. I S. 2818).

5. Deckungsregisterverordnung

Verordnung über die Form und den Inhalt der Deckungsregister nach dem Pfandbriefgesetz und die Aufzeichnung der Eintragungen (DeckRegV)

In der Fassung der Bekanntmachung vom: 25. August 2006 (BGBl. I S. 2074)
Zuletzt geändert durch: Artikel 7 des Gesetzes vom 20. März 2009 (BGBl. I S. 607)

Auf Grund des § 5 Abs. 3 des Pfandbriefgesetzes vom 22. Mai 2005 (BGBl. I S. 1373) in Verbindung mit § 1 Nr. 4 der Verordnung zur Übertragung von Befugnissen zum Erlass von Rechtsverordnungen auf die Bundesanstalt für Finanzdienstleistungsaufsicht vom 13. Dezember 2002 (BGBl. 2003 I S. 3), § 1 Nr. 4 zuletzt geändert durch Artikel 7 Nr. 1 des Gesetzes vom 22. Juni 2005 (BGBl. I S. 1698), verordnet die Bundesanstalt für Finanzdienstleistungsaufsicht im Einvernehmen mit dem Bundesministerium der Justiz nach Anhörung der Spitzenverbände der Kreditwirtschaft:

Teil 1
Anwendungsbereich; allgemeine Vorschriften

§ 1 Anwendungsbereich; Begriffsbestimmungen

(1) Diese Verordnung regelt die Anforderungen an Form und Inhalt der Deckungsregister nach § 5 Abs. 1 Satz 1 des Pfandbriefgesetzes, die Form der Aufzeichnungen und Bestätigungen nach § 5 Abs. 2 des Pfandbriefgesetzes, die Art und Weise der Übermittlung der Aufzeichnungen sowie die Aufbewahrung der Aufzeichnungen durch die Bundesanstalt für Finanzdienstleistungsaufsicht (Bundesanstalt).

(2) Eintragungen im Sinne dieser Verordnung sind auch Löschungsvermerke.

§ 2 Form der Deckungsregister; Eintragungen

(1) Deckungsregister können nach Maßgabe des Teils 3 in Papierform oder als elektronische Register geführt werden.

(2) Eintragungen dürfen nur durch von der Pfandbriefbank besonders ermächtigte Personen vorgenommen werden; die Ermächtigung und etwaige Veränderungen sind zu dokumentieren. Die Dokumentation ist für jede Person mindestens fünf Jahre nach Widerruf der Ermächtigung aufzubewahren.

§ 3 Schutz der Deckungsregister

Deckungsregister sind vor unberechtigtem Zugriff sowie vor Beschädigung oder Zerstörung durch äußere Einwirkungen wie Feuer oder Wasser besonders zu schützen.

§ 4 Haupt- und Unterregister

(1) Für jede Pfandbriefgattung im Sinne von § 1 Abs. 1 Satz 2 Nr. 1 bis 4 des Pfandbriefgesetzes ist ein gesondertes Deckungsregister zu führen. Macht die Pfandbriefbank von der Möglichkeit des § 51 des Pfandbriefgesetzes Gebrauch, ist das bisherige für die betroffene Pfandbriefgattung geführte Deckungsregister neben dem nach Satz 1 zu führenden Deckungsregister zu führen. Jedes Deckungsregister muss die Bezeichnung der Pfandbriefbank und die Überschrift „Deckungsregister", verbunden mit der Angabe der Pfandbriefgattung, tragen.

(2) Neben dem jeweiligen Hauptregister ist für Ansprüche aus Derivategeschäften im Sinne des § 19 Abs. 1 Nr. 4 des Pfandbriefgesetzes ein Unterregister nach § 13 zu führen. Für Deckungswerte im Sinne des § 18 Abs. 1 zweiter Fall (ausländische Sicherungsrechte), des § 19 Abs. 1 Nr. 1 bis 3 und des § 20 Abs. 2 Nr. 1 und 2 des Pfandbriefgesetzes können weitere Unterregister geführt werden. Die Zugehörigkeit der Unterregister zum jeweiligen Deckungsregister ist durch die Überschrift „Unterregister zum Deckungsregister" unter Zusatz der Pfandbriefgattung kenntlich zu

machen. Im Hauptregister ist anzugeben, welche Unterregister als Bestandteile des Deckungsregisters geführt werden.

(3) Werden Unterregister nach § 5 Abs. 1 Satz 4 des Pfandbriefgesetzes angelegt, ist durch eine Eintragung im Deckungsregister auf das Unterregister hinzuweisen. Der Hinweis muss die Art der im Unterregister eingetragenen Deckungswerte bezeichnen. Die in das Unterregister eingetragenen Deckungswerte sind mit laufenden Nummern innerhalb des Unterregisters zu versehen. Die Eintragungen müssen die Informationen nach den §§ 9 bis 14 enthalten und sollen die in den Anlagen 1 bis 3 vorgesehenen Inhalte der Formulare DR 1, DR 2 und DR 3 in übersichtlicher Form wiedergeben.

§ 5 Vollständigkeit des Deckungsregisters

(1) Eintragungen dürfen, sofern es sich nicht um Schreibfehler, Rechnungsfehler oder ähnliche offenbare Unrichtigkeiten handelt, nicht nachträglich verändert werden.

(2) Eintragungen sind in der Weise dauerhaft vorzunehmen, dass etwaig vorgenommene spätere Änderungen jederzeit erkennbar sind. Durch technische und organisatorische Maßnahmen ist sicherzustellen, dass der ursprüngliche Inhalt weiterhin feststellbar bleibt.

Teil 2
Zusätzliche Anforderungen bei elektronischer Registerführung

§ 6 Allgemeine Anforderungen

(1) Der Inhalt eines elektronisch geführten Deckungsregisters muss auf Dauer unverändert in lesbarer Form wiedergabefähig sowie auf Dauer revisionssicher archiviert sein.

(2) Der Inhalt des elektronischen Deckungsregisters muss auf dem Bildschirm und in Ausdrucken in einer Weise sichtbar gemacht werden können, die die Eintragungen nach Form und Inhalt vollständig abbildet. Das elektronische Deckungsregister muss jederzeit vollständig ausgedruckt werden können.

§ 7 Technische und organisatorische Maßnahmen zur Gewährleistung von Datenschutz und Datensicherheit

(1) Die eingesetzten Datenverarbeitungssysteme müssen dem Stand der Technik und den Anforderungen der Anlage zu § 9 Satz 1 des Bundesdatenschutzgesetzes entsprechen. Insbesondere müssen sie gewährleisten, dass

1. ihre Funktionen nur genutzt werden können, wenn sich der Benutzer dem System gegenüber sicher ausweist (Identifikation und Authentisierung),
2. die eingeräumten Benutzungsrechte im System verwaltet werden (Berechtigungsverwaltung),
3. die eingeräumten Benutzungsrechte vom System geprüft werden (Berechtigungsprüfung),
4. sämtliche Zugriffe (Eingeben, Lesen, Kopieren, Ändern, Löschen, Sperren) revisionssicher protokolliert werden (Revisionsfähigkeit),
5. eingesetzte Systeme ohne Sicherheitsrisiken wiederhergestellt werden können (Wiederaufbereitung),

6. etwaige Verfälschungen der gespeicherten Daten durch technische Prüfmechanismen unverzüglich bemerkt werden können (Unverfälschtheit) und
7. auftretende Fehlfunktionen unverzüglich gemeldet werden (Verlässlichkeit).

(2) Die Pfandbriefbank hat mindestens eine vollständige Sicherungskopie jedes elektronisch geführten Deckungsregisters aufzubewahren. Die Sicherungskopie ist auf einem anderen Datenträger zu speichern als das Deckungsregister und mindestens am Ende eines jeden Arbeitstages auf den Stand zu bringen, den das Deckungsregister zu diesem Zeitpunkt hat.

Teil 3
Inhalt der Eintragungen

§ 8 Allgemeine Anforderungen

(1) Es ist sicherzustellen, dass Deckungswerte erst eingetragen werden, wenn sämtliche Voraussetzungen für deren Indeckungnahme vorliegen. Rückdatierte Eintragungen sind nicht zulässig.

(2) Jeder Deckungswert ist mit einer innerhalb des Deckungsregisters fortlaufenden Nummer einzutragen. Die Nummer darf nach Löschung des Deckungswerts nicht erneut vergeben werden.

(3) Eine Spalte der Haupt- und Unterregister ist jeweils für solche Bemerkungen vorzusehen, die zur eindeutigen rechtlichen Zuordnung des Deckungswerts neben den übrigen Angaben erforderlich sind oder die Zuordnung erheblich erleichtern können.

§ 9 Eintragung im Inland belegener Hypotheken und Grundschulden

Eintragungen im Inland belegener Hypotheken und Grundschulden sind entsprechend des in Anlage 1 dargestellten Formulars DR 1 in folgender Weise vorzunehmen:

1. Die Spalten 1 bis 4 sind mit „Bezeichnung des Deckungswerts" zu überschreiben. In Spalte 1 sind unter Buchstabe a die laufende Nummer innerhalb des Deckungsregisters, unter Buchstabe b das von der Pfandbriefbank vergebene Aktenzeichen und unter Buchstabe c das Eintragungsdatum anzugeben.
2. In Spalte 2a ist das belastete Grundstück oder grundstücksgleiche Recht einzutragen. Es kann entweder die Bezeichnung aus dem Bestandsverzeichnis des Grundbuchs übernommen oder auf das Grundbuchblatt verwiesen werden. In letzterem Falle ist zusätzlich die Anschrift des Grundstücks anzugeben. In Spalte 2b ist der bei der Indeckungnahme angenommene Beleihungswert einzutragen.
3. In Spalte 3 ist das Grundpfandrecht einzutragen. Anzugeben sind die laufende Nummer, unter der das Grundpfandrecht in das Grundbuch eingetragen ist, die Währung und der im Grundbuch eingetragene Nennbetrag.
4. Sofern es sich nicht um eine Hypothek handelt, ist in Spalte 4 zusätzlich die gesicherte persönliche Forderung einzutragen. Anzugeben sind der Schuldner, die Währung, der Nominalbetrag und, sofern abweichend vom Aktenzeichen in Spalte 1 Buchstabe b, die Darlehensnummer.
5. Löschungsvermerke sind in Spalte 5 einzutragen. Anzugeben sind die Spaltennummer und gegebenenfalls der Betrag der zu löschenden Eintragung sowie das Datum der Löschung. Sofern die Löschung an gesonderter Stelle im Register

vermerkt wird, sind hierzu neben dem Löschungsvermerk in Spalte 5 zumindest auch die Angaben des zu löschenden Deckungswerts in den Spalten 1 und 2a zu wiederholen. Die Unterschrift des Treuhänders nach § 8 Abs. 4 Satz 2 Halbsatz 2 des Pfandbriefgesetzes muss dem jeweiligen Löschungsvermerk der Pfandbriefbank eindeutig zugeordnet sein. Bei eindeutiger Bezeichnung des zu löschenden Deckungswerts kann die Zustimmung des Treuhänders auch auf einem gesonderten Blatt, das nicht Bestandteil des Deckungsregisters ist, erfolgen.

6. Ist der Deckungswert in ein Refinanzierungsregister nach § 22a oder § 22b des Kreditwesengesetzes eingetragen, ist dies in Spalte 6 zu vermerken. Das registerführende Unternehmen und der Zeitpunkt der Eintragung in das Refinanzierungsregister sind anzugeben.
7. Sind eingetragene Werte nach § 5 Abs. 1a Satz 1 des Pfandbriefgesetzes nur teilweise zur Deckung der Pfandbriefe bestimmt, sind genaue Angaben über den Umfang des zur Deckung bestimmten Teils und seines Rangs gegenüber dem nicht zur Deckung bestimmten Teil in Spalte 6 zu vermerken.
8. Werden eingetragene Werte nach § 5 Abs. 1a Satz 4 des Pfandbriefgesetzes ganz oder teilweise von der Pfandbriefbank als Treuhänder verwaltet, sind genaue Angaben über den Gläubiger des Übertragungsanspruchs in Spalte 6 zu vermerken; bei teilweiser treuhänderischer Verwaltung gilt Nummer 7 entsprechend.

§ 10 Eintragung ausländischer Sicherungsrechte

(1) Eintragungen ausländischer Sicherungsrechte sind entsprechend den Eintragungen im Inland belegener Hypotheken und Grundschulden nach § 9 vorzunehmen.

(2) Soweit die Bezeichnungen der Grundstücke oder grundstücksgleichen Rechte oder die Bezeichnungen der ausländischen Sicherungsrechte in den jeweiligen öffentlichen Registern von den Bezeichnungen nach der Grundbuchordnung abweichen, sind die tatsächlich in den öffentlichen Registern verwendeten Bezeichnungen zu verwenden. Die Spalten 2a und 3 des Formulars DR 1 sind entsprechend anzupassen. Sofern die Spalten 2a und 3 für die danach erforderlichen Eintragungen aufgrund der örtlichen Besonderheiten bei der Eintragung in die öffentlichen Register nicht ausreichen, können Beiblätter hinzugefügt werden, die Teil des Deckungsregisters werden. Die Beiblätter sind mit der laufenden Nummer aus Spalte 1 Buchstabe a zu kennzeichnen.

(3) Soweit im Ausland belegene Grundstücke nicht in öffentlichen Registern erfasst sind, sind die Anschrift, die Größe sowie diejenigen, innerhalb der jeweiligen Rechtsordnung gebräuchlichen Angaben einzutragen, die eine eindeutige Identifizierung des Grundstücks ermöglichen.

§ 11 Eintragung von Deckungswerten nach § 20 Abs. 1 des Pfandbriefgesetzes

Eintragungen von Deckungswerten nach § 20 Abs. 1 des Pfandbriefgesetzes sind entsprechend des in Anlage 2 dargestellten Formulars DR 2 in folgender Weise vorzunehmen:

1. Die Spalten 1 bis 3 sind mit „Bezeichnung des Deckungswerts“ zu überschreiben. In Spalte 1 sind unter Buchstabe a die laufende Nummer der Eintragung im Deckungsregister, unter Buchstabe b das institutsinterne Aktenzeichen und unter Buchstabe c das Eintragungsdatum einzutragen.

2. In Spalte 2 ist der Schuldner unter Angabe der Darlehensnummer, im Fall von Wertpapieren der Wertpapierkennnummer, einzutragen.
3. In Spalte 3 sind die Währung und der Nennbetrag der Forderung sowie in Fällen der vollen Gewährleistung die Stelle, welche die Genehmigung oder Gewährleistung ausgesprochen hat, anzugeben.
4. Löschungsvermerke sind unter Angabe des Datums in Spalte 4 einzutragen. Sofern die Löschung an gesonderter Stelle im Register vermerkt wird, sind hierzu neben dem Löschungsvermerk in Spalte 4 zumindest auch die Angaben des zu löschenden Werts in den Spalten 1 und 2 zu wiederholen. § 9 Nr. 5 Satz 4 und 5 gilt entsprechend.

§ 12 Eintragung von Deckungswerten nach § 21 und § 26 Abs. 1 Nr. 1 des Pfandbriefgesetzes

(1) Eintragungen von Deckungswerten nach § 21 und § 26 Abs. 1 Nr. 1 des Pfandbriefgesetzes sind vorbehaltlich des Absatzes 2 entsprechend § 9 vorzunehmen.

(2) In Spalte 2a tritt an die Stelle der Bezeichnung des belasteten Grundstücks die Bezeichnung des beliehenen Schiffes oder Schiffsbauwerks im öffentlichen Register sowie die Bezeichnung des Registers und der Registerstelle. Im Fall von dinglichen Sicherungsrechten nach § 22 Abs. 5 des Pfandbriefgesetzes, die nicht zur Sicherung einer persönlichen Forderung dienen, sowie im Fall von abstrakten Schuldversprechen oder Schuldanerkenntnissen, die durch Schiffshypotheken gesichert sind, sind die zugrunde liegenden Darlehensforderungen in Spalte 4 einzutragen. § 9 Nr. 4 Satz 2 gilt entsprechend.

§ 12a Eintragung von Deckungswerten nach den §§ 26a und 26f Abs. 1 Nr. 1 des Pfandbriefgesetzes

(1) Die Eintragung von Deckungswerten nach den §§ 26a und 26f Abs. 1 Nr. 1 des Pfandbriefgesetzes ist vorbehaltlich Absatz 2 entsprechend § 9 vorzunehmen.

(2) In Spalte 2a tritt an die Stelle der Bezeichnung des belasteten Grundstücks die Bezeichnung des beliehenen Flugzeuges im öffentlichen Register sowie die Bezeichnung des Registers und der Registerstelle. Im Falle von dinglichen Rechten nach § 26b Abs. 5 des Pfandbriefgesetzes, die nicht zur Sicherung einer persönlichen Forderung dienen, sowie im Falle von abstrakten Schuldversprechen oder Schuldanerkenntnissen, die durch Registerpfandrechte nach § 1 des Gesetzes über Rechte an Luftfahrzeugen oder durch ausländische Flugzeughypotheken gesichert sind, sind die zugrunde liegenden Darlehensforderungen in Spalte 4 einzutragen. § 9 Nr. 4 Satz 2 gilt entsprechend.

§ 13 Eintragung von Ansprüchen aus Derivategeschäften

Die Eintragung der Ansprüche aus Derivategeschäften in das jeweilige Unterregister ist entsprechend des in Anlage 3 dargestellten Formulars DR 3 durch Eintragung der einbezogenen Derivate in folgender Weise vorzunehmen:

1. Die Spalten 1 bis 8 sind mit „Bezeichnung des Deckungswerts" zu überschreiben. Spalte 1 enthält unter Buchstabe a die laufende Nummer innerhalb des Deckungsregisters und unter Buchstabe b das Eintragungsdatum, Spalte 2 die Registrierungsnummer der Pfandbriefbank.
2. In Spalte 3 sind Name und Anschrift des Vertragspartners einzutragen.

3. Spalte 4 enthält die Bezeichnung des Produktes sowie produktspezifische Angaben wie die Beträge und Währungen des Kapitaltausches, Höhe der Zinssätze sowie gegebenenfalls weitere Angaben, die zur eindeutigen Identifizierung des Vertrages erforderlich sind.
4. In Spalte 5 wird die Registrierungsnummer des Vertragspartners eingetragen.
5. Spalte 6 enthält unter Buchstabe a das Datum des Einzelabschlusses, unter Buchstabe b die Laufzeit und unter Buchstabe c die Fälligkeit.
6. In Spalte 7 sind die Vermögenswerte einzutragen, die der Pfandbriefbank vom Vertragspartner als Sicherheit für Ansprüche aus dem Derivategeschäft gestellt worden sind.
7. In Spalte 8 kann der Treuhänder seine nach § 5 Abs. 1 Satz 2 des Pfandbriefgesetzes erforderliche Zustimmung durch Namensunterschrift erteilen. Bei eindeutiger Bezeichnung des Derivats kann die Zustimmung des Treuhänders auch auf einem gesonderten Blatt, das nicht Bestandteil des Deckungsregisters ist, erfolgen.
8. Löschungsvermerke sind unter Angabe des Datums in Spalte 9 einzutragen. Sofern die Löschung an gesonderter Stelle im Register vermerkt wird, sind hierzu neben dem Löschungsvermerk in Spalte 9 zumindest auch die Angaben des zu löschenden Werts in den Spalten 1 bis 3 und 6 zu wiederholen. § 9 Nr. 5 Satz 4 und 5 gilt entsprechend.

§ 14 Eintragung von Deckungswerten nach § 4 Abs. 1 Satz 2, § 19 Abs. 1 Nr. 1 und 2, § 20 Abs. 2 Nr. 2 sowie § 26f Abs. 1 Nr. 2 und 3 des Pfandbriefgesetzes

Eintragungen von Deckungswerten nach § 4 Abs. 1 Satz 2, § 19 Abs. 1 Nr. 1 und 2, § 20 Abs. 2 Nr. 2 sowie § 26f Abs. 1 Nr. 2 und 3 des Pfandbriefgesetzes sind grundsätzlich entsprechend § 11 vorzunehmen, soweit nicht die eindeutige Identifizierung der Deckungswerte anderweitige oder zusätzliche Angaben erfordert. Im Fall von Deckungswerten nach § 4 Abs. 1 Satz 2 Nr. 1 des Pfandbriefgesetzes ist zusätzlich die besondere Schuldform kenntlich zu machen. Im Fall des § 4 Abs. 1 Satz 2 Nr. 3 des Pfandbriefgesetzes sind anstelle des Schuldners die kontoführende Bank und die Kontonummer zu nennen.

Teil 4
Aufzeichnungen und Bestätigungen nach § 5 Abs. 2 des Pfandbriefgesetzes

§ 15 Form der Aufzeichnung und Übermittlung

(1) Die Aufzeichnung nach § 5 Abs. 2 des Pfandbriefgesetzes hat sämtliche Eintragungen, welche während des letzten Kalenderhalbjahres in den Deckungsregistern vorgenommen worden sind, vollständig wiederzugeben. Die einzelnen Seiten der Aufzeichnung sind fortlaufend zu nummerieren und in geeigneter Weise fest miteinander zu verbinden.

(2) Führt die Pfandbriefbank ein elektronisches Deckungsregister, kann die Aufzeichnung hergestellt werden, indem die Eintragungen des letzten Kalenderhalbjahres zusammenhängend ausgedruckt werden. Der Ausdruck ist als solcher zu kennzeichnen und mit dem Datum des Datenabrufs zu versehen.

(3) Die Eintragungen können auch mittels geeigneter, nicht mehr als einmal beschreibbarer Datenträger übermittelt werden. Werden in diesem Fall die Deckungs-

register vollständig übermittelt, sind die Eintragungen des letzten Kalenderhalbjahres besonders kenntlich zu machen.

§ 16 Treuhänderbestätigung

(1) Der Treuhänder hat zu bestätigen, dass die Aufzeichnung nach § 5 Abs. 2 des Pfandbriefgesetzes die Eintragungen des letzten Kalenderhalbjahres vollständig wiedergibt und mit ihnen inhaltlich übereinstimmt. Auch im Fall der Übermittlung der vollständigen Deckungsregister nach § 15 Abs. 3 Satz 2 bezieht sich die Bestätigung nur auf diese Eintragungen.

(2) Der Treuhänder kann sich von der Vollständigkeit und inhaltlichen Übereinstimmung auch mittels einer angemessenen Stichprobe überzeugen. Sofern er von dieser Möglichkeit Gebrauch macht, hat er dies im Rahmen seiner Bestätigung kenntlich zu machen. Die Stichprobe ist nachvollziehbar zu dokumentieren, die Angemessenheit ist zu begründen.

(3) Schreibfehler, Rechnungsfehler und ähnliche offenbare Unrichtigkeiten dürfen nur durch die Pfandbriefbank korrigiert werden.

(4) Die Bestätigung hat schriftlich zu erfolgen. Die §§ 126 und 126a des Bürgerlichen Gesetzbuchs finden entsprechende Anwendung. Im Fall der Übermittlung nach § 15 Abs. 3 hat der Treuhänder zusätzlich auf einem auf dem Datenträger anzubringenden Aufkleber, der so mit dem Datenträger dauerhaft verbunden sein muss, dass er sich nicht ohne erkennbare Beschädigungen wieder entfernen lässt, seine Namensunterschrift beizufügen.

§ 17 Aufbewahrung durch die Bundesanstalt

Die Bundesanstalt hat die Aufzeichnungen 50 Jahre aufzubewahren. Die Aufzeichnungen sind vor unberechtigtem Zugriff sowie vor Beschädigung oder Zerstörung durch äußere Einwirkungen besonders zu schützen. Die Befugnisse zum Zugriff auf die Aufzeichnungen sind auf bestimmte Mitarbeiter der Bundesanstalt zu beschränken.

Teil 5
Schlussbestimmungen

§ 18 Übergangsbestimmungen

(1) Deckungsregister, die die Institute bereits vor Inkrafttreten dieser Verordnung aufgrund gesetzlicher Vorschriften geführt haben und die eine eindeutige vermögensrechtliche Zuordnung der eingetragenen Deckungswerte ermöglichen, dürfen bis zum 31. Dezember 2006 in der bisherigen Weise fortgeführt werden. Danach gelten die Anforderungen dieser Verordnung nur für neu einzutragende Deckungswerte.

(2) Es ist zulässig, das elektronische Deckungsregister nur für die ab dem Zeitpunkt seiner Einführung hinzukommenden Deckungswerte zu führen. Der maßgebliche Zeitpunkt ist in dem in Papierform wie auch in dem elektronisch geführten Teil des Deckungsregisters anzugeben. Die Einheitlichkeit des Deckungsregisters ist durch deutliche Verweise auf die in Papierform fortgeführten Bestandteile herzustellen.

§ 19 Inkrafttreten

Diese Verordnung tritt am Tag nach Verkündung in Kraft.

Anlage 1
(zu § 9)

Formular DR 1
Deckungsregister (Hypotheken)

Bezeichnung des Deckungswerts											Löschungen		
1	2a	2b	3			4				5			6
a) lfd. Nr. b) AZ c) Datum	Bezeichnung des belasteten Grundstücks oder des grundstücksgleichen Rechts	Beleihungswert bei Indeckungnahme	Dingliche Sicherheit (Grundpfandrecht)			Gesicherte persönliche Forderung(en) (entbehrlich bei Hypothek) a), b) etc.				Spaltennummer der zu löschenden Eintragung	Betrag	Datum Unterschrift des Treuhänders	Bemerkungen
			lf. Nr. in Abt.III	Währung	Nennbetrag	Schuldner	Währung	Betrag	ggf. Darl. Nr.				

Anlage 2
(zu § 11)

Formular DR 2
Deckungsregister (Kommunal)

Bezeichnung des Deckungswert					Löschungen	
1	2	3			4	5
a) lfd. Nr. b) AZ c) Datum	Schuldner und Darlehensnummer bzw. Wertpapierkennnummer	Währung und Nennbetrag des Darlehens		ggf. Genehmigung bzw. Gewährleistung durch	a) gelöscht am b) Unterschrift des Treuhänders	Bemerkungen
		Währung	Betrag			

Anlage 3
(zu § 13)

Formular DR 3
Unterregister zum Deckungsregister (Hypotheken)/(Kommunal)/(Schiffshypotheken)
Unterregister für Ansprüche aus Derivategeschäften

Bezeichnung des Deckungswerts								Löschungen	
1	2	3	4	5	6	7	8	9	10
a) lfd. Nr. b) Datum	Registrierungsnummer der Pfandbriefbank	Name und Anschrift des Vertragspartners	Bezeichnung des Produkts Produktspezifische Angaben	Registrierungsnummer des Vertragspartners	a) Einzelabschluss vom b) Laufzeit c) Fälligkeit	Sicherheiten	Unterschrift des Treuhänders	Datum Unterschrift des Treuhänders	Bemerkungen
			• Beträge und Währungen des Kapitaltausches • Höhe der Zinssätze • ggf. weitere Angaben						

6. Kreditwesengesetz

Gesetz über das Kreditwesen (KWG)

Ausfertigungsdatum: 10.7.1961
Vollzitat: „Kreditwesengesetz in der Fassung der Bekanntmachung vom 9. September 1998 (BGBl. I S. 2776), das durch Artikel 2 des Gesetzes vom 9. Dezember 2010 (BGBl. I S. 1900) geändert worden ist"

Erster Abschnitt
Allgemeine Vorschriften

1. Kreditinstitute, Finanzdienstleistungsinstitute, Finanzholding-Gesellschaften, gemischte Finanzholding-Gesellschaften, Finanzkonglomerate, gemischte Unternehmen und Finanzunternehmen

§ 1 Begriffsbestimmungen

(1) Kreditinstitute sind Unternehmen, die Bankgeschäfte gewerbsmäßig oder in einem Umfang betreiben, der einen in kaufmännischer Weise eingerichteten Geschäftsbetrieb erfordert. Bankgeschäfte sind

1. die Annahme fremder Gelder als Einlagen oder anderer unbedingt rückzahlbarer Gelder des Publikums, sofern der Rückzahlungsanspruch nicht in Inhaber- oder Orderschuldverschreibungen verbrieft wird, ohne Rücksicht darauf, ob Zinsen vergütet werden (Einlagengeschäft),

1a. die in § 1 Abs. 1 Satz 2 des Pfandbriefgesetzes bezeichneten Geschäfte (Pfandbriefgeschäft),

2. die Gewährung von Gelddarlehen und Akzeptkrediten (Kreditgeschäft),
3. der Ankauf von Wechseln und Schecks (Diskontgeschäft),
4. die Anschaffung und die Veräußerung von Finanzinstrumenten im eigenen Namen für fremde Rechnung (Finanzkommissionsgeschäft),
5. die Verwahrung und die Verwaltung von Wertpapieren für andere (Depotgeschäft),
6. *(weggefallen)*
7. die Eingehung der Verpflichtung, zuvor veräußerte Darlehensforderungen vor Fälligkeit zurückzuerwerben,
8. die Übernahme von Bürgschaften, Garantien und sonstigen Gewährleistungen für andere (Garantiegeschäft),
9. die Durchführung des bargeldlosen Scheckeinzugs (Scheckeinzugsgeschäft), des Wechseleinzugs (Wechseleinzugsgeschäft) und die Ausgabe von Reiseschecks (Reisescheckgeschäft).
10. die Übernahme von Finanzinstrumenten für eigenes Risiko zur Plazierung oder die Übernahme gleichwertiger Garantien (Emissionsgeschäft),
11. *(weggefallen)*
12. die Tätigkeit als zentrale Gegenpartei im Sinne von Absatz 31.

(1a) Finanzdienstleistungsinstitute sind Unternehmen, die Finanzdienstleistungen für andere gewerbsmäßig oder in einem Umfang erbringen, der einen in kaufmännischer Weise eingerichteten Geschäftsbetrieb erfordert, und die keine Kreditinstitute sind. Finanzdienstleistungen sind

1. die Vermittlung von Geschäften über die Anschaffung und die Veräußerung von Finanzinstrumenten (Anlagevermittlung),

1a. die Abgabe von persönlichen Empfehlungen an Kunden oder deren Vertreter, die sich auf Geschäfte mit bestimmten Finanzinstrumenten beziehen, sofern die Empfehlung auf eine Prüfung der persönlichen Umstände des Anlegers gestützt oder als für ihn geeignet dargestellt wird und nicht ausschließlich über Informationsverbreitungskanäle oder für die Öffentlichkeit bekannt gegeben wird (Anlageberatung),

1b. der Betrieb eines multilateralen Systems, das die Interessen einer Vielzahl von Personen am Kauf und Verkauf von Finanzinstrumenten innerhalb des Systems und nach festgelegten Bestimmungen in einer Weise zusammenbringt, die zu einem Vertrag über den Kauf dieser Finanzinstrumente führt (Betrieb eines multilateralen Handelssystems),

1c. das Platzieren von Finanzinstrumenten ohne feste Übernahmeverpflichtung (Platzierungsgeschäft),

2. die Anschaffung und die Veräußerung von Finanzinstrumenten im fremden Namen für fremde Rechnung (Abschlußvermittlung),

3. die Verwaltung einzelner in Finanzinstrumenten angelegter Vermögen für andere mit Entscheidungsspielraum (Finanzportfolioverwaltung),

4. das
   a) kontinuierliche Anbieten des Kaufs oder Verkaufs von Finanzinstrumenten an einem organisierten Markt oder in einem multilateralen Handelssystem zu selbst gestellten Preisen,
   b) häufige organisierte und systematische Betreiben von Handel für eigene Rechnung außerhalb eines organisierten Marktes oder eines multilateralen Handelssystems, indem ein für Dritte zugängliches System angeboten wird, um mit ihnen Geschäfte durchzuführen,
   c) Anschaffen oder Veräußern von Finanzinstrumenten für eigene Rechnung als Dienstleistung für andere oder
   d) Kaufen oder Verkaufen von Finanzinstrumenten für eigene Rechnung als unmittelbarer oder mittelbarer Teilnehmer eines inländischen organisierten Marktes oder multilateralen Handelssystems mittels einer hochfrequenten algorithmischen Handelstechnik, die gekennzeichnet ist durch die Nutzung von Infrastrukturen, die darauf abzielen, Latenzzeiten zu minimieren, durch die Entscheidung des Systems über die Einleitung, das Erzeugen, das Weiterleiten oder die Ausführung eines Auftrags ohne menschliche Intervention für einzelne Geschäfte oder Aufträge und durch ein hohes untertägiges Mitteilungsaufkommen in Form von Aufträgen, Quotes oder Stornierungen, auch ohne Dienstleistung für andere (Eigenhandel),

5. die Vermittlung von Einlagengeschäften mit Unternehmen mit Sitz außerhalb des Europäischen Wirtschaftsraums (Drittstaateneinlagenvermittlung),

6. *(weggefallen)*

7. der Handel mit Sorten (Sortengeschäft),

8. *(weggefallen)*

9. der laufende Ankauf von Forderungen auf der Grundlage von Rahmenverträgen mit oder ohne Rückgriff (Factoring),
10. der Abschluss von Finanzierungsleasingverträgen als Leasinggeber und die Verwaltung von Objektgesellschaften im Sinne des § 2 Absatz 6 Satz 1 Nummer 17 außerhalb der Verwaltung eines Investmentvermögens im Sinne des § 1 Absatz 1 des Kapitalanlagegesetzbuchs (Finanzierungsleasing),
11. die Anschaffung und die Veräußerung von Finanzinstrumenten außerhalb der Verwaltung eines Investmentvermögens im Sinne des § 1 Absatz 1 des Kapitalanlagegesetzbuchs für eine Gemeinschaft von Anlegern, die natürliche Personen sind, mit Entscheidungsspielraum bei der Auswahl der Finanzinstrumente, sofern dies ein Schwerpunkt des angebotenen Produktes ist und zu dem Zweck erfolgt, dass diese Anleger an der Wertentwicklung der erworbenen Finanzinstrumente teilnehmen (Anlageverwaltung),
12. die Verwahrung und die Verwaltung von Wertpapieren ausschließlich für alternative Investmentfonds (AIF) im Sinne des § 1 Absatz 3 des Kapitalanlagegesetzbuchs (eingeschränktes Verwahrgeschäft).

(1b) Institute im Sinne dieses Gesetzes sind Kreditinstitute und Finanzdienstleistungsinstitute.

(2) Geschäftsleiter im Sinne dieses Gesetzes sind diejenigen natürlichen Personen, die nach Gesetz, Satzung oder Gesellschaftsvertrag zur Führung der Geschäfte und zur Vertretung eines Instituts in der Rechtsform einer juristischen Person oder einer Personenhandelsgesellschaft berufen sind. In Ausnahmefällen kann die Bundesanstalt für Finanzdienstleistungsaufsicht (Bundesanstalt) auch eine andere mit der Führung der Geschäfte betraute und zur Vertretung ermächtigte Person widerruflich als Geschäftsleiter bezeichnen, wenn sie zuverlässig ist und die erforderliche fachliche Eignung hat; § 33 Abs. 2 ist anzuwenden.

(3) Finanzunternehmen sind Unternehmen, die keine Institute und keine Kapitalverwaltungsgesellschaften oder extern verwaltete Investmentgesellschaften sind und deren Haupttätigkeit darin besteht,

1. Beteiligungen zu erwerben und zu halten,
2. Geldforderungen entgeltlich zu erwerben,
3. Leasing-Objektgesellschaft im Sinne des § 2 Abs. 6 Satz 1 Nr. 17 zu sein,
4. *(weggefallen)*
5. mit Finanzinstrumenten für eigene Rechnung zu handeln,
6. andere bei der Anlage in Finanzinstrumenten zu beraten,
7. Unternehmen über die Kapitalstruktur, die industrielle Strategie und die damit verbundenen Fragen zu beraten sowie bei Zusammenschlüssen und Übernahmen von Unternehmen diese zu beraten und ihnen Dienstleistungen anzubieten oder
8. Darlehen zwischen Kreditinstituten zu vermitteln (Geldmaklergeschäfte).

Das Bundesministerium der Finanzen kann nach Anhörung der Deutschen Bundesbank durch Rechtsverordnung weitere Unternehmen als Finanzunternehmen bezeichnen, deren Haupttätigkeit in einer Tätigkeit besteht, um welche die Liste in Anhang I der Richtlinie 2013/36/EU des Europäischen Parlaments und des Rates vom 26. Juni 2013 über den Zugang zur Tätigkeit von Kreditinstituten und die Beaufsichtigung von Kreditinstituten und Wertpapierfirmen, zur Änderung der Richtlinie 2002/87/EG und zur Aufhebung der Richtlinien 2006/48/EG und 2006/49/EG (ABl. L 176 vom 27.6.2013, S. 338) erweitert wird.

(3a) bis (3c) *(weggefallen)*

(3d) CRR-Kreditinstitute im Sinne dieses Gesetzes sind Kreditinstitute im Sinne des Artikels 4 Absatz 1 Nummer 1 der Verordnung (EU) Nr. 575/2013 des Europäischen Parlaments und des Rates vom 26. Juni 2013 über Aufsichtsanforderungen an Kreditinstitute und Wertpapierfirmen und zur Änderung der Verordnung (EU) Nr. 646/2012 (ABl. L 176 vom 27.6.2013, S. 1). CRR-Wertpapierfirmen im Sinne dieses Gesetzes sind Wertpapierfirmen im Sinne des Artikels 4 Absatz 1 Nummer 2 der Verordnung (EU) Nr. 575/2013. CRR-Institute im Sinne dieses Gesetzes sind CRR-Kreditinstitute und CRR-Wertpapierfirmen. Wertpapierhandelsunternehmen sind Institute, die keine CRR-Kreditinstitute sind und die Bankgeschäfte im Sinne des Absatzes 1 Satz 2 Nr. 4 oder 10 betreiben oder Finanzdienstleistungen im Sinne des Absatzes 1a Satz 2 Nr. 1 bis 4 erbringen, es sei denn, die Bankgeschäfte oder Finanzdienstleistungen beschränken sich auf Devisen oder Rechnungseinheiten. Wertpapierhandelsbanken sind Kreditinstitute, die keine CRR-Kreditinstitute sind und die Bankgeschäfte im Sinne des Absatzes 1 Satz 2 Nr. 4 oder 10 betreiben oder Finanzdienstleistungen im Sinne des Absatzes 1a Satz 2 Nr. 1 bis 4 erbringen. E-Geld-Institute sind Unternehmen im Sinne des § 1a Absatz 1 Nummer 5 des Zahlungsdiensteaufsichtsgesetzes.

(3e) Wertpapier- oder Terminbörsen im Sinne dieses Gesetzes sind Wertpapier- oder Terminmärkte, die von den zuständigen staatlichen Stellen geregelt und überwacht werden, regelmäßig stattfinden und für das Publikum unmittelbar oder mittelbar zugänglich sind, einschließlich

1. ihrer Betreiber, wenn deren Haupttätigkeit im Betreiben von Wertpapier- oder Terminmärkten besteht, und
2. ihrer Systeme zur Sicherung der Erfüllung der Geschäfte an diesen Märkten (Clearingstellen), die von den zuständigen staatlichen Stellen geregelt und überwacht werden.

(4) Herkunftsstaat ist der Staat, in dem die Hauptniederlassung eines Instituts zugelassen ist.

(5) *(weggefallen)*

(5a) Der Europäische Wirtschaftsraum im Sinne dieses Gesetzes umfaßt die Mitgliedstaaten der Europäischen Union sowie die anderen Vertragsstaaten des Abkommens über den Europäischen Wirtschaftsraum. Drittstaaten im Sinne dieses Gesetzes sind alle anderen Staaten.

(5b) *(weggefallen)*

(6) *(weggefallen)*

(7) Schwesterunternehmen sind Unternehmen, die ein gemeinsames Mutterunternehmen haben.

(8) *(weggefallen)*

(9) Eine bedeutende Beteiligung im Sinne dieses Gesetzes ist eine qualifizierte Beteiligung gemäß Artikel 4 Absatz 1 Nummer 36 der Verordnung (EU) Nr. 575/2013 in der jeweils geltenden Fassung.

(10) *(weggefallen)*

(11) Finanzinstrumente im Sinne der Absätze 1 bis 3 und 17 sowie im Sinne des § 2 Absatz 1 und 6 sind

1. Aktien und andere Anteile an in- oder ausländischen juristischen Personen, Personengesellschaften und sonstigen Unternehmen, soweit sie Aktien ver-

gleichbar sind, sowie Zertifikate, die Aktien oder Aktien vergleichbare Anteile vertreten,
2. Vermögensanlagen im Sinne des § 1 Absatz 2 des Vermögensanlagengesetzes mit Ausnahme von Anteilen an einer Genossenschaft im Sinne des § 1 des Genossenschaftsgesetzes,
3. Schuldtitel, insbesondere Genussscheine, Inhaberschuldverschreibungen, Orderschuldverschreibungen und diesen Schuldtiteln vergleichbare Rechte, die ihrer Art nach auf den Kapitalmärkten handelbar sind, mit Ausnahme von Zahlungsinstrumenten, sowie Zertifikate, die diese Schuldtitel vertreten,
4. sonstige Rechte, die zum Erwerb oder zur Veräußerung von Rechten nach den Nummern 1 und 3 berechtigen oder zu einer Barzahlung führen, die in Abhängigkeit von solchen Rechten, von Währungen, Zinssätzen oder anderen Erträgen, von Waren, Indices oder Messgrößen bestimmt wird,
5. Anteile an Investmentvermögen im Sinne des § 1 Absatz 1 des Kapitalanlagegesetzbuchs,
6. Geldmarktinstrumente,
7. Devisen oder Rechnungseinheiten sowie
8. Derivate.

Geldmarktinstrumente sind alle Gattungen von Forderungen, die üblicherweise auf dem Geldmarkt gehandelt werden, mit Ausnahme von Zahlungsinstrumenten. Derivate sind

1. als Kauf, Tausch oder anderweitig ausgestaltete Festgeschäfte oder Optionsgeschäfte, die zeitlich verzögert zu erfüllen sind und deren Wert sich unmittelbar oder mittelbar vom Preis oder Maß eines Basiswertes ableitet (Termingeschäfte) mit Bezug auf die folgenden Basiswerte:
   a) Wertpapiere oder Geldmarktinstrumente,
   b) Devisen oder Rechnungseinheiten,
   c) Zinssätze oder andere Erträge,
   d) Indices der Basiswerte des Buchstaben a, b oder c, andere Finanzindices oder Finanzmessgrößen oder
   e) Derivate;
2. Termingeschäfte mit Bezug auf Waren, Frachtsätze, Emissionsberechtigungen, Klima- oder andere physikalische Variablen, Inflationsraten oder andere volkswirtschaftliche Variablen oder sonstige Vermögenswerte, Indices oder Messwerte als Basiswerte, sofern sie
   a) durch Barausgleich zu erfüllen sind oder einer Vertragspartei das Recht geben, einen Barausgleich zu verlangen, ohne dass dieses Recht durch Ausfall oder ein anderes Beendigungsereignis begründet ist,
   b) auf einem organisierten Markt oder in einem multilateralen Handelssystem geschlossen werden oder
   c) nach Maßgabe des Artikels 38 Abs. 1 der Verordnung (EG) Nr. 1287/2006 der Kommission vom 10. August 2006 zur Durchführung der Richtlinie 2004/39/EG des Europäischen Parlaments und des Rates betreffend die Aufzeichnungspflichten für Wertpapierfirmen, die Meldung von Geschäften, die Markttransparenz, die Zulassung von Finanzinstrumenten zum Handel und bestimmte Begriffe im Sinne dieser Richtlinie (ABl. EU Nr. L 241 S. 1) Merkmale anderer Derivate aufweisen und nicht kommerziellen Zwecken dienen

und nicht die Voraussetzungen des Artikels 38 Abs. 4 dieser Verordnung gegeben sind,

und sofern sie keine Kassageschäfte im Sinne des Artikels 38 Abs. 2 der Verordnung (EG) Nr. 1287/2006 sind;

3. finanzielle Differenzgeschäfte;
4. als Kauf, Tausch oder anderweitig ausgestaltete Festgeschäfte oder Optionsgeschäfte, die zeitlich verzögert zu erfüllen sind und dem Transfer von Kreditrisiken dienen (Kreditderivate);
5. Termingeschäfte mit Bezug auf die in Artikel 39 der Verordnung (EG) Nr. 1287/2006 genannten Basiswerte, sofern sie die Bedingungen der Nummer 2 erfüllen.

(12) bis (15) *(weggefallen)*

(16) Ein System im Sinne von § 24b ist eine schriftliche Vereinbarung nach Artikel 2 Buchstabe a der Richtlinie 98/26/EG des Europäischen Parlaments und des Rates vom 19. Mai 1998 über die Wirksamkeit von Abrechnungen in Zahlungs- sowie Wertpapierliefer- und -abrechnungssystemen (ABl. L 166 vom 11.6.1998, S. 45), die durch die Richtlinie 2009/44/EG (ABl. L 146 vom 10.6.2009, S. 37) geändert worden ist, einschließlich der Vereinbarung zwischen einem Teilnehmer und einem indirekt teilnehmenden Kreditinstitut, die von der Deutschen Bundesbank oder der zuständigen Stelle eines anderen Mitgliedstaats oder Vertragsstaats des Europäischen Wirtschaftsraums der Europäischen Wertpapier- und Marktaufsichtsbehörde gemeldet wurde. Systeme aus Drittstaaten stehen den in Satz 1 genannten Systemen gleich, sofern sie im Wesentlichen den in Artikel 2 Buchstabe a der Richtlinie 98/26/EG angeführten Voraussetzungen entsprechen. System im Sinne des Satzes 1 ist auch ein System, dessen Betreiber eine Vereinbarung mit dem Betreiber eines anderen Systems oder den Betreibern anderer Systeme geschlossen hat, die eine Ausführung von Zahlungs- oder Übertragungsaufträgen zwischen den betroffenen Systemen zum Gegenstand hat (interoperables System); auch die anderen an der Vereinbarung beteiligten Systeme sind interoperable Systeme.

(16a) Systembetreiber im Sinne dieses Gesetzes ist derjenige, der für den Betrieb des Systems rechtlich verantwortlich ist.

(16b) Der Geschäftstag eines Systems umfasst Tag- und Nachtabrechnungen und beinhaltet alle Ereignisse innerhalb des üblichen Geschäftszyklus eines Systems.

(17) Finanzsicherheiten im Sinne dieses Gesetzes sind Barguthaben, Geldbeträge, Wertpapiere, Geldmarktinstrumente sowie Kreditforderungen im Sinne des Artikels 2 Absatz 1 Buchstabe o der Richtlinie 2002/47/EG des Europäischen Parlaments und des Rates vom 6. Juni 2002 über Finanzsicherheiten (ABl. L 168 vom 27.6.2002, S. 43), die durch die Richtlinie 2009/44/EG (ABl. L 146 vom 10.6.2009, S. 37) geändert worden ist, und Geldforderungen aus einer Vereinbarung, auf Grund derer ein Versicherungsunternehmen im Sinne des § 1 Absatz 1 des Versicherungsaufsichtsgesetzes einen Kredit in Form eines Darlehens gewährt hat, jeweils einschließlich jeglicher damit in Zusammenhang stehender Rechte oder Ansprüche, die als Sicherheit in Form eines beschränkten dinglichen Sicherungsrechts oder im Wege der Überweisung oder Vollrechtsübertragung auf Grund einer Vereinbarung zwischen einem Sicherungsnehmer und einem Sicherungsgeber, die einer der in Artikel 1 Abs. 2 Buchstabe a bis e der Richtlinie 2002/47/EG, die durch die Richtlinie 2009/44/EG

geändert worden ist, aufgeführten Kategorien angehören, bereitgestellt werden; bei von Versicherungsunternehmen gewährten Kreditforderungen gilt dies nur, wenn der Sicherungsgeber seinen Sitz im Inland hat. Gehört der Sicherungsgeber zu den in Artikel 1 Abs. 2 Buchstabe e der Richtlinie 2002/47/EG genannten Personen oder Gesellschaften, so liegt eine Finanzsicherheit nur vor, wenn die Sicherheit der Besicherung von Verbindlichkeiten aus Verträgen oder aus der Vermittlung von Verträgen über

a) die Anschaffung und die Veräußerung von Finanzinstrumenten,
b) Pensions-, Darlehens- sowie vergleichbare Geschäfte auf Finanzinstrumente oder
c) Darlehen zur Finanzierung des Erwerbs von Finanzinstrumenten

dient. Gehört der Sicherungsgeber zu den in Artikel 1 Abs. 2 Buchstabe e der Richtlinie 2002/47/EG genannten Personen oder Gesellschaften, so sind eigene Anteile des Sicherungsgebers oder Anteile an verbundenen Unternehmen im Sinne von § 290 Abs. 2 des Handelsgesetzbuches keine Finanzsicherheiten; maßgebend ist der Zeitpunkt der Bestellung der Sicherheit. Sicherungsgeber aus Drittstaaten stehen den in Satz 1 genannten Sicherungsgebern gleich, sofern sie im Wesentlichen den in Artikel 1 Abs. 2 Buchstabe a bis e aufgeführten Körperschaften, Finanzinstituten und Einrichtungen entsprechen.

(18) Branchenvorschriften im Sinne dieses Gesetzes sind die Rechtsvorschriften der Europäischen Union im Bereich der Finanzaufsicht, insbesondere die Richtlinien 73/239/EWG, 98/78/EG, 2004/39/EG, 2006/48/EG, 2006/49/EG und 2009/65/EG sowie Anhang V Teil A der Richtlinie 2002/83/EG, die darauf beruhenden inländischen Gesetze, insbesondere dieses Gesetz, das Versicherungsaufsichtsgesetz, das Wertpapierhandelsgesetz, das Investmentgesetz, das Pfandbriefgesetz, das Gesetz über Bausparkassen, das Geldwäschegesetz einschließlich der dazu ergangenen Rechtsverordnungen sowie der sonstigen im Bereich der Finanzaufsicht erlassenen Rechts- und Verwaltungsvorschriften.

(19) Finanzbranche im Sinne dieses Gesetzes sind folgende Branchen:

1. die Banken- und Wertpapierdienstleistungsbranche; dieser gehören Kreditinstitute im Sinne des Absatzes 1, Finanzdienstleistungsinstitute im Sinne des Absatzes 1a, Kapitalverwaltungsgesellschaften im Sinne des § 17 des Kapitalanlagegesetzbuchs, extern verwaltete Investmentgesellschaften im Sinne des § 1 Absatz 13 des Kapitalanlagegesetzbuchs, Finanzunternehmen im Sinne des Absatzes 3, Anbieter von Nebendienstleistungen im Sinne des Absatzes 3c oder entsprechende Unternehmen mit Sitz im Ausland sowie E-Geld-Institute im Sinne des § 1a Absatz 1 Nummer 5 des Zahlungsdiensteaufsichtsgesetzes sowie Zahlungsinstitute im Sinne des § 1 Abs. 1 Nr. 5 des Zahlungsdiensteaufsichtsgesetzes an;
2. die Versicherungsbranche; dieser gehören Erstversicherungsunternehmen im Sinne des § 104k Nr. 2 Buchstabe a des Versicherungsaufsichtsgesetzes, Rückversicherungsunternehmen im Sinne des § 104a Abs. 2 Nr. 3 des Versicherungsaufsichtsgesetzes, Versicherungs-Holdinggesellschaften im Sinne des § 104a Abs. 2 Nr. 4 des Versicherungsaufsichtsgesetzes oder entsprechende Unternehmen mit Sitz im Ausland an.

(20) Finanzkonglomerat ist eine Gruppe oder Untergruppe von Unternehmen im Sinne des § 1 Absatz 2 des Finanzkonglomerate-Aufsichtsgesetzes.

(21) bis (23) *(weggefallen)*

(24) Refinanzierungsunternehmen sind Unternehmen, die Gegenstände oder Ansprüche auf deren Übertragung aus ihrem Geschäftsbetrieb an folgende Unternehmen zum Zwecke der eigenen Refinanzierung oder der Refinanzierung des Übertragungsberechtigten veräußern oder für diese treuhänderisch verwalten:

1. Zweckgesellschaften,
2. Refinanzierungsmittler,
3. Kreditinstitute mit Sitz in einem Staat des Europäischen Wirtschaftsraums,
4. Versicherungsunternehmen mit Sitz in einem Staat des Europäischen Wirtschaftsraums,
5. Pensionsfonds oder Pensionskassen im Sinne des Gesetzes zur Verbesserung der betrieblichen Altersversorgung (Betriebsrentengesetz) oder
6. eine in § 2 Absatz 1 Nummer 1, 2 oder 3a genannte Einrichtung.

Unschädlich ist, wenn die Refinanzierungsunternehmen daneben wirtschaftliche Risiken weitergeben, ohne dass damit ein Rechtsübergang einhergeht.

(25) Refinanzierungsmittler sind Kreditinstitute, die von Refinanzierungsunternehmen oder anderen Refinanzierungsmittlern Gegenstände aus dem Geschäftsbetrieb eines Refinanzierungsunternehmens oder Ansprüche auf deren Übertragung erwerben, um diese an Zweckgesellschaften oder Refinanzierungsmittler zu veräußern; unschädlich ist, wenn sie daneben wirtschaftliche Risiken weitergeben, ohne dass damit ein Rechtsübergang einhergeht.

(26) Zweckgesellschaften sind Unternehmen, deren wesentlicher Zweck darin besteht, durch Emission von Finanzinstrumenten oder auf sonstige Weise Gelder aufzunehmen oder andere vermögenswerte Vorteile zu erlangen, um von Refinanzierungsunternehmen oder Refinanzierungsmittlern Gegenstände aus dem Geschäftsbetrieb eines Refinanzierungsunternehmens oder Ansprüche auf deren Übertragung zu erwerben; unschädlich ist, wenn sie daneben wirtschaftliche Risiken übernehmen, ohne dass damit ein Rechtsübergang einhergeht.

(27) Interne Ansätze im Sinne dieses Gesetzes sind die Ansätze nach Artikel 143 Absatz 1, Artikel 221, 225 und 259 Absatz 3, Artikel 283, 312 Absatz 2 und Artikel 363 der Verordnung (EU) Nr. 575/2013 in der jeweils geltenden Fassung.

(28) Hartes Kernkapital im Sinne dieses Gesetzes ist das harte Kernkapital gemäß Artikel 26 der Verordnung (EU) Nr. 575/2013 in der jeweils geltenden Fassung.

(29) Wohnungsunternehmen mit Spareinrichtung im Sinne dieses Gesetzes sind Unternehmen in der Rechtsform der eingetragenen Genossenschaft,

1. die keine CRR-Institute oder Finanzdienstleistungsinstitute sind und keine Beteiligung an einem Institut oder Finanzunternehmen besitzen,
2. deren Unternehmensgegenstand überwiegend darin besteht, den eigenen Wohnungsbestand zu bewirtschaften,
3. die daneben als Bankgeschäft ausschließlich das Einlagengeschäft im Sinne des Absatzes 1 Satz 2 Nummer 1 betreiben, jedoch beschränkt auf
   a) die Entgegennahme von Spareinlagen,
   b) die Ausgabe von Namensschuldverschreibungen und
   c) die Begründung von Bankguthaben mit Zinsansammlung zu Zwecken des § 1 Absatz 1 des Altersvorsorgeverträge-Zertifizierungsgesetzes vom 26. Juni 2001 (BGBl. I S. 1310, 1322) in der jeweils geltenden Fassung, und
4. die kein Handelsbuch führen, es sei denn,

a) der Anteil des Handelsbuchs überschreitet in der Regel nicht 5 Prozent der Gesamtsumme der bilanz- und außerbilanzmäßigen Geschäfte,
b) die Gesamtsumme der einzelnen Positionen des Handelsbuchs überschreitet in der Regel nicht den Gegenwert von 15 Millionen Euro und
c) der Anteil des Handelsbuchs überschreitet zu keiner Zeit 6 Prozent der Gesamtsumme der bilanz- und außerbilanzmäßigen Geschäfte und die Gesamtsumme aller Positionen des Handelsbuchs überschreitet zu keiner Zeit den Gegenwert von 20 Millionen Euro.

Spareinlagen im Sinne des Satzes 1 Nummer 3 Buchstabe a sind
1. unbefristete Gelder, die
   a) durch Ausfertigung einer Urkunde, insbesondere eines Sparbuchs, als Spareinlagen gekennzeichnet sind,
   b) nicht für den Zahlungsverkehr bestimmt sind,
   c) nicht von Kapitalgesellschaften, Genossenschaften, wirtschaftlichen Vereinen, Personenhandelsgesellschaften oder von Unternehmen mit Sitz im Ausland mit vergleichbarer Rechtsform angenommen werden, es sei denn, diese Unternehmen dienen gemeinnützigen, mildtätigen oder kirchlichen Zwecken oder bei den von diesen Unternehmen angenommenen Geldern handelt es sich um Sicherheiten gemäß § 551 des Bürgerlichen Gesetzbuchs, und
   d) eine Kündigungsfrist von mindestens drei Monaten aufweisen;
2. Einlagen, deren Sparbedingungen dem Kunden das Recht einräumen, über seine Einlagen mit einer Kündigungsfrist von drei Monaten bis zu einem bestimmten Betrag, der je Sparkonto und Kalendermonat 2 000 Euro nicht überschreiten darf, ohne Kündigung zu verfügen;
3. Geldbeträge, die auf Grund von Vermögensbildungsgesetzen geleistet werden.

(30) Das Risiko einer übermäßigen Verschuldung im Sinne dieses Gesetzes ist das Risiko, das aus der Anfälligkeit eines Instituts auf Grund einer Verschuldung oder bedingten Verschuldung erwächst, die unvorhergesehene Korrekturen des Geschäftsplans erforderlich machen könnte, einschließlich einer durch eine Notlage erzwungenen Veräußerung von Bilanzaktiva, die zu Verlusten oder zu Bewertungsanpassungen für die verbleibenden Bilanzaktiva führen könnte.

(31) Eine zentrale Gegenpartei ist ein Unternehmen im Sinne des Artikels 2 Nummer 1 der Verordnung (EU) Nr. 648/2012 des Europäischen Parlaments und des Rates vom 4. Juli 2012 über OTC-Derivate, zentrale Gegenparteien und Transaktionsregister (ABl. L 201 vom 27.7.2012, S. 1) in der jeweils geltenden Fassung. Abweichend von Satz 1 gilt als eine zentrale Gegenpartei bezüglich der Beurteilung von Kontrahentenpositionen im Bereich der §§ 10 bis 22 ein Unternehmen, das bei Kaufverträgen innerhalb eines oder mehrerer Finanzmärkte zwischen den Käufer und den Verkäufer geschaltet wird, um als Vertragspartner für jeden der beiden zu dienen, und dessen Forderungen aus Kontrahentenausfallrisiken gegenüber allen Teilnehmern an seinen Systemen auf Tagesbasis hinreichend besichert sind.

(32) Terrorismusfinanzierung im Sinne dieses Gesetzes ist
1. die Bereitstellung oder Sammlung finanzieller Mittel in Kenntnis dessen, dass sie ganz oder teilweise dazu verwendet werden oder verwendet werden sollen,
   a) eine Tat nach § 129a, auch in Verbindung mit § 129b des Strafgesetzbuchs, oder

b) eine andere der in Artikel 1 bis 3 des Rahmenbeschlusses 2002/475/JI des Rates vom 13. Juni 2002 zur Terrorismusbekämpfung (ABl. EG Nr. L 164 S. 3) umschriebenen Straftaten

zu begehen oder zu einer solchen Tat anzustiften oder Beihilfe zu leisten sowie

2. die Begehung einer Tat nach § 89a Abs. 1 in den Fällen des Abs. 2 Nr. 4 des Strafgesetzbuchs oder die Teilnahme an einer solchen Tat.

(33) Systemisches Risiko ist das Risiko einer Störung im Finanzsystem, die schwerwiegende negative Auswirkungen für das Finanzsystem und die Realwirtschaft haben kann.

(34) Modellrisiko ist der mögliche Verlust, den ein Institut als Folge von im Wesentlichen auf der Grundlage von Ergebnissen interner Modelle getroffenen Entscheidungen erleiden kann, die in der Entwicklung, Umsetzung oder Anwendung fehlerhaft sind.

(35) Im Übrigen gelten für die Zwecke dieses Gesetzes die Definitionen aus Artikel 4 Absatz 1 Nummer 5, 6, 8, 13 bis 18, 20 bis 22, 29 bis 31, 33, 35, 37, 38, 43, 44, 48, 51, 54, 57, 61, 67, 73, 74, 82 und 86 der Verordnung (EU) Nr. 575/2013.

§ 2 Ausnahmen

(1) Als Kreditinstitut gelten vorbehaltlich der Absätze 2 und 3 nicht

1. die Deutsche Bundesbank;
2. die Kreditanstalt für Wiederaufbau;
3. die Sozialversicherungsträger und die Bundesagentur für Arbeit;

3a. die öffentliche Schuldenverwaltung des Bundes, eines seiner Sondervermögen, eines Landes oder eines anderen Staates des Europäischen Wirtschaftsraums und deren Zentralbanken, sofern diese nicht fremde Gelder als Einlagen oder andere rückzahlbare Gelder des Publikums annimmt oder das Kreditgeschäft betreibt;

3b. Kapitalverwaltungsgesellschaften und extern verwaltete Investmentgesellschaften, sofern sie die kollektive Vermögensverwaltung erbringen oder neben der kollektiven Vermögensverwaltung ausschließlich die in § 20 Absatz 2 und 3 des Kapitalanlagegesetzbuchs aufgeführten Dienstleistungen oder Nebendienstleistungen als Bankgeschäfte betreiben;

3c. EU-Verwaltungsgesellschaften und ausländische AIF-Verwaltungsgesellschaften, sofern sie die kollektive Vermögensverwaltung oder neben der kollektiven Vermögensverwaltung ausschließlich die in Artikel 6 Absatz 3 der Richtlinie 2009/65/EG oder die in Artikel 6 Absatz 4 der Richtlinie 2011/61/EU aufgeführten Dienstleistungen oder Nebendienstleistungen als Bankgeschäfte betreiben;

4. private und öffentlich-rechtliche Versicherungsunternehmen;
5. Unternehmen des Pfandleihgewerbes, soweit sie dieses durch Gewährung von Darlehen gegen Faustpfand betreiben;
6. Unternehmen, die auf Grund des Gesetzes über Unternehmensbeteiligungsgesellschaften als Unternehmensbeteiligungsgesellschaften anerkannt sind;

6a. Unternehmen, die auf Grund des Gesetzes über Wagniskapitalbeteiligungen als Wagniskapitalbeteiligungsgesellschaften anerkannt sind;

7. Unternehmen, die Bankgeschäfte ausschließlich mit ihrem Mutterunternehmen oder ihren Tochter- oder Schwesterunternehmen betreiben;

8. Unternehmen, die, ohne grenzüberschreitend tätig zu werden, als Bankgeschäft ausschließlich das Finanzkommissionsgeschäft an inländischen Börsen oder in inländischen multilateralen Handelssystemen im Sinne des § 1 Absatz 1a Satz 2 Nummer 1b, an oder in denen Derivate gehandelt werden (Derivatemärkte), für andere Mitglieder dieser Märkte oder Handelssysteme betreiben, sofern für die Erfüllung der Verträge, die diese Unternehmen an diesen Märkten oder in diesen Handelssystemen schließen, Clearingmitglieder derselben Märkte oder Handelssysteme haften;
9. Unternehmen, die Finanzkommissionsgeschäfte nur im Bezug auf Derivate im Sinne des § 1 Abs. 11 Satz 4 Nr. 2 und 5 erbringen, sofern
   a) sie nicht Teil einer Unternehmensgruppe sind, deren Haupttätigkeit in der Erbringung von Finanzdienstleistungen im Sinne des § 1 Abs. 1a Satz 2 Nr. 1 bis 4 oder Bankgeschäften im Sinne des § 1 Abs. 1 Satz 2 Nr. 1, 2 oder 8 besteht,
   b) Finanzkommissionsgeschäfte, Finanzdienstleistungen im Sinne des § 1 Abs. 1a Satz 2 Nr. 1 bis 4 in Bezug auf Derivate im Sinne des § 1 Abs. 11 Satz 4 Nr. 2 und 5 und Eigengeschäfte in Finanzinstrumenten auf Ebene der Unternehmensgruppe von untergeordneter Bedeutung im Verhältnis zur Haupttätigkeit sind und
   c) die Finanzkommissionsgeschäfte nur für Kunden ihrer Haupttätigkeit im sachlichen Zusammenhang mit Geschäften der Haupttätigkeit erbracht werden;
10. Unternehmen, die das Finanzkommissionsgeschäft ausschließlich als Dienstleistung für Anbieter oder Emittenten von Vermögensanlagen im Sinne des § 1 Absatz 2 des Vermögensanlagengesetzes oder von geschlossenen AIF im Sinne des § 1 Absatz 5 des Kapitalanlagegesetzbuchs betreiben;
11. Unternehmen, die das Emissionsgeschäft ausschließlich als Übernahme gleichwertiger Garantien im Sinne des § 1 Absatz 1 Satz 2 Nummer 10 für Anbieter oder Emittenten von Vermögensanlagen im Sinne des § 1 Absatz 2 des Vermögensanlagengesetzes oder von geschlossenen AIF im Sinne des § 1 Absatz 5 des Kapitalanlagegesetzbuchs betreiben;
12. Unternehmen, die das Depotgeschäft im Sinne des § 1 Absatz 1 Satz 2 Nummer 5 ausschließlich für AIF betreiben und damit das eingeschränkte Verwahrgeschäft im Sinne des § 1 Absatz 1a Satz 2 Nummer 12 erbringen.

(2) Für die Kreditanstalt für Wiederaufbau gelten die §§ 14, 22a bis 22o, 53b Absatz 7 und die auf Grund von § 46g Absatz 1 Nummer 2 und § 46h getroffenen Regelungen; für die Sozialversicherungsträger, für die Bundesagentur für Arbeit, für Versicherungsunternehmen sowie für Unternehmensbeteiligungsgesellschaften gilt § 14.

(3) Für Unternehmen der in Absatz 1 Nr. 4 bis 6 bezeichneten Art gelten die Vorschriften dieses Gesetzes insoweit, als sie Bankgeschäfte betreiben, die nicht zu den ihnen eigentümlichen Geschäften gehören.

(4) Die Bundesanstalt für Finanzdienstleistungsaufsicht (Bundesanstalt) kann im Einzelfall bestimmen, daß auf ein Institut die §§ 1a, 2c, 10 bis 18, 24, 24a, 25, 25a bis 25e, 26 bis 38, 45, 46 bis 46c und 51 Absatz 1 dieses Gesetzes insgesamt nicht anzuwenden sind, solange das Unternehmen wegen der Art der von ihm betriebenen Geschäfte insoweit nicht der Aufsicht bedarf; auf der Grundlage einer Freistellung

nach Halbsatz 1 kann sie auch bestimmen, dass auf das Institut auch § 6a und § 24c nicht anzuwenden sind, solange das Unternehmen wegen der Art der von ihm betriebenen Geschäfte auch insoweit nicht der Aufsicht bedarf. Die Entscheidung ist im Bundesanzeiger bekanntzumachen.

(5) *(weggefallen)*

(6) Als Finanzdienstleistungsinstitute gelten nicht

1. die Deutsche Bundesbank;
2. die Kreditanstalt für Wiederaufbau;
3. die öffentliche Schuldenverwaltung des Bundes, eines seiner Sondervermögen, eines Landes oder eines anderen Staates des Europäischen Wirtschaftsraums und deren Zentralbanken;
4. private und öffentlich-rechtliche Versicherungsunternehmen;
5. Unternehmen, die Finanzdienstleistungen im Sinne des § 1 Abs. 1a Satz 2 ausschließlich innerhalb der Unternehmensgruppe erbringen;

5a. Kapitalverwaltungsgesellschaften und extern verwaltete Investmentgesellschaften, sofern sie die kollektive Vermögensverwaltung erbringen oder neben der kollektiven Vermögensverwaltung ausschließlich die in § 20 Absatz 2 und 3 des Kapitalanlagegesetzbuchs aufgeführten Dienstleistungen oder Nebendienstleistungen als Finanzdienstleistungen erbringen;

5b. EU-Verwaltungsgesellschaften und ausländische AIF-Verwaltungsgesellschaften, sofern sie die kollektive Vermögensverwaltung erbringen oder neben der kollektiven Vermögensverwaltung ausschließlich die in Artikel 6 Absatz 3 der Richtlinie 2009/65/EG oder die in Artikel 6 Absatz 4 der Richtlinie 2011/61/EU aufgeführten Dienstleistungen oder Nebendienstleistungen als Finanzdienstleistungen erbringen;

6. Unternehmen, deren Finanzdienstleistung für andere ausschließlich in der Verwaltung eines Systems von Arbeitnehmerbeteiligungen an den eigenen oder an mit ihnen verbundenen Unternehmen besteht;
7. Unternehmen, die ausschließlich Finanzdienstleistungen im Sinne sowohl der Nummer 5 als auch der Nummer 6 erbringen;
8. Unternehmen, die als Finanzdienstleistungen für andere ausschließlich die Anlageberatung und die Anlage- und Abschlussvermittlung zwischen Kunden und
   a) inländischen Instituten,
   b) Instituten oder Finanzunternehmen mit Sitz in einem anderen Staat des Europäischen Wirtschaftsraums, die die Voraussetzungen nach § 53b Abs. 1 Satz 1 oder Abs. 7 erfüllen,
   c) Unternehmen, die auf Grund einer Rechtsverordnung nach § 53c gleichgestellt oder freigestellt sind,
   d) Kapitalverwaltungsgesellschaften, extern verwalteten Investmentgesellschaften, EU-Verwaltungsgesellschaften oder ausländischen AIF-Verwaltungsgesellschaften oder
   e) Anbietern oder Emittenten von Vermögensanlagen im Sinne des § 1 Absatz 2 des Vermögensanlagengesetzes

   betreiben, sofern sich diese Finanzdienstleistungen auf Anteile oder Aktien an inländischen Investmentvermögen, die von einer Kapitalverwaltungsgesellschaft ausgegeben werden, die eine Erlaubnis nach § 7 oder § 97 Absatz 1 des Investmentgesetzes in der bis zum 21. Juli 2013 geltenden Fassung erhalten hat, die für den in § 345 Absatz 2 Satz 1, Absatz 3 Satz 2, in Verbindung mit Absatz 2 Satz 1, oder Absatz 4 Satz 1 des Kapitalanlagegesetzbuchs vorgesehenen Zeitraum noch fortbesteht oder eine Erlaubnis nach den §§ 20, 21 oder §§ 20, 22 des Kapitalanlagegesetzbuchs erhalten hat oder auf Anteile oder Aktien an EU-Investmentvermögen oder ausländischen AIF, die nach dem Kapitalanlagegesetzbuch vertrieben werden dürfen, oder auf Vermögensanlagen im Sinne des § 1 Absatz 2 des Vermögensanlagengesetzes beschränken und die Unternehmen nicht befugt sind, sich bei der Erbringung dieser Finanzdienstleistungen Eigentum oder Besitz an Geldern oder Anteilen von Kunden zu verschaffen, es sei denn, das Unternehmen beantragt und erhält eine entsprechende Erlaubnis nach § 32 Abs. 1; Anteile oder Aktien an Hedgefonds im Sinne von § 283 des Kapitalanlagegesetzbuchs gelten nicht als Anteile an Investmentvermögen im Sinne dieser Vorschrift;

9. Unternehmen, die, ohne grenzüberschreitend tätig zu werden, Eigengeschäfte an Derivatemärkten im Sinne des Absatzes 1 Nr. 8 betreiben und an Kassamärkten nur zur Absicherung dieser Positionen handeln, Eigenhandel im Sinne des § 1 Absatz 1a Satz 2 Nummer 4 Buchstabe a bis c oder Abschlussvermittlung nur für andere Mitglieder dieser Derivatemärkte erbringen oder als Market Maker im Sinne des § 23 Abs. 4 des Wertpapierhandelsgesetzes im Wege des Eigenhandels im Sinne des § 1 Absatz 1a Satz 2 Nummer 4 Buchstabe a Preise für andere Mitglieder dieser Derivatemärkte stellen, sofern für die Erfüllung der Verträge, die diese Unternehmen schließen, Clearingmitglieder derselben Märkte oder Handelssysteme haften;
10. Angehörige freier Berufe, die Finanzdienstleistungen im Sinne des § 1 Abs. 1a Satz 2 Nr. 1 bis 4 nur gelegentlich im Rahmen eines Mandatsverhältnisses als Freiberufler erbringen und einer Berufskammer in der Form der Körperschaft des öffentlichen Rechts angehören, deren Berufsrecht die Erbringung von Finanzdienstleistungen nicht ausschließt;
11. Unternehmen, die Eigengeschäfte in Finanzinstrumenten betreiben oder Finanzdienstleistungen im Sinne des § 1 Abs. 1a Satz 2 Nr. 1 bis 4 Buchstabe a bis c nur in Bezug auf Derivate im Sinne des § 1 Abs. 11 Satz 4 Nr. 2 und 5 erbringen, sofern
    a) sie nicht Teil einer Unternehmensgruppe sind, deren Haupttätigkeit in der Erbringung von Finanzdienstleistungen im Sinne des § 1 Abs. 1a Satz 2 Nr. 1 bis 4 oder Bankgeschäften im Sinne des § 1 Abs. 1 Satz 2 Nr. 1, 2 oder 8 besteht,
    b) diese Finanzdienstleistungen auf Ebene der Unternehmensgruppe von untergeordneter Bedeutung im Verhältnis zur Haupttätigkeit sind und
    c) die Finanzdienstleistungen in Bezug auf Derivate im Sinne des § 1 Abs. 11 Satz 4 Nr. 2 und 5 nur für Kunden ihrer Haupttätigkeit im sachlichen Zusammenhang mit Geschäften der Haupttätigkeit erbracht werden,
12. Unternehmen, deren einzige Finanzdienstleistung im Sinne des § 1 Abs. 1a Satz 2 der Handel mit Sorten ist, sofern ihre Haupttätigkeit nicht im Sortengeschäft besteht;
13. Unternehmen, soweit sie als Haupttätigkeit Eigengeschäfte und Eigenhandel im Sinne des § 1 Absatz 1a Satz 2 Nummer 4 Buchstabe a bis c mit Waren oder Derivaten im Sinne des § 1 Abs. 11 Satz 4 Nr. 2 im Bezug auf Waren betreiben, sofern

sie nicht einer Unternehmensgruppe angehören, deren Haupttätigkeit in der Erbringung von Finanzdienstleistungen im Sinne des § 1 Abs. 1a Satz 2 Nr. 1 bis 4 oder dem Betreiben von Bankgeschäften nach § 1 Abs. 1 Satz 2 Nr. 1, 2 oder 8 besteht;

14. *(weggefallen)*
15. Unternehmen, die als Finanzdienstleistung im Sinne des § 1 Abs. 1a Satz 2 ausschließlich die Anlageberatung im Rahmen einer anderen beruflichen Tätigkeit erbringen, ohne sich die Anlageberatung besonders vergüten zu lassen;
16. Betreiber organisierter Märkte, die neben dem Betrieb eines multilateralen Handelssystems keine anderen Finanzdienstleistungen im Sinne des § 1 Abs. 1a Satz 2 erbringen;
17. Unternehmen, die als einzige Finanzdienstleistung im Sinne des § 1 Abs. 1a Satz 2 das Finanzierungsleasing betreiben, falls sie nur als Leasing-Objektgesellschaft für ein einzelnes Leasingobjekt tätig werden, keine eigenen geschäftspolitischen Entscheidungen treffen und von einem Institut mit Sitz im Europäischen Wirtschaftsraum verwaltet werden, das nach dem Recht des Herkunftsmitgliedstaates zum Betrieb des Finanzierungsleasing zugelassen ist;
18. Unternehmen, die als Finanzdienstleistung nur die Anlageverwaltung betreiben und deren Mutterunternehmen die Kreditanstalt für Wiederaufbau oder ein Institut im Sinne des Satzes 2 ist. Institut im Sinne des Satzes 1 ist ein Finanzdienstleistungsinstitut, das die Erlaubnis für die Anlageverwaltung hat, oder ein CRR-Institut mit Sitz in einem anderen Staat des Europäischen Wirtschaftsraums im Sinne des § 53b Abs. 1 Satz 1, das in seinem Herkunftsmitgliedstaat über eine Erlaubnis für mit § 1 Abs. 1a Satz 2 Nr. 11 vergleichbare Geschäfte verfügt, oder ein Institut mit Sitz in einem Drittstaat, das für die in § 1 Abs. 1a Satz 2 Nr. 11 genannten Geschäfte nach Absatz 4 von der Erlaubnispflicht nach § 32 freigestellt ist;
19. Unternehmen, die das Platzierungsgeschäft ausschließlich für Anbieter oder für Emittenten von Vermögensanlagen im Sinne des § 1 Absatz 2 des Vermögensanlagengesetzes oder von geschlossenen AIF im Sinne des § 1 Absatz 5 des Kapitalanlagegesetzbuchs erbringen, und
20. Unternehmen, die außer der Finanzportfolioverwaltung und der Anlageverwaltung keine Finanzdienstleistungen erbringen, sofern die Finanzportfolioverwaltung und Anlageverwaltung nur auf Vermögensanlagen im Sinne des § 1 Absatz 2 des Vermögensanlagengesetzes oder von geschlossenen AIF im Sinne des § 1 Absatz 5 des Kapitalanlagegesetzbuchs beschränkt erbracht werden.

Für Einrichtungen und Unternehmen im Sinne des Satzes 1 Nr. 3 und 4 gelten die Vorschriften dieses Gesetzes insoweit, als sie Finanzdienstleistungen erbringen, die nicht zu den ihnen eigentümlichen Geschäften gehören.

(7) Auf Finanzdienstleistungsinstitute, die außer der Drittstaateneinlagenvermittlung und dem Sortengeschäft keine weiteren Finanzdienstleistungen im Sinne des § 1 Absatz 1a Satz 2 erbringen, sind die §§ 10, 10c bis 10i, 11 bis 18 und 24 Absatz 1 Nummer 9, die §§ 24a und 33 Absatz 1 Satz 1 Nummer 1, § 35 Absatz 2 Nummer 5 und die §§ 45 und 46 Absatz 1 Satz 2 Nummer 4 bis 6 und die §§ 46b und 46c dieses Gesetzes sowie die Artikel 24 bis 403 und 411 bis 455 der Verordnung (EU) Nr. 575/2013 nicht anzuwenden.

(7a) Auf Unternehmen, die ausschließlich Finanzdienstleistungen nach § 1 Absatz 1a Satz 2 Nummer 9 oder Nummer 10 erbringen, sind die §§ 10, 10c bis 10i, 11 bis

13c, 15 bis 18 und 24 Absatz 1 Nummer 4, 6, 9, 11, 14, 16 und 17, Absatz 1a Nummer 5, die §§ 25, 26a und 33 Absatz 1 Satz 1 Nummer 1, § 35 Absatz 2 Nummer 5, die §§ 45 und 46 Absatz 1 Satz 2 Nummer 4 bis 6 und die §§ 46b und 46c dieses Gesetzes sowie die Artikel 24 bis 455 und 465 bis 519 der Verordnung (EU) Nr. 575/2013 nicht anzuwenden.

(8) Auf

1. Anlageberater, Anlagevermittler, Abschlussvermittler, Betreiber multilateraler Handelssysteme und Unternehmen, die das Platzierungsgeschäft betreiben, die jeweils
   a) nicht befugt sind, sich bei der Erbringung von Finanzdienstleistungen Eigentum oder Besitz an Geldern oder Wertpapieren von Kunden zu verschaffen, und
   b) nicht auf eigene Rechnung mit Finanzinstrumenten handeln, sowie
2. Unternehmen, die auf Grund der Rückausnahme für die Erbringung grenzüberschreitender Geschäfte in Absatz 1 Nummer 8 oder Absatz 6 Nummer 9 als Institute einzustufen sind,

sind die §§ 10, 10c bis 10i, 11, 13, 14 bis 18, 24 Absatz 1 Nummer 14, 16 und 17, Absatz 1a Nummer 5, § 25a Absatz 2, die §§ 26a und 35 Absatz 2 Nummer 5 und § 45 dieses Gesetzes sowie die Artikel 39, 41, 50 bis 403 und 411 bis 455 der Verordnung (EU) Nr. 575/2013 nicht anzuwenden.

(8a) Die Anforderungen des § 26a und der Artikel 39, 41, 89 bis 386 der Verordnung (EU) Nr. 575/2013 gelten, vorbehaltlich des § 64h Absatz 7, nicht für die Institute, deren Haupttätigkeit ausschließlich im Betreiben von Bankgeschäften oder der Erbringung von Finanzdienstleistungen im Zusammenhang mit Derivaten nach § 1 Absatz 11 Satz 4 Nummer 2, 3 und 5 besteht.

(8b) Auf Finanzportfolioverwalter und Anlageverwalter, die nicht befugt sind, sich bei der Erbringung von Finanzdienstleistungen Eigentum oder Besitz an Geldern oder Wertpapieren von Kunden zu verschaffen, und die nicht auf eigene Rechnung mit Finanzinstrumenten handeln, ist § 10 Absatz 1, die §§ 10c bis 10i, 11, 13, 24 Absatz 1 Nummer 14 und 16, Absatz 1a Nummer 5, § 25a Absatz 2 und § 26a dieses Gesetzes und die Artikel 39, 41 sowie 89 bis 96, 98 bis 403 und 411 bis 455 der Verordnung (EU) Nr. 575/2013 nicht anzuwenden.

(9) Die Artikel 387 bis 403 der Verordnung (EU) Nr. 575/2013 sind nicht anzuwenden auf Finanzkommissionäre und Eigenhändler, die für eigene Rechnung ausschließlich zum Zwecke der Erfüllung oder Ausführung eines Kundenauftrags oder des möglichen Zugangs zu einem Abwicklungs- und Verrechnungssystem oder einer anerkannten Börse handeln, sofern sie im eigenen Namen für fremde Rechnung tätig sind oder einen Kundenauftrag ausführen.

(9a) Auf Kreditinstitute, die ausschließlich über eine Erlaubnis verfügen, die Tätigkeit einer zentralen Gegenpartei nach § 1 Absatz 1 Satz 2 Nummer 12 auszuüben, sind die §§ 2c, 10, 10c, 11, 12, 12a bis 18b, 20a bis 20c, 24 Absatz 1 Nummer 6, 10, 14, 16, Absatz 1a Nummer 4 und 5, §§ 24a, 24c, 25 Absatz 1 Satz 2, die §§ 25a bis 25e, 26a, 32, 33, 34, 36 Absatz 3 Satz 1 und 2, §§ 45 und 45b dieses Gesetzes nicht anzuwenden. § 24 Absatz 1 Nummer 9 gilt mit der Maßgabe, dass das Absinken des Anfangskapitals unter die Mindestanforderungen nach Artikel 16 der Verordnung (EU) Nr. 648/2012 anzuzeigen ist.

(9b) Sofern ein Kreditinstitut sowohl Tätigkeiten im Sinne des § 1 Absatz 1 Satz 2 Nummer 12 ausübt als auch weitere nach diesem Gesetz erlaubnispflichtige Bankgeschäfte betreibt oder Finanzdienstleistungen erbringt, ist auf die Tätigkeit im Sinne des § 1 Absatz 1 Satz 2 Nummer 12 der Absatz 9a anzuwenden; diese Kreditinstitute haben dafür Sorge zu tragen, dass sowohl die Anforderungen nach diesem Gesetz als auch die Anforderungen der Verordnung (EU) Nr. 648/2012 eingehalten werden. Bezüglich der Anforderungen an das Anfangskapital nach § 33 Absatz 1 sowie nach Artikel 16 Absatz 1 der Verordnung (EU) Nr. 648/2012 haben die betroffenen Kreditinstitute die im jeweiligen Einzelfall höheren Anforderungen zu erfüllen. Anzeige- und Informationspflichten, die sowohl nach § 2c Absatz 1 als auch nach Artikel 31 Absatz 2 der Verordnung (EU) Nr. 648/2012 bestehen, können in einer gemeinsamen Anzeige oder Mitteilung zusammengefasst werden.

(9c) Die §§ 10d und 24 Absatz 1 Nummer 16 dieses Gesetzes und die Artikel 411 bis 430 der Verordnung (EU) Nr. 575/2013 sind nicht auf Bürgschaftsbanken im Sinne des § 5 Absatz 1 Nummer 17 des Körperschaftsteuergesetzes anzuwenden.

(9d) Die Artikel 411 bis 428 der Verordnung (EU) Nr. 575/2013 sind nicht auf CRR-Wertpapierfirmen anzuwenden.

(9e) Die Vorschriften über Kapitalpuffer in den §§ 10c bis 10i sind nicht anwendbar auf Anlagevermittler gemäß § 1 Absatz 1a Nummer 1; Anlageberater gemäß § 1 Absatz 1a Nummer 1a; Betreiber multilateraler Handelssysteme gemäß § 1 Absatz 1a Nummer 1b; Betreiber des Platzierungsgeschäfts gemäß § 1 Absatz 1a Nummer 1c; Abschlussvermittler gemäß § 1 Absatz 1a Nummer 2; Finanzportfolioverwalter gemäß § 1 Absatz 1a Nummer 5; Betreiber des Sortengeschäfts gemäß § 1 Absatz 1a Nummer 9; Betreiber des Finanzierungsleasinggeschäfts gemäß § 1 Absatz 1a Nummer 10 und Anlageverwalter gemäß § 1 Absatz 1a Nummer 11.

(10) Ein Unternehmen, das keine Bankgeschäfte im Sinne des § 1 Abs. 1 Satz 2 betreibt und als Finanzdienstleistungen nur die Anlage- oder Abschlussvermittlung, das Platzierungsgeschäft oder die Anlageberatung ausschließlich für Rechnung und unter der Haftung eines CRR-Kreditinstituts oder eines Wertpapierhandelsunternehmens, das seinen Sitz im Inland hat oder nach § 53b Abs. 1 Satz 1 oder Abs. 7 im Inland tätig ist, erbringt (vertraglich gebundener Vermittler), gilt nicht als Finanzdienstleistungsinstitut, sondern als Finanzunternehmen, wenn das CRR-Kreditinstitut oder Wertpapierhandelsunternehmen als das haftende Unternehmen dies der Bundesanstalt anzeigt. Die Tätigkeit des vertraglich gebundenen Vermittlers wird dem haftenden Unternehmen zugerechnet. Ändern sich die von dem haftenden Unternehmen angezeigten Verhältnisse, sind die neuen Verhältnisse unverzüglich der Bundesanstalt anzuzeigen. Für den Inhalt der Anzeigen nach den Sätzen 1 und 3 und die beizufügenden Unterlagen und Nachweise können durch Rechtsverordnung nach § 24 Abs. 4 nähere Bestimmungen getroffen werden. Die Bundesanstalt übermittelt die Anzeigen nach den Sätzen 1 und 3 der Deutschen Bundesbank. Die Bundesanstalt führt über die ihr angezeigten vertraglich gebundenen Vermittler nach diesem Absatz ein öffentliches Register im Internet, das das haftende Unternehmen, die vertraglich gebundenen Vermittler, das Datum des Beginns und des Endes der Tätigkeit nach Satz 1 ausweist. Für die Voraussetzungen zur Aufnahme in das Register, den Inhalt und die Führung des Registers können durch Rechtsverordnung nach § 24 Abs. 4 nähere Bestimmungen getroffen werden, insbesondere kann dem haftenden Unternehmen ein schreibender Zugriff auf die für dieses Unternehmen einzurichtende Seite des Registers eingeräumt und ihm die Verantwortlichkeit für die Richtigkeit und Aktualität dieser Seite übertragen werden. Die Bundesanstalt kann

einem haftenden Unternehmen, das die Auswahl oder Überwachung seiner vertraglich gebundenen Vermittler nicht ordnungsgemäß durchgeführt hat oder die ihm im Zusammenhang mit der Führung des Registers übertragenen Pflichten verletzt hat, untersagen, vertraglich gebundene Vermittler im Sinne der Sätze 1 und 2 in das Unternehmen einzubinden.

(11) *(weggefallen)*

(12) Für Betreiber organisierter Märkte mit Sitz im Ausland, die als einzige Finanzdienstleistung ein multilaterales Handelssystem im Inland betreiben, gelten die Anforderungen der §§ 25a, 25b und 33 Abs. 1 Nr. 1 bis 4 sowie die Anzeigepflichten nach § 2c Abs. 1 und 4 sowie § 24 Abs. 1 Nr. 1, 2 und 11 und Abs. 1a Nr. 2 entsprechend. Die in Satz 1 genannten Anforderungen gelten entsprechend auch für Träger einer inländischen Börse, die außer dem Freiverkehr als einzige Finanzdienstleistung ein multilaterales Handelsystem im Inland betreiben. Es wird vermutet, dass Geschäftsführer einer inländischen Börse und Personen, die die Geschäfte eines ausländischen organisierten Marktes tatsächlich leiten, den Anforderungen nach § 33 Abs. 1 Nr. 2 und 4 genügen. Die Befugnisse der Bundesanstalt nach den §§ 2c und 25a Absatz 2 Satz 1 sowie den §§ 44 bis 46h gelten entsprechend. Die Bundesanstalt kann den in Satz 1 genannten Personen den Betrieb eines multilateralen Handelssystems in den Fällen des § 35 Abs. 2 Nr. 4, 5 und 6 sowie dann untersagen, wenn sie die Anforderungen des § 33 Abs. 1 Satz 1 Nr. 1 bis 4 nicht erfüllen. Die in Satz 1 genannten Personen haben der Bundesanstalt die Aufnahme des Betriebs unverzüglich anzuzeigen.

7. Refinanzierungsregisterverordnung

Verordnung über die Form des Refinanzierungsregisters nach dem Kreditwesengesetz sowie die Art und Weise der Aufzeichnung (RefiRegV)

Ausfertigungsdatum: 18.12.2006
Vollzitat: „Refinanzierungsregisterverordnung vom 18. Dezember 2006 (BGBl. I S. 3241)“

Eingangsformel

Auf Grund des § 22d Abs. 1 Satz 2 des Kreditwesengesetzes, der durch Artikel 4a Nr. 4 des Gesetzes vom 22. September 2005 (BGBl. I S. 2809) eingefügt worden ist, in Verbindung mit § 1 Nr. 5 der Verordnung zur Übertragung von Befugnissen zum Erlass von Rechtsverordnungen auf die Bundesanstalt für Finanzdienstleistungsaufsicht vom 13. Dezember 2002 (BGBl. 2003 I S. 3), § 1 Nr. 5 zuletzt geändert durch Artikel 1 der Verordnung vom 17. November 2005 (BGBl. I S. 3187), verordnet die Bundesanstalt für Finanzdienstleistungsaufsicht:

Teil 1
Anwendungsbereich; allgemeine Anforderungen

§ 1 Anwendungsbereich; Begriffsbestimmung

(1) Diese Verordnung regelt die Anforderungen an die Form des Refinanzierungsregisters nach den §§ 22a bis 22o des Kreditwesengesetzes sowie die Art und Weise der Aufzeichnung.

(2) Eintragungen im Sinne dieser Verordnung sind auch Löschungsvermerke.

§ 2 Form des Refinanzierungsregisters

(1) Das Refinanzierungsregister kann in Papierform oder nach Maßgabe des Teils 2 als elektronisches Register geführt werden.

(2) Stellt ein registerführendes Unternehmen die Registerführung von einem elektronischen Register auf ein Register in Papierform um, so sind die Registerdaten vollständig auszudrucken und das Register in Papierform weiterzuführen. Im Falle der Umstellung von einem in Papierform geführten Register auf ein elektronisches Register sind sämtliche Registerdaten in das elektronische Register zu übernehmen.

§ 3 Vollständigkeit und Richtigkeit des Refinanzierungsregisters

Eintragungen sind in der Weise dauerhaft aufzuzeichnen, dass etwaig vorgenommene spätere Änderungen und Löschungen jederzeit erkennbar sind. Durch technische und organisatorische Maßnahmen ist sicherzustellen, dass der ursprüngliche Inhalt weiterhin feststellbar bleibt.

§ 4 Bezeichnung des Refinanzierungsregisters sowie der Abteilungen und Unterabteilungen

(1) Das Refinanzierungsregister muss die Überschrift „Refinanzierungsregister“, die Bezeichnung des registerführenden Unternehmens und vorbehaltlich des Absatzes 3 die Bezeichnung des zur Übertragung Verpflichteten tragen.

(2) Soweit nach § 22a Abs. 1 Satz 2 des Kreditwesengesetzes innerhalb des Refinanzierungsregisters gesonderte Abteilungen zu bilden sind, haben diese neben der Bezeichnung „Abteilung Nr. ... des Refinanzierungsregisters" die Bezeichnung der Refinanzierungstransaktion zu tragen, für die die Abteilung gebildet wird.

(3) Soweit nach § 22b Abs. 1 Satz 2 des Kreditwesengesetzes für jeden zur Übertragung Verpflichteten innerhalb des Refinanzierungsregisters eine gesonderte Abteilung zu bilden ist, hat diese neben der Bezeichnung „Abteilung Nr. ... des Refinanzierungsregisters" die Bezeichnung des zur Übertragung Verpflichteten zu tragen, für den die Abteilung gebildet wird. Sind innerhalb einer Abteilung Unterabteilungen zu bilden, haben diese neben der Bezeichnung „Unterabteilung Nr. ... zu Abteilung Nr. ... des Refinanzierungsregisters" die Bezeichnung der Refinanzierungstransaktion zu tragen, für die die Unterabteilung gebildet wird.

(4) Im Refinanzierungsregister ist aufzulisten, welche Abteilungen in dem Register geführt werden. Soweit in einer Abteilung Unterabteilungen gebildet werden, ist über diese in der jeweiligen Abteilung eine Liste zu führen.

§ 5 Art und Weise der Aufzeichnung

(1) Jeder in das Refinanzierungsregister einzutragende Gegenstand ist mit einer innerhalb der einschlägigen Abteilung oder Unterabteilung fortlaufenden Nummer einzutragen. Die Nummer darf nach Löschung des Gegenstands nicht erneut vergeben werden. Rückdatierte Eintragungen sind nicht zulässig.

(2) Eintragungen sind vorbehaltlich der Regelung in § 22d Abs. 2 Satz 2 des Kreditwesengesetzes entsprechend des in Anlage 1 dargestellten Formulars RR in folgender Weise vorzunehmen:

1. Die Spalten 1 bis 5 sind mit „Bezeichnung des Vermögensgegenstands" zu überschreiben. In Spalte 1 sind unter Buchstabe a die laufende Nummer gemäß Absatz 1 und unter Buchstabe b das von dem Refinanzierungsunternehmen vergebene Aktenzeichen anzugeben.
2. Sofern sich das Refinanzierungsgeschäft auf eine Forderung bezieht, ist diese in Spalte 2 zu bezeichnen (§ 22d Abs. 2 Nr. 1 Alternative 1 des Kreditwesengesetzes). Grundsätzlich sind in Unterspalte a der Forderungsschuldner, in Unterspalte b die Währung, in Unterspalte c der anfängliche Nominalbetrag und, sofern abweichend vom Aktenzeichen in Spalte 1 Buchstabe b, in Unterspalte d die Darlehens-/Vorgangsnummer anzugeben.
3. Handelt es sich bei dem einzutragenden Gegenstand um ein Grundpfandrecht, ein Pfandrecht an einem Luftfahrzeug oder eine Schiffshypothek, sind diese in Spalte 3 zu bezeichnen (§ 22d Abs. 2 Nr. 1 Alternative 2, Nr. 4 des Kreditwesengesetzes).
   a) In Unterspalte a ist das beliehene Objekt einzutragen. Sofern es sich um ein Grundstück handelt, kann entweder die Bezeichnung im Bestandsverzeichnis des Grundbuchs (Gemarkung, Flur, Flurstück) übernommen oder auf das Grundbuchblatt verwiesen werden. In letzterem Fall ist zusätzlich die Anschrift anzugeben. Sofern es sich um ein Luftfahrzeug handelt, ist das einschlägige Luftfahrzeugregisterblatt einzutragen. Handelt es sich um ein Schiff, ist das einschlägige Schiffsregisterblatt anzugeben.
   b) In Unterspalte b ist die Abteilung des Registers anzugeben, in der das Pfandrecht eingetragen ist.

Anlage zu § 5 der Refinanzierungsregisterverordnung

Formular RR

Bezeichnung des Vermögensgegenstands															Löschungen			Sonstiges
1	2				3								4	5	6			7
	Persönliche Forderung(en)				Grundpfandrecht/Pfandrecht an einem Luftfahrzeug/Schiffshypothek								Übertragungs berechtigter	Zeitpunkt der Eintragung	Löschungsvermerk			Bermerkungen zum Refinanzierungsgegenstand; ggf. Kürzel des Eintragenden
	a	b	c	d	a	b	c	d	e	f	g	h			a	b	c	
a) lfd. Nr. b) AZ	Schuldner	Währung	Betrag	ggf. Darl.-/ Vorgangsnr.	Objekt-bezeichnung	Abt. des GB/LuftReg/ SchReg	lfd. Nr	Währung	Betrag	Umfang	Rechtlicher Grund	Datum	Name Adresse	Datum Uhrzeit	Nr. der Spalte	Betrag	Datum; Uhrzeit ggf. Unterschrift des Verwalters bei Korrektur	

  c) In Unterspalte c ist die laufende Nummer des eingetragenen Rechts in der in Unterspalte b eingetragenen Abteilung anzugeben.
  d) In Unterspalte d ist die Währung des Pfandrechts anzugeben.
  e) In Unterspalte e ist der Betrag des Pfandrechts zu benennen.
  f) In Unterspalte f ist der Umfang einzutragen, in dem die Sicherheit als Refinanzierungsgegenstand dient.
  g) In Unterspalte g ist der rechtliche Grund der Sicherheit zu benennen.
  h) In Unterspalte h ist das Datum des Tages anzugeben, an dem der den rechtlichen Grund für die Absicherung enthaltende Vertrag geschlossen wurde.

4. In Spalte 4 ist der Übertragungsberechtigte mit Namen und Adresse einzutragen (§ 22d Abs. 2 Satz 1 Nr. 2 des Kreditwesengesetzes).
5. In Spalte 5 ist der Zeitpunkt (Datum und Uhrzeit) der Eintragung in das Refinanzierungsregister anzugeben (§ 22d Abs. 2 Satz 1 Nr. 3 des Kreditwesengesetzes).
6. Löschungsvermerke sind in Spalte 6 einzutragen. Anzugeben sind die Spaltennummer (Unter-spalte a) und gegebenenfalls der Betrag der zu löschenden Eintragung (Unterspalte b) sowie das Datum einschließlich der Uhrzeit der Löschung (Unterspalte c). Sofern die Löschung an gesonderter Stelle im Register vermerkt wird, sind hierzu neben dem Löschungsvermerk in Spalte 6 zumindest auch die Angaben des zu löschenden Werts in den Spalten 1 und 2/3 zu wiederholen. Bei Löschung oder Korrektur einer fehlerhaften Eintragung muss die nach § 22d Abs. 5 Satz 2 und 3 des Kreditwesengesetzes erforderliche Zustimmung des Verwalters dem jeweiligen Löschungsvermerk des registerführenden Unternehmens eindeutig zugeordnet sein.
7. Spalte 7 ist für sonstige Bemerkungen vorzusehen, beispielsweise für Anmerkungen, die zur eindeutigen rechtlichen Zuordnung des Gegenstands neben den übrigen Angaben erforderlich sind oder die Zuordnung erleichtern. Bei Bedarf kann in Spalte 7 auch das Namenskürzel der eintragenden Person erfasst werden.

   Anlage zu § 5 s. S. 327.

§ 6 Eintragung ausländischer Sicherungsrechte

Eintragungen ausländischer Sicherungsrechte sind entsprechend § 5 vorzunehmen. Soweit die Bezeichnung der ausländischen Sicherungsrechte oder der beliehenen Objekte in den jeweiligen öffentlichen Registern von den Vorgaben der Spalte 3 des Formulars RR abweicht, ist diese Bezeichnung zu verwenden. Die Unterspalten a bis c der Spalte 3 können gegebenenfalls angepasst werden. Sofern die Unterspalten a bis c der Spalte 3 für die nach Satz 2 erforderlichen Angaben nicht ausreichen, können Beiblätter hinzugefügt werden, die Teil des Refinanzierungsregisters werden. Die Beiblätter sind mit der laufenden Nummer der jeweiligen Eintragung aus Spalte 1 Buchstabe a des Formulars zu kennzeichnen. Im Ausland belegene Grundstücke, Luftfahrzeuge oder Schiffe, die nicht in öffentlichen Registern erfasst sind, sind mit den innerhalb der jeweiligen Rechtsordnung gebräuchlichen Angaben einzutragen, die eine eindeutige Identifizierung des jeweiligen Objekts ermöglichen.

§ 7 Schutz des Refinanzierungsregisters

Das Refinanzierungsregister ist vor unberechtigtem Zugriff sowie vor Beschädigung oder Zerstörung durch äußere Einwirkungen wie Feuer oder Wasser besonders zu schützen.

Teil 2
Zusätzliche Anforderungen bei elektronischer Registerführung

§ 8 Begriff und allgemeine Anforderungen

(1) Der Inhalt des elektronisch geführten Refinanzierungsregisters muss auf Dauer unverändert in lesbarer Form wiedergabefähig sowie auf Dauer revisionssicher archiviert sein.

(2) Der Inhalt des elektronischen Refinanzierungsregisters muss auf dem Bildschirm und in Ausdrucken in einer Weise sichtbar gemacht werden können, die die Eintragungen nach Form und Inhalt vollständig abbildet. Das elektronische Refinanzierungsregister muss jederzeit vollständig ausgedruckt werden können.

§ 9 Technische und organisatorische Maßnahmen zur Gewährleistung von Datenschutz und Datensicherheit

(1) Die eingesetzten Datenverarbeitungssysteme müssen dem Stand der Technik und den Anforderungen der Anlage zu § 9 Satz 1 des Bundesdatenschutzgesetzes entsprechen. Insbesondere müssen sie gewährleisten, dass

1. ihre Funktionen nur genutzt werden können, wenn sich der Benutzer dem System gegenüber sicher ausweist (Identifikation und Authentisierung),
2. die eingeräumten Benutzungsrechte im System verwaltet werden (Berechtigungsverwaltung),
3. die eingeräumten Benutzungsrechte vom System geprüft werden (Berechtigungsprüfung),
4. sämtliche Zugriffe (Eingeben, Lesen, Kopieren, Ändern, Löschen, Sperren) revisionssicher protokolliert werden (Revisionsfähigkeit),
5. eingesetzte Systeme ohne Sicherheitsrisiken wiederhergestellt werden können (Wiederaufbereitung),
6. etwaige Verfälschungen der gespeicherten Daten durch technische Prüfmechanismen unverzüglich bemerkt werden können (Unverfälschtheit) und
7. auftretende Fehlfunktionen unverzüglich gemeldet werden (Verlässlichkeit).

(2) Das registerführende Unternehmen hat mindestens eine vollständige Sicherungskopie des elektronisch geführten Refinanzierungsregisters aufzubewahren. Die Sicherungskopie ist auf einem anderen Datenträger als das Refinanzierungsregister zu speichern und mindestens am Ende eines jeden Arbeitstages auf den Stand zu bringen, den das Refinanzierungsregister zu diesem Zeitpunkt hat.

Teil 3
Schlussbestimmungen

§ 10 Übergangsbestimmung

Refinanzierungsregister, die auf Grund der §§ 22a bis 22o des Kreditwesengesetzes bereits vor Inkrafttreten dieser Verordnung eingerichtet worden sind, dürfen bis zum 30. Juni 2007 in der bisherigen Art und Weise fortgeführt werden.

§ 11 Inkrafttreten

Diese Verordnung tritt am Tag nach der Verkündung in Kraft.

II. Bundestagsdrucksachen

1. Drucksache 15/4321

15. Wahlperiode 29.11.2004

Gesetzentwurf der Bundesregierung

Entwurf eines Gesetzes zur Neuordnung des Pfandbriefrechts

A. Problem und Ziel

Die Ausgabe von Hypothekenpfandbriefen und Kommunalschuldverschreibungen war bislang im Hypothekenbankgesetz (HBG) sowie im Gesetz über die Pfandbriefe und verwandten Schuldverschreibungen öffentlich-rechtlicher Kreditanstalten (ÖPG) geregelt. Berechtigt zur Pfandbriefausgabe waren danach die privatrechtlich organisierten Hypothekenbanken sowie die öffentlich-rechtlichen Kreditanstalten. Das Hypothekenbankgesetz beschränkt – im Interesse einer Risikobegrenzung – den Kreis der von Hypothekenbanken in zulässiger Weise zu betreibenden Geschäfte weitestgehend auf die ausdrücklich benannten Tätigkeiten und damit vornehmlich auf die Gewährung grundpfandrechtlich besicherter oder kommunaler Kredite. Die öffentlich-rechtlichen Kreditanstalten unterliegen einer solchen Geschäftskreisbeschränkung nicht; den Pfandbriefgläubigern sowie potenziellen Investoren gegenüber können diese Institute bisher auf Anstaltslast und Gewährträgerhaftung als zusätzliche Pfandbriefsicherheiten verweisen. Des Weiteren machen gegenwärtig drei Hypothekenbanken als bedeutende Marktteilnehmer von dem in § 46 HBG aus historischen Gründen eingeräumten Recht des „erweiterten Geschäftsbetriebes" Gebrauch und unterliegen damit im Ergebnis ebenfalls nicht dem Spezialinstitutsprinzip des Hypothekenbankgesetzes. Das Gesetz über Schiffspfandbriefbanken (SchBkG) erlaubt den derzeit zwei Schiffspfandbriefbanken die Ausgabe von Schiffspfandbriefen und Kommunalschuldverschreibungen.

Der Wegfall der Gewährträgerhaftung und die Modifizierung der Anstaltslast zum 18. Juli 2005 gibt Anlass für eine grundlegende Neuregelung der rechtlichen Grundlagen zur Ausgabe von Pfandbriefen. Vor allem im Hinblick auf die Stärkung der Deckungsmasse durch die letzte Novelle des HBG und des ÖPG im April 2004 muss dabei nicht länger am Spezialbankprinzip festgehalten werden. Ziel des Gesetzes zur Neuordnung des Pfandbriefrechts ist daher bei Wahrung der hohen Qualität des Pfandbriefs die Ausdehnung der Befugnis zur Pfandbriefbegebung auf alle Kreditinstitute, die bestimmten Anforderungen zum Schutz des Pfandbriefgeschäfts genügen und von der Bundesanstalt für Finanzdienstleistungsaufsicht eine Erlaubnis zur Pfandbriefbegebung erhalten. Die Erweiterung der Geschäftsmöglichkeiten für die deutschen Kreditinstitute muss einhergehen mit der Bewahrung des hohen Standards des deutschen Pfandbriefs, dessen Ruf an den internationalen Kapitalmärkten den Emittenten günstige Refinanzierungsmöglichkeiten verschafft und daher von großer Bedeutung für den Standort Deutschland ist. Der deutsche Pfandbrief stellt das größte Marktsegment des europäischen Rentenmarktes dar und ist Vorbild für zahlreiche Produkte nach ausländischen Rechtsordnungen. Er steht im zunehmenden Wettbewerb, auch mit ausländischen gedeckten Schuldverschreibungen.

B. Lösung

Mit dem vorliegenden Gesetzesentwurf soll die Ausgabe von Pfandbriefen all denjenigen Kreditinstituten ermöglicht werden, die bereit und in der Lage sind, bestimmte gesetzlich festgelegte Qualitätsanforderungen an das Pfandbriefgeschäft zu erfüllen. Gleichzeitig soll das Gesetz die bisherige Qualität des Pfandbriefes und das darauf aufbauende außerordentliche Vertrauen der Investoren noch verbessern.

Zu diesem Zweck wird das Pfandbriefgeschäft als Bankgeschäft im Sinne des § 1 des Kreditwesengesetzes (KWG) definiert, dessen Betrieb eine entsprechende Erlaubnis der Bundesanstalt für Finanzdienstleistungsaufsicht nach § 32 KWG voraussetzt. Die Institute haben bereits im Rahmen des Erlaubnisverfahrens nachzuweisen, dass sie bestimmte, für das Pfandbriefgeschäft unabdingbare Mindestanforderungen erfüllen. Zugleich wird es der Aufsicht auf diese Weise ermöglicht, sämtliche pfandbriefemittierenden Institute und auch deren Emissionstätigkeit selbst in besonderer Weise zu beaufsichtigen.

Im Hinblick auf die spezifischen Anforderungen des Pfandbriefemissionsgeschäftes werden die Erlaubnisvoraussetzungen der §§ 32ff. KWG im Pfandbriefgesetz teilweise strenger gefasst, teilweise aber auch genauer spezifiziert. Vorgeschrieben wird unter anderem ein Kernkapital von mindestens 25 Mio. Euro, ein Geschäftsplan aus dem hervorgeht, dass das Kreditinstitut das Pfandbriefgeschäft voraussichtlich nachhaltig betreiben wird und über einen für das Pfandbriefgeschäft erforderlichen organisatorischen Aufbau verfügt sowie der Nachweis geeigneter Regelungen und Instrumente zur Steuerung, Überwachung und Kontrolle der Risiken für die Deckungsmassen und des darauf gründende Emissionsgeschäfts verfügt. Um zu gewährleisten, dass die Institute das Pfandbriefemissionsgeschäft ausreichend nachhaltig betreiben, wird der Bundesanstalt in Absatz 2 des § 2 das Recht eingeräumt, die Erlaubnis zum Betreiben des Pfandbriefgeschäftes auch dann aufzuheben, wenn die Pfandbriefbank seit mehr als zwei Jahren keine Pfandbriefe begeben hat und nicht zu erwarten ist, dass das Pfandbriefgeschäft innerhalb der nächsten sechs Monate als regelmäßig und nachhaltig betriebenes Bankgeschäft wieder aufgenommen wird.

Diejenigen Elemente der Qualitätssicherung, die sich bewährt haben, die aber bislang nicht in allen Pfandbriefgesetzen einheitlich vorgeschrieben waren, sollen beibehalten und zukünftig auf sämtliche Pfandbriefemittenten angewendet werden. Aus HBG und ÖPG übernommen werden soll deshalb das Prinzip der sowohl nennwertigen als auch barwertigen Deckung der Ansprüche der Pfandbriefgläubiger zuzüglich einer 2%igen Überdeckung, welche in besonders liquiden Werten vorzuhalten ist. Ebenfalls beibehalten werden die in der letzten Novelle des Hypothekenbankgesetzes wie auch des ÖPG und Schiffsbankgesetzes eingeführten Vorschriften über die Insolvenz, die Figur des Sachwalters für die Deckungsmassen sowie die Möglichkeit der vollständigen oder teilweisen Übertragung der Pfandbriefverbindlichkeiten und Deckungsmassen auf andere Pfandbriefbanken. Für sämtliche Pfandbriefbanken wird es zudem verpflichtend, bei hypothekarischen Beleihungen einen an den dauerhaften Eigenschaften und am nachhaltig zu erzielenden Ertrag orientierten Beleihungswert zu ermitteln und lediglich 60 Prozent dieses Wertes als Deckungswerte zu verwenden. Dieses aus dem Hypothekenbankgesetz bekannte Vorsichtsprinzip hat sich besonders bewährt. Ebenso verhält es sich mit dem von der Bundesanstalt zu bestellenden Treuhänder, der die vorschriftsmäßige Deckung der Pfandbriefe zu kontrollieren hat; das Pfandbriefgesetz stellt daher weitere Anforderungen an den Treuhänder. Auch die bislang schon von der Bundesanstalt für Finanzdienstleistungsaufsicht in regelmäßigen Abständen bei Hypothekenbanken durchgeführten so genannten „Deckungsprüfungen" werden auf sämtliche Pfandbriefbanken ausgeweitet.

Als zusätzlichen Anreiz zur Qualitätssicherung sollen die Pfandbriefbanken dazu verpflichtet werden, weit reichende Informationen über die Qualität und Zusammensetzung der Deckungsmassen öffentlich bekannt zu geben.

[...]

B. Besonderer Teil

Zu Artikel 1 (Entwurf eines Pfandbriefgesetzes)

Zu § 1 (Begriffsbestimmungen)

§ 1 bestimmt den Inhalt der Begriffe „Pfandbriefbank", „Hypothekenpfandbrief", „Öffentlicher Pfandbrief" sowie „Schiffspfandbrief". Die Vorschrift ist im Zusammenhang mit der in Artikel 2 Nr. 1 des Gesetzentwurfs vorgesehenen Einführung des Pfandbriefgeschäftes als erlaubnispflichtiges Bankgeschäft zu sehen. § 1 Abs. 1 des Entwurfs enthält eine Definition des Pfandbriefgeschäftes und bestimmt somit die Reichweite der neu im Kreditwesengesetz eingeführten Erlaubnispflicht. Zugleich legt die Vorschrift den Anwendungsbereich des Pfandbriefgesetzes fest.

Die Nummern 1 bis 3 des Absatzes 1 Satz 2 knüpfen jeweils an dem Refinanzierungs- bzw. Passivgeschäft der Ausgabe gedeckter Schuldverschreibungen an. Während bisher nur die Ausgabe von Namenspfandbriefen als Einlagengeschäft nach § 1 Abs. 1 Satz 2 Nr. 1 KWG erlaubnispflichtig ist, wird nunmehr auch die Ausgabe von Pfandbriefen in der Form von Inhaberschuldverschreibungen als Bankgeschäft im Sinne des § 1 KWG erfasst. In der Bankpraxis herrscht diese Form der Pfandbriefe vor. Die Verweisungstechnik von § 1 Abs. 1 Satz 2 KWG auf die entsprechende Legaldefinition des erlaubnispflichtigen Bankgeschäftes im Rahmen des Spezialgesetzes selbst entspricht der Regelung des Investmentgeschäftes im Investmentgesetz vom 15. Dezember 2003 in Verbindung mit § 1 Abs. 1 Satz 2 Nr. 6 KWG.

Die Definition der bankgeschäftlichen Tätigkeiten stellt nicht auf die Aktivgeschäfte ab, welche für die Pfandbriefbanken erforderlich sind, um die zur Deckung der Pfandbriefe erforderlichen Werte überhaupt erst zu erwerben. Pfandbriefbanken könnten danach auch als reine Refinanzierungsvehikel tätig werden, welche die zur Deckung verwendeten Darlehen nicht selbst originär vergeben, sondern derartige Deckungswerte ausschließlich von anderen Kreditgebern erwerben. Um sicherzustellen, dass Pfandbriefbanken auch die Vergabe zur Deckung geeigneter Hypotheken- oder Kommunaldarlehen betreiben und mithin über die erforderliche Expertise zur Beurteilung der Werthaltigkeit entsprechender Sicherheiten verfügen, legt § 2 Abs. 1 Satz 3 fest, dass die Erlaubnis zum Betreiben des Pfandbriefgeschäftes u.a.

auch dann zu versagen ist, wenn das Kreditinstitut nicht zugleich auch über eine Erlaubnis zum Betreiben des Kreditgeschäftes im Sinne des § 1 Abs. 1 Satz 2 Nr. 2 des Kreditwesengesetzes verfügt und dieses Geschäft voraussichtlich betreiben wird.

Absatz 2 soll klarstellen, dass der Begriff „Pfandbriefe" im Rahmen dieses Gesetzes als Oberbegriff für sämtliche Pfandbriefgattungen verwendet wird.

Zu § 2 (Erlaubnis)

Die Definition des Pfandbriefgeschäftes als Kreditgeschäft in § 1 Abs. 1 Satz 2 KWG hat zur Folge, dass diese bankgeschäftliche Tätigkeit der Erlaubnispflicht nach § 32 KWG unterfällt. § 2 Abs. 1 Satz 1 soll dies noch einmal ausdrücklich klarstellen.

§ 2 Abs. 1 Satz 2 stellt für die Erlaubniserteilung für das Pfandbriefgeschäft zusätzliche, über die Anforderungen des Kreditwesengesetzes hinausgehende spezielle Voraussetzungen auf. Das Erfordernis eines Kernkapitals von mindestens 25 Mio. Euro in Nummer 1 ist durch die Langfristigkeit der Darlehensgewährungen und der Emissionszeiträume des Pfandbriefgeschäftes begründet. Das Eigenkapital, welches letztlich die Funktion hat, etwaig entstehende Verluste auszugleichen, muss dieser Langfristigkeit angemessen und entsprechend dimensioniert sein. Auch die Bundesanstalt für Finanzdienstleistungsaufsicht setzt für die Erteilung einer Erlaubnis für Hypothekenbanken stets eine erheblich über den nach dem KWG üblichen Mindesteigenkapitalanforderungen liegende Kapitalausstattung voraus. Im Übrigen müssen Pfandbriefbanken jederzeit in der Lage sein, sich bei Fälligwerden großvolumiger Pfandbriefemissionen kurzfristig die notwendige Liquidität zu beschaffen. Auch hierfür ist eine ausreichende Kapitalausstattung notwendig.

Nummer 3 trägt dem Umstand Rechnung, dass dem Pfandbrief besonderes Vertrauen der Anleger entgegengebracht wird. Um diesem Vertrauen gerecht werden zu können, bedarf Pfandbriefgeschäft besonderer Regelungen und Instrumente zur Steuerung und Kontrolle der damit verbundenen Zinsänderungs-, Währungs- sowie sonstigen Marktpreisrisiken. Erforderlich ist eine besonders genaue Steuerung und Kontrolle der entsprechenden Aktiv- und Passivgeschäfte.

Entsprechende Anforderungen ergeben sich für die Pfandbriefinstitute auch bislang schon aus § 25a Abs. 1 KWG. Ein Erlaubnisantrag muss einen tragfähigen Geschäftsplan mit Darstellung der nach § 25a Abs. 1 KWG erforderlichen „internen Kontrollverfahren" enthalten; ohne entsprechende Angaben konnte die Bundesanstalt die Erlaubnis versagen, § 32 Abs. 1 Satz 2 Nr. 5, § 33 Abs. 3 Nr. 4 KWG. Weil der Geschäftskreis der Hypothekenbanken – mit Ausnahme der „gemischten Institute" – im Wesentlichen auf die Ausgabe von Pfandbriefen und die entsprechenden Kreditvergaben beschränkt war, hatte § 25a Abs. 1 KWG für diese Institute im Wesentlichen die gleiche Bedeutung wie nunmehr § 2 Abs. 1 Satz 2 Nr. 3. Mit Wegfall der Geschäftskreisbeschränkung und der damit verbundenen möglichen Ausweitung der geschäftlichen Tätigkeiten wird sich die Bedeutung des § 25a Abs. 1 KWG für diese Institute hingegen ausweiten. Für die „gemischten Institute" wie auch die öffentlich-rechtlichen Kreditanstalten hatte § 25a Abs. 1 KWG auch bislang schon eine allgemeinere, weil auf sämtliche geschäftliche Tätigkeiten und nicht spezifisch auf das Pfandbriefgeschäft bezogene Bedeutung. Die gesetzliche Klarstellung und

Ausformulierung als eigenständige Erlaubnisvoraussetzung trägt der herausgehobenen Bedeutung dieser Anforderungen gerade für das Pfandbriefgeschäft Rechnung.

Als weitere Erlaubnisvoraussetzung fordert Nummer 4, dass der Geschäftsplan erkennen lässt, dass das Kreditinstitut das Pfandbriefgeschäft regelmäßig und nachhaltig betreiben wird. Auf diese Weise soll, auch in Verbindung mit Nummer 5, sichergestellt werden, dass nur solche Kreditinstitute eine Erlaubnis zur Ausgabe von Pfandbriefen erhalten, die auf Grund ihrer internen Planungen sowie der sächlichen und personellen Mittel erwarten lassen, dass sie das Pfandbriefgeschäft als ein für ihr Unternehmen bedeutsames Refinanzierungsgeschäft betreiben werden. Nachhaltigkeit ist insoweit gegeben, wenn sich das Pfandbriefgeschäft selbst dauerhaft trägt. Die Ergebnisse aus dieser geschäftlichen Tätigkeit müssen für sich genommen ausreichen, um die hohen Anforderungen dieses Gesetzes an die Qualität der Deckungsmassen – zum Beispiel durch den Erwerb zusätzlicher Deckungswerte – für die gesamte Laufzeit der ausstehenden Pfandbriefe sicherstellen zu können. Hierauf muss der Geschäftsplan gerichtet sein. Auch die von den Investoren erwartete Marktpflege durch die Pfandbriefbanken setzt ein entsprechend langfristiges Engagement voraus. Nicht erforderlich ist hingegen ein regelmäßiges Mindestemissionsvolumen innerhalb festgelegter Zeiträume. Die Entscheidung für eine Emission soll an der jeweiligen Marktsituation ausgerichtet bleiben. Mit den neuen Vorschriften werden Kriterien an die Hand gegeben, um dieses Engagement zu prüfen. Im Zusammenhang damit regelt § 2 Abs. 2 die Befugnis der Bundesanstalt, die Erlaubnis zum Betreiben des Pfandbriefgeschäftes auch dann aufzuheben, wenn die Pfandbriefbank die Ausgabe von Pfandbriefen seit mehr als 2 Jahren nicht mehr betreibt und nicht zu erwarten ist, dass das Pfandbriefgeschäft innerhalb der nächsten 6 Monate als regelmäßig und nachhaltig betriebenes Bankgeschäft wieder aufgenommen wird.

§ 2 Abs. 1 Satz 4 legt fest, dass die Erlaubnis auch auf die Ausgabe einzelner Pfandbriefgattungen beschränkt werden kann. Dies trägt den bisherigen tatsächlichen Marktgegebenheiten Rechnung. § 2 Abs. 1 Satz 5 stellt klar, dass sich die erforderlichen theoretischen und praktischen Kenntnisse der Geschäftsleiter auf das Hypothekar-, das Kommunal oder das Schiffskreditgeschäft und deren jeweilige Refinanzierung beziehen müssen. Dies stellt eine Erleichterung gegenüber der Regelung des § 33 Abs. 2 des Kreditwesengesetzes dar. Danach müssten die Geschäftsleiter theoretische und praktische Kenntnisse im Pfandbriefgeschäft aufweisen, d.h. auch in der Ausgabe von Pfandbriefen.

§ 2 Abs. 3 regelt das rechtliche Schicksal der Deckungsmassen in dem Falle, dass die Bundesanstalt die Erlaubnis für das Pfandbriefgeschäft aufhebt oder diese Erlaubnis aus anderen Gründen erlischt. Es wird vorgeschrieben, dass die Deckungsmassen abzuwickeln sind. Dies geschieht dadurch, dass die Pfandbriefbank die Deckungsmasse bis zur Fälligkeit der Pfandbriefe fortführt und die Pfandbriefe vertragsgemäß bedient. Soweit es für eine sachgerechte Abwicklung erforderlich ist, können auf Antrag der Bundesanstalt eine oder zwei geeignete natürliche Personen als Sachwalter durch das zuständige Gericht bestellt werden. Letzteres wird u. a. dann notwendig sein, wenn die sonst zur Abwicklung berufenen Personen keine Gewähr für eine ordnungsgemäße Abwicklung bieten. Werden nach Absatz 4 ein oder zwei Sachwalter bestellt, so erfolgt die Abwicklung der Deckungsmassen nach

Satz 2 wie im Falle der Insolvenz der Pfandbriefbank entsprechend den Regelungen in den §§ 30ff.

Zu § 3 (Aufsicht)

§ 3 Satz 1 und 2 entspricht den Regelungen im bisher für Pfandbriefinstitute geltenden Recht (§§ 3 und 4 HBG, §§ 3 und 4 SchBkG sowie § 11a ÖPG).

Satz 3 des § 3 weist der Bundesanstalt die Aufgabe zu, sog. Deckungsprüfungen durchzuführen. Die schon bisher bei Hypothekenbanken durchgeführten Prüfungen der Pfandbriefdeckung sollen zu regelmäßigen Pflichtprüfungen bei allen Pfandbriefemittenten erhoben werden. In Satz 4 wird ein Prüfungsturnus von in der Regel zwei Jahren vorgegeben. Weil sich Deckungsprüfungen ohnehin immer nur auf Stichproben stützen, erscheint diese enge aufsichtliche Begleitung im Interesse der Sicherheit der Pfandbriefe nicht unangemessen. Die Entscheidung, im Ausnahmefall von dieser engen zeitlichen Vorgabe abzuweichen, liegt im Ermessen der Bundesanstalt. Die berechtigten Interessen des Institutes sind zu berücksichtigen. Rechtsgrundlage für die Anordnung der Deckungsprüfung durch die Bundesanstalt ist die allgemeine Vorschrift des § 44 Abs. 1 Satz 2 KWG. Die Kosten, die der Bundesanstalt durch die Vornahme der Prüfung entstehen, sind nach § 15 Abs. 1 Nr. 1 des Gesetzes über die Bundesanstalt für Finanzdienstleistungsaufsicht von der Pfandbriefbank gesondert zu erstatten.

Zu § 4 (Deckungskongruenz)

§ 4 Abs. 1 fordert die jederzeitige nennwertige Deckung der Pfandbriefe jeder einzelnen Gattung durch Werte, die gemäß § 1 Abs. 1 jeweils „erworben" sein müssen. Nach geltendem Recht ist es nicht ausgeschlossen, dass die Erlangung eines insolvenzfesten Anspruchs des Pfandbriefemittenten gegen den treuhänderischen Verwalter auf Verschaffung eines Grundpfandrechts hinsichtlich der Deckungsfähigkeit dem Erwerb des Grundpfandrechts gleich gestellt wird. Dies ist bereits in der Gesetzesbegründung zur Änderung des § 40 Abs. 3 des Hypothekenbankgesetzes im Rahmen des Vierten Finanzmarktförderungsgesetzes (Bundestagsdrucksache 14/8017, S. 138) ausgeführt. Ob Insolvenz- und Zwangsvollstreckungsfestigkeit vorliegt, hängt allerdings von Regelungen in anderen Gesetzen ab.

Durch die Formulierung des § 4 Abs. 1 wird klargestellt, dass jede einzelne der in § 1 Abs. 1 Satz 2 Nr. 1 bis 3 genannten Pfandbriefgattungen für die Zwecke der Deckungsrechnung getrennt zu betrachten sind. Der Grundsatz nennwertiger Deckung entspricht der bisherigen Rechtslage in den drei Vorgängergesetzen, § 6 Abs. 1 Satz 1 HBG, § 2 Abs. 1 Satz 1 ÖPG, § 6 Abs. 1 Satz 1 SchBkG.

Satz 2 des § 4 Abs. 1 stellt klar, dass für die Deckungsrechnung nicht mehr auf den Nennwert abgestellt werden kann, wenn der Einlösungswert den Nennwert übersteigt. Die Vorschrift steht im Zusammenhang mit § 6 Abs. 3. Danach ist die Ausgabe von Pfandbriefen auch dann zulässig, wenn deren Einlösungswert den Nennwert zwar übersteigt, der Einlösungswert der Pfandbriefbank jedoch bei Ausgabe des Pfandbriefes schon bekannt ist.

§ 4 Abs. 1 Satz 2 legt den Grundsatz der jederzeitigen Deckung nach dem Barwert sowie der zweiprozentigen sichernden Überdeckung fest. Satz 2 der Vorschrift führt abschließend die besonders liquiden Deckungswerte auf, die für die zweiprozentige dauerhafte Überdeckung vorgehalten werden müssen. Diese Werte sollen jederzeit schnell veräußerbar sein, damit sie im Falle der Insolvenz des Institutes für die Kosten der Verwaltung und Übertragung der Deckungsmassen sowie zum Ausgleich möglicher Ausfälle verwendet werden können. § 4 Abs. 2 entspricht inhaltlich § 6 Abs. 1 Satz 2 und 3 und Abs. 4 Satz 1 HBG, § 2 Abs. 1 Satz 2 und 3 ÖPG. Im Schiffsbankgesetz bestanden bislang keine entsprechenden Regelungen.

Die in § 4 Abs. 1 Satz 2 enthaltene Liste der zur zweiprozentigen Überdeckung verwendbaren Titel entspricht weitestgehend der Auflistung der nach den bisherigen drei Pfandbriefgesetzen als so genannte Ersatzdeckung verwendbaren Werte, § 6 Abs. 4 HBG, § 2 Abs. 3 ÖPG und § 6 Abs. 3 SchBkG. In § 4 Abs. 2 Satz 2 Nr. 3 werden lediglich die Europäische Zentralbank sowie die übrigen Zentralbanken der Mitgliedstaaten der Europäischen Union neben der Deutschen Bundesbank zugelassen. Darüber hinaus wird klargestellt, dass der Pfandbriefbank beim Erwerb der Forderungen zumindest die Höhe des späteren Rückzahlungsanspruches bekannt sein muss. Die Vorschrift steht im Zusammenhang mit § 6 Abs. 3. Satz 3 entspricht § 6 Abs. 4 Satz 2 HBG, § 2 Abs. 3 Satz 2 ÖPG und § 6 Abs. 3 Satz 2 SchBkG.

§ 4 Abs. 3 stellt klar, dass auch etwaige Ansprüche der Vertragspartner von als Deckung verwendeten Derivaten in die Deckungsrechnung mit einzubeziehen sind. Im Zusammenhang damit regelt § 30 Abs. 8, dass Gläubiger von Ansprüchen aus Derivaten nach § 4 Abs. 3 den Pfandbriefgläubigern im Falle der Insolvenz der Pfandbriefbank gleich stehen und mithin ebenso privilegierten Zugriff auf die Deckungswerte haben. § 19 Nr. 3, § 20 Abs. 2 Nr. 3 sowie § 26 Nr. 4 legen für die jeweilige Pfandbriefgattung fest, welche Zins- und Währungsswaps sowie anderweitige Derivate als Deckungswerte in Frage kommen. § 4 Abs. 3 entspricht dem bisherigen Recht, § 6 Abs. 6 Satz 2 HBG, § 2 Abs. 5 Satz 2 ÖPG.

§ 4 Abs. 4 stellt klar, dass die Pfandbriefbank fortlaufend die ordnungsgemäße Deckungsrechnung mittels geeigneter Rechenwerke sicherzustellen hat.

§ 4 Abs. 5 entspricht bisherigem Recht, § 6 Abs. 1 Satz 5 HBG, § 6 Abs. 1 Satz 5 SchBkG. Die Verordnungsermächtigung des § 4 Abs. 6 entspricht § 6 Abs. 7 HBG, § 2 Abs. 6 ÖPG. Aus Sicht der Bundesregierung dürfte auf Grund der bisherigen Erfahrungen mit der auf Grund des Hypothekenbankgesetzes und des ÖPG in 2003 erlassenen Barwertverordnungen an deren Inhalt festzuhalten sein.

Die in § 4 Abs. 7 enthaltenen Verbotsnormen entsprechen dem Sinngehalt der geltenden §§ 37 und 38 des Hypothekenbankgesetzes.

Zu § 5 (Deckungsregister)

Die Regelungen zum Deckungsregister in § 5 entsprechen weitgehend dem bisherigen Recht. Es wird festgelegt, dass die Deckungswerte in das für die jeweilige Pfandbriefgattung geführte Register einzutragen sind. Durch die Wortwahl soll klargestellt werden, dass jede Pfandbriefgattung ein eigenes Deckungsregister erfordert. Absatz 1 entspricht im Wesentlichen § 22 Abs. 1 Satz 1, 2 und 4 HBG, § 3 Satz 1, 2 und 4 ÖPG sowie § 20 Abs. 1 und 2 SchBkG. Durch die Verwendung des Begriffes „Deckungswerte“ in Absatz 1 Satz 1 werden die in den vorgehenden Gesetzen üblichen Regelungen zur entsprechenden Anwendung auf die zur „Ersatzdeckung“ verwendeten Werte entbehrlich. Entsprechende Vorschriften enthielten § 3 ÖPG sowie § 20 Abs. 1 und 2 SchBkG. Abweichend vom geltenden Recht gibt der Entwurf in Absatz 2 – auch wenn die bisherige Form der Deckungsregisterführung in Papierform zunächst noch notwendig sein wird – keine bestimmte Form mehr vor. Im Interesse der notwendigen Flexibilität im Hinblick auf die angestrebte Zulassung einer Führung der Deckungsregister und der Einreichung der bisherigen „Abschriften" bei der Bundesanstalt in rein elektronischer Form sieht der Entwurf in Absatz 3 vielmehr vor, dass entsprechende Einzelheiten hierzu durch Rechtsverordnung festzulegen sind.

§ 5 Abs. 1 Satz 3 legt fest, dass bei der Rückzahlung eines zur Deckung benutzten Wertes entsprechende Ersatzwerte in das betreffende Deckungsregister einzutragen sind, falls der ursprüngliche Deckungswert zur Deckung benötigt wurde. Ob diese Voraussetzung gegeben ist, ergibt sich aus der jeweiligen nennwertigen und barwertigen Deckungsrechnung nach § 4. Zwar begründet schon § 4 die grundsätzliche Verpflichtung der Pfandbriefbank, die Deckung dauerhaft sicherzustellen und aus der Deckung fallende Werte entsprechend zu ersetzen. Satz 3 enthält demgegenüber jedoch eine konkretisierte Verhaltenspflicht. Zuwiderhandlungen sind strafbar nach § 38 Abs. 2 Nr. 2.

§ 5 Abs. 3 sieht in Satz 1 erstmals vor, dass Einzelheiten über die Form und den notwendigen Inhalt des Deckungsregisters sowie der vorzunehmenden Eintragungen im Rahmen einer Rechtsverordnung zu bestimmen sind. Entsprechende verbindliche Festlegungen gab es bislang nicht. Eine weitgehende Übereinstimmung konnte die Bundesanstalt lediglich in Einzelgesprächen, vornehmlich im Rahmen von Deckungsprüfungen, sowie im Wege des Meinungsaustausches mit dem die Hypothekenbanken vertretenden Interessenverband durchsetzen. Bei der Festlegung der unabdingbar einzutragenden Inhalte hat sich die Bundesanstalt am Sinn und Zweck der Vorschrift orientiert, welcher darin besteht, die der Deckungsmasse zugehörigen Deckungswerte im Falle der Insolvenz des Institutes eindeutig vermögensrechtlich zuordnen zu können. Diese Form der Durchsetzung aufsichtlicher Standards im Rahmen einer fortlaufenden aufsichtlichen Praxis ist zukünftig nicht mehr gewährleistet. Die einheitliche Vorgabe im Rahmen einer Rechtsverordnung erscheint deshalb nicht zuletzt im Interesse der Sicherheit der Pfandbriefgläubiger unabdingbar.

§ 5 Abs. 3 Satz 2 nennt darüber hinaus die im Rahmen einer Führung und Übermittlung des Inhalts des Deckungsregisters regelungsbedürftigen Bereiche. Außerdem soll eine Aufbewahrungspflicht der Bundesanstalt begründet und konkretisiert werden.

Zu § 6 (Inhalt der Pfandbriefe)

§ 6 Abs. 1 und 2 entspricht § 8 HBG sowie § 8 Abs. 1 und 2 SchBkG. § 6 Abs. 3 entspricht § 9 Abs. 3 HBG und § 8 Abs. 3 SchBkG.

Zu § 7 (Treuhänder und Stellvertreter)

Die §§ 7 bis 11 übernehmen weitgehend unverändert die Regelungen über den Treuhänder der §§ 29 bis 34 HBG sowie 28 bis 33 SchBkG. Durch die gesetzliche Vermutung, dass bei Wirtschaftsprüfern oder als vereidigter Buchprüfer die für das Treuhänderamt notwendigen Kenntnisse gegeben sind, wird ein hoher Maßstab für die Qualifikation eines Treuhänders eingefügt. Dies trägt dazu bei, das Vertrauen der Pfandbriefgläubiger in die Werthaltigkeit der Deckungsmasse zu stärken. In § 7 Abs. 2 Satz 2 wird zusätzlich klargestellt, dass die Bestellung des Treuhänders nur aus sachlichem Grund widerrufen werden kann.

In der aufsichtlichen Praxis der Bundesanstalt wurden schon bisher als Treuhänder oder dessen Stellvertreter nur solche Personen bestellt, die über die notwendigen Kenntnisse und Erfahrungen verfügten und die nicht die Besorgnis der Befangenheit begründeten. § 7 Abs. 2 soll dies nunmehr ausdrücklich klarstellen. Im neuen Gesetz wird die Unabhängigkeit des Treuhänders verstärkt, um Interessenkonflikte auszuschließen.

Auch an den Verwahrungspflichten des Treuhänders nach geltendem Recht wird festgehalten. Wenngleich die Mitverwahrung von in § 9 genannten Verwahrungsgegenständen nicht immer die Sicherheit der Deckungsmasse erhöht, so ist dies doch vielfach der Fall und kommt somit den Pfandbriefgläubigern zugute.

Von den bisherigen Regelungen nicht in den Entwurf übernommen worden ist die Regelung des § 30 Abs. 5 HBG, da sie sich auf die ebenfalls entfallende Umlaufgrenze nach § 7 HBG bezog. Die Regelung in § 31 Abs. 2 Satz 2 zweiter Halbsatz HBG, dass im Falle der Rückzahlung der Hypothek die entsprechenden Ersatzdeckungswerte in das Hypothekenregister einzutragen sind, findet sich nunmehr in § 5 Abs. 1 Satz 4. § 29 Abs. 5 Schiffsbankgesetz bezieht sich ebenfalls auf die Umlaufgrenze und entfällt deshalb ebenso. § 30 Abs. 2 Satz 2 zweiter Halbsatz geht ebenfalls in § 5 Abs. 1 Satz 4 auf. § 34 Satz 1 Schiffsbankgesetz entfällt, weil § 7 Abs. 4 Satz 1 insoweit ausreichend klar formuliert ist. Nach dieser Vorschrift können im Deckungsregister eingetragene Werte nur mit Zustimmung des Treuhänders in dem Register gelöscht werden. Der Klarstellung in § 34 Satz 1 Schiffsbankgesetz, dass das Pfandbriefinstitut über einen im Register eingetragenen Deckungswert durch Veräußerung, Belastung oder Verzicht nur mit schriftlicher Zustimmung des Treuhänders verfügen kann, bedarf es daneben nicht. Die in § 34 Satz 2 SchBkG vorgesehene Eintragung der in Satz 1 des § 34 SchBkG genannten Verfügungsbeschränkungen in das Schiffs- oder Schiffsbauregister ist mangels praktischer Relevanz ebenfalls nicht in den Entwurf übernommen worden. Die Eintragung derartiger Beschränkungen in das Grundbuch ist hinsichtlich der Hypotheken weder im HBG noch im ÖPG vorgesehen.

Zu § 12 (Deckungswerte)

Die §§ 12 bis 19 legen fest, welche Werte unter welchen Voraussetzungen zur Deckung von Hypothekenpfandbriefen herangezogen werden dürfen. Inhaltlich handelt es sich um die nahezu unverändert aus dem Hypothekenbankgesetz und dem ÖPG übernommenen Vorschriften, welche der besseren Übersichtlichkeit halber innerhalb des Abschnittes 3 mit besonderen Vorschriften über die Deckungswerte zusammengefasst wurden.

§ 12 Abs. 1 legt fest, dass zur Deckung für Hypothekenpfandbriefe nur Hypotheken benutzt werden dürfen, die den Erfordernissen der nachfolgenden §§ 13 bis 17 entsprechen. Die Vorschrift entspricht § 10 HBG.

Absatz 2 beruht auf § 6 Abs. 3 HBG sowie § 2 Abs. 2 ÖPG. Während nach geltendem Recht jedoch in den hier geregelten Fällen der Rettungserwerbe ein hälftiger Abschlag in der Deckungsrechnung gefordert wird, sind die Pfandbriefbanken nunmehr stattdessen verpflichtet, eine neue Beleihungswertermittlung vorzunehmen. Dies wird den tatsächlichen Verhältnissen sehr viel stärker gerecht.

Zu § 13 (Belegenheit der Sicherheiten)

§ 13 Abs. 1 listet in Satz 2 die Staaten auf, in denen die deckungsfähigen Hypotheken belegen sein müssen. Inhaltlich entspricht die Regelung damit § 1 Nr. 1 sowie § 5 Abs. 1 Nr. 2a HBG.

Absatz 1 nennt neben Grundstücken auch grundstücksgleiche Rechte und solche Rechte einer ausländischen Rechtsordnung, die den grundstücksgleichen Rechten deutschen Rechts vergleichbar sind. Dies trägt dem Umstand Rechnung, dass in den anderen von § 13 erfassten Staaten teilweise Rechte an Grundstücken anerkannt und üblich sind, die zwar nicht mit dem Eigentumsrecht gleichzusetzen sind, die aber trotzdem gegenüber jedermann wirksam sind und mit Grundpfandrechten belastet werden können.

Die bislang in § 5 Abs. 1 Nr. 2a zweiter Halbsatz HBG geregelte 10%-Grenze für Beleihungen, bei denen das Vorrecht der Pfandbriefgläubiger nach § 30 Abs. 1 nicht sichergestellt ist, kann auf die Staaten beschränkt werden, die nicht der Europäischen Union angehören. Bei den in den Mitgliedstaaten der Europäischen Union belegenen Sicherheiten kann von der Sicherstellung des Vorrechts ausgegangen werden. Nach Artikel 9 der Richtlinie 2001/24/EG über die Sanierung und Liquidation von Kreditinstituten sind lediglich die Gerichte des Herkunftsstaates befugt, über die Eröffnung eines Liquidationsverfahrens über das Vermögen eines Kreditinstitutes einschließlich seiner Zweigstellen zu entscheiden. Das Verfahren wird also nach den Grundsätzen der Einheit und Universalität abgewickelt (Erwägungsgrund 16). Auf dieses einheitliche Verfahren findet das Recht des Herkunftmitgliedstaates Anwendung, Artikel 10 der genannten Richtlinie. Dies bedeutet, dass eine Pfandbriefbank stets nach deutschem Insolvenzrecht liquidiert würde. Damit ist auch sichergestellt, dass das Vorrecht der Pfandbriefgläubiger gewahrt ist, Artikel 10 Abs. 2 Buchstabe h.

§ 13 Abs. 2 übernimmt den Regelungsgehalt des § 21 Abs. 1 in Verbindung mit § 20 Abs. 1 Nr. 3 und 4 der Erbbaurechtsverordnung. Mit dieser Regelung wird der anerkannte Grundsatz, dass bei zeitlich begrenzten Rechtspositionen die Kreditlaufzeit in angemessenem Verhältnis zur Dauer der Rechtsposition stehen muss, auch auf die entsprechenden ausländischen Rechte erstreckt.

Zu § 14 (Beleihungsgrenze)

In § 14 Abs. 1 wird die Beleihungsgrenze von 60% des Beleihungswertes festgeschrieben. Dies entspricht § 11 Abs. 2 HBG. Nach Absatz 2 gelten Hypotheken nur bis zur Höhe der Beleihungsgrenze nach Absatz 1 als eingetragene Deckungswerte. Die Regelung entspricht § 22 Abs. 2 HBG. Weil die von Absatz 2 ausgehende Rechtsfolge an die Beleihungsgrenze anknüpft, erscheint es sinnvoll, die Regelung in § 14 aufzunehmen.

Zu § 15 (Versicherungspflicht)

In § 15 wird die bisher nur im Schiffsbankgesetz geregelte Versicherungspflicht auf bebaute Grundstücke, auf denen die zur Deckung von Hypothekenpfandbriefen verwendeten Grundpfandrechte lasten, erstreckt. Weil die Versicherung des Beleihungsobjektes in der Praxis ohnehin Standard sein dürfte, dürfte die Vorschrift keine nennenswerten zusätzlichen Belastungen der Pfandbriefbanken begründen. Die gesetzliche Klarstellung setzt die Bundesanstalt oder den Treuhänder jedoch in die Lage, die Herausnahme solcher Grundpfandrechte aus der Deckung zu verlangen, die an nicht oder nicht ausreichend versicherten Objekten bestehen.

Zu § 16 (Beleihungswertermittlung)

§ 16 regelt die Grundlagen der Ermittlung und Festsetzung des für die Deckungsrechnung maßgeblichen Beleihungswertes. Vorbild der Regelung ist § 12 HBG.

In Absatz 1 sollen erstmals die Anforderungen an den Gutachter gesetzlich festgelegt werden. Es muss sich danach um eine von der Kreditentscheidung unabhängige Person handeln, die über die notwendige Berufserfahrung und entsprechende Fachkenntnisse für Beleihungswertermittlungen verfügt. Inhaltlich entspricht die Vorschrift der bisher bereits von der Bundesanstalt geübten Verwaltungspraxis und der Mehrzahl der Wertermittlungsanweisungen der Hypothekenbanken.

§ 16 Abs. 2 legt fest, welche Merkmale des Objektes bei der Beleihungswertermittlung Berücksichtigung finden dürfen. Inhaltlich stützt sich die Vorschrift auf die Regelung in § 12 Abs. 1 HBG. § 16 Abs. 2 kommt damit die Bedeutung einer Zentralnorm für die Grundstücksbeleihung zu. Wie bisher bereits im Hypothekenbankgesetz wird festgelegt, dass der Beleihungswert nur aus den dauernden Eigenschaften des Grundstücks und dem nachhaltig zu erzielenden Ertrag abzuleiten ist. Zusätzlich wird nunmehr ausdrücklich klargestellt, dass spekulative Elemente nicht berücksichtigt werden dürfen und dass der Beleihungswert den Marktwert nicht übersteigen darf. Die in den beteiligten Kreisen übliche und anerkannte Definition des Marktwertes wird zur Klarstellung in § 16 Abs. 2 Satz 4 aufgenommen.

§ 16 Abs. 3 entspricht inhaltlich weitgehend § 12 Abs. 3 HBG. Die Grenze des Anteils der Hypotheken an Bauplätzen in § 12 Abs. 3 Satz 1 zweiter Halbsatz HBG wurde der Praktikabilität halber mit 1 Prozent des Gesamtbetrages der zur Deckung der Hypothekenpfandbriefe benutzten Deckungswerte festgelegt.

Absatz 4 regelt die Ermächtigung, Einzelheiten der Methodik und Form der Beleihungswertermittlung sowie die Mindestanforderungen an die Qualifikation des Gutachters im Rahmen einer Rechtsverordnung zu bestimmen. Die Vorschrift tritt an die Stelle des § 13 HBG, der vorsah, dass jede Hypothekenbank eine Anweisung über die Wertermittlung zu erlassen hatte, welche von der Bundesanstalt zu genehmigen war. Die Vereinheitlichung der Anforderungen in einer öffentlich zugänglichen Rechtsverordnung erscheint notwendig, um bei sämtlichen zukünftigen Pfandbriefbanken eine grundsätzlich übereinstimmende Beleihungspraxis zu gewährleisten. Die öffentlich-rechtlichen Kreditanstalten waren einer vergleichbaren Verpflichtung nicht unterworfen. Die Rechtsform der öffentlich zugänglichen Verordnung erhöht zudem die Transparenz des Verfahrens der Bewertung der zur Deckung herangezogenen Werte. Dies liegt nicht zuletzt im Interesse der Anleger. Für die Bewertung von überwiegend zu Wohnzwecken genutzten Beleihungsobjekten kann die Rechtsverordnung Erleichterungen vorsehen. Im Übrigen entfällt für die Institute auch die für die Genehmigung der Wertermittlungsanweisungen in § 2 Abs. 1 Nr. 4 der Verordnung über die Erhebung von Gebühren und die Umlegung von Kosten nach dem Finanzdienstleistungsaufsichtsgesetz (FinDAGKostV) vorgesehene Verwaltungsgebühr.

Die neue Rechtsverordnung soll inhaltlich die bewährten Grundsätze der Beleihungswertermittlung fortschreiben, die Grundlage der von der Bundesanstalt den einzelnen Hypothekenbanken nach dem Hypothekenbankgesetz genehmigten und derzeit geltenden Wertermittlungsanweisungen sind.

Zu § 17 (Tilgungsbeginn)

§ 17 Abs. 1 entspricht § 20 Abs. 1 Satz 1 HBG. Absatz 2 entspricht § 20 Abs. 3 HBG.

Zu § 18 (Grundschulden und ausländische Sicherungsrechte)

§ 18 stellt klar, dass Grundschulden ebenso wie Hypotheken als Sicherungswerte in Betracht kommen. In der Beleihungspraxis der Kreditinstitute stellen Grundschulden gegenüber Hypotheken auf Grund ihrer mangelnden Akzessorietät zur Darlehensschuld den Regelfall dar.

Darüber hinaus werden den Hypotheken und Grundschulden nach deutschem Recht auch die im Wesentlichen vergleichbaren ausländischen Sicherungsrechte gleichgestellt. Damit wird dem Umstand Rechnung getragen, dass die in den ausländischen Rechtsordnungen vorgesehenen und in der Beleihungspraxis der Kreditinstitute auch tatsächlich verbreiteten Grundstückssicherheiten in der Regel nicht vollständig den deutschen Hypotheken und Grundschulden entsprechen. Um trotzdem die Beleihung entsprechender Werte zu ermöglichen, soll klargestellt werden, dass die entsprechenden Sicherungsinstrumente ebenfalls in Betracht kommen. Entscheidend kommt es darauf an, dass die ausländischen Grundstückssicherheiten eine im Wesentlichen vergleichbare Sicherheit bieten und den Gläubiger berechtigen, seine Forderung auch durch Verwertung des belasteten Grundstücks oder grundstücksgleichen Rechts zu befriedigen.

Aus der Vielzahl der nach § 13 zugelassenen Staaten, in denen eine Beleihung deckungsfähig ist, ergibt sich eine entsprechende Vielfalt der in den einzelnen Staaten verbreiteten Sicherungsinstrumente. Weder der Treuhänder noch interne und externe Prüfer oder die Bundesanstalt sind in der Lage, die Vergleichbarkeit einzelner Grundstückssicherheiten mit Hypothek oder Grundschuld in jedem Einzelfall zu beurteilen. Die Verantwortung für diese Entscheidung verbleibt bei der Geschäftsleitung des Institutes. Die genannten Voraussetzungen hat die Pfandbriefbank deshalb im Zweifel anhand einschlägiger Rechtsgutachten von mit den jeweiligen örtlichen rechtlichen und tatsächlichen Verhältnissen ausreichend vertrauten Personen darzulegen. Bei der Erschließung neuer ausländischer Immobilienmärkte hat die Pfandbriefbank außerdem die Anforderungen des § 27 Abs. 2 zu beachten. Sie muss dokumentieren, dass sie über ausreichende Expertise hinsichtlich der damit verbundenen Risiken verfügt.

Weil Grundschulden anders als Hypotheken nicht akzessorisch sind und damit nicht das rechtliche Schicksal der Hauptschuld teilen, stellt Absatz 2 ausdrücklich klar, dass Grundschulden, die auf Grund einer Zweckvereinbarung zwischen der Bank und dem jeweiligen Grundstückseigentümer der Sicherung einer Darlehensforderung dienen, immer nur zusammen mit der zugrunde liegenden Darlehensforderung an die Stelle der Hypotheken treten. Dies bedeutet, dass in einem solchen Fall die Grundschuld und die gesicherte Forderung gemeinsam den Deckungswert darstellen.

Zu § 19 (Weitere Deckungswerte)

§ 19 fasst die bisher in HBG und ÖPG an verschiedenen Stellen geregelten weiteren zulässigen Deckungswerte in einer Norm zusammen. § 19 Abs. 1 Nr. 1 entspricht § 6 Abs. 1 Satz 4 HBG, § 2 Abs. 1 Satz 4 ÖPG. Nummer 2 entspricht im Wesentlichen § 6 Abs. 4 und 5 HBG sowie § 2 Abs. 3 und 4 Satz 1 ÖPG. Die Regelung knüpft hinsichtlich der Höhe der als Deckung zugelassenen Werte ausschließlich an den Umlauf der Hypothekenpfandbriefe an und entspricht damit insoweit der Regelung, wie sie vor den Änderungen durch das Dritte Finanzmarktförderungsgesetz im Jahre

1998 bestand. Die Grenze in Höhe von 12% berücksichtigt nunmehr die gemäß § 4 Abs. 2 Satz 1 vorzuhaltende sichernde Überdeckung in Höhe von 2%, die nach bisherigem Recht (vgl. z. B. § 6 Abs. 1 Satz 3 in Verbindung mit Abs. 5 HBG) nicht auf die Ersatzdeckungsgrenze von 10% anzurechnen war. Satz 2 der Nummer 2 legt die Einschränkung des § 4 Abs. 2 Satz 3 auch für die nach § 19 Nr. 2 zulässigen Deckungswerte fest.

In Nummer 3 wird der Kreis der als Deckung für Hypothekenpfandbriefe verwendbaren Schuldverschreibungen im Vergleich zu den bisher geltenden Regelungen im HBG und ÖPG auf sämtliche Adressen, die auch zur Deckung von Öffentlichen Pfandbriefen geeignet sind, erweitert. Die Grenze der nach Nummer 3 als weitere Deckung zugelassenen Werte wird dabei als Ausgleich für die Beschränkung auf den Gesamtbetrag der im Umlauf befindlichen Hypothekenpfandbriefe auf 20% erweitert; allerdings sind hierauf die nach Nummer 2 zugelassenen Werte anzurechnen, so dass die Deckung insgesamt maximal in Höhe von 20% der im Umlauf befindlichen Hypothekenpfandbriefe aus Werten der Nummern 2 und 3 bestehen darf.

Die Nummer 4 des § 19 Abs. 1 regelt die Zulässigkeit der Indeckungnahme von Derivaten. Die Regelung entspricht inhaltlich weitgehend § 6 Abs. 6 HBG sowie § 2 Abs. 5 ÖPG. Als mögliche Derivatepartner werden zusätzlich Versicherungsunternehmen, zentrale Gegenparteien bei Börsen sowie Bund und Länder zugelassen. Als Ausprägung des Spezialbankprinzips war bislang in § 5 Abs. 1 Nr. 4a HBG geregelt, in welcher Weise sich Hypothekenbanken im Derivategeschäft engagieren durften. Weil die Regelung im Zuge der Aufgabe des Spezialbankprinzips entfällt, konnte auf sie nicht mehr verwiesen werden. § 19 Nr. 3 Satz 2 übernimmt deshalb inhaltlich die Vorgaben, dass nur solche derivativen Geschäfte als Deckungswerte in Frage kommen, welche Risiken beinhalten oder nachbilden, die die Pfandbriefbank auch mit Geschäften über die übrigen nach diesem Gesetz zulässigen Deckungswerte eingehen kann und dass keine offenen Stillhalterpositionen eingegangen werden dürfen. Im Interesse der Begrenzung der Marktpreisrisiken innerhalb der Deckungsmassen erscheint dies unabdingbar.

§ 19 Abs. 2 sieht vor, dass bei Hypothekenpfandbriefen im Falle einer Abwicklung der Deckungsmasse nach § 2 Abs. 3 die Bundesanstalt Ausnahmen von den dort genannten Deckungsvorschriften zulassen kann. Es ist im Fall der Abwicklung nicht sachgerecht, stets an den Höchstgrenzen für die Deckung durch Schuldverschreibungen und anderen Geldforderungen festzuhalten. Es kann geboten sein, Ausnahmen zuzulassen. Die Entscheidung über solche Ausnahmen sollte im Interesse einer größtmöglichen Sicherheit der abzuwickelnden Deckungsmasse der Bundesanstalt vorbehalten bleiben.

Zu § 20 (Deckungswerte für Öffentliche Pfandbriefe)

§ 20 regelt die zur Deckung Öffentlicher Pfandbriefe zulässigen Werte. Inhaltlich entspricht die Vorschrift weitgehend dem bisherigen materiellen Recht nach HBG und ÖPG. Aufgegangen in § 20 sind damit die § 1 Nr. 2, § 5 Abs. 1 Nr. 1, Abs. 2, § 6 Abs. 1 Satz 3 und Abs. 6, § 41 Satz 2 HBG, § 2 Abs. 1 Satz 4, Abs. 4 Satz 2 in Verbindung mit § 8 Abs. 1 Satz 2, § 2 Abs. 5, § 8 Abs. 3 und 4 ÖPG.

Die bisherigen gesetzlichen Regelungen setzten als deckungsfähige Werte „Darlehen“ bzw. „Kommunaldarlehen“ voraus. Unklar blieb bei dieser Wortwahl, ob den

Darlehen im Rechtssinne auch anderweitig begründete Forderungen gegen die öffentliche Hand gleichgestellt werden konnten. Von Bedeutung war diese Frage insbesondere im Bereich der immer wichtigeren Finanzierung öffentlicher Vorhaben im Wege des „Public-Private-Partnership", bei dem Forderungen der privaten Investoren oder Betreiber gegen die öffentliche Hand an die Pfandbriefinstitute abgetreten wurden. Lediglich die Begründung zu den Änderungen des Hypothekenbankgesetzes im Rahmen des Dritten Finanzmarktförderungsgesetzes führt insoweit aus, dass der Begriff des „Darlehens" über die Bestimmung des § 607 BGB (jetzt: § 489 BGB) hinaus im wirtschaftlichen Sinne weit zu interpretieren sei. Maßgeblich sei der Sicherheitsstandard. Wie bei Darlehen nach § 607 BGB müsse sichergestellt sein, dass ihrer Geltendmachung Mängel des zugrunde liegenden Rechtsverhältnisses oder Einwendungen oder Einreden daraus nicht entgegenstehen können. Um hier Rechtsklarheit zu schaffen, werden diese Voraussetzungen nunmehr in das Gesetz selbst aufgenommen. § 20 Abs. 1 Satz 1 lässt jede schriftlich als einredefrei anerkannte Forderung zu.

Gegenüber dem bisherigen materiellen Recht enthält § 20 Abs. 1 Nr. 1 Buchstabe a die Einschränkung, dass statt Körperschaften und Anstalten des öffentlichen Rechts nur noch Gebietskörperschaften und außerdem nur solche Körperschaften und Anstalten des öffentlichen Rechts kommunalkreditfähig sind, für die eine Anstaltslast oder eine auf Gesetz beruhende Gewährträgerhaftung oder eine Refinanzierungsgarantie gilt oder die das gesetzliche Recht zur Erhebung von Gebühren oder anderen Abgaben haben. Diese Einschränkung ist erforderlich, nachdem Gewährträgerhaftung und Anstaltslast zugunsten verschiedener Anstalten des öffentlichen Rechts aufgehoben bzw. modifiziert werden.

§ 20 Abs. 1 Nr. 1 Buchstabe c setzt für die genannten Regionalregierungen und örtlichen Gebietskörperschaften voraus, dass nach der Bankenrichtlinie 2000/12/EG eine Gewichtung von 20% gilt und von der Bundesanstalt keine höhere Gewichtung festgelegt worden ist. Diese Fassung entspricht der Regelung in Artikel 43 Abs. 1 der genannten Richtlinie. Die bisherige Regelung in § 5 Abs. 1 Nr. 1 Buchstabe b HBG, § 8 Abs. 4 Buchstabe b ÖPG forderte demgegenüber, dass entweder die 20%-Gewichtung nach der Richtlinie galt „oder diese Gewichtung von der zuständigen Aufsichtsbehörde in diesem Staat festgelegt worden" war. Dies konnte zu Unsicherheiten führen, wenn die Richtlinie, wie im Falle der Schweiz, eine Gewichtung von 20% vorsah, die Heimataufsicht aber eine Gewichtung von 25% festgelegt hatte.

In § 20 Abs. 1 Nr. 2 Satz 2 werden im Interesse der rechtlichen Bestimmtheit die Voraussetzungen einer „vollen Gewährleistung" benannt. Inhaltlich entspricht die Regelung der bisherigen aufsichtlichen Praxis.

Hinsichtlich der Einschränkung der 10%-Grenze in § 20 Abs. 1 Satz 2 auf Staaten außerhalb der Europäischen Union kann auf die Ausführungen zur entsprechenden Regelung in § 13 Abs. 1 Satz 2 zweiter Halbsatz verwiesen werden.

§ 20 Abs. 2 Nr. 2 entspricht der bisherigen Regelung der „Ersatzdeckung" für Öffentliche Pfandbriefe nach § 41 Satz 2 HBG, § 8 Abs. 1 Satz 2 ÖPG. Um sog. Klumpenrisiken zu vermeiden, wurde gegenüber der alten Regelung zusätzlich eine Grenze für den Anteil der Geldforderungen gegen ein einzelnes Kreditinstitut aufgenommen.

§ 20 Abs. 3 sieht vor, dass die Bundesanstalt im Fall der Abwicklung der Deckungsmasse Ausnahmen von den Deckungsvorschriften des Absatzes 2 zulassen kann. Hinsichtlich der Begründung kann auf die Begründung zu § 19 Abs. 2 verwiesen werden.

Zu § 21 (Deckungswerte)

Die §§ 21 bis 26 fassen die bisherigen Regelungen über Deckungswerte für Schiffspfandbriefe nach dem Schiffsbankgesetz zusammen, ohne das bisherige materielle Recht nennenswert zu verändern. § 21 entspricht § 9 SchBkG.

Zu § 22 (Beleihungsgrenze)

§ 22 nennt Voraussetzungen der Beleihung und enthält in Absatz 2 mit der Festlegung der Beleihungsgrenze eine ehemalige Zentralnorm des Schiffsbankgesetzes. § 22 Abs. 1 entspricht § 10 Abs. 1 SchBkG. Absatz 2 entspricht § 10 Abs. 2 SchBkG. Klarstellend wurde lediglich aufgenommen, dass die Vereinbarung sich ermäßigender Tilgungsraten bei Abzahlungsdarlehen unschädlich ist. Ferner ist nunmehr ausdrücklich geregelt, dass die Vereinbarung einer so genannten Schlussballonrate zulässig ist, wenn die Kreditrückführung dadurch gegenüber einem „normalen" Abzahlungsdarlehen bis zum fünfzehnten Lebensjahr des Schiffes nicht beeinträchtigt wird und es sich bei dem Darlehen im Übrigen, d.h. mit Ausnahme der Schlussballonrate, um ein Abzahlungsdarlehen handelt. Das Gesetz stellt dies sicher. Absatz 3 entspricht § 20 Abs. 3 SchBkG.

Absatz 4 des § 22 beruht auf § 10 Abs. 3 SchBkG. Dort ist festgelegt, dass die Darlehensdauer 12 Jahre und mit Genehmigung der Aufsichtsbehörde bis zu 15 Jahren betragen darf, wenn eine entsprechende Lebensdauer des zu beleihenden Schiffes oder Schiffsbauwerkes zu erwarten ist. Die Auslegung dieser Vorschrift ist mit Unklarheiten darüber verbunden, ob ein Schiff – worauf der Wortlaut der Vorschrift hindeutet – unabhängig von seinem Alter für 12 bzw. 15 Jahre beliehen werden darf oder ob die Vorschrift nicht dahin gehend zu verstehen ist, dass eine Beleihung nur höchstens bis zum 15. Lebensjahr des Schiffes erfolgen darf. In § 22 Abs. 4 Satz 1 des Entwurfs ist die Frage nunmehr im Sinne der zweiten Alternative dahin entschieden, dass, da Schiffe nur eine begrenzte Lebensdauer haben, die deckungsfähige Beleihung ein gewisses Lebensalter nicht überschreiten darf. Dabei wird jedoch der technischen (Fort-)Entwicklung der Schiffe insoweit Rechnung getragen, dass zukünftig Darlehen mit einer Laufzeit von höchstens fünfzehn Jahren auch ohne Genehmigung der Bundesanstalt deckungsfähig sind und das Schiff mit Genehmigung der Bundesanstalt bis zum zwanzigsten Lebensjahr beliehen werden darf. Andererseits wird durch die Änderung zum Schutz der Pfandbriefgläubiger ausdrücklich eine Begrenzung der Beleihung bis höchstens zum Ende des fünfzehnten bzw. zwanzigsten Lebensjahres des Schiffes festgeschrieben. Die Sätze 2 bis 4 entsprechen im Wesentlichen dem bisherigen § 10 Abs. 3 SchBkG.

Absatz 5 Satz 1 entspricht § 10 Abs. 4 Satz 1 SchBkG. In Satz 2 wird erstmals auch für die Deckung von Schiffspfandbriefen eine Begrenzung derjenigen Beleihungen festgelegt, bei denen nicht sichergestellt ist, dass sich das Vorrecht der Schiffspfandbriefgläubiger nach § 30 Abs. 1 auf die Forderungen der Pfandbriefbank aus diesen Beleihungen erstreckt. Die Grenze bezieht ebenfalls nur Beleihungen außerhalb der Europäischen Union ein. Es kann wiederum auf die Ausführungen zur entsprechenden Regelung in § 13 Abs. 1 Satz 2 zweiter Halbsatz verwiesen werden. Im Hinblick darauf, dass im Schiffsfinanzierungsgeschäft seit langem ein hoher Anteil an Beleihungen von außerhalb der Mitgliedstaaten der Europäischen Union registrierter Schiffe besteht, wird vorliegend – abweichend von der entsprechenden Regelung bezüglich der Deckungswerte für Hypothekenpfandbriefe (§ 13 Abs. 1 zweiter

Halbsatz) – die Obergrenze auf 20 Prozent des Gesamtbetrages der Forderungen erweitert, bei denen das Vorrecht sichergestellt ist. § 22 Abs. 5 Satz 3 entspricht § 10 Abs. 4 Satz 2 und 3. Auf die Ausführungen zur Übergangsvorschrift des § 47 wird verwiesen.

Zu § 23 (Versicherung)

§ 23 entspricht inhaltlich § 11 SchBkG. In Absatz 1 Satz 1 wird nunmehr zusätzlich klargestellt, dass die Versicherung zumindest in Höhe des aktuellen Marktwertes bestehen muss.

Zu § 24 (Beleihungswertermittlung)

§ 24 legt Anforderungen an die Ermittlung des Beleihungswertes fest. Inhalt und Aufbau stimmen deshalb weitgehend mit der für hypothekarische Beleihungen einschlägigen Vorschrift des § 16 überein. In Absatz 1 wird – ebenso wie in § 16 Abs. 1 – erstmals festgelegt, dass die Wertermittlung von einem unabhängigen Gutachter vorzunehmen ist, der über die notwendige Berufserfahrung sowie die entsprechenden Fachkenntnisse für Schiffsbeleihungswertermittlungen verfügen muss. Inhaltlich wird damit die bisherige Praxis festgeschrieben.

Absatz 2 legt fest, dass dem Beleihungswert nur die dauernden Eigenschaften und die nachhaltig erzielbaren Erträge des Objektes zugrunde gelegt werden dürfen. Die Vorschrift entspricht materiell-rechtlich der Regelung in § 12 Abs. 1 SchBkG und stellt damit eine Zentralnorm für den Bereich der Schiffsbeleihungen dar. Gegenüber § 12 Abs. 1 SchBkG wurden lediglich Klarstellungen vorgenommen. Es wird festgelegt, dass Anknüpfungspunkt die voraussichtliche zukünftige Verkäuflichkeit des Objektes sein muss. Zusätzlich wird festgelegt, dass spekulative Elemente keine Berücksichtigung finden dürfen und dass der Schiffsbeleihungswert einen auf transparente Weise und nach einem anerkannten Bewertungsverfahren ermittelten Marktwert nicht übersteigen darf. Absatz 3 bestimmt, dass die Anforderungen der Absätze 1 und 2 für die Bewertung eines Schiffsbauwerkes sinngemäße Anwendung finden. Die Vorschrift entspricht damit § 12 Abs. 2 SchBkG. Absatz 4 entspricht § 12 Abs. 3 SchBkG. In Absatz 5 wird die Ermächtigung geregelt, Einzelheiten der Methodik und Form der Schiffsbeleihungswertermittlung sowie die Mindestanforderungen an die Qualifikation des Gutachters im Rahmen einer Rechtsverordnung festzulegen. Im Interesse einheitlicher Mindeststandards der Beleihungswertermittlung soll diese Rechtsverordnung die bisher nach § 13 SchBkG bei jeder Schiffspfandbriefbank vorausgesetzte Wertermittlungsanweisung ersetzen. Damit entfällt auch hier die gebührenpflichtige Genehmigung der einzelnen Wertermittlungsanweisungen durch die Bundesanstalt.

Zu § 25 (Abzahlungsbeginn)

§ 25 entspricht § 18 Abs. 1 SchBkG. § 18 Abs. 2 SchBkG kann als Schuldnerschutzvorschrift entfallen.

Zu § 26 (Weitere Deckungswerte)

Die Vorschrift fasst im Wesentlichen sämtliche bislang nach dem Schiffsbankgesetz zulässigen weiteren Deckungswerte zusammen. Bisher war fraglich, ob auch solche Darlehensforderungen, die nur mittelbar durch eine Schiffshypothek gesichert sind, zur Deckung von Schiffspfandbriefen benutzt werden dürfen. In der Praxis lassen sich die Schiffsfinanzierer häufig neben der Darlehensforderung ein abstraktes Schuldversprechen oder Schuldanerkenntnis bestellen, das durch eine Schiffshypothek gesichert wird. Die Verbindung zwischen Darlehensforderung und abstraktem Schuldversprechen oder Schuldanerkenntnis und damit mittelbar der Schiffshypothek erfolgt durch entsprechende Zweckvereinbarungen zwischen den Parteien. Durch die beschriebene Konstruktion wird zum einen eine Beweislastumkehr hinsichtlich der Forderung zugunsten des Schiffsfinanziers und zum anderen wie bei einer Grundschuld – abstrakt gesehen – eine gegenseitige Unabhängigkeit von Darlehensforderung und Schiffshypothek erreicht, was auch eine gewisse Flexibilität mit sich bringt. In Nummer 1 wird die Frage nunmehr im vorgenannten Sinne dahin entschieden, dass die vorgeschriebene Deckung für der Schiffspfandbriefe auch durch Schuldversprechen oder Schuldanerkenntnisse im Sinne der §§ 780, 781 des Bürgerlichen Gesetzbuchs, die durch Schiffshypotheken gesichert sind, erfolgen kann, sofern ihnen Darlehensforderungen zugrunde liegen, die den in den §§ 22 bis 24 bezeichneten Erfordernissen entsprechen.

Nummer 2 entspricht § 6 Abs. 1 Satz 4 SchBkG. Nummer 3 entspricht § 6 Abs. 3 und 4 SchBkG. In Nummer 5 werden erstmalig auch Derivate als Werte zur Deckung von Schiffspfandbriefen zugelassen. Eine Anpassung des Schiffsbankgesetzes an die Vorschriften des ÖPG und HBG hat insoweit bislang nicht stattgefunden.

Zu § 27 (Risikomanagement)

Neu aufgenommen in das Pfandbriefgesetz wurde der § 27, der die Implementierung eines speziell auf das Pfandbriefgeschäft bezogenen Risikomanagementsystems fordert. Dies soll einen besonderen Schutz der Pfandbriefgläubiger gewährleisten. Zwar wurde in der bankaufsichtlichen Praxis unter Hinweis auf § 25a KWG auch bisher schon ein Risikomanagement gefordert, welches sämtlichen mit dem Pfandbriefgeschäft verbundenen Risiken gerecht wird. § 27 soll dies jedoch ausdrücklich klarstellen und zusätzlich die spezifischen Anforderungen im Interesse der Sicherheit der Anleger konkretisieren. Satz 1 erfordert nicht ein gesondertes Risikomanagementsystem, wenn ein für die Pfandbriefbank im Ganzen bestehendes Risikomanagementsystem eine gesonderte Abbildung der spezifischen Risiken des Pfandbriefgeschäfts und der Deckungsmassen sowie die Einhaltung der übrigen Vorschriften des Absatzes 1 ermöglicht.

Absatz 1 Satz 2 legt zunächst fest, dass das System in der Lage sein muss, alle relevanten Risiken zu erkennen und zu steuern. Diese Generalklausel wird durch Satz 3 Nr. 1 bis 5 nochmals präzisiert. Nummer 1 dient der Vorbeugung gegen die Gefahr von Klumpenrisiken. Jedes Institut muss für die Deckungsmassen ein Limitsystem einrichten, das die Konzentration auf bestimmte Einzelrisiken begrenzt. Nach Nummer 2 muss jedes Institut ein sog. Eskalationsverfahren einrichten, das beim Überschreiten von zuvor intern festgelegten Risikogrenzwerten konkrete Gegenmaßnahmen zwingend vorsieht. Die Rückführung des Risikos muss unverzüglich bewirkt werden. Die Vorschrift umfasst auch die frühzeitige Information der Entscheidungsträger, insbesondere des Vorstandes. Nummer 4 sieht die vierteljährliche Vorlage eines alle relevanten Informationen umfassenden Risikoreports beim Vorstand vor.

Absatz 2 regelt das Risikomanagement in Bezug auf für die Pfandbriefbank neue Geschäfte. Diese können für ein Institut besonders risikobehaftet sein, weil es insoweit möglicherweise noch nicht über eine ausreichende Expertise verfügt. Als neues Geschäft im Sinne der Vorschrift sind deshalb sämtliche Geschäfte anzusehen, die Risiken beinhalten, welche für das Institut neu sind. Dies können Adressen-, Marktpreis oder sonstige Risiken sein. Insbesondere bei der Erschließung ausländischer Immobilienmärkte ist auch das Rechtsrisiko von Bedeutung, welches mit der Darlehenssicherung mittels der dort vorherrschenden, den Hypotheken und Grundschulden im Sinne von § 18 Abs. 1 vergleichbaren Sicherungsrechten verbunden ist. Für solche Fälle wird der Pfandbriefbank die Erstellung und Dokumentation einer umfassenden Risikoanalyse der neuen Geschäfte vorgeschrieben. Die Analyse muss auch die Auswirkungen der Einbindung der neuen Geschäfte in das bisherige Risikomanagementsystem umfassen. Kommt die Analyse zu dem Ergebnis, dass die neuen Geschäfte durchgeführt werden können, sollen diese bis zum Erwerb einer gefestigten Expertise nur in angemessenem Rahmen in Deckung genommen werden. Der Nachweis des Erwerbs einer gefestigten Expertise ist vom Institut ebenfalls ausführlich schriftlich darzulegen. Dieses Verfahren stellt sicher, dass der Treuhänder, interne und externe Prüfer wie auch die Bundesanstalt den Entscheidungsprozess des Institutes jederzeit nachvollziehen können.

Zu § 28 (Transparenzvorschriften)

Spezielle Publikationsvorschriften galten bisher nur für die dem Hypothekenbankgesetz (§ 28 HBG) und dem Schiffsbankgesetz (§ 26 SchBkG) unterliegenden Institute. Die Anforderungen an die Transparenz der Deckungsmassen sollen einheitlich auf sämtliche Pfandbriefbanken angewendet und inhaltlich ausgeweitet werden. Dies dient der Transparenz und der Vergleichbarkeit, um den Investoren eine bestmögliche Einschätzung der Risiken zu geben.

Bisher mussten die Informationen nur einmal jährlich im Anhang des Jahresabschlusses enthalten sein. Dies wird dem Informationsbedürfnis der Anleger nicht mehr gerecht. Ausgesuchte Informationen über die Deckungsmassen allgemein (Absatz 1) sowie über die jeweiligen Deckungsmassen der einzelnen Pfandbriefgattungen (Absatz 2 Nr. 1, Absatz 3 sowie Absatz 4 Nr. 1) müssen deshalb zukünftig quartalsweise veröffentlicht werden. Einzelne Institute erfüllen derartige Anforderungen bereits gegenüber den Rating-Agenturen. Daneben wurden die bisherigen Vorschriften des § 28 Hypothekenbankgesetz und des § 26 Schiffsbankgesetz im Wesentlichen beibehalten.

Nach Absatz 1 müssen für alle Pfandbriefgattungen Informationen über die nennwertige und barwertige Deckung inklusive der Barwerte nach dem Stresstest veröffentlicht werden. Die Pfandbriefgläubiger werden so über das aktuelle Maß der Deckung sowie über das Ausmaß in Kenntnis gesetzt, in dem die Deckungsmasse dem Risiko etwaiger Zins- und Währungsschwankungen ausgesetzt ist. Aus dem gleichen Grunde zu veröffentlichen sind nach Nummer 2 die Laufzeitstrukturen der Deckungswerte und Pfandbriefe; dabei ist auf die Restlaufzeiten abzustellen. Ergänzt wird dies durch die Veröffentlichung des Anteils von Derivaten an den Deckungsmassen (Nummer 3).

Die Absätze 2 bis 4 betreffen die einzelnen Pfandbriefgattungen. Für die jeweiligen Anleger relevante Informationen, wie z. B. über die regionale Verteilung der Deckungswerte, über Größenklassen und Leistungsrückstände sind danach quartalsweise zu veröffentlichen. Die in der quartalsweisen Betrachtung nicht erfassten Informationen des bisherigen § 28 Hypothekenbankgesetz und § 26 Schiffsbankgesetz sind gemäß Absatz 2 Nr. 2 und Absatz 4 Nr. 2 weiterhin im Anhang des Jahresabschlusses aufzuführen.

Um eine Vergleichbarkeit der Ergebnisse zu gewährleisten, sind gemäß Absatz 5 für sämtliche Angaben nach den Absätzen 1 bis 4 auch die Vorjahreswerte mitzuteilen. Dieser Vergleich ist jedoch erst ab dem 1. Januar 2007 verpflichtend.

Zu den §§ 29 ff. (Vorschriften über Arreste, Zwangsvollstreckungen und Insolvenz)

Die §§ 29 bis 36 entsprechen inhaltlich den bisherigen Regelungen über Arreste, Zwangsvollstreckungen und Insolvenz in HBG, ÖPG und Schiffsbankgesetz in den §§ 34a bis 35g HBG, §§ 5 bis 6g ÖPG sowie §§ 35 bis 36g SchBkG. Da zum möglichen Kreis der Pfandbriefbanken auch eingetragene Genossenschaften gehören, tritt gemäß § 33 Abs. 5 in den dort genannten Fällen an die Stelle des Handelsregisters das Genossenschaftsregister.

Zu den §§ 37 bis 39 (Rechtsbehelfe und Zuwiderhandlungen)

§ 37 legt fest, dass Widerspruch und Anfechtungsklage gegen bestimmte Maßnahmen der Bundesanstalt keine aufschiebende Wirkung haben. Die dort genannten Fälle behördlicher Anordnungen sollen in der Regel auch das Vertrauen des Publikums in die Funktionsfähigkeit und Zuverlässigkeit des Finanzsystems und insbesondere in die Solidität des von den Kreditinstituten betriebenen Pfandbriefgeschäftes aufrechterhalten. Sie sind deshalb zumeist eilbedürftig. Es überwiegt daher zunächst das öffentliche Interesse am sofortigen Vollzug der Anordnung das Interesse der betroffenen Pfandbriefbank, die Rechtmäßigkeit der behördlichen Anordnung gerichtlich überprüfen lassen zu können, bevor die Rechtsfolgen der Anordnung wirksam werden. Für die nunmehr in § 32 Abs. 1, § 35 Abs. 1 Satz 1 geregelte schriftliche Zustimmung der Bundesanstalt zur Übertragung oder treuhänderischen Verwaltung von Deckungswerten auf bzw. durch eine andere Pfandbriefbank galt dies auch bisher schon, § 35g HBG, § 6g ÖPG und § 36g SchBkG.

Die §§ 38 und 39 entsprechen den §§ 37 und 38 HBG sowie den §§ 38 und 39 SchBkG. Die Erhöhung des Bußgeldrahmens von fünzigtausend Euro auf einhunderttausend Euro ist im Hinblick auf den Unrechtsgehalt der Tat einerseits und die wirtschaftlichen Leistungsfähigkeit eines Teils der Normadressaten andererseits gerechtfertigt.

Zu § 40 (Verwaltungsbehörde)

§ 40 entspricht § 39a HBG, § 41 Abs. 1 SchBkG.

Zu § 41 (Bezeichnungsschutz)

Die Vorschrift lehnt sich an vergleichbare Regelungen europäischer Nachbarstaaten an.

Zu § 42 (Erlaubnis für bestehende Pfandbriefinstitute)

Absatz 1 Satz 1 der Vorschrift soll klarstellen, dass Kreditinstitute, die bisher in zulässiger Weise Pfandbriefe nach den Vorschriften des Hypothekenbankgesetzes, des Gesetzes über die Pfandbriefe und verwandten Schuldverschreibungen öffentlich-rechtlicher Kreditanstalten oder des Schiffsbankgesetzes begeben haben, keine neue Erlaubnis für das Betreiben des Pfandbriefgeschäfts beantragen müssen. Die Regelung gewährt insoweit Bestandsschutz. Dies gilt jedoch lediglich hinsichtlich der von den Kreditinstituten bisher begebenen Pfandbriefgattungen, da nur insoweit von den erforderlichen Kenntnissen, einer angemessenen internen Organisation sowie der Absicht des Institutes ausgegangen werden kann, das Pfandbriefgeschäft regelmäßig und nachhaltig zu betreiben.

Satz 2 bestimmt, dass die Kreditinstitute, für die nach Satz 1 die Erlaubnis als erteilt gilt, eine Anzeige einzureichen haben, die den inhaltlichen Anforderungen eines Erlaubnisantrages entspricht. Anhand der eingereichten Unterlagen wird es der Bundesanstalt im Hinblick auf Absatz 2 ermöglicht zu prüfen, ob das Kreditinstitut die bankaufsichtlichen Anforderungen an den Betrieb des Pfandbriefgeschäfts erfüllt. Aus den Unterlagen muss sich daher ergeben, dass die in § 2 Abs. 1 aufgeführten Voraussetzungen erfüllt sind. Satz 3 sanktioniert das nicht fristgerechte Einreichen der Anzeige.

Absatz 2 der Vorschrift stellt klar, dass auch die Kreditinstitute mit einer nach Absatz 1 fingierten Erlaubnis die Anforderungen des § 2 Abs. 1 Satz 2 Nr. 1 bis 5 zu erfüllen haben. Auch die bereits vor In-Kraft-Treten dieses Gesetzes tätigen Pfandbriefinstitute sind danach u. a. verpflichtet, eine auf die regelmäßige und nachhaltige Pfandbriefausgabe ausgerichtete Organisation sowie Steuerungs- und Kontrollinstrumente im Sinne des § 27 vorzuhalten. Wird dem nicht entsprochen, so stellt dies einen sachlichen Grund zur Aufhebung der Erlaubnis dar. Zudem wird klargestellt, dass die Erlaubnis auch unter den Voraussetzungen des § 35 Abs. 2 KWG aufgehoben werden kann.

Befristet freigestellt werden diese Institute lediglich von dem Erfordernis, ein Kernkapital von mindestens 25 Mio. Euro vorzuhalten. Dies regelt Absatz 3 als Ausnahmeregelung zu Absatz 2. Die Vorschrift bestimmt, dass auf Kreditinstitute, für die nach Absatz 1 die Erlaubnis zum Betreiben des Pfandbriefgeschäfts als erteilt gilt, das in § 2 Abs. 1 Satz 2 Nr. 1 geregelte Erfordernis eines Mindestkernkapitals in Höhe von 25 Mio. Euro bis zum 31. Dezember 2008 keine Anwendung findet. Die vorübergehende Ausnahme ist gerechtfertigt. Wie in der Begründung zu § 2 Abs. 1 Satz 2 ausgeführt, ist eine ausreichende Kapitalausstattung im Hinblick auf die Langfristigkeit und die Struktur der mit dem Pfandbriefgeschäft verbundenen Verpflichtungen zwar grundsätzlich erforderlich. Es erscheint jedoch unverhältnismäßig, Emittenten, die vor dem Inkrafttreten des Gesetzes einen Pfandbrief begeben haben, eine kurzfristige Erhöhung des Kapitals abzuverlangen. Eine Übergangsfrist bis zum 31. Dezember 2008 ist jedenfalls ausreichend.

Zu § 43 (Erlaubnis für Hypothekenbanken)

Für die bei Inkrafttreten dieses Gesetzes bestehenden Hypothekenbanken wird eine umfassende Bankerlaubnis nach § 32 KWG fingiert. Ausgeschlossen bleiben lediglich das spezialgesetzlich geregelte Investmentgeschäft (§ 1 Abs. 1 Satz 2 Nr. 7 KWG) sowie das E-Geld-Geschäft (§ 1 Abs. 1 Satz 2 Nr. 11 KWG), sofern die Erlaubnis nicht nach § 64e Abs. 1 KWG als erteilt gilt. Diese faktische Erlaubniserweiterung kann gewährt werden, weil für die den Hypothekenbanken damit zusätzlich erlaubten Geschäfte keine Voraussetzungen gelten, die über die Voraussetzungen zum

Betreiben der Geschäfte einer Hypothekenbank hinausgehen. Satz 2 der Vorschrift legt mit dem Verweis auf § 35 Abs. 1 KWG fest, dass die fingierte Erlaubnis ebenso wie eine tatsächlich erteilte Erlaubnis innerhalb eines Jahres erlischt, wenn die Bank keinen Gebrauch von ihr macht. Damit wird sichergestellt, dass die bisher schon zugelassenen Hypothekenbanken das Geschäft ebenso wenig ruhen lassen dürfen wie die übrigen Kreditinstitute. Die Frist beginnt mit dem Inkrafttreten dieses Gesetzes zu laufen.

Zu § 44 (Erlaubnis für Schiffspfandbriefbanken)

Es gelten die gleichen Überlegungen wie zu § 43. Auf dessen Begründung wird deshalb verwiesen.

Zu § 45 (Versicherungspflicht)

Eine gesetzliche Pflicht zur Versicherung der mit Hypotheken belasteten bebauten Grundstücke bestand bislang nicht. Hypotheken, die den Pfandbriefbanken im Zeitpunkt des Inkrafttretens dieses Gesetzes zustehen und nach den bisher für sie geltenden Vorschriften zur Deckung verwendet werden durften, sollen auch weiterhin ohne Rücksicht auf die Vorschrift des § 15 Abs. 1 zur Deckung verwendbar bleiben.

Zu § 46 (Beleihungsgrenze)

Das ÖPG enthält keine den §§ 11 und 12 HBG vergleichbare Verpflichtung zur Ermittlung des Beleihungswertes sowie Begrenzung des zur Deckung verwendbaren Teils der Hypothek auf 60% desselben. Ebenso fehlt es an einer verbindlichen Regelung zum Beginn der Tilgung. Deshalb ist nicht generell sichergestellt, dass die bislang von den öffentlich-rechtlichen Kreditanstalten zur Deckung verwendeten Hypotheken diesen in den §§ 14, 16 Abs. 1 bis 3 und § 17 Abs. 1 übernommenen Anforderungen ausnahmslos gerecht werden.

Die Vorschrift stellt deshalb für alle Hypotheken, die die Pfandbriefbanken vor Inkrafttreten dieses Gesetzes erworben haben, klar, dass sie nur dann zur Deckung von Hypothekenpfandbriefen, die nach diesem Gesetz begeben werden, benutzt werden können, wenn sie den Erfordernissen der §§ 14 und 16 Abs. 1 bis 3 und des § 17 Abs. 1 dieses Gesetzes entsprechen. Dies bedeutet zunächst, dass jede Pfandbriefbank selbst feststellen muss, inwieweit ihre in der Vergangenheit zur Deckung verwendeten Hypotheken mit den vorbezeichneten Erfordernissen im Einklang stehen. Um im Falle der Begebung neuer Pfandbriefe das Vorhandensein der vorschriftsmäßigen Deckung gemäß § 8 Abs. 3 bescheinigen zu können, hat der Treuhänder dies nachzuvollziehen. Sofern die Umstände des Falles, insbesondere die Vergleichbarkeit der Hypotheken, dies rechtfertigen, kann der Treuhänder sich auf eine stichprobenartige Prüfung beschränken.

Sollten die Indeckungnahmen nicht auf der Grundlage des Beleihungswertes, sondern auf der Grundlage einer weniger konservativen Werteermittlung erfolgt sein, so folgt aus § 46 Satz 1 die Notwendigkeit, getrennte Deckungsmassen einerseits für das Altgeschäft, das nicht den Erfordernissen der §§ 14, 16 Abs. 1 bis 3, § 17 Abs. 1 entspricht, und andererseits für das Neugeschäft sowie das Altgeschäft, das den Erfordernissen der §§ 14, 16 Abs. 1 bis 3, § 17 Abs. 1 entspricht, einzurichten und zu führen. Dies wird in Satz 2 ausdrücklich klargestellt.

Zu § 47 (Vorrecht der Schiffspfandbriefgläubiger)

§ 22 Abs. 5 Satz 2 übernimmt für Schiffspfandbriefe eine dem § 5 Abs. 1 Nr. 2a HBG (§ 13 Abs. 1 zweiter Halbsatz dieses Gesetzes) entsprechende Beschränkung der Deckungswerte, bei denen nicht sichergestellt ist, dass sich das Vorrecht der Pfandbriefgläubiger nach § 30 Abs. 1 auf sie bezieht. Diese Forderungen werden nur im Umfang von 20 Prozent der Forderungen, bei denen das Vorrecht sichergestellt ist, zugelassen.

Anders als für Hypothekenpfandbriefe ist diese Regelung für Schiffspfandbriefe neu. Deshalb erscheint es notwendig, die betroffenen Institute für eine Übergangsfrist von der Einhaltung der zwanzigprozentigen Grenze zu befreien. Um den zugrunde liegenden Sicherheitsgedanken in der Übergangsphase zumindest teilweise zu berücksichtigen, wurde eine zweistufige Übergangsfrist gewählt. Dies soll sicherstellen, dass die erforderlichen Maßnahmen rechtzeitig von den Banken eingeleitet werden. Nach Ablauf der Übergangsfrist von 4 Jahren haben die betroffenen Pfandbriefbanken die Grenze des § 22 Abs. 5 Satz 2 vollumfänglich einzuhalten.

Zu § 48 (Schiffspfandbriefe in ausländischer Währung)

Die Regelung des § 37 des Gesetzes über Schiffspfandbriefbanken ist in den vorliegenden Entwurf nicht übernommen. Eine Pfandbriefbank ist deshalb nicht mehr verpflichtet, für die Deckung von Schiffspfandbriefen, deren Nennwert auf eine ausländische Währung lautet, Schiffshypotheken in ausländischer Währung gleicher Gattung vorzuhalten. Vielmehr ist zukünftig – wie bereits für die Deckungsmassen der Hypothekenbanken und der öffentlich-rechtlichen Kreditanstalten – generell ein einheitliches Deckungsregister je Pfandbriefgattung zu führen. Die bisher geführten besonderen Register für die zur Deckung von Pfandbriefen bestimmten Schiffshypotheken in ausländischer Währung sind jedoch weiterhin getrennt neben dem nach § 5 dieses Gesetzes zu führenden Register zu führen, bis sämtliche Schiffspfandbriefe in ausländischer Währung, die vor dem Inkrafttreten dieses Gesetzes begeben wurden, zurückgezahlt sind oder anderweitig endgültig aus dem Umlauf ausscheiden.

Zu § 49 (Fortgeltende Deckungsfähigkeit)

Die Vorschrift stellt sicher, dass die Forderungen gegen öffentlich-rechtliche Kreditinstitute, die nach dem Hypothekenbankgesetz, dem ÖPG und dem Schiffsbankgesetz deckungsfähig sind, insoweit deckungsfähig bleiben, als die Gewährträgerhaftung nach der Verständigung vom 18. Juli 2001 mit der EU-Kommission über Anstaltslast und Gewährträgerhaftung betreffend Landesbanken und Sparkassen weiter gilt. Die Regelung ist notwendig, da § 20 Abs. 1 Satz 1 Nr. 1 Buchstabe a nur für die öffentlichen Kreditinstitute gilt, für deren Verbindlichkeiten grundsätzlich eine Gewährträgerhaftung gilt.

Zu § 50 (Fortgeltung bisherigen Rechts)

Die Vorschrift betrifft diejenigen Institute, die das Pfandbriefgeschäft bis zum Inkrafttreten des Pfandbriefgesetzes zulässigerweise betrieben haben, dieses aber nach den neuen Regelungen des Pfandbriefgesetzes nicht fortführen, weil die Erlaubnis aufgehoben oder erloschen ist. Die Absätze 1 bis 3 legen insoweit fest, dass sich die Anforderungen an die Deckungsmassen für die nach dem Hypothekenbankgesetz, dem Gesetz über die Pfandbriefe und verwandten Schuldverschreibungen öffentlich-rechtlicher Kreditanstalten und dem Schiffsbankgesetz emittierten Pfandbriefe weiterhin nach den alten einschlägigen Vorschriften richten. Abweichend hiervon ist zu berücksichtigen, dass Forderungen gegen inländische öffentlich-rechtliche Kreditinstitute nur soweit zur ordentlichen Deckung geeignet sind, als für die Kreditinstitute eine unbeschränkte Anstaltslast oder als für die entsprechenden Verbindlichkeiten der Kreditinstitute eine Gewährträgerhaftung oder Refinanzierungsgarantie gilt. Dies entspricht der Verständigung vom 18. Juli 2001 mit der EU-Kommission über Anstaltslast und Gewährträgerhaftung betreffend Landesbanken und Sparkassen.

Zu § 51 (Fortgeltende Bestimmungen des Gesetzes zur Änderung und Ergänzung des Schiffsbankgesetzes)

Durch Artikel 18 Nr. 8 des vorliegenden Entwurfs wird das Gesetz zur Änderung und Ergänzung des Schiffsbankgesetzes aufgehoben. Dieses Gesetz enthielt in den Artikeln III und IV Regelungen, deren Aufhebung nicht ersatzlos möglich ist. Artikel III Abs. 1 regelte, dass bei im Schiffs- oder Schiffbauregister eingetragenen Schiffshypotheken der Geldbetrag auch in ausländischer Währung angegeben werden kann, wenn die dazugehörige Forderung in ausländischer Währung zu zahlen ist. Auf diese Weise stellte Artikel III Abs. 1 die in § 36 Schiffsregisterordnung vorgesehene Öffnung für andere Währungen als die im Geltungsbereich des Grundgesetzes geltende Währung dar. Weitere Vorschriften, die eine solche Öffnung für ausländische Währungen bewirken, sind nicht vorhanden. Auch kann mangels Verweisung nicht auf die im Grundbuchverfahren vorhandenen Vorschriften des § 28 Grundbuchordnung und der Verordnung über Grundpfandrechte in ausländischer Währung und in Euro vom 30. Oktober 1997 (BGBl. I S. 2683) zurückgegriffen werden, zumal diese nur eingeschränkt ausländische Währungen (Währungen von Mitgliedstaaten der Europäischen Union, der Schweizerischen Eidgenossenschaft und der Vereinigten Staaten von Amerika) zulassen. Der Regelungsinhalt des Artikels III Abs. 1 wird daher weiterhin benötigt und in § 49 Abs. 1 des vorliegenden Entwurfs übernommen.

Artikel IV Abs. 1 des Gesetzes zur Änderung und Ergänzung des Schiffsbankgesetzes ließ die aufgehobenen Vorschriften zur Eintragung von Grund- und Schiffspfandrechten in ausländischer Währung (insgesamt 10 Gesetze und Verordnungen) für Rechte weiter gelten, die vor dem Inkrafttreten des Gesetzes in ausländischer Währung eingetragen waren. § 3 Abs. 2 des Grundbuchbereinigungsgesetzes legt insoweit für den Grundbuchbereich fest, dass die Umstellung einer aus dem Grundstück zu zahlenden Geldsumme, die sich nach dem Gegenwert einer bestimmten Geldsumme in ausländischer Währung bestimmt, nach dem zum Zeitpunkt des Inkrafttretens des Grundbuchbereinigungsgesetzes an den deutschen Börsen notierten Mittelwert erfolgt. Für den Schiffspfandrechtsbereich fehlen entsprechende Übergangsvorschriften. Da nicht ausgeschlossen werden kann, dass noch Rechte bestehen, für die die Übergangsregelung des Artikels IV Abs. 1 von Bedeutung ist, wird der Regelungsinhalt des Artikels IV Abs. 1 in den § 49 Abs. 2 des vorliegenden Entwurfs überführt. Um dabei nicht sämtliche durch Artikel IV in Bezug genommenen Vorschriften erneut zitieren zu müssen, wird auf die von Artikel IV Abs. 1 aufgehobenen Vorschriften pauschal verwiesen.

Zu § 52 (Frühzeitige Bestellung des Treuhänders)

Um es den Treuhändern bei solchen Kreditinstituten, die das Pfandbriefgeschäft unter dem Pfandbriefgesetz betreiben wollen, bei denen bisher aber noch kein Treuhänder bestellt worden ist, zu ermöglichen, sich auf die Erfüllung ihrer ab dem 19. Juli 2005 ergebenden Aufgaben und Pflichten vorzubereiten, ist eine teilweise Anwendung der Vorschriften zum Treuhänder bereits vor dem 19. Juli 2005 vorgesehen.

2. Drucksache 16/11130

16. Wahlperiode 1.12.2008

Gesetzentwurf der Bundesregierung

Entwurf eines Gesetzes zur Fortentwicklung des Pfandbriefrechts

A. Problem und Ziel

Mit dem im Jahr 2005 in Kraft getretenen Gesetz zur Neuordnung des Pfandbriefrechts wurden die Geschäftsmöglichkeiten für deutsche Kreditinstitute im Hinblick auf die Begebung von Pfandbriefen erweitert. Die Erweiterung ging einher mit der Bewahrung des hohen Standards des deutschen Pfandbriefs. Die Neuordnung des Pfandbriefrechts war außerordentlich erfolgreich. So stellt der deutsche Pfandbrief noch immer das größte Segment des europäischen und globalen Marktes gedeckter Schuldverschreibungen dar und ist Vorbild für zahlreiche Produkte ausländischer Rechtsordnungen. Die Nachahmerprodukte reichen zwar hinsichtlich der Qualität der Deckungsmassen und der Insolvenzfestigkeit häufig nicht an den deutschen Pfandbrief heran. Trotzdem hat der Wettbewerb stark zugenommen und zu einem Abschmelzen des Renditeabstands dieser Nachahmerprodukte zum deutschen Pfandbrief geführt. Außerdem hat sich der Anteil dieser Produkte am Gesamtvolumen des Marktes für gedeckte Schuldverschreibungen stark erhöht. In diesem Zusammenhang darf nicht übersehen werden, dass sich insbesondere im europäischen Markt für Covered Bonds die Emissionen in einzelnen Ländern im Zeitraum von nur zwei Jahren (2005/2006) stark erhöht haben, z. B. in Frankreich von 28 auf rund 42 Mrd. Euro, in Spanien von 60 auf rund 75 Mrd. Euro und in Großbritannien von 11 auf rund 24 Mrd. Euro. Vor diesem Hintergrund ist es geboten, die Rahmenbedingungen für den Pfandbrief weiter zu verbessern, ohne die Qualität des Pfandbriefs zu beeinträchtigen, um die Spitzenstellung des deutschen Pfandbriefs zu erhalten.

Daneben haben sich die Kosten, die der Bundesanstalt für Finanzdienstleistungsaufsicht (BaFin) bei der Ausübung der ihr zugewiesenen Aufgaben entstehen, durch Änderung bestehender und Erlass neuer Aufsichtsgesetze sowie Änderungen in der Aufsichtspraxis in ihrer Struktur verändert. Die vorhandenen Regelwerke zur Umlageerhebung müssen daher an die aktuellen Aufsichtstätigkeiten der BaFin angepasst werden. Zudem soll die Kostenumlage verursachungsgerechter ausgestaltet werden.

B. Lösung

Mit dem vorliegenden Gesetzentwurf wird den sich ändernden Anforderungen an das Pfandbriefgeschäft ebenso Rechnung getragen wie dem Ziel, den deutschen Pfandbrief zu stärken und seine Spitzenstellung zu behaupten. Dazu dienen nicht nur die verschiedenen technischen Änderungen des Pfandbriefgesetzes, sondern auch die Erweiterung verschiedener Geschäftsfelder und die Verbesserung der Konsortialfinanzierung sowie die Einführung des Flugzeugpfandbriefs. Die Anpassung und verursachungsgerechtere Ausgestaltung der Umlageerhebung werden durch Änderung des § 16 des Finanzdienstleistungsaufsichtsgesetzes (FinDAG) und des Abschnitts 2 der Verordnung über die Erhebung von Gebühren und die Umlegung von Kosten nach dem Finanzdienstleistungsaufsichtsgesetz (FinDAGKostV) erreicht.

[...]

B. Besonderer Teil

Zu Artikel 1 (Änderung des Pfandbriefgesetzes)

Zu Nummer 1 (Inhaltsübersicht)
Aufgrund der für den Flugzeugpfandbrief einzufügenden Vorschriften ist eine Ergänzung der Inhaltsübersicht des Pfandbriefgesetzes erforderlich.

Zu Nummer 2 (§ 1 PfandBG)
Die Änderungen beruhen auf der Einführung eines Flugzeugpfandbriefs. Mit der Ergänzung der Begriffsbestimmungen wird klargestellt, dass dieses neue Produkt ein vollwertiger Pfandbrief im Sinne des Pfandbriefgesetzes ist.

Zu Nummer 3 (§ 2 PfandBG)
Die Änderungen sind Folgeänderungen zur Einführung des Flugzeugpfandbriefs.

Zu Nummer 4 (§ 4 PfandBG)

Zu Buchstabe a

Zu Doppelbuchstabe aa
Mit den Änderungen werden die nominale Zinsdeckung und Zinsdeckungsrechnung abgeschafft und durch eine moderne Liquiditätssteuerung ersetzt. Denn das Pfandbriefgesetz (PfandBG) kennt bislang keine konkreten Vorgaben zur nominalen Zinsdeckung und ihrer Berechnung. Die vorhandenen Vorschriften sind ungenau und werden uneinheitlich angewandt. Jede Pfandbriefbank hat ein eigenes Verfahren entwickelt. Um daraus entstehende Unsicherheiten zu beseitigen, müssten detaillierte Vorgaben erarbeitet werden. Dies wäre mit erheblichen Kosten bei den Pfandbriefbanken verbunden. Eine moderne Liquiditätssteuerung, die die jederzeitige barwertige Deckung einbezieht, beseitigt Schwächen des alten Nominalwertprinzips der Deckungsrechnung. Denn die jederzeitige Deckung kann nach dem alten Zinsdeckungsprinzip bei Schwankungen von Währungen und Zinsen nur durch vollständige Bindungskongruenz erreicht werden, sonst droht eine Unterdeckung. Einfacher ist die barwertige Berechnung, die ein vollständiger Ersatz ist, weil sich die jederzeitige Deckung auf Tilgungs- und Zinsverpflichtungen bezieht.

Zu Doppelbuchstabe bb
Mit der Ergänzung von § 4 Absatz 1 Satz 2 Nr. 1 und 3 werden der Gleichlauf zur neu gefassten Bankenrichtlinie 2006/48/EG vollzogen und die Deckungskongruenz von Forderungen gegen Drittstaaten außerhalb des EU-/EWR-Raumes gesichert. Für

diese wird die Richtlinien-Konformität durch eine Anknüpfung an die Bonitätsstufe 1 sichergestellt. Anders als in der neu gefassten Bankenrichtlinie sollen nicht sämtliche Drittstaaten der Bonitätsstufe 1 erfasst werden, sondern nur die bislang erfassten Länder – USA, Kanada, Schweiz sowie Japan. Damit werden nicht nur die Regelungen der neu gefassten Bankenrichtlinie nachvollzogen, sondern auch die Qualität des Pfandbriefes erhalten und erhöht. Für die Prüfung der Gleichwertigkeit des Aufsichtssystems eines Drittstaates kann auf das Ergebnis der Prüfung durch die Bundesanstalt zurückgegriffen werden.

Zu Doppelbuchstabe cc

Die Nichtanrechung der sichernden Überdeckung auf die 10-Prozent-Grenzen in § 19 Abs. 1 Nr. 2, § 20 Abs. 2 Nr. 2 und § 26f Abs. 1 Nr. 3 sowie auf die 20-Prozent-Grenzen in § 19 Abs. 1 Nr. 3 und § 26f Abs. 1 Nr. 4 ist zurzeit nur für Hypothekenpfandbriefe geregelt. Die Ausdehnung auf Öffentliche Pfandbriefe, Flugzeug- und Schiffspfandbriefe ist angemessen, da die sichernde Überdeckung für alle Pfandbriefgattungen einheitlich geregelt ist. Daher wird künftig in allen Pfandbriefgattungen die sichernde Überdeckung von der 10-Prozent-Grenze und von der 20 Prozent-Grenze ausgenommen. Dazu ist die Anpassung von Absatz 1 Satz 3 erforderlich.

Zu Doppelbuchstabe dd

Keine Berücksichtigung bei der sichernden Überdeckung soll künftig der Börsenpreis finden. Betroffen ist die Behandlung börsennotierter Wertpapiere im Rahmen der sichernden Überdeckung und als weitere Deckungswerte zur Deckung von Hypotheken- und Schiffspfandbriefen. Die Berücksichtigung des Börsenpreises bei der sichernden Überdeckung ist systemfremd, da der Börsenpreis nicht in die Barwertermittlung eingeht. Bei der Überdeckung ist der pauschale Abschlag von 5 Prozent ungeeignet, tatsächliche Volatilitäten abzubilden. Diese Schwankungen werden schon durch die sichernde Überdeckung abgedeckt. Daher wird Absatz 1 Satz 4 aufgehoben.

Zu Buchstabe b

Mit der neuen Regelung, die in engem Zusammenhang mit den Änderungen zu Buchstabe a steht, wird eine Vorschrift zur Begrenzung des bisher nicht geregelten kurzfristigen Liquiditätsrisikos in der Deckungsmasse in das PfandBG eingefügt.

Zwar wird bereits in § 27 PfandBG der allgemeine Umgang mit den bekannten Risiken (Zinsänderungs-, Währungs- und Kreditrisiken) in den Deckungsmassen geregelt, aber nicht die Steuerung des Liquiditätsrisikos. Das Liquiditätsrisiko wird hier als das Risiko definiert, dass im Fall der Insolvenz der Pfandbriefbank die Deckungsmasse nicht in der Lage ist, ausreichend Liquidität zur Verfügung zu stellen, um die in den nächsten Monaten fällig werdenden Pfandbriefe zeitgerecht zu bedienen. Dies stellt eine Schwäche des PfandBG dar, die durch eine Überdeckung beseitigt werden kann. Dies wird durch die Begrenzung des kurzfristigen Liquiditätsrisikos erreicht. Danach ist der Liquiditätsbedarf der nächsten 90 Tage durch die sichernde Überdeckung und liquide Deckungswerte zu sichern. Dabei ist sicherzustellen, dass eine Doppelanrechnung ausgeschlossen ist. Als liquide gelten alle Deckungswerte nach § 4 Abs. 1 Satz 2 sowie alle im Deckungsregister eingetragenen

Finanzinstrumente, die vom Europäischen System der Zentralbanken (ESZB) als notenbankfähig eingestuft werden. Mit dem Zeithorizont von 90 Tagen soll dem Sachwalter ein zusätzlicher Zeitpuffer verschafft werden, um ihm genügend Zeit bis zur Aufnahme seiner vollen Handlungsfähigkeit zu verschaffen. Eine Benachteiligung unbesicherter Gläubiger ist mit der neuen Vorschrift nicht verbunden. Denn die zur kurzfristigen Liquiditätssicherung dienenden Deckungswerte werden ausschließlich zur Schließung einer kurzfristigen Liquiditätslücke benötigt.

Im Ergebnis kommt es zu einer Stärkung des Pfandbriefs, denn die Regelung wird den Liquiditätsbedarf der nächsten 90 Tage durch sichernde Überdeckung und liquide Deckungswerte sichern.

Zu Buchstabe c

Folgeänderung zu Buchstabe b.

Zu Buchstabe d

Zu Doppelbuchstabe aa

Die Änderung des § 4 Abs. 3 Satz 1 stellt klar, dass der aus dem Rahmenvertrag bestehende Rückgewähranspruch des Derivatepartners zu decken ist. Sie beruht auf der Änderung des § 19 Abs. 1 Nr. 4, wonach künftig die Ansprüche aus Derivategeschäften als Deckungswerte verwendet werden können (vgl. Begründung zu Nummer 16 Buchstabe d Doppelbuchstabe aa).

Zu Doppelbuchstabe bb

In § 4 Abs. 3 Satz 2 wird die Begriffsbestimmung „Derivategeschäft" eingeführt. Dabei handelt es sich um die Rahmenverträge, unter denen die einzelnen Derivate abgeschlossen werden. Aus derartigen standardisierten Rahmenverträgen entsteht jeweils nur ein einheitlicher Anspruch, mit dem die Forderungen, die aus den einzeln vereinbarten Derivaten und weiteren Vereinbarungen entstehen, saldiert werden („Netting"). In diese Saldierung fließen auch die Forderungen auf Übertragung und Rückübertragung von Sicherheiten, die sich aus den zu den Rahmenverträgen vereinbarten Besicherungsanhängen ergeben, mit ein; wenn die einzelnen Derivate nach § 19 Abs. 1 Nr. 4 in Deckung genommen wurden, steht dieser einheitliche Anspruch daher dem Sondervermögen zu oder richtet sich einschließlich des Anspruchs auf Rückgewähr der Sicherheiten gegen das Sondervermögen. Für die einzelnen Derivate wird auf die Definition von § 1 Abs. 11 Satz 4 Nr. 1 KWG verwiesen.

Zu Buchstabe e

Mit der Gesetzesänderung erfolgt eine Anpassung an die Praxis. Da Pfandbriefe nicht mehr körperlich weitergegeben werden, erfolgt eine vorübergehende Rücknahme bereits heute nicht durch Übergabe an den Treuhänder, sondern durch die Erklärung der Wertpapiersammelbank, nicht ohne die Zustimmung des Treuhänders zu verfügen. Dies ist immer dann sichergestellt, wenn die Verfügung gesetzlich oder rechtsgeschäftlich nicht ohne Zustimmung des Treuhänders ausgeführt werden kann. Den Pfandbriefbanken muss die Möglichkeit erhalten bleiben, Pfandbriefe aus dem Umlauf zu nehmen. Dies ist für die Pfandbriefbanken zur Steuerung der Deckungsmassen und zur Marktpflege wichtig.

Zu Buchstabe f
Damit erfolgen die Berichtigung eines Redaktionsversehens und eine Folgeänderung aufgrund der Einführung des Flugzeugpfandbriefs.

Zu Buchstabe g
Folgeänderung zu Buchstabe d.

Zu Nummer 5 (§ 5 PfandBG)

Zu Buchstabe a

Zu Doppelbuchstabe aa
Folgeänderung zu Nummer 4 Buchstabe d Doppelbuchstabe aa.

Zu Doppelbuchstabe bb
Neben der bisherigen Form der Eintragung, wonach alle Deckungswerte einzeln im Deckungsregister eingetragen werden müssen, soll es künftig möglich sein, eine Vielzahl von Deckungswerten gesammelt in einem oder mehreren gesonderten Unterregister(n) einzutragen. Zweck ist, eine vereinfachte Eintragung zu ermöglichen, wenn größere Darlehen an Wohnungsbaugesellschaften vergeben werden, die mit einer Vielzahl von Gebäuden und Grundstücken abgesichert werden, oder das Deckungsregister einer Pfandbriefbank vollständig auf eine andere Pfandbriefbank übertragen wird. Mit der neuen Regelung werden sowohl die Verwaltung der Deckungsmassen erleichtert als auch ein gewisses Potenzial für Portfolio-Transaktionen erschlossen. Die näheren Einzelheiten, unter welchen Voraussetzungen die Eintragungen in einem Unterregister erfolgen können, werden in der Deckungsregisterverordnung genauer beschrieben. Damit das Deckungsregister durch die Schaffung von Unterregistern nicht auf Dauer unübersichtlich wird, erhält die Bundesanstalt die Ermächtigung zu bestimmen, dass die Deckungswerte nach angemessener Frist aus dem oder den Unterregister(n) in das Hauptregister übertragen werden.

Zu Buchstabe b
Mit dem neuen Absatz 1a wird die Konsortialfinanzierung erleichtert. Denn die Konsorten erhalten so die Möglichkeit der vereinfachten Refinanzierung durch die Begebung von Pfandbriefen. Dies war bisher aufgrund eines Spannungverhältnisses zwischen Deckungsregister einerseits und Refinanzierungsregister andererseits nur eingeschränkt möglich. Denn die Regelungen zum Refinanzierungsregister in §§ 22a ff. KWG erlauben Pfandbriefbanken, Deckungswerte ganz oder teilweise treuhänderisch für andere Pfandbriefbanken zu halten, die ihrerseits ihre Übertragungsansprüche auf grundpfandrechtliche Deckungswerte als Deckungswerte registrieren können (§ 1 Abs. 2 PfandBG). Dabei können Unklarheiten entstehen, die die Registrierung im Deckungsregister und das Schicksal dieser Werte in der Insolvenz der treuhänderischen Pfandbriefbank betreffen. Diese Unklarheiten treten verstärkt auf, wenn nur Teile von Deckungswerten treuhänderisch gehalten werden.

Satz 1 trägt der Tatsache Rechnung, dass nicht jeder deckungsfähige Wert von der registrierenden Bank tatsächlich voll zur Deckung verwendet wird. Es kann sein, dass z. B. ein öffentliches Darlehen über 1 Mio. Euro nur bis 500 000 Euro der registrierenden Bank als Deckung dient, im Übrigen aber anderweitiger Verwendung zugeführt werden soll. Ähnlich liegt der Fall, wenn ein grundpfandrechtlich gesichertes Darlehen über 600000 Euro bei einem Beleihungswert von 1 Mio. Euro nur bis 300000 Euro Deckungswert im Sinne der Deckungskongruenz sein soll. Da es aber bei solcher Teilung, die sich im Insolvenzfall dann auch voll realisieren lassen muss, zu einer Konkurrenzlage zwischen den verschiedenen Teilgläubigern kommen kann, ist es zur Klarheit und Sicherheit notwendig, den genauen Umfang der Teilung und den Rang der einzelnen Forderungsteile bzw. Hypothekenteile festzulegen. Die neue Regelung des § 5 Abs. 1a soll der Pfandbriefbank und ihren Partnern Aufwand und Kosten des Vollzugs einer Teilung ersparen, solange der Vollzug nicht notwendig erscheint.

Mit Satz 2 wird das Problem grundpfandrechtlich gesicherter Darlehen gelöst, die voll eingetragen sind, aber über den eingetragenen ermittelten Beleihungswert des belasteten Grundstücks hinausreichen. Es ist z. B. bei einem Beleihungswert von 1 Mio. Euro ein Darlehen über 800000 Euro eingetragen. Bisher regelt § 14 Abs. 2 den Status der „überschießenden" 200000 Euro in der Weise, dass nur 600000 Euro als „eingetragene Deckungswerte ... gelten". Diese Formulierung ist insoweit misslungen, als dann § 30 Abs. 3 wieder von einer Eintragung insoweit ausgeht, als es um die Verfügungsbefugnis des Sachwalters geht. Mit Satz 2 wird der eingetragene überschießende Teil hypothekarischer Darlehen den nicht zur Deckung bestimmten Teilen eingetragener Deckungswerte gleichgestellt und eine Rangregel zugunsten des zur Deckung bestimmten Teils aufgestellt. § 14 Abs. 2 wird dadurch überflüssig und wird aufgehoben (vgl. Nummer 12).

Insbesondere die Sätze 3 bis 5 tragen zur Erleichterung der Konsortialfinanzierung bei. Die Erleichterung besteht in der Beseitigung einer Kollision von Pfandbriefgesetz (Deckungsregistervorschriften) und Refinanzierungsregistervorschriften. Wird ein großes Darlehen von vornherein durch ein Konsortium vergeben oder teilweise auf andere Kreditinstitute übertragen, wird auch ein Teil des diese Forderung sichernden Grundpfandrechts übertragen oder für das andere Kreditinstitut teilweise treuhänderisch mitverwaltet. Problematisch wird dies dann, wenn der Konsortialführer eine Pfandbriefbank ist, die diese Forderung in Deckung genommen hat und das Refinanzierungsregister nutzt, um ein zum Deckungsteil der Forderung gehörendes Grundpfandrecht anteilig treuhänderisch für die andere Bank zu halten. Im Ergebnis entsteht ein Konflikt zwischen dem Deckungsregister des Konsortialführers und dem Refinanzierungsregister der Konsortialbank. Denn bei einer Insolvenz des Konsortialführers würde auch der in das Refinanzierungsregister der Konsortialbank eingetragene Teil des Grundpfandrechts in die Deckungsmasse des Pfandbriefs des Konsortialführers fallen und damit zum Sondervermögen der Pfandbriefgläubiger des Konsortialführers gehören. Es bestände die Gefahr, dass die Konsortialbank ihr Aussonderungsrecht dann möglicherweise nicht realisieren könnte und daher diesen Teil nicht in die Deckungsmasse für ihre Pfandbriefe nehmen dürfte. Zur Lösung dieses Konfliktes trägt die neue Regelung bei, indem sie die Rangfolge der eingetragenen Werte festlegt.

Dies wird im Einzelnen erreicht, indem der Status der treuhänderisch gehaltenen eingetragenen Werte geklärt wird. In erster Linie ist dabei an eingetragene Werte gedacht, für die eine andere Pfandbriefbank ganz oder teilweise einen Übertragungsanspruch hat, der in ihrem Deckungsregister als Deckungswert eingetragen ist. Dabei kann es sich um eine „gewöhnliche" Treuhand handeln, bei der die treugebende Bank diesen Wert ursprünglich der das Deckungsregister führenden Bank aus ihrem Vermögen zu treuen Händen übertragen hat; es kann sich aber auch um eine Treuhand im Sinne des §§ 22a ff. KWG handeln, bei der die das Deckungsregister führende Bank ursprünglich eigene Werte zum Treugut der treugebenden Bank durch Eintragung ins Refinanzierungsregister umwidmet. Eine solche Treuhand kann auch nur Teile registrierter Deckungswerte betreffen, was vor allem bei Konsortialfinanzierungen bedeutsam ist. Treugeber können nicht nur Pfandbriefbanken sein, sondern auch andere Banken oder Zweckgesellschaften, die vertragliche Deckungsmassen zur Verbriefung schaffen wollen. Die Vorschrift verlangt, dass im Deckungsregister genaue Angaben über den Treugeber erfolgen sowie über Umfang und Rang des Teils eines registrierten Wertes, der vom Übertragungsanspruch erfasst wird.

Mit dem neuen Absatz 1b wird die zulässige Weitergabe von Daten geregelt. Werden grundpfandrechtlich gesicherte Darlehensforderungen ohne Zustimmung des Darlehensnehmers oder ohne ein berechtigtes Interesse im Sinne von § 28 Abs. 1 Nr. 2 des Bundesdatenschutzgesetzes (BDSG) übertragen und die erforderlichen Daten dem Übertragungsberechtigten bekannt gegeben, liegt ein Verstoß gegen die Regelungen zum Datenschutz und gegen das Bankgeheimnis vor. Die Einholung der nachträglichen Zustimmung des Darlehensnehmers verursacht einen hohen Zeit- und Kostenaufwand. Bei neuen Kreditverträgen wird die Zustimmung zur Weitereitung der Daten schon bei Abschluss der Darlehensverträge eingeholt. Bei Altverträgen ist dies nicht mehr möglich, weil in den Verträgen eine entsprechende Einwilligung fehlte. Bei der Verwendung dieser Kredite zur Pfandbriefrefinanzierung bedarf es gegenwärtig stets einer nachträglichen Erteilung der Zustimmung seitens des Darlehensnehmers. Bei der einfachen Verbriefung ist diese zeit- und kostenintensive Maßnahme nicht erforderlich, da die Datenweitergabe durch die Einschaltung eines Datentreuhänders vermieden werden kann. Bei der Pfandbriefrefinanzierung ist die Pfandbriefbank verpflichtet, die Daten in das Deckungsregister einzutragen. Der Pfandbrief ist somit gegenüber der Verbriefung benachteiligt. Mit dem neuen Satz wird diese Benachteiligung aufgehoben.

Zu Buchstabe c

Angesichts der zeitlich ungewissen Haltbarkeitsdauer von elektronischen Datenträgern ist es angezeigt, dass die Deckungsregister im Falle der Übermittlung in elektronischer Form vollständig übermittelt werden, d.h. nicht nur die Eintragungen des letzten Kalenderhalbjahres enthalten. Ein zusätzlicher Aufwand für die Pfandbriefbanken ist mit der Änderung nicht verbunden, da die geführten elektronischen Deckungsregister ohnehin sämtliche Eintragungen enthalten.

Zu Nummer 6 (§ 6 PfandBG)

Mit der Änderung wird klargestellt, dass die Ausgabe von Pfandbriefen, deren Einlösungswert nicht bekannt ist, nicht generell untersagt wird, soweit der maximale Einlösungswert bekannt ist. Dieser Wert ist dann zu decken.

Zu Nummer 7 (§ 7 PfandBG)

Zu Buchstabe a

Zu Doppelbuchstabe aa
Hintergrund der vorgeschlagenen Änderung sind einzelne Fälle aus der Praxis, in denen aufgrund der zwingenden Regelung des Absatzes 1 bei der Pfandbriefbank ein Treuhänder und ein Stellvertreter zu bestellen waren, obwohl die Pfandbriefbank (noch) keinerlei Pfandbriefe ausgegeben und teilweise (noch) keine Werte ins Deckungsregister eingetragen hatte. Insbesondere in Fällen, in denen die erstmalige Begebung von Pfandbriefen einige Zeit in Anspruch nimmt, ist es auch im Hinblick auf den Schutz zukünftiger Pfandbriefgläubiger unnötig, von Amts wegen einen Treuhänder und Stellvertreter zu bestellen, insbesondere dann, wenn diese ihre Aufgaben noch gar nicht wahrnehmen können. Mit der Änderung ist auch eine Kostenentlastung für die Institute verbunden, die letztlich die den Treuhändern von der Bundesanstalt zu zahlende Vergütung zu erstatten haben. Zum Schutz der Pfandbriefgläubiger reicht es aus, dass eine Ausgabe von Pfandbriefen aufgrund der Vorgaben des § 8 Absatz 3 in Verbindung mit § 4 Absatz 7 Satz 3 vor der Bestellung des Treuhänders rechtlich nicht zulässig ist.

Zu den Doppelbuchstaben bb und cc
Nach der Verwaltungspraxis der Bundesanstalt erfolgen die erstmalige Treuhänderbestellung sowie etwaige Verlängerungen der Amtszeit in der Regel befristet auf jeweils drei Jahre und nicht über das Ende des 70. Lebensjahres hinaus. Mit der vorgeschlagenen Änderung sollen nunmehr sowohl die bisherige Amtspraxis der Befristung der Bestellung als auch eine Altersgrenze für die Treuhänder gesetzlich festgeschrieben werden. Sollte ein Treuhänder etwa aus gesundheitlichen Gründen nicht nur vorübergehend nicht in der Lage sein, seinen Aufgaben als Treuhänder nachzukommen, so besteht wie bisher die Möglichkeit, die Bestellung aus sachlichem Grund zu widerrufen.

Zu Buchstabe b
Mit der Regelung wird die Frage der Haftung des Treuhänders, die wiederholt an die Bundesanstalt herangetragen wurde, geklärt. Vor diesem Hintergrund ist es angesichts der gesamten Ausgestaltung des Treuhänderamtes als einer nebenberuflichen und – auch nach der Höhe der Vergütung – eher ehrenamtlichen Tätigkeit geboten, die Haftung des Treuhänders aus seiner Tätigkeit gegenüber der Pfandbriefbank und den Pfandbriefgläubigern auf Vorsatz und grobe Fahrlässigkeit zu beschränken.

Zu Nummer 8 (§ 8 PfandBG)

Zu den Buchstaben a und b Doppelbuchstabe aa
Es handelt sich um Folgeänderungen zu Nummer 4 Buchstabe d Doppelbuchstabe aa und um Folgeänderungen zur Einführung des Flugzeugpfandbriefs.

Zu Doppelbuchstabe bb

Im Rahmen der Zulassung der Indeckungnahme von Derivaten im Jahr 2002 wurde festgelegt, dass der Treuhänder die Eintragung eines Derivates unverzüglich dem Vertragspartner der Pfandbriefbank mitteilen muss. Das Verfahren hat sich in der Praxis als bürokratisch und schwer handhabbar erwiesen. Es handelt sich um den einzigen Fall, in dem der Treuhänder gegenüber Geschäftspartnern der Bank formelle Mitteilungen übermitteln muss. Für den Derivatepartner reicht es aus, wenn die Mitteilung von einer anderen Stelle der Bank erfolgt und der Treuhänder sich unverzüglich davon überzeugen muss, dass die Mitteilung erfolgt ist. Zum einen haben Pfandbriefbank und Derivatepartner das Derivat über den Anhang für Deckungsderivate unter einem separaten Rahmenvertrag für die Deckungsmasse abgeschlossen, so dass beiden Parteien von vornherein bekannt ist, dass das Derivat der Deckungsmasse zugeordnet sein wird. Damit sind eine klare Zuordnung des Derivats auch mit Blick auf das so genannte Netting möglich und eine Vermischung mit Derivaten aus dem freien Vermögen ausgeschlossen. Die Mitteilung dient daher nur der Information des Derivatepartners darüber, dass der Treuhänder diese Zuordnung akzeptiert und der Eintragung des Derivates nicht widersprochen hat. Zum anderen enthalten die standardisierten Rahmenverträge ein Kündigungsrecht des Derivatepartners bei ausbleibender Benachrichtigung über die erfolgte Eintragung in das Deckungsregister. Demzufolge verschlechtert sich die Risikoposition des Derivatepartners nicht. Vielmehr kann die Eintragung des Derivats in das jeweilige Deckungsregister schneller und flexibler erfolgen, da der Treuhänder nach wie vor nur an einzelnen Tagen in der Bank anwesend ist. Insofern profitieren die Derivatepartner von der geplanten Änderung.

Zu Nummer 9 (§ 9 PfandBG)

Der Treuhändermitverschluss hatte bei Briefhypotheken die Bedeutung, eine Verfügung über die Hypothekenforderung unmöglich zu machen, indem der Hypothekenbrief bei der Bank in einen Tresor unter Mitverschluss des Treuhänders gelegt wurde. Im Neugeschäft werden Briefhypotheken kaum noch verwendet; deutsche Buchgrundschulden und ausländische Buchhypotheken sind üblich. Es liegen dabei keine Urkunden vor, welche eine Verfügung über die Forderung verhindern könnten und damit in den Treuhändermitverschluss gegeben werden müssten. Entsprechendes gilt für Schiffshypotheken. Die Vorschrift kann daher aufgehoben werden.

Zu Nummer 10 (§ 10 PfandBG)

Folgeänderung zu Nummer 4 Buchstabe d Doppelbuchstabe aa.

Zu Nummer 11 (§ 12 PfandBG)

Die Sicherheit der Hypothekenpfandbriefe wird dadurch gewährleistet, dass die Grundpfandrechte in der Deckungsmasse den Zugriff auf die wirtschaftliche Substanz der Grundstücke sicherstellen. Die Pfandbriefbanken achten darauf, dass dies auch bei unerwarteten Entwicklungen gewährleistet bleibt. Für den wichtigsten Fall eines Schadens am Gebäude auf dem Grundstück, der wirtschaftliche Substanz entziehen kann, schreibt § 15 PfandBG ausdrücklich eine Gebäudeversicherung vor. Nach deutschem Recht wird der Anspruch gegen die Versicherung vom Grundpfandrecht erfasst und gehört damit zur Deckungsmasse. Für Sicherheiten, die vom

Grundpfandrecht nicht erfasst werden, fehlt aber bisher eine klare und ausdrückliche Regelung über deren Zugehörigkeit zur Deckungsmasse.

So haben die Pfandbriefbanken zum Teil zusätzliche Ausfallversicherungen abgeschlossen. Auch lassen sich die Pfandbriefbanken häufig die aus dem finanzierten Objekt erzielbaren Mietforderungen abtreten. Insbesondere in Ländern, in denen der Umfang der Grundstückssicherheiten von denjenigen in Deutschland abweicht, wird das Grundpfandrecht, um die Substanz und die Erträge der Immobilie voll zu erfassen, regelmäßig mit Versicherungen und Abtretungen oder Verpfändungen von Miet- und Versicherungs- sowie Herausgabeansprüchen und mit Versicherungen des Grundbuchstandes oder Verpfändungen der Anteile an der Objektgesellschaft ergänzt. Auf diese Weise stellen die Pfandbriefbanken sicher, dass stets der Zugriff auf die wirtschaftliche Substanz gewährleistet ist. In manchen Ländern, so in vielen Bundesstaaten der USA und bei gewerblichen Immobilien in Japan, werden Grundstückssicherungsrechte auf der dogmatischen Basis einer gemeinsamen Dritttreuhand für Kreditinstitut und Eigentümer gestaltet, wobei das Grundstück formell einem gemeinsamen Treuhänder des Eigentümers und der Bank übertragen wird. In diesem Fall wird der Wert des Grundstücksicherungsrechtes durch den Anspruch auf Übertragung und/oder Auskehr eines Verwertungserlöses verwirklicht. Der Anspruch auf den Verwertungserlös ist in Ländern wichtig, in denen die Verwertung durch Dritte in privatrechtlichen Formen erfolgt.

Mit dem neuen Absatz 3 wird klargestellt, dass auch diese Sicherheiten zur Sicherung der Pfandbriefgläubiger dienen, ohne dass sie in das Deckungsregister eingetragen werden müssen. Wegen der vielfältigen rechtlichen Gestaltungen in anderen Rechtsordnungen ist neben der Bezugnahme auf die Regelungen zur Erstreckung des Grundpfandrechts im deutschen Bürgerlichen Gesetzbuch auch eine allgemeine Formulierung, die die wirtschaftliche Substanz des Grundstücks insgesamt erfasst, erforderlich.

Die oben angeführte beispielhafte Aufzählung von Zusatzsicherheiten sowie die Bezugnahme auf die Vorschriften des Bürgerlichen Gesetzbuchs bedeuten nicht, dass für die Indeckungnahme in jedem Einzelfall alle durch die Vorschrift erfassten zusätzlichen Sicherheiten vorliegen müssen. Vielmehr soll durch diese Bestimmung nur erreicht werden, dass im Einzelfall vorliegende zusätzliche Sicherheiten in die Deckungsmasse einbezogen werden können, ohne dass sie einzeln in das Deckungsregister eingetragen werden müssen.

Zu Nummer 12 (§ 14 PfandBG)
Folgeänderung zu Nummer 5 Buchstabe b.

Zu Nummer 13 (§ 16 PfandBG)
Die Regelung ist durch Zeitablauf gegenstandslos geworden und kann aufgehoben werden.

Zu Nummer 14 (§ 17 PfandBG)
Bei Deckungshypotheken muss spätestens nach zehn Jahren mit der Tilgung begonnen werden. Wenn sich nur ein Teil einer Hypothek in Deckung befindet, ist die gesamte Tilgung im Verhältnis der Anteile aufzuteilen. Damit soll erreicht werden, dass sich der in Deckung befindliche Betrag analog einem angenommenen

Wertverlust der Immobilie im Laufe der Zeit vermindert. Diese Vorschrift, die sinngemäß aus dem Hypothekenbankgesetz übernommen wurde, hat sich unter den Bedingungen des PfandBG als nicht sinnvoll erwiesen und führt zu unverhältnismäßigem Aufwand.

Da die Banken seit der Aufgabe des Spezialbankprinzips darin frei sind, über die Deckung hinaus Darlehen mit verschiedenen Tilgungen oder ohne Tilgung oder auch in verschiedener Höhe zu gestalten, können die auf die Deckung entfallenden Anteile nur mit extrem aufwändigen Simulationsrechnungen ermittelt werden. Dabei wäre das Ergebnis zweifelhaft. Denn die Tilgung und der Anteil der Tilgung richten sich in der Regel nicht nach der Gebäudealterung, sondern nach dem für den Kunden und für die Bank wirtschaftlich sinnvollsten Verlauf. Zudem findet ein solcher Wertverlust einer Immobilie über die Zeit nicht statt. In der Regel wird der Wertverlust durch Erhaltungsaufwendungen kompensiert.

§ 17 PfandBG schafft somit keine zusätzliche Rechtssicherheit und verursacht unverhältnismäßig hohe Kosten. Mögliche Einzelfälle können durch die Vorschriften der Beleihungswertermittlungsverordnung und im Rahmen des Risikomanagements nach § 27 PfandBG erfasst werden.

Zu Nummer 15 (§ 18 PfandBG)
Folgeänderung zu Nummer 12 Buchstabe b.

Zu Nummer 16 (§ 19 PfandBG)

Zu Buchstabe a
Redaktionelle Korrektur.

Zu Buchstabe b
Die neu gefasste Bankenrichtlinie 2006/48/EG erlaubt in Anhang VI nur die Indeckungnahme von Forderungen gegen solche Kreditinstitute, die der Bonitätsstufe 1 zuzuordnen sind. In Übereinstimmung hiermit wird der Kreis der Kreditinstitute auf solche der Bonitätsstufe 1 beschränkt. Damit ist gewährleistet, dass alle nach dem PfandBG emittierten Pfandbriefe eine günstige Risikogewichtung genießen.

Zu Buchstabe c
Folgeänderungen zu Nummer 4 Buchstabe a Doppelbuchstabe aa und cc.

Zu Buchstabe d

Zu Doppelbuchstabe aa
Absatz 1 Nummer 4 erlaubt es der Pfandbriefbank, ihre Ansprüche aus Derivategeschäften als Deckungswerte für Pfandbriefe zu verwenden. Damit ist es möglich, die Absicherung von Zins- und Währungsrisiken durch Derivate in die Deckungsmassen zu verlagern, wo sie dem Zugriff der nicht privilegierten Gläubiger entzogen sind und auch nach Eröffnung des Insolvenzverfahrens über das Vermögen der Pfandbriefbank fortbestehen. Im Hinblick auf mögliche Ansprüche der Pfandbriefbank gegen den Derivatepartner kann der Derivatepartner der Pfandbriefbank Sicherheiten im Wege einer Vollrechtsübertragung zur Verfügung stellen. Derivate-

partner bezweifeln jedoch, dass auch Ansprüche aus dem zugrunde liegenden Rahmenvertrag und damit ein etwaiger Anspruch auf Rückgewähr der Sicherheiten privilegiert sind und der Derivatepartner insoweit dem Pfandbriefgläubiger gleichgestellt ist. Deshalb wird zum Teil angenommen, eine geleistete Sicherheit müsse in Deckung genommen werden, um einen privilegierten Rückgewähranspruch gegen die Deckungsmasse zu erhalten.

Entscheidend ist, dass bei der Stellung von Sicherheiten im Wege einer Vollrechtsübertragung die Rückgewähransprüche der Derivatepartner aus dem Rahmenvertrag den Ansprüchen der Pfandbriefgläubiger gleichgestellt sind und die Deckung insgesamt ausreichend ist. Mit der Neufassung von Absatz 1 Nummer 4 und § 4 Abs. 3 Satz 2 wird dieses Ziel erreicht. Denn es wird klargestellt, dass Derivate zusammen mit allen Ansprüchen in das Deckungsregister eingetragen werden, die unter dem Rahmenvertrag zu einer einheitlichen Ausgleichsforderung zusammengefasst werden, einschließlich etwaiger Besicherungsanhänge. Da die Einzelabschlüsse zusammen mit dem Rahmenvertrag einen einheitlichen Vertrag bilden und die Einzelansprüche durch Netting zu einer einheitlichen Ausgleichsforderung zusammengefasst werden, kann auch nur diese einheitliche rahmenvertragliche Forderung in die Deckungsmasse einbezogen werden. Im Insolvenzfall werden somit die gelieferten Sicherheiten bei der Bemessung der Ausgleichszahlung berücksichtigt.

Zu Doppelbuchstabe bb
Redaktionelle Korrektur.

Zu Doppelbuchstabe cc
Für Schiffspfandbriefe gilt nach § 26 Absatz 1 Nr. 5 Satz 2 die Begrenzung der Währungsderivate in Deckung auf 12 Prozent nicht (ebenso nicht für den künftigen Flugzeugpfandbrief, § 26f Absatz 1 Nr. 5), wohl aber gilt sie für Hypothekenpfandbriefe und für Öffentliche Pfandbriefe. Ohne diese Privilegierung der Schiffspfandbriefe und Flugzeugpfandbriefe würde die Finanzierung, die weitgehend in US-Dollar erfolgt, außerordentlich beeinträchtigt. Mittlerweile ist bei der Immobilienfinanzierung der Anteil der Auslandsfinanzierungen der Pfandbriefbanken, der in Deckung genommen wird, stark angestiegen. Da diese in Drittstaaten, aber auch in EU-Staaten, die nicht dem Euroraum angehören, in Fremdwährungen erfolgt, entsteht mit einer weiteren Zunahme die Gefahr, dass die 12 Prozent-Grenze die Pfandbriefbanken, die einen hohen Anteil von Immobilienfinanzierungen im Ausland aufweisen, bei der Absicherung der Währungsrisiken dieser Geschäfte mit Wirkung für die Deckungsmasse behindert. Dies gilt sinngemäß für die Finanzierung von ausländischen Gebietskörperschaften und öffentlichen Stellen im Sinne von § 20 Absatz 1. Es ist daher erforderlich, die Hypothekenpfandbriefe und die Öffentlichen Pfandbriefe den Schiffs- und Flugzeugpfandbriefen gleichzustellen.

Bei den hier in Frage stehenden Derivaten handelt es sich um reine Währungsderivate, die auf Einzelgeschäfts- oder Portfolioebene zur Absicherung von Währungsschwankungen genutzt werden. Da Währungsderivate, die rein spekulativen Zwecken dienen, ausgeschlossen sind, ist mit der Änderung keine Qualitätsverschlechterung verbunden. Vielmehr profitieren Pfandbriefinvestoren von der ausgeweiteten Möglichkeit, Währungsschwankungen innerhalb der Deckungsmasse abzusichern, so dass die Absicherung auch bei Insolvenz der Pfandbriefbank zugunsten des Sondervermögens bestehen bleibt. Sie sind einfach zu analysieren und können nicht zum Ersatz für andere Deckungswerte herangezogen werden, so dass die Sicherheit der Deckungsmasse nicht berührt wird und keine Beeinträchtigung der Sicherheit der betreffenden Pfandbriefe zu befürchten ist.

Dem bisherigen § 19 Abs. 1 Nr. 4 Satz 3 ist die Berechnung der 12-Prozent-Grenze nicht eindeutig zu entnehmen. Denn es kommt nicht zum Ausdruck, dass die verschiedenen gleichartigen Positionen von Ansprüchen und Verbindlichkeiten, die sich unter einem Rahmenvertrag gegen denselben Derivatepartner richten, nicht einzeln miteinander verrechnet werden müssen, sondern sich aus dem Rahmenvertrag – nach Ablauf einer bestimmten Zeit – ein Gesamtanspruch aus der Saldierung aller vom Rahmenvertrag erfassten Geschäfte ergibt (so genanntes Netting). Durch die Änderung wird klargestellt, dass es auf den Gesamtanspruch aus der Saldierung aller vom Rahmenvertrag erfassten Geschäfte ankommt.

Zu Nummer 17 (§ 20 PfandBG)

Zu Buchstabe a

Mit der Neufassung von § 20 Absatz 1 Satz 1 werden der Gleichlauf zur neu gefassten Bankenrichtlinie 2006/48/EG vollzogen und die Deckungsfähigkeit von Forderungen gegen Drittstaaten und deren unterstaatliche Stellen (insbesondere Regionen, Kantone, Länder, Gemeinden und Landkreise) mit Bonitätsstufe 1 sowie gegen Zentralbanken hergestellt. Die Investoren müssen dann nicht den tatsächlichen Stand der Deckungswerte der einzelnen Emittenten im Hinblick auf die Richtlinie prüfen. Bei einer Änderung der öffentlichen Deckungswerte einer Pfandbriefbank bleibt die privilegierte Risikogewichtung ihrer Öffentlichen Pfandbriefe dadurch erhalten. Der Markt für deutsche Öffentliche Pfandbriefe bleibt homogen.

Bei unterstaatlichen Stellen in EU-/EWR-Staaten hat die neu gefasste Bankenrichtlinie in Anhang VI Nr. 12 Rn. 68 die vormals bestehenden Beschränkungen (Deckungsfähigkeit nur bei Risikogewicht von maximal 20 Prozent) aufgehoben und stellt die unterstaatlichen Stellen beim Risikogewicht den Zentralstaaten gleich. Die Anpassung in § 20 Absatz 1 Satz 1 Nummer 1 Buchstabe c PfandBG folgt diesen Anforderungen.

Für Forderungen gegen Drittstaaten (außerhalb des EU-/EWR-Raumes) wird die Richtlinien-Konformität durch eine Anknüpfung an die Bonitätsstufe 1 sichergestellt. Bei unterstaatlichen Stellen von Drittstaaten mit der Bonitätsstufe 1 ist – je nach Entscheidung des jeweiligen Drittstaates – entweder die Gleichstellung mit dem Zentralstaat oder die Einstufung wie Kreditinstitute der Bonitätsstufe 1erforderlich. Anders als in der neu gefassten Bankenrichtlinie sollen nicht sämtliche Drittstaaten und deren unterstaatliche Stellen der Bonitätsstufe 1 für deckungsfähig erachtet werden, sondern lediglich die bislang deckungsfähigen Länder – USA, Kanada, Schweiz sowie Japan. Damit werden nicht nur die Regelungen der neu gefassten Bankenrichtlinie nachvollzogen, sondern auch die Qualität des Pfandbriefes erhalten und erhöht.

Die alte Fassung von § 20 Absatz 1 Satz 1 Nummer 1 Buchstabe d wird gestrichen. Die Vorschrift erlaubte die Indeckungnahme von Forderungen gegen europäische OECD-Staaten. Außerhalb der EU- und EWR-Staaten und der Schweiz gibt es derzeit keine europäischen OECD-Staaten, die die Anforderungen der neu gefassten

Bankenrichtlinie im Hinblick auf ein Mindestrating erfüllen. Die Vorschrift kann daher gestrichen werden.

Mit der neuen Fassung von § 20 Absatz 1 Satz 1 Nummer 1 Buchstabe b und d wird die Deckungsfähigkeit von Forderungen gegen Zentralnotenbanken hergestellt. Denn nach der neu gefassten Bankenrichtlinie (Anhang VI Nr. 12 Rn. 68) erfolgt die Gleichstellung mit Blick auf die Risikogewichtung zum Zwecke der Eigenkapitalunterlegung mit den jeweiligen Zentralstaaten. Die bisherige 10-Prozent-Grenze entfällt. Folglich kann die zusätzliche Erwähnung in § 20 Absatz 2 Nummer 2 entfallen.

Die neue Fassung von § 20 Absatz 1 Satz 1 Nummer 1 Buchstabe f stellt die Deckungsfähigkeit von Forderungen gegen die Europäische Zentralbank (EZB), internationale Organ sationen und multilaterale Entwicklungsbanken her und schafft die 10-Prozent-Grenze für Forderungen gegen die EZB, internationale Organisationen sowie multilaterale Entwicklungsbanken ab. Denn in Anhang VI Nr. 12 Rn. 68 der neu gefassten Bankenrichtlinie werden Forderungen gegen die EZB als geeignete Deckungswerte für gedeckte Schuldverschreibungen angesehen. Die Beschränkung kann daher nicht mehr aufrechterhalten werden. Daneben enthält die neu gefasste Bankenrichtlinie in Anhang VI Nr. 4 eine Auflistung von Entwicklungsbanken, welche der Bonitätsstufe 1 zugeordnet sind. Diese Werte sind ebenfalls als Deckungswerte für gedeckte Schuldverschreibungen geeignet. Die Formulierung „internationale Organisationen" umfasst nach Anhang VI Nr. 5 der neu gefassten Bankenrichtlinie folgende Schuldner: die Europäische Gemeinschaft, den Internationalen Währungsfonds sowie die Bank für Internationalen Zahlungsausgleich. Diese Organisationen unterliegen einer Nullrisikogewichtung (Bonitätsstufe 1). Auch hier ist die Beschränkung aufzuheben.

Mit der Neufassung von § 20 Absatz 1 Satz 1 Nummer 1 Buchstabe g wird erstmals die Deckungsfähigkeit von Forderungen gegen öffentliche Stellen eines Mitgliedstaats der EU und des EWR hergestellt. Forderungen gegen „öffentliche Stellen" werden nach Anhang VI Nr. 12 Rn. 68 der neu gefassten Bankenrichtlinie als geeignete Deckungswerte für gedeckte Schuldverschreibungen angesehen. Nach der in Artikel 4 Nr. 18 der Richtlinie enthaltenen Definition umfasst die Fallgruppe der „öffentlichen Stellen" auch die „Verwaltungseinrichtungen ohne Erwerbszweck" (diese waren bislang in § 20 Absatz 1 Satz 1 Nummer 1 Buchstabe e erfasst). Da es im deutschen Recht keine allgemein anerkannte Definition von „öffentliche Stellen" gibt, muss die Definition der Bankenrichtlinie herangezogen werden. Aufgrund von Buchstabe h gilt dies auch für Drittstaaten mit der Maßgabe, dass Mindestanforderungen an die Bonitätsstufe gestellt werden.

Aufgrund von Artikel 4 Nr. 18 der Richtlinie werden öffentliche Stellen definiert als nicht gewerbliche Verwaltungseinrichtungen, die von Zentralstaaten, Gebietskörperschaften oder von Behörden, die in den Augen der zuständigen Behörden die gleichen Aufgaben wie regionale und lokale Behörden wahrnehmen, getragen werden, oder im Besitz von Zentralstaaten befindliche Unternehmen ohne Erwerbszweck, für die eine einer ausdrücklichen Garantie gleichstehende Haftung gilt, einschließlich selbst verwalteter Einrichtungen des öffentlichen Rechts, die einer öffentlichen Beaufsichtigung unterliegen. Dies wird immer dann der Fall sein, wenn die Erledigung öffentlicher Aufgaben im Vordergrund steht und Erwerbsaussichten nicht bestehen. Wesentliches Unterscheidungsmerkmal für die Abgrenzung zwischen erwerbswirtschaftlicher und nicht erwerbswirtschaftlicher Tätigkeit ist die

Frage, ob die betreffende Einrichtung oder das betreffende Unternehmen mit anderen Personen im Wettbewerb steht und Geschäfte wie diese betreibt. Diese Kriterien können als gegeben angesehen werden, wenn die Bankaufsichtsbehörden des jeweiligen Landes die öffentliche Stelle im Rahmen der Regeln der bankaufsichtlichen Eigenkapitalunterlegung mit einem Risikogewicht von 20 Prozent versehen hat (entspricht der Bonitätsstufe 1 der Tabelle 3 von Anhang VI der Richtlinie 2006/48/EG).

Zu solchen öffentlichen Stellen zählen insbesondere

- staatliche Verwaltungseinrichtungen, die keinen Erwerbszweck verfolgen, öffentliche Aufgaben wahrnehmen und nicht zu sonstigen öffentlichen Haushalten gehören, insbesondere Anstalten des öffentlichen Rechts, deren finanzielle Ausstattung durch die die Anstalt tragende öffentlich-rechtliche Körperschaft (Träger) sichergestellt ist (Anstaltslast) oder deren Träger für die Verbindlichkeiten der Anstalt eintritt (Gewährträgerhaftung),
- nicht erwerbswirtschaftliche Unternehmen im Besitz von Zentralstaaten, auch wenn sie privatrechtlich organisiert sind, aber der tragende Zentralstaat einen maßgeblichen rechtlichen und wirtschaftlichen Einfluss ausüben kann sowie das Unternehmen über die einer ausdrücklichen Garantie gleichstehende Haftung verfügt.

Da in Buchstabe h die Anknüpfung an die Bonitätsstufe 1 im Hinblick auf öffentliche Stellen eines Drittstaates denselben Anforderungen unterliegt wie mit Blick auf dessen Regionalverwaltungen und Gebietskörperschaften (Buchstabe e), kann in Buchstabe h auf die bereits in Buchstabe e aufgeführten Kriterien Bezug genommen werden.

Mit der Neufassung von § 20 Absatz 1 Satz 1 Nummer 2 werden die Wörter „volle“ und „unmittelbar“ zur Herstellung kohärenter Begrifflichkeiten von „Gewährleistung“ und „Anspruch gegen den Gewährleistenden“ gestrichen. Hierbei ist die Streichung des Wortes „volle“ vor Gewährleistung der neu gefassten Bankenrichtlinie geschuldet, da „volle“ nicht im Zusammenhang mit Gewährleistungen verwendet wird. Unter der Streichung des Wortes „volle“ ist nicht zu verstehen, dass die Höhe der Gewährleistung abgesenkt werden kann.

Forderungen, die durch öffentliche Exportkreditversicherungen gewährleistet sind, stellen ein wichtiges Geschäftsfeld der Pfandbriefbanken dar. Derartige Forderungen sind bislang nach § 20 dann deckungsfähig, wenn – wie bei den deutschen Hermes-Bürgschaften – zwar ein in privater Rechtsform, beispielsweise einer Aktiengesellschaft, organisierter Versicherer tätig wird, dieser jedoch auf Rechnung und im Auftrag des betreffenden Staates handelt. Die Deckungsfähigkeit entsprechender Forderungen ist zudem dann zu bejahen, wenn der Versicherer unmittelbar dem Staat zuzuordnen ist. Über diese beiden Fallgruppen hinaus sollen nunmehr mittels Aufnahme in § 20 Absatz 1 Satz 1 Nummer 2 auch Gewährleistungen der Exportkreditversicherer deckungsfähig sein, welche als „öffentliche Stelle“ im Sinne von Artikel 4 Nummer 18 der Richtlinie 2006/48/EG einzuordnen sind. Die Fallgruppe der als Gewährleistungsgeber tauglichen Exportkreditversicherer wird eingeschränkt durch die aus dem Begriff „öffentliche Stelle“ resultierenden Kriterien. Darüber hinaus erfolgt durch eine Bezugnahme auf § 20 Absatz 1 Satz 1 Nummer 1 Buchstabe g eine geographische Eingrenzung auf das EU-/EWRGebiet.

Das bislang in § 20 Absatz 1 Satz 1 Nummer 2 enthaltene Unmittelbarkeitskriterium setzt voraus, dass der Forderungsinhaber einen Zahlungsanspruch gegen den

Gewährleistenden hat. Ein derartiger Zahlungsanspruch ist auch weiterhin als Gewährleistung im Sinne der Nummer 2 anzusehen. Daneben soll eine Gewährleistung auch dann vorliegen, wenn sich der Anspruch des Forderungsinhabers gegen den Gewährleistenden auf finanzielle Ausstattung des Schuldners bezieht. Der Gewährleistende muss verpflichtet sein sicherzustellen, dass der Schuldner seinen finanziellen Verpflichtungen gegenüber dem Forderungsinhaber nachkommt. Eine Gewährleistung im Sinne des § 20 Absatz 1 Satz 1 Nummer 2 liegt dann vor, wenn die konkrete Rechtskonstruktion dem Forderungsinhaber nach jeweils anwendbarem Recht einen gegenüber dem Gewährleistenden gerichtlich durchsetzbaren Anspruch auf finanzielle Ausstattung des Schuldners vermittelt. Durch die Rechtskonstruktion einer einklagbaren Ausstattungsverpflichtung wird die Einstandspflicht des Gewährleistenden ebenso wie beim Zahlungsanspruch abgesichert. Daher bedarf es keiner ausdrücklichen Erwähnung der Unmittelbarkeit.

Für den Fall einer Herabstufung der Bonität wird mit dem neuen Absatz 1 Satz 1 Nummer 3 eine Auffangregelung geschaffen. Die in der neu gefassten Bankenrichtlinie (Anhang VI Nr. 12 Rn. 68) aufgeführte 20-Prozent-Grenze für Forderungen gegen staatliche Schuldner der Bonitätsstufe 2 ist in § 20 übernommen worden, allerdings beschränkt auf den Fall, dass der Zentralstaat oder die betreffende unterstaatliche Stelle nach bereits erfolgter Indeckungnahme von Bonitätsstufe 1 auf Bonitätsstufe 2 herabgestuft wird. Mit der neuen Nummer 3 ist gewährleistet, dass die entsprechenden Deckungswerte bei einer Herabstufung des Zentralstaates nicht aus der Deckungsmasse entfernt werden müssen, um die günstige Risikogewichtung für Pfandbriefe aufrechtzuerhalten. Um die hohe Qualität der Deckungsmasse sicherzustellen, sind indes keine Forderungen gegen Staaten umfasst, die bereits zum Zeitpunkt der Indeckungnahme der Forderung durch die jeweilige Bank lediglich der Bonitätsstufe 2 zugeordnet sind. Dies gilt über die Verweisung in § 19 Abs. 1 Nr. 3, § 26 Abs. 1 Nr. 4, § 26f Abs. 1 Nr. 4 für die anderen Pfandbriefgattungen entsprechend.

Zu Buchstabe b
Folgeänderung zum neuen § 20 Absatz 1 Satz 1 Nummer 1 Buchstabe d und e.

Zu Nummer 18 (§ 21 PfandBG)
Das Darlehen kann damit teilweise zur Deckung verwendet werden, also in der Deckungsrechnung mit einem geringeren als dem Nominalbetrag als Gegenwert für die Emission von Schiffspfandbriefen berücksichtigt werden, und zwar in dem Umfang, wie die Beleihungsvorschriften erfüllt sind. Dieses Verfahren ist bisher auch üblich, wenn ein Darlehen die Beleihungsgrenze von 60 Prozent aus § 22 Absatz 2 Satz 1 überschreitet. Das Deckungsregister gibt damit weiterhin korrekt Auskunft über die zur Deckung dienenden Werte; diese werden lediglich – wie auch im Falle von Beleihungen über die Beleihungsgrenze von 60 Prozent hinaus üblich – nicht in vollem Umfang zur Deckung verwendet. Eine Beeinträchtigung der Rechte der Schiffspfandbriefgläubiger ist nicht ersichtlich.

Im Falle einer teilweisen Verwendung eines Darlehens zur Deckung hat die Pfandbriefbank den Vorgang zum Bestandteil der auch sonst nachvollziehbar zu führenden Darlehensdokumentation zu machen. Die Dokumentation der Pfandbriefbank kann von dem von der Bankaufsicht bestellten Treuhänder im Rahmen seiner Tätigkeit eingesehen werden. Die Dokumentation kann auch zum Gegenstand von Deckungsprüfungen werden und so von der Bundesanstalt nachvollzogen und erforderlichenfalls vorgegeben werden.

Zu Nummer 19 (§ 22 PfandBG)

Zu den Buchstaben a und c Dopelbuchstabe aa und cc

Im Gesetzgebungsverfahren zum PfandBG wurde die maximal zulässige Lebensdauer eines Schiffes für Beleihungen auf 20 Jahre festgesetzt. Dagegen verblieb es bei der Höchstdauer der Darlehenslaufzeit von 15 Jahren. Diese Unterscheidung des PfandBG führt zu Widersprüchen:

Neubauten können ab dem Zeitpunkt der Ablieferung nur bis zum 15. Lebensjahr durch Deckungsdarlehen finanziert werden.

Schiffe, die bei Finanzierungsbeginn bereits fünf Jahre alt sind, können über 15 Jahre Darlehenslaufzeit finanziert werden, also für eine Lebensdauer von insgesamt 20 Jahren. Damit werden Neubauten offenkundig benachteiligt. Die wirtschaftliche Lebensdauer der finanzierten Standardschiffe beträgt bei sachgerechter Unterhaltung in der Regel mehr als 25 Jahre. Die Schiffsbanken lassen sich den ordnungsgemäßen Zustand der Schiffe durch Zertifikate der Klassifikationsgesellschaften regelmäßig nachweisen. Den Schiffsbanken vorliegende Aufstellungen international anerkannter Beratergesellschaften über Verschrottungen von Tankern, Bulkern und Containerschiffen in 2007 bestätigen: Das Lebensalter verschrotteter Schiffe lag nahezu durchgängig bei mindestens 25 Jahren, teilweise deutlich darüber. Schiffe sind demnach nicht nur 15 Jahre wirtschaftlich einsetzbar, sondern deutlich länger. Die mit den Änderungen vorgenommene Verlängerung der Darlehenslaufzeit ist somit angemessen und benachteiligt die Pfandbriefgläubiger nicht.

Zu Buchstabe b

Folgeänderung von Nummer 5 Buchstabe b.

Zu Buchstabe c

Zu Doppelbuchstabe bb

Die Sätze 3 und 4 werden gestrichen, weil die Darlehenslaufzeit die zu erwartende Lebensdauer eines Schiffes abdeckt. Die besondere Bestimmung auf den Auszahlungszeitpunkt ist entbehrlich, da das Lebensalter der Schiffe sich aufgrund des Zeitpunkts der Ablieferung durch die Werft bestimmt. Bei einer zu erwartenden Lebensdauer von 20 Jahren und der entsprechenden zugelassenen Darlehenslaufzeit ist der Ablieferungszeitpunkt daher regelmäßig auch der Zeitpunkt, in dem die Darlehenslaufzeit beginnt.

Zu Doppelbuchstabe dd

Mit der Einfügung von Satz 4 wird die Flottenfinanzierung, also die gleichzeitige Beleihung mehrerer Schiffe, zugelassen, auch wenn ein Schiff die zugelassene Beleihungsdauer überschritten hat. Die Neuregelung lässt die Aufteilung der Darlehensforderung auf die einzelnen Schiffe und Schiffsbauwerke unter der Voraussetzung zu, dass die Darlehensforderungen für sich allein jeweils zur Deckung geeignet sind. Damit wird verhindert, dass eine überalterte Flotte finanziert wird. Ob die auf die einzelnen Schiffe entfallenden Darlehensteile die Deckungsvoraussetzungen erfüllen, kann durch eine schriftliche Dokumentation der Aufteilung (zum Beispiel durch einen exakten Tilgungsplan unter Zuordnung auf die einzelnen Schiffe einer Flotte) gegenüber dem Treuhänder überwacht werden. Dadurch sind jederzeit die Nachvollziehbarkeit und die Transparenz der Deckungsmasse und der Deckungsrechnung gegeben. Die Dokumentation der Pfandbriefbank kann von dem von der Bankaufsicht bestellten Treuhänder im Rahmen seiner Tätigkeit eingesehen werden; sie kann auch zum Gegenstand von Deckungsprüfungen werden.

Zu Buchstabe d

Mit dem neuen Absatz 6 werden künftig alle Forderungen, deren Inhaber die Schiffspfandbriefbank ist und die auf die wirtschaftliche Substanz des Schiffs gerichtet sind, zu den eingetragenen Deckungswerten gehören. Ausdrücklich erfasst sind bisher nur Ansprüche aus Schiffsversicherungen (§ 23 PfandBG), nicht hingegen die Erträge aus den Schiffen und Anteile an Objektgesellschaften sowie Pfandrechte. Diese Ansprüche erhöhen die Sicherheit im Hinblick auf die wirtschaftliche Substanz des Schiffs und helfen, unvorhergesehene Entwicklungen abzudecken. Mit der Änderung wird die Sicherheit des Schiffspfandbriefs erhöht.

Zu Nummer 20 (§ 23 PfandBG)

Schiffsfinanzierungspraxis, wie sie im Geschäft mit inländischen Schifffahrtsunternehmen zur Zeit des Gesetzgebungsverfahrens im Jahr 2004 in vielen Fällen, aber bereits schon damals nicht durchgehend üblich war. Im internationalen Schiffskreditgeschäft wird hingegen – wie in der Flugzeugfinanzierung – häufig ein Satz von 110 Prozent verwendet und ist deshalb im Wettbewerb auch nur in dieser Höhe durchsetzbar. Der 10-prozentige Sicherheitszuschlag auf die ausstehende Darlehensforderung genügt den Banken, um gegebenenfalls rückständige Zinsen und Nebenkosten abdecken zu können. Außerdem ist darauf hinzuweisen, dass das versicherte Risiko eines Totalverlustes unwahrscheinlich ist. Totalverluste wurden in den letzten Jahren nicht mehr festgestellt; das Risiko ist daher wirtschaftlich als sehr gering zu bewerten.

Zu Nummer 21 (§ 24 PfandBG)

Die Regelung ist durch Zeitablauf gegenstandslos geworden und wird daher aufgehoben.

Zu Nummer 22 (§ 25 PfandBG)

Folgeänderung von Nummer 19 Buchstabe a und c Doppelbuchstabe aa.

Zu Nummer 23 (§ 26 PfandBG)

Zu Buchstabe a

Folgeänderung zu Nummer 18. Durch die Ergänzung wird die Änderung des § 21 auch auf durch Schiffshypotheken gesicherte Schuldversprechen oder Schuldanerkenntnisse übertragen. Diese dürfen zukünftig ebenfalls in dem Umfang zur Deckung verwendet werden, in dem die zugrunde liegenden Darlehensforderungen den Erfordernissen der §§ 22 bis 24 entsprechen.

Zu Buchstabe b
Folgeänderung zu Nummer 16 Buchstabe b und Nummer 4 Buchstabe a.

Zu Buchstabe c
Folgeänderung zu Nummer 16 Buchstabe c.

Zu Buchstabe d
Folgeänderung zu Nummer 16 Buchstabe d.

Zu Nummer 24 (Unterabschnitt 4 – Flugzeugpfandbriefe)
Der Finanzausschuss des Deutschen Bundestages hatte die Bundesregierung im Rahmen des Gesetzgebungsverfahrens zum Gesetz zur Neuordnung des Pfandbriefrechts vom 19. Juli 2005 (PfandBG) gebeten zu prüfen, ob ein Flugzeugpfandbrief geschaffen werden soll. Im Rahmen dieser Prüfung hat sich die Umsetzbarkeit eines solchen Produktes herausgestellt. Die neuen Regelungen (§§ 26a bis 26f) sind im Wesentlichen den Regelungen zu den Schiffspfandbriefen nachgebildet. Bereits dadurch wird allgemein ersichtlich, dass die Flugzeugpfandbriefe von ihrer Struktur her denselben Qualitätsanforderungen unterworfen werden. Zusätzlich zu diesen gesetzlichen Regelungen ist eine Flugzeugbeleihungswertermittlungsverordnung zu schaffen.

Der Markt für Flugzeugfinanzierungen wird in den kommenden fünf Jahren voraussichtlich ein jährliches Neugeschäftsvolumen von rund 44 Mrd. Euro haben. Zusammen mit den im Bestand befindlichen Finanzierungen besteht eine ausreichende Basis für nachhaltige Volumina von zu emittierenden Flugzeugpfandbriefen. Da unter den internationalen Teilnehmern im Markt der Flugzeugfinanzierung ein intensiver Wettbewerb herrscht, kann die Refinanzierungsmöglichkeit über einen Flugzeugpfandbrief die Wettbewerbsfähigkeit der in Deutschland tätigen Kreditinstitute stärken.

Durch Pfandrechte an Flugzeugen abgesicherte Darlehensforderungen sind in gleicher Weise wie durch Pfandrechte an Schiffen abgesicherte Forderungen geeignet, die Deckungsmasse eines Pfandbriefs zu bilden. Bei Flugzeugen sind ebenso wie bei Schiffen die für einen Pfandbrief notwendigen rechtlichen Sicherungsinstrumente vorhanden. Das Registerpfandrecht an einem Flugzeug ist ein ebenso qualitativ hochwertiges und verlässliches Sicherungsrecht wie die Schiffshypothek. Aus Gründen der Transparenz und Klarheit werden für Flugzeugpfandbriefe eigene Deckungsmassen gebildet.

In Deutschland registrierte Flugzeuge können zur Sicherung von Forderungen mit einem „Registerpfandrecht" nach dem Gesetz über Rechte an Luftfahrzeugen (LuftfzRG) belastet werden. Das LuftfzRG beruht weitgehend auf den Regelungen des Gesetzes über Rechte an eingetragenen Schiffen und Schiffsbauwerken (SchiffsRG) und stimmt zum Teil wörtlich damit überein. Daher sind die Rechtspositionen eines Schiffshypothekengläubigers und eines Registerpfandrechtsgläubigers von Flugzeugen weitgehend gleich.

Beim Registerpfandrecht handelt es sich um ein besitzloses Pfandrecht, das zu seiner Wirksamkeit der Eintragung in das Register für Pfandrechte an Luftfahrzeugen bedarf. Das Pfandrechtsregister wird beim Amtsgericht Braunschweig als Registergericht geführt. Es können nur solche Flugzeuge mit einem Registerpfandrecht belastet werden, die in der vom Luftfahrt-Bundesamt geführten Luftfahrzeugrolle geführt werden. Dieses Register führt im Wesentlichen die Luftverkehrszulassungen.

Zu den einzelnen Rechtsvorschriften

Zu § 26a PfandBG (neu)

Forderungen aus einer Flugzeugfinanzierung können nach deutschem Recht durch Eintragung eines Registerpfandrechts nach § 1 LuftfzRG dinglich an einem Flugzeug besichert werden. Es handelt sich um ein besitzloses Pfandrecht und gewährt einem Gläubiger eine vergleichbare Rechtsposition zu der eines Schiffshypothekengläubigers. Alle Luftfahrzeuge, die als „Flugzeuge" i.S.v. § 1 Absatz 2 Nr. 1 des Luftverkehrsgesetzes zu qualifizieren sind, sind gemäß § 14 Absatz 1 der Luftverkehrs-Zulassungs-Ordnung (LuftVZO) von Amts wegen bei der Verkehrszulassung in die Luftfahrzeugrolle einzutragen. Die Verkehrszulassung wird gemäß § 8 Absatz 2 LuftVZO unter anderem nur dann erteilt, wenn das Luftfahrt-Bundesamt die Lufttüchtigkeit bestätigt hat, und kann gemäß § 9 LuftVZO jederzeit zurückgenommen oder widerrufen werden. Durch die Anforderung des § 1 LuftfzRG, nach der nur in der Luftfahrzeugrolle eingetragene Flugzeuge Gegenstand eines Registerpfandrechts werden können, ist somit eine Überwachung der Einhaltung der Verkehrsstandards bei mit Registerpfandrechten belasteten Flugzeugen gewährleistet. Aufgrund der unterschiedlichen Typen- und Zulassungsnummern sind die Luftfahrzeuge individualisierbar und ihr Standort jederzeit ausfindig zu machen.

Zur Bestellung eines Registerpfandrechts bedarf es einer formlosen Einigung sowie der Eintragung in das Pfandrechtsregister. Die Eintragungsbewilligung des Betroffenen ist in öffentlich beglaubigter Form nachzuweisen. Das Registerpfandrecht ist als streng akzessorisches Sicherungsrecht ausgestaltet, d.h. es kann nicht ohne die Forderung übertragen werden und es geht mit der Forderung unter. Voraussetzung für die rechtsgeschäftliche Übertragung der Forderung sind die Einigung des bisherigen und des neuen Gläubigers sowie die Eintragung in das Pfandrechtsregister. Die Einigung vor Eintragung ist nur bei notarieller Beurkundung bindend. Der Haftungsverband des Registerpfandrechts erfasst vertraglich vereinbarte und gesetzliche Zinsen, die Kosten der Kündigung des Pfandrechts und die Kosten der Rechtsverfolgung. Registerpfandrechte werden im Wege der Zwangsvollstreckung mittels Zwangsversteigerung nach den Bestimmungen der §§ 171 bis 171n des Gesetzes über die Zwangsversteigerung und Zwangsverwaltung (ZVG) verwertet. Gemäß § 171c Absatz 3 ZVG kann das Luftfahrzeug auch über einen Treuhänder bis zur Versteigerung genutzt werden, um Erträge zu erwirtschaften.

Die internationale Anerkennung von Registerpfandrechten an Flugzeugen und von Flugzeughypotheken erfolgt nach dem jeweiligen nationalen Recht. Maßgeblich für das entstandene Sicherungsrecht sind die Regelungen des internationalen Privatrechts des Staates, in dem die Sicherungsrechte entweder durch den Sicherungsgläubiger selbst durchgesetzt werden sollen oder in dem ein Drittgläubiger Verwertungsmaßnahmen in Bezug auf das zu Gunsten eines Sicherungsgläubigers besicherte Flugzeug anstrengt. Nach den deutschen Regelungen des internationalen Privatrechts ist das anwendbare Recht bezüglich der Rechte an Flugzeugen nach den Gesetzen des Staates zu bestimmen, dessen Staatszugehörigkeit das Flugzeug hat (Artikel 45 Absatz 1 Satz 2 Nr. 1 des Einführungsgesetzes zum Bürgerlichen Gesetzbuche – EGBGB). Beispielsweise würden bei einer Verwertung eines in England registrierten Flugzeuges deutsche Gerichte die Frage, ob eine englische Flugzeughypothek wirksam entstanden ist, aufgrund von Artikel 45 EGBGB nach englischem Recht beantworten.

Neben den nationalen Regelungen über die Bestellung des Pfandrechts und der möglichen Verwertung gibt es mehrere internationale Übereinkommen, die für die Anerkennung der Bestellung von Pfandrechten an Flugzeugen und deren Ausrüstung relevant sind:

a) Chicago-Abkommen

Das Prinzip der Gültigkeit des Rechts des Eintragungsorts (Lex-registri-Prinzip) ist in Bezug auf Rechte an Flugzeugen (wie auch bei Schiffen) weltweit anerkannt und stützt sich auf das „Abkommen über die internationale Zivilluftfahrt“ von 1944 (Chicago-Abkommen), das von über 190 Staaten ratifiziert worden ist. Nach Artikel 17 des Chicago-Abkommens haben Flugzeuge die Staatszugehörigkeit ihres Registrierungsstaates.

b) Das Genfer Pfandrechtsabkommen

Der grundsätzlichen Regelung des Artikels 45 EGBGB gehen im deutschen Recht nach Artikel 3 Absatz 2 Satz 1 EGBGB staatsvertragliche Regelungen vor, soweit sie unmittelbar anwendbares innerstaatliches Recht geworden sind. Eine solche völkerrechtliche Vereinbarung ist das „Abkommen über die internationale Anerkennung von Rechten an Luftfahrzeugen“ vom 19. Juni 1948 (Genfer Pfandrechtsabkommen). Dem Abkommen sind mittlerweile 89 Staaten (Deutschland bereits im Jahr 1959) beigetreten. Die Mitgliedstaaten verpflichten sich zur gegenseitigen Anerkennung der jeweiligen nach nationalem Recht begründeten besitzlosen Pfandrechte, Hypotheken und ähnlichen Rechte an einem Luftfahrzeug, die vertraglich als Sicherheit für die Erfüllung einer Schuld begründet sind. Allerdings enthält das Genfer Pfandrechtsabkommen keine materiellen Vorgaben hinsichtlich der Ausgestaltung von Pfandrechten an Luftfahrzeugen. Diese bestimmt sich ausschließlich nach nationalem Recht.

Nach Artikel I Absatz 1 Satz 1 Buchstabe d des Genfer Pfandrechtsabkommens müssen Vertragsstaaten besitzlose Pfandrechte, Hypotheken und ähnliche Rechte an einem Luftfahrzeug anderer Vertragsstaaten anerkennen, sofern diese nach dem Recht des Staates, in dem das betreffende Flugzeug zum Zeitpunkt der Begründung der Flugzeughypothek registriert war, wirksam entstanden sind und ordnungsgemäß in einem öffentlichen Register des jeweiligen Eintragungsstaates des Flugzeuges registriert wurden. In Bezug auf die Rangfolge wird auf das Recht des Registrierungsstaates des Luftfahrzeugs im Zeitpunkt der Entstehung des Sicherungsrechts verwiesen.

Nach Artikel I Absatz 2 Satz 2 des Genfer Pfandrechtsabkommens dürfen sonstige Rechte an Luftfahrzeugen den in Artikel I Absatz 1 Satz 1 des Genfer Pfandrechtsabkommens genannten, insbesondere auch den besitzlosen Pfandrechten, Hypotheken und ähnlichen Rechten an einem Luftfahrzeug gemäß Artikel I Absatz 1 Satz 1 Buchstabe d des Genfer Pfandrechtsabkommens, nicht vorgehen. Einzige Ausnahme hierzu bilden nach Artikel IV Absatz 1 des Genfer Pfandrechtsabkommens Ansprüche, die nach dem Recht eines Vertragsstaats, in dem Bergungs- oder Erhaltungsmaßnahmen an einem Luftfahrzeug zum Abschluss gekommen sind, wegen Entschädigung für die Bergung des Luftfahrzeugs oder wegen außerordentlicher, zur Erhaltung des Luftfahrzeugs unumgänglich erforderlicher Aufwendungen entstanden sind, und ein mit Vorrang ausgestattetes dingliches Recht an einem Luftfahrzeug begründen.

Ein weiterer wichtiger Aspekt des Abkommens ist die zwingende Anwendung des Verwertungsrechts des Staates, in dem die Zwangsvollstreckung in das Luftfahrzeug erfolgen soll. Dies kann neben dem Registrierungsstaat der Staat sein, in dem die Beschlagnahme erfolgt ist. Dies ermöglicht vor dem Hintergrund des mobilen Einsatzes von Flugzeugen eine vorteilhafte Planbarkeit der Verwertung: Der Gläubiger kann zur Beschlagnahme einen Staat mit einem verlässlichen Verwertungsrecht aussuchen, da in jedem Fall dieses Verwertungsrecht zur Anwendung kommen muss.

Das Pfandrechtsabkommen hat mit 89 Ratifizierungen einen hohen Verbreitungsgrad erreicht. Viele aus Sicht der Flugzeugfinanzierung wichtige Staaten sind dem Pfandrechtsabkommen beigetreten. Nennenswerte Ausnahmen ist z.B. das Vereinigte Königreich, Kanada oder Australien. In diesen Fällen sind die Prinzipien, die durch das Pfandrechtsabkommen im Fall eines Vertragsstaates gewährleistet sind, gesondert zu klären, um die erforderlichen Ansprüche in Bezug auf Rangstellung, Rangsicherung und Verwertung sicherzustellen.

c) Die Kapstadt-Konvention

Am 1. März 2006 sind das „Übereinkommen über internationale Sicherungsrechte an beweglicher Ausrüstung" sowie das dazugehörige Protokoll betreffend die Besonderheiten der Luftfahrtausrüstung in Kraft getreten (Kapstadt-Konvention). Die beiden zentralen Elemente der Kapstadt-Konvention sind das „internationale Sicherungsrecht" und das „internationale Register". Gläubiger können internationale Sicherungsrechte an Flugzeugzellen, Flugzeugtriebwerken und Hubschraubern im internationalen Register eintragen lassen. Das Abkommen nebst Protokoll verfolgt das Ziel, mit einem internationalen Einheitsrecht die Finanzierung hochwertiger beweglicher Güter umfassend zu erleichtern und den Anforderungen an die verlässliche Besicherung von Kreditoren gerecht zu werden.

Bei dem internationalen Sicherungsrecht handelt es sich um ein auf dem Objekt lastendes Sicherungsrecht, das mit Eintragung in das internationale Register Vorrang wahrende Drittwirkung im Sicherungs- und Insolvenzfall entfaltet. Bei mehreren eingetragenen Sicherungsrechten enthält die Kapstadtkonvention entsprechende Anerkennungs- und Vorrangrechte: Danach hat grundsätzlich ein eingetragenes Recht Vorrang vor jedem später eingetragenen Recht sowie vor einem nicht eingetragenen Recht; nähere Einzelheiten, auch im Hinblick auf Rechte an Bestandteilen und Zubehör, finden sich in Artikel 29 des Übereinkommens über internationale Sicherungsrechte an beweglicher Ausrüstung in Verbindung mit Artikel XIV des Protokolls betreffend die Besonderheiten der Luftfahrtausrüstung. Die Kapstadt-Konvention sieht überdies detaillierte Regelungen zur Verwertung des internationalen Sicherungsrechts für den Eintritt des Sicherungsfalls beziehungsweise der Insolvenz des Schuldners vor.

Im Ergebnis ist von der Kapstadt-Konvention eine Verbesserung der Vollstreckungsmaßnahmen zu erwarten: Das Regelwerk ist auf die branchenspezifischen Besonderheiten ausgerichtet. Es basiert zu einem erheblichen Teil auf den speziell auf die Flugzeugfinanzierung zugeschnittenen und in zahlreichen Insolvenzen amerikanischer Fluglinien getesteten Regelungen des US-Insolvenzrechts.

Deutschland hat das Kapstadt-Abkommen zwar unterzeichnet, aber (wie die EU selbst und alle EU-Staaten außer Irland und Luxemburg) noch nicht ratifiziert. Voraussetzung für eine Anwendbarkeit der Kapstadt-Konvention ist jedoch nur, dass sich der Schuldner (nicht auch der Gläubiger bzw. Sicherungsnehmer) zum Zeitpunkt des Abschlusses der Vereinbarung, mit der das internationale Sicherungsrecht eingeräumt oder seine Einräumung vereinbart wird, in einem Vertragsstaat befindet. Die Registrierung von internationalen Sicherungsrechten gehört seit zwei Jahren insbesondere bei Finanzierungen mit US- oder Irland-Bezug zum Standardprozedere vieler Flugzeugfinanzierungstransaktionen.

Zu § 26b PfandBG (neu)

Die Regelung ist grundsätzlich an § 22 angelehnt, da die dort gesetzten Standards auch für Flugzeugpfandbriefe bestimmend sind und die Sicherheit eines Flugzeugpfandbriefes fördern.

Mit Absatz 1 wird durch Verweisung auf § 1 Absatz 2 Nr. 1 LuftVG klargestellt, dass für den Flugzeugpfandbrief ausschließlich Flugzeuge (und nicht beispielsweise Luftschiffe oder Segelflugzeuge i.S.d. § 1 Absatz 2 Nr. 3 und 4 LuftVG) in Frage kommen.

Mit Absatz 2 Satz 2 wird den Besonderheiten im Hinblick auf Flugzeugtriebwerke Rechnung getragen. Nach den §§ 31, 32 LuftfzRG erstreckt sich das Registerpfandrecht an einem Luftfahrzeug wie das Grundpfandrecht und die Schiffshypothek auch auf das Zubehör, die Bestandteile und die Versicherungsforderung. Von erheblicher praktischer und wirtschaftlicher Bedeutung ist die Eigenschaft der Triebwerke als Bestandteile der Gesamtsache Flugzeug. Während bei Rumpf (Zelle), Tragflächen und Leitwerk angenommen wird, dass sie wesentliche Bestandteile des Flugzeugs sind und deshalb nicht Gegenstand besonderer Rechte sein können, ist dies für die Triebwerke nicht höchstrichterlich entschieden. Die überwiegende Meinung im Schrifttum qualifiziert die Triebwerke als einfache Bestandteile. Dies hat zur Folge, dass die Triebwerke aus der Pfandhaftung herausfallen, wenn sie, wie zum Beispiel im Zuge der Wartung der Flugzeuge nicht unüblich, zu einem nicht nur vorübergehenden Zweck vom Flugzeug getrennt und entfernt werden, um sie durch andere, bereits überholte Triebwerke gleicher Art zu ersetzen. Auch die Kapstadt-Konvention geht von der Sonderrechtsfähigkeit von Flugzeugtriebwerken aus und ermöglicht die Begründung eines eigenständigen internationalen Sicherungsrechts an Triebwerken. Praktische Probleme im Zusammenhang mit der Sonderrechtsfähigkeit von Flugzeugtriebwerken sind nicht bekannt. Triebwerke haben ebenso wie das Flugzeug selbst eine eindeutige Kennung, über die ihr Verbleib jederzeit nachvollzogen werden kann. Soweit es in der Vergangenheit zu wirtschaftlichen Schwierigkeiten bei Kreditnehmern aus dem Luftfahrtbereich kam, wurde beobachtet, dass selbst bei Insolvenzen alle Beteiligten dafür gesorgt haben, die ursprüngliche Verbindung von Flugzeug und Triebwerken wieder herzustellen. Im Übrigen sind in der Praxis schuldrechtliche Vereinbarungen üblich, die zum Ziel haben, die Risiken des Auseinanderfallens der sachenrechtlichen Zuordnung von Flugzeug und Triebwerken zu vermeiden.

Absatz 2 Satz 3 trägt einer Besonderheit bei der Umregistrierung von Flugzeugen Rechnung. Flugzeuge werden – anders als Schiffe – grundsätzlich in ein anderes nationales Flugzeugregister umregistriert, wenn bei einem Halterwechsel der neue Halter in einem anderen Staat beheimatet ist (z.B. im Zusammenhang mit einer Untervermietung). Eine Umregistrierung wird jedoch bei einem solchen Halterwechsel dann nicht vorgenommen, wenn zwischen den betreffenden Staaten ein Verwaltungsabkommen nach § 3a Absatz 2 LuftVG in Verbindung mit Artikel 83ff. des Chicago-Abkommens abgeschlossen worden ist. In diesen Fällen erfolgt dann lediglich eine Übertragung der Aufsichtsbefugnisse über die jeweiligen Luftfahrzeuge auf den anderen Staat; die Luftfahrzeuge bleiben jedoch in der deutschen Luftfahrzeugrolle eingetragen. Bei einer Umregistrierung wechselt auch die Staatszugehörigkeit des Flugzeuges. Dies hat zur Folge, dass eine neue Flugzeughypothek nach den Gesetzen des neuen Registrierungsstaates bestellt werden muss. Zur Sicherstellung der Anforderungen an die Vergleichbarkeit nach § 26b Absatz 4 wurde Satz 3 in die Vorschrift aufgenommen.

Im Übrigen sind die Regelungen der Absätze 2 bis 4 in Bezug auf die Grenzen des Flugzeugbeleihungswerts bis auf den Terminus Flugzeug identisch mit den Regelungen des § 22 zu Schiffspfandbriefen. Dies gilt auch für die Anforderungen an die Vergleichbarkeit des Registerpfandrechts mit ausländischen Flugzeughypotheken nach § 26b Absatz 4, der § 22 Absatz 4 entspricht.

Eine besondere Bestimmung des Auszahlungszeitpunkts in Absatz 3 ist entbehrlich, da das Lebensalter der Flugzeuge sich aufgrund des Zeitpunkts der Ablieferung durch den Hersteller bestimmt. Bei einer zu erwartenden Lebensdauer von 20 Jahren und der entsprechenden zugelassenen Darlehenslaufzeit ist der Ablieferungszeitpunkt daher regelmäßig auch der Zeitpunkt, in dem die Darlehenslaufzeit beginnt.

Absatz 5 stellt klar, dass alle Forderungen, deren Inhaber die Pfandbriefbank ist und die auf die wirtschaftliche Substanz des Flugzeugs gerichtet sind, zu den eingetragenen Deckungswerten gehören. Neben den ausdrücklich erfassten Ansprüchen aus Flugzeugversicherungen (§ 26c PfandBG) treten damit die Erträge aus den Flugzeugen, Anteile an Objektgesellschaften sowie Pfandrechte daran. Diese Ansprüche erhöhen die Sicherheit im Hinblick auf die wirtschaftliche Substanz des Flugzeugs und helfen, unvorhergesehene Entwicklungen abzudecken.

Zu § 26c PfandBG (neu)

Die Regelung ist an § 23 angelehnt. Die Höhe der Versicherung des Flugzeugs im Markt liegt im Regelfall bei 110 Prozent. Dieser Wert hat sich durchgesetzt, da auf Grund der Erfahrungen bei der Verwertung von Flugzeugen keine 20-prozentige Überdeckung benötigt wird, um die Verwertungskosten abzusichern.

Nach Absatz 1 Satz 2 ist eine weitgehende Verzichtserklärung der Versicherer in Bezug auf die Einreden nach § 36 Satz 1 LuftfzRG hinsichtlich des unsachgemäßen

Betriebes des Flugzeugs erforderlich. Nach § 36 Satz 1 LuftfzRG bleibt der Versicherer trotz eines Verstoßes des Versicherungsnehmers oder des Versicherten gegen die Versicherungsbedingungen zur Leistung dem Registerpfandrechtsgläubiger gegenüber verpflichtet, sofern das Fehlverhalten nicht den Betrieb des Flugzeuges betrifft. Diese Regelung des LuftfzRG ist im Vergleich zur Parallelvorschrift aus dem Schiffsregistergesetz (SchiffsRG) deutlich strenger.

Zu § 26d PfandBG (neu)

Die Regelung ist grundsätzlich an § 24 angelehnt. Im Gegensatz zu Schiffen und Immobilien können Flugzeuge in der Regel wenigen bekannten Typen zugeordnet werden. Dies erleichtert die Wertermittlung.

Die derzeit im Bereich der Flugzeugfinanzierung relevanten Objekte lassen sich in vier Klassen einteilen: Erstens gibt es die so genannten narrow bodies (d.h. Flugzeuge mit nur einem Gang in der Mitte). Diese Flugzeuge werden im Bereich der Kurz-Mittelstrecken (2 000 bis 5 000 km) verwendet und bieten ca. 110 bis 220 Passagieren Platz. In diesem Bereich sind die Airbusse A 319, A 320 und A 321 sowie die Boeing-Flugzeuge der B-737 und B-757-Familie zu nennen. Zweitens die so genannten wide bodies (d.h. Großraumflugzeuge mit zwei Gängen): Diese Flugzeuge werden auf den Mittel- und Langstrecken eingesetzt (5 500 bis 15 000 km) und haben eine Kapazität von 250 bis ca. 550 Sitzplätzen; relevante Modelle sind die Airbusse A 330, A 340, A 350 und A 380 sowie die Boeing-Modelle B 747, B 767, B 777 und B 787. Die dritte Gruppe bilden so genannte Regional Jets (CRJ) und Turboprops, die auf der Kurzstrecke (800 bis 2 500 km) eingesetzt werden. Die Hersteller in diesem Bereich sind der kanadische Hersteller Bombardier (CRJ 100, 200, 700 und 800 und Dash Q 8), der brasilianische Flugzeugbauer Embraer (E 145, E 170, E 190) sowie das französisch-italienische Unternehmen ATR. Viertens sind im Frachtsegment die Modelle der beiden Hersteller Airbus und Boeing zu nennen (A 300-600F, A 330F und A 380F, B 747-400F, B 747-8F und B 777F).

Die näheren Ausführungen werden mit der Flugzeugwertermittlungsverordnung geschaffen.

Zu § 26e PfandBG (neu)

Die Vorschrift stimmt wortgleich mit § 25 überein.

Zu § 26f PfandBG (neu)

Die Vorschrift stimmt wortgleich mit § 26 überein.

Zu Nummer 25 (§ 28 PfandBG)

Zu Buchstabe a

Zu den Doppelbuchstaben aa und bb

Es handelt sich um Folgeänderungen zur Einführung des Flugzeugpfandbriefs.

Zu Doppelbuchstabe cc

Für eine umfassende Berichterstattung über Derivate in der Deckungsmasse ist es erforderlich, nicht nur den positiven Gesamtbetrag der Derivate auf der Aktivseite

(Deckungsmassen), sondern auch einen negativen Gesamtbetrag auf der Passivseite (Pfandbriefumlauf) auszuweisen. Der entstehende Mehraufwand ist vernachlässigbar, da die Daten in den Pfandbriefbanken vorhanden und in der Regel bereits in die IT-Systeme integriert sind und das Gesetz bereits heute die Angabe vorschreibt, nur eben nicht ausdrücklich bei Vorliegen eines negativen Wertes. Der Aufwand beschränkt sich daher auf die Einfügung einer vorhandenen Zahl in die Veröffentlichung in wenigen Fällen.

Darüber hinaus wird ein Redaktionsversehen aus dem Erlass des Pfandbriefgesetzes beseitigt. Erst im Laufe des damaligen Gesetzgebungsverfahrens wurde in § 26 vor der jetzigen Nummer 5 eine weitere Nummer eingeschoben. Es wurde übersehen, den Verweis in § 28 Absatz 1 Nummer 3 anzupassen.

Zu Doppelbuchstabe dd

§ 28 verlangt eine umfassende Darstellung der ordentlichen Deckungswerte einschließlich der Derivate. Dies dient der Transparenz und der Vergleichbarkeit, um den Investoren eine bestmögliche Einschätzung der Risiken zu geben. Zu diesem Zweck ist auch eine Bezifferung der weiteren Deckungswerte nach den §§ 19, 20 Absatz 2 und den §§ 26, 26f erforderlich, da nur dann die in § 28 Absatz 1 Nummer 1 genannten Werte für die Deckungsmassen verständlich erläutert werden können. Der entstehende Mehraufwand ist vernachlässigbar, da die Daten in den Pfandbriefbanken vorhanden und in der Regel bereits in die IT-Systeme integriert sind.

Zu den Buchstaben b und c

Bei den gestrichenen Anforderungen handelt es sich um eine aus dem Hypothekenbankgesetz (HBG) in das Pfandbriefgesetz übernommene Regelung. Dem hohen bürokratischen Aufwand zur Ermittlung dieser Zahlen steht in der Praxis kein relevanter Informationsgehalt gegenüber. Investoren haben davon keinen Nutzen; ein Nutzen für die Aufsicht ist ebenfalls nicht erkennbar. Die übrigen Änderungen sind Folgeänderungen zur Einführung des Flugzeugpfandbriefs.

Zu Nummer 26 (§ 29 PfandBG)

Siehe Begründung zu Nummer 27.

Zu Nummer 27 (§ 30 PfandBG)

Zu den Buchstaben a, b Doppelbuchstabe aa sowie den Buchstaben d und e

Die §§ 29 und 30 gehen von einer Vermögenstrennung im Falle von Insolvenz und Zwangsvollstreckung aus. Die Pfandbriefbank unterliegt mit ihrem gewöhnlichen Vermögen den allgemeinen Regeln der Einzel- und Gesamtvollstreckung nach der Zivilprozessordnung und der Insolvenzordnung. Mit ihrer Deckungsmasse haftet die Pfandbriefbank dagegen nur den Pfandbriefgläubigern und bleibt solventer Rechtsträger, solange die Deckungsmasse für die Pfandbriefgläubiger ausreicht. Der Vollstreckungsfall verlangt zur Rechtssicherheit und Rechtsklarheit eine Formalisierung. Die Trennung zwischen den Vermögensmassen bestimmt sich deshalb nach dem formalen Kriterium der Registrierung, nicht nach materiellen Kriterien tatsächlicher Deckungsbestimmung oder Deckungsfähigkeit. Nur so steht sofort und ohne weiteren Klärungsbedarf eindeutig fest, wo im Ernstfall die Grenze zwischen der

Verfügungsbefugnis des Sachwalters und des Insolvenzverwalters verläuft. In § 30 Abs. 3 ist dies zweifelsfrei formuliert. Um auch in den §§ 29 und 30 Absatz 1 und 2 jeden Zweifel zu vermeiden, wird mit der Änderung der volle Gleichlauf der Vorschriften klargestellt.

Zu Buchstabe b Doppelbuchstabe bb, cc und dd

Im Fall einer Insolvenz der Pfandbriefbank kann der Liquiditätsbedarf unter anderem durch den Verkauf von einzelnen Deckungswerten aus der Deckungsmasse gedeckt werden. Dies wird erleichtert, wenn die Deckungsmassen als Sondervermögen einer Bank geeignet sind, eigene Refinanzierungsregister zu führen. Dazu gibt es zurzeit keine rechtliche Grundlage. Mit der neuen Regelung wird dem Sachwalter die Möglichkeit eingeräumt, ein bereits bestehendes Refinanzierungsregister der Pfandbriefbank für das Sondervermögen zu führen oder ein neues Refinanzierungsregister für die Pfandbriefbank einzurichten, so dass einzelne Deckungswerte mit Hilfe des Refinanzierungsregisters veräußert werden können. Keinesfalls darf es dabei zu einer Duplizierung eines schon vorhandenen Refinanzierungsregisters kommen. Bei einer Übertragung mit Hilfe des Refinanzierungsregisters können die grundpfandrechtlich gesicherten Forderungen jetzt auch unabhängig von der aufwändigen Übertragung der Grundpfandrechte schnell veräußert werden. Die Möglichkeit zur Nutzung des Refinanzierungsregisters verschafft dem Sachwalter die notwendige Flexibilität bei der Liquiditätssteuerung des Sondervermögens und vereinfacht dadurch die termingerechte Bedienung der Pfandbriefe. In diesem Zusammenhang wird die Pfandbriefbank zu einem das Refinanzierungsregister führenden Unternehmen. Die Bundesanstalt hat folglich auch für dieses Refinanzierungsregister einen Sachwalter zu bestellen. Eine weitere Möglichkeit des Sachwalters, den Liquiditätsbedarf zu decken, kann auch im Abschluss von Refinanzierungsgeschäften mit der Deutschen Bundesbank liegen.

Bei Buchstabe b Doppelbuchstabe bb und dd handelt es sich um Folgeänderungen aufgrund der Einführung des Flugzeugpfandbriefs.

Zu Buchstabe c

Die neue Fassung von Absatz 3 geht wie bisher von der Vorstellung aus, dass die Pfandbriefbank trotz der Insolvenz über ihr allgemeines Vermögen Rechtsträger von solventen Sondervermögen in Gestalt der Deckungsmassen bleibt und insoweit allgemeinen Rechtsregeln folgt, wie sie für solvente rechtsfähige Personen gelten. Es besteht nur die Besonderheit, dass Vertretungs- und Geschäftsführungsorgan der Bank insoweit nicht mehr der Vorstand, sondern der Sachwalter ist. Im Übrigen bleibt die Pfandbriefbank mit ihren Sondervermögen und den zugehörigen Schuldverschreibungen dem Pfandbriefrecht sowie dem allgemeinen Zivilrecht unterworfen; sie steht insoweit nicht unter dem rechtlichen Regime des Insolvenzrechts.

Mit Absatz 3 wird das Verhältnis des anhand des formalen Kriteriums der Registrierung definierten Ist-Sondervermögens zum Soll-Sondervermögen geregelt, das nur die zur Deckung materiell bestimmten Werte einschließlich sichernder Überdeckung umfasst. Übertragungsansprüche haben insoweit Treugeber, deren Werte zwar mitregistriert, aber im Deckungsregister als Treuhandwerte bezeichnet sind (vgl. Artikel 1 Nummer 5 Buchstabe b dieses Gesetzes); dabei kann es sich um Treuhandwerte des Refinanzierungsregisters nach §§ 22a ff. KWG handeln oder um klassische Treuhandwerte, die unmittelbar dem Vermögen des Treugebers entstammen. Diese Übertragungsansprüche treffen die insoweit solvente Pfandbriefbank, vertreten durch den Sachwalter als Schuldnerin. Übertragungsansprüche hat aber auch die durch den Insolvenzverwalter der Pfandbriefbank repräsentierte Insolvenzmasse, deren Rechtsträger die Pfandbriefbank ist; diese Ansprüche betreffen die nicht deckungsfähigen „überschießenden" Hypothekendarlehen und andere nicht zur Deckung bestimmte Werte.

Im Rahmen des Vollzugs der Teilung können die Teilungsberechtigten die Eintragung der Teilung mit entsprechendem Rang im Grundbuch verlangen. Die zunächst interne Rangbestimmung des neuen § 5 Abs. 2 (vgl. Artikel 1 Nummer 5 Buchstabe b dieses Gesetzes) wird zum Inhalt der aufgeteilten Forderungen und Grundpfandrechte.

Zu Buchstabe f
Folgeänderung von Nummer 4 Buchstabe d Doppelbuchstabe aa.

Zu Nummer 28 (§ 32 PfandBG)
Mit der Neufassung wird klargestellt, dass auch bei Übertragung der Deckungsmassen unabhängig von der Übertragungsart sich der Umfang des übertragenen Sondervermögens genau gleich bestimmt wie bei der Verfügungsbefugnis des Sachwalters, nämlich nach dem formalen Kriterium der Registrierung.

Zu Nummer 29 (§ 33 PfandBG)
Redaktionelle Korrektur.

Zu Nummer 30 (§ 35 PfandBG)
Es handelt sich um redaktionelle Folgeänderungen aufgrund von Nummer 5 Buchstabe b.

Zu Nummer 31 (§ 41 PfandBG)
Folgeänderungen aufgrund der Einführung des Flugzeugpfandbriefs.

Zu Nummer 32 (§ 49 PfandBG)

Zu Buchstabe a
Folgeänderung aufgrund von Buchstabe b.

Zu Buchstabe b
Es ist eine Bestandsschutzregelung für Forderungen notwendig, die bis zum Inkrafttreten dieser Bestimmung in das Deckungsregister für Öffentliche Pfandbriefe eingetragen worden sind und gegenüber öffentlichen Schuldnern bestehen, die der Bonitätsstufe 2 zuzuordnen sind. Die Bestandsschutzregelung darf lediglich von derjenigen Pfandbriefbank genutzt werden, die die betreffende Forderung in ihr Deckungsregister eingetragen hat. Die Bestandsschutzregelung gilt über die Verweisung in § 19 Abs. 1 Nr. 3 und § 26 Abs. 1 Nr. 4 entsprechend für weitere Deckungswerte in den Deckungsregistern für Hypothekenpfandbriefe und Schiffspfandbriefe.

Zu Nummer 33 (§ 51 PfandBG)

Die Änderung berichtigt ein Redaktionsversehen; eine zusätzliche Nummer 1 des § 5 Abs. 1 Satz 1 gibt es nicht.

Zu Nummer 34 (§ 53 PfandBG)

Die Regelung ist durch Zeitablauf gegenstandslos geworden und kann daher aufgehoben werden.

Zu Artikel 2 (Änderung des Kreditwesengesetzes)

Zu Nummer 1 (Inhaltsübersicht)

Aufgrund der für die Erlaubnis zur Anlageverwaltung einzufügenden Übergangsvorschrift ist eine Ergänzung der Inhaltsübersicht des Kreditwesengesetzes erforderlich.

Zu Nummer 11 (§ 22a KWG)

Mit der Änderung wird das Refinanzierungsregister im Rahmen von Konsortialfinanzierungen mit Instituten mit Sitz in der Europäischen Union nutzbar gemacht. Voraussetzung für die Nutzung bei grenzüberschreitenden Konsortialfinanzierungen ist, dass Institute mit Sitz in der Europäischen Union Begünstigte des Refinanzierungsregisters sein können.

Das Refinanzierungsregister kann derzeit nach § 22a Abs. 1 KWG nur zugunsten einer Zweckgesellschaft, eines Refinanzierungsmittlers oder einer Pfandbriefbank genutzt werden. Da sich der Begriff der Pfandbriefbank nach § 1 Abs. 1 und 2 PfandBG auf Institute mit Sitz in Deutschland beschränkt, könnten nur deutsche Institute Begünstigte der Rechtswirkungen eines Refinanzierungsregisters sein. Dieser Ausschluss von anderen Instituten mit Sitz in der Europäischen Union würde gegen den Grundsatz der Kapitalverkehrsfreiheit verstoßen und damit nicht den durch den Vertrag über die Europäische Union garantierten Grundfreiheiten entsprechen.

In der Praxis besteht zudem ein großes Interesse, das Refinanzierungsregister auch im Rahmen von Konsortialfinanzierungen mit Kreditinstituten nutzen zu können, die keine Pfandbriefbanken sind. Vor diesem Hintergrund sollte der Kreis der Übertragungsberechtigten über Zweckgesellschaften, Refinanzierungsmittler und Pfandbriefbanken hinaus auf alle inländischen und EU-ausländischen Kreditinstitute aus geweitet werden.

Eine Ausweitung des Kreises der Übertragungsberechtigten hat den Vorteil, dass das deutsche Refinanzierungsregister für internationale Finanzierungen verstärkt eingesetzt wer den kann. Dadurch wird es deutschen Kreditinstituten er leichtert, ihre internationale Marktposition auszubauen. Zu dem könnte der Anwendbarkeit des deutschen Rechts gegen über der überragenden Stellung des englischen Trust-Rechts vermehrt Geltung verschafft werden. Weiterhin hätte dies zur Folge, dass die gesamten Transaktionen dem deutschen Aufsichtsrecht unterstehen würden, da das Refinanzierungsregister führende Kreditinstitut seinen Sitz im Inland haben muss und dieses Institut materiell-rechtlich Inhaberin der treuhänderisch gehaltenen Forderungen und/oder Grundpfandrechte wäre.

Durch die Änderung wird die Nutzung des Refinanzierungsregisters durch Übertragungsberechtigte in anderen Ländern der Europäischen Union ermöglicht, sofern sie Kreditinstitute sind; die Führung eines Refinanzierungsregisters durch Kreditinstitute in anderen Ländern der Europäischen Union kann aber nicht zugelassen werden, da die vom Kreditwesengesetz vorgesehene Aufsicht der Bundesanstalt für Finanzdienstleistungen und die insolvenzrechtlichen Konsequenzen der Eintragung in das Refinanzierungsregister nur bei Kreditinstituten im Geltungsbereich der deutschen Gesetze gewährleistet werden können.

Zu Nummer 12 (§ 22b KWG)
Folgeänderung von Nummer 11.

Zu Nummer 13 (§ 22d KWG)
Folgeänderung von Nummer 11.

Zu Nummer 14 (§ 22j KWG)
Durch Eintragung im Refinanzierungsregister wird eine Forderung insolvenzfest. Ein ausdrücklicher Schutz vor Zwangsvollstreckungsmaßnahmen Dritter wird nicht gewährt. Dies ist nach deutschem Recht auch nicht erforderlich. Denn der Aussonderungsanspruch des Übertragungsberechtigten aus dem Refinanzierungsregister ist ein „die Veräußerung hinderndes Recht" im Sinne des § 771 der Zivilprozessordnung (ZPO). Bei Zwangsvollstreckungen Dritter in die in ein Refinanzierungsregister eingetragenen Gegenstände kann der Übertragungsberechtigte damit die Drittwiderspruchsklage nach § 771 ZPO geltend machen. Die Zwangsvollstreckung ist dann unzulässig. Von Ratingagenturen und Pfandbriefanalysten werden Zweifel an diesem Vollstreckungsschutz geäußert. Mit der neuen Regelung wird das Vorhandensein dieses Vollstreckungsschutzes klargestellt. Die gewünschten Änderungen haben keinen über schon vorhandene Vorschriften hinausgehenden Regelungsgehalt.

3. Drucksache 17/1720

17.5.2010

Gesetzentwurf der Bundesregierung

Entwurf eines Gesetzes zur Umsetzung der geänderten Bankenrichtlinie und der geänderten Kapitaladäquanzrichtlinie

A. Problem und Ziel

Die Finanzmarktkrise hat eine Reihe von Schwachstellen in den Regeln zur Beaufsichtigung von Kreditinstituten offengelegt, die dazu geführt haben, dass Risiken nicht richtig erkannt, gemessen und beurteilt worden sind. Im Bereich der Verbriefungen fehlte es häufig an der zutreffenden Einschätzung der mit einer Verbriefung verbundenen Risiken. Die in der Finanzkrise zu Tage getretene Anfälligkeit vieler Institute auf der Refinanzierungsseite hat gezeigt, dass Liquiditätsrisiken bislang unterschätzt wurden und die Regeln für ein solides Liquiditätsmanagement unterentwickelt waren. Die Krise hat zudem deutlich gemacht, dass die Zusammenarbeit der Bankenaufseher bei der Aufsicht über Banken und Finanzholdinggruppen verbessert werden muss, um sowohl in Normal- wie auch Krisenzeiten richtig reagieren zu können.

Auf internationaler und nationaler Ebene hat es zahlreiche Vorschläge für eine bessere Regulierung des Finanzmarktes und eine Stärkung der Widerstandsfähigkeit des Finanzsystems gegeben. Die Vorschläge sollen die Aufsichtsbehörden in die Lage versetzen, künftig Fehlentwicklungen im Bankensektor zu verhindern und die Widerstandsfähigkeit des Finanzsystems gegenüber Marktverwerfungen zu erhöhen. In diesem Rahmen wurden von den Organen der Europäischen Union im Jahr 2009 als erste Schritte drei Richtlinien zur Änderung der im Jahr 2006 umgesetzten Bankenrichtlinie und der Kapitaladäquanzrichtlinie veröffentlicht, die neben den neuen Regelungen in Bezug auf die Finanzmarktkrise auch technische Anpassungen der bankaufsichtlichen Vorgaben beinhalten. Die Änderungsrichtlinien sind vor dem 31. Dezember 2010 in nationales Recht umzusetzen.

Zudem ist auch die Richtlinie 2009/44/EG des Europäischen Parlaments und des Rates vom 6. Mai 2009 zur Änderung der Richtlinie 98/26/EG über die Wirksamkeit von Abrechnungen in Zahlungssowie Wertpapierliefer- und -abrechnungssystemen und der Richtlinie 2002/47/EG über Finanzsicherheiten im Hinblick auf verbundene Systeme und Kreditforderungen bis zum 30. Dezember 2010 in das deutsche Recht umzusetzen. Die Änderungsrichtlinie dient der Anpassung der beiden genannten Richtlinien an jüngste Marktentwicklungen sowie regulatorische Entwicklungen. Bei der Änderung der Richtlinie 98/26/EG geht es um die Ausweitung des Schutzes der Richtlinie auf die Nachtabrechnung und die Abwicklung zwischen verbundenen Systemen; bei der Änderung der Richtlinie 2002/47/EG geht es um die Einbeziehung von Kreditforderungen in die Richtlinie zur Ermöglichung einer formlosen Abtretung oder Verpfändung von Bankkrediten für Sicherungszwecke an die Zentralbanken.

B. Lösung

Zur Umsetzung der genannten Richtlinien zur Änderung der im Jahr 2006 umgesetzten Bankenrichtlinie und der Kapitaladäquanzrichtlinie muss das Kreditwesengesetz angepasst werden. Die neuen Regelungen sehen insbesondere vor:

- einheitliche Prinzipien für die Anerkennung von hybriden Kapitalbestandteilen als Kernkapital,
- Regelungen für Verbriefungen und Wiederverbriefungen sowie eine Verschärfung der Offenlegungsanforderungen,
- eine Änderung der Großkreditvorschriften zur besseren Erfassung von Konzentrationsrisiken und
- eine Stärkung der Zusammenarbeit der nationalen Aufsichtsbehörden im Europäischen Wirtschaftsraum.

Zur Umsetzung der Richtlinie 2009/44/EG sind punktuelle Änderungen des Kreditwesengesetzes und der Insolvenzordnung erforderlich.

Unabhängig davon wird das Pfandbriefgesetz weiter modernisiert, insbesondere die Stellung des Sachwalters durch die Möglichkeit gestärkt, sich im Fall der Insolvenz der Pfandbriefbank zur Beschaffung von Liquidität bei der Deutschen Bundesbank refinanzieren zu können.

[...]

B. Besonderer Teil

Zu Artikel 3 (Änderung des Pfandbriefgesetzes)

Zu Nummer 1 „Inhaltsübersicht"

Zu den Buchstaben a bis c

Die Neufassung der Überschriften soll insbesondere für die Zwecke der Inhaltsübersicht den Inhalt der Vorschrift stichwortartig besser umschreiben und verdeutlichen, dass die Deckungsmassen von der Insolvenz der Pfandbriefbank gerade nicht erfasst sind.

Zu Buchstabe d

Folgeänderung zu Nummer 16

Zu Nummer 2 (§ 1)

Zu Buchstabe a

Die in der bisherigen Fassung des § 1 Absatz 2 Satz 1 formulierte Gleichstellung treuhänderisch gehaltener Hypothekenforderungen mit dem Erwerb der Hypothek ist damit begründet, dass in beiden Fällen die Insolvenzfestigkeit der betreffenden Forderung sichergestellt sein muss. Daneben wird dem Schutz der Pfandbriefgläubiger dadurch Rechnung getragen, dass die treuhänderische Verwaltung durch ein geeignetes Kreditinstitut zu erfolgen hat. Bereits in der bisherigen Fassung des § 1 Absatz 2 Satz 2 wurde diese Gleichstellung von Forderungserwerb und Treuhandverwaltung mit Hilfe einer Entsprechungsklausel auf andere Deckungswerte erstreckt, wobei bislang öffentliche Deckungswerte im Sinne des § 1 Absatz 1 Satz 2 Nummer 2 in Verbindung mit § 20 PfandBG dem Wortlaut nach nicht umfasst waren. Auch im Bereich der Staatsfinanzierung werden indes insolvenzfeste Treuhandkonstruktionen verwendet. Da die Gleichstellung von Forderungserwerb und Treuhandverwaltung in jedem Fall an die oben genannten Sicherungsmechanismen geknüpft ist, ist eine Ausdehnung des § 1 Absatz 2 auf die Forderungen im Sinne des § 1 Absatz 1 Satz 2 Nummer 2 auch mit Blick auf den Schutz der Pfandbriefgläubiger angemessen. Die Regelung gilt auch für die in § 4 Absatz 1 Nummer 1 und 2 genannten Werte.

Zu Buchstabe b

Da insbesondere bei Schuldverschreibungen öffentlicher Emittenten die Benutzung von indirekten Verwahr- oder Verrechnungssystemen vor allem für auslandsbelegene Werte sehr üblich ist, wird dies im neuen § 1 Absatz 2 Satz 3 für öffentliche Deckungswerte nunmehr auch den Pfandbriefbanken ausdrücklich gestattet. Die gewählten Systeme müssen allerdings insolvenzfest sein. Dies bedeutet, dass das Treugut bei jedem Intermediär dem Zugriff seiner übrigen Gläubiger in Zwangsvollstreckung und Insolvenz entzogen sein muss. Sind diese Voraussetzungen erfüllt, sind die Anforderungen an eine Unmittelbarkeit im Sinne des § 20 als gewahrt anzusehen. Anders als in § 4 Absatz 1 Satz 2 Nummer 3 wird der Kreis der geeigneten Kreditinstitute aber nicht auf solche der Bonitätsstufe 1 eingeschränkt, da es bei der Verwahrung nicht um Zahlungsansprüche geht, sondern um Herausgabeansprüche; daher kommt es nicht auf die Finanzstärke des Verwahrers, sondern auf seine Zuverlässigkeit und darauf an, dass es sich um Kreditinstitute oder Wertpapierverwahrer handelt, die unter öffentlicher Aufsicht stehen. Die Regelung gilt auch für die in § 4 Absatz 1 Nummer 1 und 2 genannten Werte.

Zu Nummer 3 (§ 2)

Zu Buchstabe a

Bislang ist nach Absatz 3z und dem bisherigen Absatz 4 die Abwicklung der Deckungsmassen für die Fälle vorgesehen, in denen die Bundesanstalt die Erlaubnis für das Pfandbriefgeschäft aufhebt oder diese Erlaubnis aus anderen Gründen erlischt. Mit dem neuen Absatz 4 wird auch der weitergehende Fall geregelt, dass nämlich die Erlaubnis nach § 32 des Kreditwesengesetzes (KWG) zum Betreiben von Bankgeschäften und zur Erbringung von Finanzdienstleistungen insgesamt aufgehoben wird.

Die Abwicklung kann im Fall des § 2 Absatz 3 PfandBG dadurch erfolgen, dass die Pfandbriefbank die Deckungsmassen bis zur Fälligkeit der Pfandbriefe fortführt und die Pfandbriefe vertragsgemäß bedient. Dafür kann auch ein Sachwalter bestellt werden.

Wird die Erlaubnis zum Betreiben von Bankgeschäften und zur Erbringung von Finanzdienstleistungen vollständig aufgehoben, so hat die Fortführung der Deckungsmassen bis zur Fälligkeit der Pfandbriefe im Regelfall durch einen nach Absatz 5 (neu) auf Antrag der Bundesanstalt vom Gericht zu ernennenden oder den bereits nach § 30 Absatz 2 oder Absatz 5 PfandBG ernannten Sachwalter zu erfolgen.

Hierbei ist anzunehmen, dass verschiedene Rechtsgeschäfte, deren Vornahme für eine sachgerechte Verwaltung der Deckungsmasse im Interesse einer vollständigen Befriedigung der Pfandbriefgläubiger zwingend erforderlich sind, erlaubnispflichtige Bankgeschäfte oder Finanzdienstleistungen darstellen; daneben bedingen auch gewisse dem erleichterten Forderungseinzug oder der Liquiditätsbeschaffung dienende Tätigkeiten das Vorhandensein einer entsprechenden Erlaubnis nach § 32 KWG.

So wird es sich für die Pfandbriefbank, spätestens für den Sachwalter u. a. anbieten, auf Deckungswerte eingehende Zins- und Tilgungsleistungen auf ein speziell für die entsprechende Deckungsmasse eingerichtetes (Sonder-)Konto mit eigener Bankleitzahl einzuziehen und im Vorfeld die Zuteilung einer eigenen Bankleitzahl für die jeweilige Deckungsmasse zu beantragen. Hierdurch wird eine rechtzeitige Trennung der Cash Flows aus den Deckungswerten von solchen aus dem sonstigen Vermögen der Pfandbriefbank erreicht.

In diesem Rahmen vertritt der Sachwalter bei den von ihm getätigten Rechtsgeschäften, wenn auch mit Wirkung für die Deckungsmassen, die Pfandbriefbank als juristische Person, da die Deckungsmassen keine eigenständige Rechtspersönlichkeit haben.

Damit der Sachwalter in die Lage versetzt wird, die oben genannten Geschäfte mit Wirkung für die künftig in § 30 Absatz 1 PfandBG definierten Pfandbriefbanken mit beschränkter Geschäftstätigkeit vornehmen zu können, wird das Fortbestehen der bisherigen Erlaubnis nach § 32 KWG angeordnet, sofern und soweit nicht die Bundesanstalt die Aufhebung der Erlaubnis ausdrücklich auf die einzelnen Deckungsmassen erstreckt. Die insoweit zugelassene Fortführung der Pfandbriefbank ist gerechtfertigt, solange die Deckungsmasse der jeweiligen Pfandbriefe über die notwendige eigene substanzielle Stärke verfügt, wovon aufgrund der besonderen Schutzmechanismen des Pfandbriefgesetzes auszugehen ist. Der Sachwalter übernimmt während der insoweit zugelassenen Fortführung der Pfandbriefbank die besondere Funktion eines Geschäftsführers für die jeweilige Deckungsmasse. Da der Zweck der Fortführung der Pfandbriefbank auf die an der pünktlichen Bedienung der Pfandbriefe ausgerichteten Abwicklung einer solventen Deckungsmasse gerichtet ist, ist die Fortführung auch ohne Beachtung der Eigenkapitalanforderungen nach dem Kreditwesengesetz vertretbar.

Das Fortbestehen der Erlaubnis zum Betreiben von Bankgeschäften umfasst auch die Erlaubnis für das Pfandbriefgeschäft (§ 1 Absatz 1 Satz 2 Nummer 1a KWG). Da die in § 30 Absatz 2 PfandBG geregelte Kompetenz des Sachwalters, Rechtsgeschäfte zu tätigen, in ihrem Umfang grundsätzlich nicht beschränkt ist, kann der Sachwalter zu Refinanzierungszwecken, insbesondere zum Ausgleich von vorübergehenden Liquiditätslücken, auch Darlehen aufnehmen und Schuldverschreibungen emittieren. Mangels einer Rangregelung hätten solche Schuldverschreibungen bereits nach den bisherigen Bestimmungen den gleichen Rang wie bereits vor einer Sachwalterernennung emittierte Pfandbriefe, so dass diese neuen Schuldverschreibungen der Sache nach gedeckte Schuldverschreibungen mit Pfandbriefqualität darstellen. Da nunmehr das Fortbestehen der Erlaubnis zum Betreiben von Bankgeschäften einschließlich des Pfandbriefgeschäfts ausdrücklich angeordnet wird, kann der Sachwalter diese Schuldverschreibungen künftig unter der Bezeichnung „Pfandbriefe“ emittieren.

Zu Buchstabe b

Durch die Neufassung des Satzes 1 wird klargestellt, dass die Ernennung eines Sachwalters durch das Gericht bei Aufhebung der Erlaubnis für das Pfandbriefgeschäft dann nicht (erneut) erfolgt, wenn ein solcher bereits zuvor nach § 30 Absatz 2 oder 5 PfandBG ernannt worden ist. Der neue Satz 2 stellt klar, dass eine Ernennung des Sachwalters auch dann erfolgen kann, wenn diese zwar nicht erforderlich ist, das Gericht diese im Hinblick auf die Erfüllung der Pfandbriefverbindlichkeiten aber für dienlich hält; in diesem Fall ist die Zustimmung der Geschäftsleiter der Pfandbriefbank erforderlich.

Zu Nummer 4 (§ 5)

Nach § 7 Absatz 3 Satz 1, 2. Halbsatz findet vor der erstmaligen Ausgabe von Pfandbriefen eine Bestellung des Treuhänders nur auf Antrag der Pfandbriefbank statt. Gleichwohl können bereits zuvor über einen Zeitraum, der mehr als das letzte Kalenderhalbjahr umfasst, von der Pfandbriefbank Eintragungen in den Deckungsregistern vorgenommen worden sein; diese Eintragungen würden von der Bestätigung des Treuhänders nach § 5 Absatz 1 Satz 1 nicht umfasst. Durch den neu eingefügten Satz 2 wird sichergestellt, dass sich die Bestätigung des Treuhänders auch in den Fällen des § 7 Absatz 3 Satz 1, 2. Halbsatz auf sämtliche Eintragungen in den Deckungsregistern erstreckt.

Zu Nummer 5 (§ 7)

Zu Buchstabe a

Aufgabe des Treuhänders ist es, darauf zu achten, dass während der laufenden Geschäftstätigkeit einer Pfandbriefbank jederzeit die vorschriftsmäßige Deckung für die Pfandbriefe vorhanden ist, damit aus ihr auch im Falle einer Insolvenz der Pfandbriefbank die Pfandbriefgläubiger vollständig befriedigt werden können. Mit der Ernennung des Sachwalters entfällt die Aufgabe des Treuhänders. Denn mit seiner Ernennung geht die Aufgabe, die Deckung zur Befriedigung der Pfandbriefgläubiger zu nutzen, auf den Sachwalter über. Der Erhalt der Deckungsmasse ist vom Sachwalter nur noch soweit zu betreiben, als Mittel für später fällig werdende Forderungen zurückzuhalten und zu sichern sind. Im Fall der Insolvenz erfüllt das Deckungsregister seine Funktion, den Bestand der nicht in die Insolvenzmasse fallenden Vermögensgegenstände nach § 30 Absatz 1 Satz 1 PfandBG zu bestimmen. Darüber hinaus hat das Deckungsregister dann keine weitere Bedeutung mehr. Die Überwachungsaufgabe des Treuhänders kann daher ruhen, solange ein Sachwalter bestellt ist. Die Kenntnisse und das Wissen des Treuhänders sollen dem Sachwalter jedoch zur Verfügung stehen, um ihm gerade in der Anfangszeit bei seiner Amtsausübung die Verwaltung der Deckungswerte zu erleichtern. Sollte die Insolvenz der Pfandbriefbank beendet werden können und die Pfandbriefbank wieder werbend tätig werden, lebt das Treuhänderamt mit dem Wegfall des Sachwalteramtes wieder auf. Für die Dauer des Ruhens des Amtes erhält der Treuhänder grundsätzlich keine Vergütung.

Zu Buchstabe b

Dem Treuhänder ist in Anbetracht dessen, dass sich seine Aufgaben im Wesentlichen auf Überwachungspflichten beschränken und diese Überwachungstätigkeit nur im engen Rahmen vergütet wird, eine unbeschränkte Haftung auch im Falle der Fahrlässigkeit nicht zuzumuten. Ihm muss es zumindest ermöglicht werden, eine Versicherung für seine Haftungspflichten abzuschließen, die aber nur zur erlangen ist, wenn der Haftungsbetrag begrenzt ist. Die Regelung sieht daher eine Begrenzung der Haftung bei grober Fahrlässigkeit auf 1 Mio. Euro vor und orientiert sich damit an den für Wirtschaftsprüfer geltenden Regelungen des § 323 HGB. Insoweit ist die Betrachtungsweise wie bei Wirtschaftsprüfern sachgerecht, da eine vergleichbare Gefahren- und Haftungslage besteht. Die vorgesehene Regelung erlaubt es, dass die Pfandbriefbank eine Versicherung zugunsten des Treuhänders übernimmt. Bei einer Versicherung ist jedoch ein Selbstbehalt vorzusehen, so dass ein schwerwiegender Verstoß gegen die ordnungsmäßige Sorgfalt weiterhin mit einer materiellen Sanktion versehen ist. Die Höhe des Selbstbehaltes orientiert sich an der Vergütung des Treuhänders und ist daher angemessen. Die Regelung ist § 93 Absatz 2 Satz 3 des Aktiengesetzes nachgebildet.

Zu Nummer 6 (§ 11)

Die bisherige Regelung über die Vergütung des Treuhänders, nach der er seine Vergütung von der Bundesanstalt erhält, dieser der Betrag von der Pfandbriefbank erstattet wird, hat sich als umständlich erwiesen. Denn bei diesem doppelten Zahlungsweg müssen die entsprechenden Beträge im Haushalt der Bundesanstalt veranschlagt werden, obwohl dort ein entsprechender wirtschaftlicher Aufwand im Ergebnis nicht entsteht. Die vorgesehene Neuregelung sieht nunmehr vor, dass sich der Vergütungsanspruch der Treuhänder unmittelbar gegen die Pfandbriefbank richtet.

Zu beachten ist dabei, dass der Treuhänder ein unabhängiges Amt ausübt und mit der Pfandbriefbank nicht in vertraglichen Beziehungen steht. Daher wird weiterhin vorgesehen, dass allein die Bundesanstalt die Vergütung festsetzt. Die Pfandbriefbank hat über die festgesetzte Vergütung hinaus die notwendigen Auslagen zu erstatten. Damit wird die bisher offene Frage, ob eine solche Erstattung zulässig ist, geklärt. Zu den notwendigen Auslagen gehören insbesondere die dem Treuhänder entstehenden Fahrt-, Aufenthalts- und Fortbildungskosten im Zusammenhang mit seiner Tätigkeit. Die Bundesanstalt hat die Möglichkeit, im Rahmen ihrer Verwaltungspraxis Einzelheiten festzulegen und dies durch Rundschreiben bekannt zu machen. Dabei kann sie die soziale Üblichkeit von Aufwendungen berücksichtigen und zur Vereinfachung auch die Zahlung von Pauschalen ermöglichen.

Zu Nummer 7 (§ 12)

Die Änderung trägt der Tatsache Rechnung, dass Grundpfandrechte, die dem Grunde nach in Deckung genommen werden könnten, und die Grundstücke, auf denen sie lasten, nicht selten die strengen Anforderungen an Deckungswerte bei einem untergeordneten Teil oder Teilbetrag nicht erfüllen, obwohl sie zum größten Teil zur Deckung geeignet sind. Das ist beispielsweise der Fall, wenn eine Gebäudeversicherung durch einen erheblichen Selbstbehalt eingeschränkt wird. Die Regelung ermöglicht es, auch diese Deckungswerte zu verwenden, aber dabei nur den zur Deckung geeigneten Teilbetrag anzusetzen. Dies ist für die Qualität der Deckung unschädlich, erschließt aber weitere Deckungswerte für den Pfandbrief. Dabei wird die Regelung für die Deckungswerte für Hypothekenpfandbriefe an die für Schiffspfandbriefe (§ 21) und Flugzeugpfandbriefe (§ 26a) angeglichen.

Zu Nummer 8 (§ 26)

Die besondere Regelung für Schiffspfandbriefe kann entfallen, da § 19 Absatz 1 Nummer 4 Satz 3 letzter Teilsatz bereits eine generelle Regelung trifft und § 26 Absatz 1 Nummer 5 Satz 1 diese Regelung einschließt.

Zu Nummer 9 (§ 26b)

Die Änderung trägt der Tatsache Rechnung, dass der Begriff „Registerpfandrechtsgläubiger" die Gläubiger des Pfandrechtes an dem Luftfahrzeug und somit die Pfandbriefbank bezeichnet. Aus dem Verweis auf § 30 Absatz 1 ergibt sich aber, dass § 26b Absatz 4 Satz 2 den Schutz der Forderungen der Pfandbriefgläubiger zum Ziel hat.

Zu Nummer 10 (§ 26f)

Die besondere Regelung für Flugzeugpfandbriefe kann entfallen, da § 19 Absatz 1 Nummer 4 Satz 3 letzter Teilsatz bereits eine generelle Regelung trifft und § 26f Absatz 1 Nummer 5 Satz 1 diese Regelung einschließt.

Zu Nummer 11 (§ 28)

Ziel der Einfügung spezieller Publikationsvorschriften in das Pfandbriefgesetz war eine für sämtliche Pfandbriefe emittierenden Banken einheitliche Anforderung an die Transparenz der Deckungsmassen. Die nach § 28 PfandBG zu veröffentlichenden Informationen werden auf den Internetseiten der Banken zur Verfügung gestellt. Hinsichtlich der Dauer der Veröffentlichung wurde die bisherige Regelung in § 28 Absatz 1 PfandBG jedoch unterschiedlich umgesetzt. Um für Pfandbriefgläubiger im Hinblick auf die Entwicklung der Transparenzangaben für einen angemessenen Vergleichzeitraum eine einheitliche Informationstiefe zu gewährleisten, wird nunmehr angeordnet, dass die Angaben für die Dauer von jeweils zwei Jahren zugänglich zu belassen sind. Um den Pfandbriefinvestoren einen zeitnahen Einblick in die Deckungsmassen zu ermöglichen, wird für die Veröffentlichung eine Frist von einem Monat eingeführt. Für das vierte Quartal eines Geschäftsjahres wird mit Blick auf zu erstellende Jahresabschlüsse eine verlängerte Frist von zwei Monaten eingeräumt.

Die Neufassung des Absatzes 5 trägt dem Umstand Rechnung, dass der Übergangszeitraum für den Beginn seiner Anwendung (1. Januar 2007) abgelaufen ist.

Die Änderung führt über einen vernachlässigbaren Aufwand für den informationstechnisch darzustellenden Datenumfang auf der Internetseite nicht zu einem Mehraufwand bei den Pfandbriefbanken, da keine zusätzlichen Angaben zu veröffentlichen sind.

Zu den Nummern 12 und 13 (Überschriften)

Siehe Begründung zu Nummer 1 Buchstabe a und b.

Zu Nummer 14 (§ 30)

Zu Buchstabe a

Siehe Begründung zu Nummer 1 Buchstabe c

Zu Buchstabe b

Nach §§ 30ff. PfandBG fallen die Deckungsmassen im Fall der Insolvenz einer Pfandbriefbank nicht in die Insolvenzmasse, sondern unterstehen dem Sachwalter, der für die pünktliche Bedienung der Pfandbriefe Sorge zu tragen hat. Diese Vermögensmassen bleiben in der Folge getrennt von der Insolvenzmasse und voneinander erhalten und verändern sich dynamisch durch die vom Sachwalter vorgenommenen Geschäfte. Sie bilden jedoch nicht neue juristische Personen, sondern bleiben besondere Teile der Pfandbriefbank (Pfandbriefbanken mit beschränkter Geschäftstätigkeit). Die Sätze 3 und 4 sollen klarstellen, dass im Falle der Insolvenz der Pfandbriefbank die zur geordneten Befriedigung der Pfandbriefgläubiger notwendigen Bankgeschäfte fortgeführt werden können und auf diese Weise – für jede Pfandbriefgattung gesondert – eine Pfandbriefbank mit beschränkter Geschäftstätigkeit bestehen bleibt, die vom Sachwalter geführt wird. Insoweit wird auf die Begründung zu § 2 Absatz 4 verwiesen.

Bereits in der Begründung zum Gesetz zur Fortentwicklung des Pfandbriefrechts (Bundestagsdrucksache 16/11130 vom 1. Dezember 2008, S. 42) wurde klargestellt, dass der Sachwalter Refinanzierungsgeschäfte mit der Bundesbank tätigen darf. Daher muss er auch die zentralbankrechtlichen Anforderungen erfüllen können. Dazu gehört die Erfüllung etwaiger Mindestreserveverpflichtungen in Gestalt der Unterhaltung einer Mindestreserve für Pfandbriefe, deren Ursprungslaufzeit kürzer als zwei Jahre ist. Die von der Pfandbriefbank vor ihrer Insolvenz bei der Bundesbank im Hinblick auf Pfandbriefverbindlichkeiten unterhaltene Mindestreserve darf nicht in die Insolvenzmasse fallen und nicht dem Insolvenzverwalter zustehen. Mit der neuen Regelung wird klargestellt, dass das Guthaben der Pfandbriefbank bei der Bundesbank (oder einer anderen Zentralbank des Eurosystems) zur Erfüllung der auf die Pfandbriefverbindlichkeiten entfallenden Mindestreservepflicht nicht in die Insolvenzmasse und damit nicht in den Zugriff des Insolvenzverwalters fällt. Vielmehr steht das Guthaben der Deckungsmasse zu und unterliegt daher dem Zugriff des Sachwalters. Mit der neuen Regelung wird somit verhindert, dass die Erfüllung der Mindestreservepflicht durch den Sachwalter zu einer Verminderung der Deckungsmasse führt.

Zu Buchstabe c

Zu Doppelbuchstabe aa

Die Sätze 3 und 4 knüpfen an eine Bestellung des Sachwalters an, während die Sätze 1 und 2 eine Ernennung des oder der Sachwalter vorsehen. Die Änderungen dienen der Korrektur dieses Redaktionsversehens.

Zu Doppelbuchstabe bb

Folgeänderung zu Buchstabe b.

Zu Doppelbuchstabe cc

Die Änderung stellt ergänzend zu der Regelung in Satz 5 klar, dass der Sachwalter unter den dort genannten Voraussetzungen nicht nur Rechtsgeschäfte tätigen, sondern darüber hinaus auch sonstige, d.h. nicht rechtsgeschäftliche Handlungen mit Wirkung für die Deckungsmasse vornehmen darf. Die bereits im bisherigen Satz 7 ausdrücklich genannten Handlungen stellen insoweit nur Beispielsfälle dar.

Zu Doppelbuchstabe dd

Im Interesse einer pünktlichen und vollständigen Bedienung ausstehender Pfandbriefe wird klargestellt, dass die Begrenzungen für weitere Deckungswerte nach Ernennung des Sachwalters auch für Derivate nicht mehr gelten. Damit erhält der Sachwalter die Möglichkeit, Schaden von der Deckungsmasse abzuwenden. Während eine solvente Pfandbriefbank die Einhaltung der 12 Prozentgrenze durch Zuführung ordentlicher Deckungswerte sicherstellen kann, bleibt dem Sachwalter diese Möglichkeit verwehrt. Er müsste entweder Derivate beenden oder neue Derivate abschließen. In beiden Fällen stünde nicht mehr die Absicherung von Risiken in der Deckungsmasse im Vordergrund, sondern einzig die Einhaltung der 12 Prozentgrenze. Eine solche Begrenzung ist daher nicht mehr erforderlich. Denn der Sachwalter darf nur Derivategeschäfte tätigen, soweit sie für die geordnete Abwicklung der Deckungsmasse erforderlich sind.

Zu Buchstabe d

Der Sachwalter wird ermächtigt, die aufschiebend bedingten Ausfallforderungen der Pfandbriefgläubiger in dem Insolvenzverfahren über das Vermögen der Pfandbriefbank anzumelden. Hat der Sachwalter von dieser Befugnis keinen Gebrauch gemacht und wird ein selbstständiges Insolvenzverfahren über die Deckungsmasse eröffnet, so steht das Recht zur Sammelanmeldung dem Insolvenzverwalter der Deckungsmasse zu. Vergleichbare Regelungen für eine Sammelanmeldung bestehen bereits im Internationalen Insolvenzrecht (vgl. § 341 Absatz 2 der Insolvenzordnung – InsO, Artikel 32 Absatz 2 der Verordnung (EG) Nummer 1346/2000 des Rates vom 29. Mai 2000 über Insolvenzverfahren).

Da es in einem Insolvenzverfahren dem jeweiligen Gläubiger überlassen bleiben muss, ob er sich an dem Verfahren beteiligen will, kann der Pfandbriefgläubiger dem Sachwalter oder dem Insolvenzverwalter über das Vermögen der Deckungsmasse mitteilen, dass seine Forderung nicht angemeldet werden soll. Ist die Anmeldung bereits erfolgt, so kann er seine Anmeldung bis zur Feststellung des Anspruchs zurücknehmen.

Zu Nummer 15 (§ 31)

Zu Buchstabe a

Folgeänderung zu Nummer 5 Buchstabe a. Dort wird bestimmt, dass das Treuhänderamt für die Dauer des Sachwalteramtes ruht. Folglich kann es keine Pflichten mehr geben, die der Sachwalter gegenüber dem Treuhänder hat.

Zu Buchstabe b

Diese Bestimmung dient der Vereinheitlichung der Begrifflichkeit.

Zu Buchstabe c

Die bisherige Regelung, wonach der Sachwalter zu Beginn seiner Tätigkeit für jede Deckungsmasse eine Eröffnungsbilanz und einen erläuternden Bericht sowie für den Schluss eines jeden Jahres einen Jahresabschluss und einen Lagebericht zu erstellen hat, kann entfallen. Die Regelung war angelehnt an die Buchführungsvorschriften des Abwicklers einer Aktiengesellschaft nach § 270 des Aktiengesetzes (vgl. Bundestagsdrucksache 15/1853 vom 29. Oktober 2003, S. 21, rechte Spalte). Der Sachwalter muss sich jedoch ohnehin zu Beginn seiner Tätigkeit einen Überblick über die vorhandenen Werte der Deckungsmasse verschaffen. Der Sachwalter muss die Werthaltigkeit der Deckungsmasse auch kontinuierlich beobachten, da § 30 Absatz 6 PfandBG im Fall der Zahlungsunfähigkeit oder Überschuldung der Deckungsmasse ein gesondertes Insolvenzverfahren vorsieht. Diese kontinuierliche Überwachungspflicht wird im neuen Satz 1 ausdrücklich klargestellt. Eine Eröffnungsbilanz und entsprechende Jahresabschlüsse müssen daher nicht mehr zusätzlich vorgeschrieben werden. In entsprechender Anwendung von § 155 Absatz 1 Satz 2 InsO und § 31 Absatz 7 PfandBG hat der Sachwalter aber die allgemeinen Buchführungs- und Bilanzierungspflichten der Pfandbriefbank bezüglich der Deckungsmasse zu erfüllen und die entsprechenden Angaben für den Jahresabschluss der Pfandbriefbank zu liefern.

Zu Nummer 16

Der Übergangszeitraum des § 53 ist abgelaufen. § 4 Absatz 1a ist seit dem 1. November 2009 von allen Pfandbriefbanken anzuwenden. Die Übergangsvorschrift kann daher entfallen.

4. Drucksache 16/13823

21.7.2009

Antwort der Bundesregierung

auf die Kleine Anfrage der Abgeordneten Leo Dautzenberg, Otto Bernhardt, Klaus-Peter Flosbach, weiterer Abgeordneter und der Fraktion der CDU/CSU sowie der Abgeordneten Bernd Scheelen, Ingrid Arndt-Brauer, Lothar Binding (Heidelberg), weiterer Abgeordneter und der Fraktion der SPD – Drucksache 16/13713

Sicherheit der Pfandbriefe in der Insolvenz einer Pfandbriefbank
Vorbemerkung der Fragesteller

Im Verlauf der Finanzkrise, insbesondere im Zusammenhang mit den Problemen der Hypo Real Estate Gruppe, ist öfter die Frage nach der Sicherheit des Pfandbriefes aufgeworfen worden. Dabei ist in der Öffentlichkeit mehrfach die Behauptung aufgestellt worden, die Insolvenz einer Pfandbriefbank berge Risiken für die Inhaber von Pfandbriefen. Obwohl bislang jeder Pfandbrief eingelöst worden ist, wird mitunter die Sicherheit von Pfandbriefen angezweifelt. Vor allem Ratingagenturen stellen in letzter Zeit vertieft Fragen zu dieser Thematik und verunsichern damit den Markt.

1. Welche Rechtsfolge hat die Eröffnung der Insolvenz über eine Pfandbriefbank für die von ihr ausgegebenen Pfandbriefe und die dazu gehörenden Deckungswerte?

Wird über das Vermögen einer Pfandbriefbank ein Insolvenzverfahren eröffnet, so fallen die Deckungswerte nicht in die Insolvenzmasse. § 30 Absatz 1 des Pfandbriefgesetzes (PfandBG) bestimmt, dass die Vorschriften der Insolvenzordnung weder für die Deckungswerte noch für die Pfandbriefe gelten. Die Pfandbriefe werden – trotz der Insolvenz der Pfandbriefbank – nicht fällig. Der Insolvenzverwalter hat keine Verfügungsmacht über die Deckungswerte; diese kommt dem auf Antrag der Bundesanstalt für Finanzdienstleistungsaufsicht (BaFin) durch das zuständige Gericht ernannten Sachwalter zu, der für die ordnungsgemäße Bedienung der Pfandbriefe verantwortlich ist. Aus der Sicht der Gläubiger der Pfandbriefe und der Schuldner der Deckungswerte besteht also die Auswirkung der Insolvenz der Pfandbriefbank allein darin, dass nunmehr die Verwaltungs- und Verügungsbefugnis über die Deckungswerte beim Sachwalter und nicht mehr beim Vorstand der Bank liegt. Damit ist der Pfandbrief auf Grund der gesetzlichen Vorgaben das sicherste Wertpapier am Kapitalmarkt, denn die Bedienung ist auch in der Krise der begebenden Pfandbriefbank gewährleistet.

2. Welche Rechtsnatur haben die Deckungsmassen nach Eröffnung der Insolvenz über eine Pfandbriefbank?

Deckungswerte und Pfandbriefe bilden nach Eröffnung der Insolvenz über eine Pfandbriefbank einen einheitlichen Vermögensteil, der nicht in das Insolvenzverfahren einbezogen ist. Dieser Vermögensteil kann – wie in den Fragen 3, 7 und 8 geschehen – durchaus als „besonderer Teil der Pfandbriefbank“ bezeichnet werden. Dies wird z. B. deutlich durch die Regelung des § 30 Absatz 2 Satz 5 und 6 PfandBG, wonach der Sachwalter im Hinblick auf die Pfandbriefe und die Deckungswerte die Pfandbriefbank vertritt. Dies gilt für jede Pfandbriefgattung und ihre zugehörige Deckungsmasse gesondert.

Häufig werden Deckungswerte und Pfandbriefe in der Insolvenz der Pfandbriefbank als „Sondervermögen“ bezeichnet. Das PfandBG verwendet diesen Begriff nicht. Der Begriff ist unpassend, weil der besondere Teil der Pfandbriefbank keine von der Pfandbriefbank losgelöste und eigenständige Rechtspersönlichkeit darstellt.

3. Wie gehen die Deckungswerte auf den besonderen Teil der Pfandbriefbank über?

Da der besondere Teil der Pfandbriefbank keine eigenständige juristische Persondarstellt, erfolgt kein „Übergang“ auf eine andere juristische Person; Rechtsträger für die Deckungsmassen und Pfandbriefe bleibt weiterhin die Pfandbriefbank. Mit Eröffnung des Insolvenzverfahrens findet eine automatische Trennung der Vermögensmasse in einen dem Insolvenzverfahren (und dem Insolvenzverwalter der Pfandbriefbank) unterstehenden Teil und einen den Sondervorschriften der §§ 30 ff. PfandBG (und dem Sachwalter der Pfandbriefbank) unterliegenden Teil statt. Eine Übertragung der Deckungswerte ist folglich nicht erforderlich.

4. Welche Geschäfte darf der Sachwalter tätigen?

Nach § 30 Absatz 2 PfandBG wird ein Sachwalter ernannt, der den besonderen Teil der Pfandbriefbank führt und alle Rechtsgeschäfte mit Wirkung für die Deckungsmassen tätigen darf, soweit diese für eine geordnete Abwicklung im Interesse der vollständigen Befriedigung der Pfandbriefgläubiger erforderlich sind.

Diese Generalklausel ist umfassend zu verstehen und zielt vorrangig darauf ab, die Pfandbriefverbindlichkeiten ordnungsgemäß, d.h. bei Fälligkeit pünktlich zu bedienen. Um dies zu erreichen, hat der Sachwalter mehrere Handlungsmöglichkeiten, insbesondere die Folgenden:

Er zieht die Deckungsforderungen ein und bedient hieraus die Pfandbriefe, § 30 Absatz 3 Satz 2 PfandBG.

Er darf Deckungswerte nach den allgemeinen Übertragungsvorschriften ganz oder teilweise, einzeln oder in Portfolien veräußern und sich dadurch Liquidität beschaffen. Das PfandBG enthält hierzu keine Beschränkungen im Hinblick auf den Kreis möglicher Erwerber der Deckungswerte. Die Erlöse aus der Veräußerung ersetzen die veräußerten Deckungswerte und gehören zum besonderen Teil der Pfandbriefbank, unterfallen somit der Verfügungsmacht des Sachwalters, ohne dass sie im Deckungsregister eingetragen werden müssen.

Mit dem Gesetz zur Fortentwicklung des Pfandbriefrechts vom 20. März 2009 (BGBl. I S. 607), im folgenden Novelle 2009 genannt, wurde in § 30 Absatz 2 Satz 5, Halbsatz 2 PfandBG ausdrücklich klargestellt, dass der Sachwalter ein Refinanzierungsdarlehen aufnehmen darf, um Liquidität zu beschaffen.

Die Gesetzesbegründung zur Novelle 2009 stellt klar, dass der Sachwalter Refinanzierungsgeschäfte mit der Deutschen Bundesbank tätigen darf (Bundestagsdrucksache 16/11130 vom 1. Dezember 2008, S. 42).

Da er Deckungswerte veräußern darf, darf er folglich auch Sicherheiten für diese Refinanzierungsdarlehen und -geschäfte stellen.

Der Sachwalter darf auch Konditionenanpassungen von zur Deckung dienenden Krediten vornehmen sowie Derivatgeschäfte abschließen. Dies wurde bereits durch die Gesetzesbegründung zur Änderung des Hypothekenbankgesetzes aus dem Jahr 2004 klargestellt (Bundestagsdrucksache 15/1853 vom 29. Oktober 2003, S. 19).

Der Sachwalter kann eine Deckungsmasse und die Verbindlichkeiten aus Pfandbriefen der entsprechenden Gattung als Gesamtheit auf eine andere Pfandbriefbank übertragen, §§ 32ff. PfandBG.

5. Wie ist die Handlungsfähigkeit des Sachwalters sichergestellt?

Der Verfügungsbefugnis des Sachwalters unterstehen alle Werte, die bei der Eröffnung der Insolvenz über die Pfandbriefbank – oder im Fall des § 30 Absatz 5 PfandBG bei der Bestellung des Sachwalters vor der Insolvenzeröffnung – im Deckungsregister eingetragen sind.

Die Regelungen der §§ 30ff. PfandBG stellen sicher, dass der Sachwalter handlungsfähig ist. Hierzu zählen insbesondere die folgenden Bestimmungen:

Mit der Novelle 2009 wurde in § 4 Absatz 1a PfandBG die Schaffung einer Liquiditätsreserve für die jeweils nächsten 180 Tage eingeführt. Dadurch hat ein Sachwalter einen langen Zeitraum zur Verfügung, sich einen Überblick über die finanzielle Situation des besonderen Teils der Pfandbriefbank zu verschaffen und geeignete Rechtsgeschäfte zur Sicherstellung der Liquiditätsversorgung für die pünktliche Bedienung der Pfandbriefe zu tätigen.

Durch die Novelle 2009 wurde mit § 31 Absatz 8 PfandBG klargestellt, dass der Sachwalter auf die personellen und sachlichen Mittel der Pfandbriefbank zugreifen kann und der Insolvenzmasse nur die dabei tatsächlich anfallenden Kosten erstatten muss.

Der Sachwalter zieht alle Forderungen, die auf Deckungswerte zu leisten sind, ein (§ 30 Absatz 3 Satz 2 PfandBG). Dies gilt auch für Beträge oder Teilbeträge, die bei teilweisen Indeckungnahmen von Werten auf die so genannten Außerdeckungsteile entfallen; dies sind diejenigen Darlehensteile, die bei einheitlichen Darlehensverträgen oberhalb der Beleihungsgrenze des § 5 Absatz 1a PfandBG (60 Prozent, sofern nicht darunter festgesetzt) liegen und daher nicht Bestandteile der Deckungsmasse sind; sollten die Zahlungen eines Darlehensnehmers nicht zur vollständigen Bedienung sowohl des Deckungsteils als auch des Außerdeckungsteils genügen, hat der Deckungsteil Vorrang, § 30 Absatz 3 i.V.m. § 5 Absatz 1a PfandBG. Der Sachwalter zieht auch die Forderungen auf die Darlehensteile ein, die die Pfandbriefbank nach § 5 Absatz 1a Satz 4 und 5 PfandBG treuhänderisch für eine andere Bank hält.

Der Sachwalter kann bereits vor der Eröffnung eines Insolvenzverfahrens über die Pfandbriefbank ernannt werden, § 30 Absatz 5 PfandBG.

Durch die Novelle 2009 wurde in § 30 Absatz 2 Satz 7 PfandBG aufgenommen, dass der Sachwalter für Übertragungen nach den allgemeinen Vorschriften ein neues Refinanzierungsregister im Sinne der §§ 22aff. des Kreditwesengesetzes (KWG) einrichten und ein bereits in der Pfandbriefbank bestehendes Refinanzierungsregister nutzen darf.

Die §§ 32ff. PfandBG enthalten Spezialregelungen zur Übertragung von Deckungswerten und Pfandbriefen als Gesamtheit. § 35 PfandBG regelt hierzu eine spezielle und ausdrücklich insolvenzfeste Treuhand-Lösung, die eine sehr schnelle und effiziente Übertragungsmöglichkeit bietet.

6. Hat der Sachwalter auch Zugriff auf die Überdeckung?

Die in § 4 Absatz 1 PfandBG angeordnete, nach Barwerten zu berechnende „sichernde Überdeckung" inklusive der diesbezüglichen Stress-Tests ist Teil der gesetzlichen Deckung. Bezüglich der Werte, die eine Pfandbriefbank über das gesetzlich zur Erfüllung der Deckungspflicht geforderte Maß, also „freiwillig" in der Deckungsmasse vorhält, gilt Folgendes:

Nach § 30 Absatz 4 PfandBG kann der Insolvenzverwalter nur verlangen, dass Deckungswerte der Insolvenzmasse zugeführt werden, wenn diese Deckungswerte „offensichtlich nicht notwendig sein werden", um die Pfandbriefgläubiger pünktlich zu bedienen.

Das Herausgabeverlangen gilt jedoch nur für eine unverhältmäßig hohe Überdeckung, da es „offensichtlich" sein muss, dass die Werte zur Bedienung der Pfandbriefe nicht benötigt werden.

Die Formulierung „sein werden" bedeutet, dass diese Einschätzung nicht stichtagsbezogen nach Barwerten zu erfolgen hat, sondern auch künftige Risiken über die gesamten Laufzeiten aller ausstehenden Pfandbriefe der jeweiligen Pfandbriefgattung angemessen berücksichtigt werden müssen. Die damit verbundene Prognoseentscheidung müsste letztlich das Gericht treffen.

Die Darlegungs- und Beweislast für das Vorliegen dieser Voraussetzungen liegt beim Insolvenzverwalter (Bundestagsdrucksache 15/1853 vom 29. Oktober 2003, S. 20).

Die von den Ratingagenturen angewendeten Stress-Tests für die pünktliche Bedienung der Pfandbriefe haben regelmäßig zur Folge, dass eine Pfandbriefbank eine freiwillige Überdeckung vorhalten muss, die über die gesetzlich angeordnete zwei Prozent sichernde Überdeckung hinausgeht. Wenn in diesem Zusammenhang die Frage der Insolvenzfestigkeit dieser „Überdeckung" aufgeworfen wird, so wird außer Acht gelassen, dass diese bei Zugrundelegung der unterstellten Stress-Tests – wie eingangs bereits ausgeführt – zwangsläufig Teil der gesetzlichen Deckung wäre. Wenn eine Ratingagentur an die vollständige Werthaltigkeit der Deckungsmasse und die Absicherung der Deckungsmassen vor anderen Risiken nicht glaubt und deswegen ein Überdeckungserfordernis errechnet, dann stellen in logischer Konsequenz aus der Sicht der Ratingagentur diese Überdeckungswerte keine „freiwillige Überdeckung" dar; vielmehr sind sie Teil der (normalen) Deckung, da sie (aus der Sicht der Ratingagentur) für die pünktliche Bedienung der Pfandbriefe benötigt werden. Folglich könnten sie schon gar nicht unter den Anwendungsbereich des § 30 Absatz 4 PfandBG fallen.

7. Wie ist sichergestellt, dass Zins- und Währungsswaps dem Sachwalter im besonderen Teil der Pfandbriefbank erhalten bleiben?

§ 19 Absatz 1 Nummer 4 PfandBG erlaubt die Indeckungnahme von Derivaten. Die in Deckung genommenen Derivate sind damit vor dem Zugriff des Insolvenzverwalters geschützt. Darüber hinaus verlangt das Gesetz, dass nur solche Derivate in Deckung genommen werden können, die im Falle der Insolvenz der Pfandbriefbank nicht beeinträchtigt werden können; dies bedeutet insbesondere, dass eine Kündigungsmöglichkeit für diesen Insolvenzfall ausgeschlossen werden muss. Dies kann auch in einem Rahmenvertrag geregelt werden, § 4 Absatz 3 PfandBG. Pfandbriefbanken verwenden standardisierte Rahmenverträge, die diesen Anforderungen gerecht werden.

8. Gehören zum besonderen Teil der Pfandbriefbank nach § 30 Absatz 1 des Pfandbriefgesetzes (PfandBG) bei Darlehensforderungen neben den Ansprüchen auf die Rückzahlung und die vertraglich vereinbarten Zinsen auch Ansprüche auf vertraglichen Schadenersatz und auf Zinsersatz bei Vertragsänderungen wie z. B. Ansprüche auf eine Vorfälligkeitsentschädigung oder ein Vorfälligkeitsentgelt?

Sobald die Rechtswirkungen der §§ 30 ff. PfandBG eingetreten sind, gehören alle danach entstehenden Forderungen, die mit Deckungswerten verbunden sind oder an deren Stelle treten, automatisch zum besonderen Teil der Pfandbriefbank und unterfallen damit der Verwaltungs- und Verfügungsbefugnis des Sachwalters. Dies gilt auch für die damit verbundenen Ansprüche, wie z.B. Schadenersatzansprüche und Vorfälligkeitsentschädigungen sowie Vorfälligkeitsentgelte.

Soweit solche Ersatzforderungen bereits entstanden sind, bevor die Rechtswirkungen der §§ 30 ff. PfandBG eingetreten sind, werden sie über § 12 Absatz 3 PfandBG (und die gleichlautenden Bestimmungen für die anderen Pfandbriefarten) in die Deckung einbezogen.

Ersatzforderungen auf Werte, die nur anteilig in Deckung sind, sind auch nur anteilig Bestandteil der Deckungsmasse. Hierbei gilt jedoch der Grundsatz des § 5 Absatz 1a Satz 1, Halbsatz 2 PfandBG, dass im Zweifel der Deckungsteil Vorrang hat.

5. Drucksache 15/5852

15. Wahlperiode 29.6.2005

Beschlussempfehlung und Bericht des Finanzausschusses (7. Ausschuss) zu dem Gesetzentwurf der Bundesregierung – Drucksache 15/5567 –

Entwurf eines Gesetzes zur Neuorganisation der Bundesfinanzverwaltung

A. Problem und Ziel

Durch die Bündelung und Zusammenführung von Aufgaben und eine strategische Neuausrichtung der Aufgabenwahrnehmung soll die Effizienz und Effektivität der Bundesfinanzverwaltung verbessert und ihren veränderten Aufgaben angepasst werden.

B. Lösung

Annahme dieses Gesetzentwurfs, der die notwendigen Änderungen im Finanzverwaltungsgesetz, Bundesbesoldungsgesetz und weiteren Gesetzen und Rechtsvorschriften sowie der Bundeshaushaltsordnung enthält. Der Finanzausschuss hat einige notwendige technische Änderungen der Vorlage sowie im Sachenrechtsbereinigungsgesetz vorgenommen. Darüber hinaus hat der Ausschuss die Gesetzesberatung zum Anlass genommen, Änderungen des Kreditwesengesetzes in seine Beschlussempfehlung aufzunehmen, die die Schaffung eines Refinanzierungsregisters ermöglichen.

Bericht der Abgeordneten Bernd Scheelen und Leo Dautzenberg

1. Verfahrensablauf

Der Gesetzentwurf der Bundesregierung – Drucksache 15/5567 – wurde dem Finanzausschuss in der 181. Sitzung des Deutschen Bundestages am 16. Juni 2005 zur federführenden Beratung sowie dem Innenausschuss und dem Haushaltsausschuss zur Mitberatung überwiesen. Die mitberatenden Ausschüsse haben in ihren Sitzungen am 29. Juni 2005 ihre Voten abgegeben. Der Finanzausschuss hat den Gesetzentwurf ebenfalls am 29. Juni 2005 beraten.

2. Inhalt der Vorlage

a) Zur Änderung des Finanzverwaltungsgesetzes Die Bundesregierung hat sich zum Ziel gesetzt, Staat und Verwaltung dem gewandelten Staatsverständnis und den sich verändernden Aufgaben von Regierung und Verwaltung anzupassen. Zu diesem Zweck hat das Bundeskabinett 1999 das Programm „Moderner Staat – Moderne Verwaltung“ beschlossen, das auch das Projekt „Strukturentwicklung Bundesfinanzverwaltung II – NeuFin“ als Teil der Initiative Bürokratieabbau umfasst. Ein Schwerpunkt im Rahmen dieser Strukturentwicklung ist die Neustrukturierung von Bundesoberbehörden in der Bundesfinanzverwaltung durch – die Bündelung der steuerlichen Aufgaben des Bundesamtes für Finanzen (BfF) und von administrativen steuerfachlichen Aufgaben des Bundesministeriums der Finanzen (BMF) in einem neuen Bundeszentralamt für Steuern (BZSt) und – die Zusammenführung der Aufgaben des Bundesamtes zur Regelung offener Vermögensfragen (BARoV) mit denen des Dienstleistungszentrums des BfF in einem neuen Bundesamt für zentrale Dienste und offene Vermögensfragen (BADV).

Durch die Bündelung der administrativen steuerfachlichen Aufgaben des Bundesministeriums der Finanzen und der steuerfachlichen Aufgaben des Bundesamtes für Finanzen in einem Bundeszentralamt für Steuern soll ein zukunftsfähiger, zentraler steuerlicher Dienstleister für die Finanzverwaltungen auf nationaler und internationaler Ebene geschaffen werden. Mit der neuen Oberbehörde sollen Effizienz und Effektivität des Steuervollzuges sowie die Anpassungsfähigkeit im Hinblick auf sich rasch wandelnde Anforderungen verbessert werden. Gleichzeitig soll ein wesentlicher Beitrag zum Bürokratieabbau, zur Verminderung von Verwaltungskosten sowie zur Festlegung der Steuerbasis geleistet werden. Entsprechendes gilt im Entschädigungs- bzw. Dienstleistungsbereich für das neue Bundesamt für zentrale Dienste und offene Vermögensfragen. Mit der Änderung des Finanzverwaltungsgesetzes werden insbesondere die neuen Behördenbezeichnungen eingeführt. Dieses Gesetz regelt nicht die Übertragung von Aufgaben des Bundesministeriums der Finanzen auf das Bundeszentralamt für Steuern.

b) Außerdem enthält das Gesetz notwendige Anpassungen anderer Gesetze und Rechtsverordnungen an die Neustrukturierung der Bundesoberbehörden.

c) Zur Änderung der Bundeshaushaltsordnung Parallel zur Neustrukturierung der Bundesoberbehörden und IT-Einrichtungen in der Bundesfinanzverwaltung durch das Bundesministerium der Finanzen wurde ein Konzept zur Errichtung eines Kompetenzzentrums für das Kassen- und Rechnungswesen des Bundes (KKR) erarbeitet, in dem die Aufgaben

- Zentralkasse und Rechnungslegung
- Systempflege
- Kassenaufsicht

künftig zusammengeführt sind. Dies erfordert unter anderem die Überführung der Aufgaben der derzeitigen Bundeshauptkasse an das als selbständige Organisationseinheit und zentrale Stelle für das Kassen- und Rechnungswesen bei der Oberfinanzdirektion Köln nach § 8 Abs. 2 Satz 2 Finanzverwaltungsgesetz neu einzurichtende Kompetenzzentrum (KKR) mit Hauptsitz in Bonn. Die Bundeshaushaltsordnung ist entsprechend zu ändern.

d) Eine Erledigung der Aufgabe durch Private ist nicht möglich.

e) Es werden keine Mitteilungspflichten, andere administrative Pflichten oder Genehmigungsvorbehalte mit staatlichen Überwachungs- und Genehmigungsverfahren eingeführt und erweitert.

f) Das Gesetz soll nicht befristet werden, da die neuen Behörden und Einrichtungen dauerhaft Aufgaben wahrnehmen sollen.

I. Allgemeiner Teil

Der Finanzausschuss empfiehlt einstimmig die Annahme des geänderten Gesetzentwurfs. Alle Fraktionen begrüßten die unkomplizierte und lösungsorientierte Zusammenarbeit insbesondere bei der Einfügung der Regelungen im Kreditwesengesetz. Die ausführliche Darstellung der Hintergründe für diese Änderung findet sich in der entsprechenden Einzelbegründung. Die Fraktion der CDU/CSU wies darauf hin, siehalte die Regelungen im Kreditwesengesetz für richtig und sinnvoll; mittelfristig müssten diese jedoch um weitere Regelungen ergänzt werden. Sowohl die Änderungsanträge wie auch der Gesetzentwurf selbst wurden einstimmig von allen Fraktionen angenommen.

II. Einzelbegründung

Die vom Finanzausschuss vorgeschlagenen Änderungen des Gesetzentwurfs – Drucksache 15/5567 – werden im Einzelnen wie folgt begründet:

...

Zu Artikel 4a neu (Änderung des Kreditwesengesetzes)

Allgemeine Begründung

Es besteht ein erhebliches volkswirtschaftliches Interesse an einer Erleichterung der Finanzierung und Refinanzierung für die deutscheWirtschaft. Günstige Finanzierungsmöglichkeiten helfen den Unternehmen, ihre Ertragskraft zu steigern und sich im globalisierten Wettbewerb zu behaupten. Entscheidende Bedeutung für die allgemeine Kreditversorgung der Wirtschaft haben günstige Rahmenbedingungen für die Refinanzierung der Kreditinstitute. Sie nützen nicht allein den Kreditinstituten selbst. Wegen des scharfen Wettbewerbs in Deutschland werden die Kreditinstitute einen Teil der gesunkenen Refinanzierungskosten an ihre Kunden weitergeben. Dadurch sinkt das allgemeine Preis- und Zinsniveau, was zu mehr Wachstum und Beschäftigung führt. Außerdem erhalten die Kreditinstitute liquide Mittel, aus denen sie neue Kredite vergeben können, wovon insbesondere der Mittelstand profitiert, dem eine unmittelbare Finanzierung über den Kapitalmarkt kaum möglich ist. Eine Erleichterung der Refinanzierung verbessert damit mittelbar auch die Finanzierungsbedingungen derjenigen Unternehmen, die nicht über die notwendige Größe verfügen, um sich eigenständig am Kapitalmarkt zu finanzieren und zu refinanzieren, sondern von der Kreditvergabe der Kreditinstitute abhängig sind. Neben den klassischen Refinanzierungsformen wie Factoring oder Forfaitierung gewinnt seit einigen Jahren die Refinanzierung über eigens zur Refinanzierung gegründete Gesellschaften (Zweckgesellschaften, § 1 Abs. 26 KWG) zunehmend an Bedeutung. Solche Zweckgesellschaften finanzieren den Erwerb der Refinanzierungsgegenstände des sich refinanzierenden Unternehmens (Refinanzierungsunternehmen, § 1 Abs. 24 KWG) insbesondere durch die Ausgabe von Schuldscheinen und Schuldverschreibungen (sog. Asset Backed Securities). Die Erwerber dieser Finanzinstrumente sind dadurch abgesichert, dass sie im Vermögen der Zweckgesellschaft auf die Refinanzierungsgegenstände zugreifen können, welche die Zweckgesellschaft vom Refinanzierungsunternehmen erworben hat (sog. echte ABS-Transaktion oder True-Sale-Verbriefung).

Die Durchführung solcher modernen Refinanzierungsformen ist im deutschen Recht auf erhebliche Hindernisse gestoßen. Der Gesetzgeber hat in den letzten Jahren schon einige dieser Hindernisse beseitigt. So wurde im Jahre 2002 durch eine Ergänzung im Rechtsberatungsgesetz klargestellt, dass die Verwaltung der an die Zweckgesellschaft abgetretenen Forderungen durch das Refinanzierungsunternehmen nicht erlaubnispflichtig ist. Gewerbesteuerrechtliche Hindernisse wurden im Jahre 2003 durch das Kleinunternehmerförderungsgesetzm ausgeräumt. Anliegen dieses Gesetzes zur Verbesserung der Finanzierungsmöglichkeiten ist es, die noch verbliebenen insolvenzrechtlichen und bankaufsichtsrechtlichen Hindernisse zu beseitigen. Diese Hindernisse werden verantwortlich gemacht für die – trotz der schon erfolgten Gesetzesänderungen – im internationalen Vergleich geringe Zahl echter ABS-Transaktionen in Deutschland. Auch im Schrifttum wurde jüngst auf diese nach geltendem Recht nicht zu überwindenden Hindernisse hingewiesen, die zuletzt im Urteil des Bundesgerichtshofes vom 24. Juni 2003 (BGHZ 155, 227) bestätigt wurden. Als Hauptproblem erweist es sich sicherzustellen, dass die Zweckgesellschaft eine hinreichende Rechtsstellung in Bezug auf die vom Refinanzierungsunternehmen veräußerten Vermögensgegenstände erlangt, was für die Absicherung der Erwerber der Schuldverschreibungen im Rahmen einer echten ABS-Transaktion unabdingbar ist. Nach geltendem Recht erfordert dies insbesondere bei den sehr verbreiteten Buchgrundschulden einen erheblichen Zeit-, Verwaltungs- undKostenaufwand, der die Durchführung echter ABS-Transaktionen nach deutschem Recht im internationalen Vergleich in diesem Segment unattraktiv macht. Der Gesetzentwurf sorgt hier für Abhilfe, indem er durch Einfügung eines neuen Abschnitts in das Kreditwesengesetz (§§ 22a ff. KWG) die Begründung einer insolvenzfesten Rechtsposition der Zweckgesellschaft ohne Übertragung der Refinanzierungsgegenstände ermöglicht. Voraussetzung ist, dass die Gegenstände in ein nach den neuen Vorschriften des Kreditwesengesetzes geführtes Refinanzierungsregister eingetragen werden. Dieses Refinanzierungsregister wird durch einen neutralen, von der Bundesanstalt für Finanzdienstleistungsaufsicht bestellten Verwalter überwacht, um die Interessen der anderen Gläubiger des Refinanzierungsunternehmens nicht zu gefährden. Damit werden die vom Bundesgerichtshof und im Schrifttum betonten Aspekte der Rechtsklarheit und des Gläubigerschutzes auch in diesen Konstellationen gewahrt. Die Regelung bezieht sich auf die besonderen Anforderungen des Pfandbriefmarktes und von True-Sale-Verbriefungen. Es handelt sich also ausschließlich um eine Regelung der im Gesetz vorgesehenen Fälle, die keine Aussagen über die Zulässigkeit und Wirkung anderer Treuhand-Modelle trifft. Die rechtliche Stellung dieser anderen Treuhand-Modelle erfährt durch das Gesetz keine Änderung. Die Stabilität des Finanzmarktes setzt voraus, dass Kreditinstitute ihre Risiken möglichst gering halten und streuen. Echte ABS-Transaktionen sowie andere Refinanzierungsvorgänge können zur Risikoverringerung beitragen, weil sie zu einer Ersetzung risikobehafteter Gegenstände durch liquide Mittel und damit zu einer Reduzierung des Risikos in den Beständen der Refinanzierungsunternehmen führen. Weitere Änderungen betreffen Klarstellungen im Kreditwesengesetz sowie die Regelung der Erstattung der Kosten der Bundesanstalt im Zusammenhang mit der Aufsicht über die Register im Finanzdienstleistungsaufsichtsgesetz. Der Gesetzentwurf ist mit dem Recht der Europäischen Union vereinbar. Eine Befristung der in dem Entwurf vorgeschlagenen Gesetze scheidet aus, weil die Regelungen als Dauerregelungen angelegt sind, bis der Gesetzgeber eine Änderung für angezeigt hält.

Der Entwurf hat keine erkennbaren gleichstellungspolitischen Auswirkungen. Grundsätzlich sind Frauen und Männer von den Vorschriften des Entwurfs in gleicher Weise betroffen.

Zu Nummer 1 (Inhaltsübersicht)

Die Änderung der Inhaltsübersicht ist eine redaktionelle Folgeänderung der Einfügung der neuen Vorschriften in den §§ 22a bis 22o KWG. Durch die Einfügung dieser Vorschriften wird der bisherige § 22a zu § 22p.

Zu Nummer 2 (§ 1)

Zu Buchstabe a (Absatz 1 Satz 2 Nr. 7)

Es handelt sich um eine Klarstellung, welche die Rechtsunsicherheit an den Kapitalmärkten über die Reichweite des Tatbestandes dieses Bankgeschäfts beseitigt. Nach dem bisherigen Gesetzeswortlaut liegt ein Bankgeschäft vor, wenn die Verpflichtung eingegangen wird, Darlehensforderungen vor Fälligkeit zu erwerben. Solche Verpflichtungen gehen insbesondere auch Zweckgesellschaften (§ 1 Abs. 26 KWG) und Refinanzierungsmittler (§ 1 Abs. 25 KWG) ein, wenn sie noch nicht fällige Darlehensforderungen von einem Refinanzierungsunternehmen erwerben. Dies sollte aber vom Wortlaut der Vorschrift, die nur auf bestimmte Formen des Revolvinggeschäfts abzielte, nicht erfasst werden. Die Neuregelung stellt klar, dass es sich um zuvor veräußerte Darlehensforderungen handeln muss, wodurch der Gegenstand des Revolvinggeschäfts genauer umschrieben und von anderen Veräußerungsvorgängen, bei denen die für das Revolvinggeschäft typischen Liquiditäts- und Zinsänderungsrisiken nicht bestehen, abgegrenzt wird.

Zu Buchstabe b (Absätze 24 – neu –, 25 – neu –, 26 – neu –) Mit der Einfügung der neuen Absätze 24, 25 und 26 werden die an Refinanzierungsgeschäften regelmäßig Beteiligten näher definiert, ohne auf die zum gegenwärtigen Zeitpunkt an den Kapitalmärkten abgeschlossenen Geschäfte beschränkt zu sein. Dieser Offenheit gegenüber neueren Geschäftstypen dient auch die vom derzeitigen Sprachgebrauch in Finanzkreisen abweichende Terminologie. Häufigstes Beispiel solcher Refinanzierungsgeschäfte sind die eingangs erwähnten echten ABS-Transaktionen. Ein Refinanzierungsunternehmen (Absatz 24) veräußert die Refinanzierungsgegenstände, häufig Forderungen mit einem regelmäßigen Zahlungsfluss, an eine Zweckgesellschaft (Absatz 26), die den Erwerb der Refinanzierungsgegenstände durch die Emission von Finanzinstrumenten (sog. Asset Backed Securities) finanziert, die sie dann wiederum mit den Refinanzierungsgegenständen und dem von diesen generierten Zahlungsstrom bedient. Die Erwerber der Finanzinstrumente sind dadurch abgesichert, dass sie im Vermögen der Zweckgesellschaft auf die Refinanzierungsgegenstände zugreifen können. In bestimmten Konstellationen (sog. Multi-seller- Strukturen) werden zwischen die Refinanzierungsunternehmen und die Zweckgesellschaften noch Refinanzierungsmittler (Absatz 25) zwischengeschaltet Gleichzeitig soll mit dem Gesetz in Anlehnung an das Pfandbriefgesetz insbesondere auch die treuhänderische Verwaltung von Pfandbriefen (§ 1 Abs. 2

Pfandbriefgesetz) erleichtert werden, so dass deckungsfähige Sicherungswerte den Deckungsmassen von Pfandbriefemittenten ohne hohen Verwaltungs- und Kostenaufwand zugeführt werden können. Refinanzierungsunternehmen sind gemäß Absatz 24 Unternehmen, die zum Zwecke der Refinanzierung Gegenstände aus ihrem Geschäftsbetrieb an Zweckgesellschaften, Refinanzierungsmittler oder Pfandbriefbanken gemäß § 1 Abs. 1 Satz 1 des Pfandbriefgesetzes veräußern. Refinanzierungsunternehmen können auch Kreditinstitute, die KfW, sonstige juristische Personen des öffentlichen Rechts (z.B. der Bund oder ein Land) oder öffentlich-rechtliche Sondervermögen sein. Das Refinanzierungsunternehmen ist Ausgangspunkt und Initiator des Refinanzierungsgeschäfts. Das Refinanzierungsgeschäft umfasst Gegenstände seines Geschäftsbetriebs und dient seiner Refinanzierung. Wegen dieser Initiierung des Refinanzierungsgeschäfts wurde das in Absatz 24 als „Refinanzierungsunternehmen" bezeichnete Unternehmen in Finanzkreisen bislang häufig als „Originator" bezeichnet. Für die gesetzliche Umschreibung des Refinanzierungsgeschäfts ist der Begriff des „Originators" zu aussagearm, weil er keinen Aufschluss darüber gibt, zu welcher Art von Geschäften das Unternehmen der „Originator", d.h. der Urheber ist. In ganz anderen Zusammenhängen könnte es ebenso berechtigt sein, von einem „Originator" zu sprechen. Der Begriff des „Refinanzierungsunternehmens" bringt dagegen klar zum Ausdruck, dass es sich um ein Unternehmen handelt, das sich refinanziert. Die Veräußerung muss „zum Zwecke der Refinanzierung" geschehen. Der Zweck der Refinanzierung ist dabei in einem weiten Sinne zu verstehen und ist nicht auf die derzeit am Markt üblichen Refinanzierungstechniken beschränkt. Unschädlich ist, wenn in einer Refinanzierungstransaktion eine True-Sale- Verbriefung mit einer synthetischen Verbriefung kombiniert wird. Erforderlich ist aber stets, dass dem Refinanzierungsunternehmen durch den Veräußerungsvorgang Liquidität oder ein sonstiges marktgerechtes Entgelt für die Übertragung zufließt. Die Beschränkung auf Gegenstände aus dem „Geschäftsbetrieb" des Refinanzierungsunternehmens grenzt Letzteres zum Refinanzierungsmittler (Absatz 25) ab. Erwirbt ein Unternehmen Gegenstände ausschließlich zu dem Zwecke, sie später zur Refinanzierung weiterzuveräußern, unterliegt es den Vorschriften über Refinanzierungsmittler. Absatz 25 umschreibt den Begriff des Refinanzierungsmittlers. Dies sind Kreditinstitute oder in § 2 Abs. 1 Nr. 1 bis 3a KWG genannte Einrichtungen (z. B. die KfW), die von Refinanzierungsunternehmen oder anderen Refinanzierungsmittlern Gegenstände aus dem Geschäftsbetrieb eines Refinanzierungsunternehmens oder Ansprüche auf deren Übertragung erwerben, um diese Gegenstände an Zweckgesellschaften oder Refinanzierungsmittler zu veräußern. Hintergrund der Tätigkeit der Refinanzierungsmittler ist, dass kleineren Unternehmen häufig das Geschäftsvolumen fehlt, um allein aufwendige Refinanzierungsgeschäfte wie echte ABS-Transaktionen durchzuführen. Refinanzierungsmittler erwerben von solchen Unternehmen die Refinanzierungsgegenstände und veräußern diese anschließend im erforderlichen Umfang an eine Zweckgesellschaft weiter (sog. Multi-seller-Struktur). Eine solche unmittelbare Weiterveräußerung an eine Zweckgesellschaft ist aber nach der Begriffsbestimmung nicht erforderlich. Vielmehr kann der Refinanzierungsmittler die Gegenstände auch an einen anderen Refinanzierungsmittler weiterveräußern. Die Regelung berücksichtigt, dass sich gerade bei grenzüberschreitenden Refinanzierungsgeschäften die Zwischenschaltung mehrerer Refinanzierungsmittler als sinnvoll erweisen kann. Aus dem Begriff des Refinanzierungs„mittlers" folgt aber, dass die Refinanzierungsgegenstände und damit das mit ihnen verbundene Risiko nicht dauerhaft bei dem Unternehmen verbleiben dürfen; andernfalls ist das Unternehmen kein Refinanzierungsmittler. Für solche Geschäfte gelten die allgemeinen Vorschriften. Refinanzierungsmittler müssen Kreditinstitute oder in § 2 Abs. 1 Nr. 1 bis 3a genannte Einrichtungen sein. Durch diese Beschränkung auf besonders beaufsichtigte Unternehmen wird sichergestellt, dass mehrstufige und damit komplizierte Refinanzierungsgeschäfte mit der erforderlichen Sachkenntnis und Zuverlässigkeit durchgeführt werden. Zweckgesellschaften sind nach der Begriffsbestimmung des Absatzes 26 Unternehmen, deren wesentlicher Zweck darin besteht, durch Emission von Finanzinstrumenten oder auf sonstige Weise Gelder aufzunehmen oder andere vermögenswerte Vorteile zu erlangen, um von einem oder mehreren Refinanzierungsunternehmen oder Refinanzierungsmittlern Gegenstände aus dem Geschäftsbetrieb eines Refinanzierungsunternehmens oder Ansprüche auf deren Übertragung zu erwerben. Der Begriff „Zweckgesellschaft" entspricht dem in Finanzkreisen üblichen Sprachgebrauch. Bei den emittierten Finanzinstrumenten wird es sich in der Regel um Schuldverschreibungen handeln, erlaubt ist aber die Emission jeglicher Finanzinstrumente im Sinne des § 1 Abs. 11 KWG, soweit dies nicht aus der Natur der Sache unmöglich oder gemäß anderen gesetzlichen Bestimmungen unstatthaft ist. Die Zweckgesellschaft kann auch „auf sonstige Weise" Gelder aufnehmen, etwa durch Darlehensverträge. Damit wird den unvorhersehbaren Entwicklungen im Refinanzierungsmarkt Rechnung getragen und eine große Offenheit gegenüber neuen Refinanzierungstechniken erreicht. Wesentlicher Zweck der Zweckgesellschaften muss es sein, mit den aufgenommenen Geldern Gegenstände aus dem Geschäftsbetrieb eines Refinanzierungsunternehmens oder Ansprüche auf deren Übertragung zu erwerben. Verfolgt das Unternehmen daneben andere Zwecke, ist es nur dann eine Zweckgesellschaft, wenn das Refinanzierungsgeschäft der wesentliche Zweck ist. Der Eigenschaft als Zweckgesellschaft steht nicht entgegen, dass die Gesellschaft außer echten ABS-Transaktionen bzw. True-Sale-Verbriefungen auch sog. synthetische Verbriefungstransaktionen durchführt. Unbeachtlich ist hierbei, in welchem Verhältnis die Volumina von True-Sale-Verbriefungen und synthetischen Verbriefungen zueinander stehen. Unschädlich sind insbesondere Hilfsgeschäfte, welche der Durchführung des Refinanzierungsgeschäfts dienen. Dabei kann es sich etwa um den Erwerb bestimmter Derivate handeln, mit denen die Risikostruktur des vom Refinanzierungsunternehmen erworbenen Portfolios verbessert werden soll. Durch den Erwerb dieser Derivate allein betreibt die Zweckgesellschaf noch kein Bankgeschäft, insbesondere kein Finanzkommissionsgeschäft, weil es dafür in einem rechtlichen Sinne darauf ankommt, für „fremde Rechnung" zu handeln. Dass die Erwerber der Schuldverschreibungen wirtschaftlich vom Erwerb der Derivate profitieren, begründet nicht das Vorliegen eines Finanzkommissionsgeschäfts.

Zu Nummer 3 (§ 2 Abs. 2)

Die Änderungen in § 2 Abs. 2 KWG sind erforderlich, um auch der Kreditanstalt für Wiederaufbau eine Nutzung des Refinanzierungsregisters zu ermöglichen.

Zu Nummer 4 (Gliederungsnummer 2)

Die Vorschriften der §§ 22a bis 22o KWG regeln die Voraussetzungen und die Rechtsfolgen einer ordnungsgemäßen Führung des Refinanzierungsregisters. Die

Führung und Überwachung dieses Registers ist weniger detailliert ausgestaltet als das Deckungsregister nach dem Pfandbriefgesetz sowie seinen Vorläufern. Anders als der Treuhänder des Deckungsregisters hat der Verwalter des Refinanzierungsregisters vor allem nicht zu prüfen, ob die im Register eingetragenen Refinanzierungsgegenstände die emittierten Finanzinstrumente in hinreichendem Maße absichern. Das Refinanzierungsregister dient lediglich dem Schutz des Rechtsverkehrs vor gläubigergefährdenden Vermögensverschiebungen. Auch Pfandbriefemittenten müssen sich dieses Registers bedienen, denn die von ihnen jeweils geführten Deckungsregister dienen nur den im einschlägigen Pfandbriefrecht vorgesehenen Zwecken.

Zu § 22a

Die Vorschrift regelt zusammen mit § 22b KWG, wer das Refinanzierungsregister führt und welche Gegenstände in das Refinanzierungsregister eingetragen werden können.

Ist das Refinanzierungsunternehmen ein Kreditinstitut oder eine in § 2 Abs. 1 Nr. 1 bis 3a KWG genannte Einrichtung (z. B. die Kreditanstalt fürWiederaufbau), wird das Refinanzierungsregister grundsätzlich, d.h. von Fällen des § 22b Abs. 2 KWG abgesehen, vom Refinanzierungsunternehmen selbst geführt (Absatz 1). An die Eintragung eines Gegenstandes in ein ordnungsgemäß geführtes Refinanzierungsregister werden bedeutende insolvenzrechtliche Rechtsfolgen geknüpft. Von diesen Regelungen sind auch Dritte, namentlich Gläubiger des Refinanzierungsunternehmens sowie der Refinanzierungsmittler, der Zweckgesellschaften und der Pfandbriefbanken, betroffen. Die Führung des Refinanzierungsregisters setzt daher eine besondere Zuverlässigkeit und Beaufsichtigung voraus, weshalb das Refinanzierungsregister nur von Kreditinstituten sowie von in § 2 Abs. 1 Nr. 1 bis 3a KWG genannten Einrichtungen geführt werden kann. Eintragungsfähig sind Forderungen sowie Forderungen sichernde Grundpfandrechte bzw. Schiffshypotheken oder Registerrechte an einem Luftfahrzeug, auf deren Übertragung eine Zweckgesellschaft, ein Refinanzierungsmittler oder eine Pfandbriefbank einen Anspruch gegen das Refinanzierungsunternehmen hat. Entsprechend allgemeinen Regeln (beispielsweise in § 883 Abs. 1 Satz 2 BGB) kann auch ein künftiger oder bedingter Übertragungsanspruch eingetragen werden. Forderungen „des" Refinanzierungsunternehmens sind nur solche, welche im Eigentum des Refinanzierungsunternehmens stehen. Diese Forderungen sind allerdings nur dann eintragbar, wenn die Abtretung nicht nach Maßgabe des § 399 Alternative 2 BGB schriftlich ausgeschlossen ist, sofern sie nicht in den Anwendungsbereich des § 354a HGB fallen, oder wenn ein gesetzliches Verfügungsverbot besteht. Unerheblich ist, welchem nationalen Recht die Gegenstände unterliegen. Eintragungsfähig sind daher etwa auch ausländische Forderungen oder Grundpfandrechte. Findet der Refinanzierungsvorgang unter Mitwirkung eines oder mehrerer Refinanzierungsmittler statt, so führt jeweils der zur Übertragung verpflichtete Refinanzierungsmittler das Refinanzierungsregister (Absatz 2). Aus der Formulierung der Absätze 1 und 2 (sowie des § 22b Abs. 1 KWG und des § 22d Abs. 2 Nr. 1 KWG), wonach in das Refinanzierungsregister nur Gegenstände aufgenommen werden können, auf deren Übertragung ein Anspruch besteht, kann nicht geschlossen werden, dass bereits an den Übertragungsberechtigten abgetretene Forderungen gar nicht eingetragen werden könnten, weil streng genommen nach Erfüllung des

Abtretungsvertrages auf ihre Übertragung kein Anspruch mehr besteht. Auch solche Forderungen bleiben selbstverständlich eintragungsfähig. In allen Konstellationen „können" Forderungen und die sichernden Grundpfandrechte in ein Refinanzierungsregister eingetragen werden. Eine öffentlich-rechtliche Pflicht zur Eintragung von Gegenständen, die im Zuge von Refinanzierungsgeschäften veräußert werden, in ein Refinanzierungsregister besteht nicht (Absatz 3). Selbst wenn schon ein Refinanzierungsregister besteht, ist das veräußernde Unternehmen nicht verpflichtet, weitere Gegenstände einzutragen, die es zum Zwecke der Refinanzierung veräußert. Die Eintragung in das Refinanzierungsregister ist nur eine zusätzliche Möglichkeit zu den bisher schon möglichen Verfahrensweisen, insbesondere der Übertragung oder der treuhänderischen Verwaltung der Refinanzierungsgegenstände. Unberührt bleiben naturgemäß vertragliche Pflichten zur Führung eines Registers. Wurde die Registerführung dagegen einmal begonnen, kann sie zum Schutz der eingetragenen Übertragungsberechtigten und des Rechtsverkehrs nur noch unter den Voraussetzungen des § 22k KWG beendet oder auf ein anderes Kreditinstitut übertragen werden. Kreditinstitute können Tätigkeiten unter bestimmten Voraussetzungen auf andere Unternehmen auslagern (§ 25a Abs. 2 KWG). Die Registerführung, die auf Kreditinstitute beschränkt ist, setzt eine besondere Zuverlässigkeit voraus, die bei anderen Unternehmen generell nicht ohne weiteres anzutreffen ist. Absatz 3 schließt aus diesem Grunde eine Auslagerung der Registerführung aus.

Zu § 22b

Ist das Refinanzierungsunternehmen kein Kreditinstitut und keine in § 2 Abs. 1 Nr. 1 bis 3a genannte Einrichtung, kann es gemäß § 22a Abs. 1 KWG kein Refinanzierungsregister führen. In diesem Falle können aber Forderungen und die sichernden Grundpfandrechte des Refinanzierungsunternehmens, auf deren Übertragung eine Zweckgesellschaft, ein Refinanzierungsmittler oder eine Pfandbriefbank einen Anspruch hat, in ein von einem Kreditinstitut oder von der Kreditanstalt für Wiederaufbau geführtes Refinanzierungsregister eingetragen werden (Absatz 1). Durch diese Regelung werden die Refinanzierungsmöglichkeiten für Unternehmen, die keine Kreditinstitute sind, deutlich erleichtert, denn Absatz 1 ermöglicht es Nichtinstituten, sich in ganz ähnlicher Weise zu refinanzieren wie Kreditinstitute. Eine Abweichung besteht lediglich insofern, als die Nichtkreditinstitute das Refinanzierungsregister nicht selbst führen können, sondern ein Kreditinstitut oder die Kreditanstalt für Wiederaufbau beauftragen müssen, das Refinanzierungsregister für sie zu führen. Dieses registerführende Kreditinstitut muss selbst weder ein Refinanzierungsunternehmen noch ein Refinanzierungsmittler sein. Führt das Kreditinstitut oder die Kreditanstalt für Wiederaufbau bereits ein Refinanzierungsregister für eigene Gegenstände oder Gegenstände Dritter, die es zur Führung beauftragt haben, so hat es innerhalb desselben Refinanzierungsregisters gesonderte Abteilungen für jedes zur Übertragung verpflichtete Unternehmen zu bilden. Andernfalls, d.h. wenn aus den Eintragungen des Refinanzierungsregisters nicht ausdrücklich ersichtlich ist, welches Unternehmen die Übertragung schuldet, ist das Refinanzierungsregister nicht ordnungsgemäß geführt (§ 22d Abs. 3 KWG) und treten die Wirkungen der Eintragung ins Refinanzierungsregister (§ 22j KWG) nicht ein. Grundsätzlich darf das Unternehmen, für welches das Refinanzierungsregister geführt wird, selbst kein Kreditinstitut sein. Denn in diesem Falle kann das Refinanzierungsunternehmen das

Refinanzierungsregister selbst führen (§ 22a Abs. 1 KWG) und es soll dies nach der Grundkonzeption des Unterabschnitts 2a auch, um so der Bundesanstalt mit geringem Aufwand einen genauen Überblick über dasjenige Unternehmen zu ermöglichen, welches die Veräußerung der Gegenstände schuldet und sich damit refinanziert. Eintragungen, die für andere Kreditinstitute vorgenommen werden, sind daher grundsätzlich unwirksam (Absatz 3). Das Verbot der Registerführung für Kreditinstitute gilt ohne Einschränkung für Refinanzierungsmittler, weil diese von der Ausnahme des Absatzes 2 nicht erfasst werden. Bei kleineren Kreditinstituten oder Kreditinstituten, die nur äußerst selten Forderungen und die sichernden Grundpfandrechte zum Zwecke der Refinanzierung veräußern, kann das Führen eines Refinanzierungsregisters aber einen zu den Vorteilen der Refinanzierung außer Verhältnis stehenden Aufwand bedeuten. Stellt die Führung eines eigenen Registers für ein Kreditinstitut nach Art und Umfang seines Geschäftsbetriebs eine unangemessene Belastung dar, so lässt Absatz 2 daher Ausnahmen vom grundsätzlichen Verbot der Registerführung für Kreditinstitute zu. Unter diesen Voraussetzungen soll die Bundesanstalt auf Antrag des Kreditinstituts der Führung des Refinanzierungsregisters durch ein anderes Kreditinstitut zustimmen. Für Refinanzierungsmittler kann das Refinanzierungsregister nicht geführt werden, wie sich aus der Beschränkung auf „Refinanzierungsunternehmen" ergibt. Denn von Refinanzierungsmittlern kann erwartet werden, dass sie die Voraussetzungen erfüllen, um ein eigenes Refinanzierungsregister zu führen. Um der an den Kapitalmärkten erforderlichen Schnelligkeit Rechnung zu tragen, gilt die Zustimmung der Bundesanstalt als erteilt, wenn sie nicht binnen eines Monats nach Stellung des Antrages verweigert wird. Bei Vorliegen eines Widerrufs- oder Rücknahmegrundes kann die Bundesanstalt auch eine nach Ablauf dieser Frist fingierte Zustimmung widerrufen oder zurücknehmen. Die Führung eines Registers, auch wenn dies für Dritte geschieht, ist ein rein privatrechtlicher Vorgang. Streitigkeiten, die aus der Führung des Registers entstehen, sind daher vor den ordentlichen Gerichten zu entscheiden. Eine Ausnahme ergibt sich lediglich für Streitigkeiten zwischen dem registerführenden Unternehmen und dem Verwalter des Refinanzierungsregisters (§ 22h Abs. 3 KWG). Auch für die Beendigung der Registerführung für Dritte gelten § 22a Abs. 2 und § 22k KWG, wobei regelmäßig von § 22a Abs. 2 und § 22k KWG unberührt bleibende vertragliche Verpflichtungen mzu beachten sein werden.

Zu § 22c

Da die Bestimmungen der §§ 22d bis 22o KWG von dem Grundfall ausgehen, dass ein Refinanzierungsunternehmen auf Veräußererseite mit einem der in § 1 Abs. 24 KWG genannten Vertragspartner (Zweckgesellschaft, Refinanzierungsmittler oder Pfandbriefbank) eine Refinanzierungstransaktion durchführt, bedarf es des § 22c zur Klarstellung, dass die §§ 22d bis 22o sinngemäß gelten, wenn ein Refinanzierungsmittler gemäß § 22a Abs. 4 das Refinanzierungsregister führt oder gemäß § 22b Abs. 4 in Verbindung mit § 22a Abs. 4 ein Dritter das Refinanzierungsregister für den Refinanzierungsmittler führt.

Zu § 22d

Absatz 2 und Absatz 5 Satz 1 Halbsatz 2 enthalten eine abschließende Aufzählung der Angaben, die vom registerführenden Unternehmen in das Refinanzierungsregister einzutragen sind. Enthält das Refinanzierungsregister diese Angaben nicht, ist es nicht ordnungsgemäß geführt (§ 22d Abs. 3 KWG) und treten daher die Wirkungen der Eintragung in das Refinanzierungsregister (§ 22j KWG) nicht ein. Der Begriff der „Eintragung" setzt nicht voraus, dass das Refinanzierungsregister ein körperlicher Gegenstand ist. Vielmehr wird es regelmäßig sehr viel kostengünstiger und effektiver sein, das Register elektronisch zu führen. Absatz 1 stellt daher klar, dass eine elektronische Registerführung zulässig ist. Zudem sieht Absatz 1 vor, dass Einzelheiten über die Form des Refinanzierungsregisters sowie die Art und Weise der Aufzeichnung vom Bundesministerium der Finanzen durch Rechtsverordnung, die nicht der Zustimmung des Bundesrates bedarf, zu bestimmen sind. Das Bundesministerium der Finanzen kann diese Ermächtigung durch Rechtsverordnung auf die Bundesanstalt für Finanzdienstleistungsaufsicht übertragen. Da die Parteien des Refinanzierungsgeschäfts in ihren Verträgen ohnehin die Refinanzierungsgegenstände näher bezeichnen müssen, wird es in der Regel ausreichen, diese ebenfalls elektronisch verfügbaren Daten in das Refinanzierungsregister einzuspielen. Der Kostenaufwand zur Führung des Refinanzierungsregisters dürfte daher im Verhältnis zu dem üblichen Umfang der Refinanzierungsgeschäfte gering sein. Hinsichtlich der Grundkonzeption des Registers können sich die registerführenden Unternehmen an den Registern der Pfandbriefemittenten orientieren. Zu berücksichtigen ist aber, dass der Umfang der in das Refinanzierungsregister einzutragenden Angaben sehr viel geringer ist. Als erstes sind die Forderung und die sie sichernden Grundpfandrechte zu bezeichnen, auf die sich das Refinanzierungsgeschäft bezieht (Absatz 2 Satz 1 Nr. 1), d.h. der Gegenstand, welchen das Refinanzierungsunternehmen oder der Refinanzierungsmittler an eine Zweckgesellschaft, einen Refinanzierungsmittler bzw. eine Pfandbriefbank (legaldefiniert als Übertragungsberechtigte) zu übertragen hat. Die Gegenstände müssen bei der Eintragung ins Refinanzierungsregister nicht genau bestimmt, sondern nur eindeutig bestimmbar sein (Absatz 2 Satz 2). Maßstab der Bestimmbarkeit ist ein Dritter, der mit den internen Vorgängen des registerführenden Unternehmens nicht unmittelbar befasst ist. Beispielhaft genannt sind der Verwalter des Refinanzierungsregisters, der Sachwalter des Refinanzierungsregisters, die Bundesanstalt und ein Insolvenzverwalter, wenn über das Vermögen des registerführenden Unternehmens das Insolvenzverfahren eröffnet wird. Einem solchen Dritten muss es mit geringem Aufwand möglich sein, die Gegenstände an Hand der Eintragung im Refinanzierungsregister eindeutig zu bestimmen. Ausreichend ist es etwa, wenn einzelne Gegenstände nur mit einer Nummer eingetragen werden und das registerführende Unternehmen bzw. in Fällen des § 22b KWG das Refinanzierungsunternehmen an anderer Stelle Unterlagen bereithält, die eine unmittelbare Zuordnung der Nummern zu konkreten Gegenständen erlauben. Lassen ins Refinanzierungsregister eingetragene Nummern Zweifel, welcher Gegenstand ihnen zugeordnet ist, ist der Gegenstand nicht eindeutig bestimmbar und das Refinanzierungsregister daher insoweit nicht ordnungsgemäß geführt im Sinne des Absatzes 3. Ferner sind die Übertragungsberechtigten als Partner des Refinanzierungsgeschäfts einzutragen, d.h. diejenigen Zweckgesellschaften, Refinanzierungsmittler oder Pfandbriefbanken, die einen Anspruch auf Übertragung der eingetragenen Gegenstände haben (Absatz 2 Satz 1 Nr. 2). Dient ein eingetragener Gegenstand der Absicherung eines anderen eingetragenen Gegenstandes, etwa eine Grundschuld der Absicherung einer Forderung, so ist der rechtliche Grund (im Beispiel die Sicherungsabrede), der Umfang der Sicherung sowie der Rang der Absicherung anzugeben (Absatz 2 Satz 1 Nr. 4). Die Angabe des Umfanges und des Ranges ist dann von Bedeutung, wenn ein Gegenstand nur zu einem Teil der Absicherung eines eingetragenen Gegenstandes dient, etwa wenn eine Grundschuld zur Hälfte die eingetragene Forderung, zur anderen Hälfte eine andere, nicht notwendigerweise ebenfalls eingetragene Forderung absichert. Auch die nach dieser Nummer erforderlichen Angaben müssen an Hand der Eintragungen nur eindeutig bestimmbar sein (Satz 2). In allen Fällen ist der Zeitpunkt der Registereintragung in das Register einzutragen (Absatz 2 Satz 1 Nr. 3). Mit „Zeitpunkt" im Sinne dieser Nummer ist nicht nur das Datum, sondern auch die konkrete Uhrzeit der Registereintragung gemeint. In Fällen der Nummer 4 sind Angaben zum Datum des Tages einzutragen, an dem die Sicherungsabrede geschlossen wurde, wobei auch hier anders als in Fällen der Nummer 3 die Bestimmbarkeit des Datums auf Grund anderer Unterlagen ausreicht (Satz 2). Die Eintragung der Angaben über den Zeitpunkt der Registereintragung und das Datum des Abschlusses der Sicherungsabrede sind elementar, um einen Missbrauch des Refinanzierungsregisters zu Lasten anderer Gläubiger des zur Übertragung verpflichteten Inhabers der Gegenstände zu verhindern. Durch die Angaben im Refinanzierungsregister lässt sich mit geringem Aufwand und hoher Richtigkeitsgewähr bestimmen, wann die Eintragung erfolgt ist und damit dieWirkungen der Eintragung ins Refinanzierungsregister (§ 22j KWG) begonnen haben. Dies hat insbesondere im Falle der Eröffnung des Insolvenzverfahrens über das Vermögen des zur Übertragung verpflichteten Unternehmens Bedeutung für die Frage, ob das zur Übertragung verpflichtete Unternehmen zum Zeitpunkt der Eintragung noch verfügungsbefugt war bzw. ob die Eintragung der Insolvenzanfechtung (§§ 129 ff. InsO) unterliegt. Bei einer elektronischen Führung des Refinanzierungsregisters muss die Software so programmiert werden, dass bei jeder Einspielung von Daten diese einen elektronischen „Zeitstempel" erhalten, der sicher gegenüber nachträglichen Veränderungen ist. Ist der Übertragungsberechtigte eine Pfandbriefbank, so ist diese sowie der gemäß § 7 Abs. 1 des Pfandbriefgesetzes bestellte Treuhänder von der Eintragung zu unterrichten, ob der entsprechende Wert für eine Deckung nach dem Pfandbriefgesetz zur Verfügung steht. Absatz 3 regelt, wann Gegenstände „ordnungsgemäß" eingetragen sind. An die Ordnungsmäßigkeit der Eintragungen knüpfen die Vorschriften des § 22j KWG über die Rechtsfolgen der Registereintragung an. Nicht ordnungsgemäß eingetragen sind Gegenstände dann, wenn die nach Absatz 1 erforderlichen Angaben fehlen oder Eintragungen unrichtig sind oder keine eindeutige Bestimmung einzutragender Angaben zulassen. Eine unrichtige Eintragung liegt beispielsweise dann vor, wenn die eingetragene Forderung oder Sicherheit nicht existiert; etwa bloße Schreibfehler begründen hingegen nicht die Unrichtigkeit der Eintragung. In diesem Falle löst die Eintragung in das Refinanzierungsregister keine Rechtsfolgen aus. Die Beteiligten haben daher ein großes Interesse daran, selbst auf die Ordnungsmäßigkeit der Eintragungen zu achten. Um für die an den Finanzmärkten unabdingbare Rechtssicherheit zu sorgen, sind Forderungen nur dann nicht eintragungsfähig und veräußerbar, wenn die Abtretbarkeit nach § 399 Alternative 2 BGB schriftlich ausgeschlossen wurde. Um denWiderspruch zu verhindern, dass Forderungen zwar eintragungsfähig und in der Insolvenz aussonderungsfähig sind (§ 22j Abs. 1 Satz 1 KWG), nach allgemeinem Zivilrecht wegen des Abtretungsverbots aber nicht übertragbar sind, ordnet Absatz 4 Satz 2 Halbsatz 1 abweichend von § 399 Alternative 2 BGB an, dass solche eintragungsfähigen Forderungen nach ihrer Eintragung auch (und nur) an den Übertragungsberechtigten oder an die Übertragungsberechtigten veräußerbar sind; hat das Refinanzierungsunternehmen im Refinanzierungsregister eingetragene, nach allgemeinem Recht nicht übertragbare Forderungen danach wirksam an einen Übertragungsberechtigten übertragen, so kann der Übertragungsberechtigte die Forderungen wirksam an einen Dritten übertragen, wie auch dieser Dritte wirksam verfügen kann. Damit wird einerseits den Interessen der Schuldner Genüge getan, die sich durch schriftlichen Abtretungsausschluss gegen eine Eintragung ins Refinanzierungsregister und daraus folgende Umgehung des vereinbarten Abtretungsverbotes absichern können. Andererseits wird aber verhindert, dass Refinanzierungsgeschäfte einem erhöhten Risiko unterliegen, wenn die Schuldner konkludent vereinbarte Abtretungsverbote behaupten. Wurde die Abtretung durch eine schriftliche Vereinbarung ausgeschlossen, so kann eine Forderung gleichwohl unter den Voraussetzungen des § 354a HGB eingetragen werden. Zwischen den Beteiligten bestehende Ansprüche wegen Verletzung etwaiger Abtretungsverbote bleiben naturgemäß unberührt. Eintragungen können nur mit Zustimmung des Übertragungsberechtigten sowie, sofern ein Übertragungsberechtigter eine Pfandbriefbank ist, mit Zustimmung des Treuhänders der Pfandbriefbank gelöscht werden (Absatz 5). Hingegen können fehlerhafte Eingaben, die auf einem technischen oder einem menschlichen Versehen beruhen, mit Zustimmung des Verwalters gelöscht werden, ohne dass es einer Zustimmung der Übertragungsberechtigten bedarf; allerdings gilt die Unterrichtungspflicht des Absatzes 2 Satz 3 bei einer Pfandbriefbank als Übertragungsberechtigter entsprechend. Der Verwalter wacht hierbei darüber, dass lediglich eine Korrektur einer derart fehlerhaften Eingabe erfolgt. Die Korrektur und die Zustimmung des Verwalters sind im Register kenntlich zu machen, um insbesondere den Übertragungsberechtigten die Möglichkeit zu geben zu erkennen, ob tatsächlich nur eine fehlerhafte Eingabe korrigiert worden ist. Die nochmalige Eintragung ohne Löschung der früheren Eintragung entfaltet keine Rechtswirkungen. Damit wird das Konkurrenzverhältnis mehrerer sich widersprechender Eintragungen zu Gunsten der früheren Eintragung gelöst. Auch dies berücksichtigt die Interessen des zuerst eingetragenen Übertragungsberechtigten und seiner Gläubiger.

Zu § 22e

Bei jedem registerführenden Unternehmen ist durch die Bundesanstalt eine natürliche Person als Verwalter des Refinanzierungsregisters (legaldefiniert als Verwalter) zu bestellen (Absatz 1). Das Amt erlischt mit der Beendigung der Registerführung (geregelt in § 22k KWG) oder der Bestellung eines personenverschiedenen Sachwalters des Refinanzierungsregisters (§ 22l Abs. 4 Satz 1 KWG).

In Absatz 2 ist das nähere Verfahren der Bestellung des Verwalters des Refinanzierungsregisters geregelt. Die Bundesanstalt hat kein eigenes Vorschlagsrecht. Dies liegt ausschließlich beim registerführenden Unternehmen, weil es gegenüber dem Verwalter, der gemäß § 22h Abs. 1 KWG die Bücher und Schriften einsehen kann, ein hinreichendes Vertrauen haben muss. Die Bundesanstalt hat aber die Unabhängigkeit, Zuverlässigkeit und Sachkunde der vorgeschlagenen Person zu prüfen. Nicht unabhängig in diesem Sinne sind insbesondere Personen, die auf Grund anderer Tätigkeiten für das registerführende Unternehmen nicht frei von Interessenkonflikten sind. Bei ihrer Entscheidung hat die Bundesanstalt neben dem öffentlichen Interesse an einer ordnungsgemäßen Kontrolle des Refinanzierungsregisters insbesondere auch die Interessen der im Refinanzierungsregister eingetragenen bzw. der künftig einzutragenden Übertragungsberechtigten zu berücksichtigen, weil ihre Interessen neben denen der Gläubiger des zur Übertragung verpflichteten Unternehmens durch die Eintragung ins Refinanzierungsregister am meisten betroffen sind. Die Bundesanstalt kann den Verwalter jederzeit abberufen, wenn zu besorgen ist, dass er seine Aufgaben nicht ordnungsgemäß erfüllt (Absatz 3). Dabei hat die Bundesanstalt die Anhörungserfordernisse nach dem Verwaltungsverfahrensgesetz zu wahren. Auch bei der Entscheidung über die Abberufung des Verwalters des Refinanzierungsregisters hat die Bundesanstalt neben dem öffentlichen Interesse an einer ordnungemäßen Kontrolle des Refinanzierungsregisters die Interessen der im Refinanzierungsregister eingetragenen oder künftig einzutragenden Übertragungsberechtigten zu berücksichtigen, wie sich aus dem Verweis auf Absatz 2 Satz 3 ergibt. Muss der Verwalter kurzfristig nach Maßgabe des Absatzes 3 Satz 1 abberufen werden oder ist er dauerhaft verhindert, besteht die Gefahr einer größeren zeitlichen Lücke, bis eine neue geeignete Person bestellt wird. Dieser Gefahr kann das registerführende Unternehmen entgehen, indem es von Anfang an oder später den Antrag auf Bestellung eines Stellvertreters des Verwalters des Refinanzierungsregisters stellt (Absatz 4). Da maßgeblich die Interessen der im Refinanzierungsregister eingetragenen Übertragungsberechtigten betroffen sind, können die Übertragungsberechtigten schon im Vorfeld auf das registerführende Unternehmen einwirken, die Bestellung eines Stellvertreters des Verwalters des Refinanzierungsregisters zu beantragen. Ein eigenes Antragsrecht der Übertragungsberechtigten bei der Bundesanstalt besteht nicht. Der Verwalter des Refinanzierungsregisters ist nach der Grundkonzeption dieses Unterabschnitts vielmehr immer vom registerführenden Unternehmen vorzuschlagen, weil es die Kosten der Bestellung trägt und dem Verwalter im Hinblick auf dessen Einsichtsrechte ein hohes Maß an Vertrauen entgegenbringen muss. Für die Bestellung und Abberufung des Stellvertreters findet daher das gleiche Verfahren Anwendung wie für den Verwalter. Mit dem Ausscheiden des Verwalters tritt der Stellvertreter an seine Stelle. Fehlt für einen nicht unerheblichen Zeitraum ein Verwalter, ist ein bestellter Verwalter an der Wahrnehmung seiner Aufgaben generell verhindert oder ruht das Amt des Verwalters in einer konkreten Refinanzierungstransaktion nach Maßgabe des Absatzes 3 Satz 3, ohne dass ein Stellvertreter bestellt ist und die Aufgaben des Verwalters wahrnehmen kann, so bestellt die Bundesanstalt ohne Anhörung des registerführenden Unternehmens einen geeigneten Verwalter (Absatz 5). Hierdurch wird insbesondere im Interesse der Übertragungsberechtigten sichergestellt, dass eine ordnungsgemäße Registerführung nicht beeinträchtigt wird. Will das registerführende Unternehmen die Führung des Refinanzierungsregisters aufgeben, so hat es die Voraussetzungen des § 22l KWG einzuhalten. Es wäre kein zulässiger Weg der Beendigung der Registerführung, auf den Vorschlag eines neuen Verwalters des Refinanzierungsregisters zu verzichten.

Zu § 22f

Die Vorschrift regelt das Verhältnis des Verwalters zur Bundesanstalt. Der Verwalter hat der Bundesanstalt auf Verlangen Auskunft über die Feststellungen und

Beobachtungen zu erteilen, die er bei der Überwachung des Refinanzierungsregisters trifft. Darüber hinaus hat er auch von sich aus Mitteilungen über Umstände zu machen, die auf eine nicht ordnungsgemäße Registerführung, z. B. die Nichteinhaltung der Voraussetzungen für eine elektronische Registerführung hindeuten (Absatz 1). Trotz dieser Auskunfts- und Mitteilungspflicht ist der Verwalter nicht an die Weisungen der Bundesanstalt gebunden (Absatz 2). Eine solche Weisungsabhängigkeit wäre ein erheblicher Eingriff in die Organisation des registerführenden Unternehmens, das dem Verwalter Einblick in seine Geschäftsunterlagen gewähren muss (§ 22h Abs. 1 KWG). Das Vertrauen darauf, dass der Verwalter des Refinanzierungsregisters von dem Einsichtsrecht einzig im Zusammenhang mit der Überwachung des Refinanzierungsregisters Gebrauch macht, wäre erschüttert, wenn der Verwalter wegen seiner Weisungsabhängigkeit ein verlängerter Arm der Bundesanstalt wäre. Ist die Bundesanstalt mit der Aufgabenwahrnehmung des Verwalters unzufrieden, so kann sie ihn jederzeit unter den Voraussetzungen des § 22e Abs. 3 Satz 1 KWG abberufen. Die Weisungsunabhängigkeit lässt das Recht der Bundesanstalt auf Widerruf der Bestellung unberührt. Die Nichtbefolgung vonWeisungen selbst stellt wegen der Weisungsunabhängigkeit nach Absatz 2 naturgemäß keinen Abberufungsgrund dar. Ein etwaiger neu zu berufender Verwalter des Refinanzierungsregisters wird im Rahmen des üblichen Bestellungsverfahrens vom registerführenden Unternehmen vorgeschlagen, so dass auch in diesem Falle wieder eine Person, welcher das registerführende Unternehmen vertraut, Verwalter des Refinanzierungsregisters wird. Die Bundesanstalt achtet ihrerseits bei der Bestellung darauf, dass der Verwalter des Refinanzierungsregisters unabhängig, zuverlässig und sachkundig ist (§ 22e Abs. 2 Satz 2 KWG).

Zu § 22g

Aufgabe des Verwalters ist es nicht, das Refinanzierungsregister zu führen. Dies besorgt das registerführende Unternehmen. Der Verwalter des Refinanzierungsregisters wacht lediglich darüber, dass das Refinanzierungsregister ordnungsgemäß geführt wird (Absatz 1 Satz 1). Dabei hat der Verwalter insbesondere darauf zu achten, dass das Refinanzierungsregister die nach § 22d Abs. 2 erforderlichen Angaben enthält, die im Refinanzierungsregister enthaltenen Zeitangaben korrekt sind und die Eintragungen nicht nachträglich verändert werden. Damit soll verhindert werden, dass Eintragungen im Refinanzierungsregister von Anfang an oder nachträglich rückdatiert werden und Dritte, insbesondere die Übertragungsberechtigten und sonstige Gläubiger des registerführenden Unternehmens bzw. des Inhabers der Gegenstände, geschädigt werden. Über die im Katalog des Absatzes 2 Satz 1 genannten Aspekte hinaus hat der Verwalter des Refinanzierungsregisters die inhaltliche Richtigkeit des Refinanzierungsregisters nicht zu überprüfen. Der Verwalter des Refinanzierungsregisters muss insbesondere nicht kontrollieren, ob das registerführende Unternehmen berechtigt war, bestimmte Gegenstände in das Refinanzierungsregister einzutragen. Absatz 1 Satz 2 stellt daher klar, dass der Verwalter nicht prüfen muss, dass die Gegenstände eintragungsfähig sind und es sich um im Eigentum des Refinanzierungsunternehmens stehende Gegenstände handelt. Da Eintragung in das Refinanzierungsregister keinerlei Gutglaubenswirkung entfaltet, besteht für Dritte keine Gefahr einer Beeinträchtigung ihrer Interessen, wenn Gegenstände zu Unrecht eingetragen werden. Der Verwalter kann sich bei der Durchführung seiner Aufgaben anderer Personen und Einrichtungen bedienen (Absatz 3). Durch diese Regelung soll sichergestellt werden, dass auch solche Aspekte der Registerführung einer Überwachung unterzogen werden können, für die es besonderer Kenntnisse bedarf. So kann etwa in bestimmtem Rahmen die Hinzuziehung von Wirtschaftsprüfern angezeigt sein. Zur Überprüfung des elektronischen Systems des Refinanzierungsregisters kann es ratsam sein, eine technisch versierte Person hinzuziehen. Die für die Heranziehung Dritter erforderlichen Aufwendungen kann der Verwalter des Refinanzierungsregisters nach den allgemeinen Regeln ersetzt verlangen (§ 22i Abs. 1 Satz 1 KWG).

Zu § 22h

Die Vorschrift regelt das Verhältnis des Verwalters des Refinanzierungsregisters zu dem registerführenden Unternehmen bzw. dem davon verschiedenen Refinanzierungsunternehmen, wenn das Register für ein anderes Refinanzierungsunternehmen geführt wird (§ 22b KWG). Zur genauen Überwachung des Refinanzierungsregisters ist es erforderlich, dass der Verwalter Einblick in bestimmte interne Unterlagen des registerführenden Unternehmens bzw. des davon verschiedenen Refinanzierungsunternehmens erhält. So muss er insbesondere überprüfen können, ob die im Refinanzierungsregister gemachten Zeitangaben stimmen (§ 22g Abs. 2 Satz 1 Nr. 2 KWG). Dient beispielsweise eine Grundschuld der Absicherung einer Forderung, so muss das Refinanzierungsregister nach § 22d Abs. 2 Satz 1 Nr. 4 KWG Angaben enthalten, die eine genaue Bestimmung des Datums des Tages, an welchem die Sicherungsabrede geschlossen wurde, zulassen. Ob die richtigen Zeitangaben eingetragen sind, kann der Verwalter des Refinanzierungsregisters nur kontrollieren, wenn er Zugang zu den internen Unterlagen des registerführenden Unternehmens bzw. des davon abweichenden Refinanzierungsunternehmens hat. Der Verwalter kann daher jederzeit die Bücher und Papiere des registerführenden Unternehmens bzw. des Refinanzierungsunternehmens einsehen, es sei denn, dass sie mit der Führung des Refinanzierungsregisters in keinem Zusammenhang stehen (Absatz 1). In Anlehnung an § 166 HGB gehören zu den Büchern und Papieren alle körperlichen und elektronischen Dokumente, die für die Führung des Refinanzierungsregisters von Belang sind, insbesondere Prüfungsberichte sowie das gesamte Rechnungswesen. Wie sich aus der Formulierung „es sei denn“ ergibt, liegt die Beweislast für den Ausschluss des Einsichtsrechts beim registerführenden Unternehmen bzw. dem Inhaber der eingetragenen Gegenstände, weil der Verwalter ohne Einsicht nicht sicher entscheiden kann, welche Unterlagen für die Überwachung des Refinanzierungsregisters von Belang sind. Den Beweis, dass er bestimmte – ihm noch unbekannte – Unterlagen einsehen darf, könnte er vor diesem Hintergrund nur schwer führen. Der Verwalter ist zur Verschwiegenheit über alle Tatsachen verpflichtet, von denen er bei der Einsicht in die internen Unterlagen des registerführenden Unternehmens bzw. des Refinanzierungsunternehmens Kenntnis erlangt (Absatz 2). Diese ausdrückliche Anordnung einer Verschwiegenheitspflicht ist erforderlich, weil der Verwalter des Refinanzierungsregisters in keinem vertraglichen Verhältnis zum registerführenden Unternehmen bzw. zu dem davon abweichenden Refinanzierungsunternehmen, deren jeweiligen Kunden und den Übertragungsberechtigten steht. Die Verschwiegenheitspflicht besteht aus diesem Grunde insbesondere im Interesse dieser Personen. Die Vorschrift ist daher insoweit Schutzgesetz im Sinne des § 823 Abs. 2 BGB. Auch der Bundesanstalt darf der Verwalter des Refinanzierungsregisters Auskunft nur insoweit geben und Mitteilung machen, als es die Überwachung des Refinanzierungsregisters erfordert (siehe hierzu auch § 22f Abs. 1 KWG). Kommt es zwischen dem Verwalter und dem registerführenden Unternehmen bzw. dem davon abweichenden Refinanzierungsunternehmen zu Streitigkeiten, so entscheidet die Bundesanstalt (Absatz 3). Dadurch wird eine schnelle Beilegung von Streitigkeiten von sachkundiger Stelle erreicht. Gegen die Entscheidung der Bundesanstalt stehen die üblichen Rechtsbehelfe in öffentlich-rechtlichen Streitigkeiten zur Verfügung.

Zu § 22i

Bei der Vergütung der Tätigkeit des Verwalters und dem Ersatz seiner Aufwendungen ist sicherzustellen, dass die im Gesetz vorgesehene Unabhängigkeit des Verwalters des Refinanzierungsregisters nicht durch eine finanzielle Abhängigkeit vereitelt wird. Grundsätzlich erhält der Verwalter daher nicht von dem überwachten registerführenden Unternehmen, sondern von der Bundesanstalt eine angemessene Vergütung und Aufwendungsersatz (Absatz 1). Die Vergütung hat sich am tatsächlichen zeitlichen Aufwand des jeweiligen Verwalters zu orientieren, wobei auch die Komplexität des Überwachungsvorganges zu berücksichtigen ist. Zahlt die Bundesanstalt die Vergütung und den Aufwendungsersatz unmittelbar an den Verwalter des Refinanzierungsregisters aus, hat das registerführende Unternehmen der Bundesanstalt die gezahlten Beträge gesondert zu erstatten und auf Verlangen der Bundesanstalt vorzuschießen. In der Praxis der Vergütung des Treuhänders bei den Hypothekenbanken hat es sich durchgesetzt, dass die Hypothekenbank im Namen der Bundesanstalt unmittelbar an den Treuhänder zahlt. Absatz 2 ermöglicht dies für die Vergütung des Verwalters, wenn dadurch keine Beeinflussung der Unabhängigkeit des Verwalters des Refinanzierungsregisters zu besorgen ist. Mit dieser Vorschrift wird für die Vergütung des Verwalters eine eindeutige Rechtslage geschaffen. Damit soll keine Aussage über die Abwicklung der Vergütung im Bereich der Hypothekenbanken getroffen werden. Wegen der erforderlichen Unabhängigkeit des Verwalters des Refinanzierungsregisters sind alle anderen, nicht nach Absatz 2 ausnahmsweise zugelassenen Zahlungen unzulässig (Absatz 3). Verstöße der Zahlungsleistenden sind bußgeldbewehrt (§ 56 Abs. 3 Nr. 4a KWG). Das Verbot gilt nicht nur für Zahlungen des registerführenden Unternehmens, sondern auch für Zahlungen eines Refinanzierungsunternehmens, für welches das Register geführt wird, und der Übertragungsberechtigten. Werden dennoch Zahlungen geleistet, so darf der Verwalter diese nicht entgegennehmen bzw. hat diese nach den allgemeinen Vorschriften zurückzugewähren. Bei der Annahme verbotener Leistungen werden in der Regel auch die Voraussetzungen einer Abberufung des Verwalters durch die Bundesanstalt nach § 22e Abs. 3 Satz 1 KWG vorliegen, weil dem Verwalter die zur Überwachung erforderliche Unabhängigkeit fehlt. Daher soll die Bundesanstalt den Verwalter abberufen, wenn verbotene Leistungen erfolgt sind. Unberührt bleiben sozialtypische Leistungen wie die Gewährung von Getränken.

Zu § 22j

Die Vorschrift regelt die Rechtsfolgen der Eintragung in das Refinanzierungsregister und ist damit die Kernvorschrift zur Verbesserung der Finanzierungsmöglichkeiten in Deutschland. An Gegenständen des Refinanzierungsunternehmens, die ordnungsgemäß im Refinanzierungsregister eingetragen sind, steht im Fall der Eröffnung eines Insolvenzverfahrens über das Vermögen des Refinanzierungsunternehmens dem Übertragungsberechtigten ein Aussonderungsrecht zu (Absatz 1 Satz 1). Der Eintragung und den Wirkungen der Eintragung steht nicht entgegen, dass das Refinanzierungsunternehmen im Rahmen eines Verkaufs der eingetragenen Gegenstände an den Übertragungsberechtigten das Risiko deren Werthaltigkeit ganz oder teilweise trägt. Eintragungen in das Refinanzierungsregister führen nicht zu einem Übergang von Rechten. Die sachenrechtliche Zuordnung der Gegenstände bleibt durch die Registereintragungen vollständig unberührt. Sachenrechtliche Befugnisse erwirbt die Zweckgesellschaft, der Refinanzierungsmittler oder die Pfandbriefbank nicht. Insbesondere erlangen die Übertragungsberechtigten keine Verfügungsbefugnis in Bezug auf die eingetragenen Gegenstände. Die Übertragungsberechtigten können lediglich im Falle der Eröffnung des Insolvenzverfahrens über das Vermögen des Refinanzierungsunternehmens ein Aussonderungsrecht gemäß § 47 InsO geltend machen. Diese Wirkung der Eintragung gilt nur für Gegenstände „des Refinanzierungsunternehmens oder des Refinanzierungsmittlers", d.h. solcher, die im Eigentum dieser Unternehmen stehen. Wurden Gegenstände eingetragen, die im Eigentum anderer stehen oder ist das Refinanzierungsunternehmen nicht Inhaber der eingetragenen Forderung, des Anspruchs oder des sonstigen Rechts, entfaltet die Registereintragung folglich keine Wirkungen. Die aus der Eintragung folgenden Rechte können auch in Bezug auf Gegenstände geltend gemacht werden, die an die Stelle der ordnungsgemäß im Refinanzierungsregister eingetragenen Gegenstände getreten sind. Da die Eintragung in das Refinanzierungsregister nicht zu einem Übergang von Rechten führt, schränkt sie Einwendungen und Einreden Dritter gegen die eingetragenen Forderungen und Rechte grundsätzlich nicht ein. Dies wird durch Absatz 2 Satz 1 klargestellt. Nach Absatz 2 Satz 2 gilt dies auch dann, wenn der Übertragungsberechtigte bei Insolvenz des Refinanzierungsunternehmens einen eingetragenen Gegenstand aussondert oder wenn das Refinanzierungsunternehmen diesen an einen Übertragungsberechtigten überträgt. Überträgt der Übertragungsberechtigte seinerseits einen solchen Gegenstand an einen Dritten, so können Einwendungen und Einreden auch gegenüber diesem Dritten geltend gemacht werden. Durch die Formulierung „wie bei einer Abtretung" wird klargestellt, dass es sich insoweit um eine Rechtsfolgenverweisung handelt. Ein Schuldner kann sich daher dem Übertragungsberechtigten oder einem Dritterwerber gegenüber auch dann auf Einwendungen und Einreden insbesondere nach Maßgabe der §§ 404 bis 410 BGB stützen, wenn keine Abtretung erfolgt ist, d.h. obwohl die Tatbestandsvoraussetzungen der §§ 404 bis 410 BGB an sich nicht erfüllt sind. Die Vorschrift dient dem Schutz der Schuldner des Refinanzierungsunternehmens. Zum Schutze der Schuldner des Refinanzierungsunternehmens wird § 1156 Satz 1 BGB im Zusammenhang mit den Rechtswirkungen der Eintragung in die Register ausdrücklich ausgeschlossen (Absatz 2 Satz 3). Damit wird sichergestellt, dass der Forderungsschuldner auch bei Abtretung grundpfandrechtlich gesicherter Forderungen Einwendungen und Einreden gegen den neuen Gläubiger geltend machen kann. Zum Schutze der Sicherheitenbesteller wird in Absatz 2 Satz 4 angeordnet, dass sie alle Einwendungen und Einreden aus der Sicherungsabrede geltend machen können. Ein gutgläubiger Erwerb der Einredefreiheit ist dadurch ausgeschlossen. Schuldner und Sicherheitenbesteller sind damit bei Eintragungen in ein Refinanzierungsregister besser geschützt als im Falle der Übertragung der Rechte. Satz 5 hat lediglich klarstellende Funktion. Allerdings erfährt die Möglichkeit, Einwendungen und Einreden gegen eingetragene Gegenstände geltend zu machen, durch Absatz 2 Satz 6 eine Ausnahme. Durch die Formulierung „§ 22d Abs. 4 in Verbindung mit § 22j Abs. 1 Satz 1 und 2 bleibt jedoch unberührt“, soll klargestellt werden, dass die Möglichkeit zur Geltendmachung von Einwendungen und Einreden folgende Ausnahme erfährt: Der Schuldner kann nicht einwenden, dass mündlich oder konkludent ein Abtretungsverbot mit ihm vereinbart worden ist. Der Schuldner kann jedoch grundsätzlich einwenden, dass mit ihm schriftlich ein Abtretungsverbot vereinbart worden ist. Handelt es sich allerdings bei der eingetragenen Forderung um eine Geldforderung im Sinne des § 354a des Handelsgesetzbuchs, so ist der Schuldner mit der Einwendung, es sei mit ihm schriftlich ein Abtretungsverbot vereinbart worden, ausgeschlossen. Unter keinen Umständen ausgeschlossen ist der Schuldner jedoch mit der Einwendung, es liege ein Verstoß gegen ein gesetzliches Verfügungsverbot vor. Gegenüber Ansprüchen auf Übertragung ordnungsgemäß im Refinanzierungsregister eingetragener Gegenstände kann das Refinanzierungsunternehmen nicht aufrechnen und keine Zurückbehaltungsrechte geltend machen (Absatz 3), da auch nach einer Übertragung der Veräußerer (regelmäßig das registerführende Unternehmen) im Falle von Aufrechnungsmöglichkeiten und Zurückbehaltungsrechten die Übertragung nicht mehr rückgängig machen könnte. Daher soll er auch nach Eintragung des Gegenstandes in das Refinanzierungsregister die Übertragung nicht mehr verhindern können. Unberührt bleiben die Anfechtungsrechte der Gläubiger des veräußernden Unternehmens.

Zu § 22k

Die Vorschrift regelt die Beendigung und Übertragung der Registerführung. Zu unterscheiden ist dabei die freiwillige (Absatz 1) und unfreiwillige (Absatz 2) Aufgabe der Registerführung. Willigen alle im Refinanzierungsregister eingetragenen Übertragungsberechtigten und deren Gläubiger ein, kann die Führung des Refinanzierungsregisters nach Anzeige an die Bundesanstalt und Ablauf eines Monats nach Eingang der Anzeige beendet werden (Absatz 1 Satz 1). Die Zustimmung der Übertragungsberechtigten und ihrer Gläubiger ist erforderlich, weil sich ihre Rechtsstellung mit der Beendigung der Registerführung deutlich verschlechtert: Sind die Gegenstände, auf deren Übertragung ein Anspruch besteht, nicht mehr im Register eingetragen, so entfallen die Rechtswirkungen des § 22j KWG. Da dadurch möglicherweise auch die Haftungsmasse der Übertragungsberechtigten verringert wird, ist auch die Zustimmung ihrer Gläubiger erforderlich. Diese lassen sich üblicherweise vergleichsweise leicht ermitteln, da Refinanzierungsmittler und Zweckgesellschaften nur sehr begrenzt am Wirtschaftsverkehr teilnehmen. Erforderlich sind außerdem eine Anzeige an die Bundesanstalt und der Ablauf eines Monats nach Eingang der Anzeige. Diese Zeitspanne soll der Bundesanstalt dazu dienen, zusammen mit dem Verwalter auf Grundlage der eingereichten Unterlagen die Ordnungsmäßigkeit der Registerführung und ihrer Beendigung abschließend zu überprüfen. Willigen alle im Refinanzierungsregister eingetragenen Übertragungsberechtigten und deren Gläubiger ein, kann die Registerführung unter Aufsicht der Bundesanstalt auf ein nach Einschätzung der Bundesanstalt zur Registerführung geeignetes Kreditinstitut übertragen werden, sofern es sich bei den eingetragenen Gegenständen um solche des die Registerführung übernehmenden Kreditinstituts handelt oder die Voraussetzungen des § 22b KWG über die Führung des Refinanzierungsregisters für Dritte vorliegen (Absatz 1 Satz 2). Diese Vorschrift erlaubt es, die Führung des Registers auf ein anderes Kreditinstitut zu übertragen. Da eine solche Übertragung insbesondere dann vorkommen wird, wenn die Übertragungsberechtigten mit der Registerführung unzufrieden sind, ist eine Beteiligung der Bundesanstalt angezeigt. Die Übertragung findet deshalb unter ihrer Aufsicht statt, d.h. sie ist über alle Schritte zu informieren und kann von sich aus auf Grundlage ihrer allgemeinen Aufsichtsbefugnisse über Kreditinstitute Untersuchungen anstellen. Anders als bei der erstmaligen Einrichtung eines Registers kann die Registerführung nicht von jedem Kreditinstitut übernommen werden, sondern nur von einem nach Einschätzung der Bundesanstalt geeigneten. Auch damit wird dem Umstand Rechnung getragen, dass eine Übertragung vor allem in den Fällen vorgenommen werden wird, in denen es bei der Registerführung zu Problemen gekommen ist. Auch bei der Übertragung sind die Beschränkungen des § 22b KWG über die Führung des Refinanzierungsregisters für Dritte zu beachten. Zur unfreiwilligen Beendigung der Registerführung kommt es, wenn das registerführende Unternehmen aus rechtlichen oder tatsächlichen Gründen oder nach Einschätzung der Bundesanstalt zur weiteren Registerführung ungeeignet ist (Absatz 2 Satz 1). Hauptbeispiele für die erste Gruppe sind der Verlust der Eigenschaft als Kreditinstitut, was vor allem bei Entzug der Erlaubnis zum Betreiben von Bankgeschäften und bei der Einstellung des Geschäftsbetriebes eintreten kann. Bei der Einschätzung, ob ein Kreditinstitut zur weiteren Registerführung ungeeignet ist, stützt sich die Bundesanstalt auf die Überwachung des Verwalters. Eigene Ermittlungen nimmt sie dem allgemeinen Konzept folgend auch in dieser Frage nicht vor. Die Bundesanstalt entscheidet allerdings selbständig auf Grundlage der vom Verwalter berichteten Tatsachen, ob ein Kreditinstitut nach ihrer Einschätzung ungeeignet ist oder nicht. Kommt es zu einer unfreiwilligen Beendigung der Registerführung, wird die Führung des Registers unter Aufsicht der Bundesanstalt auf ein nach Einschätzung der Bundesanstalt zur Registerführung geeignetes Kreditinstitut übertragen. Insoweit findet das Regelungsmodell des Absatzes 1 Anwendung. Die Vorschriften des § 22b KWG über die Führung des Refinanzierungsregisters für Dritte sind sinngemäß anzuwenden. Eine Registerführung für Dritte ist daher zulässig, ohne dass die Voraussetzungen des § 22b Abs. 2 KWG vorliegen. Die Eröffnung des Insolvenzverfahrens ist kein unfreiwilliger Beendigungsgrund (Absatz 3) im Sinne des Absatzes 2. In diesem Falle finden vielmehr die §§ 22l ff. KWG Anwendung. Wie sich im Umkehrschluss aus der Nichtnennung des Absatzes 1 ergibt, ist eine freiwillige Beendigung oder Übertragung der Registerführung auch nach Eröffnung des Insolvenzverfahrens möglich.

Zu § 22l

Diese Vorschrift regelt zusammen mit den nachfolgenden beiden Vorschriften die Folgen der Eröffnung des Insolvenzverfahrens über das Vermögen eines Unternehmens, das ein Refinanzierungsregister nicht nur für Dritte führt. Wird das Refinanzierungsregister nur für Dritte geführt, so finden die Vorschriften der §§ 22l bis 22n KWG keine Anwendung. Die Eröffnung des Insolvenzverfahrens über das Vermögen des registerführenden Unternehmens berührt die Rechtsstellung der Übertragungsberechtigten in diesem Falle nicht, da ihnen die Übertragung nicht das insolvente registerführende Unternehmen, sondern der nicht insolvente Dritte schuldet. Für das Rechtsverhältnis zwischen dem Dritten und dem registerführenden Unternehmen gelten die allgemeinen Vorschriften. Ebenfalls keine Anwendung finden die Vorschriften der §§ 22l bis 22n KWG, wenn das Insolvenzverfahren über das Vermögen eines Refinanzierungsunternehmens eröffnet wird, das nicht selbst das Register führt (§ 22b KWG). In diesem Falle fehlt ein Refinanzierungsregister des insolventen Unternehmens als Anknüpfungspunkt für die in den §§ 22l bis 22n KWG vorgesehene Möglichkeit einer Sachwaltung der im Refinanzierungsregister eingetragenen Gegenstände. Die Übertragungsberechtigten müssen vielmehr die Aussonderung der im Refinanzierungsregister ordnungsgemäß eingetragenen Gegenstände verlangen (§ 22j Abs. 1 Satz 1 KWG). Dieses Aussonderungsrecht besteht auch in Bezug auf Gegenstände, deren Übertragung das registerführende und nunmehr insolvente Unternehmen selbst schuldet. Bei den in der Praxis üblichen Refinanzierungsgeschäften reicht dieses Aussonderungsrecht jedoch nicht aus, um die Interessen der Übertragungsberechtigten und ihrer Gläubiger, also insbesondere der Erwerber der von einer Zweckgesellschaft emittierten Finanzinstrumente, zu wahren. Da die im Refinanzierungsregister eingetragenen Gegenstände nicht zur Insolvenzmasse im Sinne von § 35 InsO gehören (§ 22j Abs. 1 Satz 1 KWG), ist der Insolvenzverwalter zwar zunächst haftungsrechtlich für sie verantwortlich, er hat jedoch keine Verfügungsbefugnis über sie. Vor Eröffnung des Insolvenzverfahrens verwaltet regelmäßig das Refinanzierungsunternehmen aus rechtlichen und tatsächlichen Gründen die im Refinanzierungsregister eingetragenen Forderungen. Insbesondere leitet das Refinanzierungsunternehmen die bei ihm eingehenden Zins- und Tilgungszahlungen der Forderungsschuldner an die Übertragungsberechtigten weiter. Um zu verhindern, dass nach einer Beendigung des dieser Verwaltung zugrunde liegenden Geschäftsbesorgungsvertrags die Zweckgesellschaft bei Ausbleiben der Zahlungsweiterleitungen selbst innerhalb kürzester Zeit insolvent wird, weil sie die emittierten Finanzinstrumente nicht mehr bedienen kann, ermöglicht Absatz 1 auch im Insolvenzfalle zumindest für einen Übergangszeitraum weiterhin die Verwaltungsinfrastruktur des registerführenden Unternehmens zu nutzen und erspart den an Refinanzierungsgeschäften Beteiligten das unter Umständen langjährige Vorhalten teurer Auffanglösungen, wie sie insbesondere an konkurrierenden Kapitalmärkten erforderlich und üblich sind. Ist über das Vermögen eines auch für sich selbst registerführenden Unternehmens das Insolvenzverfahren eröffnet, kann die Bundesanstalt beim Insolvenzgericht beantragen, dass eine oder zwei von der Bundesanstalt vorgeschlagene natürliche Personen zum Sachwalter des Refinanzierungsregisters (legaldefiniert als Sachwalter) bestellt werden. Das Insolvenzgericht kann von dem Antrag der Bundesanstalt nur abweichen, wenn dies zur Sicherstellung einer sachgerechten Zusammenarbeit zwischen Insolvenzverwalter und Sachwalter erforderlich erscheint. Mit der Zuständigkeit des Insolvenzgerichts wird von dem Grundkonzept des Kreditwesengesetzes abgewichen, das sonst grundsätzlich das Gericht am Sitz des Kreditinstituts für zuständig erklärt. Zur besseren Koordinierung ist es im Falle der Eröffnung des Insolvenzverfahrens über das Vermögen des registerführenden Unternehmens aber sachgerechter, den Sachwalter von demselben Gericht bestellen zu lassen wie den Insolvenzverwalter, der das übrige Vermögen des registerführenden Unternehmens verwaltet. Der Sachwalter des Refinanzierungsregisters erhält vom Insolvenzgericht eine Ernennungsurkunde. Mit der Ernennungsurkunde weist er sich im Rechtsverkehr als Verfügungsberechtigter der im Refinanzierungsregister eingetragenen Gegenstände aus. Die Urkunde ist bei Beendigung des Amtes dem Gericht zurückzugeben. Die Bundesanstalt hat einen Antrag nach Absatz 1 Satz 1 zu stellen, wenn dies nach Anhörung der Übertragungsberechtigten zur ordnungsgemäßen Verwaltung der im Refinanzierungsregister eingetragenen Gegenstände erforderlich erscheint (Absatz 2). Bei der Beurteilung der Erforderlichkeit hat sie sich in besonderem Maße von den Interessen der Übertragungsberechtigten und deren Gläubigern leiten zu lassen. Insbesondere dann, wenn nur eine ganz geringe Zahl an Gegenständen eingetragen ist, wird es kostengünstiger sein, diese unmittelbar auszusondern und keinen Sachwalter des Refinanzierungsregisters zu bestellen. In diesem Falle werden die Übertragungsberechtigten die eingetragenen Gegenstände aussondern und selbst verwalten. Als Sachwalter des Refinanzierungsregisters soll die Bundesanstalt den bisherigen Verwalter des Refinanzierungsregisters vorschlagen. Dadurch wird vermieden, dass sich der Sachwalter des Refinanzierungsregisters erst einarbeiten und einen Überblick verschaffen muss, ehe er die Sachwaltung vollumfänglich aufnehmen kann. Der bisherige Verwalter des Refinanzierungsregisters ist mit dem jeweiligen Refinanzierungsregister bestens vertraut und bietet dadurch Gewähr für eine unmittelbare Aufnahme der Tätigkeit als Sachwalter des Refinanzierungsregisters. Bei Fehlen oder dauernder Verhinderung des Verwalters des Refinanzierungsregisters soll sein Stellvertreter (§ 22e Abs. 4 KWG) vorgeschlagen werden, im Übrigen eine andere geeignete natürliche Person. Der Sachwalter des Refinanzierungsregisters ist auf Antrag der Bundesanstalt abzuberufen, wenn ein wichtiger Grund vorliegt. Dies ist insbesondere dann der Fall, wenn die Zahl der im Refinanzierungsregister eingetragenen Gegenstände vor allem durch Aussonderungen derart gesunken ist, dass die Voraussetzungen einer Bestellung eines Sachwalters des Refinanzierungsregisters nicht mehr vorlägen. Erscheint dies zur ordnungsgemäßen Verwaltung der im Refinanzierungsregister eingetragenen Gegenstände erforderlich, kann die Bundesanstalt nach Anhörung der Übertragungsberechtigten beim Insolvenzgericht einen Antrag auf Bestellung eines zweiten Sachwalters des Refinanzierungsregisters stellen (Absatz 3). Stellt sie diesen Antrag, soll sie den Stellvertreter des Verwalters des Refinanzierungsregisters oder, wenn ein solcher fehlt, eine andere geeignete natürliche Person vorschlagen. Diese Regelung ermöglicht es, das im Recht der Kreditinstitute verwirklichte „Vier-Augen-Prinzip" (siehe etwa § 33 Abs. 1 Satz 1 Nr. 5 KWG) auch in der Sachwaltung fortzuführen, sofern dies der Bundesanstalt geboten erscheint. Absatz 4 regelt das Verhältnis des Verwalters des Refinanzierungsregisters zum vom Insolvenzgericht bestellten Sachwalter, wenn beide nicht identisch sind: In diesem Falle erlischt das Amt des Verwalters des Refinanzierungsregisters mit der Bestellung des Sachwalters, der die Aufgaben des Verwalters fortführt (§ 22n Abs. 1 Satz 3 KWG). Entsprechendes gilt für den Stellvertreter des Verwalters des Refinanzierungsregisters.

Zu § 22m

Diese Vorschrift regelt die Art undWeise, wie der Rechtsverkehr über die Bestellung des Sachwalters des Refinanzierungsregisters informiert wird. Eine allgemeine Publizität wird dadurch erreicht, dass das Insolvenzgericht die Ernennung und Abberufung des Sachwalters unverzüglich öffentlich bekannt macht (Absatz 1). Dadurch soll eine zügige Information des Rechtsverkehrs darüber ermöglicht werden, dass die Verwaltung der im Refinanzierungsregister eingetragenen Gegenstände zumindest vorerst durch einen Sachwalter wahrgenommen wird. Außerdem hat das Insolvenzgericht dem für das registerführende Unternehmen zuständigen Registergericht die Ernennung und Abberufung des Sachwalters mitzuteilen. Das Registergericht hat auf Grund dieser Mitteilung die Ernennung und Abberufung sowie die Person des Sachwalters von Amts wegen in das Handelsregister einzutragen. Wegen der schon durch das Insolvenzgericht vorgenommenen Bekanntmachung sind die Eintragungen ins Handelsregister nicht bekannt zu machen. Es wird ausdrücklich klargestellt, dass mangels Bekanntmachung der handelsregisterlichen Eintragungen die Vorschriften des § 15 des Handelsgesetzbuchs nicht anzuwenden sind. Publizität wird ferner bei bestimmten Rechten hergestellt, die in besondere Register eingetragen sind (Absatz 2). Bei Rechten des registerführenden Unternehmens, für die eine Eintragung im Grundbuch besteht, ist die Bestellung des Sachwalters des Refinanzierungsregisters in das Grundbuch einzutragen, wenn nach der Art der Rechte und den Umständen zu besorgen ist, dass ohne die Eintragung die Interessen der Übertragungsberechtigten gefährdet werden. Die Eintragung erfolgt auf Ersuchen des Insolvenzgerichts oder des Sachwalters, da dem Registergericht die zur Einschätzung möglicher Gefahren erforderlichen Informationen fehlen. Gefahren bestehen insbesondere durch die Möglichkeit eines gutgläubigen Erwerbs vom seit Eröffnung des Insolvenzverfahrens nicht mehr verfügungsbefugten registerführenden Unternehmen. Entsprechende Eintragungen sind auch bei Rechten vorzunehmen, die im Schiffsregister, Schiffsbauregister oder im Register für Pfandrechte an Luftfahrzeugen eingetragen sind.

Zu § 22n

Gegenstand dieser Vorschrift ist die Rechtsstellung des Sachwalters. Der Sachwalter steht unter der Aufsicht des Insolvenzgerichts (Absatz 1). Dies ist nach der Bestellung des Sachwalters durch das Insolvenzgericht folgerichtig. Auch hier wird aus Gründen einer besseren Koordinierung von dem Grundkonzept des Kreditwesengesetzes abgewichen, nach dem das Gericht am Sitz des Kreditinstituts zuständig ist. Das Insolvenzgericht kann vom Sachwalter insbesondere jederzeit einzelne Auskünfte oder einen Bericht über den Sachstand und die Geschäftsführung verlangen. Neben seinen Pflichten gegenüber dem Insolvenzgericht hat der Sachwalter des Refinanzierungsregisters die Pflichten eines Verwalters des Refinanzierungsregisters zu erfüllen. Insbesondere hat er weiterhin nach Maßgabe des § 22f Abs. 1 KWG Auskunfts- und Mitteilungspflichten gegenüber der Bundesanstalt. Sachwalter und Insolvenzverwalter werden beide vom Insolvenzgericht bestellt und verwalten beide Vermögensgegenstände, über welche zuvor das registerführende Unternehmen verfügungsbefugt war. Zu einer effektiven Wahrnehmung beider Aufgaben ist es unabdingbar, dass sich der Insolvenzverwalter und der Sachwalter des Refinanzierungsregisters über ihre Tätigkeit austauschen. Sie haben einander daher alle Informationen mitzuteilen, die für das Insolvenzverfahren über das Vermögen des registerführenden Unternehmens und für die Verwaltung der im Refinanzierungsregister eingetragenen Gegenstände von Bedeutung sein können. Soweit das registerführende Unternehmen befugt war, die im Refinanzierungsregister eingetragenen Gegenstände zu verwalten und über sie zu verfügen, geht dieses Recht auf den Sachwalter des Refinanzierungsregisters über (Absatz 2). Entsprechend allgemeinen

Regeln erlangt der Sachwalter des Refinanzierungsregisters keine Verfügungsbefugnis über Gegenstände, welche das registerführende Unternehmen nach Maßgabe des § 22b für Dritte ins Refinanzierungsregister eingetragen hatte. Durch die Einräumung der Verfügungsbefugnis erhält der Sachwalter des Refinanzierungsregisters in Bezug auf die im Refinanzierungsregister eingetragenen Gegenstände eine ähnliche Rechtsstellung wie der Insolvenzverwalter über das übrige Vermögen des registerführenden Unternehmens. In Abstimmung mit dem Insolvenzverwalter nutzt der Sachwalter alle Einrichtungen des registerführenden Unternehmens, die zur Verwaltung der eingetragenen Gegenstände erforderlich sind. Dazu gehören auch die zuständigen Mitarbeiter des registerführenden Unternehmens. Hat das registerführende Unternehmen nach der Bestellung des Sachwalters des Refinanzierungsregisters über einen im Refinanzierungsregister eingetragenen Gegenstand verfügt, so ist diese Verfügung unwirksam (Absatz 3). Unberührt bleiben die den öffentlichen Glauben schützenden Vorschriften des Bürgerlichen Gesetzbuchs, des Gesetzes über Rechte an eingetragenen Schiffen und Schiffsbauwerken sowie des Gesetzes über Rechte an Luftfahrzeugen. Hat das registerführende Unternehmen am Tag der Bestellung des Sachwalters des Refinanzierungsregisters verfügt, so wird aus Gründen der Rechtsklarheit und des Schutzes der Übertragungsberechtigten unwiderleglich vermutet, dass das registerführende Unternehmen erst nach der Bestellung des Sachwalters des Refinanzierungsregisters verfügt hat, also als es nicht mehr verfügungsbefugt war. Der Sachwalter des Refinanzierungsregisters hat bei seiner Geschäftsführung die Sorgfalt eines ordentlichen und gewissenhaften Sachwalters anzuwenden (Absatz 4). Verletzt der Sachwalter des Refinanzierungsregisters seine Pflichten, so können die Übertragungsberechtigten sowie das registerführende Unternehmen Schadensersatz verlangen, sofern der Sachwalter des Refinanzierungsregisters nicht beweist, dass ihm kein Verschulden zur Last fällt. Diese umfassende Haftung ist Ausdruck der neutralen Stellung des Sachwalters des Refinanzierungsregisters, der beiden Seiten eine sorgfältige Wahrnehmung seiner Aufgaben schuldet. Der Sachwalter des Refinanzierungsregisters erhält von der Bundesanstalt eine angemessene Vergütung und Ersatz seiner Aufwendungen (Absatz 5). Diese Ansprüche treten neben die Ansprüche auf Vergütung und Ersatz seiner Aufwendungen als Verwalter, dessen Amt der Sachwalter ebenfalls ausübt (§ 22l Abs. 4 KWG). Anders als im Falle des Verwalters ist zur Kostenerstattung nicht eine einzelne Person verpflichtet (dort das registerführende Unternehmen, § 22i Abs. 1 Satz 2 KWG). Das registerführende Unternehmen ist nunmehr insolvent, von ihm kann die Bundesanstalt keine Erstattung mehr verlangen. Da die Masse von der Sachwaltung nicht profitiert, soll sie auch nicht für die Kosten der Sachwaltung aufkommen. Die Kosten sind der Bundesanstalt daher von den Übertragungsberechtigten als den an der Sachwaltung wirtschaftlich Interessierten anteilig nach der Anzahl der für sie eingetragenen Gegenstände gesondert zu erstatten und auf Verlangen vorzuschießen. Hat das registerführende Unternehmen das Refinanzierungsregister auch für Dritte geführt (§ 22b KWG), so wird es von diesen regelmäßig eine Vergütung erhalten haben. Übernimmt nunmehr der Sachwalter des Refinanzierungsregisters die Verwaltung, so soll der Dritte von seiner Vergütungspflicht nicht frei werden. Soweit das Refinanzierungsregister für Dritte geführt wird, sind diese daher neben den Übertragungsberechtigten als Gesamtschuldner zur Erstattung und zum Vorschuss verpflichtet. Die Anordnung der Gesamtschuld ermöglicht es, auch anderen Abreden der Parteien angemessen Rechnung zu tragen, ohne die Kostenerstattung für die Bundesanstalt zu erschweren. Haben etwa die Übertragungsberechtigten das registerführende Unternehmung für die Registerführung für den Dritten vergütet, so kann die Bundesanstalt gleichwohl vom Dritten den anteiligen Betrag verlangen. Der Dritte kann sich dann bei den Übertragungsberechtigten nach den allgemeinen Vorschriften erholen. Im Übrigen gelten die Vorschriften in § 22i Abs. 2 und 3 Satz 1 KWG sinngemäß. Sind verbotene Zahlungen erfolgt, soll die Bundesanstalt beim Insolvenzgericht einen Antrag auf Abberufung des Sachwalters des Refinanzierungsregisters stellen. Dies berücksichtigt, dass die Bundesanstalt nach Maßgabe des § 22l Abs. 1 Satz 1 KWG den Sachwalter anders als den Verwalter des Refinanzierungsregisters nicht selbst bestellt und abberuft, sondern das Insolvenzgericht.

Zu § 22o

Der Sachwalter des Refinanzierngsregisters kann unter den Voraussetzungen des § 46a KWG auch schon vor Eröffnung des Insolvenzverfahrens über das Vermögen des registerführenden Unternehmens bestellt werden (Absatz 1). Da in diesem Fall noch keine Zuständigkeit des Insolvenzgerichts besteht, ist entsprechend dem Grundkonzept des Kreditwesengesetzes das Gericht am Sitz des registerführenden Unternehmens zuständig. Die Bestellung erfolgt auf Antrag der Bundesanstalt, an welchen das Gericht gebunden ist. Die Bundesanstalt stellt einen entsprechenden Antrag, wenn dies nach Anhörung der Übertragungsberechtigten zur ordnungsgemäßen Verwaltung der im Refinanzierungsregister eingetragenen Gegenstände erforderlich erscheint. Die Übertragungsberechtigten als die durch eine nichtordnungsgemäße Registerführung maßgeblich Betroffenen und für die Sachwaltung Kostentragungspflichtigen sind anzuhören, sofern keine Gefahr im Verzuge ist. Für den vor Eröffnung des Insolvenzverfahrens bestellten Sachwalter des Refinanzierungsregisters gilt dasselbe wie für den gemäß § 22l KWG bei Eröffnung des Insolvenzverfahrens bestellten Sachwalter. Ein Abberufungsgrund im Sinne des § 22l Abs. 2 Satz 3 KWG liegt insbesondere dann vor, wenn die Voraussetzungen des § 46a KWG entfallen sind, die nach Absatz 1 Anknüpfungspunkt der Bestellung des Sachwalters des Refinanzierungsregisters vor Eröffnung des Insolvenzverfahrens sind. Sind die Voraussetzungen des § 46a KWG wieder entfallen, soll die Bundesanstalt aus dem Kreis der Sachwalter den Verwalter des Refinanzierungsregisters bestellen. Durch diese Personenkontinuität wird eine lückenlose und effiziente Überwachung gewährleistet. Wird das Insolvenzverfahren über das Vermögen des registerführenden Unternehmens eröffnet, nachdem bereits ein Sachwalter nach Maßgabe der Absätze 1 und 2 bestellt worden ist, sorgt Absatz 3 für einen nahtlosen Übergang zur allgemeinen Rechtslage nach den §§ 22l bis 22n KWG. Für die Zeit nach Eröffnung des Insolvenzverfahrens gilt der schon zuvor bestellte Sachwalter des Refinanzierungsregisters als mit Eröffnung des Insolvenzverfahrens vom Insolvenzgericht bestellt. „Für die Zeit nach Eröffnung des Insolvenzverfahrens“ bedeutet, dass die Fiktion erst ab diesem Zeitpunkt beginnt, seine früheren Rechtshandlungen also ihre Gültigkeit behalten. Das Insolvenzgericht tritt an die Stelle des Gerichts am Sitz des registerführenden Unternehmens. Letzteres hat dem Insolvenzgericht alle mit der Bestellung und Aufsicht des Sachwalters im Zusammenhang stehenden Unterlagen zu übergeben, damit das Insolvenzgericht seine Aufsicht auch für die Zeit vor Eröffnung des Insolvenzverfahrens ausüben kann.

Zu Nummer 5 (§ 22p – neu –)
Es handelt sich um eine durch die Einfügung der §§ 22a bis 22o KWG bedingte redaktionelle Folgeänderung.

Zu Nummer 6 (§ 56 Abs. 3 Nr. 4a – neu –)
Der Katalog der Ordnungswidrigkeiten wird erweitert um verbotene Zahlungen an den Verwalter der Register.

Zu Artikel 4b neu (Änderung des Finanzdienstleistungsaufsichtsgesetzes)

Zu Nummer 1 (§ 15 Abs. 1 Satz 1 Nr. 1)
Es handelt sich um die Korrektur eines Redaktionsversehens.

Zu den Nummern 2, 3 und 4 (§ 15 Abs. 1 Satz 1 Nr. 5 und 6 – neu –)
Die Bundesanstalt erhält das Recht, die durch die Bestellung und Abberufung des Verwalters sowie die durch die Beantragung der Bestellung und Abberufung des Sachwalters entstehenden Kosten von den betroffenen Unternehmen ersetzt zu verlangen. Dazu wird der schon vorhandene Katalog der gesondert erstattungspflichtigen Handlungen der Bundesanstalt um entsprechende Kostenerstattungstatbestände ergänzt.

Zu Artikel 4c neu (Änderung des Gesetzes über die Angelegenheiten der freiwilligen Gerichtsbarkeit)
Es handelt sich bei der Änderung des § 145 Abs. 1 um eine Folgeänderung, mit welcher das für die Bestellung eines Sachwalters bei Insolvenzgefahr zuständige Gericht bestimmt wird.

Zu Artikel 6 (Inkrafttreten)
Es handelt sich um eine Inkrafttretensregelung: Die Regelungen zur Neuorganisation der Bundesfinanzverwaltung treten am 1. Januar 2006 in Kraft, die übrigen Vorschriften am Tage nach der Verkündung des Gesetzes.

Berlin, den 29. Juni 2005
Bernd Scheelen
Berichterstatter
Leo Dautzenberg
Berichterstatter

6. Drucksache 17/10974

17. Wahlperiode 15.10.2012

Gesetzesentwurf der Bundesregierung

Entwurf eines Gesetzes zur Umsetzung der Richtlinie 2012/.../EU über den Zugang zur Tätigkeit von Kreditinstituten und die Beaufsichtigung von Kreditinstituten und Wertpapierfirmen und zur Anpassung des Aufsichtsrechts an die Verordnung (EU) Nr. ... /2012 über die Aufsichtsanforderungen an Kreditinstitute und Wertpapierfirmen (CRD IV-Umsetzungsgesetz)

A. Problem und Ziel

Vor dem Hintergrund der Finanzmarktkrise vom Herbst 2008 forderten die Staats- und Regierungschefs der führenden Industrienationen im Rahmen der G20-Gipfel des Jahres 2009 in London und Pittsburgh eine nachhaltige Stärkung der Widerstandskraft des Bankensystems. Das wird durch höhere Anforderungen an die Qualität, die Quantität und die internationale Vergleichbarkeit der Eigenmittel erreicht. Weiter werden für die Banken neue Liquiditätsregeln geschaffen, die im Krisenfall die Zahlungsfähigkeit der Banken sicherstellen.

Der Baseler Ausschuss für Bankenaufsicht veröffentlichte in Erfüllung eines entsprechenden Arbeitsauftrags im Dezember 2010 eine Empfehlung für neue Eigenkapital- und Liquiditätsstandards für international tätige Banken (Basel III). Der Inhalt der Empfehlung wurde zuvor von den Staats- und Regierungschefs auf dem G20-Gipfel am 11./12. November 2010 in Seoul gebilligt. Es sollen folgende Ziele erreicht werden:

- Erhöhung der Widerstandskraft der Banken in Krisenfällen und Stresssituationen im Finanzsektor und in der Wirtschaft,
- Verbesserung des Risikomanagements der Banken,
- Erhöhung der Transparenz und Verbesserung der Offenlegungspflichten der Banken.

Um diese Empfehlungen auch auf europäischer Ebene umzusetzen, haben das Europäische Parlament und der Rat auf Vorschlag der Europäischen Kommission eine grundlegende Neugestaltung des EU-Bankenaufsichtsrechts vorgenommen. Die bisherigen Richtlinien 2006/48/EG (Bankenrichtlinie) und 2006/49/EG (Kapitaladäquanzrichtlinie) wurden in der überarbeiteten Richtlinie 2012/.../EU zusammengefasst. Diese Richtlinie wird von der Verordnung (EU) Nr. .../2012 begleitet.

Dabei ist die Verordnung (EU) Nr. .../2012 in erster Linie an die beaufsichtig ten Institute gerichtet und regelt im Wesentlichen die Höhe und die Anforderungen an die aufsichtsrechtlich bereitzuhaltenden Eigenmittel, die eigenmittelbezogenen Risikovorschriften, die Großkreditvorschriften und die Liquiditätsvorschriften. Die Richtlinie 2012/.../EU dagegen ist an die Mitgliedstaaten gerichtet und enthält Vorgaben für die Zulassung und Beaufsichtigung von Kreditinstituten und Wertpapierfirmen, die Anforderungen an die unterschiedlichen Kapitalpuffer, die Sanktionen bei Verstößen gegen die Verordnung (EU) Nr. .../2012 und die Richtlinie 2012/.../EU sowie die Struktur der mit der Leitung und Aufsicht von Instituten nach nationalem Recht eingerichteten Organe der Institute.

Mit dem vorgelegten Gesetzentwurf sollen die europäischen Vorgaben in nationales Recht umgesetzt werden.

Daneben werden noch ein gesonderter Abschnitt zur Beaufsichtigung von Wohnungsunternehmen mit Spareinrichtung in das Kreditwesengesetz (KWG) eingefügt sowie das Pfandbriefgesetz und das Gesetz über die Landwirtschaftliche Rentenbank geändert.

B. Lösung

Die Verordnung (EU) Nr. .../2012 ist unmittelbar in Deutschland geltendes Recht. Daher müssen sowohl im KWG als auch in weiteren Gesetzen und Rechtsverordnungen die der Verordnung (EU) Nr. .../2012 widersprechenden oder entgegenstehenden nationalen Vorschriften geändert oder entfernt werden. Soweit die Verordnung (EU) Nr. .../2012 dem nationalen Gesetzgeber Ermessenspielräume oder Wahlrechte einräumt, wurden diese in vertretbarer Art und Weise bei der nationalen Umsetzung berücksichtigt. Demgegenüber sind die Vorgaben der Richtlinie 2012/.../EU grundsätzlich durch Änderung des KWG und weiterer Gesetze und Rechtsverordnungen in nationales Recht umzusetzen.

Im Rahmen dieser Umsetzung ist im KWG künftig zwischen denjenigen Instituten zu unterscheiden, die dem Anwendungsbereich der Verordnung (EU) Nr. .../2012 unterliegen und denjenigen Instituten, die im Anwendungsbereich des KWG verbleiben und nicht der Verordnung (EU) Nr. .../2012 unterliegen. Für die Ersteren werden im KWG die Begriffe CRR-Kreditinstitute und CRR Wertpapierfirmen eingeführt. Auf die nicht der Verordnung (EU) Nr. .../2012 unterliegenden Institute werden – soweit geeignet – die Regelungen der Verordnung (EU) Nr. .../2012 angewendet, um eine einheitliche aufsichtsrechtliche Begriffsbildung zu ermöglichen, die nicht nur eine große Bedeutung für die Rechtsanwendung durch die Bundesanstalt für Finanzdienstleistungsaufsicht (Bundesanstalt) hat, sondern insbesondere für die Aufstellung der Jahresabschlüsse und die Prüfung der Institute durch Wirtschaftsprüfer. Weiter wurde ein besonderer Abschnitt zur Beaufsichtigung von Wohnungsunternehmen mit Spareinrichtung in das KWG eingefügt.

Zu Nummer 41 (§ 22a)

Zu Buchstabe a

Die Ergänzung in § 22a Absatz 1 Satz 1 KWG ist eine Folgeänderung zur Ergänzung des § 1 Absatz 24 KWG. Weiter dient die Änderung der Einbeziehung der KfW Bankengruppe.

Zu Buchstabe b

Der neue § 22a Absatz 1a KWG dient der Klarstellung der Nutzungsmöglichkeit des Refinanzierungsregisters auf die Fälle der anfänglichen offenen Konsortialfinanzierung. Dieser Klarstellung liegt die nachfolgend geschilderte Fallgruppe zugrunde.

Bei der anfänglichen offenen Konsortialfinanzierung begeben die Konsorten ihren Kreditanteil jeweils direkt an den Darlehensnehmer. Die im Grundbuch eingetragenen Sicherheiten hält dagegen der Konsortialführer treuhänderisch für die anderen Konsorten. Diese Konstellation des treuhänderischen Verwaltens ist für das Refinanzierungsregister, anders als für das Deckungsregister im Pfandbriefgesetz (vgl. § 5 Absatz 1a Satz 4 PfandBG), bisher gesetzlich noch nicht eindeutig berücksichtigt. Dies soll jetzt nachgeholt werden, da es nicht sachgerecht erscheint, die anfängliche offene Konsortialfinanzierung abweichend von einer nachträglichen Abtretung gesicherter Ansprüche zu behandeln. Der Begriff der Refinanzierung im Sinne des § 1 Absatz 24 KWG ist insoweit in einem weiten Sinne zu verstehen, weil hier kein Fall der nachträglichen Refinanzierung im bisher verstandenen Sinne vorliegt.

Zu Nummer 42 (§ 22b)
Die Ergänzungen in § 22b Absatz 1 Satz 1 KWG sind Folgeänderungen zur Ergänzung des § 1 Absatz 24 KWG.

Zu Nummer 43 (§ 22d)

Zu Buchstabe a

Zu Doppelbuchstabe aa
Die Änderung dient der Einbeziehung der KfW Bankengruppe.

Zu Doppelbuchstabe bb und Buchstabe b
Mit den Änderungen sollen die Treuhänder der Versicherungsunternehmen in die Lage versetzt werden, die notwendigen Informationen für die Wahrnehmung ihrer Überwachungspflichten zu erhalten.

Zu Buchstabe c
Mit dem neuen § 22d Absatz 6 KWG wird ein Einsichtsrecht des Übertragungsberechtigten in die ihn betreffenden Eintragungen im Refinanzierungsregister geschaffen. Nur so kann er die Richtigkeit der Eintragungen prüfen und diese gegebenenfalls beanstanden. Denn nur bei Richtigkeit der Eintragung sind die insolvenzrechtlichen Folgen des § 22j KWG gewährleistet.

Zu Artikel 2 (Änderung des Pfandbriefgesetzes)

Zu Nummer 1 (Inhaltsübersicht)

Zu Buchstabe a
Die Änderung dient der Berücksichtigung des neuen § 4a (siehe Nummer 5).

Zu Buchstabe b
Die Änderung dient der Aktualisierung der Inhaltsübersicht infolge der Änderungen in den Nummern 16 und 17.

Zu Buchstabe c
Die Änderung dient der Aktualisierung der Inhaltsübersicht infolge der Anfügung einer neuen Übergangsvorschrift (siehe Begründung zu Nummer 23).

Zu Nummer 2 (§ 2)

Zu Buchstabe a
Die Änderung dient der Anpassung des Verweises infolge der Aufhebung des § 33 Absatz 2 KWG durch Artikel 1 Nummer 60 Buchstabe b.

Zu Buchstabe b

Zu Doppelbuchstabe aa
Für die Ernennung des Sachwalters soll künftig in allen Fällen des Pfandbriefgesetzes einheitlich das Insolvenzgericht am Sitz der Pfandbriefbank zuständig sein. Die Änderung des § 2 Absatz 5 Satz 1 dient der Beseitigung der bisherigen Zuständigkeit und der Vereinheitlichung des Verfahrens. Sie steht im Zusammenhang mit der Ergänzung des Satzes 3 und der Neuregelung in § 31. Siehe daher auch die nach folgende Begründung zum Doppelbuchstabe bb und die Begründung zu Nummer 16.

Zu Doppelbuchstabe bb
Die Ergänzung des § 2 Absatz 5 Satz 3 ersetzt die bisherige Zuständigkeitsregelung des Satzes 1. Auch die Ernennung der Sachwalter in den Fällen des § 2 Absatz 3 und 4 soll sich künftig nach den §§ 30 bis 36 richten.

Zu Nummer 3 (§ 3)
Die Änderung dient der Klarstellung, dass sich die Aufsicht über die Pfandbriefbanken künftig nicht nur nach dem Pfandbriefgesetz und dem Kreditwesengesetz, sondern auch nach der Verordnung (EU) Nr. .../2012 und etwaigen Begleitregelungen richtet.

Zu Nummer 4 (§ 4)

Zu Buchstabe a
Es handelt sich um eine Folgeänderung zur Ablösung der Richtlinie 2006/48/EG durch die Verordnung (EU) Nr. .../2012.

Zu Buchstabe b
Es handelt sich ebenfalls um eine Folgeänderung zur Ablösung der Richtlinie 2006/48/EG durch die Verordnung (EU) Nr. .../2012. Bei Forderungen gegen Kreditinstitute mit Sitz in der Schweiz, den USA, Japan oder Kanada ist zur Ermittlung der Risikogewichtung – wie bislang – auf die nationalen Regelungen zur Umsetzung der Rahmenvereinbarung „Internationale Konvergenz der Kapitalmessung und Eigenkapitalanforderungen" des Baseler Ausschusses für Bankenaufsicht vom Juni 2004 erlassen worden sind, abzustellen. Für die Zuordnung in eine bestimmte Bonitätsstufe kommt die Tabelle 3 des Artikel 115 Absatz 1 und Tabelle 5 des Artikel 116 Absatz 1 der Verordnung (EU) Nr. .../2012 zur Anwendung.

Zu Nummer 5 (§ 4a)

Artikel 12 Absatz 3 des am 2. Februar 2012 von allen Staaten der Eurozone unterzeichneten Vertrages zur Einrichtung des Europäischen Stabilitätsmechanismus (ESM-Vertrag) sieht vor, in von Zentralregierungen der ESM-Vertragsstaaten begebene Schuldtitel Umschuldungsklauseln aufzunehmen. Derartige „Collective Action Clauses" machen es möglich, die Anleihebedingungen mit Zustimmung einer bestimmten Gläubigermehrheit zu ändern. Für den Bund soll die Zulässigkeit von Umschuldungsklauseln in den Emissionsbedingungen seiner Anleihen durch Änderung des Bundesschuldenwesengesetzes gesetzlich abgesichert werden (Entwurf eines Gesetzes zur Änderung des Bundesschuldenwesengesetzes vom 20. März 2012, Bundestagsdrucksache 17/9049). Auch in anderen Ländern werden vergleichbare Regelungen geschaffen, darüber hinaus werden Umschuldungsklauseln bereits häufig international verwendet. Mit der Regelung in § 4a soll daher klargestellt werden, dass solche Klauseln bei Deckungswerten im Pfandbriefgesetz unschädlich sind.

Zu Nummer 6 (§ 5)

In § 5 Absatz 1a Satz 5 geht es um das Verhältnis zu allen Gläubigern der Pfandbriefbank. Die Änderung dient der sprachlichen Klarstellung.

Zu Nummer 7 (§ 12)

Es handelt sich um eine nachträgliche Anpassung des Verweises. § 17 ist bereits durch das Gesetz vom 20. März 2009 (BGBl. I S. 607) aufgehoben worden.

Zu Nummer 8 (§ 19)

Es handelt sich um eine nachträgliche Präzisierung des Verweises ohne inhaltliche Änderung der Vorschrift.

Zu Nummer 9 (§ 20)

Zu Buchstabe a

Es handelt sich um Folgeänderungen zur Ablösung der Richtlinie 2006/48/EG durch die Verordnung (EU) Nr. .../2012. In den Buchstaben d und e werden die Tabellenverweise aktualisiert. In Buchstabe f wird nunmehr auf die Artikel 112 und 113 der Verordnung (EU) Nr. .../2012 verwiesen, womit künftig auch die Europäische Finanzstabilitätsfazilität eine internationale Organisation im Sinne dieser Vorschrift ist; daneben wird der Europäische Stabilitätsmechanismus in die Liste aufgenommen, da auch Forderungen gegen diese Einrichtung zur Deckung Öffentlicher Pfandbriefe geeignet sind. In Buchstabe g wird hinsichtlich der Definition der „öffentlichen Stellen" nunmehr auf die gleichlautende Definition der Verordnung (EU) Nr. .../2012 verwiesen.

Zu Buchstabe b

Es handelt sich um eine nachträgliche Präzisierung des Verweises ohne inhaltliche Änderung der Vorschrift.

Zu Nummer 10 (§ 22)

Es handelt sich um eine sprachliche Korrektur des Regelungstextes.

Zu Nummer 11 (§ 26)
Es handelt sich um eine nachträgliche Präzisierung des Verweises ohne inhaltliche Änderung der Vorschrift.

Zu Nummer 12 (§ 26b)
Es handelt sich um eine sprachliche Korrektur des Regelungstextes.

Zu Nummer 13 (§ 26f)
Es handelt sich um eine nachträgliche Präzisierung des Verweises ohne inhaltliche Änderung der Vorschrift.

Zu Nummer 14 (§ 28)

Zu Buchstabe a

Zu Doppelbuchstabe aa
Die Information über die Fälligkeiten von Pfandbriefen und die Zinsbindungsfristen von Deckungswerten für die ersten zwei Jahre hat sich als zu grob erwiesen. Da die Einschätzung von Liquiditätsrisiken gerade auch im Zuge der Finanzkrise an Bedeutung gewonnen hat, soll die Informationsbasis über die Fälligkeitsstruktur von Pfandbriefen und Deckungswerten verbessert werden, indem die Laufzeitbänder für die ersten beiden Jahre auf sechs Monate aufgegliedert werden.

Zu Doppelbuchstabe bb
Es handelt sich um eine redaktionelle Anpassung.

Zu Doppelbuchstabe cc
Die anhaltende Finanzkrise hat zu einem gestiegenen Informationsbedürfnis der Investoren geführt. Während die bestehenden Angaben nach § 28 PfandBG bereits detaillierte Informationen zur Qualität der Deckungswerte liefern, sind die Aussagen zu Zins- und Währungsrisiken verbesserungswürdig. Daher sollen künftig auch Angaben über die Verteilung von fest- und variabel verzinsten Deckungswerten sowie Pfandbriefen veröffentlicht werden. Für die Klassifizierung „festverzinslicher" Deckungswerte und Pfandbriefe in der neuen Nummer 9 wird auf § 502 Absatz 1 Satz 1 BGB verwiesen.

Mit dem separaten Ausweis der Höhe von Forderungen, die zwar dem Grunde nach deckungsfähig sind, aber die im PfandBG festgelegten Grenzen überschreiten (Nummern 7 und 8), erhält der Investor eine konkretere Aussage darüber, wie hoch das potenzielle Pfandbriefemissionsvolumen der Pfandbriefbank ist.

Mit diesen und den weiteren in den Nummern 5 bis 12 neu vorgesehenen Angaben können sich Investoren künftig ein noch genaueres Bild über die Qualität der Deckungsmassen und der entsprechenden Pfandbriefe verschaffen. Zudem wird der Pfandbrief auf diese Weise unter den mittlerweile international weit verbreiteten Covered Bonds seine Spitzenstellung auch im Hinblick auf die Transparenz-Regelungen behalten.

Zu Buchstabe b

Zu Doppelbuchstabe aa
Es handelt sich um eine nachträgliche Klarstellung, welche Forderungen hier gemeint sind.

Zu Doppelbuchstabe bb
Die zusätzliche differenzierte Darstellung soll den Investoren zu mehr Transparenz beim Hypothekenpfandbrief verhelfen.

Zu Doppelbuchstabe cc
Es handelt sich um eine Präzisierung der Begrifflichkeiten.

Zu Doppelbuchstabe dd
Die Angabe der leistungsgestörten Forderungen dient zur Information der Investoren und erhöht die Transparenz des Pfandbriefs.

Zu Buchstabe c

Zu Doppelbuchstabe aa
Es handelt sich um eine nachträgliche Klarstellung, welche Forderungen hier gemeint sind.

Zu Doppelbuchstabe bb
Die Angabe der leistungsgestörten Forderungen dient zur Information der Investoren und erhöht die Transparenz des Pfandbriefs.

Zu Buchstabe d
Es handelt sich um eine nachträgliche Klarstellung, welche Forderungen hier gemeint sind.

Zu Nummer 15 (§ 30)

Zu Buchstabe a
Das Verfahren der Ernennung des Sachwalters wird künftig in § 31 geregelt. § 30 Absatz 1 Satz 5 ist daher entsprechend anzupassen.

Zu Buchstabe b
Das Verfahren der Ernennung des Sachwalters wird künftig in § 31 geregelt. Die bisherige Zuständigkeitsregelung des § 30 Absatz 2 Satz 1 wird daher durch einen Verweis auf diese Regelung ersetzt.

Zu Buchstabe c
Der neue Satz 3 dient der Klarstellung, dass § 30 Absatz 4 Satz 1 und 2 das Verhältnis zwischen der insolventen Pfandbriefbank mit ihrem allgemeinen Vermögen und der vom Sachwalter vertretenen Pfandbriefbank mit beschränkter Geschäftstätigkeit insoweit abschließend regelt, als Verfügungen und Handlungen des Sach-

walters in Frage stehen. Beide Verwalter sind gleichgeordnete Partner – der in § 30 Absatz 4 Satz 1 und 2 geregelte Interessenausgleich lässt so mit keine weitere Korrektur durch eine insolvenzrechtliche Anfechtung nach den §§ 129 ff. der Insolvenzordnung zu, wobei die tatbestandliche Subsumtion unter diese Vorschriften ohnehin zweifelhaft wäre. Der Insolvenzverwalter der Pfandbriefbank hat somit die Folgen pflichtgemäßen Verhaltens des Sachwalters, wie es die Sätze 1 und 2 festlegen, ohne Anfechtungsmöglichkeit hinzunehmen, auch soweit es den Ausgleichsanspruch der insolventen Pfandbriefbank im Ergebnis mindert.

Zu Buchstabe d

Das Verfahren der Ernennung des Sachwalters wird künftig in § 31 geregelt. Das hiernach zuständige Gericht soll auch im Sonderfall der Ernennung eines Sachwalters schon vor der Eröffnung eines Insolvenzverfahrens über das Vermögen der Pfandbriefbank zuständig sein. Die Änderung des § 30 Absatz 5 Satz 1 dient dieser Angleichung der Zuständigkeit.

Zu Buchstabe e

Gegenstand des gesonderten Insolvenzverfahrens ist nicht die Deckungsmasse, sondern das Vermögen der Pfandbriefbank mit beschränkter Geschäftstätigkeit. Dies beruht auf der neuen Systematik des § 30 Absatz 1 Satz 3. Die Anpassung des § 30 Absatz 6 Satz 2, 5 und 6 ist bisher vergessen worden und wird nunmehr nachgeholt.

Zu Buchstabe f

Im Interesse einer kontinuierlichen Verwaltung auch der in solventen Deckungsmasse soll eine Eigenverwaltung der Pfandbriefbank mit beschränkter Geschäftstätigkeit möglich sein, die der Person des Sachwalters als Vertreter der Pfandbriefbank mit beschränkter Geschäftstätigkeit die Fortsetzung ihrer Arbeit erlaubt. Eine solche Regelung wird mit dem neuen § 30 Absatz 6a geschaffen. Eine Eigenverwaltung nach den §§ 270 ff. der Insolvenzverordnung ist allerdings ausgeschlossen, wenn der Sachwalter schon vorher mit seiner Arbeit nicht überzeugen konnte oder wenn die Bundesanstalt oder die nach § 272 Absatz 1 der Insolvenzordnung Antragsberechtigten die Aufhebung verlangen. Neben dem Sachwalter als Eigenverwalter wird ein „beaufsichtigender Sonderinsolvenzverwalter" bestellt, der sich in der Benennung vom Sachwalter des Pfandbriefgesetzes und vom Insolvenzverwalter im Verfahren über das allgemeine Vermögen der Bank unterscheidet und die Funktionen des Sachwalters im Sinne des § 270 Absatz 1 der Insolvenzordnung wahrnimmt. Seine Rechte und Pflichten bestimmen sich wie das gesamte Verfahren nach den Vorschriften der Insolvenzordnung, wobei die Bundesanstalt über ein Anhörungsrecht in das Bestellungsverfahren eingebunden wird. Nicht anwendbar auf das Verfahren der Eigenverwaltung durch den Sachwalter sind allerdings aus einleuchtenden sachlogischen Gründen die §§ 270 Absatz 2, 276a und 278 Absatz 1 der Insolvenzordnung. Die § 270a Absatz 2 und § 270b der Insolvenzordnung haben keinen sinnvollen Anwendungsbereich, weil § 30 Absatz 6 Satz 2 des Pfandbrief gesetzes einen Insolvenzantrag der Bundesanstalt wegen drohender Zahlungsunfähigkeit gerade nicht zulässt und ein abwickelndes Insolvenzverfahren voraussetzt, wenn der Sachwalter mit der ordnungsgemäßen Erfüllung der Pfandbriefverbindlichkeiten scheitert.

Zu Nummer 16 (§ 31)

Zu Buchstabe a

Anpassung der Paragraphenüberschrift als Folge der Erweiterung des Regelungsinhalts.

Zu Buchstabe b

In den neuen Absätzen 1 und 2 soll das Verfahren zur Ernennung des Sachwalters allgemein geregelt werden. Anders als bisher soll hierbei die Zuständigkeit bei dem Gericht liegen, das auch für die Eröffnung des Insolvenzverfahrens über die Pfandbriefbank zuständig ist. Ziel ist es, dass die Ernennung des Sachwalters und die Bestellung des Insolvenzverwalters der Pfandbriefbank in einer Hand liegen. Die Entscheidung soll in beiden Fällen durch ein Gericht erfolgen, das mit der Materie der Verwaltung und Abwicklung großer Vermögen vertraut ist, über entsprechende Personalkenntnisse verfügt und eine abgestimmte Ernennung zu leisten vermag. Diese Lösung hat auch den Vorteil, dass bei einer sich anschließenden Insolvenz über das Vermögen der Pfandbriefbank mit beschränkter Geschäftstätigkeit (Deckungsmasse) eine insolvenzrechtliche Eigenverwaltung des bereits bestellten Sachwalters (im Sinne des Pfandbriefgesetzes) eher denkbar erscheint, weil das Gericht den Sachwalter selbst mitbestellt hat. Allerdings setzt die Zuständigkeit des Insolvenzgerichts zu ihrer vollen Effizienz voraus, dass auch das Verfahren im Übrigen den Regeln der Insolvenzordnung folgt, also beispielsweise das Verfahren für sonstige gerichtliche Anordnungen und das Beschwerdeverfahren. Dies regelt der neue § 31 Absatz 11. Durch diese Neuregelung wird § 375 Nummer 12 FamFG entbehrlich.

Das Ernennungsverfahren soll zudem klarstellen, dass der Expertise der Bundesanstalt für die Auswahl eines geeigneten Sachwalters hohe Bedeutung zukommt, indem das Ge richt nur aus wichtigem Grund eine vom Vorschlag der Bundesanstalt abweichende Auswahlentscheidung treffen darf, aber auch in einem solchen Fall vor Ernennung die Bundesanstalt zu hören hat. Dem Gericht steht nur eine Kontrolle der Vertretbarkeit der vorgeschlagenen Person zu. Ermöglicht werden soll ferner ein Sachwaltergremium, wie es dem Vorstand einer Aktiengesellschaft entspricht. Dabei muss der Vorschlag der Bundesanstalt die Geschäftsführungs- und Vertretungsbefugnisse bereits mitregeln, wiederum mit der Folge grundsätzlicher Bindung des Gerichts, das nur ab lehnen, aber nicht einfach eine eigene Regelung treffen kann. Die Neufassung der Vorschrift stellt außerdem klar, dass ein Sachwalter für mehrere Pfandbriefbanken mit beschränkter Geschäftstätigkeit bestellt werden kann und dass überall, wo vom „Sachwalter“ die Rede ist, Entsprechendes für ein Sachwaltergremium zu gelten hat.

Zu Buchstabe c

Im bisherigen Absatz 1 (Absatz 2a neu) sind Anpassungen an die veränderte Zuständigkeit nötig.

Zu Buchstabe d

Redaktionelle Folgeänderung.

Zu Buchstabe e

Die bisherige sehr allgemeine Regelung der Vergütung und Auslagenerstattung für den Sachwalter bedarf der Präzisierung, die in einer gesonderten Verordnung erfolgen soll. Die Vorschrift wird daher hier aufgehoben und durch einen neuen § 31a mit Verordnungsermächtigung ersetzt (siehe Begründung zu Nummer 17).

Zu Buchstabe f

Es handelt sich um eine redaktionelle Anpassung aufgrund der Aufhebung von § 31 Absatz 4 PfandBG.

Zu Buchstabe g

Zu Doppelbuchstabe aa

In Absatz 6 erfolgt eine Verdeutlichung der Haftungsregel für den Sachwalter, die der sog. business judgment rule des § 93 Absatz 1 Satz 2 Aktiengesetz entlehnt ist. Hierdurch soll klargestellt werden, dass der Sachwalter in seinen unternehmerischen Entscheidungen dem Vorstand einer Aktiengesellschaft vergleichbar ist. In diesem Zusammenhang werden auch die Voraussetzungen dafür geschaffen, dass sich der Sachwalter einen Beirat als Beratungsgremium berufen kann (siehe Begründung zu Buchstabe h).

Zu Doppelbuchstabe bb

Angesichts der neuen Vergütungsregelung für den Sachwalter im § 31a (siehe Begründung zu Nummer 17), die viel stärker als bisher auf den tatsächlichen Aufwand und das Risiko seiner Tätigkeit abstellt, ist die bisherige gesetzliche Haftungsbegrenzung nicht mehr zu rechtfertigen. Sie wird daher ersatzlos aufgehoben.

Zu Buchstabe h

Der Sachwalter soll die Möglichkeit haben, sich einen Bei rat zusammenzustellen. Dieser hat jedoch keinen Aufsichtscharakter, sondern seine Funktion soll sich in einer beratenden Hilfestellung bei der Entscheidungsfindung erschöpfen. So werden dem Sachwalter Möglichkeiten eröffnet, auf einen fundierten externen Sachverstand zuzugreifen, ohne das hierfür eine zeitraubende Beauftragung im jeweils konkreten Einzelfall erforderlich wäre. Die Institutionalisierung eines fakultativen Beirats hat auch den Vorteil, dass hier ein Vertrauensverhältnis aufgebaut werden kann, das dem Sachwalter seine Entscheidungsfindung erleichtert und auf diese Weise ein Haftungsrisiko zu vermindern vermag. Vergütung und Auslagenersatz für Beiratsmitglieder sollen über eine Rechtsverordnung konkretisiert werden können, die sich an der Rechtsverordnung für die Sachwaltervergütung nach dem neuen § 31a Absatz 3 orientieren kann.

Zu Buchstabe i

Um dem künftigen Sachwalter schon vor seiner Ernennung die Vorbereitung seiner Arbeit zu erlauben und die Entscheidung über die Übernahme der Sachwalterposition zu erleichtern, erscheint es hilfreich, ihm schon vorher eine ausreichende Informationsmöglichkeit zu verschaffen. Dies soll mit dem neuen Absatz 10 im Rückgriff auf die Rechtsfigur des Sonderbeauftragten nach § 45c KWG erreicht werden. Der künftige Sachwalter soll also von der Bundesanstalt bei einer sich abzeichnenden Insolvenz der Pfandbriefbank vorab als Sonderbeauftragter bestellt werden können, um sich einen Überblick über die zu erwartende Tätigkeit als Sachwalter zu verschaffen. Er muss sich jedoch strikt auf eine reine Informationsgewinnung beschränken, hat also nur sehr eingeschränkte Befugnisse. Jede Beteiligung an Geschäftsführungsmaßnahmen, auch in bloß beratender Form, muss ihn wegen fehlender Distanz zur seitherigen Geschäftsführung als späterer Sachwalter ungeeignet erscheinen lassen.

Mit dem neuen Absatz 11 werden die Verfahren zur Ernennung des Sachwalters und alle sonstigen gerichtlichen Verfahren auf der Grundlage des Pfandbriefgesetzes den Verfahrensvorschriften der Insolvenzordnung unterworfen. Hier durch wird sichergestellt, dass das zuständige Insolvenzgericht die ihm vertrauten Verfahrensvorschriften anwenden kann, was in den regelmäßig eilbedürftigen Verfahren die Arbeit des Gerichts erleichtern dürfte. Satz 2 trägt dem Um stand Rechnung, dass die Insolvenzordnung auf die Verfahrensvorschriften der ZPO verweist und dort im Gegensatz zum bisher auf die Entscheidungen anzuwendenden § 38 FamFG der Beschluss nicht als Grundform der Entscheidung festgeschrieben ist.

Zu Nummer 17 (§ 31a)

Der bisherige § 31 Absatz 4 enthielt nur sehr allgemeine Regelungen zur Vergütung der Tätigkeit des Sachwalters und zur Erstattung von Auslagen. Der neue § 31a soll diese Regelungen präzisieren und zudem das Bundesministerium der Finanzen ermächtigen, konkretisierende Regelungen in Anlehnung an die Insolvenzrechtliche Vergütungsverordnung zu erlassen. Die neue Verordnungsermächtigung orientiert sich am Wortlaut des § 65 InsO, der sich insoweit bewährt hat.

Zu Nummer 18 (§ 34)

Es handelt sich um eine Folgeänderung zur Einfügung des neuen Satzes 3 in § 30 Absatz 4 (siehe Begründung zu Nummer 15 Buchstabe c). Eine entsprechende Klarstellung ist für die Zwecke des § 34 PfandBG nicht erforderlich.

Zu Nummer 19 (§ 35)

Es handelt sich um eine sprachliche Richtigstellung der Vorschrift.

Zu Nummer 20 (§ 36a)

Zu Buchstabe a

Es kann Fälle einer Übertragungsanordnung nach § 48a KWG geben, in denen trotz rascher vorläufiger Sachwalterernennung die Einschaltung eines Sachwalters unnötig kompliziert und auch zum Schutz der Pfandbriefgläubiger gar nicht notwendig ist. Zu denken ist dabei vor allem an den Fall eines neu gegründeten Brückeninstituts, auf das durch Übertragungsanordnung alle Aktiva und Passiva übertragen werden. Anders als im Fall einer Übertragung auf eine bereits existierende Bank mit eigenen Altgläubigern und Altschuldnern ist hier die besondere schützende Funktion des Sachwalters, wie sie § 36a Absatz 2 Satz 1 und 2 PfandBG festschreibt, nicht notwendig, weil rasch ein reiner Rechtsträgerwechsel ohne denkbare Interessenkonflikte erfolgen soll. Es reicht in diesen Fällen, eine modifizierte Geltung des § 30 Absatz 3 PfandBG bei der Verwaltung und Zuteilung von Werten nach § 5 Absatz 1a PfandBG und des § 30 Absatz 4 Satz 1 und 2 PfandBG bei Festlegung einer Gegenleistung anzuordnen. Im Übrigen kann der Übergang der im Deckungsregister eingetragenen Werte einschließlich der Werte im Sinne des § 30 Absatz 3 unmittelbar ohne den Zwischenschritt über eine Verwaltung durch den Sachwalter erfolgen (Sätze 3 und 4 neu).

Der neue Satz 5 trägt dem Umstand Rechnung, dass bei Deckungswerten mit Belegenheit außerhalb der Mitgliedstaaten der Europäischen Union und der anderen Vertragsstaaten des Abkommens über den Europäischen Wirtschaftsraum größere Vorsicht angebracht ist. Hier gilt die Richtlinie 2001/24/EG des Europäischen Parlaments und des Rates vom 4. April 2001 über die Sanierung und Liquidation von Kreditinstituten (Liquidationsrichtlinie) nicht, und die Anerkennung von Sanierungsmaßnahmen und Übertragungen in diesen Ländern ist deshalb ungewiss. Es ist folglich denkbar, dass Vollstreckungsmaßnahmen oder auch Partikularinsolvenzen fremden Rechts die dort belegenen Deckungswerte bedrohen. Dabei kann es sich um Forderungen gegen Schuldner mit Sitz in Staaten handeln, die nicht dem Europäischen Wirtschaftsraum angehören (vgl. § 4 Absatz 1, § 20 Absatz 1 und 2 PfandBG) oder um Sicherheiten an Grundstücken und grundstücksgleichen Rechten (§ 13 Absatz 1, § 18 Absatz 1 PfandBG), Schiffen (§ 22 Absatz 5 PfandBG) oder Flugzeugen (§ 26b Absatz 4 PfandBG), die nicht in Staaten des Europäischen Wirtschaftsraums belegen oder registriert sind. In diesen Fällen muss zur Wahrung gleichwertiger Sicherheit der Deckungswerte (§ 13 Absatz 1 Satz 2, § 20 Absatz 1 Satz 2, § 22 Absatz 5 Satz 2, § 26b Absatz 4 Satz 2 PfandBG) zugunsten der Pfandbriefgläubiger eine zusätzliche vertragliche Sicherheit ausländischen Rechts an diesen Deckungswerten bestellt werden, die typischerweise ein Doppeltreuhänder für die Pfandbriefgläubiger unter Wahrung berechtigter Interessen der Pfandbriefbank hält. Im Krisenfall garantiert dieser Treuhänder den Schutz der Pfandbrief gläubiger unabhängig von der ausländischen Anerkennung deutscher Maßnahmen des Sanierungs- und Insolvenz rechts. Seine Aktivitäten bedürfen indessen der Harmonisierung mit den Maßnahmen, welche die gesamte Deckungsmasse betreffen. Der ausländische Sicherheitentreuhänder muss deshalb an die Weisungen eines deutschen Sachwalters gebunden werden. Weil er im Krisenfall eben falls bloß den Interessen der Pfandbriefgläubiger verpflichtet ist (§ 30 Absatz 1 PfandBG), ist nur ein solches Weisungsrecht eines Sachwalters – nicht etwa eines Bankvorstandes – mit der Stellung des ausländischen Treuhänders vereinbar. Diese inzwischen vielfach praktizierte vertragliche Konstruktion entspricht zwingenden gesetzlichen Vorgaben, soweit der Anteil von Auslandswerten in ausgewählten Nicht-EWR-Staaten einen bestimmten Prozentsatz der Deckungsmasse übersteigt (§ 13 Absatz 1 Satz 2, § 20 Absatz 1 Satz 2, § 22 Absatz 5 Satz 2, § 26b Absatz 4 Satz 2 PfandBG). Sie wird aber von Rating-Agenturen regelmäßig auch für alle Werte unterhalb der gesetzlichen Grenzen verlangt, um teure Abschläge bei der Sicherheitsqualität zu vermeiden. Die Vorteile dieser vertraglichen Konstruktionen wären empfindlich geschwächt, wenn bei übertragenden Sanierungsmaßnahmen im Vorfeld einer Insolvenz der Sachwalter den Pfandbriefgläubigern nicht zur Verfügung stünde, zumal auf eine solche übertragende Sanierung die Insolvenz des übertragenden Instituts häufig folgen wird. Der Rückgriff auf die Treuhandkonstruktion des § 35 PfandBG ist in diesen Fälle der geeignete Weg, das Ergebnis eines unmittelbaren Übergangs nach Satz 3 entsprechend zu modifizieren.

Eine Beschränkung der Sachwalterfunktion auf ausländische Werte ist in den Fällen des Satzes 5 nicht vorgesehen worden, weil die einheitliche Verfügungsbefugnis über alle Deckungswerte aus den folgenden Gründen notwendig er scheint: Einmal vermeidet sie im ausländischen Staat der Belegenheit oder Registrierung der Deckungswerte den Ein druck einer Sonderbehandlung dieser Werte, die einer vollen und vorbehaltlosen Anerkennung der Sicherungsrechte schädlich sein könnte. Zum anderen würde eine Aufspaltung der Deckungsmasse in unmittelbar übergegangene EU Inlandswerte und treuhänderisch vom Sachwalter gehaltene Auslandswerte die Abwicklung der Übertragung mit ihren Besonderheiten (§ 30 Absatz 3 und 4 PfandBG) komplizieren. Hinzu kommt, dass eine Vielzahl von Übertragungsmodellen immer schwerer darstellbar wäre und die für den Pfandbrief so wichtige Transparenz im Markt unnötig beeinträchtigen würde.

Zu Buchstabe b

Zu Doppelbuchstabe aa
Absatz 3 Satz 1 wird zur Klarstellung um einen Vorbehalt für die Fälle ergänzt, in denen bereits nach Absatz 2 Satz 5 eine vorläufige Bestellung erfolgen muss.

Zu Doppelbuchstabe bb
Absatz 3 Satz 2 wird um einen klarstellenden Verweis auf die Verfahrensvorschrift für die gerichtliche Ernennung des Sachwalters ergänzt. Zudem wird klargestellt, dass sowohl im Fall einer fakultativen vorläufigen Sachwalterbestellung als auch im Fall der zwingenden vorläufigen Sachwalterbestellung nach Absatz 2 Satz 5 die gerichtliche Ernennung unverzüglich nachzuholen ist.

Zu Nummer 21 (§ 41)

Zu Buchstabe a
Es handelt sich um Folgeänderungen zur Ablösung der Richtlinie 2006/48/EG durch die Verordnung (EU) Nr. .../2012.

Zu Buchstabe b
Es handelt sich um eine Anpassung des Verweises an die neue OGAW-Richtlinie 2009/65/EG. Inhaltliche Änderungen sind hiermit nicht verbunden.

Zu Buchstabe c
Es handelt sich um Folgeänderungen zur Ablösung der Richtlinie 2006/48/EG durch die Verordnung (EU) Nr. .../2012.

Zu Nummer 22 (§ 49)
Es handelt sich um Folgeregelungen zur Ablösung der Richtlinie 2006/48/EG durch die Verordnung (EU) Nr. .../2012.

Zu Nummer 23 (§ 53)
Die neuen Transparenzanforderungen des § 28 Absatz 1 sollen erstmals für die sog. Transparenzreports für das zweite Quartal 2013 Anwendung finden. Hiermit soll den Pfandbriefbanken ausreichend Zeit gelassen werden, nach Inkrafttreten der Regelung ihre IT-Programme anzupassen und zu testen.

Sachregister

Die fetten Zahlen verweisen auf die Paragraphen, die mageren Zahlen verweisen auf die Randnummern. Vor = Vorbemerkung, KWG = Kreditwesengesetz. Paragrafen ohne nähere Bezeichnung sind solche des PfandBG.

www.ingramcontent.com/pod-product-compliance
Lightning Source LLC
LaVergne TN
LVHW092150300926
849161LV00002B/237

* 9 7 8 3 1 1 0 2 9 0 8 5 1 *